国家科学技术学术著作出版基金资助出版

“十三五”国家重点出版物出版规划项目

软物质前沿科学丛书

软材料表面失稳力学

Surface Wrinkling Mechanics of Soft Materials

冯西桥　曹艳平　李　博　著

科学出版社

北　京

内 容 简 介

本书是一本关于软材料与生物软组织力学的专著，介绍了软材料失稳力学的基本理论、数值、实验方法及其应用，主要内容是作者在该领域取得的研究成果。全书共17章，介绍了软材料稳定性理论的国内外研究现状、基本理论与数值计算方法、在不同几何和载荷下薄膜–基底系统的失稳分析与形貌演化、基于失稳技术的表面形貌制备方法、生物软组织由于非均匀生长所引起的表面失稳与形貌演化等。

本书可供从事固体力学、生物力学、软物质科学等领域的科研人员和高等院校相关专业的师生参考。

图书在版编目(CIP)数据

软材料表面失稳力学/冯西桥，曹艳平，李博著. —北京：科学出版社，2017.12

(软物质前沿科学丛书)

"十三五"国家重点出版物出版规划项目

ISBN 978-7-03-054093-5

Ⅰ. ①软… Ⅱ. ①冯… ②曹… ③李… Ⅲ. ①材料–表面–力学分析 Ⅳ. ①TB301

中国版本图书馆 CIP 数据核字(2017) 第 187358 号

责任编辑：刘信力／责任校对：彭 涛
责任印制：赵 博／封面设计：无极书装

科学出版社 出版
北京东黄城根北街16号
邮政编码：100717
http://www.sciencep.com

涿州市般润文化传播有限公司印刷
科学出版社发行 各地新华书店经销
*
2017年12月第 一 版 开本：720×1000 1/16
2025年 1 月第二次印刷 印张：34
字数：658 000

定价：298.00 元

(如有印装质量问题，我社负责调换)

丛 书 序

社会文明的进步、历史的断代，通常以人类掌握的技术工具材料来刻画，如远古的石器时代、商周的青铜器时代、在冶炼青铜的基础上逐渐掌握了冶炼铁的技术之后的铁器时代，这些时代的名称反映人类最初学会使用的主要是硬物质。同样的，20 世纪的物理学家已开始也是致力于研究硬物质，像金属、半导体以及陶瓷，掌握这些材料使大规模集成电路技术成为可能，并开创了信息时代。进入 21 世纪，人们自然要问，什么材料代表当今时代的特征？什么是物理学最有发展前途的新研究领域？

1991 年诺贝尔物理奖得主德热纳最先给出回答：这个领域就是其得奖演讲的题目 ——“软物质”。以《欧洲物理杂志》B 分册的划分，它也被称为软凝聚态物质，所辖学科依次为液晶、聚合物、双亲分子、生物膜、胶体、黏胶及颗粒等。

2004 年以 1977 年诺贝尔物理学奖得主，固体物理学家 P.W. 安德森为首的 80 余位著名物理学家曾以“关联物质新领域”为题召开研讨会，将凝聚态物理分为硬物质物理与软物质物理，认为软物质 (包括生物体系) 面临新的问题和挑战，需要发展新的物理学。

2005 年，*Science* 期刊提出了 125 个世界性科学前沿问题，其中 13 个直接与软物质交叉学科有关。“自组织的发展程度”更是被列入前 25 个最重要的世界性课题中的第 18 位，“玻璃化转变和玻璃的本质”也被认为最具有挑战性的基础物理问题以及当今凝聚态物理的一个重大研究前沿。

进入新世纪，软物质在国外受到高度重视，如 2015 年，爱丁堡大学软物质学者 Michael Cates 教授被选为剑桥大学卢卡斯讲座教授。大家知道，这个讲座是时代研究热门领域方向标，牛顿、霍金都任过这个最著名的讲座教授。发达国家多数大学的物理系和研究机构已纷纷建立软物质物理的研究方向。

虽然在软物质早期历史上，享誉世界的大科学家如爱因斯坦、朗缪尔、弗洛里等都做出过开创性贡献，荣获诺贝尔物理奖或化学奖。但软物质物理学发展更为迅猛还是自德热纳 1991 年正式命名“软物质”以来，软物质物理不仅大大拓展了物理学的研究对象，还对物理学基础研究、尤其是与非平衡现象 (如生命现象) 密切相关的物理学提出了重大挑战。软物质泛指处于固体和理想流体之间的复杂的凝聚态物质，主要共同点是其基本单元之间的相互作用比较弱 (约为室温热能量级)，因而易受温度影响、熵效应显著，且易形成有序结构。固此具有显著热波动、多个亚稳状态、介观尺度自组装结构，熵驱动的顺序无序相变，宏观的灵活性等特征。**简单地说，这些体系都体现了“小刺激，大反应”和强非线性的特性**。这些特性并非仅仅由纳观组织或原子或分子的水平结构决定，更多是由介观多级自组构结构决定。处于这种状态的常见物质体系包括胶体、液晶、高分子及超分子、泡沫、乳液、凝胶、颗粒物质、玻璃、生物体系等。软物质不仅广泛存在于自然界，而且由于其丰富、奇特的物理学性质，在人类的生活和生产活动中也得到广泛应用，常见的有液晶、柔性电子、塑料、橡胶、颜料、墨水、牙膏、清洁剂、护肤品、食品添加剂等。由于其巨大的实用性以及迷人的物理性质，软物质自 19 世纪中后期进入科学家视野以来，就不断吸引着来自物理、化学、力学、生物学、材料科学、医学、数学等不同学科领域的大批研究者。近二十年来更是快速发展成为一个高度交叉的庞大的研究方向，在基础科学和实际应用方面都有重大意义。

为推动我国软物质研究，为国民经济作出应有贡献，在国家自然科学基金委员会中国科学院学科发展战略研究合作项目 “软凝聚态物理学的若干前沿问题” (2013.7-2015.6) 资助下，本丛书主编组织了我国高校与研究院所上百位分布在数学、物理、化学、生命科学、力学的长期从事软物质研究的科技工作者，参与本项目的研究工作。在充分调研的基础上，通过多次召开软物质科研论坛与研讨会，完成了一份 80 万字研究报告，全面系统地展现了软凝聚态物理学的发展历史、国内外研究现状，凝练出该交叉学科的重要研究方向，为我国科技管理部门部署软物质物理研究提供一份既翔实又前瞻的路线图。

作为战略报告的推广成果，参加本项目的部分专家在《物理学报》出版了软凝聚态物理学术专辑，共计 30 篇综述。同时，本项目还受到科学出版社关注，双方达成了 “软物质前沿科学丛书” 的出版计划。这将是国内第一套系统总结该领域理论、实验和方法的专业丛书，对从事相关领域的研究人员将起到重要参考作用。因此，项目与科学出版社商讨了合作事项，成立了丛书编委会，并对丛书做了初步部署。编委会邀请了 30 多位不同背景的软物质领域的国内外专家共同完成这一系列专著。这部丛书将为读者提供软物质研究从基础到前沿的各个领域的最新进展，涵盖软物质研究的主要方面，包括理论建模、先进的探测和加工技术等。

由于我们对于软物质这一发展中的交叉科学的了解不很全面，不可能做到计划的 “一劳永逸”，缺乏组织出版一个进行时学科的丛书的实践经验，为此，我们要特别感谢科学出版社钱俊先生，他全程跟踪从我们咨询项目启动到完成全过程，并参加本丛书的编辑指导与帮助，从而有望使本丛书的缺点与不当处尽量减少。同时，我们欢迎更多相关同行撰写著作加入本丛书，为推动软物质科学在国内的发展做出贡献。

主　编　　欧阳钟灿
执行主编　　刘向阳
2017 年 8 月

前　　言

按照 P. G. de Gennes 的定义，如果一种物质对某种外界因素 (如力、电场、磁场、光照、温度、化学、组分等) 的变化非常敏感，则可视为软物质。软物质涵盖的范围很宽，广泛存在于自然界、工业与生活之中，如高分子、液晶、胶体、液膜、泡沫、颗粒物质、水凝胶、气凝胶、生物软组织、细胞等。软物质这种敏于外界刺激的本征属性，使其在不同的空间和时间尺度上展现出异彩纷呈的现象，例如对外界响应的高度非线性、宏观形貌与微观结构的巨大变化和自组织特性等。软物质科学是近三十年来凝聚态物理、化学、材料学、力学等众多学科共同关注的一个前沿研究方向，并在先进功能材料与结构、柔性电子器件与系统、软体机器人、生物医学工程等领域呈现出广阔的应用前景。

在力学范畴内，如果一种材料对外加的力、电、磁、光等刺激非常敏感，可以产生很大的变形，则通常称为软材料或软介质。它既可以是固体，也可以是液体。本书的研究对象即以这种狭义定义下的固体软材料为主，对流体薄膜等也偶有涉及。软与硬，仅是相对而言，因而一种材料是否视为软材料，并不是绝对的，而是取决于其结构类型、激励方式、特征尺寸、研究者所关注的问题等。在工业界，往往将硬材料与软材料加以综合使用，通过刚柔相济的设计充分发挥其各自的功能，以硬材料来承载、储能、作动、支撑、防护等，而以软材料实现表面物理和化学的各种功能，如表面修饰、抗氧化、自清洁、密封、降噪等。这种“软硬兼施”的策略，更被生命体在器官、组织、细胞、亚细胞、生物大分子等各个尺度上利用得淋漓尽致。在动物体内，大部分组织都属于软材料，如皮肤、血管、肺、心脏、肝、大脑、神经等，它们对生命体的正常生理功能和生命过程起着至关重要的作用。与牙齿、骨骼等较为坚硬的器官和组织相比，这些生物软组织的弹性模量一般要低几个数量级。在生命过程中，软组织在承载呼吸、消化、物质输运、信号转导等很多功能方面，比硬材料更有优势。生物体正是利用这些软材料的低模量、大变形特点，通过尽可能低的能量耗散，在最大限度上满足其生理需求。此外，人类的绝大多数疾病也是发生在软组织之中，引起软组织在不同尺度上力学性质、几何形态与结构、生理功能等的改变。

变形稳定性是固体力学的一个基本问题，也与工程结构的安全性和可靠性密切相关。传统的结构稳定性理论对杆件、桁架、板壳、薄膜等结构在静态和动态载荷作用下的变形稳定性进行了大量深入系统的研究，发展了相应的理论分析与数值计算方法。这些类型的结构之所以容易发生失稳，主要是因为在其整体或局部的某一个或几个方向上刚度较低，即较软。对于软材料及其结构，由于弹性模量很低、对外界刺激响应敏感，因而比传统硬固体物质更容易失稳。在失稳过程中，材料或结构将偏离其原有的几何形貌，衍生出新的规则或不规则的形貌，即发生形貌失稳。传统的结构稳定性理论的基本概念、原理和方法，大都可以适用于软材料及其结构的力学分析，但是软材料与生物软组织的稳定性研究，无论在理论分析和数值模拟方面，仍面临着多方面的难题。

本研究组从 2001 年开始从事软物质力学的理论和实验研究，包括软物质表面和界面的形貌失稳与演化、浸润、接触、粘附、断裂等方面。2008 年秋，曹艳平博士在法国、德国留学多年后，作为优秀人才被引进到清华大学工作，他在固体力学理论、计算和实验方面的功底使其在软材料的表面失稳、力学性能测试等方面取得了系列成果。2014 年秋，李博博士在美国约翰 · 霍普金斯大学留学三年后，入选中央组织部青年海外高层次人才引进计划 (青年千人计划)，亦加盟清华大学生物力学与医学工程研究所，继续从事生物力学研究，软材料与生物软组织是其研究的一个主要方向。

在过去十余年间，先后有多名研究生以软材料力学作为其学位论文的选题领域。2002 年，黄世清进入清华大学工程力学系攻读博士学位，并将软物质薄膜的三维表面失稳与斑图演化作为博士学位论文的主题，研究了软物质薄膜的自发失稳、电致失稳等问题。2007 级博士生李博也继续开展薄膜–基底结构的稳定性研究，并拓展至生物软组织，重点考虑了由于生物软组织的非均匀生长导致的形貌失稳与演化问题。他于 2013 年获得全国优秀博士学位论文奖。此外，郑修鹏、贾飞、谢伟华、黄萧、赵岩、王嘉文、姜沂等也先后开展了薄膜–基底结构、生物器官与组织等的表面失稳力学的理论、计算、实验及其应用研究。本书内容是三位著者与研究生、合作者在软材料表面失稳力学方面部分研究工作的总结。

需强调的是，在过去的二十年间，国际学术界从力学、物理、化学、生物学等不同视角，对材料的表面失稳与形貌演化、表面形貌制备技术、表面形貌与性能 (或功能) 之间的联系及其工程应用等问题给予了广泛关注，在软物质表面失稳方面有了很多重要进展，限于篇幅，本书未能反应这部分工作。

本书所涵盖的部分研究工作是与余寿文教授和高华健教授合作完成的，此外也有三位著者与 J. W. Hutchinson、黄永刚、赵红平、洪伟、姜汉卿、王刚锋等教授合作取得的成果。在书稿的准备过程中，王自强院士、方岱宁院士等给了很好的建议，赵红平、徐光魁、贾飞、张立元、赵岩、赵子龙、王嘉文、郭昊原、乔莎莎、薛时磊、林绍珍、张程、盛骏源、李国洋、黄萧、谢伟华、尹思凡、孟庆华等老师和同学提供了多方面的帮助，科学出版社刘信力编辑等精益求精的工作也使本书大为增色。本书所涵盖的研究工作得到了国家自然科学基金委员会、科技部国家重点基础研究发展计划 (973 计划)、清华大学等的资助。本书是在国家科学技术学术著作出版基金的资助下出版的，并受欧阳钟灿院士之邀作为《软物质前沿科学丛书》中的一册出版。在此谨对上述支持与帮助者一并致谢。

本书对表面失稳力学的基本理论、分析和计算方法加以简单介绍，尝试揭示形貌失稳和演化现象的一些基本规律与力学机理，并希冀对该领域的进一步发展有些许参考价值。

囿于著者水平有限，书中不妥之处在所难免，敬请读者批评指正。

冯西桥

2017 年 6 月于北京清华园

目　　录

丛书编委会
丛书序
前言
第 1 章　绪论 ··· 1
1.1　软材料及其变形特点 ··· 1
1.2　表面失稳技术的应用 ··· 3
1.2.1　平版印刷技术 ··· 3
1.2.2　功能表面仿生制备 ··· 3
1.2.3　柔性电子器件 ··· 4
1.2.4　材料性质表征 ··· 6
1.2.5　生物组织形态学 ··· 7
1.3　软材料表面失稳力学 ··· 8
1.3.1　理论分析与数值方法 ··· 8
1.3.2　高分子软膜的稳定性 ··· 9
1.3.3　硬膜–软基系统的稳定性 ··· 12
1.3.4　生物软组织的表面失稳 ··· 14
1.4　软材料失稳力学的若干关键问题 ··· 15
1.5　本书内容 ··· 17
参考文献 ··· 17
第 2 章　弹性稳定性基础理论 ··· 26
2.1　失稳类型 ··· 26
2.1.1　分岔点失稳 ··· 27
2.1.2　极值点失稳 ··· 27
2.2　稳定性判断方法 ··· 28
2.2.1　静力法 ··· 29
2.2.2　能量法 ··· 36
2.2.3　动力法 ··· 39
2.3　Koiter 弹性稳定性理论 ··· 42
2.3.1　临界失稳分析 ··· 42
2.3.2　后屈曲分析 ··· 43

2.3.3　应用举例之一：压杆失稳 …… 44
2.3.4　应用举例之二：硬膜–软基系统 …… 47
2.4　软材料本构模型 …… 48
2.4.1　线弹性本构关系 …… 49
2.4.2　超弹性本构关系 …… 49
2.5　本章小结 …… 51
参考文献 …… 52
第 3 章　弹性稳定性计算方法 …… 55
3.1　牛顿–拉普森法 …… 55
3.2　弧长法 …… 56
3.3　伪动力学法 …… 58
3.4　傅里叶谱方法 …… 59
3.5　算例 …… 61
3.5.1　膜基系统的整体失稳 …… 61
3.5.2　膜基系统的局部化失稳 …… 65
3.6　本章小结 …… 67
参考文献 …… 67
第 4 章　无限大硬膜–软基系统 …… 69
4.1　平面应变失稳分析 …… 69
4.2　薄膜的局部化失稳 …… 71
4.2.1　弹塑性薄膜 …… 71
4.2.2　超弹性薄膜 …… 80
4.3　三维失稳分析 …… 84
4.3.1　实验观察 …… 86
4.3.2　理论模型 …… 87
4.3.3　失稳模式 …… 89
4.3.4　能量分析 …… 89
4.3.5　表面曲率效应 …… 94
4.4　含表面微纳米结构薄膜的失稳 …… 96
4.4.1　量纲分析 …… 97
4.4.2　计算模型 …… 98
4.4.3　结果与讨论 …… 99
4.4.4　应用 …… 102
4.5　花瓣表面微观形貌的形成机理 …… 103
4.5.1　实验方法 …… 104

4.5.2 实验结果 ··· 104
4.5.3 分析与讨论 ··· 109
4.5.4 力学模型 ··· 112
4.6 本章小结 ··· 113
参考文献 ··· 113
第 5 章 局部载荷作用下的薄膜失稳 ··· 118
5.1 局部预拉伸诱发的径向失稳 ··· 118
5.1.1 理论分析 ··· 119
5.1.2 数值模拟 ··· 127
5.1.3 结果与讨论 ··· 128
5.1.4 后屈曲形貌演化分析 ··· 132
5.2 局部扭转失稳 ··· 133
5.2.1 理论模型 ··· 133
5.2.2 数值模拟 ··· 135
5.2.3 实验验证 ··· 137
5.3 本章小结 ··· 138
参考文献 ··· 138
第 6 章 夹层结构失稳分析 ··· 140
6.1 单层膜夹层结构 ··· 141
6.1.1 理论模型 ··· 141
6.1.2 临界屈曲分析 ··· 146
6.1.3 后屈曲分析 ··· 146
6.2 双层与多层膜夹层结构 ··· 149
6.2.1 数值模拟 ··· 149
6.2.2 理论分析 ··· 151
6.2.3 后屈曲形貌演化 ··· 152
6.3 本章小结 ··· 153
参考文献 ··· 154
第 7 章 梁–基系统 ··· 156
7.1 软基底上有限宽度薄膜的失稳 ··· 157
7.2 软基底上纤维的失稳 ··· 161
7.2.1 理论分析 ··· 161
7.2.2 横截面效应 ··· 163
7.2.3 无量纲函数 ··· 164
7.3 软基体内纤维的失稳 ··· 166

7.3.1 实验方法 166
7.3.2 理论分析 167
7.3.3 结果与讨论 175
7.4 本章小结 176
参考文献 176
第 8 章 非均匀基底上硬膜的失稳 180
8.1 软基底上双层膜的失稳 180
8.1.1 理论分析 181
8.1.2 数值验证 186
8.1.3 结果与讨论 189
8.2 梯度弹性基底上硬膜的失稳 192
8.2.1 理论分析 192
8.2.2 数值模拟 199
8.2.3 形貌演化 201
8.2.4 结果与讨论 203
8.3 本章小结 203
参考文献 203
第 9 章 非线性基底上的薄膜失稳 206
9.1 结构化基底 206
9.1.1 微柱阵列基底 206
9.1.2 周期粘接界面 208
9.1.3 分段线性本构模型 209
9.2 双模量基底上薄膜的二维失稳分析 210
9.2.1 理论分析 210
9.2.2 结果和讨论 212
9.3 双模量基底上薄膜的三维失稳分析 214
9.3.1 理论模型 214
9.3.2 等轴加载 220
9.3.3 非等轴加载 223
9.3.4 三维失稳形貌相图 228
9.4 微柱阵列基底上薄膜的二维失稳分析 229
9.5 本章小结 231
参考文献 232
第 10 章 柱状核壳结构 235
10.1 实验方法 235

10.2 数值模拟 ······ 236
10.3 理论分析 ······ 238
10.3.1 临界失稳分析 ······ 239
10.3.2 后屈曲分析 ······ 242
10.4 结果与讨论 ······ 247
10.5 本章小结 ······ 252
参考文献 ······ 253
第 11 章 基于失稳的表面形貌制备方法 ······ 255
11.1 基于薄膜刚度周期性变化的表面形貌制备方法 ······ 255
11.1.1 理论模型 ······ 256
11.1.2 实验方法 ······ 257
11.1.3 数值模拟 ······ 261
11.2 基于界面结构的表面形貌制备方法 ······ 263
11.2.1 理论模型 ······ 264
11.2.2 数值模拟 ······ 265
11.3 具有周期结构的膜基系统的临界失稳分析 ······ 269
11.4 多级表面形貌制备方法 ······ 275
11.4.1 实验方法 ······ 275
11.4.2 实验结果 ······ 275
11.4.3 理论分析 ······ 279
11.4.4 表面浸润性质 ······ 282
11.5 本章小结 ······ 283
参考文献 ······ 283
第 12 章 表面折痕失稳 ······ 286
12.1 Biot 折痕失稳分析方法 ······ 287
12.2 折痕失稳临界应变 ······ 290
12.2.1 表面折痕 ······ 290
12.2.2 界面折痕 ······ 291
12.3 缺陷敏感性分析 ······ 293
12.3.1 初始后屈曲分析 ······ 293
12.3.2 数值模拟 ······ 297
12.4 本章小结 ······ 301
参考文献 ······ 302
第 13 章 软膜的自发性失稳 ······ 303
13.1 能量分析 ······ 303

13.1.1 范德瓦耳斯相互作用势 …… 304
13.1.2 弹性应变能 …… 305
13.1.3 表面能 …… 305
13.1.4 能量分析 …… 306
13.2 二维分析 …… 307
13.2.1 失稳临界条件 …… 307
13.2.2 失稳特征波数 …… 313
13.2.3 表面应力效应 …… 313
13.2.4 失稳特征波长 …… 314
13.2.5 失稳相图 …… 315
13.3 三维分析 …… 316
13.3.1 失稳临界条件 …… 316
13.3.2 失稳特征波数 …… 321
13.3.3 表面应力效应 …… 322
13.3.4 失稳特征波长 …… 323
13.3.5 失稳相图 …… 324
13.4 曲面软薄膜 …… 325
13.4.1 理论模型 …… 325
13.4.2 圆柱形基底上的薄膜失稳 …… 326
13.4.3 球形基底上的薄膜失稳 …… 332
13.4.4 结果与讨论 …… 338
13.5 本章小结 …… 343
参考文献 …… 343
第 14 章　外场作用下弹性软薄膜的失稳 …… 347
14.1 LISA 工艺中薄膜失稳 …… 347
14.1.1 二维模型 …… 348
14.1.2 三维模型 …… 353
14.1.3 数值模拟 …… 358
14.2 电场作用下软物质薄膜的六方形貌失稳 …… 359
14.2.1 理论模型 …… 360
14.2.2 失稳临界条件 …… 361
14.2.3 失稳特征形貌 …… 363
14.3 SOL 薄膜结构的表面失稳 …… 364
14.3.1 理论模型 …… 365
14.3.2 失稳临界条件 …… 370

14.3.3 失稳相图 ············ 371
14.3.4 失稳特征波长 ············ 373
14.3.5 临界薄膜应力 ············ 374
14.3.6 数值模拟 ············ 375
14.4 本章小结 ············ 375
参考文献 ············ 376
第 15 章 电场作用下软材料的表面失稳 ············ 379
15.1 基本方程 ············ 379
15.2 平面构型中粘性流体薄膜的电致失稳 ············ 380
15.3 圆柱基底上粘性流体薄膜的表面失稳 ············ 382
15.3.1 稳态物理场求解 ············ 383
15.3.2 线性稳定性分析 ············ 383
15.3.3 结果与讨论 ············ 387
15.3.4 多级形貌制备 ············ 391
15.4 纤维状粘性流体的表面失稳 ············ 392
15.4.1 理论分析 ············ 392
15.4.2 结果与讨论 ············ 394
15.5 带电软球的表面失稳 ············ 396
15.5.1 理论分析 ············ 397
15.5.2 结果与讨论 ············ 399
15.6 本章小结 ············ 401
参考文献 ············ 402
第 16 章 生物软组织的表面失稳 ············ 404
16.1 体生长理论 ············ 404
16.1.1 乘法分解 ············ 405
16.1.2 加法分解 ············ 406
16.2 应力分析与增量变形理论 ············ 406
16.2.1 应力分析 ············ 406
16.2.2 增量变形理论 ············ 407
16.3 平面构型中的失稳分析 ············ 409
16.3.1 变形分析 ············ 409
16.3.2 稳定性分析 ············ 410
16.3.3 结果与讨论 ············ 411
16.4 圆柱形单层组织的失稳分析 ············ 412
16.4.1 应力分析 ············ 413

16.4.2　稳定性分析 ········ 415
16.4.3　结果与讨论 ········ 417
16.4.4　讨论 ········ 419
16.5　圆柱状管腔粘膜失稳的三层模型 ········ 421
16.5.1　应力分析 ········ 421
16.5.2　稳定性分析 ········ 424
16.5.3　有限元模拟 ········ 426
16.5.4　非均匀生长 ········ 429
16.5.5　后屈曲演化 ········ 430
16.5.6　结果与讨论 ········ 434
16.6　圆柱管腔结构的三维失稳 ········ 435
16.6.1　理论模型 ········ 435
16.6.2　外表面自由圆柱 ········ 440
16.6.3　外表面固支圆柱 ········ 447
16.7　球腔内壁粘膜的失稳分析 ········ 451
16.7.1　应力分析 ········ 451
16.7.2　稳定性分析 ········ 454
16.7.3　有限元模拟 ········ 459
16.8　本章小结 ········ 462
参考文献 ········ 462
第 17 章　核壳结构的生长失稳分析 ········ 466
17.1　圆柱核壳结构的二维分析 ········ 466
17.1.1　应力分析 ········ 466
17.1.2　稳定性分析 ········ 469
17.1.3　失稳临界条件 ········ 470
17.1.4　有限元模拟 ········ 471
17.1.5　后屈曲演化 ········ 472
17.2　圆柱核壳结构的三维分析 ········ 475
17.2.1　应力分析 ········ 476
17.2.2　增量变形理论 ········ 478
17.2.3　失稳临界条件 ········ 481
17.2.4　有限元模拟 ········ 483
17.2.5　结果与讨论 ········ 483
17.3　球形核壳结构 ········ 486
17.3.1　应力分析 ········ 486

17.3.2 稳定性分析 ······ 489
17.3.3 有限元模拟 ······ 493
17.3.4 轴对称形貌演化 ······ 494
17.3.5 三维形貌演化 ······ 495
17.3.6 结果与讨论 ······ 499
17.4 可压缩核壳软物质的极值点失稳 ······ 500
17.4.1 基本公式 ······ 500
17.4.2 球形颗粒 ······ 501
17.4.3 柱形纤维 ······ 502
17.4.4 结果分析 ······ 503
17.4.5 极值点失稳 ······ 506
17.5 可压缩核壳软球的表面失稳 ······ 508
17.5.1 基本公式 ······ 508
17.5.2 稳定性分析 ······ 510
17.5.3 结果与讨论 ······ 512
17.6 本章小结 ······ 514
参考文献 ······ 514
索引 ······ 517

第 1 章　绪　　论

1.1　软材料及其变形特点

1991 年，P. G. de Gennes 在诺贝尔物理学奖获奖演讲中，首次用 “软物质”(soft matter) 一词概括介于固体 (如金属、岩石、陶瓷等) 与流体 (如空气、水等) 之间的一大类介质 [1]。他对软物质的定义非常宽广，如高分子、液晶、胶体、水凝胶、气凝胶等 [2]。与之相比本书的研究范畴相对较窄，主要关注固态软材料或粘性流体。所谓 “软”，是指材料受到外界较小作用力而发生较大变形的性质。例如，橡皮泥、水凝胶等，用手指轻轻一捏，其外形就能发生很大的变化。然而，“软” 与 “硬” 是相对而言的，在不同系统中，同一材料可以被看作软材料，也可以被视为硬材料；在某些条件下，软、硬材料可以相互转变。

软材料种类繁多，性能千变万化，为各种先进功能材料与器件的制造提供了可能，也催生了诸多崭新的应用领域。例如，电活性聚合物与介电弹性体 (dielectric elastomer) 作为一类具有特殊性能的高分子软材料，综合了聚合物的绝缘性、高弹性、易加工、成本低等优点[3]。常用的介电弹性体有丙烯酸酯、聚二甲基硅氧烷、硅橡胶等。对介电体橡胶施加电场、外力，可以获得很大的应变，而且具有响应快、无噪声等优点。利用介电弹性体的巨大电致变形能力，可以制备多种电活性智能结构与器件，如驱动器、传感器、能量收集与发电装置、机器抓手、盲文触摸界面、扬声器、变体机翼、飞艇等[3,4]。如果在聚合物网络的主链或侧链上嫁接具有取向性的棒状液晶高分子，可获得兼具橡胶弹性与液晶取向性的液晶弹性体 [5]。液晶弹性体可以在力、光、电、磁、热等激励下发生变形，其丰富的激励敏感特性和独特的液晶取向性为器件设计提供了广阔空间。基于液晶弹性体，人们已经成功研制出驱动器、马达、人工肌肉、传感器等智能器件 [6−8]。水凝胶是另一类常见的软材料，具有由聚合物链通过节点相互连接而形成的网状结构，在水中能够溶胀，并能保持大量水分 [2]。这种柔软结构既能使亲水的小分子在其内部扩散，又具有固体的弹性、粘弹性性质。水凝胶还具备良好的生物相容性，因而在生物技术、医学工程等领域备受青睐，已被成功应用于烧伤涂敷、隐形眼镜、细胞实验、药物缓释、人造器官、人体的植入或介入体等方面 [9,10]。

软材料也广泛存在于自然界。经过数亿年的自然演化与优胜劣汰，各种生物体均演化出了完善而复杂的身体系统，以高效、优化的方式实现其获取食物、消化吸收、能量转化、遗传发育、运动迁移、控制导航、信息传递、行为调控等各方面的生物功能，适应其所在的各种不同环境，如海洋、森林、草原、沙漠、湖泊、冰川等 [11]。将硬材料和软材料有机结合，是各种动物身体结构的一个突出特征。在动物体内，大部分组织都属于软组织，如皮肤、血管、肺、心脏、肝、膀胱、神经等，它们对生命体的正常生理活动和生命功能起着至关重要的作用。与牙齿、骨骼等较为坚硬的器官和组织相比，这些生物软组织的弹性模量一般要低几个数量级，而且在生理过程中可以发生很大的弹性变形，因此常常将组成这些器官的材料称为生物软材料。在生命过程中，软组织在承载呼吸、消化、物质输运等很多功能方面，显然比硬材料更有优势。例如，胃通过很大的变形储存和消化食物，肺通过很大幅度的收缩与膨胀来进行气体交换，心脏通过周期性的收放来实现泵血功能。生物体正是利用这些软材料的低模量、大变形的特点，通过尽可能低的能量耗散，在最大限度上满足其生理需求。此外，软组织和器官呈现出迥异的几何形态，而且其形态在生理和病理条件下可以发生显著变化。深入研究生物软材料的化学成分、多级结构、力学性质、几何形态、生物功能这五者之间的有机联系，探究力学、物理学、化学、生物学等因素之间的耦合机制，是一个多学科交叉领域，也是现代生物力学关注的一个重要课题。

软材料的弹性模量很低，对外界刺激响应敏感，因而比传统硬固体物质更容易失稳。在失稳过程中，材料或结构将偏离其原有的几何形貌，随之演化出新的规则或不规则的形貌，该过程一般称为形貌失稳 (morphological instability)。在传统的固体结构稳定性理论中，重点关注的是杆件、薄壁结构等在压缩载荷下的失稳，称为屈曲 (buckling)。传统稳定性理论大多关注由硬材料构成的工程结构，与之相比，软材料的失稳形式更加复杂多样，不仅会出现褶皱 (wrinkle)，在一定条件下还会产生折痕 (crease)、叠痕 (fold)、凸脊 (ridge)、凹陷 (crater) 等多种失稳形貌 [12−16]。几种常见的失稳形貌如图 1.1 所示。一方面，在一些实际应用中，形貌失稳可以对材料或结构的功能和性能产生负面影响，导致原有功能的劣化或失效；另一方面，软材料失稳所产生的形貌也可以带来一些新的功能，并在一些领域获得应用，以调控材料表面的光学、热学、力学等性能。

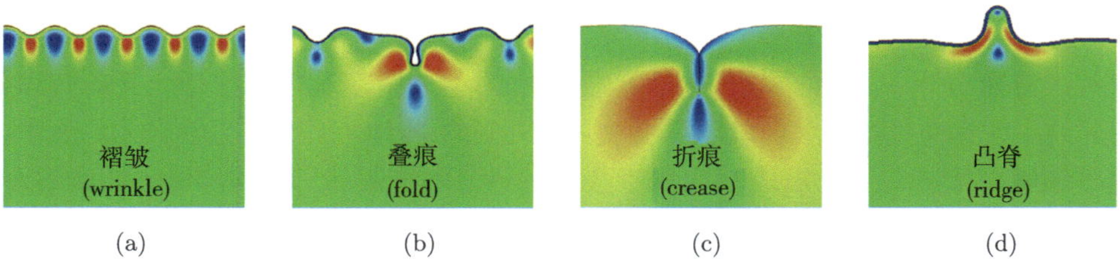

图 1.1　几种常见的失稳形貌

1.2　表面失稳技术的应用

与硬材料的屈曲相比，软材料失稳的物理机制和几何形貌呈现出多方面的复杂特征，如三维甚至多级的表面形貌、大变形、几何与材料非线性、形貌之间的多重转换等，因而吸引了力学、物理、材料、生物学等领域科学家的兴趣，并催生了许多重要应用，如平版印刷 [17]、功能表面制备 [18]、柔性电子器件 [19−21]、材料性能表征 [22]、三维 (3D) 打印与增材制造 [23]、生物医学工程 [24−27]、生物软组织形态学 [28−30]、微流控技术 [31]、软体机器人 [32] 等。

1.2.1　平版印刷技术

传统的平版制图技术主要是光刻法，但是这种技术不仅成本昂贵，而且很难突破 100nm 的光学极限。微电子器件等的进一步发展需要制备更加微型化的表面斑图，为此，各国科学家积极开展微纳米斑图制备方法研究，力图发展简便、精确、高效、低耗、环保的表面制图技术。软材料表面失稳的独特性质为材料的表面功能化提供了一个新思路。研究发现，通过聚合物等软材料的表面失稳和自组装行为，可以生成具有一定周期、可调控的微纳米斑图，并可通过一些技术对斑图进行复制和转移。例如，Chou 等 [17] 在研究纳米压印技术时发现，当平面刚性压头垂直靠近聚甲基丙烯酸甲酯 (polymethylme-thacrylate，PMMA) 薄膜时，薄膜表面会形成规则的微柱阵列，如图 1.2 所示，并由此提出了平版印刷自组装 (lithographically induced self-assembly，LISA) 技术，成为薄膜表面斑图制备的一种高效方法。该技术推动了后续众多关于平版印刷自组装的理论、数值和实验研究 [33]，使之渐趋完善，并逐步发展出通过施加电场 [34]、自发失稳 [35] 调控表面形貌的新方法。

1.2.2　功能表面仿生制备

许多生物材料具有精巧的多级微、纳米表面结构，这些表面特征对于生物体的生物功能具有重要意义。例如，正是由于具有表面微结构，荷叶 (图 1.3(a) 和 (b)) 和斗篷草的叶子具有超疏水和自清洁的功能 [18,36]，水黾 (图 1.3(c)) 能在水面上轻松自如地站立和行走 [37,38]。受这些生物现象的启发，许多研究者致力于仿生学的研究，设计与制备具有表面微结构的新材料，使其具有超疏水、自清洁或其他独特的物理性能。Efimenko 等 [39] 提出了表面形貌制备方法，利用该方法可以得到与荷叶表面类似的多级表面结构，如图 1.3(d) 所示。受水黾腿表面多级结构的启发，Zheng 等 [40] 提出了将表面预制有周期微结构的薄膜粘附于软纤维上，通过表面屈曲产生多级形貌的新方法，如图 1.3(e) 所示。Chan 和 Crosby[41]、Chandra 等 [42] 利用软材料表面失稳原理，提出了制备显微镜头微阵列的新方法，其具有制备快捷、成本低廉、尺寸可控、功能多样等优点，如图 1.3(f) 所示，该结构与蜻蜓等昆虫的复眼结构非常类似，有望用来仿生制造人工复眼。

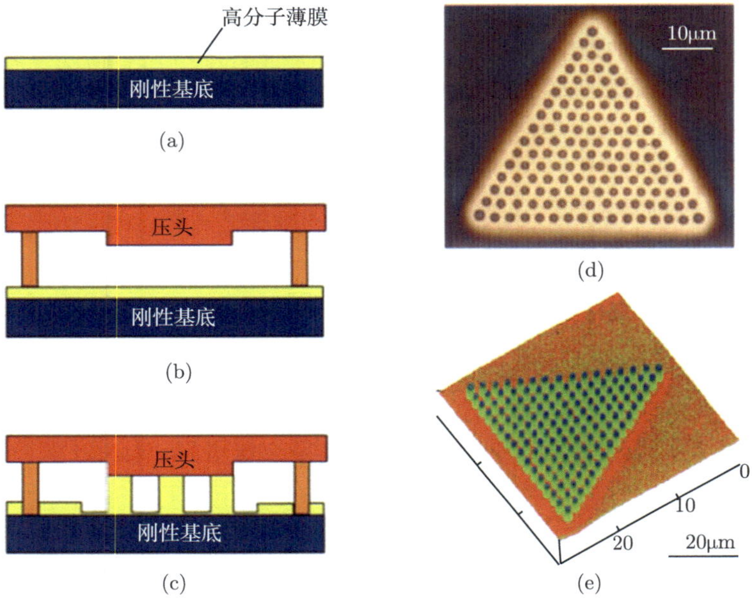

图 1.2　LISA 实验过程示意图和典型实验结果 [17]

(a) 高分子薄膜沉积在刚性基底上；(b) 平压头逐渐靠近高分子薄膜；(c) 薄膜表面失稳；(d) 薄膜表面形貌的光学图像；(e) 薄膜表面形貌的原子力显微镜图像

1.2.3　柔性电子器件

随着电子器件的微型化，如何在日益减小的芯片上制造高性能的电路成为半导体技术发展中的挑战性难题。此外，在传统的微电子器件中，一般采用硅等无机材料作为基材，其具有刚度大、韧性差的特点，不能承受较大变形，也导致曲面结构电子器件的制备难以实现 [44]。而且，随着当今医疗技术的发展，在某些疾病的诊断和治疗过程中，需要在人体内植入生物相容性高的、具有传感等功能的器件 [45]，以便实现生理信号的在体测量、记录、观察，或者提供刺激 [46]，而传统的微电子器件难以满足这些要求。于是，柔性电子器件应运而生。基于软材料表面失稳的力学性质，在聚二甲基硅氧烷 (polydimethylsiloxane，PDMS) 等柔性基底上制备波浪状的电路，是解决上述难题的一种新思路。例如，Khang 等 [47] 将单晶硅粘附在 PDMS 基底上，制备了可以承受较大面内单向拉压变形的柔性电子器件，如图 1.4(a) 所示。在此基础上，Choi 等 [48] 进一步利用软材料双向失稳的性质，制备了能承受较大双向拉压变形的柔性电子器件，如图 1.4(b) 所示。

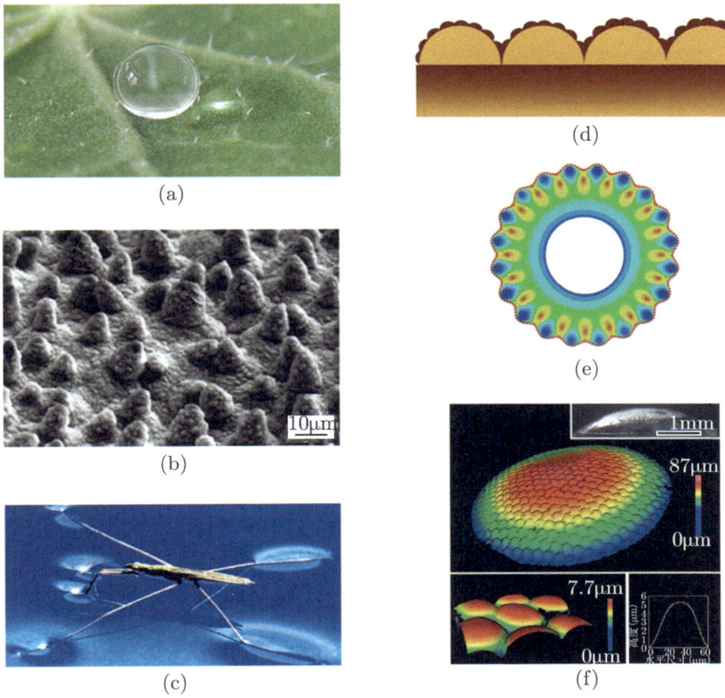

图 1.3 基于屈曲形貌的仿生结构

(a) 荷叶 [36]；(b) 荷叶表面的微结构 [43]；(c) 水黾 [37]；(d) 多级失稳仿生荷叶表面微结构 [39]；(e) 多级失稳仿生水黾腿表面微结构 [40]；(f) 仿生复眼 [41]

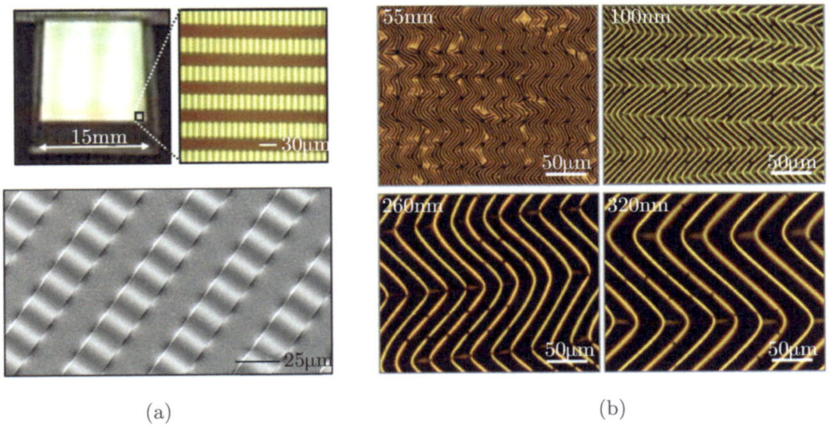

图 1.4 基于变形失稳的柔性电子器件

(a) 能承受单向拉压变形的柔性电子器件 [47]；(b) 能承受双向拉压变形的柔性电子器件 [48]

1.2.4　材料性质表征

表面失稳的另外一个应用是材料力学性质的定量表征。对于某些微、纳米尺寸的纤维、管、薄膜等材料，其力学性质难以通过传统的拉伸试验机进行测量，而利用表面失稳可以克服这一困难。例如，将待测薄膜粘附在软材料 (如 PDMS) 基底上，然后对系统施加单向面内压缩载荷，当载荷超过临界值后，薄膜发生屈曲，产生周期性形貌。由理论分析可知，当软基底厚度远大于薄膜厚度时，失稳波长 $\lambda \sim h\,(E_\mathrm{f}/E_\mathrm{s})^{1/3}$，其中 h 为薄膜厚度，E_f 和 E_s 分别为薄膜和基底的弹性模量 [12]。故在已知基底弹性性质的情况下，通过测量失稳波长就可以反演出薄膜的弹性模量，该方法可测量从几纳米到几毫米厚的薄膜，弹性模量量级可以从 MPa 到 GPa。最近，Cao 等 [49] 提出了基于软基底表面屈曲的一种方法，可以测量具有规则或非规则的横截面形状的微纳米纤维的力学性质 (图 1.5(a))，给出了特征波长与待测材料几何、力学性质之间的简单关系。Huang 等 [50] 在漂浮于液体表面的软薄膜上滴加液滴，致其失稳，如图 1.5(b) 所示，由薄膜的失稳形貌可以反演薄膜的弹性模量。这种方法可以测量厚度为几十纳米的薄膜。事实上，除了硬的纳米纤维和薄膜的力学表征外，软材料本身的力学性质测量也是一个难题。表面失稳也为测量软材料的力学性质提供了一种手段。

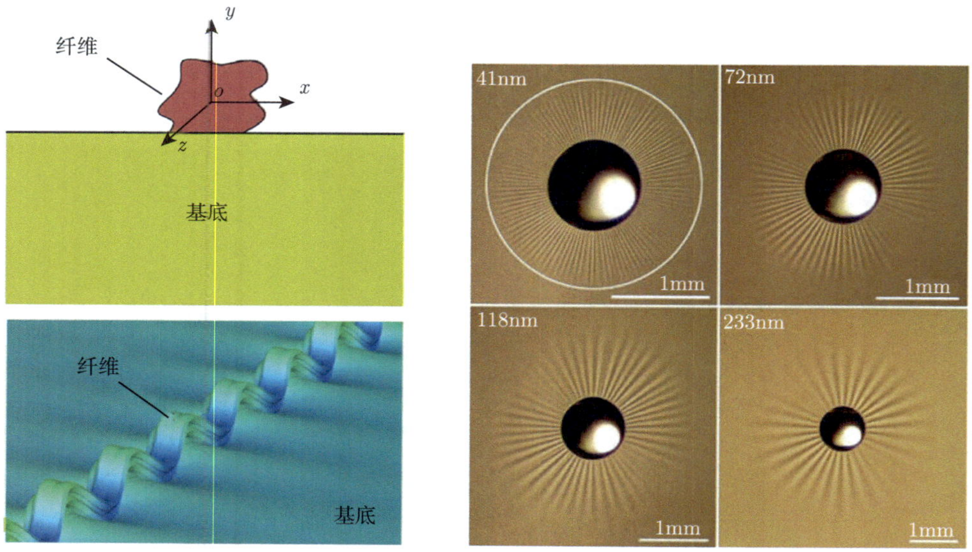

(a)　　(b)

图 1.5　利用压缩失稳进行材料性质测量

(a) 测量纤维的弹性性质 [49]；(b) 测量薄膜的弹性性质 [50]

1.2.5　生物组织形态学

相较于人工材料而言，生物材料的表面失稳和形貌演化有其行为上的特殊性和对生命的独特含义。生物软组织的生长和萎缩发生在不同的空间和时间尺度上，涉及复杂的生物、化学和物理过程。软材料的失稳有多种不同的物理机制和表现形式，如相分离、相变、几何形貌的转变与演化等。生长决定着活组织的正常发育，此外，生物体病变也会导致组织形态变化。当生长引起的压缩应力超过临界值时，材料表面将屈曲成规则或不规则的形状。例如，一些树叶的边缘生长比中心区域快，所产生的残余应力可以导致树叶边呈波浪状 [51]。果实、花朵等的形貌也与其内部的非均匀生长 (或萎缩) 引发的失稳有关 (图 1.6)。

图 1.6　植物组织的失稳形貌

(a) 玉簪花的叶子 [52]；(b) 百合花的花瓣 [53]；(c) 黄水仙的花 [54]；(d) 地衣类植物的叶子 [54]；(e) 萎缩的豌豆 [55]；(f) 缩水的圣女果 [56]

在生物体内，软组织也存在很多与失稳相关的现象，如食道、气管、肠胃、血管等器官的内壁组织存在褶皱，大脑皮层表面的沟回随着年龄而演化 [26,28,29,57,58]。一方面，表面褶皱对于生物组织的生理功能具有重要意义，例如，动物的食道粘膜褶皱具有促进食物下咽的作用，肠道粘膜表面褶皱可以增加营养吸收面积，在一些生物组织中失稳形貌还可起到调控表面粘附、浸润、摩擦等性能的作用；另一方面，一些异常的褶皱是由疾病引起的，如炎症、水肿、肿瘤、哮喘等。哮喘病患者的肺气管内表面粘膜褶皱波长和波幅均要大于正常人 [27]，嗜酸性胃肠炎病者的胃粘膜褶皱也存在扩张现象 [59]。这些疾病引起的形貌演化往往产生不良的生理反应，也是疾病临床诊断的一种参考依据。因此，近年来，生物材料和组织的表面失稳与形貌演化问题受到了越来越多的关注。

1.3　软材料表面失稳力学

对于软材料变形稳定性在先进材料与器件的表面功能化制备、柔性电子器件设计、材料性能表征、生物医学工程、生物形态学等领域的作用而言，有必要从理论上揭示在不同条件下系统的表面失稳形貌对几何参数、力学性质、外加载荷等的依赖关系。研究软材料表面失稳的物理机制及其影响因素，已成为力学、物理、材料学、微纳电子学、生物医学等多学科交叉研究的一个重要课题。

1.3.1　理论分析与数值方法

近年来，很多研究者针对软材料的表面失稳问题开展了大量的实验和理论研究，以期揭示其表面失稳形貌与演化特征对系统的几何特征、力学参数、外加载荷等的依赖关系。概括而言，这些研究着眼于如下几个侧面：

其一，各种典型几何构型下软材料及其结构的稳定性。可以粗略地分为平面系统和曲面系统，这两类系统又包括单层膜、多层膜、薄膜–基底结构、功能梯度结构、非均质结构等。

其二，材料本构关系对系统稳定性的影响。主要包括线弹性、非线性弹性、粘弹性、弹塑性等本构关系。

其三，各种外加激励下材料与结构的稳定性。这些激励因素包括机械力、温度、电磁场、光照等物理因素，pH 值、离子浓度差等化学因素，生长、萎缩、病变等生物因素等。

其四，面向不同领域所开展的应用研究。例如，自然界中各种动物和植物的器官与组织的形貌形成机理，柔性电子器件的可延展性设计与制造，先进功能材料表面的功能化形貌制备与调控。

稳定性分析可分为临界屈曲分析和后屈曲分析。前者一般可归结为特征值求解问题，算法相对比较成熟，已经包含在多种商用有限元软件中；后者则涉及失稳分岔路径的判断、非线性问题的求解，较为复杂，需要针对不同的问题选用特定的算法，如弧长法和伪动力学方法等。

在软材料变形稳定性分析中，传统固体力学中稳定性理论的基本概念与方法依然适用。从 18 世纪开始，Euler、Lagrange、Liapunov、von Kármán、Timoshenko、

Koiter、钱学森等著名学者对稳定性理论的发展做出了重要贡献。20 世纪 30 年代以来，航空航天、复合材料等领域的飞跃发展进一步推动了稳定性理论的研究。对于一些比较简单的一维杆状结构、二维的平面应变或平面应力结构、轴对称结构，采用 Euler 稳定性理论、Koiter 稳定性理论[60]等，可得到失稳问题的理论解 [61−63]。而对于复杂的二维系统和三维系统问题，往往难以获得失稳的理论解，而采用数值方法进行求解，常用的数值方法有有限元法 [15,56,61,64]、频谱法 [65] 等。通常需要针对不同的问题，从效率、鲁棒性等角度选取相应的数值方法。

除了有限元法与频谱法外，相场法与蒙特卡罗法也被用于软材料的失稳模拟。何陵辉、倪勇等 [66] 采用相场法模拟了薄膜在软基底上的表面失稳与界面脱粘。Vliegenthart 与 Gompper[67]、Jadhao[68] 等采用蒙特卡罗法分别模拟了球壳在外压、外电场作用下的失稳与形貌演化。尽管现有的计算方法能够处理一些临界屈曲和初始后屈曲问题，但在处理高度非线性、多级失稳、形貌多重转化的软材料形貌失稳方面仍有待更深入的研究，特别是需要发展有效的计算方法以处理力学–化学–生物学机制耦合的问题。

1.3.2 高分子软膜的稳定性

高分子软膜的力学性质往往对温度敏感，在常温下表现为弹性，而在熔融态时可呈现流体性质。因而，对于不同状态下的薄膜，需要采用相应的弹性固体薄膜模型或粘性流体薄膜模型进行分析。在微电子、金属材料或器件等工程应用中，需要利用聚合物对固体表面作涂层处理，如施加保护膜、介电膜、润滑膜等，以达到防氧化、绝缘、降低磨损等目的。由于固体与流体之间的长程相互作用 (如范德瓦耳斯力)，涂层可能会出现鼓泡、孔洞、褶皱等缺陷。鉴于此，固体表面上高分子流体薄膜 (或涂层) 的稳定性问题备受关注 [69−76]。另一方面，也可以利用流体薄膜的失稳机制来制备表面形貌，并通过固化处理得到稳定的斑图，进而用于调控一些材料与器件的表面功能 [77]。这也是平版印刷、有机电子、生物芯片等领域关注的一个课题。

由于对外界刺激的敏感性，软薄膜在范德瓦耳斯力、静电力、毛细力等微小刺激下就会发生失稳。利用这种特点，研究者们发展出多种表面形貌制备方法。在薄膜表面形貌制备方面，当一个刚性平压头逐渐靠近一个聚合物软薄膜时，随着压头与薄膜之间范德瓦耳斯力的增大，在一定条件下薄膜会发生表面失稳，形成规则的微纳米形貌。Shenoy 和 Sharma[78,79] 对该问题进行了二维理论分析 (图 1.7(a))，其结果表明，如果忽略表面能对薄膜的影响，失稳所导致的表面形貌的波长正比于薄膜的厚度，而与相互作用力的性质无关。当薄膜厚度减少到 1μm 以下时，需要考虑表面能的影响 [80]，失稳特征波长与厚度之间的关系呈现非线性。Zhao[81] 研究了外延弹性薄膜在范德瓦耳斯相互作用下的失稳问题，其结果表明具有负 Hamaker

常数的范德瓦耳斯力驱使薄膜失稳，失稳的临界波长与薄膜厚度以及面内应力的幅值有关。由于在 LISA 技术中得到的形貌一般是三维的，黄世清等 [82] 分析了在范德瓦耳斯相互作用下弹性软薄膜的三维失稳问题，给出了失稳临界条件的解析解。他们还将范德瓦耳斯力处理成非线性弹簧，对软薄膜失稳进行了有限元模拟，验证了其理论模型的准确性。潘夏辉等 [83] 的研究表明，薄膜与基底间的界面粘接状况对于失稳的临界条件和形貌尺寸有较大影响，通过控制界面粘接性质可以扩大形貌调控的尺度范围。由于在 LISA 过程中软弹性薄膜的失稳斑图仅依赖于薄膜的几何和物理性质，难于通过几何或力学参数进行形貌调控，何陵辉等 [84] 指出，通过对薄膜进行面内预加载的方式，可以大幅度提高 LISA 制图技术的应用范围。他们还发现，通过施加电场，可以将电极上的预制形貌转移到软薄膜的表面上，但在外加电压高至某一临界值后，软薄膜表面将不会受到电极表面预制形貌的影响，仅产生与面内拉伸平行的沟槽波纹 [85]。除了上述对单层薄膜的研究外，也有一些学者研究了双层软薄膜表面失稳的物理机制和失稳特征 [86]，结果表明，通过调节双层膜的几何与力学参数，可以在更大范围内调控失稳形貌。

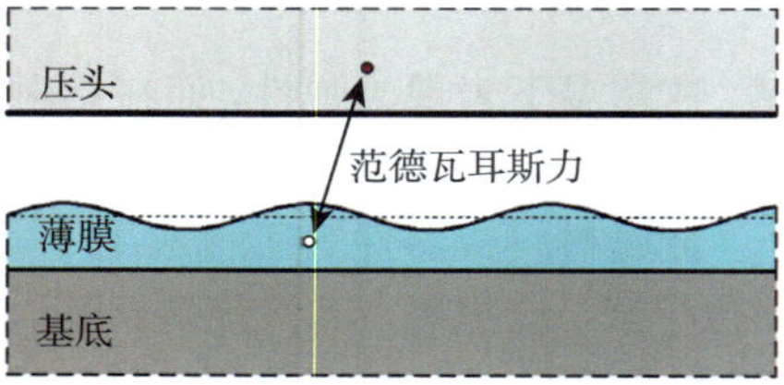

(a)

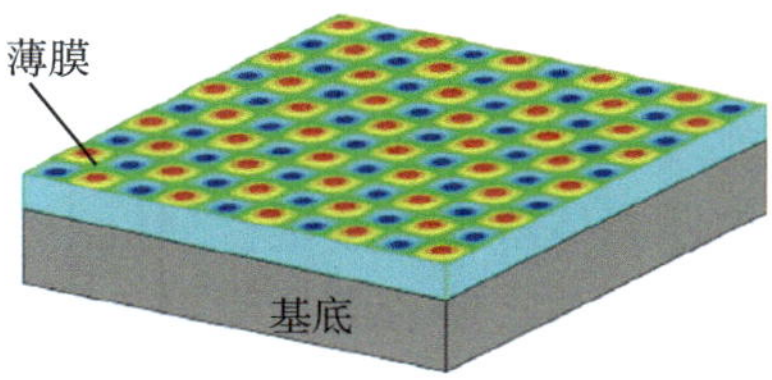

(b)

图 1.7　(a) 平压头与薄膜相互作用引起的表面失稳；(b) 薄膜的自发失稳

不仅外加力场或电场会导致薄膜失稳，而且薄膜与基底间的相互作用也会导致其表面丧失原有的光滑形貌 (图 1.7(b))，甚至薄膜内部自身 (如两个表面之间) 的相互作用也会诱发失稳，这种现象称为自发失稳 [71]。自发失稳致使薄膜表面变得粗糙不平。一方面，这对一些软薄膜的应用产生负面影响；另一方面，也可以利用这一特点，在一些传统表面制图技术难以实现的材料或结构上制备规则的微纳形貌，进而调控材料的表面功能。黄世清等 [35] 研究了刚性基底上软薄膜的三维失稳问题，其研究表明，当薄膜的泊松比小于 0.25 时，薄膜倾向于发生均匀变形，保持光滑形貌；而当泊松比大于 0.25 时，薄膜容易失稳。当厚度小于某一临界尺寸时，薄膜与基底之间的范德瓦耳斯相互作用势将起到不容忽视的作用，范德瓦耳斯相互作用势与表面能、弹性应变能的竞争决定着薄膜的稳定性。对于非常薄的软膜，范德瓦耳斯相互作用势将驱使薄膜表面失稳，导致规则或不规则的表面形貌，甚至引起薄膜的破裂。

对于软材料弹性薄膜在范德瓦耳斯力、电场力作用下的失稳问题，临界失稳形貌主要取决于薄膜的几何性质，而对相互作用力的性质不敏感；而对于粘性流体软薄膜，失稳形貌不仅依赖于薄膜本身的几何、力学性质以及基底的物理性质，而且与相互作用力的性质有关 [87]，从而使得失稳形貌复杂多样。Schäffer 等 [34,88] 通过实验研究了粘性薄膜在外加均匀电场中的失稳 (图 1.8(a))，发现薄膜表面产生了具有特征波长的形貌。他们利用这种方法，在流体薄膜的表面制备了六方规则排列的表面斑图 (图 1.8(b))。其实验表明，失稳形貌的特征波长与薄膜表面张力、外加电场强度密切相关。之后，该现象受到了众多研究者的关注。Wu 等 [89,90] 研究了非线性效应对薄膜电致失稳的影响，采用数值模拟方法分析了表面形貌的特征。Sharma 等 [91] 讨论了液态薄膜和粘性双层膜在电场中的形貌演化，考虑了薄膜粘性和毛细力对表面失稳的影响，发现不同形貌之间可以发生转化。此外，通过施加电场，也可在流体薄膜表面得到多级形貌 [92]。最近，Bae 等 [93] 研究了掺杂纳米颗粒的聚合物薄膜电致失稳的形貌特征，发现失稳波长随薄膜介电常数的增加而减小。通过改变薄膜中纳米金颗粒的含量，可以调控薄膜的介电常数，进而得

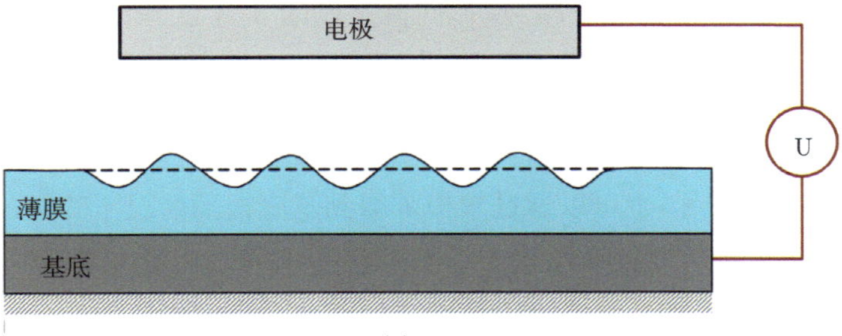

(a)

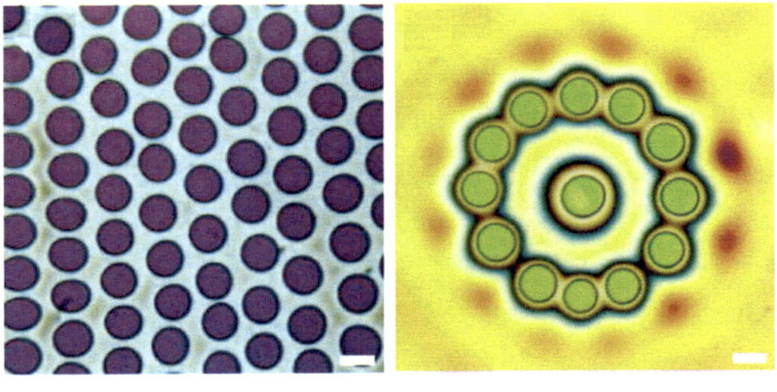

(b)

图 1.8 粘性流体薄膜的电致失稳

(a) 失稳模型；(b) 实验结果 [34]

到不同的表面形貌。

1.3.3　硬膜–软基系统的稳定性

自然界和工程中的很多结构可以简化为硬膜–软基系统，即具有较高弹性模量的薄膜粘附于弹性模量较低的基底上。例如，在软材料的制备过程中，其表面与大气接触，易发生氧化、失水等物理或化学过程，形成一层较硬的薄膜 [12,94]；在柔性电子器件 [21] 等工程应用中，往往需要在软材料的表面覆盖一层硬膜；在自然界中，在软组织的外表面大多有一层起保护作用的、较硬的外皮组织，如植物的果实、动物的皮肤、脏器的表皮组织等。此外，在实验力学领域，也可以以软材料为载体，对硬膜材料进行力学性能测量 [22,49]。

在硬膜–软基这类系统的研究中，通常将薄膜简化成薄板，将基底视为弹性、粘弹性体，薄膜与基底之间通过界面粘接条件相联系；也可以采用各种等效的地基模型 (如 Winkler 模型) 等对基底与薄膜之间的相互作用进行简化。经过简化后，硬膜–软基系统的分析变得相对简单，在一些情况下可以得到解析解，以揭示其变形与失稳的力学机理和主要影响因素。

Cerda 和 Mahadevan[95] 分析了硬膜–软基系统失稳的特征，在基底足够厚的情况下得到了失稳波长正比于膜–基弹性模量比的 1/3 次幂的标度律关系，这与 Bowden 等 [96] 的实验结果一致。Chen 和 Hutchinson[97,98] 分析了薄膜在面内双向载荷作用下的稳定性，发现，系统在后屈曲过程中失稳形貌逐渐由正弦形演化为人字形 (或之字形)。Huang 等 [65] 研究了有限厚度软基底上薄膜的失稳，该模型既可以退化到无限厚度基底，也可以通过求极限得到基底很薄情况下的解，并采用数值方法模拟了三维失稳形貌。Audoly 和 Boudaoud[62,99,100]、Cai 等 [101] 进一步对硬膜–软基系统的失稳形貌及其演化规律进行了深入分析，给出了沟槽、四方、六方、三角、人字形、迷宫等典型失稳形貌的发生条件和特征波长，如图 1.9 所示。Suo 等和 Huang 等 [102–105] 将上述弹性基底模型推广到粘弹性基底等情况，得到了更一般情况下薄膜失稳的临界条件和形貌特征。此外，对于有限宽度的薄膜、不同横截面形状的梁和管在基底上的失稳问题，国内外学者也进行了理论和实验研究 [49,106,107]，所得到的结果可用于测量薄膜、纤维等的弹性性质 [108,109]。

上述关于硬膜–软基系统表面失稳的研究大多为临界失稳分析。除此之外，薄膜–软基系统的后屈曲行为与形貌演化也是一个重要课题。它涉及材料非线性、几何非线性、失稳形貌的多次分岔与转化等一系列复杂问题，给理论和数值求解带来困难。Huang 等 [65] 对硬膜–软基系统进行了初始后屈曲分析，假设在后屈曲过程中，薄膜表面保持正弦形貌，只是失稳形貌的波幅随着外载的增大而增大，得到了后屈曲形貌演化的一些基本特征。一些研究组研究了漂浮在液体表面薄膜、细长杆件等的后屈曲问题，发现薄膜或细杆会逐渐从初始的正弦形貌演化到折叠的、自接

触的模式 [63,110,111]。实验还发现，软基底上的薄膜在后屈曲演化过程中，失稳形貌的几何特征、波长和波幅都会发生复杂变化，可以由单周期形貌转化为双周期、四周期等形貌，如图 1.10 所示。传统的初始后屈曲分析难以准确描述这些复杂的演化现象。Kim 等 [112]、赵岩等 [113]、张吟等 [114,115] 通过理论分析与有限元模拟，研究了这种后屈曲演化现象的发生条件与物理机制。

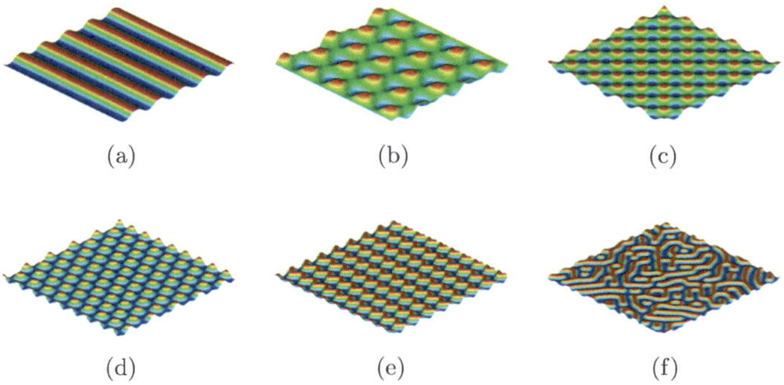

图 1.9 硬膜–软基系统的典型失稳形貌

(a) 沟槽形貌；(b) 四方形貌；(c) 六方形貌；(d) 三角形貌；(e) 人字形貌；(f) 迷宫形貌

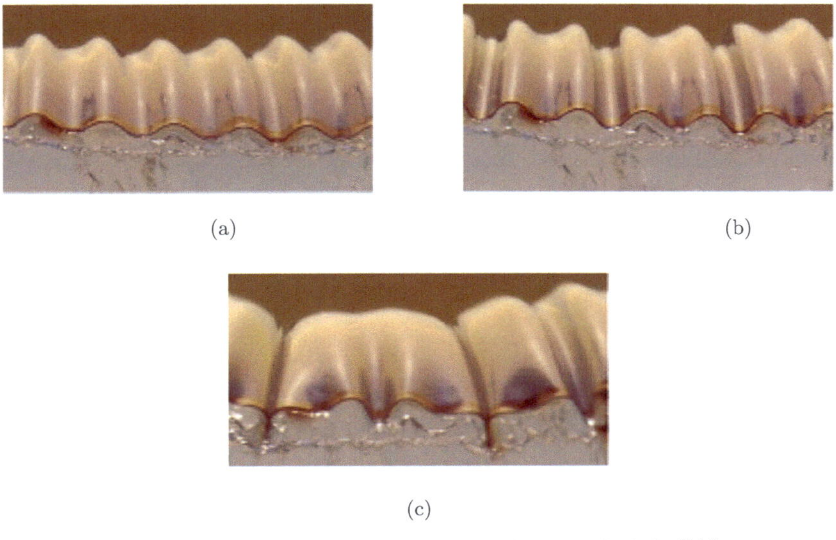

图 1.10 硬膜–软基系统表面失稳形貌的后屈曲演化 [116]

(a) 单周期形貌；(b) 双周期形貌；(c) 四周期形貌

1.3.4　生物软组织的表面失稳

在人体中，软组织和器官的种类繁多，其重量超过体重的 50%。相比于骨骼、牙齿等较为坚硬的生物器官和组织，对生物软组织的力学生物学研究还相对薄弱。这些软组织的力学行为在很多方面迥异于硬质固体材料，给相关研究带来了挑战。例如，生物软组织对外界的微小作用十分敏感，其响应具有很强的非线性特征；在生长、环境改变等外界激励下，软组织容易失去稳定性，导致表面起皱和形貌的持续演化，如图 1.11 所示为肠道 [28] 与脑组织 [58] 的复杂褶皱形貌。一些学者基于软组织表面失稳力学理论，对动物器官表面、脑组织等的形态发育机制进行了研究 [117−120]。生物软组织的表面失稳和形貌演化与人类的健康也密切相关。实验观察到人体内管腔结构 (如肺气管、食道、肠道、胃等) 的内壁粘膜常常处于褶皱状态，这些褶皱的存在有着重要的生理意义。另外，一些疾病的发生，如食道炎、胃肠炎、支气管炎、哮喘等疾病，也会导致粘膜表面形貌的改变。医学研究发现，哮喘病患者的肺气管内表面粘膜褶皱的波长和波幅均大于正常人；胃癌患者的胃粘膜褶皱存在明显扩张、厚化现象 [121](图 1.12)。生物软组织的表面形貌及其演化特征常被作为相关疾病临床初步诊断的依据，而对于这些表面形貌中所蕴含的疾病发生与发展的信息，目前尚缺乏深入的认识。

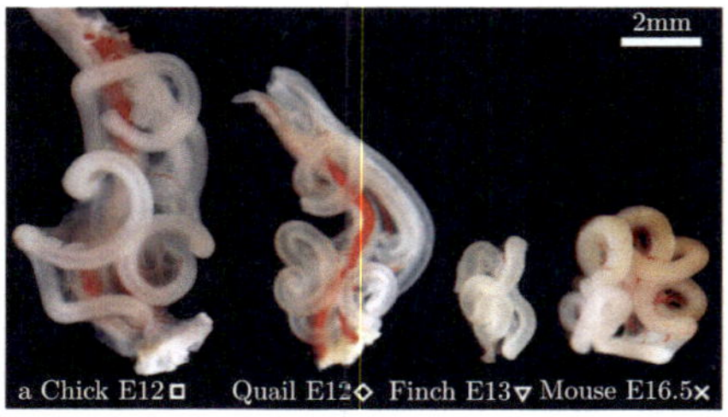

(a)

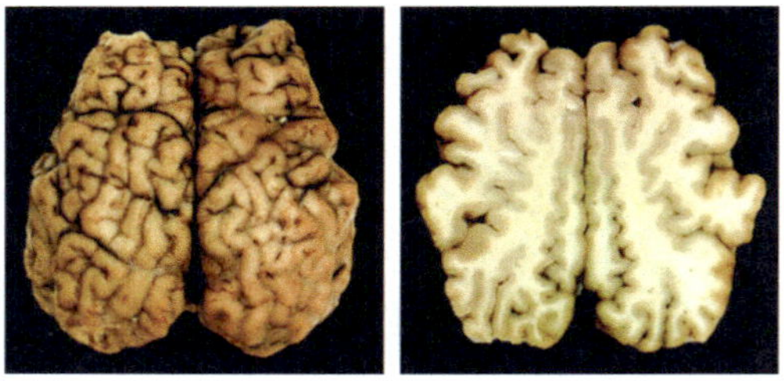

(b)

图 1.11　生物软组织形貌

(a) 鸡、鹌鹑、雀、鼠的肠道 [28]；(b) 哺乳动物的脑组织 [58]

生物软组织区别于人造材料的一个基本特征是生长，无论是正常的生理生长，还是病变生长，均是一个复杂的化学和生物学过程，发生在不同的几何和时间尺度上。要理解软组织表面形貌产生、改变的原因，首先需要理解组织的生长特征。为了实现不同的生物功能，生物组织的生长大致表现为三种不同的方式，即顶端生长、表面生长和体生长 [122]。顶端生长常常出现在根毛、菌丝、花粉管等组织中，细胞聚集成细长杆状结构，在杆的端部形成扁平的圆盖帽，生长主要发生在圆盖帽上 [123]；表面生长主要指质量增积发生在物体的表面上，如贝壳、角等 [124]；而大多数软组织的发育是以体生长的方式进行的，例如，动脉、气管、心脏、肌肉和肿

瘤等的生长 [125,126]。

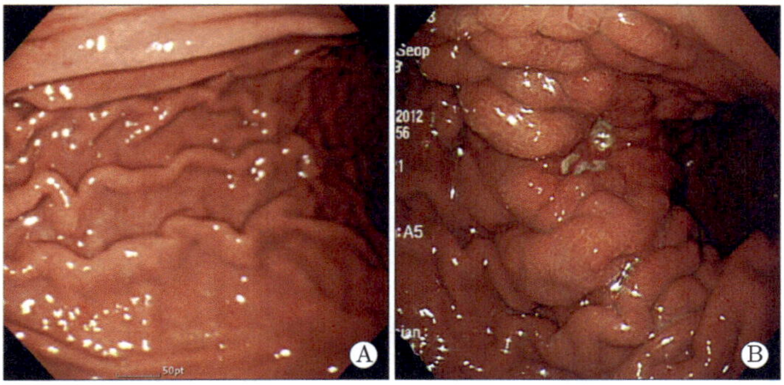

(a) (b)

图 1.12 胃癌患者胃粘膜病前、病后对比 [121]

(a) 正常组织; (b) 病变组织

已有许多研究致力于发展软组织生长的理论模型。现有的生长模型主要分为三类：扩散模型 [127]、弹性模型 [122] 以及混合模型 [128]。这里简要介绍最常用的弹性模型。该模型从宏观角度研究软组织发生体生长的行为，其出发点是变形梯度的乘法分解，根据 Rodriguez 等 [129] 的工作，将生长所引起的变形梯度张量分解为弹性变形张量和生长张量，其中生长张量代表物质的增加，而弹性变形张量保证生物组织内的应变协调和结构的完整性。弹性变形是由于组织的非均匀生长所致，因而对应着残余应力。残余应力对于生物软组织或器官的形貌演化、功能以及生长本身有着重要意义 [130]。当组织内部的压缩应力超过某一临界值时，软组织表面将屈曲成规则或不规则的形状 [52,131]。因此，从软材料失稳力学的角度对软组织生长及形貌失稳进行研究，有望为肿瘤、发炎、水肿、哮喘、肠胃炎等疾病的临床诊疗提供一些参考。

1.4 软材料失稳力学的若干关键问题

如前所述，软材料稳定性理论的研究已经取得了多方面的进展，但总体而言，人们对软材料失稳的力学机制的认识尚不够深入，还有诸多问题需要进一步开展深入系统的理论分析、数值模拟和实验研究，其中几个问题简述如下：

首先，需要深入研究三维曲面结构、非均质结构等的表面失稳与形貌演化。软材料的失稳和形貌演化研究往往需要采用三维、大变形、非线性变形理论，而且失稳后的形貌演化异常复杂，存在多级形貌失稳、多次分岔、多重分岔路径等现象。此外，材料的非均质性也为形貌演化带来复杂性 [132]。这为理论研究带来了很大困难，因此发展软材料失稳的力学理论和高效计算方法依然是该领域的一个重要课题。尽管已有一些学者采用数值方法 (主要是有限元法) 分析软材料的表面失稳现象，但是这些方法仍然面临计算稳定性差、效率低、通用性差、难以捕捉到一些复杂形貌 (如三维多级形貌) 等问题。以现在最常用的弧长法为例，该方法虽能跟踪形貌演化过程中具有挑战性的蛇回现象，但在描述局部失稳时常会遇到收敛性问题。伪动力学方法虽然在描述有局部失稳发生的情况时有明显优势，但却难以模拟蛇回等现象。鉴于上述困难，以往的研究大多集中于无限大平面二维问题，对于局部失稳、三维失稳、表面曲率对失稳形貌及其后屈曲演化的影响等，虽然已有学者对一些简单几何系统 (如圆柱、圆球) 的稳定性问题进行了研究，初步揭示了这些情况下软材料失稳的一些特点，但是对于三维曲面结构的表面形貌演化的基本规律尚待深入研究。

其二，力学、电学、生物学、化学多场耦合情况下的软材料表面失稳理论、计算方法和实验技术都是需要重点研究的问题。以生物软组织为例，生物软组织具有物质的生长与吸收特性，其体积可以发生很大的改变，并涉及复杂的力学、化学和生物学耦合过程。生长决定着活组织的正常发育，同时也会因为生物体发生病变而改变。在已有的理论框架中，对于组织生长的数学描述和具体生理机制的联系还不够清晰，一些可能影响表面形貌演化的重要生理因素也未被纳入。在生理和病理条件下，生物组织的生长受到营养供给、空间几何等因素的影响，并具有时间上的非定常性和对生化因素 (如离子浓度、pH、温度等) 的响应特性；在表面形貌演化过程中，也会发生一些物质的交换。所构建的理论方法需要具备描述上述这些生化因素的能力，才能较好地反映出在生理和病理条件下生物软组织表面形貌演化的真实特点。建立这样一个耦合上述生化因素的力学理论，以描述生物组织的失稳过程，进而对从真实生物软组织的形态和结构中抽象出的一系列典型模型进行计算，包括核壳结构 (如肿瘤)、管腔结构 (如食道、气道、胃)、多层膜结构 (如皮肤)、多孔结构 (如粘膜组织)、复杂拓扑结构 (如血管网络) 等。此外，对于人工材料，如介电聚合物、水凝胶等，其失稳研究也需要考虑力学、化学、电学的耦合，以实现软材料表面失稳的调控，为工程应用提供理论参考 [3,133−135]。

要尽可能真实地刻画多场作用情况下软材料的表面形貌演化，也离不开新的实验手段和测试技术。一方面，实验测得的软材料的基本结构和力-电-生-化学耦合参数是理论建模的依据；另一方面，实验也可为理论分析、数值模拟提供依据与佐证。第一，需要测定在不同尺度上软材料多场耦合的本构关系，这是失稳理论与数值模型的基础；第二，对于生物软组织，需要测定其在体环境下的参数，尤其是病变生物组织的生长速率和生长过程，确定影响生长与形貌演化的重要因素；第三，需要对软材料失稳表面形貌进行系统的观察，归纳出既具有普适性、又有特异性的多场耦合规律。通过采用上述方法对典型人工材料、生物软组织的形貌演化进行系统全面的分析，总结出形貌演化的基本规律，以及病理因素对形貌演化的影响规律，这些研究有望为疾病的诊疗提供一些参考。

1.5 本书内容

软材料失稳力学的研究内容丰富多彩，本书仅仅从连续介质力学的角度，针对若干典型的几何构型，考虑不同驱动力 (外力、电场、组织生长等) 的作用，通过理论分析、数值模拟和实验测量，研究软材料临界失稳的条件、失稳形貌及其后屈曲演化特征等问题，揭示失稳形貌特征与几何构型、载荷、本构关系等因素之间的关系，并对表面失稳现象在微纳米形貌制备、生物医学工程等方面的应用进行初步探讨。本书大致分为三部分：

第一部分包括第 1~3 章，简要介绍软材料稳定性理论的基本概念与方法，包含弹性稳定性理论与计算方法。

第二部分包括第 4~15 章，讨论膜基系统失稳问题，包含硬膜–软基和软膜–硬基系统的失稳，主要从系统几何 (如无限大系统、有限宽度系统、无限大系统局部失稳等)、基底性质 (如线弹性基底、超弹性基底、功能梯度基底、结构化基底等)、加载方式 (如机械力、电场、范德瓦耳斯力等) 的角度探讨失稳的规律。

第三部分包括第 16、17 章，主要研究生物软组织由于生长、萎缩等因素所导致的失稳问题，探讨软组织失稳与一些常见疾病临床表现的相关性。

参 考 文 献

[1] De Gennes P G. Soft matter (Nobel lecture). Angewandte Chemie, 1992, 31: 842–845.

[2] 陆坤权，刘寄星. 软物质物理学导论. 北京: 北京大学出版社, 2006.

[3] Suo Z. Theory of dielectric elastomers. Acta Mechanica Solida Sinica, 2010, 23: 549–578.

[4] Dang Z M, Zheng M S, Hu P H, Zha J W. Dielectric polymer materials for electrical energy storage and dielectric physics: a guide. Journal of Advanced Physics, 2015, 4: 302–313.

[5] Warner M, Terentjev E M. Liquid Crystal Elastomers. New York: Oxford University Press, 2003.

[6] Thomsen D L, Keller P, Naciri J, Pink R, Jeon H, Shenoy D, Ratna B R. Liquid crystal elastomers with mechanical properties of a muscle. Macromolecules, 2001, 34: 5868–5875.

[7] Brochu P, Pei Q. Advances in dielectric elastomers for actuators and artificial muscles. Macromolecular Rapid Communications, 2010, 31: 10–36.

[8] Zhou J, Hong W, Zhao X, Zhang Z, Suo Z. Propagation of instability in dielectric

elastomers. International Journal of Solids and Structures, 2008, 45: 3739–3750.

[9] Beebe D J, Moore J S, Bauer J M, Yu Q, Liu R H, Devadoss C, Jo B H. Functional hydrogel structures for autonomous flow control inside microfluidic channels. Nature, 2000, 404: 588–590.

[10] Guvendiren M, Burdick J A. Stiffening hydrogels to probe short-and long-term cellular responses to dynamic mechanics. Nature Communications, 2012, 3: 792.

[11] 欧阳钟灿. 中国学科发展战略 · 软物质凝聚态物理学的前沿问题. 北京: 科学出版社, 2017.

[12] Genzer J, Groenewold J. Soft matter with hard skin: from skin wrinkles to templating and material characterization. Soft Matter, 2006, 2: 310–323.

[13] Li B, Cao Y P, Feng X Q, Gao H. Mechanics of morphological instabilities and surface wrinkling in soft materials: a review. Soft Matter, 2012, 8: 5728–5745.

[14] Diab M, Zhang T, Zhao R, Gao H, Kim K S. Ruga mechanics of creasing: from instantaneous to setback creases. Proceedings of the Royal Society of London A, 2013, 469: 20120753.

[15] Cao Y, Hutchinson J W. From wrinkles to creases in elastomers: the instability and imperfection-sensitivity of wrinkling. Proceedings of the Royal Society of London A, 2012, 468: 94–115.

[16] 赵亚溥. 纳米与介观力学. 北京: 科学出版社, 2014.

[17] Chou S Y, Zhuang L. Lithographically induced self-assembly of periodic polymer micropillar arrays. Journal of Vacuum Science & Technology B, 1999, 17: 3197–3202.

[18] Feng L, Li S, Li Y, Li H, Zhang L, Zhai J, Song Y, Liu B, Jiang L, Zhu D. Superhydrophobic surfaces: from natural to artificial. Advanced Materials, 2002, 14: 1857–1860.

[19] Kim D H, Rogers J A. Stretchable electronics: materials strategies and devices. Advanced Materials, 2008, 20: 4887–4892.

[20] Lu X, Xia Y. Electronic materials: buckling down for flexible electronics. Nature Nanotechnology, 2006, 1: 163–164.

[21] Rogers J A, Someya T, Huang Y. Materials and mechanics for stretchable electronics. Science, 2010, 327: 1603–1607.

[22] Stafford C M, Harrison C, Beers K L, Karim A, Amis E J, VanLandingham M R, Kim H C, Volksen W, Miller R D, Simonyi E E. A buckling-based metrology for measuring the elastic moduli of polymeric thin films. Nature Materials, 2004, 3: 545–550.

[23] Ilievski F, Mazzeo A D, Shepherd R F, Chen X, Whitesides G M. Soft robotics for chemists. Angewandte Chemie, 2011, 123: 1930–1935.

[24] Cerda E. Mechanics of scars. Journal of Biomechanics, 2005, 38: 1598–1603.

[25] Hendricks T R, Lee I. Wrinkle-free nanomechanical film: control and prevention of polymer film buckling. Nano Letters, 2007, 7: 372–379.

[26] Lambert R, Codd S, Alley M, Pack R. Physical determinants of bronchial mucosal folding. Journal of Applied Physiology, 1994, 77: 1206–1216.

[27] Wiggs B R, Hrousis C A, Drazen J M, Kamm R D. On the mechanism of mucosal folding in normal and asthmatic airways. Journal of Applied Physiology, 1997, 83: 1814–1821.

[28] Savin T, Kurpios N A, Shyer A E, Florescu P, Liang H, Mahadevan L, Tabin C J. On the growth and form of the gut. Nature, 2011, 476: 57–62.

[29] Ben Amar M, Jia F. Anisotropic growth shapes intestinal tissues during embryogenesis. Proceedings of the National Academy of Sciences USA, 2013, 110: 10525–10530.

[30] Shyer A E, Tallinen T, Nerurkar N L, Wei Z, Gil E S, Kaplan D L, Tabin C J, Mahadevan L. Villification: how the gut gets its villi. Science, 2013, 342: 212–218.

[31] Mei Y, Kiravittaya S, Harazim S, Schmidt O G. Principles and applications of micro and nanoscale wrinkles. Materials Science and Engineering R: Reports, 2010, 70: 209–224.

[32] Yang D, Mosadegh B, Ainla A, Lee B, Khashai F, Suo Z, Bertoldi K, Whitesides G M. Buckling of elastomeric beams enables actuation of soft machines. Advanced Materials, 2015, 27: 6323–6327.

[33] Sharma A, Khanna R. Pattern formation in unstable thin liquid films. Physical Review Letters, 1998, 81: 3463–3466.

[34] Schäffer E, Thurn-Albrecht T, Russell T P, Steiner U. Electrically induced structure formation and pattern transfer. Nature, 2000, 403: 874–877.

[35] Huang S Q, Li B, Feng X Q. Three-dimensional analysis of spontaneous surface instability and pattern formation of thin soft films. Journal of Applied Physics, 2008, 103: 083501.

[36] Blossey R. Self-cleaning surfaces-virtual realities. Nature Materials, 2003, 2: 301–306.

[37] Feng X Q, Gao X F, Wu Z, Jiang L, Zheng Q S. Superior water repellency of water strider legs with hierarchical structures: experiments and analysis. Langmuir, 2007, 23: 4892–4896.

[38] Gao X F, Jiang L. Biophysics: water-repellent legs of water striders. Nature, 2004, 432: 36–36.

[39] Efimenko K, Rackaitis M, Manias E, Vaziri A, Mahadevan L, Genzer J. Nested self-similar wrinkling patterns in skins. Nature Materials, 2005, 4: 293–297.

[40] Zheng X P, Cao Y P, Li B, Feng X Q, Yu S W. Surface wrinkling of nanostructured thin films on a compliant substrate. Computational Materials Science, 2010, 49: 767–772.

[41] Chan E P, Crosby A J. Fabricating microlens arrays by surface wrinkling. Advanced Materials, 2006, 18: 3238–3242.

[42] Chandra D, Yang S, Lin P C. Strain responsive concave and convex microlens arrays. Applied Physics Letters, 2007, 91: 251912.

[43] Koch K, Bhushan B, Jung Y C, Barthlott W. Fabrication of artificial Lotus leaves and significance of hierarchical structure for superhydrophobicity and low adhesion. Soft

Matter, 2009, 5: 1386–1393.

[44] Ko H C, Stoykovich M P, Song J, Malyarchuk V, Choi W M, Yu C J, Geddes Iii J B, Xiao J, Wang S, Huang Y, Rogers J A. A hemispherical electronic eye camera based on compressible silicon optoelectronics. Nature, 2008, 454: 748–753.

[45] Kim D H, Viventi J, Amsden J J, Xiao J, Vigeland L, Kim Y S, Blanco J A, Panilaitis B, Frechette E S, Contreras D. Dissolvable films of silk fibroin for ultrathin conformal bio-integrated electronics. Nature Materials, 2010, 9: 511–517.

[46] Blau A, Murr A, Wolff S, Sernagor E, Medini P, Iurilli G, Ziegler C, Benfenati F. Flexible, all-polymer microelectrode arrays for the capture of cardiac and neuronal signals. Biomaterials, 2011, 32: 1778–1786.

[47] Khang D Y, Jiang H, Huang Y, Rogers J A. A stretchable form of single-crystal silicon for high-performance electronics on rubber substrates. Science, 2006, 311: 208–212.

[48] Choi W M, Song J, Khang D Y, Jiang H, Huang Y Y, Rogers J A. Biaxially stretchable "wavy" silicon nanomembranes. Nano Letters, 2007, 7: 1655–1663.

[49] Cao Y P, Zheng X P, Li B, Feng X Q. Determination of the elastic modulus of micro- and nanowires/tubes using a buckling-based metrology. Scripta Materialia, 2009, 61: 1044–1047.

[50] Huang J, Juszkiewicz M, de Jeu W H, Cerda E, Emrick T, Menon N, Russell T P. Capillary wrinkling of floating thin polymer films. Science, 2007, 317: 650–653.

[51] Sharon E, Roman B, Swinney H L. Geometrically driven wrinkling observed in free plastic sheets and leaves. Physical Review E, 2007, 75: 046211.

[52] Liang H, Mahadevan L. The shape of a long leaf. Proceedings of the National Academy of Sciences USA, 2009, 106: 22049–22054.

[53] Liang H, Mahadevan L. Growth, geometry, and mechanics of a blooming lily. Proceedings of the National Academy of Sciences USA, 2011, 108: 5516–5521.

[54] Sharon E, Marder M, Swinney H L. Leaves, flowers and garbage bags: making waves. American Scientist, 2004, 92: 254–261.

[55] Li B, Jia F, Cao Y P, Feng X Q, Gao H. Surface wrinkling patterns on a core-shell soft sphere. Physical Review Letters, 2011, 106: 234301.

[56] Yin J, Cao Z, Li C, Sheinman I, Chen X. Stress-driven buckling patterns in spheroidal core/shell structures. Proceedings of the National Academy of Sciences USA, 2008, 105: 19132–19135.

[57] Seow C Y, Wang L, Pare P D. Airway narrowing and internal structural constraints. Journal of Applied Physiology, 2000, 88: 527–533.

[58] Budday S, Steinmann P, Kuhl E. Secondary instabilities modulate cortical complexity in the mammalian brain. Philosophical Magazine, 2015, 1–13.

[59] MacCarty R L, Talley N J. Barium studies in diffuse eosinophilic gastroenteritis. Gastrointestinal Radiology, 1990, 15: 183–187.

[60] Heijden A M A. W. T. Koiter's Elastic Stability of Solids and Structures. Cambridge: Cambridge University Press, 2008.

[61] Liu Z S, Swaddiwudhipong S, Cui F S, Hong W, Suo Z, Zhang Y W. Analytical solutions of polymeric gel structures under buckling and wrinkle. International Journal of Applied Mechanics, 2011, 3: 235–257.

[62] Audoly B, Boudaoud A. Buckling of a stiff film bound to a compliant substrate-Part I: formulation, linear stability of cylindrical patterns, secondary bifurcations. Journal of the Mechanics and Physics of Solids, 2008, 56: 2401–2421.

[63] Diamant H, Witten T A. Compression induced folding of a sheet: An integrable system. Physical Review Letters, 2011, 107: 164302.

[64] Liu Z S, Hong W, Suo Z, Swaddiwudhipong S, Zhang Y. Modeling and simulation of buckling of polymeric membrane thin film gel. Computational Materials Science, 2010, 49: S60–S64.

[65] Huang Z, Hong W, Suo Z. Nonlinear analyses of wrinkles in a film bonded to a compliant substrate. Journal of the Mechanics and Physics of Solids, 2005, 53: 2101–2118.

[66] Pan K, Ni Y, He L H, Huang R. Nonlinear analysis of compressed elastic thin films on elastic substrates: From wrinkling to buckle-delamination. International Journal of Solids and Structures, 2014, 51: 3715–3726.

[67] Vliegenthart G, Gompper G. Compression, crumpling and collapse of spherical shells and capsules. New Journal of Physics, 2011, 13: 045020.

[68] Jadhao V, Thomas C K, de la Cruz M O. Electrostatics-driven shape transitions in soft shells. Proceedings of the National Academy of Sciences USA, 2014, 111: 12673–12678.

[69] Herminghaus S, Jacobs K, Mecke K, Bischof J, Fery A, Ibn-Elhaj M, Schlagowski S. Spinodal dewetting in liquid crystal and liquid metal films. Science, 1998, 282: 916–919.

[70] Troian S, Wu X, Safran S. Fingering instability in thin wetting films. Physical Review Letters, 1989, 62: 1496–1499.

[71] Xie R, Karim A, Douglas J F, Han C C, Weiss R A. Spinodal dewetting of thin polymer films. Physical Review Letters, 1998, 81: 1251–1254.

[72] Cazabat A, Heslot F, Troian S, Carles P. Fingering instability of thin spreading films driven by temperature gradients. Nature, 1990, 346: 824–826.

[73] Thiele U, Mertig M, Pompe W. Dewetting of an evaporating thin liquid film: heterogeneous nucleation and surface instability. Physical Review Letters, 1998, 80: 2869–2872.

[74] Becker J, Grun G, Seemann R, Mantz H, Jacobs K, Mecke K R, Blossey R. Complex dewetting scenarios captured by thin-film models. Nature Materials, 2002, 2: 59–63.

[75] Johnson M, Kamm R D, Ho L W, Shapiro A, Pedley T. The nonlinear growth of surface-tension-driven instabilities of a thin annular film. Journal of Fluid Mechanics, 1991, 233: 141–156.

[76] Sharma A, Reiter G. Instability of thin polymer films on coated substrates: rupture, dewetting, and drop formation. Journal of Colloid and Interface Science, 1996, 178: 383–399.

[77] Basu S K, Scriven L E, Francis L F, McCormick A V. Mechanism of wrinkle formation in curing coatings. Progress in Organic Coatings, 2005, 53: 1–16.

[78] Shenoy V, Sharma A. Pattern formation in a thin solid film with interactions. Physical Review Letters, 2001, 86: 119–122.

[79] Shenoy V, Sharma A. Stability of a thin elastic film interacting with a contactor. Journal of the Mechanics and Physics of Solids, 2002, 50: 1155–1173.

[80] 赵亚溥. 表面与界面物理力学. 北京: 科学出版社, 2012.

[81] Zhao Y P. Morphological stability of epitaxial thin elastic films by van der Waals force. Archive of Applied Mechanics, 2002, 72: 77–84.

[82] Huang S Q, Li Q Y, Feng X Q, Yu S W. Pattern instability of a soft elastic film under van der Waals forces. Mechanics of Materials, 2006, 38: 88–99.

[83] Pan X H, Huang S Q, Yu S W, Feng X Q. Interfacial slippage effect on the surface instability of a thin elastic film under van der Waals force. Journal of Physics D: Applied Physics, 2009, 42: 055302.

[84] He L H L, Qiao L. Pre-tension regulates buckling patterns of soft films with interactions. Europhysics Letters, 2007, 80: 14003.

[85] Li K, He L H. Deformation and buckling of a pre-stretched soft elastic film induced by spatially modulated electric fields. International Journal of Solids and Structures, 2010, 47: 2784–2789.

[86] Mukherjee R, Pangule R, Sharma A, Tomar G. Contact instability of elastic bilayers: miniaturization of instability patterns. Advanced Functional Materials, 2007, 17: 2356–2364.

[87] Kargupta K, Sharma A. Templating of thin films induced by dewetting on patterned surfaces. Physical Review Letters, 2001, 86: 4536–4539.

[88] Schäffer E, Thurn-Albrecht T, Russell T P, Steiner U. Electrohydrodynamic instabilities in polymer films. Europhysics Letters, 2001, 53: 518–524.

[89] Wu N, Pease III L F, Russel W B. Electric-field-induced patterns in thin polymer films: weakly nonlinear and fully nonlinear evolution. Langmuir, 2005, 21: 12290–12302.

[90] Wu N, Russel W B. Dynamics of the formation of polymeric microstructures induced by electrohydrodynamic instability. Applied Physics Letters, 2005, 86: 241912.

[91] Bandyopadhyay D, Sharma A. Electric field induced instabilities in thin confined bilayers. Journal of Colloid and Interface Science, 2007, 311: 595–608.

[92] Harkema S, Steiner U. Hierarchical pattern formation in thin polymer films using an electric field and vapor sorption. Advanced Functional Materials, 2005, 15: 2016–2020.

[93] Bae J, Glogowski E, Gupta S, Chen W, Emrick T, Russell T P. Effect of nanoparticles on the electrohydrodynamic instabilities of polymer/nanoparticle thin films. Macromolecules, 2008, 41: 2722–2726.

[94] Lee D, Triantafyllidis N, Barber J, Thouless M. Surface instability of an elastic half space with material properties varying with depth. Journal of the Mechanics and Physics of Solids, 2008, 56: 858–868.

[95] Cerda E, Mahadevan L. Geometry and physics of wrinkling. Physical Review Letters, 2003, 90: 074302.

[96] Bowden N, Brittain S, Evans A G, Hutchinson J W, Whitesides G M. Spontaneous formation of ordered structures in thin films of metals supported on an elastomeric polymer. Nature, 1998, 393: 146–149.

[97] Chen X, Hutchinson J W. Herringbone buckling patterns of compressed thin films on compliant substrates. ASME Journal of Applied Mechanics, 2004, 71: 597–603.

[98] Chen X, Hutchinson J W. A family of herringbone patterns in thin films. Scripta Materialia, 2004, 50: 797–801.

[99] Audoly B, Boudaoud A. Buckling of a stiff film bound to a compliant substrate-Part II: a global scenario for the formation of herringbone pattern. Journal of the Mechanics and Physics of Solids, 2008, 56: 2422–2443.

[100] Audoly B, Boudaoud A. Buckling of a stiff film bound to a compliant substrate-Part III: herringbone solutions at large buckling parameter. Journal of the Mechanics and Physics of Solids, 2008, 56: 2444–2458.

[101] Cai S, Breid D, Crosby A, Suo Z, Hutchinson J. Periodic patterns and energy states of buckled films on compliant substrates. Journal of the Mechanics and Physics of Solids, 2011, 59(5): 1094–1114.

[102] Huang R. Kinetic wrinkling of an elastic film on a viscoelastic substrate. Journal of the Mechanics and Physics of Solids, 2005, 53: 63–89.

[103] Huang R, Suo Z. Instability of a compressed elastic film on a viscous layer. International Journal of Solids and Structures, 2002, 39: 1791–1802.

[104] Im S H, Huang R. Wrinkle patterns of anisotropic crystal films on viscoelastic substrates. Journal of the Mechanics and Physics of Solids, 2008, 56: 3315–3330.

[105] Liang J, Huang R, Yin H, Sturm J, Hobart K, Suo Z. Relaxation of compressed elastic islands on a viscous layer. Acta Materialia, 2002, 50: 2933–2944.

[106] Jiang H, Khang D Y, Fei H, Kim H, Huang Y, Xiao J, Rogers J A. Finite width effect of thin-films buckling on compliant substrate: experimental and theoretical studies. Journal of the Mechanics and Physics of Solids, 2008, 56: 2585–2598.

[107] Tarasovs S, Andersons J. Buckling of a coating strip of finite width bonded to elastic half-space. International Journal of Solids and Structures, 2008, 45: 593–600.

[108] Zheng X P, Cao Y P, Li B, Feng X Q, Jiang H, Huang Y Y. Determining the elastic modulus of thin films using a buckling-based method: computational study. Journal of Physics D: Applied Physics, 2009, 42: 175506.

[109] Zheng X P, Cao Y P, Li B, Feng X Q, Wang G F. Surface effects in various bending-based test methods for measuring the elastic property of nanowires. Nanotechnology, 2010, 21: 205702.

[110] Mora S, Abkarian M, Tabuteau H, Pomeau Y. Surface instability of soft solids under strain. Soft Matter, 2011, 10612–10619.

[111] Audoly B. Localized buckling of a floating elastica. Physical Review E, 2011, 84: 011605.

[112] Sun J Y, Xia S, Moon M W, Oh K H, Kim K S. Folding wrinkles of a thin stiff layer on a soft substrate. Proceedings of the Royal Society of London A, 2012, 468: 932–953.

[113] Zhao Y, Cao Y P, Hong W, Wadee M K, Feng X Q. Towards a quantitative understanding of period-doubling wrinkling patterns occurring in film/substrate bilayer systems. Proceedings of the Royal Society of London A, 2015, 471: 20140695.

[114] Zhuo L, Zhang Y. From period-doubling to folding in stiff film/soft substrate system: The role of substrate nonlinearity. International Journal of Non-Linear Mechanics, 2015, 76: 1–7.

[115] Zhuo L, Zhang Y. The mode-coupling of a stiff film/compliant substrate system in the post-buckling range. International Journal of Solids and Structures, 2015, 53: 28–37.

[116] Pocivavsek L, Dellsy R, Kern A, Johnson S, Lin B, Lee K Y C, Cerda E. Stress and fold localization in thin elastic membranes. Science, 2008, 320: 912–916.

[117] Goriely A, Budday S, Kuhl E. Neuromechanics: from neurons to brain. Advances in Applied Mechanics, 2015, 48: 79–139.

[118] Budday S, Steinmann P, Kuhl E. The role of mechanics during brain development. Journal of the Mechanics and Physics of Solids, 2014, 72: 75–92.

[119] Rausch M K, Kuhl E. On the mechanics of growing thin biological membranes. Journal of the Mechanics and Physics of Solids, 2014, 63: 128–140.

[120] Tallinen T, Chung J Y, Rousseau F, Girard N, Lefèvre J, Mahadevan L. On the growth and form of cortical convolutions. Nature Physics, 2016, 12: 588–593.

[121] Kim D J, Lee J H, Kim W. Very early-onset peritoneal recurrence following curative total gastrectomy for Borrmann 4 gastric cancer. Annals of Surgical Treatment and Research, 2014, 86: 45–49.

[122] Ben Amar M, Goriely A. Growth and instability in elastic tissues. Journal of the Mechanics and Physics of Solids, 2005, 53: 2284–2319.

[123] Goriely A, Tabor M. Biomechanical models of hyphal growth in actinomycetes. Journal of Theoretical Biology, 2003, 222: 211–218.

[124] Garikipati K. The kinematics of biological growth. Applied Mechanics Reviews, 2009, 62: 030801.

[125] Ambrosi D, Mollica F. On the mechanics of a growing tumor. International Journal of Engineering Science, 2002, 40: 1297–1316.
[126] Humphrey J. Continuum biomechanics of soft biological tissues. Proceedings of the Royal Society of London A, 2003, 459: 3–46.
[127] Anderson A R A, Weaver A M, Cummings P T, Quaranta V. Tumor morphology and phenotypic evolution driven by selective pressure from the microenvironment. Cell, 2006, 127: 905–915.
[128] Humphrey J, Rajagopal K. A constrained mixture model for arterial adaptations to a sustained step change in blood flow. Biomechanics and Modeling in Mechanobiology, 2003, 2: 109–126.
[129] Rodriguez E K, Hoger A, McCulloch A D. Stress-dependent finite growth in soft elastic tissues. Journal of Biomechanics, 1994, 27: 455–467.
[130] Fung Y. Biomechanics: Motion, Flow, Stress, and Growth. Springer, 1990.
[131] Dervaux J, Ben Amar M. Morphogenesis of growing soft tissues. Physical Review Letters, 2008, 101: 68101.
[132] Wang J W, Li B, Cao Y P, Feng X Q. Surface wrinkling patterns of film-substrate systems with a structured interface. ASME Journal of Applied Mechanics, 2015, 82: 051009.
[133] Li T, Zou Z, Mao G, Qu S. Electromechanical bistable behavior of a novel dielectric elastomer actuator. ASME Journal of Applied Mechanics, 2014, 81: 041019.
[134] Hong W, Liu Z, Suo Z. Inhomogeneous swelling of a gel in equilibrium with a solvent and mechanical load. International Journal of Solids and Structures, 2009, 46: 3282–3289.
[135] Hong W, Zhao X, Zhou J, Suo Z. A theory of coupled diffusion and large deformation in polymeric gels. Journal of the Mechanics and Physics of Solids, 2008, 56: 1779–1793.

第 2 章　弹性稳定性基础理论

失稳现象在自然界中广泛存在，从 18 世纪开始，Euler、Lagrange、Lyapunov、von Kármán、Timoshenko、Koiter、钱学森等著名学者对稳定性理论的发展作出了重要贡献 [1−7]。20 世纪 30 年代以来，航空航天、复合材料等领域的飞跃发展进一步推动了稳定性理论的研究，人们对结构弹性失稳的分析不再局限于简单杆件系统，而是进一步拓展到了更为复杂的板壳结构。Cox[8] 针对非线性、缺陷敏感的圆柱薄壳受轴压屈曲问题进行了研究，von Kármán、Dunn 和钱学森 [4] 分析了静水压力作用下的薄球壳失稳问题。虽然理论研究有了很大的进步，但即使对于较简单的薄平板失稳问题，理论分析和实验结果仍存在较大偏差。1945 年，Koiter[5] 在其博士学位论文中建立了弹性结构稳定性的一般性理论，是该领域的一个里程碑。该理论可以研究结构的初始后屈曲行为，并且可以考虑扰动、初始缺陷等因素对失稳临界载荷的影响，解释了前人的理论分析和实验结果存在较大偏差的原因。此后，Koiter[9−11]、Hutchinson、Budiansky 等 [12,13] 对这一理论进行了诸多拓展和完善。

近代稳定性理论的建立和发展是从研究圆柱薄壳受轴压屈曲这一经典问题开始的。在 20 世纪 30 年代末，von Kármán 和钱学森共同提出了球壳和圆柱壳的非线性失稳理论。一般认为，其分支存在三个最重要的发展：①非线性大挠度理论；②非线性前屈曲一致理论 [14]；③初始后屈曲理论 (Koiter 理论)[5]。

本章首先对稳定性问题进行分类，然后以薄膜–软层–刚性基底的三维失稳和圆柱纤维的体扩散失稳为例，说明稳定性判定准则及其应用 [15]；之后，介绍 Koiter 理论在求解临界失稳与后屈曲问题中的应用 [16]；最后介绍本书涉及的软材料的几种本构模型。

2.1　失稳类型

稳定性是指在外界微小干扰下，原本处于平衡状态的系统是否能够继续保持该平衡状态的性质。系统的平衡状态可以分为三类，即稳定平衡状态、不稳定平衡状态和随遇平衡状态。对系统施以微小扰动，使其在平衡位置附近产生非常小的偏离。当扰动去除后，若系统能回到其原来的平衡位置，则称为稳定平衡状态；若系统不再回到原来的平衡位置，反而继续偏离下去，则称为不稳定平衡状态。随遇平衡状态是指上述二者之间的中性平衡，处于该状态下的物体受到轻微扰动后，在扰动后的新状态与原状态一样，均可处于平衡状态 [17]。固体结构的平衡稳定性依赖于加载方式、几何特征、材料性质、约束条件等因素，其失稳形式一般可分为分岔点失稳和极值点失稳。下面分别简单介绍这两种失稳形式，更详细的内容请参阅相关文献 [6], [7], [17], [18]。

2.1.1 分岔点失稳

以如图 2.1 所示的受轴向压缩载荷 P 的理想等直杆为例。由材料力学可知，当载荷小于某一临界值 P_{cr} 时，对压杆施加微小扰动使之弯曲，一旦撤去干扰，杆件将恢复原始的直立状态，即直立状态是此时唯一稳定的平衡形式。当载荷超过临界值 P_{cr} 时，压杆可以呈直线状态，也可以呈弯曲状态，而直线状态是不稳定的，若压杆受到微小扰动，则将偏离原来的直立状态，且撤去扰动后不能恢复。换言之，当载荷达到 P_{cr} 时，平衡路径将发生分岔，该临界状态称为分岔点。从理论上讲，分岔点是不定平衡点，它可以是稳定的，也可以是不稳定的。在分岔点前的平衡状态称为前屈曲平衡状态，之后的平衡状态称为后屈曲平衡状态。

概括而言，分岔点失稳有如下特征：①在初始的稳定平衡状态附近存在着其他可能的平衡状态；②在分岔点处，这两个平衡状态的稳定性发生转变。

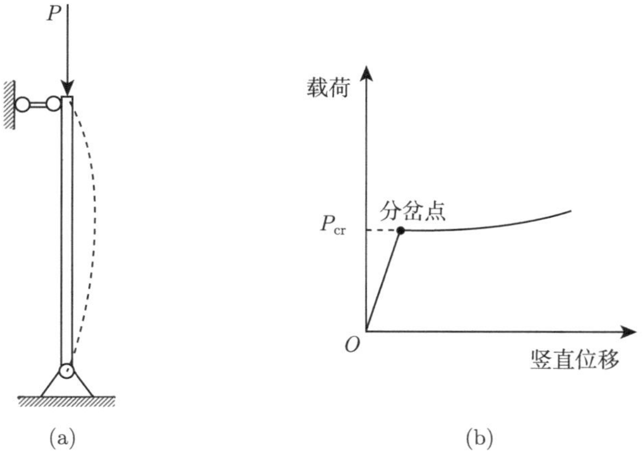

图 2.1 分岔点失稳

(a) 受轴向压缩的均直杆；(b) 载荷–位移曲线

2.1.2 极值点失稳

弹性系统还存在另外一种失稳模式，即在失稳时平衡路径并不发生分岔现象。例如，对于如图 2.2 所示受外压 P 的杆系结构，其稳定性特征是载荷与变形的关系曲线具有极值点 $P_{\max}$。当载荷增大到极值点后，位移将发生突跳，载荷随之快速下降。极值点对应的载荷，称为极值点载荷或压溃载荷 [17]。

极值点失稳不但与系统的几何构型有关，而且与材料的力学性质、加载方式密切相关。极值点失稳在生活中亦很常见。例如，吹气球时就会观察到这种失稳现象，刚开始吹起时，气球难以吹大，但当气球达到某一尺寸后就变得比较省劲了。

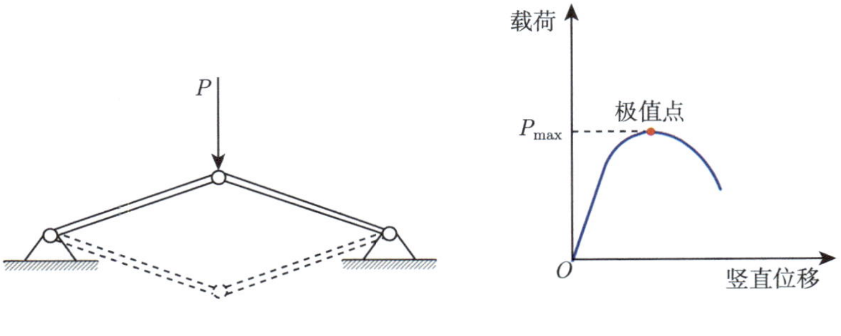

(a)　　(b)

图 2.2　极值点失稳

(a) 杆系结构；(b) 载荷–位移曲线

分岔点失稳的临界载荷和极值点失稳的压溃载荷，可以统称为临界载荷。其共同的一个特征是，在临界状态之前，结构保持原有平衡状态，而在越过临界点后系统将发生较大变形。除了按照临界状态的特性将失稳分为分岔点失稳和极值点失稳外，还可以从其他角度对稳定性问题进行分类，如弹性失稳与塑性失稳、静力失稳与动力失稳、局部失稳与整体失稳等 [17]。固体力学研究的核心问题之一是固体材料和结构在不同尺度上的稳定性，例如，梁、板、壳及其组合结构的变形稳定性 (即屈曲)，铁电、形状记忆合金等材料在温度、应力作用下的相变。此外，动力学研究刚体和变形体的运动稳定性，如振动稳定性。

稳定性问题的核心是确定系统失稳的条件、失稳形式以及失稳后的屈曲路径等。判断极值点失稳主要是寻找载荷随位移变化的极限点。相对而言，判断分岔点失稳则更为复杂，因为结构常伴有多种可能的失稳模式，而且有些失稳模式的临界载荷非常接近，结构实际失稳的模式和路径不一定唯一。在 2.2 节中，将以具体问题为例，对分岔点失稳的判定准则及其应用进行简要说明。

2.2　稳定性判断方法

为了判断系统是否发生分岔失稳，需要建立稳定性的判断准则。下面将重点介绍三种常用的分岔点失稳判断准则，包括基于随遇平衡静力特征的静力准则、平衡状态能量特征的能量准则、基于稳定平衡和随遇平衡的动力特征的动力准则。

2.2.1 静力法

静力法的基本思想是：对处于某一平衡状态的一个系统，若在该状态附近存在另一个相差无限小的平衡位置 (其差别可以看作微扰动)，则该状态为随遇平衡状态。在利用这种方法判断稳定性时，首先在扰动状态下对于给定载荷建立静力平衡微分方程，该平衡方程一般为一组齐次方程。若齐次方程存在非零解，则表明扰动状态为另一平衡位置，原来的平衡状态为随遇平衡状态。因此，问题归结于微分方程的特征值问题，其最小特征值所对应的载荷即为临界载荷，对应于临界载荷的特征函数为失稳的特征 (或临界) 模态。静力准则广泛应用于连续弹性体系的稳定性判定。下面以薄膜–软层–刚性基底为例，推导其在面内双轴压缩载荷下发生三维失稳的临界条件和形貌特征，以此介绍静力准则在稳定性判定中应用的基本思路和方法。

考虑半无限大的三层结构，一个软弹性层下表面粘接在刚性基底上，在软层的上表面覆盖有一层较硬的弹性薄膜，如图 2.3(a) 所示。假设薄膜和软层均为各向同性材料，其厚度分别为 h 和 H。建立直角坐标系 $(o\text{-}x_1x_2x_3)$，其中 x_1 和 x_2 轴位于薄膜的中面上，x_3 轴垂直于薄膜表面向上。薄膜受面内等双轴压缩载荷 $\sigma_{11}^* = \sigma_{22}^* = -\sigma^*$ 的作用。将薄膜简化为 von Kármán 非线性板 [19]，其薄膜应变 $\varepsilon_{\alpha\beta}$ 可以表示为

$$\varepsilon_{\alpha\beta} = \varepsilon_{\alpha\beta}^* + \frac{1}{2}\left(u_{\alpha,\beta}^{(\mathrm{f})} + u_{\beta,\alpha}^{(\mathrm{f})}\right) + \frac{1}{2}w_{,\alpha}w_{,\beta} \tag{2-1}$$

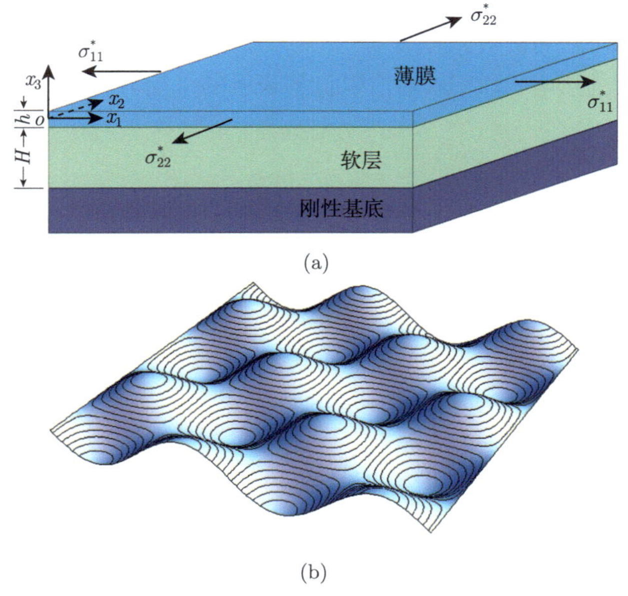

图 2.3 (a) 薄膜–软层–基底模型；(b) 四方形貌失稳

式中，$\varepsilon^*_{\alpha\beta} = \varepsilon^* \delta_{\alpha\beta}$，表示失稳前由 σ^* 作用所产生的均匀应变，$\delta_{\alpha\beta}$ 为克罗内克 (Kronecker) 符号；$u_1^{(\mathrm{f})}$ 和 $u_2^{(\mathrm{f})}$ 表示薄膜沿 x_1 和 x_2 方向的面内位移；w 为薄膜的面外挠度。在本书中，重复下标遵守爱因斯坦求和约定，希腊字母下标取值为 1 和 2，拉丁字母下标取值为 1、2 和 3。下标中的逗号表示对紧随其后的坐标求导。材料的线弹性本构方程为

$$\sigma_{\alpha\beta} = E_{\mathrm{f}}^* \left[(1-\nu_{\mathrm{f}})\varepsilon_{\alpha\beta} + \nu_{\mathrm{f}}\varepsilon_{\gamma\gamma}\delta_{\alpha\beta}\right] \tag{2-2}$$

式中，$\sigma_{\alpha\beta}$ 为面内应力；$\varepsilon_{\alpha\beta}$ 为面内应变；$E_{\mathrm{f}}^* = E_{\mathrm{f}}/(1-\nu_{\mathrm{f}}^2)$ 为薄膜的平面应变弹性模量；E_{f} 和 ν_{f} 分别为杨氏模量和泊松比。

令 T_1 和 T_2 分别表示薄膜与软层界面上的剪应力，T_3 为法向应力。根据 Chen 和 Hutchinson[20] 以及 Huang 等 [21] 的工作，假设界面上的剪应力为零，则系统的平衡方程为

$$h\sigma_{\alpha\beta,\beta} = 0 \tag{2-3}$$

$$-\frac{1}{12}E_{\mathrm{f}}^* h^3 \nabla^2\nabla^2 w + \left(h\sigma_{\alpha\beta}w_{,\alpha}\right)_{,\beta} = T_3 \tag{2-4}$$

当面内压应力 σ^* 足够大时，薄膜将会发生屈曲，产生特定的形貌。本例仅讨论四方形貌的三维失稳模式，如图 2.3(b) 所示。对应的法向位移失稳模式为

$$w(x_1, x_2) = A_0 \cos(kx_1)\cos(kx_2) \tag{2-5}$$

式中，A_0 为波幅；k 为波数。

忽略体积力的影响，则在软层内以位移表示的平衡方程为 [19]

$$(1-2\nu_{\mathrm{s}})\nabla^2 u_i^{(\mathrm{s})} + u_{j,ji}^{(\mathrm{s})} = 0 \tag{2-6}$$

式中，∇^2 表示调和算子；$u_i^{(\mathrm{s})}$ 为软层的位移分量；ν_{s} 表示泊松比。根据四方形貌的特征，可以假设软层的位移场具有如下形式 [22]：

$$\begin{cases} u_1^{(\mathrm{s})}(x_1,x_2,x_3) = -\tilde{u}_1(x_3)\sin(kx_1)\cos(kx_2) \\ u_2^{(\mathrm{s})}(x_1,x_2,x_3) = -\tilde{u}_2(x_3)\cos(kx_1)\sin(kx_2) \\ u_3^{(\mathrm{s})}(x_1,x_2,x_3) = \tilde{u}_3(x_3)\cos(kx_1)\cos(kx_2) \end{cases} \tag{2-7}$$

式中，$\tilde{u}_i$ 为位移 $u_i^{(\mathrm{s})}$ 的最大幅值。将式 (2-7) 代入平衡方程 (2-6)，得

$$\begin{cases} (1-2\nu)\tilde{u}_1'' - (3-4\nu)k^2\tilde{u}_1 - k^2\tilde{u}_2 + k\tilde{u}_3' = 0 \\ (1-2\nu)\tilde{u}_2'' - (3-4\nu)k^2\tilde{u}_2 - k^2\tilde{u}_1 + k\tilde{u}_3' = 0 \\ 2(1-\nu)\tilde{u}_3'' - 2(1-2\nu)k^2\tilde{u}_3 - k\tilde{u}_1' - k\tilde{u}_2' = 0 \end{cases} \tag{2-8}$$

上标撇号表示对 x_3 求导。

作为软层的边界条件，上表面 $(x_3=-h/2)$ 法向位移与薄膜连续，剪应力为零，即

$$u_3^{(s)}=A_0\cos(kx_1)\cos(kx_2),\quad T_\alpha=0 \tag{2-9}$$

软层与刚性基底间界面 $(x_3=-H-h/2)$ 为理想粘接，即

$$u_i^{(s)}=0 \tag{2-10}$$

求解微分方程组 (2-8)~(2-10)，可得系统的位移场，进而求得应变场和应力场。在软层上表面处的法向应力为

$$T_3=q(kH,\nu_s)E_s^*kw \tag{2-11}$$

式中，

$$q(kH,\nu_s)=\frac{4k^2H^2+5-4(3-2\nu_s)\nu_s+(3-4\nu_s)\cosh(2\sqrt{2}kH)}{\sqrt{2}(3-4\nu_s)\sinh(2\sqrt{2}kH)-4kH} \tag{2-12}$$

为 kH 和 ν_s 的无量纲函数；$E_s^*=E_s/(1-\nu_s^2)$ 为软层的平面应变弹性模量，E_s 为软层的杨氏模量。如图 2.4 所示，q 随 kH 递减，最终趋于常值 $\sqrt{1/2}\approx0.707$。当软层为不可压缩材料时，即 $\nu_s=1/2$，式 (2-12) 简化为

$$q=\frac{4k^2H^2+1+\cosh(2\sqrt{2}kH)}{\sqrt{2}\sinh(2\sqrt{2}kH)-4kH} \tag{2-13}$$

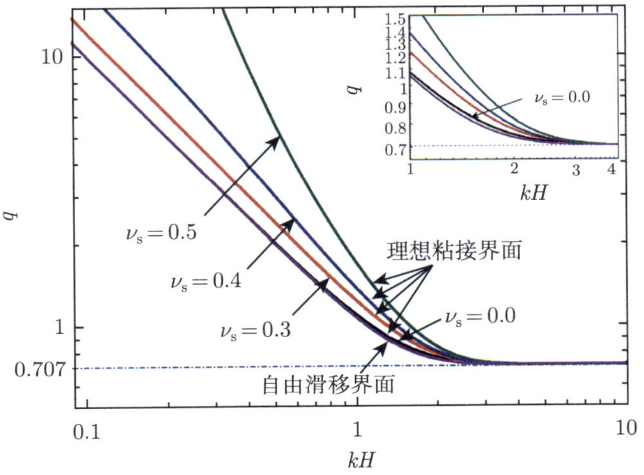

图 2.4　无量纲参数 q 随 kH 的变化

在临界屈曲分析中，忽略薄膜面外位移对面内应力的影响，此时平衡方程 (2-3) 自动满足。将扰动位移式 (2-5) 代入式 (2-4)，并利用式 (2-11)，可得单位长度上的薄膜力为

$$N=-h\sigma^*=\frac{qE_\mathrm{s}^*}{2k}+\frac{k^2h^3E_\mathrm{f}^*}{6} \tag{2-14}$$

式中，$\sigma^*=E_\mathrm{f}^*\varepsilon^*(1+\nu_\mathrm{f})$。对式 (2-14) 求极值，可以得到薄膜临界失稳时的薄膜应力，称为临界载荷 N_c。当薄膜力超过此临界载荷时，系统将失去稳定性。将临界状态对应的波数定义为临界屈曲波数 k_c，由 $\partial N/\partial k=0$ 确定，对应的临界波长为 $\lambda_\mathrm{c}=2\pi/k_\mathrm{c}$。由式 (2-14) 可以看出，临界屈曲波数 k_c 与外加载荷无关，取决于系统本身的材料性质和几何参数。下面给出几种特殊情况下的解析解。

(1) 当软层厚度 H 远大于薄膜厚度 h 时 (即 $H/h\to\infty$，$kH\to\infty$)，$q=\sqrt{1/2}$ 为常数，与泊松比 ν_s 无关，可求得薄膜失稳的临界载荷和特征形貌参数为

$$N_\mathrm{c}=\frac{3hE_\mathrm{s}^*}{4}\left(\frac{E_\mathrm{f}^*}{3E_\mathrm{s}^*}\right)^{1/3},\quad k_\mathrm{c}=\frac{1}{\sqrt{2}h}\left(\frac{3E_\mathrm{s}^*}{E_\mathrm{f}^*}\right)^{1/3},\quad \lambda_\mathrm{c}=2\sqrt{2}\pi h\left(\frac{E_\mathrm{f}^*}{3E_\mathrm{s}^*}\right)^{1/3} \tag{2-15}$$

当软层非常薄时 ($H/h\to0$，$kH\to0$)，有

$$q=\frac{(1-\nu_\mathrm{s})^2}{kH(1-2\nu_\mathrm{s})} \tag{2-16}$$

(2) 对应的临界载荷和特征形貌参数为

$$\begin{cases}N_\mathrm{c}=E_\mathrm{f}^*h\sqrt{\dfrac{hE_\mathrm{s}^*(1-\nu_\mathrm{s})^2}{3HE_\mathrm{f}^*(1-2\nu_\mathrm{s})}}\\[2ex] k_\mathrm{c}=\dfrac{1}{h}\left[\dfrac{3hE_\mathrm{s}^*(1-\nu_\mathrm{s})^2}{HE_\mathrm{f}^*(1-2\nu_\mathrm{s})}\right]^{1/4}\\[2ex] \lambda_\mathrm{c}=2\pi h\left[\dfrac{HE_\mathrm{f}^*(1-2\nu_\mathrm{s})}{3hE_\mathrm{s}^*(1-\nu_\mathrm{s})^2}\right]^{1/4}\end{cases} \tag{2-17}$$

(3) 当软层很薄且不可压缩时 ($H/h\to0$，$kH\to0$，$\nu_\mathrm{s}=1/2$)，求得

$$q=\frac{3\sqrt{2}}{8(kH)^3} \tag{2-18}$$

对应的临界载荷和特征形貌参数为

$$\begin{cases}N_\mathrm{c}=\dfrac{3h^2E_\mathrm{f}^*}{4\sqrt{2}H}\left(\dfrac{E_\mathrm{s}^*}{3E_\mathrm{f}^*}\right)^{1/3}\\[2ex] k_\mathrm{c}=\dfrac{1}{\sqrt{hH}}\left(\dfrac{9E_\mathrm{s}^*}{2\sqrt{2}E_\mathrm{f}^*}\right)^{1/6}\\[2ex] \lambda_\mathrm{c}=2\pi\sqrt{hH}\left(\dfrac{2\sqrt{2}E_\mathrm{f}^*}{9E_\mathrm{s}^*}\right)^{1/6}\end{cases} \tag{2-19}$$

(4) 若软层与刚性基底之间可以自由滑动，则该处的界面条件为

$$\sigma_{31} = \sigma_{32} = 0, \quad u_3^{(\mathrm{s})} = 0 \tag{2-20}$$

对于这种情况，可求得

$$q = \frac{\sqrt{2}}{2}\coth(\sqrt{2}kH) + kH\operatorname{csch}^2(\sqrt{2}kH) \tag{2-21}$$

式 (2-21) 表明，当软层与刚性基底之间可以相对自由滑动时，临界失稳与软层的泊松比无关。当基底很厚时，软层与刚性基底之间的界面粘接条件对薄膜失稳几乎没有影响，所得临界参数与式 (2-15) 相同。当软层非常薄时，由 $kH \to 0$，可得 $q \to 1/(4kH)$，对应的临界载荷和特征形貌参数为

$$N_{\mathrm{c}} = \frac{hE_{\mathrm{f}}^*}{2}\sqrt{\frac{hE_{\mathrm{s}}^*}{3HE_{\mathrm{f}}^*}}, \quad k_{\mathrm{c}} = \frac{1}{\sqrt{2}h}\left(\frac{3hE_{\mathrm{s}}^*}{HE_{\mathrm{f}}^*}\right)^{1/4}, \quad \lambda_{\mathrm{c}} = 2\sqrt{2}\pi h\left(\frac{HE_{\mathrm{f}}^*}{3hE_{\mathrm{s}}^*}\right)^{1/4} \tag{2-22}$$

当软层较薄时，软层与刚性基底之间的界面粘接条件会影响最上层硬膜的稳定性。对比式 (2-17) 给出的界面理想粘接情况下的临界载荷与式 (2-22) 给出的界面自由滑移情况下的临界载荷，并考虑到泊松比的取值范围 $0 \leqslant \nu_{\mathrm{s}} \leqslant 1/2$，可知前者恒大于后者。因此，在软层与刚性基底之间的界面自由滑移时，对硬膜的约束效应最弱，因此薄膜最容易失稳。

在以上分析中，基于静力准则，得到了薄膜–软层–刚性基底的三维临界失稳条件，并求得了一些特殊情况下的解析解。下面通过数值例子说明几何参数、本构参数、边界条件对系统临界失稳的影响。

定义无量纲的波数 $\bar{k} = kH$，无量纲的薄膜力 $\bar{N} = N/hE_{\mathrm{f}}^*$。图 2.5 给出了 $\bar{N}$ 随 $\bar{k}$ 变化的曲线，其中参数取值为 $H/h = 3$，$E_{\mathrm{f}}/E_{\mathrm{s}} = 10$。其中，薄膜力的最小值即为临界载荷 $\bar{N}_{\mathrm{c}}$，将在加载过程中最先达到。$\bar{N}_{\mathrm{c}}$ 所对应的波数 $\bar{k}$，即近似为临界波数 $\bar{k}_{\mathrm{c}}$，对应于图 2.5 中曲线 $\nu_{\mathrm{s}} = 0.5$ 上的 P 点。随着软层材料泊松比的增大，临界薄膜力 $\bar{N}_{\mathrm{c}}$ 和临界波数 $\bar{k}_{\mathrm{c}}$ 均增加，即失稳形貌的特征波长变短。

此外，软层的相对厚度 H/h 对系统的稳定性也有较大的影响。图 2.6 给出了软层相对厚度 H/h 对薄膜失稳临界参数的影响规律，其中泊松比取值为 $\nu_{\mathrm{s}} = 0.4$。可以看出，软层越厚，临界薄膜力越小，而临界波数越大，失稳波长越小。这是因为随着软基底厚度的增加，它对硬膜的约束越弱，刚性基底的作用越小，系统越容易失稳；反之亦然。不难想象，如果软层无限薄，薄膜近似于粘接在刚性基底上，此时临界薄膜力将会非常大，在任意面内载荷作用下，薄膜都将难以发生失稳。

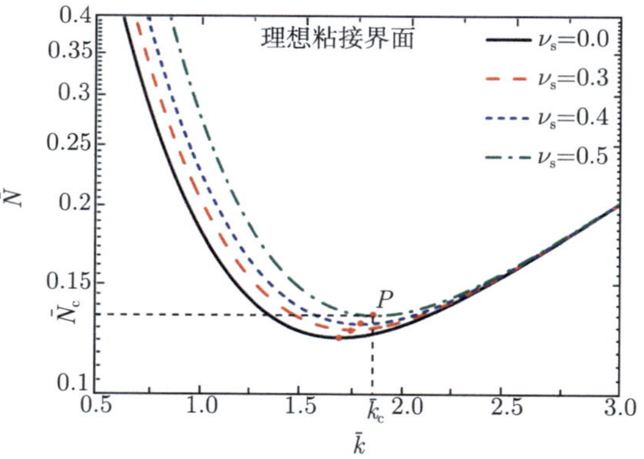

图 2.5　不同泊松比情况下，无量纲化的薄膜力 $\bar{N}$ 随波数 $\bar{k}$ 的变化

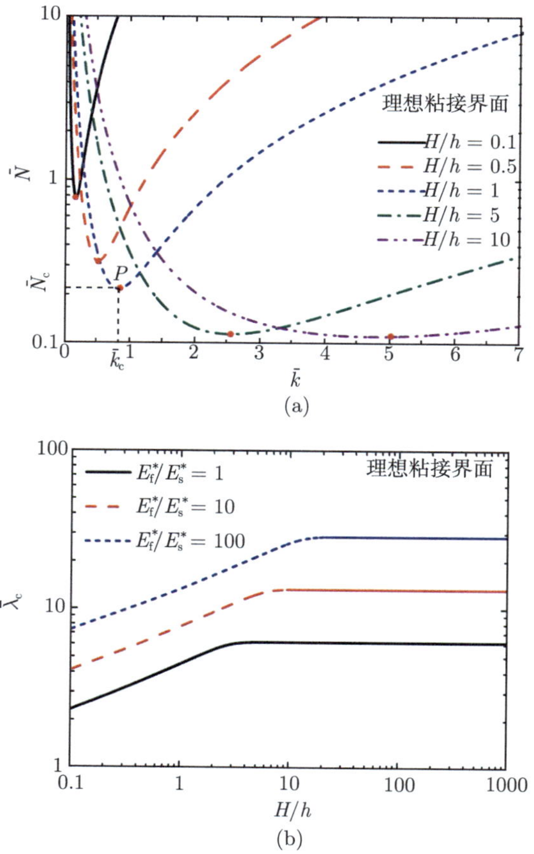

图 2.6　软层相对厚度 H/h 对临界失稳的影响

(a) 薄膜力随波数的变化，这里取 $E_f^*/E_s^*=10$；(b) 波长随相对厚度的变化

图 2.7 给出了薄膜–软层之间的弹性模量比 $E_{\mathrm{f}}^*/E_{\mathrm{s}}^*$ 对临界波长 $\bar{\lambda}_{\mathrm{c}}$ 的影响规律，其中泊松比取值为 $\nu_{\mathrm{s}}=0.4$。由图可见，薄膜越硬，失稳波长越大。对于给定的相对厚度 H/h，临界波长随 $E_{\mathrm{f}}^*/E_{\mathrm{s}}^*$ 的增加而增大。

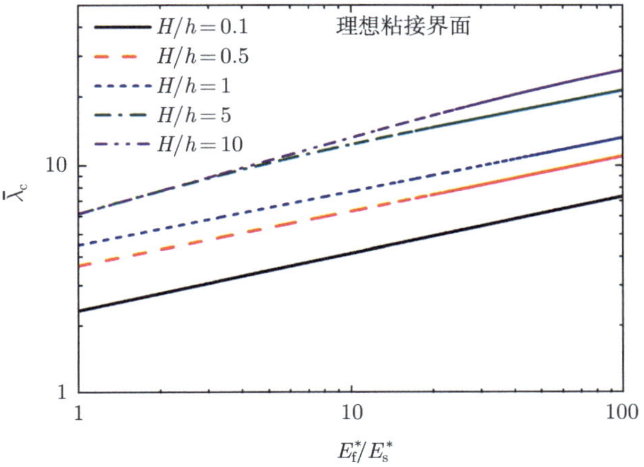

图 2.7　无量纲化的临界波长 $\bar{\lambda}_{\mathrm{c}}$ 随弹性模量比 $E_{\mathrm{f}}^*/E_{\mathrm{s}}^*$ 的变化

图 2.8 给出了软层底部粘接条件对临界薄膜力的影响，其中 $\nu_{\mathrm{s}}=0.4$。由图可见，当软层较薄时 (如 $H/h<1$)，软层底部的粘接条件对屈曲失稳的临界载荷的影响比较明显；而当软层厚度足够大时 (如 $H/h>10$)，粘接条件的影响可以忽略不计。

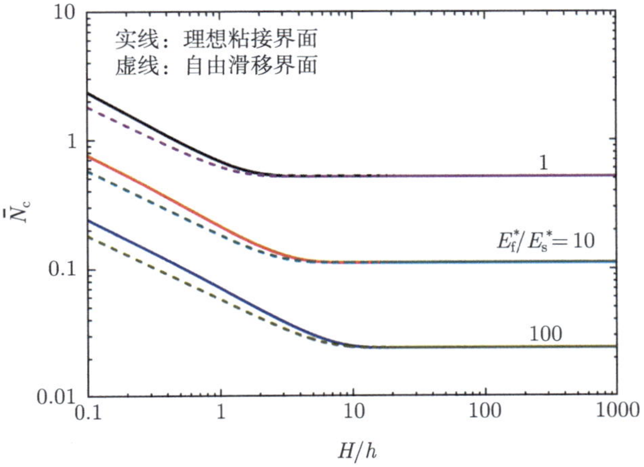

图 2.8　不同弹性模量比情况下，临界薄膜力 $\bar{N}_c$ 随软层厚度比的 H/h 变化

2.2.2 能量法

根据最小势能原理，保守系统保持平衡的充要条件是该系统的总势能取极小值。换言之，如果系统的总势能相对所有相邻状态是最小的，则系统处于平衡状态。由于固体结构的总势能是一个泛函，因此稳定性判定问题在数学上变为泛函极值问题。假设弹性系统的总势能为 Σ，在外界微扰动下其势能的增量为 $\Delta\Sigma$，则三种平衡状态的能量判别式为：

(1) 若对于所有可能的扰动，系统的总势能均增加，即 $\Delta\Sigma > 0$，则系统处于稳定平衡状态；

(2) 若对于某一微小的扰动形式，系统的总势能降低，即 $\Delta\Sigma < 0$，则系统将处于不稳定平衡状态，扰动将使系统偏离当前状态；

(3) 若对于所有可能的扰动，恒有 $\Delta\Sigma = 0$，则系统处于随遇平衡状态。

在求解稳定性问题时，在采用相同的假设条件下，能量法和静力法将导出相同的微分方程，因此两种方法在本质上是等价的。然而，对于许多实际问题而言，特别是后屈曲问题，求解微分方程并非易事。如果采用能量法进行近似求解，则问题可以大幅度简化。下面仍以图 2.3(a) 所示的薄膜–软层–刚性基底系统失稳为例，简单介绍能量法在临界屈曲和后屈曲分析中的应用。

在给定位移加载条件下，系统的总势能为

$$\Sigma = U_{\text{film}} + U_{\text{sub}} \tag{2-23}$$

式中，U_{film} 和 U_{sub} 分别代表薄膜和软层的弹性应变能。薄膜的弹性应变能 U_{film} 又可以分为两部分，即面内变形产生的薄膜能 $U_{\text{film}}^{\text{m}}$ 和弯曲变形产生的弯曲能 $U_{\text{film}}^{\text{b}}$，其表达式分别为

$$U_{\text{film}}^{\text{m}} = \iint \frac{h}{2}\sigma_{\alpha\beta}\varepsilon_{\alpha\beta}\mathrm{d}x_1\mathrm{d}x_2 \tag{2-24}$$

$$U_{\text{film}}^{\text{b}} = \iint \frac{h^3E_{\text{f}}^*}{24}\left[(\nabla^2 w)^2 + 2(1-\nu_{\text{f}})(w_{,12}w_{,12} - w_{,11}w_{,22})\right]\mathrm{d}x_1\mathrm{d}x_2 \tag{2-25}$$

软层的势能为

$$U_{\text{sub}} = \iint \frac{1}{2}T_3(x_1,x_2)\bar{w}(x_1,x_2)\mathrm{d}x_1\mathrm{d}x_2 \tag{2-26}$$

式中，$\bar{w}(x_1,x_2)$ 为软层上表面处的法向位移。在法向位移连续情况下，$\bar{w}(x_1,x_2)$ 与 $w(x_1,x_2)$ 相等。对式 (2-23) 变分，可得系统的平衡方程 (2-3) 和 (2-4)。在后屈曲变形中，薄膜的挠度与面内载荷相互耦合。对于四方形貌失稳，假设沿 x_1 和 x_2 方向

具有相同的特征波长，由式 (2-3)，可以求得薄膜的面内位移为 [23]

$$\begin{cases} u_1^{(\mathrm{f})}(x_1,x_2)=\dfrac{A_0^2[2k\cos^2(kx_2)-\nu_{\mathrm{f}}k]}{16}\sin(2kx_1) \\ u_2^{(\mathrm{f})}(x_1,x_2)=\dfrac{A_0^2[2k\cos^2(kx_1)-\nu_{\mathrm{f}}k]}{16}\sin(2kx_2) \end{cases} \tag{2-27}$$

将式 (2-5) 和式 (2-27) 代入式 (2-23)，得总势能 $\bar{\Sigma}$ 为

$$\bar{\Sigma}=U_0+\frac{1}{4}(hE_{\mathrm{f}}^*Y-N)k^2A_0^2+\frac{hE_{\mathrm{f}}^*}{128}k^4A_0^4(3+2\nu_{\mathrm{f}}-\nu_{\mathrm{f}}^2) \tag{2-28}$$

式中

$$U_0=2\gamma+E_{\mathrm{f}}^*h(1+\nu_{\mathrm{f}})(\varepsilon^*)^2 \tag{2-29}$$

$$Y=\frac{qE_{\mathrm{s}}^*}{2khE_{\mathrm{f}}^*}+\frac{1}{6}(kh)^2 \tag{2-30}$$

后屈曲平衡构型应满足最小势能原理，因此对式 (2-28) 中的总势能 $\bar{\Sigma}$ 求最小值，即

$$\begin{cases} \dfrac{\partial\bar{\Sigma}}{\partial A_0}=\dfrac{1}{32}hE_{\mathrm{f}}^*k^4A_0^3(3+2\nu_{\mathrm{f}}-\nu_{\mathrm{f}}^2)+\dfrac{1}{2}(hE_{\mathrm{f}}^*Y-N)k^2A_0=0 \\ \dfrac{\partial^2\bar{\Sigma}}{\partial A_0^2}=\dfrac{3}{32}hE_{\mathrm{f}}^*k^4A_0^2(3+2\nu_{\mathrm{f}}-\nu_{\mathrm{f}}^2)+\dfrac{1}{2}(hE_{\mathrm{f}}^*Y-N)k^2>0 \end{cases} \tag{2-31}$$

可以看出，当 $N<hE_{\mathrm{f}}^*Y$ 时，$\bar{\Sigma}$ 仅在 $A_0=0$ 时取最小值，因此水平形状即为薄膜的稳定平衡状态。当 $N>hE_{\mathrm{f}}^*Y$ 时，薄膜将发生屈曲。由式 (2-31)，可以求得后屈曲过程中失稳形貌的波幅为

$$A_0=\frac{4}{k}\sqrt{\frac{1}{3+2\nu_{\mathrm{f}}-\nu_{\mathrm{f}}^2}\left(\frac{N}{hE_{\mathrm{f}}^*}-Y\right)} \tag{2-32}$$

此时势能 $\bar{\Sigma}$ 为

$$\bar{\Sigma}=U_0-\frac{2hE_{\mathrm{f}}^*}{3+2\nu_{\mathrm{f}}-\nu_{\mathrm{f}}^2}\left(\frac{N}{hE_{\mathrm{f}}^*}-Y\right)^2 \tag{2-33}$$

波数 k_{e} 由方程 $\partial\bar{\Sigma}/\partial k=0$ 确定，此时 Y 也恰好取最小值 $Y_{\min}$。比较式 (2-30) 与式 (2-14)，可知 $k_{\mathrm{e}}=k_{\mathrm{c}}$。后屈曲过程中的实际平衡构型的波数与临界波数一致。不难求得临界薄膜力 $N_{\mathrm{c}}=hE_{\mathrm{f}}^*Y_{\min}$，进而可以确定后屈曲过程中实际平衡构型的波幅为

$$A_{\mathrm{e}}=\frac{4}{k_{\mathrm{e}}}\sqrt{\frac{1}{3+2\nu_{\mathrm{f}}-\nu_{\mathrm{f}}^2}\cdot\frac{N-N_{\mathrm{c}}}{hE_{\mathrm{f}}^*}} \tag{2-34}$$

与临界屈曲分析类似，下面给出一些特殊情况下的解析解。

(1) 当软层无限厚时 ($H/h \to \infty$，$g=\sqrt{1/2}$)，式 (2-34) 退化为

$$A_{\mathrm{e}}=2\sqrt{2}h\sqrt{\frac{1}{3+2\nu_{\mathrm{f}}-\nu_{\mathrm{f}}^{2}}\left(\frac{N}{N_{\mathrm{c}}}-1\right)} \tag{2-35}$$

该结果与 Song 等 [23] 的解一致。

(2) 当软层远比薄膜薄时 ($H/h \to 0$)，平衡波幅为

$$A_{\mathrm{e}}=\frac{4h}{\sqrt{3}}\sqrt{\frac{1}{3+2\nu_{\mathrm{f}}-\nu_{\mathrm{f}}^{2}}\left(\frac{N}{N_{\mathrm{c}}}-1\right)} \tag{2-36}$$

(3) 当软层很薄且不可压缩时 ($H/h \to 0$，$\nu_{\mathrm{s}}=1/2$)，平衡波幅为

$$A_{\mathrm{e}}=2h\sqrt{\frac{1}{3+2\nu_{\mathrm{f}}-\nu_{\mathrm{f}}^{2}}\left(\frac{N}{N_{\mathrm{c}}}-1\right)} \tag{2-37}$$

将平衡波幅无量纲化为

$$\bar{A}_{\mathrm{e}}=\frac{A_{\mathrm{e}}\sqrt{3+2\nu_{\mathrm{f}}-\nu_{\mathrm{f}}^{2}}}{h\sqrt{N/N_{\mathrm{c}}-1}} \tag{2-38}$$

图 2.9 给出了 $E_{\mathrm{f}}^{*}/E_{\mathrm{s}}^{*}$ 和相对厚度 H/h 对后屈曲平衡波幅 $\bar{A}_{\mathrm{e}}$ 的影响。当软层厚度远大于薄膜时 (如 $H/h>100$)，弹性模量比 $E_{\mathrm{f}}^{*}/E_{\mathrm{s}}^{*}$ 对平衡波幅几乎没有影响。

对比能量准则和静力准则可知，二者得到的临界载荷和波数完全一致。但能量法可以更方便地对结构后屈曲状态进行分析。在后屈曲分析中，常用的 Timoshenko 法和 Ritz 法等均基于能量准则。

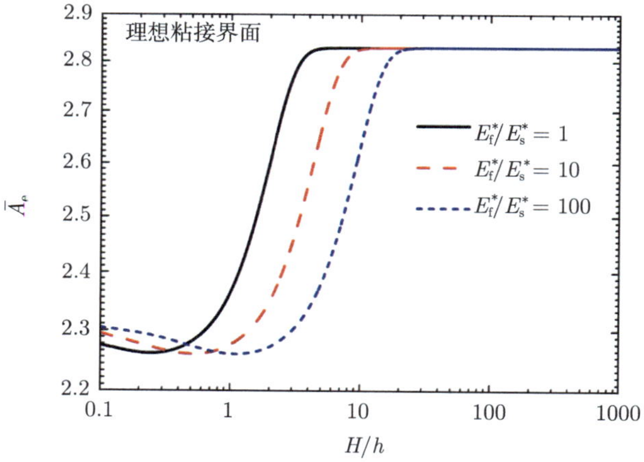

图 2.9　不同弹性模量比的情况下，后屈曲平衡波幅随相对厚度比的变化

2.2.3 动力法

1892 年 Lyapunov 在研究有限自由度系统的运动稳定性时，给出了动力稳定性的定义，并由此建立了系统稳定性的动力学判断方法，奠定了动力稳定性理论的基础。该理论后来被应用于连续弹性体 [7]。在利用动力稳定性判断固体结构的稳定性时，如果扰动波幅随时间演化逐渐增大，则系统不稳定；若扰动波幅随时间演化逐渐衰减，则系统稳定。对于一些流体系统 [24,25]、固体流变 [26]、扩散系统 [27,28]，也常用动力准则判断其稳定性。

下面以核–壳结构在体扩散情况下的失稳为例，说明动力法在形貌失稳分析中的应用。核–壳结构在微纳机电系统、太阳能电池中有着广泛的应用 [29]。由于体扩散或表面扩散效应，核–壳微纳结构表面易形成凹凸不平的形貌，为其在工程中的应用带来不利影响 [30]，因而需要对其进行研究，考虑如图 2.10 所示的两层圆柱形薄膜覆盖在刚性圆柱基底的系统。建立圆柱坐标系 (r,θ,z)，其中 r 为径向坐标，环向坐标为 θ，z 轴与刚性圆柱的中心轴线重合。刚性纤维半径为 r_0。失稳前，内层薄膜的外表面半径为 a，外层薄膜的外表面半径为 b。

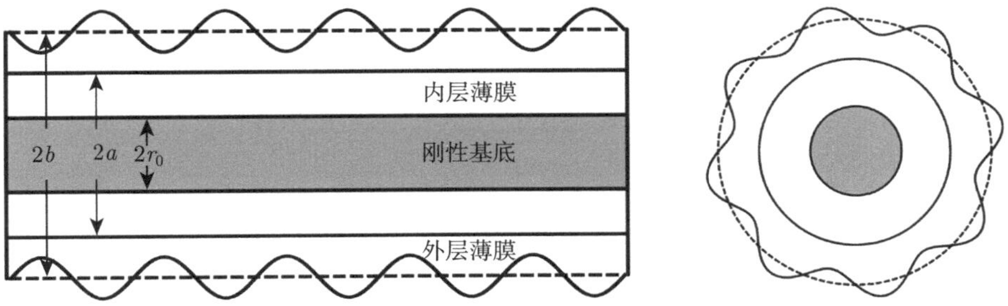

图 2.10 双涂层圆柱纤维的体扩散失稳

定义内、外层薄膜中的空位浓度分别为 $c_{\rm i}(r,\theta,z)$ 和 $c_{\rm o}(r,\theta,z)$。在准静态假设下，空位浓度分布服从以下拉普拉斯方程：

$$\nabla^2 c_m = 0 \tag{2-39}$$

式中，下标 m 取值为 i 和 o，分别代表内层和外层薄膜。

在外层薄膜的自由表面 $r=b$ 处，空位浓度满足 Gibbs–Thomson 方程 [29]：

$$c_{\rm o} = c_0 + \frac{\gamma}{k_{\rm b}T}\kappa \tag{2-40}$$

式中，c_0 为外层薄膜自由表面的空位平衡浓度；γ 为表面能；$k_{\rm b}$ 为 Boltzmann 常数；T 为绝对温度；κ 为表面曲率。根据 Fick 定理，薄膜中空位沿径向的通量 J_m

满足

$$J_m = -D_m \frac{\partial c_m}{\partial r} \tag{2-41}$$

式中，D_m 为扩散系数。在界面 $r=a$ 处，通量和浓度的连续条件为

$$J_{\mathrm{i}}(t) = J_{\mathrm{o}}(t), \quad c_{\mathrm{i}}(t) = c_{\mathrm{o}}(t) \tag{2-42}$$

薄膜表面演化遵从如下方程：

$$\frac{\partial r}{\partial t} = -\Omega_{\mathrm{o}} J_{\mathrm{o}} \tag{2-43}$$

式中，Ω_{o} 表示体扩散区域的体积。

如图 2.10 所示的圆柱形薄膜表面既可以发生轴向失稳，也可以发生环向失稳。在一般情况下，上述两个方向的失稳可以同时出现。鉴于此，为了研究圆柱形薄膜的三维失稳，对外层薄膜的外表面同时施加如下轴向和环向的扰动：

$$r(\theta, z, t) = b + \delta(t)\cos(n\theta)\cos(\omega z) \tag{2-44}$$

式中，$\delta(t)$ 表示随时间演化的微小扰动波幅，即 $\delta \ll a - r_0$。对基本方程和边界条件进行线性化处理，由式 (2-44) 可以推导出扰动后薄膜表面的平均曲率

$$\kappa = \frac{1}{b} + \left(\frac{n^2-1}{b^2} + \omega^2\right)\delta\cos(n\theta)\cos(\omega z) + O\left(\delta^2\right) \tag{2-45}$$

以下分析将略去 δ^2 及更高阶小量。

拉普拉斯方程 (2-39) 的通解为

$$c_m = \left[d_m I_n(\omega r) + e_m K_n(\omega r)\right]\cos(n\theta)\cos(\omega z) + f_m \tag{2-46}$$

式中，d_m、e_m 和 f_m 为待定常数；I_n 和 K_n 分别为第一类和第二类 n 阶修正的 Bessel 函数。

考虑到边界条件式 (2-40) 和连续条件式 (2-42)，并假设内层薄膜与刚性纤维之间的空位通量密度为零，即

$$\left.\frac{\partial c_{\mathrm{i}}}{\partial r}\right|_{r=r_0} = 0 \tag{2-47}$$

可以确定式 (2-46) 中的待定常数，进而求得内层和外层薄膜中的空位浓度分布：

$$\begin{aligned} c_{\mathrm{i}} = c_0 + \frac{\gamma}{bk_{\mathrm{b}}T} + \frac{\gamma\delta\xi_0\left(\omega^2b^2+n^2-1\right)G_1}{b^2k_{\mathrm{b}}TG_2}\cos\left(n\theta\right)\cos\left(\omega z\right) \\ \times\left[I_n'\left(\omega r_0\right)K_n\left(\omega r\right) - K_n'\left(\omega r_0\right)I_n\left(\omega r\right)\right] \end{aligned} \tag{2-48}$$

$$c_{\mathrm{o}} = c_{\mathrm{C}} + \frac{\gamma}{bk_{\mathrm{b}}T} + \frac{\gamma\delta\left(\omega^2b^2+n^2-1\right)}{b^2k_{\mathrm{b}}TG_2}\left[G_3 I_n(\omega r) + G_4 K_n(\omega r)\right]$$

$$\times \cos(n\theta)\cos(\omega z) \tag{2-49}$$

式中，常数 G_L $(L=1\sim4)$ 为

$$G_1 = I_n'(\omega a)K_n(\omega a) - I_n(\omega a)K_n'(\omega a) \tag{2-50}$$

$$\begin{aligned} G_2 = {} & K_n'(\omega a)\{[(1-\xi_0)I_n(\omega b)K_n(\omega a) - I_n(\omega a)K_n(\omega b)] \\ & \times I_n'(\omega r_0) + \xi_0 I_n(\omega a)I_n(\omega b)K_n'(\omega r_0)\} \\ & + I_n'(\omega a)\{\xi_0 K_n(\omega a)K_n(\omega b)I_n'(\omega r_0) - K_n'(\omega r_0) \\ & [I_n(\omega b)K_n(\omega a) + (\xi_0 - 1)I_n(\omega a)K_n(\omega b)]\} \end{aligned} \tag{2-51}$$

$$\begin{aligned} G_3 = {} & \xi_0 I_n(\omega a)K_n'(\omega a)K_n'(\omega r_0) \\ & + (1-\xi_0)K_n(\omega a)K_n'(\omega a)I_n'(\omega r_0) \\ & - K_n(\omega a)I_n'(\omega a)K_n'(\omega r_0) \end{aligned} \tag{2-52}$$

$$\begin{aligned} G_4 = {} & \xi_0 I_n'(\omega a)I_n'(\omega r_0)K_n(\omega a) - I_n(\omega a)I_n'(\omega r_0)K_n'(\omega a) \\ & + (1-\xi_0)I_n(\omega a)I_n'(\omega a)K_n'(\omega r_0) \end{aligned} \tag{2-53}$$

式中，上标撇号表示对变量 r 求导，$\xi_0 = D_{\mathrm{o}}/D_{\mathrm{i}}$。将式 (2-49) 代入式 (2-43)，可求得外层薄膜外表面的演化方程为

$$\frac{1}{\delta}\frac{\mathrm{d}\delta}{\mathrm{d}t} = \frac{\varOmega_{\mathrm{o}} D_{\mathrm{o}}\gamma\omega\left(\omega^2 b^2 + n^2 - 1\right)}{b^2 k_{\mathrm{b}} T G_2}\left[G_3 I_n'(\omega b) + G_4 K_n'(\omega b)\right] \tag{2-54}$$

对式 (2-54) 积分，得

$$\delta(t) = \delta_0 \exp\left(\frac{\tau}{\hat{\tau}}t\right) \tag{2-55}$$

式中，δ_0 为初始扰动波幅。

$$\tau = \frac{\omega b\left(\omega^2 b^2 + n^2 - 1\right)}{G_2}\left[G_3 I_n'(\omega b) + G_4 K_n'(\omega b)\right] \tag{2-56}$$

且 $\hat{\tau} = k_{\mathrm{b}} T b^3/\left(\varOmega_{\mathrm{o}} D_{\mathrm{o}}\gamma\right)$。当 $n=0$ 时，仅出现轴向失稳模态；当 $\omega=0$ 时，仅出现环向失稳模态。

式 (2-56) 中的 τ 为一个重要参数，可以根据其符号判断薄膜表面是否稳定。当 $\tau>0$ 时，扰动波幅随时间呈指数增长，意味着表面将发生失稳；若 $\tau<0$，扰动波幅随时间呈指数衰减，此时薄膜表面是稳定的。而临界条件由 $\tau=0$ 确定。当表面失稳时，在众多可能的失稳模态中，系统最可能的失稳模态由下式确定：

$$\frac{\partial\tau}{\partial\omega} = 0, \quad \frac{\partial\tau}{\partial n} = 0 \tag{2-57}$$

$$\frac{\partial^2\tau}{\partial\omega^2}<0,\quad \frac{\partial^4\tau}{\partial\omega^2\partial n^2}-\left(\frac{\partial^2\tau}{\partial\omega\partial n}\right)^2>0 \tag{2-58}$$

即实际失稳频率 ω 与模数 n 满足式 (2-57) 和式 (2-58)，可见失稳模式取决于纤维的尺寸、内层和外层薄膜的厚度以及扩散系数。

2.3 Koiter 弹性稳定性理论

Koiter[5] 在弹性稳定性理论方面做出了具有里程碑意义的工作，贡献主要有两个方面：其一，发展了初始后屈曲理论，将系统势能展开到高阶项，从而可以求解系统的初始后屈曲行为；其二，解决了薄壳结构稳定性的缺陷敏感问题。前文介绍的能量法也借鉴了 Koiter 的初始后屈曲理论。本节简要介绍 Koiter 的稳定性理论[18]。

2.3.1 临界失稳分析

对于一个弹性体 [5,9,10]，以 $\boldsymbol{x}$ 表示平衡状态 (状态 I) 下某一物质点的空间坐标，$\boldsymbol{x}+\boldsymbol{u}(\boldsymbol{x})$ 表示与状态 I 相邻近的另一状态 (状态 II) 中物质点的位置，其中 $\boldsymbol{u}(\boldsymbol{x})$ 表示从状态 I 到状态 II 过程中产生的位移。以状态 I 作为参考构型，在状态 II 的应变能密度记为 $W(\boldsymbol{\gamma})$，其中 $\boldsymbol{\gamma}$ 为格林应变，表达式为

$$\gamma_{ij}=\frac{1}{2}\left(u_{i,j}+u_{j,i}\right)+\frac{1}{2}u_{k,i}u_{k,j} \tag{2-59}$$

从状态 I 到 II 的势能变化为

$$P[\boldsymbol{u}]=P_L[\boldsymbol{u}]+\int_V W(\boldsymbol{\gamma})\mathrm{d}V \tag{2-60}$$

式中，$P_L[\boldsymbol{u}]$ 为外力势。将 $P_L[\boldsymbol{u}]$ 和 $W(\boldsymbol{\gamma})$ 分别在状态 I 附近展开，可得

$$P_L[\boldsymbol{u}]=P_{L1}[\boldsymbol{u}]+P_{L2}[\boldsymbol{u}]+P_{L3}[\boldsymbol{u}]+P_{L4}[\boldsymbol{u}]+\cdots \tag{2-61}$$

$$W(\boldsymbol{\gamma})=\left(\frac{\partial W}{\partial\gamma_{ij}}\right)_{\mathrm{I}}\gamma_{ij}+\frac{1}{2}\left(\frac{\partial^2 W}{\partial\gamma_{ij}\partial\gamma_{kl}}\right)_{\mathrm{I}}\gamma_{ij}\gamma_{kl}+\cdots \tag{2-62}$$

式中，右端第一项为位移 (或应变) 的线性项，第二项为位移 (或应变) 的二次项。假设 $\boldsymbol{u}$ 可以表示为 $\boldsymbol{u}=\alpha\boldsymbol{u}_1(\boldsymbol{x})$，其中 $\boldsymbol{u}_1(\boldsymbol{x})$ 为给定的位移模式，α 为正值。下面考察 $\alpha\to 0$ 时系统的稳定性。

首先考虑式 (2-62) 右端的第一项，对 $W(\boldsymbol{\gamma})$ 进行变分，得

$$\delta W=S_{ij}\delta\gamma_{ij} \tag{2-63}$$

式中，S_{ij} 是状态 I 下的应力分量

$$S_{ij} = \frac{1}{2}\left(\frac{\partial W}{\partial \gamma_{ij}} + \frac{\partial W}{\partial \gamma_{ji}}\right)_{\mathrm{I}} \tag{2-64}$$

此时，系统势能可以表示为 [5]

$$P[\boldsymbol{u}] = P_1[\boldsymbol{u}] + P_2[\boldsymbol{u}] + P_3[\boldsymbol{u}] + P_4[\boldsymbol{u}] + \cdots \tag{2-65}$$

式中，$P_1[\boldsymbol{u}]$ 为 $\boldsymbol{u}$ 的线性项，$P_2[\boldsymbol{u}]$ 为 $\boldsymbol{u}$ 的二次项，$P_3[\boldsymbol{u}]$ 为 $\boldsymbol{u}$ 的三次项，$P_4[\boldsymbol{u}]$ 为 $\boldsymbol{u}$ 的四次项，依此类推。从式 (2-61) 和式 (2-62)，可得

$$P_1[\boldsymbol{u}] = P_{L1}[\boldsymbol{u}] + \int_V \frac{1}{2} S_{ij}(u_{i,j} + u_{j,i})\mathrm{d}V \tag{2-66}$$

由于状态 I 是平衡的，由虚功原理可知，对于任意变形许可的位移模式 $\boldsymbol{u}$ 都需满足 $P_1[\boldsymbol{u}] = 0$。于是，式 (2-65) 可以简化为

$$P[\boldsymbol{u}] = P_2[\boldsymbol{u}] + P_3[\boldsymbol{u}] + P_4[\boldsymbol{u}] + \cdots \tag{2-67}$$

若 $P_2[\boldsymbol{u}] > 0$，则平衡是稳定的。如果存在一个非零的位移模式 $\boldsymbol{u}_1$，使得 $P_2[\boldsymbol{u}] = 0$，则系统处于临界失稳状态，对应的 $\boldsymbol{u}_1$ 即为失稳模态。下面给出与 $P_2[\boldsymbol{u}] = 0$ 等价的变分表达形式。对于真实的临界模态 $\boldsymbol{u}(\boldsymbol{x})$，应满足式 (2-68) 所示条件：

$$P_2[\boldsymbol{u} + \varepsilon\boldsymbol{\zeta}(\boldsymbol{x})] \geqslant P_2[\boldsymbol{u}] \tag{2-68}$$

式 (2-68) 对于任意可能存在的位移模式 $\boldsymbol{\zeta}(\boldsymbol{x})$ 和任意小的 $\varepsilon \in \boldsymbol{R}$ 均成立。将式 (2-68) 展开，得

$$P_2[\boldsymbol{u}] + P_{11}[\boldsymbol{u}, \varepsilon\boldsymbol{\zeta}] + P_2[\varepsilon\boldsymbol{\zeta}] \geqslant P_2[\boldsymbol{u}] \tag{2-69}$$

进一步可知

$$\varepsilon P_{11}[\boldsymbol{u}, \boldsymbol{\zeta}] + \varepsilon^2 P_2[\boldsymbol{\zeta}] \geqslant 0, \quad \text{对于 } \forall\boldsymbol{\zeta} \text{ 和 } \forall\varepsilon \in \boldsymbol{R}, \quad |\varepsilon| \ll 1 \tag{2-70}$$

因为式 (2-70) 对于任意小的 $|\varepsilon|$ 均成立，故得

$$P_{11}[\boldsymbol{u}, \boldsymbol{\zeta}] = 0 \tag{2-71}$$

采用变分法求解式 (2-71)，即可得到失稳模态 $\boldsymbol{u}_1$ 和临界载荷。

2.3.2 后屈曲分析

如果需要得到幅值 α，还需要利用高阶的能量项 $P_3[\boldsymbol{u}]$、$P_4[\boldsymbol{u}]$ 甚至阶次更高的项。一般情况下，利用 $P_3[\boldsymbol{u}]$ 和 $P_4[\boldsymbol{u}]$ 就足够了。此时，弹性势能可以表达为

$$P[\boldsymbol{u}] \approx \alpha^2 P_2[\boldsymbol{u}_1] + \alpha^3 P_3[\boldsymbol{u}_1] + \alpha^4 P_4[\boldsymbol{u}_1] \tag{2-72}$$

真实的幅值 α 应使 $P[\boldsymbol{u}]$ 取最小值，即

$$\frac{\partial P[\boldsymbol{u}]}{\partial \alpha}=0 \tag{2-73}$$

通过求解上述过程，可以得到系统的失稳临界载荷、失稳模态、波长以及后屈曲过程中的失稳波幅。

2.3.3　应用举例之一：压杆失稳

下面以一个悬臂梁的失稳问题为例，介绍 Koiter 稳定性理论的应用方法。考虑如图 2.11 所示的梁，左端固定，右端自由。梁由线弹性材料构成，弹性模量为 E。梁的长度为 l，在距左端为 l_1 处有一弹簧，其刚度为 k_s，在右端施加水平压力 N。

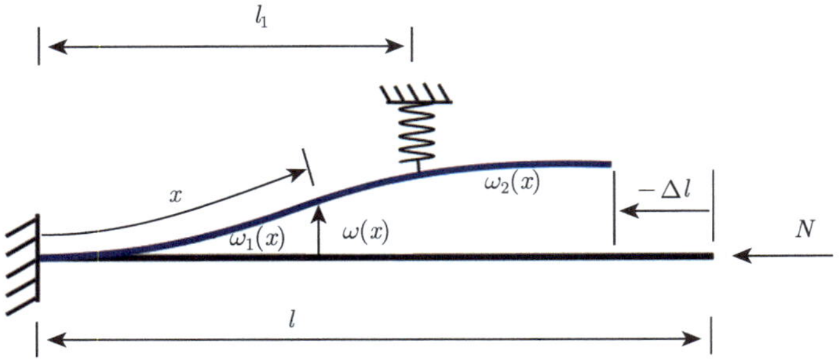

图 2.11　悬臂梁模型

设失稳后梁的转角为 φ，挠度为 w。在小变形情况下，有如下关系：

$$\begin{cases} \sin\varphi \approx \dfrac{\mathrm{d}w}{\mathrm{d}x}=w' \\ \varphi'\cos\varphi=w'' \\ \varphi'=\dfrac{w''}{\cos\varphi}=\dfrac{w''}{\sqrt{1-w'^2}} \end{cases} \tag{2-74}$$

忽略失稳前后梁的长度变化，即假设杆长不变，则右端在水平方向的位移为

$$-\Delta l=l-\int_0^l \cos\varphi \mathrm{d}x=\int_0^l\left[1-\sqrt{1-w'^2}\right]\mathrm{d}x \tag{2-75}$$

弹簧左右两边梁的挠度分别用 $w_1(x)$ 和 $w_2(x)$ 表示。则系统的总势能表示为

$$\begin{aligned} P[w,N]&=\int_0^l \frac{1}{2}EI\varphi'^2\mathrm{d}x+N\Delta l+\frac{1}{2}k_s w_1^2(l_1) \\ &=\int_0^{l_1}\left[\frac{1}{2}EI\frac{w_1''^2}{1-w_1'^2}+N\left(\sqrt{1-w_1'^2}-1\right)\right]\mathrm{d}x \end{aligned}$$

$$+\int_{l_1}^{l}\left[\frac{1}{2}EI\frac{w_2''^2}{1-w_2'^2}+N\left(\sqrt{1-w_2'^2}-1\right)\right]\mathrm{d}x+\frac{1}{2}k_s w_1^2(l_1) \tag{2-76}$$

将 $1/(1-w'^2)$ 和 $\sqrt{1-w'^2}$ 在 $w'=0$ 附近展开成关于 w' 的多项式，并代入上式，得到 $P_2[w,N]$、$P_3[w,N]$ 和 $P_4[w,N]$ 的表达式如下：

$$\begin{cases} P_2[w,N]=\displaystyle\int_0^{l_1}\left[\frac{1}{2}EIw_1''^2-\frac{1}{2}Nw_1'^2\right]\mathrm{d}x \\ \qquad\qquad +\displaystyle\int_{l_1}^{l}\left[\frac{1}{2}EIw_2''^2-\frac{1}{2}Nw_2'^2\right]\mathrm{d}x+\frac{1}{2}k_s w_1^2(l_1) \\ P_3[w,N]=0 \\ P_4[w,N]=\displaystyle\int_0^{l_1}\left[\frac{1}{2}EIw_1''^2w_1'^2-\frac{1}{8}Nw_1'^4\right]\mathrm{d}x \\ \qquad\qquad +\displaystyle\int_{l_1}^{l}\left[\frac{1}{2}EIw_2''^2w_2'^2-\frac{1}{8}Nw_2'^4\right]\mathrm{d}x \end{cases} \tag{2-77}$$

由前面的推导可知，为了得到临界失稳模态，还需要得到 $P_{11}[w,\zeta,\mathrm{N}]$。由式 (2-69) 和式 (2-70)，可得

$$\begin{aligned} P_{11}[w,\zeta,N]=&\int_0^{l_1}\left[\frac{1}{2}EIw_1''\zeta_1''-\frac{1}{2}Nw_1'\zeta_1'\right]\mathrm{d}x \\ &+\int_{l_1}^{l}\left[\frac{1}{2}EIw_2''\zeta_2''-\frac{1}{2}Nw_2'\zeta_2'\right]\mathrm{d}x+k_s w_1(l_1)\zeta(l_1) \end{aligned} \tag{2-78}$$

通过分部积分法，式 (2-78) 变为

$$\begin{aligned} &EIw_1''\zeta_1'\big|_0^{l_1}+EIw_2''\zeta_2'\big|_{l_1}^{l}-\left(EIw_1'''+Nw_1'\right)\zeta_1\big|_0^{l_1}-\left(EIw_2'''+Nw_2'\right)\zeta_2\big|_{l_1}^{l} \\ &+k_s w_1(l_1)\zeta(l_1)+\int_0^{l_1}\left(EIw_1^{(4)}+Nw_1''\right)\zeta_1\mathrm{d}x \\ &+\int_{l_1}^{l}\left(EIw_2^{(4)}+Nw_2''\right)\zeta_2\mathrm{d}x=0 \end{aligned} \tag{2-79}$$

由位移边界条件，可知

$$w_1(0)=w_1'(0)=0,\quad w_1(l_1)=w_2(l_1),\quad w_1'(l_1)=w_2'(l_1) \tag{2-80}$$

由于式 (2-79) 对于任意许可的位移 ζ 均成立，则有如下平衡方程：

$$EIw_1^{(4)}+Nw_1''=0,\quad EIw_2^{(4)}+Nw_2''=0 \tag{2-81}$$

连续条件：

$$w_1''(l_1)=w_2''(l_1),\quad EI\left(w_2'''-w_1'''\right)+k_s w_1(l_1)=0 \tag{2-82}$$

以及右侧边界条件:

$$EIw_2''(l)=0,\quad EIw_2'''+Nw_2'=0 \tag{2-83}$$

式 (2-81) 的通解为

$$\begin{cases} w_1=c_1+c_2x+c_3\cos(\beta x)+c_4\sin(\beta x) \\ w_2=d_1+d_2x+d_3\cos(\beta x)+d_4\sin(\beta x) \end{cases} \tag{2-84}$$

式中，$\beta^2=N/EI$。将式 (2-84) 分别代入式 (2-80)、式 (2-82) 和式 (2-83)，使系数 c_i 和 d_i 不全为零的充要条件是系数矩阵的行列式值为零，即

$$2\beta(N-k_sl_1)\cos(\beta l)+k_s\left[3\sin(\beta l)+\sin\beta(l-2l_1)-4\sin\beta(l-l_1)\right]=0 \tag{2-85}$$

当 $k_s\to 0$ 时，式 (2-85) 简化为一端固支、另一端自由的梁失稳问题，即

$$\cos(\beta l)=0 \tag{2-86}$$

其临界载荷为

$$N_1=\frac{\pi^2EI}{(2l)^2} \tag{2-87}$$

对应的失稳模态为

$$u_1=1-\cos\left(\frac{\pi x}{2l}\right) \tag{2-88}$$

当 $l_1=l$ 时，式 (2-85) 简化为

$$\beta(N-k_sl)\cos(\beta l)+k_s\sin(\beta l)=0 \tag{2-89}$$

当 $k_s\to\infty$ 时，相当于一端固支、另一端铰支的梁失稳问题，式 (2-89) 简化为

$$\tan(\beta l)=\beta l \tag{2-90}$$

对应的临界载荷为

$$N_1\approx\frac{\pi^2EI}{(0.7l)^2} \tag{2-91}$$

下面分析载荷刚刚超过临界点后梁失稳形貌的幅值随载荷的变化。考虑 $k_s=0$ 的情况，载荷刚刚超过临界载荷后，P_2 的增量为

$$P_2[u_1,N]-P_2[u_1,N_1]=\frac{\pi^2}{16l}(N_1-N) \tag{2-92}$$

由于 $P_3[w,N]\equiv 0$，仅需考虑 P_4，有

$$P_4[u_1,N_1]=\frac{\pi^4}{1024l^3}N_1 \tag{2-93}$$

系统的总势能为

$$P[w,N]=\frac{\pi^2}{16l}(N_1-N)\alpha^2+\frac{\pi^4}{1024l^3}N_1\alpha^4$$
$$=\frac{\pi^2N_1}{16l}\left[(1-\phi)\alpha^2+\frac{\pi^2}{64l^2}\alpha^4\right] \tag{2-94}$$

式中，$\phi=N/N_1$。令总势能取极小值，即 $\partial P/\partial\alpha=0$，得

$$\alpha=\frac{4\sqrt{2}l}{\pi}\sqrt{\phi-1} \tag{2-95}$$

由此式可以看出幅值 α 随着载荷变化的规律。

此外，还可以进一步分析失稳之后结构的承载情况。此时，梁右侧水平位移为

$$-\Delta l=\int_0^l\left[1-\sqrt{1-w'^2}\right]\mathrm{d}x\approx\int_0^l\frac{1}{2}w'^2\mathrm{d}x=2l(\phi-1) \tag{2-96}$$

$$-\frac{\Delta l}{l}=2\left(\frac{N}{N_1}-1\right)\Rightarrow\frac{\partial}{\partial N}\left(-\frac{\Delta l}{l}\right)=\frac{2}{N_1}=\frac{8l^2}{\pi^2EI} \tag{2-97}$$

式 (2-97) 给出了梁在失稳后的等效刚度，如图 2.12 所示，此时梁可以继续承载，但承载能力比屈曲前有所下降。

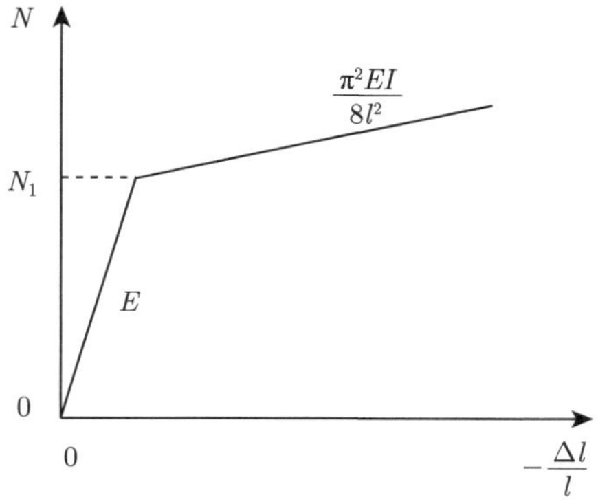

图 2.12 载荷–应变曲线

2.3.4 应用举例之二：硬膜–软基系统

下面简要说明 Koiter 理论在硬膜–软基系统的表面失稳问题中的应用思路。考虑如图 2.13 所示的平面膜–基系统，基底为半无限大、各向同性的弹性软基底。假设系统受沿着水平方向的单向压缩载荷，因此可以简化为平面应变问题，将硬膜视为弹性薄板。将基底对薄膜的作用力简化为均布弹簧，等效的弹簧刚度为 k。

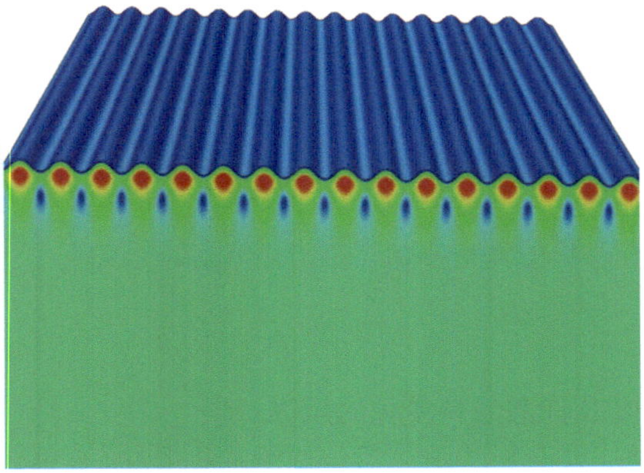

图 2.13　平面膜–基系统表面失稳

系统的总势能表示为

$$
\begin{aligned}
P[w,N] &= \int_0^l \left[\frac{1}{2}EI\varphi'^2 + \frac{1}{2}kw^2\right]\mathrm{d}x + N\Delta l \\
&= \int_0^l \left[\frac{1}{2}EI\frac{w''^2}{1-w_2'^2} + \frac{1}{2}kw^2 + N\left(\sqrt{1-w'^2}-1\right)\right]\mathrm{d}x \qquad (2\text{-}98)
\end{aligned}
$$

式中，E 为硬膜材料的弹性模量；$I = h^3/12$ 为薄板在单位宽度上的截面惯性矩，其中 h 为膜厚；w 和 φ 分别为薄膜的挠度和转角。将 $1/(1-w'^2)$ 和 $\sqrt{1-w'^2}$ 分别在 $w'=0$ 附近展开成关于 w' 的多项式，并代入式 (2-98)，得

$$
P_2[w,N] = \int_0^{l_1} \left[\frac{1}{2}EIw''^2 - \frac{1}{2}Nw'^2_1 + \frac{1}{2}kw^2\right]\mathrm{d}x \qquad (2\text{-}99)
$$

$$
P_{11}[w,\zeta,N] = \int_0^{l_1} \left[\frac{1}{2}EIw''\zeta'' - \frac{1}{2}Nw'\zeta' + \frac{1}{2}kw\zeta\right]\mathrm{d}x \qquad (2\text{-}100)
$$

通过分步积分，得到薄板的平衡方程为

$$
EIw^{(4)} + Nw'' + kw = 0 \qquad (2\text{-}101)
$$

假设薄膜的失稳模式，再通过式 (2-101) 即可求得膜基系统失稳的临界波长和临界载荷。通过将势能展开到高阶项，可以求得膜–基系统失稳的后屈曲行为。此处略去具体过程。

2.4　软材料本构模型

在软材料失稳问题的研究中，材料本构关系的选择是一个重要问题。本构关系不仅影响系统的临界失稳条件，而且对失稳形貌的形成和演化都有影响。下面简要介绍软材料分析中常用的几种本构模型。

2.4.1 线弹性本构关系

对于硬膜等材料，在临界失稳分析中一般可以采用线弹性本构关系，即广义胡克定律。在硬膜的后屈曲过程中，尽管变形可以较大，但是应变一般较小，很多情况下依然可以采用线弹性本构关系。各向同性线弹性的应力–应变关系为 [31]

$$\sigma_{ij} = 2G\varepsilon_{ij} + \lambda\varepsilon_{kk}\delta_{ij} \tag{2-102}$$

其中，$G = \dfrac{E}{2(1+\nu)}$ 为剪切模量；$\lambda = \dfrac{\nu E}{(1+\nu)(1-2\nu)}$ 为拉梅常数；E 为杨氏模量，ν 为泊松比，$\delta_{ij} = \begin{cases} 1, & i=j \\ 0, & i \neq j \end{cases}$ 为克罗内克符号。

式 (2-102) 也可以表示为如下的应变–应力关系：

$$\varepsilon_{ij} = \frac{1+\nu}{E}\sigma_{ij} - \frac{\nu}{E}\sigma_{kk}\delta_{ij} \tag{2-103}$$

2.4.2 超弹性本构关系

对于软材料，本构关系大多具有显著的非线性性质。尤其是在模拟软材料的表面失稳和形貌演化时，应变范围较大，非线性性质对计算结果有明显影响。对于这类材料，通常先给出应变能密度函数的形式，然后由应变能密度函数导出相应的应力–应变关系 [32,33]，因此这类本构关系一般也称为高弹性或超弹性本构关系 (hyperelastic constitutive relation)。下面介绍几种常用的软材料非线性本构模型，除了这些模型，还有 Gent 模型。

1) Mooney–Rivlin 和 neo-Hooke 本构模型

Mooney–Rivlin 本构模型是由 Mooney[34] 首先提出的，后来由 Rivlin[35] 给出了不变量形式。在该模型中，应变能密度函数 W 表示为

$$W = C_{10}\left(\bar{I}_1 - 3\right) + C_{01}\left(\bar{I}_2 - 3\right) + \frac{K}{2}(J-1)^2 \tag{2-104}$$

式中，C_{10} 和 C_{01} 是材料参数；J 是体积比。在该模型中，初始剪切模量 $\mu = 2(C_{10}+C_{01})$。K 是初始体积模量，其与泊松比 ν 的关系为 $K = \dfrac{2\mu(1+\nu)}{3(1-2\nu)}$。当 $\nu = 0.5$ 时，$K \to \infty$，材料不可压缩，此时，$J = 1$。$\bar{I}_1$ 和 $\bar{I}_2$ 是左 Cauchy–Green 变形张量的第一和第二偏斜不变量，$\bar{I}_1 = \bar{\lambda}_1^2 + \bar{\lambda}_2^2 + \bar{\lambda}_3^2$，$\bar{I}_2 = \bar{\lambda}_1^{-2} + \bar{\lambda}_2^{-2} + \bar{\lambda}_3^{-2}$。偏斜主拉伸量 $\bar{\lambda}_i$ 与主拉伸量 λ_i 间的关系为 $\bar{\lambda}_i = J^{-1/3}\lambda_i\,(i=1,2,3)$。

当 $C_{01} = 0$ 时，式 (2-104) 中的应变能密度函数变为

$$W = \mu\left(\bar{I}_1 - 3\right) + \frac{K}{2}(J-1)^2 \tag{2-105}$$

式中，初始剪切模量 $\mu = 2C_{10}$。这种简化的 Mooney–Rivlin 本构模型亦称为 neo-Hooke 本构模型。当材料不可压缩时 ($J = 1$)，neo-Hooke 模型仅包含一个材料参数，即 μ。由于不可压缩的 neo-Hooke 本构关系形式简单，且能在一定范围内较好地描述很多工程软材料 (如 PDMS) 的变形行为，因此该本构模型被广泛应用。

2) Fung 本构模型

在研究血管等生物软材料的非线性本构响应时，Fung[36] 于 1979 年提出了一种超弹性本构模型。他将应变能密度函数表示为

$$W = \frac{\mu}{2\beta}\left[\mathrm{e}^{\beta(\bar{I}_1-3)} - 1\right] + \frac{K}{2}\left(\frac{J^2-1}{2} - \ln J\right) \tag{2-106}$$

式中，β 为材料参数；μ 为初始剪切模量。对于不可压缩材料，Fung 本构模型只包含两个材料参数，即 μ 和 β。

3) Arruda–Bcyce 本构模型

1993 年，Arruda 和 Boyce[37] 基于橡胶大分子网络结构八链模型以及分子链在网络中的非高斯力学行为，发展了一种超弹性本构模型。其应变能密度函数为

$$\begin{aligned} W = \bar{\mu}\Bigg[&\frac{1}{2}\left(\bar{I}_1 - 3\right) + \frac{1}{20\lambda_m^2}\left(\bar{I}_1^2 - 9\right) + \frac{11}{1050\lambda_m^4}\left(\bar{I}_1^3 - 27\right) + \frac{19}{7000\lambda_m^6}\left(\bar{I}_1^4 - 81\right) \\ &+ \frac{519}{673750\lambda_m^8}\left(\bar{I}_1^5 - 243\right)\Bigg] + \frac{K_0}{2}\left(\frac{J^2-1}{2} - \ln J\right) \end{aligned} \tag{2-107}$$

对于不可压缩材料，该模型仅含有两个材料参数，即剪切模量 $\bar{\mu}$ 和锁定伸长 λ_m，并且可以较好地捕捉到分子网络的变形特征。初始剪切模量 μ 与剪切模量 $\bar{\mu}$ 有如下关系：

$$\mu = \bar{\mu}\left(1 + \frac{3}{5\lambda_m^2} + \frac{99}{175\lambda_m^4} + \frac{513}{875\lambda_m^6} + \frac{42039}{67375\lambda_m^8}\right) \tag{2-108}$$

锁定伸长 λ_m 表示应力开始无限制增大时的伸长比，由极限链 $\lambda_{\lim}$ 确定，表示为

$$\lambda_m = \sqrt{\frac{1}{3}\left(\lambda_{\lim}^2 + \frac{2}{\lambda_{\lim}}\right)} \tag{2-109}$$

对于普通橡胶而言，λ_m 的取值范围在 3~7；对于一些软的弹性体和生物软组织，该值的取值范围在 1~2。需要注意，在商用有限元软件 Abaqus 中，Arruda–Boyce 本构模型中的输入量 $\bar{\mu}$ 是剪切模量，而不是初始剪切模量 μ。

4) Ogden 本构模型

Ogden[38] 于 1972 年提出了另外一个描述不可压缩橡胶材料的超弹性本构模型，其应变能密度函数为

$$W = \sum_{q=1}^{N}\frac{\mu_q}{\beta_q}\left(\lambda_1^{\beta_q} + \lambda_2^{\beta_q} + \lambda_3^{\beta_q} - 3\right) \tag{2-110}$$

式中，μ_q 为材料参数；β_q 为待定系数。在该模型中，剪切模量表示为

$$\mu=\frac{1}{2}\sum_{q=1}^{N}\mu_q\beta_q \tag{2-111}$$

若取 $N=1$ 和 $\beta_1=2$，则该模型可以退化为 neo-Hooke 本构模型。

5) Hyperfoam 本构模型

此外，在 Abaqus 中有一种 Hyperfoam 本构模型，它是 Ogden 提出的、模拟橡胶类多孔材料的一种本构关系。其应变能函数是 Hill 应变能函数的如下变形形式：

$$W=\sum_{i=1}^{N}\frac{2\mu_i}{\alpha_i^2}\left\{\hat{\lambda}_1^{\alpha_i}+\hat{\lambda}_2^{\alpha_i}+\hat{\lambda}_3^{\alpha_i}-3+\frac{1}{\beta_i}\left[(J_{\rm el})^{-\alpha_i\beta_i}-1\right]\right\} \tag{2-112}$$

式中，μ_i、α_i 和 β_i 均是材料参数，可以根据实验数据拟合得到。这里，μ_i 具有弹性模量的量纲，α_i 是无量纲参数；N 是拟合的阶数，亦即应变能函数的阶数；$J_{\rm el}$ 为弹性体积比，它与总的体积比 J ($J=$ 当前体积/初始体积) 和热体积比 $J_{\rm th}$ 之间的关系为 $J_{\rm el}=J/J_{\rm th}$。$\hat{\lambda}_i=(J_{\rm th})^{-1/3}\lambda_i\,(i=1,2,3)$，其中 λ_i 是主伸长，与工程应变 ε_i 满足关系 $\lambda_i=1+\varepsilon_i$。总体积比 J 与主伸长 λ_i 满足 $J=\lambda_1\lambda_2\lambda_3$。$\beta_i$ 决定了材料的可压缩性，它与泊松比的关系为

$$\beta_i=\frac{\nu_i}{1-2\nu_i} \tag{2-113}$$

如果 β_i 在应变能函数的各项中相同，则材料有单一有效的泊松比。

热体积比定义为

$$J_{\rm th}=(1+\varepsilon_{\rm th})^3 \tag{2-114}$$

式中，$\varepsilon_{\rm th}$ 是线性热膨胀应变。如果不考虑热效应，则 $J_{\rm el}=J_{\rm th}$，$\hat{\lambda}_i=\lambda_i$。

2.5 本 章 小 结

作为本书后续诸章研究内容的基础，本章首先介绍了弹性系统稳定性的一些基本概念、理论与方法，并以细长杆、薄膜等为例说明了系统失稳的基本类型、系统稳定性的主要判定方法、以及 Koiter 稳定性理论的基本思想。此外，还介绍了软材料的几种常用本构模型，包括线弹性的胡克模型，非线性的 Mooney-Rivlin 模型、neo-Hooke 模型、Fung 本构模型、Arruda-Boyce 本构模型、Ogden 模型、Hyperfoam 模型。

判断系统的稳定性，主要有静力准则、能量准则和动力准则。本章利用静力准则分析了薄膜–软层–刚性基底的三维临界失稳，给出了几种典型情况下失稳的临

界条件与形貌特征，并利用能量方法求解了该系统的三维后屈曲问题。对于软层较薄的情况，其下表面与基底的界面粘接条件对于系统的稳定性有较大影响，该结论与 Vandeparre 等 [39] 的实验结果相一致，因而通过改变界面粘接条件可以调控薄膜的表面失稳形貌。此外，还以纤维表面涂层的稳定性为例说明了动力准则的基本思路，结果表明材料体扩散可以导致表面失稳，失稳临界条件可以通过表面扰动随时间的变化趋势来确定，而失稳形貌取决于系统的几何尺寸、材料的扩散系数等参数。

Koiter 理论是求解临界失稳与初始后屈曲问题的一种常用方法。在该理论中，通过将能量展开到二次项，可以求解系统的临界失稳问题；如果进一步将能量展开到高阶项 (如四次项)，则可以求解系统的初始后屈曲问题。

参考文献

[1] Euler L. Methodus inveniendi lineas curvas maximi minimive proprietate gaudentes. Lausanne and Geneva: Marcum Michaelem Bousquet, 1744.

[2] Lagrange J L. Mecanique analytique. Paris: Courcier, 1788.

[3] Liapounov A. Probleme general de la stabilite du mouvement. Kharkov, 1892.

[4] von Kármán T, Dunn L G, Tsien H S. The influence of curvature on the buckling characteristics of structures. Journal of the Aeronautical Sciences, 1940, 7: 276–289.

[5] Koiter W T. On the Stability of Elastic Equlibrium. Holland: Delft, 1945.

[6] 费志中. 弹性稳定. 北京: 煤炭工业出版社, 1989.

[7] 武际可，苏先樾. 弹性系统的稳定性. 北京: 科学出版社, 1994.

[8] Cox H. Stress analysis of thin metal construction. Journal of the Royal Aeronautical Society, 1940, 44: 231.

[9] Koiter W T. On the concept of stability of equilibrium for continuous bodies. Proceedings of the Koninklijke Nederlandse Academie van Wetenschappen B, 1963, 66: 173–177.

[10] Koiter W T. The energy criterion of stability for continuous elastic bodies. Proceedings of the Koninklijke Nederlandse Academie van Wetenschappen B, 1965, 68: 178–202.

[11] Hutchinson J W, Koiter W T. Postbuckling theory. Applied Mechanics Reviews, 1970, 23: 1353–1366.

[12] Hutchinson J W. Axial buckling of pressurized imperfect cylindrical shells. AIAA Journal, 1965, 4: 1461–1466.

[13] Hutchinson J W, Budiansky B. Dynamic buckling estimates. AIAA Journal, 1966, 4: 525–530.

[14] Stein M. The Influence of Prebuckling Deformations and Stresses on the Buckling of Perfect Cylinders. National Aeronautics and Space Administration, 1964.

[15] 李博. 软物质材料的表面失稳研究. 北京: 清华大学博士学位论文, 2011.
[16] 贾飞. 膜–基系统表面失稳的力学理论和数值模拟. 北京: 清华大学博士学位论文, 2013.
[17] 吴连元. 板壳稳定性理论. 武汉: 华中理工大学出版社, 1996.
[18] Heijden A M A. W. T. Koiter's Elastic Stability of Solids and Structures. Cambridge: Cambridge University Press, 2009.
[19] Landau L, Lifshitz E. Theory of Elasticity. Oxford: Pergamon, 1986.
[20] Chen X, Hutchinson J W. Herringbone buckling patterns of compressed thin films on compliant substrates. ASME Journal of Applied Mechanics, 2004, 71: 597–603.
[21] Huang Z, Hong W, Suo Z. Nonlinear analyses of wrinkles in a film bonded to a compliant substrate. Journal of the Mechanics and Physics of Solids, 2005, 53: 2101–2118.
[22] Huang S Q, Li Q Y, Feng X Q, Yu S W. Pattern instability of a soft elastic thin film under van der Waals forces. Mechanics of Materials, 2006, 38: 88–99.
[23] Song J, Jiang H, Choi W, Khang D, Huang Y, Rogers J. An analytical study of two-dimensional buckling of thin films on compliant substrates. Journal of Applied Physics, 2008, 103: 014303.
[24] Kargupta K, Sharma A. Templating of thin films induced by dewetting on patterned surfaces. Physical Review Letters, 2001, 86: 4536–4539.
[25] Sharma A, Khanna R. Pattern formation in unstable thin liquid films. Physical Review Letters, 1998, 81: 3463–3466.
[26] Huang R. Kinetic wrinkling of an elastic film on a viscoelastic substrate. Journal of the Mechanics and Physics of Solids, 2005, 53: 63–89.
[27] Asaro R, Tiller W. Interface morphology development during stress corrosion cracking: Part I. via surface diffusion. Metallurgical and Materials Transactions B, 1972, 3: 1789–1796.
[28] Colin J, Grilh J, Junqua N. Morphological instabilities of a stressed pore channel. Acta Materialia, 1997, 45: 3835–3841.
[29] Duan H L, Weissmuller J, Wang Y. Instabilities of core-shell heterostructured cylinders due to diffusions and epitaxy: spheroidization and blossom of nanowires. Journal of the Mechanics and Physics of Solids, 2008, 56: 1831–1851.
[30] Colin J, Grilh J, Junqua N. Surface instabilities of a stressed cylindrical whisker. Philosophical Magazine A, 1997, 76: 793–805.
[31] 陆明万, 罗学富. 弹性理论基础. 北京: 清华大学出版社, 2001.
[32] 黄克智，黄永刚. 高等固体力学. 北京: 清华大学出版社, 2013.
[33] 黄筑平. 连续介质力学基础. 北京: 高等教育出版社, 2012.
[34] Mooney M. A theory of large elastic deformation. Journal of Applied Physics, 1940, 11: 582–592.
[35] Rivlin R S. Large elastic deformations of isotropic materials. IV. Further developments of the general theory. Philosophical Transactions of the Royal Society of London A,

1948, 241: 379–397.

[36] Fung Y C, Fronek K, Patitucci P. Pseudoelasticity of arteries and the choice of its mathematical expression. American Journal of Physiology-Heart and Circulatory Physiology, 1979, 237: H620–H631.

[37] Arruda E M, Boyce M C. A three-dimensional constitutive model for the large stretch behavior of rubber elastic materials. Journal of the Mechanics and Physics of Solids, 1993, 41: 389–412.

[38] Ogden R W. Large deformation isotropic elasticity-on the correlation of theory and experiment for incompressible rubberlike solids. Proceedings of the Royal Society of London A, 1972, 326: 565–584.

[39] Vandeparre H, Leopoldes J, Poulard C, Desprez S, Derue G, Gay C, Damman P. Slippery or sticky boundary conditions: control of wrinkling in metal-capped thin polymer films by selective adhesion to substrates. Physical Review Letters, 2007, 99: 188302.

第3章　弹性稳定性计算方法

软材料失稳问题大多具有强的几何非线性和材料非线性特点，这给理论分析带来困难，因而经常需要借助于数值方法来求解。如何利用数值方法模拟这种高度非线性问题得到了诸多学者的关注，各种近似解法也应运而生[1,2]。本章简要介绍在软材料系统失稳分析中几种常用的数值方法，包括牛顿–拉普森法 (Newton–Raphson method)、弧长法 (arc-length method)、伪动力学方法 (pseudo-dynamic method) 和傅里叶谱方法 (Fourier spectral method)。其中，弧长法与伪动力学法在有限元模拟中应用最为广泛，而牛顿–拉普森方法是这两者的算法基础。本章最后，将通过模拟薄膜–基底系统的表面失稳和失稳局部化问题，对这些方法加以分析和比较。

3.1　牛顿–拉普森法

牛顿–拉普森法是求解非线性方程组的一种经典数值方法，主要包括经典的牛顿–拉普森法 (简称 N–R 法) 和修正的牛顿–拉普森法 (简称 mN–R 法)。下面概要介绍这两者的基本思路 [3]。

对于结构的非线性力学响应，其非线性控制方程组通常可以表示为

$$\boldsymbol{\psi}(\boldsymbol{u})=\boldsymbol{P}(\boldsymbol{u})-\boldsymbol{Q}=\boldsymbol{0} \tag{3-1}$$

式中，$\boldsymbol{u}$ 为结构的位移矢量；$\boldsymbol{P}(\boldsymbol{u})$ 为内力；$\boldsymbol{Q}$ 为外载荷。首先，将载荷分为若干增量步，即 $\boldsymbol{Q}_0$、$\boldsymbol{Q}_1$、$\boldsymbol{Q}_2$、$\cdots$，相应各步的位移分别是 $\boldsymbol{u}_0$、$\boldsymbol{u}_1$、$\boldsymbol{u}_2$、$\cdots$。假设第 m 步的载荷 $\boldsymbol{Q}_m$ 和相应的位移 $\boldsymbol{u}_m$ 已知，并将第 $m+1$ 步的载荷记为 $\boldsymbol{Q}_{m+1}=\boldsymbol{Q}_m+\Delta\boldsymbol{Q}_m$，其中 $\Delta\boldsymbol{Q}_m$ 是第 m 步的载荷增量，欲求位移 $\boldsymbol{u}_{m+1}=\boldsymbol{u}_m+\Delta\boldsymbol{u}_m$。

采用 N–R 方法，在每一增量步内进行迭代，对于 $\boldsymbol{Q}_{m+1}$ 的第 $n+1$ 次迭代可以表示为

$$\boldsymbol{\psi}_{m+1}^{n+1}=\boldsymbol{P}\left(\boldsymbol{u}_{m+1}^{n+1}\right)-\boldsymbol{Q}_{m+1}=\boldsymbol{P}\left(\boldsymbol{u}_m^n\right)-\boldsymbol{Q}_{m+1}+\left(\boldsymbol{K}_{\mathrm{T}}^n\right)_{m+1}\Delta\boldsymbol{u}_m^n=\boldsymbol{0} \tag{3-2}$$

式中，刚度矩阵 $\left(\boldsymbol{K}_{\mathrm{T}}^n\right)_{m+1}=\boldsymbol{K}_{\mathrm{T}}\left(\boldsymbol{u}_{m+1}^n\right)$ 是 $\left(\boldsymbol{K}_{\mathrm{T}}\right)_{m+1}$ 的第 n 次更新值。

由式 (3-2) 可以解出 $\Delta\boldsymbol{u}_m$ 的第 n 次修正量 $\Delta\boldsymbol{u}_m^n$，即

$$\Delta\boldsymbol{u}_m^n=\left(\boldsymbol{K}_{\mathrm{T}}^n\right)_{m+1}^{-1}\left[\boldsymbol{Q}_{m+1}-\boldsymbol{P}\left(\boldsymbol{u}_m^n\right)\right] \tag{3-3}$$

因此，$\boldsymbol{u}_{m+1}$ 的第 $n+1$ 次迭代为

$$\boldsymbol{u}_{m+1}^{n+1} = \boldsymbol{u}_{m+1}^{n} + \Delta \boldsymbol{u}_{m}^{n} \tag{3-4}$$

开始迭代时取 $\boldsymbol{u}_{m+1}^{0} = \boldsymbol{u}_m$，依次迭代，最后当式 (3-1) 达到规定的误差范围以内时停止迭代。

由式 (3-2) 可知，当采用 N-R 法迭代时，需要每次迭代后重新形成和分解 $(\boldsymbol{K}_{\mathrm{T}}^{n})_{m+1}$ 矩阵，这将大幅度增加计算工作量。因此，mN–R 方法的主要思想是令

$$(\boldsymbol{K}_{\mathrm{T}}^{n})_{m+1} = \left(\boldsymbol{K}_{\mathrm{T}}^{0}\right)_{m+1} = \boldsymbol{K}_{\mathrm{T}}\left(\boldsymbol{u}_m\right) \tag{3-5}$$

如果对式 (3-3) 只求解一次而不继续进行迭代，则有

$$\Delta \boldsymbol{u}_m = \Delta \boldsymbol{u}_m^0 = (\boldsymbol{K}_{\mathrm{T}})_m^{-1}\left(\boldsymbol{Q}_{m+1} - \boldsymbol{P}_m\right) \tag{3-6}$$

对单自由度系统，N–R 法和 mN–R 法的计算过程见示意图 3.1。

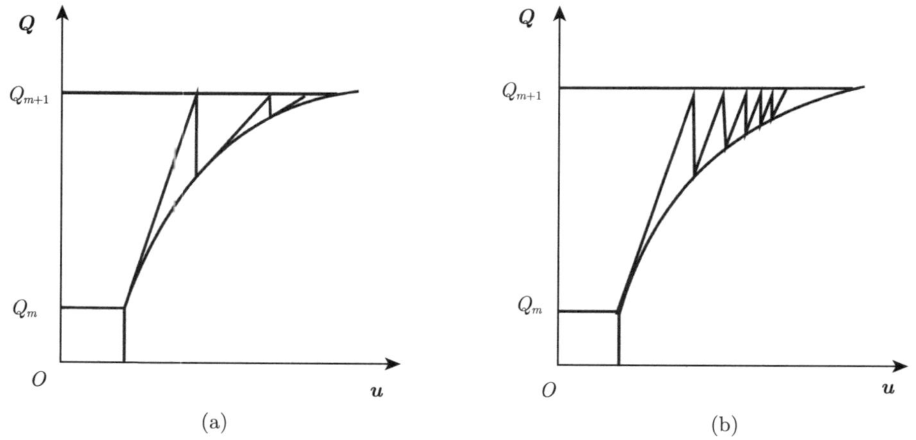

图 3.1　(a) N–R 法；(b) mN–R 法

3.2　弧　长　法

在稳定性问题的数值模拟中，由于在分岔点及其失稳后的响应对应奇异的或负的刚度矩阵 (图 3.2)，即刚度矩阵是病态的，所以数值求解需要特殊的处理方法。

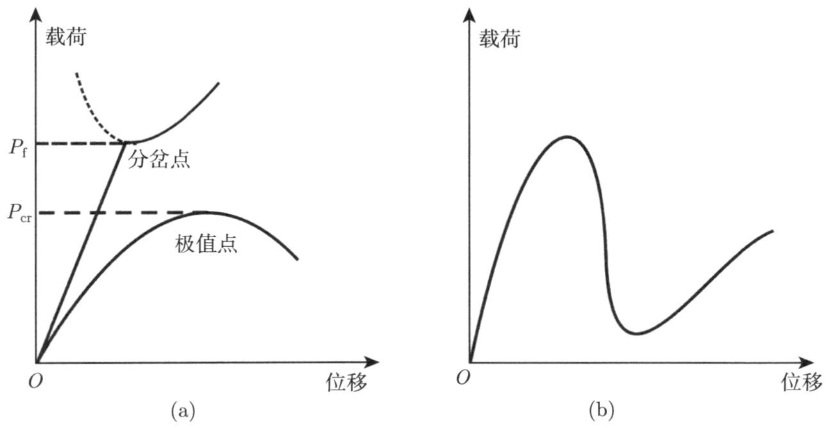

图 3.2 (a) 分岔临界点和极值临界点；(b) 蛇回型加载曲线

弧长法是解决该类问题的一种直接而有效的方法。弧长法最初是由 Wempner[4] 和 Riks[5] 提出的，后来 Crisfield[6] 和 Ramm[7] 对该方法进行了改进，现已成为结构后屈曲有限元分析中应用最广泛的方法。在有限元软件 Abaqus 中，主要采用的是 Crisfield[8]、Ramm[7] 与 Powell 和 Simons[9] 等改进的弧长法。除弧长法外，针对一些稳定性问题，尤其是失稳局部化问题，另外一类有效的方法是在静力学计算中引入人工阻尼，这种方法称为伪动力学方法。下面两节分别介绍弧长法和伪动力学方法。

弧长法可以跨越结构非线性平衡路径上的极值点，能够在迭代求解过程中自动调节增量步长，跟踪各种复杂非线性平衡路径的全过程，如跳跃和“蛇回”现象，如图 3.2(b) 所示 [10]。下面简要介绍弧长法的基本思路，详见参考文献 [10]。

假设结构承受保守载荷 $\boldsymbol{Q}=\bar{\lambda}\bar{\boldsymbol{Q}}$，式中 $\bar{\lambda}$ 是一个描述载荷变化的参数，称为载荷参数，$\bar{\boldsymbol{Q}}$ 为标准载荷向量，一般是空间函数。

设在载荷参数为 $\bar{\lambda}_k$ 时位移为 $\boldsymbol{u}_k$，并假设载荷参数增量为 $\Delta\bar{\lambda}_k$，对应的位移增量为 $\Delta\boldsymbol{u}_k$。此时，离散的增量型非线性方程组可表示为

$$\boldsymbol{\psi}\left(\Delta\boldsymbol{u}_k,\Delta\bar{\lambda}_k\right)=\boldsymbol{0} \tag{3-7}$$

于是，问题变为求解方程组

$$\boldsymbol{u}=\sum_k\Delta\boldsymbol{u}_k,\quad \bar{\lambda}=\sum_k\Delta\bar{\lambda}_k\quad (k=1,2,\cdots) \tag{3-8}$$

式中，k 为增量步。

在弧长法中，式 (3-7) 中的载荷参数增量 $\Delta\bar{\lambda}_k$ 和相应的位移增量 $\Delta\boldsymbol{u}_k$ 都是未知的，有 $N+1$ 个未知量，而方程数只有 N 个，因此需要补充一个约束条件。弧长

法采用定义增量弧长 Δl_k 的方法，引入附加约束方程

$$g\left(\Delta \boldsymbol{u}_k, \Delta\bar{\lambda}_k\right) = \Delta l_k \tag{3-9}$$

联立求解式 (3-7) 和式 (3-9)，便可以求得载荷增量和位移增量。采用不同的约束方程可以定义不同的弧长法，如球面弧长法、柱面弧长法和椭球面弧长法。在柱面弧长法中，约束方程 (3-9) 可表示为

$$\left(\Delta \boldsymbol{u}_k\right)^{\mathrm{T}} \Delta \boldsymbol{u}_k = \left(\Delta l_k\right)^2 \tag{3-10}$$

对于每个载荷增量步，弧长的变化关系采用 Bellini[11] 提出的方法，即

$$\Delta l_k = \left(\frac{N_1}{N_2}\right)^{1/2} \Delta l_{k-1} \tag{3-11}$$

式中，N_1 为预先指定的迭代次数；N_2 为上一步的迭代次数。对于初始载荷增量步，弧长可以由下式确定：

$$\Delta l_1 = \Delta\bar{\lambda}_1 \sqrt{\left(\Delta \boldsymbol{u}_1\right)^{\mathrm{T}} \Delta \boldsymbol{u}_1} \tag{3-12}$$

式中，$\Delta\bar{\lambda}_1$ 为预先指定的初始载荷增量。

在每一增量步 k 中，第一次 (j=1) 迭代的载荷增量为

$$\Delta\bar{\lambda}_k^{(1)} = \pm \frac{\Delta l_k}{\sqrt{\left(\Delta \boldsymbol{u}_k^{(1)}\right)^{\mathrm{T}} \Delta \boldsymbol{u}_k^{(1)}}} \tag{3-13}$$

其中，$\Delta\bar{\lambda}_k^{(1)}$ 的正负号取决于结构切线刚度矩阵 $[\boldsymbol{K}_{\mathrm{T}}]$ 的行列式正负号 [7,11,12]。

根据所采用的约束方程，可以给出弧长法中载荷增量参数的求解公式：

$$A\left(\Delta\bar{\lambda}_k\right)^2 + B\Delta\bar{\lambda}_k + C = 0 \tag{3-14}$$

在第 k 增量步中，第 j ($j > 1$) 次迭代的载荷增量 $\Delta\bar{\lambda}_k^{(j)}$ 为

$$\Delta\bar{\lambda}_k^{(j)} = \frac{-B \pm \sqrt{B^2 - 4AC}}{2A} \tag{3-15}$$

式中，系数 A、B 和 C 的表达式可参阅文献 [7], [11], [12]。

3.3　伪动力学法

伪动力学方法是在牛顿–拉普森方法的基础上，自动引入人工阻尼力来处理非线性稳定性问题。假设在引入人工阻尼力前系统的平衡方程为

$$\boldsymbol{P} - \boldsymbol{Q} = \boldsymbol{0} \tag{3-16}$$

式中，$\boldsymbol{P}$ 和 $\boldsymbol{Q}$ 分别代表系统的内力和外力。引入人工阻尼力

$$\boldsymbol{F}_{\mathrm{v}} = c\boldsymbol{M} \cdot \boldsymbol{v} \tag{3-17}$$

式中，c 是阻尼因子；$\boldsymbol{M}$ 是协调质量矩阵；$\boldsymbol{v} = \Delta\boldsymbol{u}/\Delta t$ 是节点的速度。这里 Δt 是时间增量步，对于静力学问题，此时间步 Δt 不代表真实的时间，只表示过程。将该阻尼力加入到平衡方程中，式 (3-16) 变为

$$\boldsymbol{P} - \boldsymbol{Q} - \boldsymbol{F}_{\mathrm{v}} = \boldsymbol{0} \tag{3-18}$$

如果系统发生局部失稳，则失稳部位的局部节点速度会迅速增大，这将导致阻尼力迅速增大。因此，可以通过对局部施加阻尼的方式释放部分弹性应变能，以达到稳定系统的目的。阻尼因子的选取需要满足一定的条件，即失稳导致的阻尼耗散能与系统的应变能相比是一个小量。当系统响应稳定后，阻尼力会因节点速度的降低而衰减，因而不会影响计算结果的准确性。

在数值模拟中，阻尼因子的设置有两种方法，一是采用常阻尼因子，即在整个计算过程中阻尼因子始终保持不变；另一种是阻尼因子随计算过程而适当调整，属于一种自适应方法。由于后者往往能给出更可靠的计算结果，所以经常被优先采用。阻尼自适应方法会根据计算的收敛历史以及阻尼耗散能与系统总应变能的比值来调控阻尼因子。如果计算收敛困难，阻尼因子会自动增大以改进收敛性；相反，当系统趋于平稳时，阻尼因子会自动减小。

综上所述，弧长法更适于计算发生整体失稳的非线性问题 [13]，当变形发生局部化时，利用弧长法追踪后屈曲形貌演化则存在一定困难。而伪动力学方法在这方面有优势 [14,15]。伪动力学方法的基本思想是：通过引入阻尼力，利用阻尼耗散能将引起系统失稳的部分应变能耗散掉，从而稳定系统。该方法的本质也是对系统的刚度矩阵进行调整，不同的是：由于受节点速度的调控，采用局部化思想对刚度矩阵进行分块处理，只对导致系统失稳的部分区域所对应的刚度矩阵块进行调整，而对其他部分不做改变，或者所做改变对结果的影响可以忽略不计。

在采用有限元方法进行后屈曲分析时，一般需要在系统中引入几何扰动。初始几何扰动是在屈曲分析前预先给系统一个微小的几何缺陷。具体而言，首先采用有限元方法对系统进行特征值分析，得到系统的特征模态；然后，将低阶模态对应的位移场乘以一个很小的因子，作为初始的几何缺陷或初始位移加到系统上，再进行后屈曲分析。具体应用的例子详见后面诸章。

3.4 傅里叶谱方法

傅里叶谱方法是求解非线性偏微分方程的一种重要数值方法。它源于经典的

里兹–伽辽金方法，是以整体无限光滑的函数系作为基函数的伽辽金方法 [16]。在傅里叶谱方法中，以傅里叶级数作为基函数，即将微分方程的解近似表示为傅里叶级数，以用于周期性边界条件的求解。1965 年快速傅里叶变换的出现，使得傅里叶谱方法的计算量大大降低，从而促进了该方法的发展与应用。由于其较高的计算效率，傅里叶谱方法被广泛应用于流体力学、计算物理、应用数学等领域。这种方法也用于研究薄膜–基底系统的表面失稳，特别是三维失稳的形貌演化问题 [17−20]。

本节以承受面内单向压缩的薄膜–基底系统为例介绍傅里叶谱方法的主要思想。将膜薄处理为非线性 von Kármán 板，将基底视为半无限大线弹性体。首先，通过傅里叶变换将位移 $\tilde{u}$ 和 $\tilde{w}$ 转换到傅里叶空间，表示为

$$\begin{cases} \hat{u}(k) = \displaystyle\int \tilde{u}(x)\exp(-\mathrm{i}kx)\mathrm{d}x \\ \hat{w}(k) = \displaystyle\int \tilde{w}(x)\exp(-\mathrm{i}kx)\mathrm{d}x \end{cases} \tag{3-19}$$

式中，字母上方的“∧”符号表示相应的傅里叶变换；波数 k 是傅里叶空间中的坐标；i 是虚数单位。通过傅里叶变换，薄膜平衡方程中的线性部分将转化为傅里叶空间中的代数形式，而非线性部分将先在物理空间中求解再进行傅里叶变换。这里采用 1977 年 Gottlieb 和 Orszag 等 [21] 发展的半隐式数值算法进行求解。

选取平面应变弹性模量 E_{f}^* 和膜厚 h 对膜的平衡方程进行无量纲化，这样，在傅里叶空间中，膜的平衡方程表示为

$$\mathrm{i}\bar{k}\hat{\bar{N}} = 0 \tag{3-20}$$

$$\frac{1}{12}\bar{k}^4\hat{\bar{w}} - \mathcal{F}(\bar{N}\bar{w}_{,xx}) + \frac{1}{2}\frac{E_{\mathrm{s}}^*}{E_{\mathrm{f}}^*}\bar{k}\hat{\bar{w}} = 0 \tag{3-21}$$

式中，无量纲参数 $\bar{N} = N/(E_{\mathrm{f}}^*h)$，$\bar{w} = w/h$，$\bar{k} = kh$；$\mathcal{F}(\cdot)$ 表示对括号中的量进行傅里叶变换；N 为薄膜力；E_{s}^* 为基底的平面应变弹性模量。为了求解上述非线性方程，在式 (3-21) 中引入伪粘性项 $\mu\mathrm{d}\hat{\bar{w}}/\mathrm{d}t$，得

$$\mu\frac{\mathrm{d}\hat{\bar{w}}}{\mathrm{d}t} + \frac{1}{12}\bar{k}^4\hat{\bar{w}} + \frac{1}{2}\frac{E_{\mathrm{s}}^*}{E_{\mathrm{f}}^*}\bar{k}\hat{\bar{w}} = \mathcal{F}(\bar{N}\bar{w}_{,xx}) \tag{3-22}$$

式中，$\mu = G_{\mathrm{s}}/E_{\mathrm{f}}^*$，$G_{\mathrm{s}}$ 为基底的剪切模量；$\mathrm{d}t$ 为迭代的时间步长。上式右边的非线性项无法得到显式的傅里叶变换形式，因此采用快速傅里叶变换进行求解，可得到关于薄膜法向位移的迭代方程

$$\hat{\bar{w}}^{(m+1)} = \left[\mu + \left(\frac{\bar{k}E_{\mathrm{s}}^*}{2E_{\mathrm{f}}^*} + \frac{1}{12}\bar{k}^4\right)\mathrm{d}t\right]^{-1}\left[\mu\hat{\bar{w}}^{(m)} + \mathcal{F}(\bar{N}\bar{w}_{,xx}^{(m)})\mathrm{d}t\right] \tag{3-23}$$

式中，薄膜力 $\bar{N}$ 表示为

$$\bar{N} = \varepsilon_0 + \bar{u}_{,x}^{(m)} + \frac{1}{2}[\bar{w}_{,x}^{(m)}]^2 \tag{3-24}$$

$\bar{u}^{(m)}$ 和 $\hat{\bar{w}}^{(m)}$ 分别表示薄膜面内位移和法向位移的第 m 次迭代值。而面内位移 $\bar{u}^{(m)}$ 可以通过式 (3-20) 由法向位移 $\hat{\bar{w}}^{(m)}$ 求得。因此，给出当前的法向位移 $\hat{\bar{w}}^{(m)}$，通过式 (3-23) 即可求出下一次迭代的法向位移 $\hat{\bar{w}}^{(m+1)}$，具体步骤如下：

(i) 将求解区域离散成均匀分布的 M 个网格；

(ii) 区域上施加给定的压缩应变 ε_0；

(iii) 为了得到失稳形貌，在整个区域内引入微小的初始随机扰动位移；

(iv) 利用式 (3-23) 进行迭代求解。当系统的位移场趋于稳定时，判定迭代结束。

3.5 算　例

本节分别以膜基系统在平面应变情况下的整体失稳和局部失稳为例，说明以上几种数值方法在失稳问题中的应用，并对这些方法加以分析和比较 [22,23]。

3.5.1 膜基系统的整体失稳

考虑在无限大的软材料基底上的一个无限大薄膜，如图 3.3(a) 所示，受到沿水平方向的单向压缩载荷，采用平面应变假设。薄膜厚度为 h，薄膜和基底的平面应变弹性模量分别为 E_{f}^* 和 E_{s}^*。该平面应变问题的理论解是 [17,24,25]

$$\lambda = 2\pi h\left(E_{\mathrm{f}}^*/3E_{\mathrm{s}}^*\right)^{1/3} \tag{3-25}$$

式中，λ 是薄膜失稳时的临界屈曲波长。

下面首先采用弧长法和伪动力学方法模拟该失稳问题。在这两种方法中，施加几何扰动，并比较计算结果的差异。计算软件采用 Abaqus。薄膜与基底之间的界面为理想粘接。薄膜和基底都采用八节点二次平面应变四边形减缩积分单元 (CPE8R)，对每一组几何参数和材料参数都进行了收敛性分析。在保证精度的前提下，系统的单元总数控制在 10 万左右，系统的网格布局如图 3.3(b) 所示。为了保证基底尺寸和边界条件对计算结果没有明显影响，所选取的基底要足够大，基底在 x 方向的长度需要包含十个以上的波长，以提高波长统计的精度。在加载模块中，对 x 方向施加位移加载，最大压缩应变在 1.0%左右，以保证满足小应变假设。

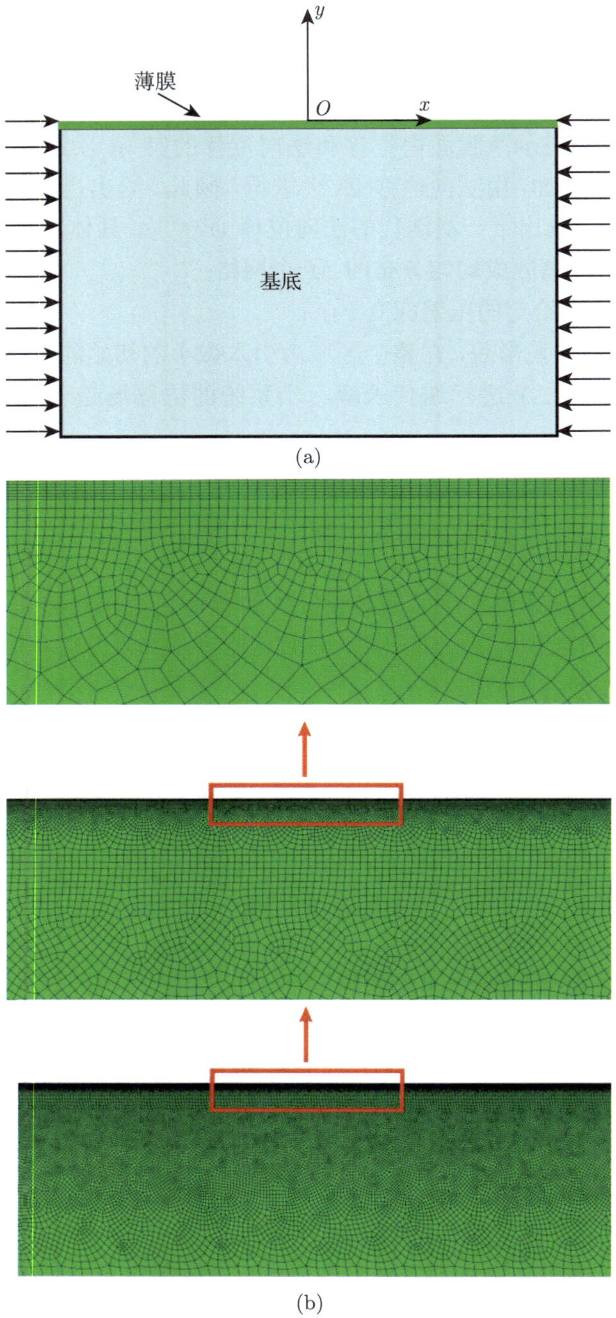

图 3.3　(a) 膜基系统受单向压缩计算模型；(b) 有限元网格

基底的弹性模量设为 E_s=10MPa，泊松比 ν_s=0.45，薄膜的泊松比 ν_f=0.3，基底在 x 和 y 方向的尺寸分别为 400mm 和 80mm。薄膜厚度 h 为 0.2mm，弹性模量 E_f 为 40GPa。在施加几何扰动时，将特征值分析得到的一阶模态作为初始几何缺陷引入系统中，缺陷的幅值取为膜厚的 5%。在选取缺陷尺寸时，建议不超过系统的最小特征尺寸的 10%[13,15]。算例结果表明，缺陷幅值取薄膜厚度的 5% 以下时对计算结果几乎没有影响。

利用弧长法和伪动力学方法模拟的结果分别如图 3.4 和图 3.5 所示。由图可以看出，弧长法和伪动力学方法都可以较好地模拟系统的正弦失稳形貌。弧长法和伪动力学方法给出的失稳波长分别为 13.306mm 和 13.295mm，而理论解为 13.236mm，其误差可以忽略不计。

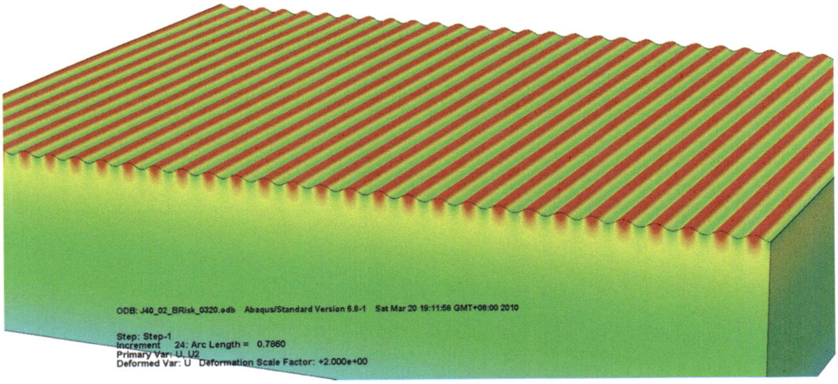

图 3.4　利用弧长法计算得到的失稳形貌

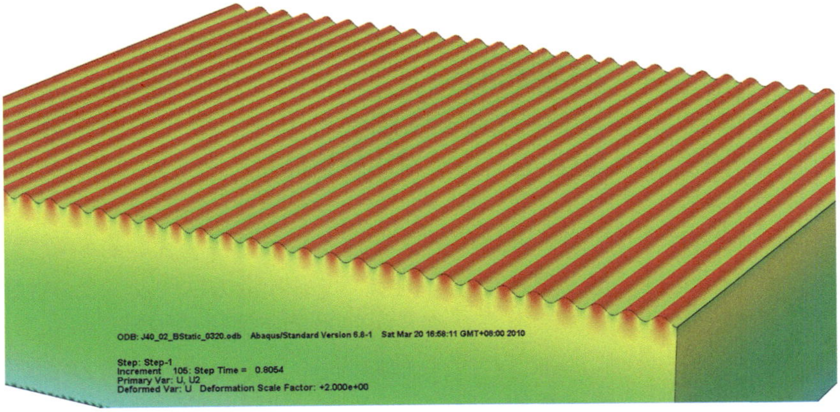

图 3.5　利用伪动力学方法计算得到的失稳形貌

为了进一步比较，下面采用傅里叶谱方法模拟平面应变膜基系统的整体失稳。在谱方法模拟中，假设薄膜为线弹性材料，选取参数 $E_{\mathrm{f}}=142\mathrm{MPa}$，$\nu_{\mathrm{f}}=0.49$，$h=1\mathrm{mm}$，网格数 M=512。假设基底为线弹性材料，$E_{\mathrm{s}}=6\mathrm{MPa}$，$\nu_{\mathrm{s}}=0.5$。图 3.6(a)~(d) 给出了采用傅里叶谱方法计算得到的薄膜后屈曲过程中的形貌演化。可以看出，在压缩应变较小时，薄膜未发生失稳，此时薄膜具有平整的形貌。当外加应变超过临界值后，薄膜产生正弦型失稳。由于采用线弹性的基底，进一步的压缩不会改变薄膜的正弦失稳形貌，只是使失稳波幅增加。

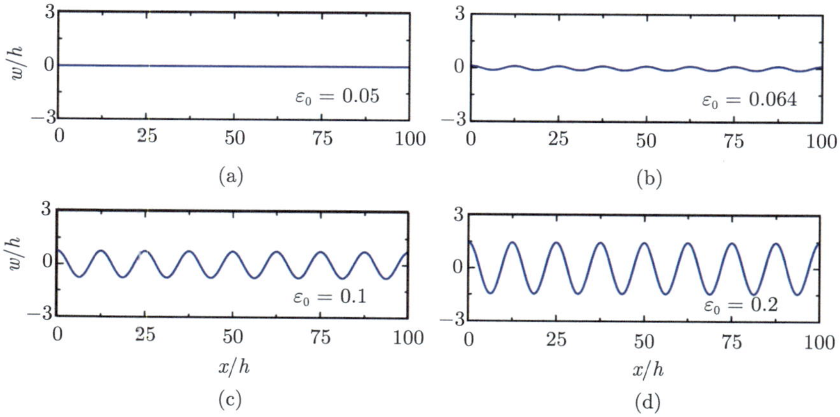

图 3.6 采用傅里叶谱方法得到的后屈曲演化

(a) 压缩应变为 5%；(b) 压缩应变为 6.4%；(c) 压缩应变为 10%；(d) 压缩应变为 20%

对于简单的膜基系统表面失稳问题，有限元方法和傅里叶谱方法都可以较好地模拟系统的失稳行为。然而，对于较为复杂的膜基系统失稳问题，例如考虑基底非线性和三维失稳等，两种方法具有各自的优点和局限性。有限元法的优点在于可以求解复杂的几何构型、复杂载荷和边界约束等问题，例如基底具有不同微结构的情况。由于有限元法对薄膜和基底都要进行离散，因此一个主要的问题是计算效率，尤其是对于三维失稳问题，往往需要采用数量很大的三维实体单元，计算量很大，效率不高。

在傅里叶谱方法中，首先对薄膜平衡方程进行求解，将基底的影响等效为界面处的作用力，因此可以降低问题的维度。例如，傅里叶谱方法可将三维失稳问题简化为求解二维域上的平衡方程，也可以将平面问题简化为一维问题。在本小节求解平面应变膜基系统失稳时，有限元网格数量约为 10 万，而傅里叶谱方法的网格数量只有 512，大大减小了该问题的计算规模。因此，傅里叶谱方法在求解平面系统的三维失稳问题上具有优势。然而，傅里叶谱方法也有局限性，即该方法只能求解具有周期性边界条件的问题，因此要求求解区域比较规则，而有限元方法无此局限性。此外，由于傅里叶谱方法一般采用半隐式的迭代方法，若方程的非线性太强，例如若基于有限变形的理论框架来建立薄膜的平衡方程，则其计算收敛性会变得较差。

3.5.2 膜基系统的局部化失稳

对于弹塑性薄膜，在面内压缩载荷下可以发生局部化失稳。下面通过模拟薄膜的塑性局部化失稳，揭示弹塑性薄膜的失稳模式特点，并以此比较弧长法和伪动力学法。

计算模型与图 3.3 类似，不同之处在于薄膜在中间区域 (区域 1) 采用理想弹塑性本构模型，而两端的薄膜 (区域 2) 和基底仍采用线弹性本构关系，如图 3.7(a) 所示。该问题的边界条件、单元类型等都与 3.5.1 节的算例一致，所选取的基底足够大，以保证边界不影响计算结果。系统网格如图 3.7(b) 所示。

在以下算例中，薄膜厚度为 0.5mm，基底的弹性模量取为 E_s=10MPa，泊松比为 ν_s=0.4；区域 1 和区域 2 内薄膜的弹性参数均为 E_f=20GPa，ν_f=0.3；区域 2 薄膜的塑性屈服应力为 σ_y=260MPa。

图 3.8 给出了分别采用弧长法和伪动力学法模拟得到的薄膜失稳形貌。在计算中，这两种数值算法所采用的所有材料参数、几何参数、边界条件和网格布局都相同。从伪动力学方法的模拟结果可以看出，弹塑性薄膜在软基底上的失稳不同于弹性膜的变形模式。弹塑性薄膜首先产生正弦屈曲形貌 (图 3.8(a))，随着应变的增大，由于薄膜局部达到了塑性，进入屈服阶段，出现变形的局部化现象 (图 3.8(b))。然而，采用弧长法模拟的结果仅观察到了正弦屈曲形貌，应变进一步增大，计算将无法进行，任务终止。这个算例印证了弧长法模拟局部化失稳的劣势，因此对于局部化的变形问题，建议采用伪动力学方法。

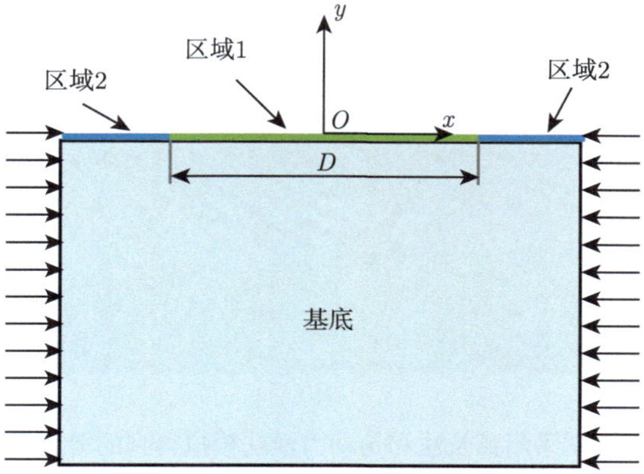

(a)

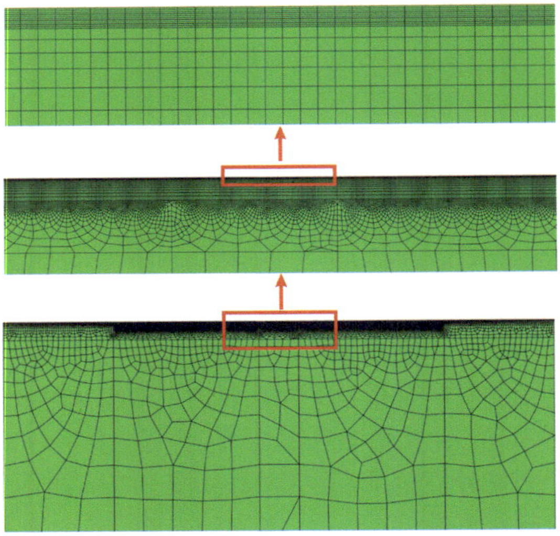

(b)

图 3.7　局部化失稳模拟系统

(a) 计算模型；(b) 网格图

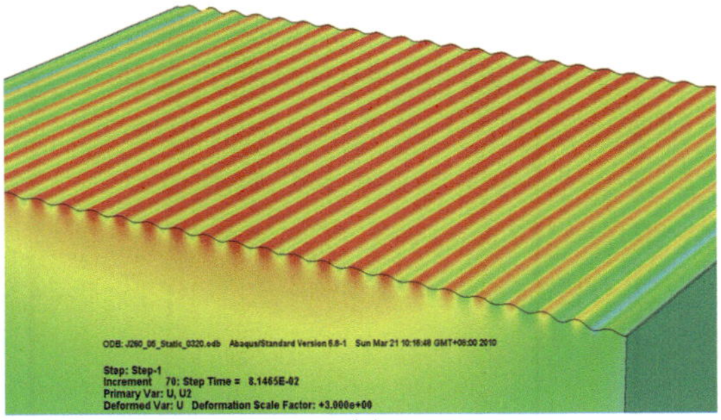

(a)

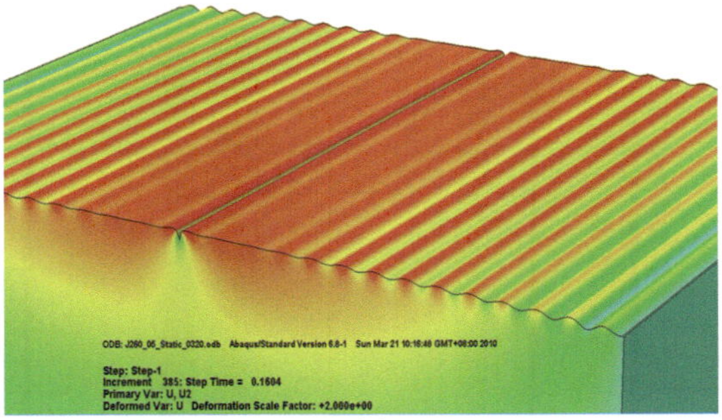

(b)

图 3.8　分别采用弧长法和伪动力学法模拟得到的薄膜失稳形貌

(a) 周期性正弦失稳；(b) 失稳局部化

3.6 本章小结

本章介绍了软材料表面失稳和形貌演化研究中几种常用的数值模拟方法，包括牛顿-拉普森法、弧长法、伪动力学法和傅里叶谱方法，并简要讨论了其主要特征和各自的优缺点。

有限元方法的应用最为广泛，可以求解具有复杂的几何构型、复杂加载条件和边界约束的稳定性问题。但是，对于复杂的三维形貌演化问题，计算规模大，效率低，有待进一步发展更为有效的数值算法。傅里叶谱方法主要适用于研究具有周期性的一些问题，对这类问题进行了降维处理，可以大大减小计算量，但是在处理一些具有强非线性、几何复杂的问题时，收敛性较差，较少被应用。

对比弧长法和伪动力学方法的计算结果可以发现，对于膜基系统的整体失稳问题，二者都可以较好地进行模拟。但是，对于理想弹塑性薄膜的失稳问题，弧长法难以捕捉到失稳的局部化现象。伪动力学方法能够较好地捕捉失稳局部化的发生和发展，但是该方法在使用过程中，耗散因子的选取是一个需要关注的问题，要保证耗散能远小于系统的应变能，以保证其不会对计算结果造成影响。

参 考 文 献

[1] Stein M. The Influence of Prebuckling Deformations and Stresses on the Buckling of Perfect Cylinders. National Aeronautics and Space Administration, 1964.

[2] Koiter W T. On the Stability of Elastic Equlibrium. Holland: Delft, 1945.

[3] 王勖成. 有限单元法. 北京: 清华大学出版社, 2003.

[4] Wempner G A. Discrete approximations related to nonlinear theories of solids. International Journal of Solids and Structures, 1971, 7: 1581–1599.

[5] Riks E. An incremental approach to the solution of snapping and buckling problems. International Journal of Solids and Structures, 1979, 15: 529–551.

[6] Crisfield M. An arc-length method including line searches and accelerations. International Journal for Numerical Methods in Engineering, 1983, 19: 1269–1289.

[7] Ramm E. Strategies for Tracing the Nonlinear Response Near Limit Points. Springer, 1981.

[8] Crisfield M A. A fast incremental/iterative solution procedure that handles "snap-through" Computers & Structures, 1981, 13: 55–62.

[9] Powell G, Simons J. Improved iteration strategy for nonlinear structures. International Journal for Numerical Methods in Engineering, 1981, 17: 1455–1467.

[10] 凌道盛, 徐兴. 非线性有限元及程序. 杭州: 浙江大学出版社, 2004.

[11] Bellini P, Chulya A. An improved automatic incremental algorithm for the efficient solution of nonlinear finite element equations. Computers & Structures, 1987, 26: 99–110.

[12] Carrera E. A study on arc-length-type methods and their operation failures illustrated by a simple model. Computers & Structures, 1994, 50: 217–229.

[13] Tafreshi A. Delamination buckling and postbuckling in composite cylindrical shells under external pressure. Thin-walled Structures, 2004, 42: 1379–1404.

[14] Mourad H M. Elastic-plastic behavior and limit load analysis of pipe bends under out-of-plane moment loading and internal pressure. The American University in Cairo, 1999.

[15] ABAQUS/Standard, 6.8 V. Theory Manual. Providence: Hibbit, Karlsson and Sorensen Inc., 1998.

[16] 蒋伯诚. 计算物理中的谱方法: FFT 及其应用. 长沙: 湖南科学技术出版社, 1989.

[17] Huang Z, Hong W, Suo Z. Nonlinear analyses of wrinkles in a film bonded to a compliant substrate. Journal of the Mechanics and Physics of Solids, 2005, 53: 2101–2118.

[18] Huang R, Im S H. Dynamics of wrinkle growth and coarsening in stressed thin films. Physical Review E, 2006, 74: 026214.

[19] Huang Z, Hong W, Suo Z. Evolution of wrinkles in hard films on soft substrates. Physical Review E, 2004, 70: 030601.

[20] Im S H, Huang R. Wrinkle patterns of anisotropic crystal films on viscoelastic substrates. Journal of the Mechanics and Physics of Solids, 2008, 56: 3315–3330.

[21] Gottlieb D, Orszag S A. Numerical Analysis of Spectral Methods: Theory and Applications. Siam, 1977.

[22] 黄萧. 薄膜–基底系统表面失稳及其局部化的力学分析. 北京: 清华大学博士学位论文, 2015.

[23] 郑修鹏. 弹性软基底上薄膜和纤维失稳的理论分析与数值模拟. 北京: 清华大学博士学位论文, 2010.

[24] Volynskii A, Bazhenov S, Lebedeva O, Bakeev N. Mechanical buckling instability of thin coatings deposited on soft polymer substrates. Journal of Materials Science, 2000, 35: 547–554.

[25] Chen X, Hutchinson J W. Herringbone buckling patterns of compressed thin films on compliant substrates. ASME Journal of Applied Mechanics, 2004, 71: 597–603.

第 4 章　无限大硬膜–软基系统

早在 19 世纪，弹性地基上梁的变形与稳定性就受到人们的关注。1937 年，Biot[1] 研究了无限长的欧拉梁在弹性基底上的弯曲，得到了与变形相关的地基刚度。之后，Allen[2] 系统地研究了夹层板结构的失稳问题。1998 年，Bowden 等[3] 发现，如果在加热后的 PDMS 基底表面镀上金属薄膜，冷却后会产生有序的微观表面失稳形貌。这项工作启示人们，表面失稳不仅意味着材料或结构的失效，也可以用来制备微纳米表面形貌，并在诸多领域得到应用。于是，在最近十几年间，不少研究者从不同的角度审视膜基系统的表面失稳问题，开展了大量的实验与理论研究。所研究的薄膜厚度跨越很大范围，小至微纳米尺寸 (如石墨烯等各种二维纳米薄膜材料)，大到宏观尺寸 (如地质结构)。在很多情况下，薄膜的面内尺寸远大于其厚度和失稳后的特征波长，此时可以将系统简化为无限大的薄膜–基底系统。

本章讨论无限大硬膜–软基系统的失稳问题。4.1 节简单介绍平面应变膜基系统的表面失稳分析方法，4.2 节介绍塑性或超弹性薄膜的局部化失稳问题[4]，4.3 节关注硬膜–软基系统的三维失稳形貌特征[5]，4.4 节介绍具有表面微纳米结构的无限大薄膜在软基底上的稳定性[4]，4.5 节探讨了花瓣表面微观形貌形成的力学机制[6]。

4.1　平面应变失稳分析

关于无限大薄膜在弹性基底上的稳定性[5,7−12]，已有系统的实验和理论研究。在理论研究中，可以利用平衡法、能量法或 Koiter 理论分析屈曲的临界状态和后屈曲行为，得到失稳的特征波长、波幅及其对系统几何参数、材料参数和载荷的依赖关系。第 2 章已经介绍了临界失稳与后屈曲失稳的分析方法，本节只给出无限大硬膜–软基系统分析的主要步骤和结果。

考虑如图 4.1 所示的无限大硬膜–软基系统，在薄膜表面建立图示坐标系。假设薄膜与基底之间是理想粘接。根据 Volynskii 等[9] 的方法，将薄膜视为薄板，基底假设为半无限大空间。假设薄膜和基底均为线弹性材料，系统受到沿水平方向的压缩应变，这里考虑平面应变情况。薄膜在基底上弯曲的平衡方程为[13]

$$D\frac{\partial^4 u_y}{\partial x^4}+N\frac{\partial^2 u_y}{\partial x^2}+Ku_y=0 \tag{4-1}$$

式中，$D=E_\mathrm{f}I/\left(1-\nu_\mathrm{f}^2\right)$ 为薄膜的弯曲刚度，E_f 和 ν_f 分别代表薄膜的杨氏模量和

泊松比，$I = h^3/12$ 是薄膜的形心主惯性矩，h 是薄膜的厚度；u_y 是薄膜 y 方向的位移；N 是作用在薄膜上的轴向力；K 是基底刚度。

Biot 研究了弹性半空间基底上无限长梁在正弦载荷作用下的变形问题，给出了依赖于失稳波长的基底刚度[1]，其表达式为

$$K = \frac{E_{\mathrm{s}}\pi}{\left(1 - \nu_{\mathrm{s}}^2\right)\lambda'} \tag{4-2}$$

式中，E_{s} 和 ν_{s} 分别是基底的杨氏模量和泊松比；λ' 是薄膜在基底上的失稳波长。

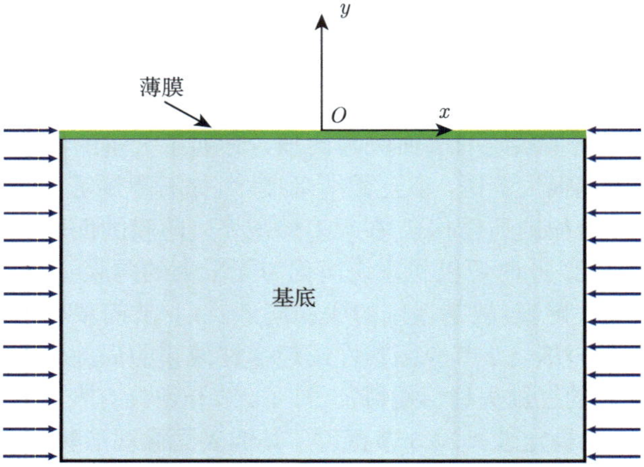

图 4.1　膜基系统示意图

假设薄膜在基底上失稳的位移模式为

$$u_y = A\cos\left(\frac{2\pi x}{\lambda'}\right) \tag{4-3}$$

将式 (4-2)、式 (4-3) 代入式 (4-1)，可得薄膜内的轴向力

$$N = \frac{E_{\mathrm{f}}h^3}{12\left(1 - \nu_{\mathrm{f}}^2\right)}\left(\frac{2\pi}{\lambda'}\right)^2 + \frac{E_{\mathrm{s}}\lambda'}{4\pi\left(1 - \nu_{\mathrm{s}}^2\right)} \tag{4-4}$$

显然，轴向力 N 是系统失稳波长的函数。对于某一特定的失稳波长而言，轴向力 N 存在极小值，利用极值条件 $\mathrm{d}F/\mathrm{d}\lambda' = 0$，可以求出系统失稳的临界波长

$$\lambda = 2\pi h\left(\frac{E_{\mathrm{f}}^*}{3E_{\mathrm{s}}^*}\right)^{1/3} \tag{4-5}$$

式中，$E_{\mathrm{f}}^* = E_{\mathrm{f}}/\left(1 - \nu_{\mathrm{f}}^2\right)$ 和 $E_{\mathrm{s}}^* = E_{\mathrm{s}}/\left(1 - \nu_{\mathrm{s}}^2\right)$ 分别是薄膜和基底的平面应变模量。通过以上推导，得出了薄膜在弹性软基底上的临界失稳波长，由于以上分析针对临

界屈曲状态，所以无法得到失稳的波幅信息。通过 Koiter 理论或者能量准则 (详见第 2 章内容)，将系统势能展开到高阶项，通过将势能极小化可以得到系统后屈曲过程中的波幅随载荷的变化

$$A = h\sqrt{\frac{\sigma}{\sigma_{\mathrm{c}}} - 1} \tag{4-6}$$

式中，$\sigma = N/h$ 为平均膜应力，σ_c 为膜内临界失稳应力。由式 (4-4) 和式 (4-5) 可得

$$\sigma_{\mathrm{c}} = \frac{E_{\mathrm{f}}^*}{4}\left(\frac{3E_{\mathrm{s}}^*}{E_{\mathrm{f}}^*}\right)^{2/3} \tag{4-7}$$

4.2 薄膜的局部化失稳

在前文关于线弹性薄膜的屈曲分析中，假设失稳模式为正弦形貌。然而，正弦形貌只是一种可能的失稳形式，真实系统还可能发生其他多种形式的失稳。例如，Pocivavsek 等[14] 发现，当压应变达到某一临界值时，液面上的聚酯膜首先发生周期性的表面失稳，之后转变为非对称的局部下陷乃至折叠形貌。Fei 等[15] 研究了具有拉压不对称本构关系的硬膜在弹性软基底上的非正弦失稳。Reis 等[16] 从实验和理论上分析了表面涂有一层弹性薄膜的泡沫材料在压应变场作用下的失稳行为，发现当压应变达到某一临界值时，泡沫材料会发生局部下陷，即产生局部化失稳。Coman 等[17] 利用薄膜的弹塑性本构关系，从理论上预测了局部化失稳的存在，并指出材料的非线性特性可以导致局部化失稳的发生。

以往对局部化失稳的研究主要针对屈曲后薄膜与基底之间发生脱粘的情况[18−24]。对于一个刚硬基底上单向受压的薄膜，Colin 等[18−20] 探讨了薄膜的稳定性，描述了与基底脱粘后薄膜的形貌演化。他们利用 von Kármán 薄板理论和分子动力学模拟，研究了薄膜的弹性失稳与塑性折叠性质。Vella 等[24] 研究了一个类似系统的鼓泡 (blister) 问题，建立了描述鼓泡的尺寸与系统的几何、材料参数之间的标度律。

与 Colin 等[18−20] 和 Vella 等[24] 对刚硬基底上薄膜的研究有所不同，本章假设薄膜的模量远大于基底模量，变形过程中薄膜与基底之间不发生脱粘。本节主要介绍弹性软基底上弹塑性和超弹性薄膜的失稳。首先讨论弹塑性薄膜的两种屈曲模式，即正弦失稳和局部化失稳。通过量纲分析和有限元计算，阐述从正弦失稳向局部化失稳转变的物理机制，并建立理论模型预测弹塑性薄膜屈服时对应的外加临界应变值。最后，研究超弹性薄膜在弹性基底上的失稳行为，讨论产生局部化失稳的临界应变与系统的几何、本构参数之间的关系。

4.2.1 弹塑性薄膜

如图 4.2 所示，在硬膜–软基系统上施加面内压缩应变，当薄膜为线弹性材料

时，应变达到临界值后发生正弦失稳。对应的临界应变[7−9] 为

$$\varepsilon_{\mathrm{c}}^{\mathrm{w}}=\frac{1}{4}\left(\frac{3E_{\mathrm{s}}^{*}}{E_{\mathrm{f}}^{*}}\right)^{2/3} \tag{4-8}$$

该式也可由式 (4-7) 导出。

本节研究理想弹塑性薄膜在基底上的失稳行为。下面的讨论将证实，通过调整薄膜的局部塑性参数可以调控薄膜的屈曲模式。为了研究薄膜塑性变形的影响，将薄膜分为两个区域，如图 4.2 所示。假设薄膜中间区域 1 的本构关系为理想弹塑性，而区域 2 对应线弹性薄膜。区域 1 和 2 的弹性模量和泊松比取值相同。薄膜与基底杨氏模量的比值为 $E_{\mathrm{f}}/E_{\mathrm{s}}$=2000，其中下标 f 和 s 分别代表薄膜和基底。薄膜和基底的泊松比分别为 ν_{f}=0.3 和 ν_{s}=0.4。基于以上参数设置，随着应变的增大，薄膜区域 1 将进入塑性。本节利用有限元软件 Abaqus 模拟系统的失稳，采用 50000 多个八节点二阶减缩积分单元。模拟的网格如图 4.3 所示。

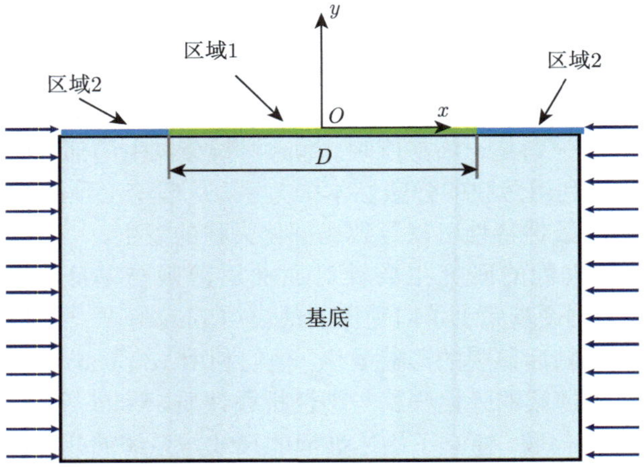

图 4.2　有限元模拟系统

在模拟中，底部边界限制 y 方向的位移，两端部的边界给定 x 方向压缩位移，同时限制 y 方向位移，即采用边界扰动方法。采用伪动力学方法跟踪失稳的发生和失稳形貌演化。这里，薄膜的厚度取 50μm 和 100μm 两种几何构型，基底的厚度大约是薄膜厚度的 400 倍，可满足无限大基底假设。对于上文给出的参数，利用式 (4-8) 可得临界应变 $\varepsilon_{\mathrm{c}}^{\mathrm{w}}=0.0035$。假设临界应变 $\varepsilon_{\mathrm{c}}^{w}$ 小于薄膜的屈服应变 ε_{y}。因此，薄膜先发生形貌失稳，然后达到屈服应变，进入塑性变形阶段。

4.1 节已经研究了薄膜弹性变形阶段的屈曲模式，所得到的结论对于弹塑性薄膜的弹性变形阶段同样适用。有限元模拟发现，对于弹塑性薄膜，在压应变的作用下，薄膜首先发生正弦形貌失稳，如图 4.4(a) 所示。当压应变增大到某一临界值

时，薄膜的某些区域会进入塑性变形阶段，塑性变形的产生引发了系统的局部化失稳。如图 4.4(b) 和 (c) 所示，局部凹陷的形状与楔形压头压过后残留压痕的形状非常相似。同时，由于局部化失稳的发生，临近区域的褶皱形貌消失。一旦薄膜进入塑性变形阶段，前几章研究的弹性薄膜屈曲的理论将不再适用。从图 4.4 中可以看出，凹陷发生在薄膜区域 1 和 2 的交界附近，这是由于边界效应的影响，此处对应较大的失稳波幅，因此应力较大，薄膜首先达到塑性屈服。

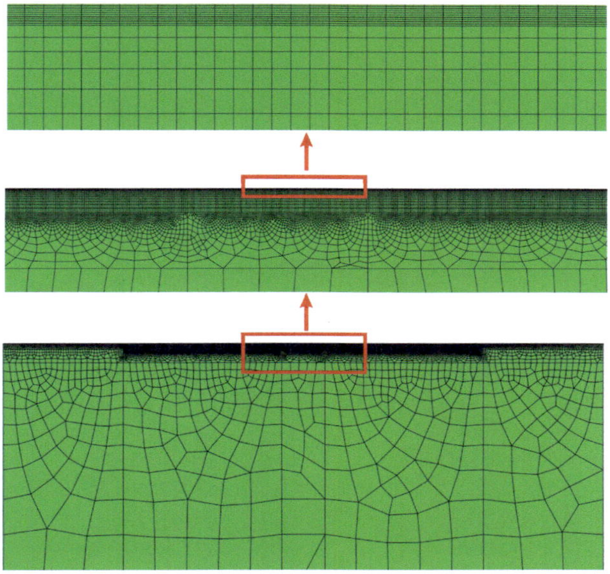

图 4.3 有限元网格图

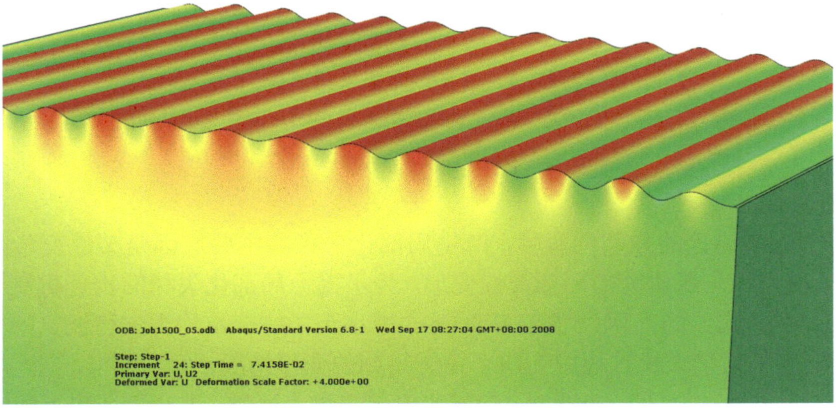

(a)

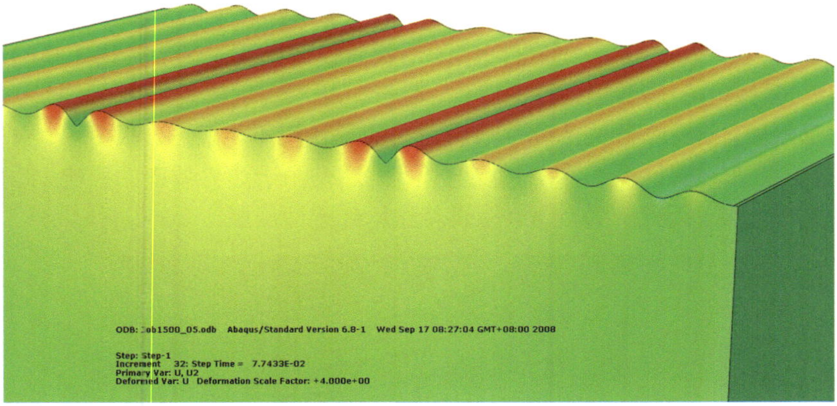

(b)

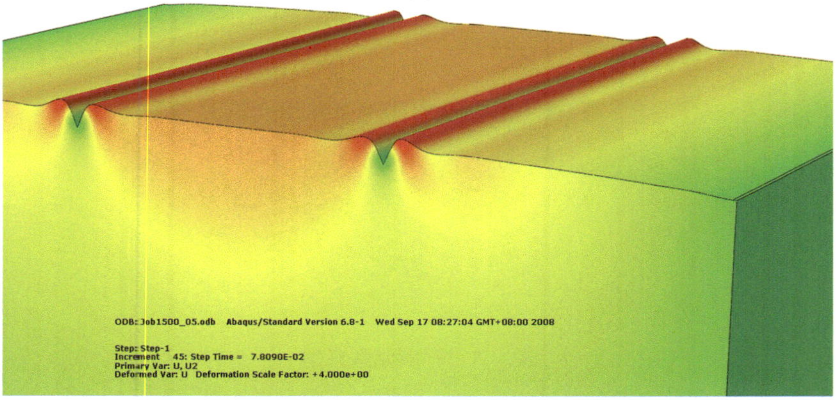

(c)

图 4.4　弹塑性薄膜失稳形貌

(a) 正弦形貌；(b) 局部化失稳开始；(c) 局部凹陷形成。其中，弹塑性区域宽度 D=45mm，屈服应变 ε_{y}=0.01

对于本书讨论的弹塑性薄膜，产生局部化失稳的主要原因是塑性变形，而非 Pocivavsek 等[14] 所研究的局部弹性变形。为了揭示局部化失稳的物理机制，我们将图 4.2 中区域 1 的几何尺寸 L 从 45mm 减小至 10.8mm(约为失稳波长的 2 倍)。图 4.5 给出了系统失稳过程中在四个关键时刻的变形情况。可以看出，当区域 1 的尺寸减小到只存在中间一小段时，凹陷也出现在这个区域，进一步证实了塑性对形成凹陷形貌的调控，并且弹性褶皱随着凹陷的产生逐步消失。

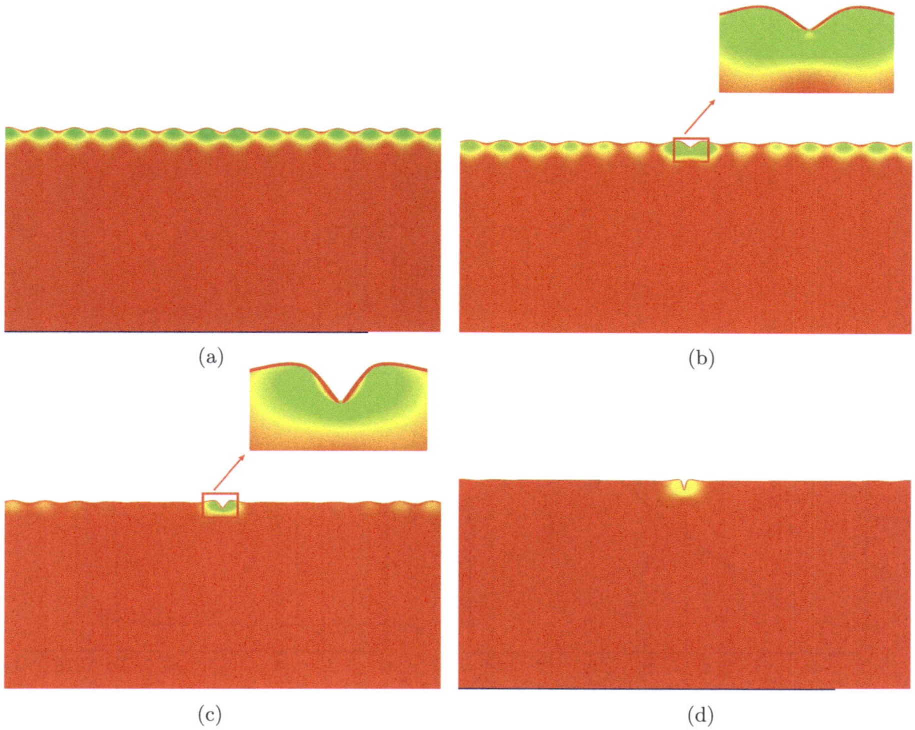

图 4.5 弹塑性薄膜失稳形貌图

(a) 正弦形貌；(b) 局部化失稳开始；(c) 和 (d) 局部凹陷形成。其中，弹塑性区域宽度 D=10.8mm，屈服应变 $\varepsilon_{\rm y}$=0.01，薄膜厚度 100μm

同时，利用有限元模拟追踪了系统应变能和塑性耗散能随外载荷的变化，如图 4.6 所示，图中 A、B、C 和 D 分别与图 4.5 中的四个构型相对应。在凹陷发生前，系统的弹性应变能平稳地增加；凹陷出现后，塑性耗散能突然增加，而系统的弹性应变能降低。上述结果表明，薄膜的塑性变形对局部化失稳的发生有重要影响，并导致全局失稳向局部失稳形貌的转变。在凹陷发生后，正弦褶皱形貌局部消失，这是由于薄膜不可伸长，局部凹陷导致附近区域卸载所致。

如上所述，弹塑性薄膜局部化失稳的发生可由塑性变形调控。在实际的工程应用中，例如柔性电子领域的电子电路，如果芯片进入塑性，就会大大降低其电学性能，从而影响其功能。所以，有必要确定薄膜局部进入塑性时对应的外加临界应变 $\varepsilon_{\rm c}^{\rm y}$。下面将建立力学模型，预测薄膜达到屈服时的外加应变临界值 $\varepsilon_{\rm c}^{\rm y}$。

由于薄膜与基底之间存在相互作用，薄膜屈曲后处于三维应力状态。考虑到薄膜的弹性模量比基底的模量大得多，薄膜与基底之间的作用力将远小于薄膜的面内应力。因此，近似认为薄膜失稳后的塑性屈服主要由弯曲应力所致。于是，薄膜

中最大轴向应力为[25,26]

$$\sigma_{\max} = \frac{E_{\mathrm{f}}^{*} h}{2\rho_{\min}} \tag{4-9}$$

式中，$\rho_{\min}$ 为曲率半径的最小值，曲率表示为

$$\frac{1}{\rho} = \frac{\left|\dfrac{\mathrm{d}^2 u_y}{\mathrm{d}x^2}\right|}{\left[1+\left(\dfrac{\mathrm{d}u_y}{\mathrm{d}x}\right)^2\right]^{3/2}} \tag{4-10}$$

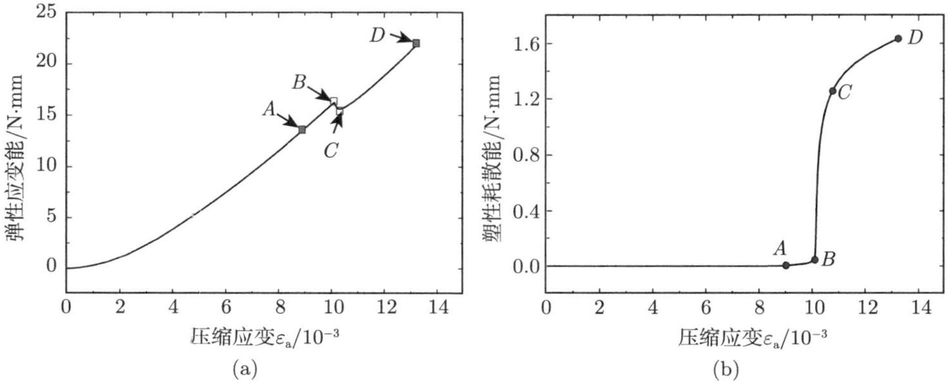

图 4.6　弹塑性薄膜失稳过程的能量变化

(a) 弹性应变能；(b) 塑性耗散能

在局部化失稳发生前，仍假设薄膜的屈曲形貌为正弦形式。于是，薄膜的挠度同样具有式 (4-3) 所示形式：

$$u_y = A\sin\left(\frac{2\pi}{\lambda}x\right) \tag{4-11}$$

式中，λ 为系统的临界失稳波长，如式 (4-5) 所示。根据已有的理论分析及式 (4-6)，利用应变表示的失稳幅值为[8]

$$A = h\sqrt{\frac{\varepsilon_{\mathrm{a}}}{\varepsilon_{\mathrm{c}}^{\mathrm{w}}} - 1} \tag{4-12}$$

式中，ε_{a} 为外加压缩应变由式 (4-10)、式 (4-11) 及式 (4-5)，可得

$$\frac{1}{\rho_{\min}} = A\left(\frac{2\pi}{\lambda}\right)^2 = \frac{4}{h}\sqrt{\varepsilon_{\mathrm{c}}^{\mathrm{w}}\left(\varepsilon_{\mathrm{a}} - \varepsilon_{\mathrm{c}}^{\mathrm{w}}\right)} \tag{4-13}$$

同时最大应力为

$$\sigma_{\max} = E_{\mathrm{f}}\varepsilon_{\mathrm{y}} \tag{4-14}$$

利用式 (4-9)、式 (4-13) 和式 (4-14)，可以进一步求出临界应变

$$\varepsilon_{\mathrm{c}}^{\mathrm{y}}=\frac{1}{4\varepsilon_{\mathrm{c}}^{\mathrm{w}}}\left[\left(1-\nu^{2}\right)\varepsilon_{\mathrm{y}}\right]^{2}+\varepsilon_{\mathrm{c}}^{\mathrm{w}} \tag{4-15}$$

该式表明，薄膜达到塑性时对应的外加应变临界值 $\varepsilon_{\mathrm{c}}^{\mathrm{y}}$ 依赖于薄膜发生正弦失稳的临界应变 $\varepsilon_{\mathrm{c}}^{\mathrm{w}}$ 和屈服应变 ε_{y}，而与薄膜的厚度无关。为了检验该模型的准确性，进一步进行有限元验证。有限元计算模型如图 4.2 和图 4.3 所示。计算中，薄膜屈服应力的取值如表 4.1 所示，薄膜与基底杨氏模量的比值为 $E_{\mathrm{f}}/E_{\mathrm{s}}=2000$，其泊松比分别为 $\nu_{\mathrm{f}}=0.3$ 和 $\nu_{\mathrm{s}}=0.4$。图 4.7 给出了薄膜厚度分别为 $h=0.05$ mm 和 0.1 mm 时不同的屈服应变 ε_y(对应表 4.1 中的屈服应力) 所对应的计算结果。图中的点代表有限元计算结果，实线是式 (4-15) 的预测值。可以看出，理论预测得到的值与有限元计算吻合得较好。因此，在系统的弹性和塑性参数已知的情况下，可以利用式 (4-15) 预测薄膜进入塑性时外加应变的临界值 $\varepsilon_{\mathrm{c}}^{\mathrm{y}}$。

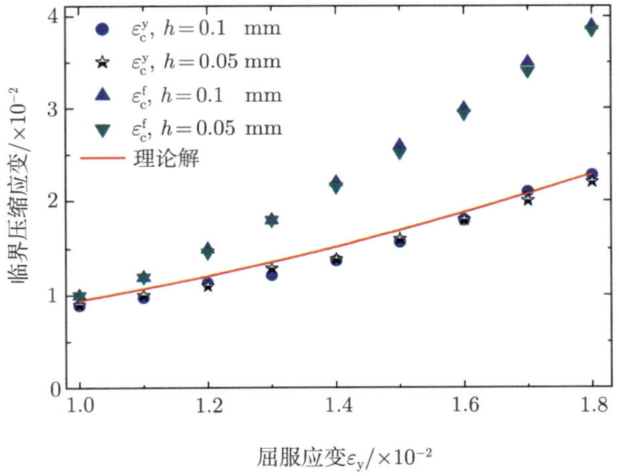

图 4.7 薄膜屈服和局部化失稳变形阶段的临界应变与屈服应变的关系

表 4.1 薄膜的塑性参数

参数	取值								
屈服应力/MPa	200	220	240	260	280	300	320	340	360
屈服应变/%	1.0	1.1	1.2	1.3	1.4	1.5	1.6	1.7	1.8

在系统发生失稳后，随着应变进一步增大，失稳模式也可能发生转变，出现局部化失稳现象。下面研究薄膜发生局部化失稳所对应的外加临界应变 $\varepsilon_{\mathrm{c}}^{\mathrm{f}}$。要从理论上得到临界应变 $\varepsilon_{\mathrm{c}}^{\mathrm{f}}$ 的解析解非常困难，因此下面通过量纲分析和有限元计算，研究 $\varepsilon_{\mathrm{c}}^{\mathrm{f}}$ 对系统几何和材料参数的依赖性。如果硬膜–软基底系统沿 x 方向的尺寸

远大于失稳波长，正弦失稳形貌的波幅是式 (4-16) 所示参数的函数：

$$A = f\left(\varepsilon_{\mathrm{a}}, h, E_{\mathrm{f}}^{*}, E_{\mathrm{s}}^{*}, \sigma_{y}\right) \tag{4-16}$$

同样，仍旧设区域 1 的尺寸 D 约为 2λ。参数 D 是参数 h、E_{f}^{*} 和 E_{s}^{*} 的函数，因此它不在式 (4-16) 中出现。在式 (4-16) 的所有参数中，只有两个独立量纲，选为 E_{s}^{*} 和 h。利用量纲分析中的 π 定理[27]，可得

$$A = h\Pi_{0}\left(\varepsilon_{\mathrm{a}}, \frac{E_{\mathrm{s}}^{*}}{E_{\mathrm{f}}^{*}}, \frac{\sigma_{y}}{E_{\mathrm{f}}^{*}}\right) \tag{4-17}$$

利用式 (4-8)，式 (4-17) 可以进一步写为

$$A = h\Pi_{0}\left(\varepsilon_{\mathrm{a}}, \varepsilon_{\mathrm{c}}^{\mathrm{w}}, \frac{\sigma_{y}}{E_{\mathrm{f}}^{*}}\right) \tag{4-18}$$

对于弹性薄膜，式 (4-18) 退化为经典解

$$A = h\Pi_{1}\left(\varepsilon_{\mathrm{a}}, \varepsilon_{\mathrm{c}}^{\mathrm{w}}\right) = h\sqrt{\frac{\varepsilon_{\mathrm{a}}}{\varepsilon_{\mathrm{c}}^{\mathrm{w}}} - 1} \tag{4-19}$$

不失一般性，假设凹陷发生在第 n 个波峰或波谷 (图 4.8)。根据以上的量纲分析，有

$$A_{n} = h\Pi_{2}\left(\varepsilon_{\mathrm{a}}, \varepsilon_{\mathrm{c}}^{\mathrm{w}}, \frac{\sigma_{y}}{E_{\mathrm{f}}^{*}}\right) \tag{4-20}$$

相邻的第 $n+1$ 个波谷或波峰的波幅为

$$A_{n+1} = h\Pi_{3}\left(\varepsilon_{\mathrm{a}}, \varepsilon_{\mathrm{c}}^{\mathrm{w}}, \frac{\sigma_{y}}{E_{\mathrm{f}}^{*}}\right) \tag{4-21}$$

对于正弦失稳，波幅基本均匀 (图 4.8(a))，且有限元计算也证实了这一点。当塑性导致的凹陷发生后，波幅增大 (图 4.8(b))，而波长变小。这一阶段的塑性耗散能是由薄膜弹性应变能的释放和外力功提供的，当形成凹陷时，凹陷周围的失稳波幅几乎消失，如图 4.8(c) 所示。

将相邻波幅同时发生变大和变小不同趋势的状态定义为失稳局部化开始的临界状态，即

$$\left|A_{n}/A_{n+1} - 1\right| = c \tag{4-22}$$

式中，c 是一个容差常数，例如可以取 c=5%，亦即将两个相邻波幅的差超过 5% 的状态定义为正弦失稳与局部化失稳的临界点。有限元计算表明，若 c 的值选在 3%～10%，则其取值不会对确定 $\varepsilon_{\mathrm{c}}^{\mathrm{f}}$ 的值产生明显影响。由式 (4-20)～式 (4-22)，临界压缩应变 $\varepsilon_{\mathrm{c}}^{\mathrm{f}}$ 表示为

$$\varepsilon_{\mathrm{c}}^{\mathrm{f}} = f_{1}\left(\varepsilon_{\mathrm{c}}^{\mathrm{w}}, \frac{\sigma_{y}}{E_{\mathrm{f}}^{*}}\right) \tag{4-23}$$

若薄膜的泊松比为常数，则式 (4-23) 可进一步写为

$$\varepsilon_{\mathrm{c}}^{\mathrm{f}} = f_2\left(\varepsilon_{\mathrm{c}}^{\mathrm{w}}, \varepsilon_{\mathrm{y}}\right) \tag{4-24}$$

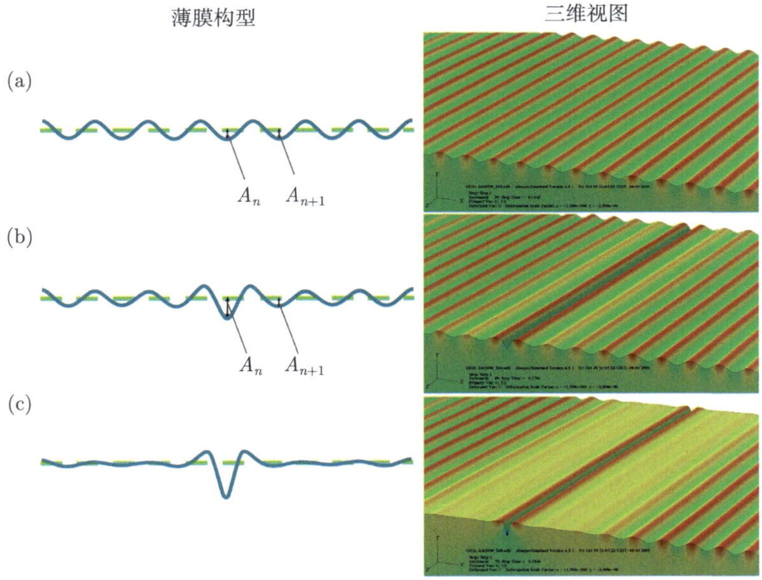

图 4.8 弹塑性薄膜失稳的三个阶段

(a) 正弦形貌失稳阶段；(b) 局部化失稳开始的临界状态；(c) 局部凹陷形成的阶段

此式表明 $\varepsilon_{\mathrm{c}}^{\mathrm{f}}$ 仅仅依赖于正弦失稳的临界应变 $\varepsilon_{\mathrm{c}}^{\mathrm{w}}$ 和屈服应变 ε_{y}，而与薄膜的厚度无关，这与屈服临界应变 $\varepsilon_{\mathrm{c}}^{\mathrm{y}}$ 类似。对于给定的临界应变，如 ε_{c}=0.0035，图 4.7 给出了薄膜厚度分别为 h=0.05mm 和 0.1mm 情况下，发生局部化失稳的临界应变 $\varepsilon_{\mathrm{c}}^{\mathrm{f}}$ 随屈服应变 ε_{y} 的变化。可以看出，对于较小的屈服应变 ε_{y}，薄膜刚刚发生屈服就进入局部化失稳阶段；而对于较大的屈服应变 ε_{y}，薄膜达到塑性后，在进入局部化失稳之前还能承受较大的压缩应变。计算结果还表明，薄膜的厚度对临界应变 $\varepsilon_{\mathrm{c}}^{\mathrm{f}}$ 基本上没有影响，这与量纲分析的结论一致。

关于弹塑性薄膜在软基底上的失稳分析结果，在一些领域有潜在应用，下面举例说明。

其一，前面已经提及屈曲方法可以用来测量薄膜材料的力学性能。这一测试方法主要基于经典的平面应变失稳理论，即式 (4-5)。本节的研究结果表明，对于弹塑性薄膜材料，当薄膜发生局部化失稳后，将难以利用该技术进行测量。因此，在实际应用时，应避免此种失稳模式的发生。

其二，防皱是表面工程、化妆品等领域关心的问题[28]。当塑性导致局部化失

稳时，系统的变形主要集中在局部化失稳所发生的局部区域，即凹陷附近，在凹陷周围由于局部的卸载，褶皱形貌消失。基于这一机理，可以通过调控薄膜的塑性参数，防止局部区域产生褶皱形貌，从而达到局部防皱的目的。

其三，固体表面的一些物理限制不仅依赖于其表面的化学组分，而且受其表面形貌的影响。具有周期性微纳米结构的表面，具有独特的光学、电子学、声学等特性[29]。在现代微流控技术、微电子器件、生物医学等领域，都需要制备具有可控形貌的表面。例如，细胞在具有微观形貌的基底上呈现特殊的响应[30]。另外，表面形貌也会影响材料的浸润、粘附、摩擦等性能。最近，有学者利用硬膜在软基底上的失稳现象，提出了制造表面微纳斑图的方法，详见 Schweikart 和 Fery 的综述文章[31]。本节的研究表明，薄膜从正弦失稳到局部化失稳的转变，除了受系统的弹性参数和几何参数的影响外，还依赖于薄膜的塑性参数。因此，通过调控弹塑性薄膜局部的塑性性质，制备一些新颖的表面形貌。

4.2.2 超弹性薄膜

前文讨论了理想弹塑性薄膜的屈曲和后屈曲行为，发现软基底上的理想弹塑性薄膜在压缩过程中可以发生局部化失稳，即局部凹陷现象。然而，这种局部化失稳过程是不可逆的。在形貌制备领域有时需要一个可逆过程，即通过调控某些参数来实现可逆的调控失稳形貌。

鉴于此，本节基于理论分析和有限元计算，讨论具有多孔泡沫超弹性 (hyperfoam) 本构关系的薄膜在弹性软基底上的失稳行为。这种本构模型见 2.4 节。

在多孔泡沫超弹性本构模型中，有两种方法定义材料参数，其一是直接指定材料参数；其二是指定材料的基础实验数据，包括单轴、双轴和平面实验等，利用软件 Abaqus 计算出材料参数。Abaqus 使用最小二乘方法拟合实验数据。对于每组应力–应变数据，Abaqus 会产生一个和主伸长有关的应力表达式和相应的材料常数。对于单轴、双轴及平面载荷情况，名义应力为

$$T_j = \frac{\partial U}{\partial \lambda_j} = \frac{2}{\lambda_j} \sum_{i=1}^{N} \frac{\mu_i}{\alpha_i} \left[\lambda_j^{\alpha_i} - (J)^{-\alpha_i \beta_i} \right] \tag{4-25}$$

由于高阶应变能函数对应较多的参数，为简单起见，这里选取一阶的应变能函数，则式 (4-25) 可写为

$$T_j = \frac{\partial U}{\partial \lambda_j} = \frac{2}{\lambda_j} \frac{\mu}{\alpha} \left[\lambda_j^{\alpha} - (J)^{-\alpha \beta} \right] \tag{4-26}$$

式中，$\alpha = \alpha_1, \mu = \mu_1$。在该模型中，多孔材料在压缩过程中对横向变形影响较小，因此在压缩应变较小的情况下可取泊松比为 1/3，其他情况下泊松比取为零。这里将其泊松比取为零，相应地，参数 $\beta_i = 0$。

假设在 1 方向上施加单轴加载，此时式 (4-26) 变为

$$T_1=\frac{2}{\lambda_1}\frac{\mu}{\alpha}\left(\lambda_1^{\alpha}-1\right) \tag{4-27}$$

该式为一阶 Hyperfoam 本构在单轴加载下主应力和主伸长之间的基本关系，只含有两个材料参数，这与理想弹塑性本构关系的参数个数相同。本节后续的讨论都是基于这个简单的本构关系，研究超弹性薄膜在弹性基底上的失稳行为。

计算模型与图 4.2 类似，不同之处在于整个薄膜都采用一阶 Hyperfoam 本构关系，计算中取 μ=18GPa，α=140。模拟中将基底材料假设为线弹性，弹性模量 E_{s}=10MPa，泊松比 ν_{s}=0.45。

本节的模拟中采用引入初始几何缺陷的扰动方法来进行后屈曲模拟。具体先利用 Abaqus 中的 BUCKLE 分析步进行特征值分析，得到系统的特征模态。将一阶特征模态乘以一个很小的值作为初始几何扰动，继而利用伪动力学法进行后屈曲分析。边界条件设置如下：底部边界限制 y 方向的位移，两端部给定 x 方向压缩位移。

计算结果表明，薄膜在压缩应变的作用下首先产生褶皱形貌 (图 4.9(a))，随着应变的增大，最终产生了局部凹陷的变形模式 (图 4.9(b))，同时周围的褶皱开始衰减、消失。这与前文研究的理想弹塑性薄膜的局部化失稳模式相似。这说明具有超弹性本构关系的薄膜在弹性基底上同样存在正弦失稳和局部化失稳两种模式，因此也可以用于表面形貌的可控制备与防皱领域。与塑性变形导致的局部化失稳相比，由于其纯弹性性质，在卸载后变形可以完全恢复，从而实现表面形貌的可逆调控。

本节利用量纲分析和有限元计算，讨论薄膜在弹性软基底上发生局部化失稳的临界应变 $\varepsilon_{\mathrm{c}}^{\mathrm{h}}$。如果硬膜–软基系统在 x 方向的尺寸远大于失稳的波长，失稳形貌的波幅可以表示为

$$A^{\mathrm{h}}=f^{\mathrm{h}}\left(\varepsilon_{\mathrm{a}},h,\mu,\alpha,E_{\mathrm{s}}^{*}\right) \tag{4-28}$$

式中，μ 和 α 是薄膜的材料参数；ε_{a} 是外加压缩应变；h 是薄膜的厚度；E_{s}^{*} 是基底的平面应变模量。与理想弹塑性情况的分析类似，可以得到波幅的无量纲表达式为

$$A^{\mathrm{h}}=h\Pi_0^{\mathrm{h}}\left(\varepsilon_{\mathrm{a}},\frac{\mu}{E_{\mathrm{s}}^{*}},\alpha\right) \tag{4-29}$$

假设凹陷发生在第 n 个波峰/波谷，由量纲分析结果知

$$A_n^{\mathrm{h}}=h\Pi_2^{\mathrm{h}}\left(\varepsilon_{\mathrm{a}},\frac{\mu}{E_{\mathrm{s}}^{*}},\alpha\right) \tag{4-30}$$

相邻的第 n+1 个波谷/波峰的波幅为

$$A_{n+1}^{\mathrm{h}}=h\Pi_3^{\mathrm{h}}\left(\varepsilon_{\mathrm{a}},\frac{\mu}{E_{\mathrm{s}}^{*}},\alpha\right) \tag{4-31}$$

由式 (4-22)、式 (4-30) 和式 (4-31)，得

$$\varepsilon_{\mathrm{c}}^{\mathrm{h}} = f_1^{\mathrm{h}}\left(\frac{\mu}{E_{\mathrm{s}}^*}, \alpha\right) \tag{4-32}$$

该式表明临界应变 $\varepsilon_{\mathrm{c}}^{\mathrm{h}}$ 只依赖于系统的材料参数，与薄膜的厚度无关。该式给出了影响局部化失稳临界压缩应变的无量纲参数。下面利用有限元模拟来研究材料参数的影响。

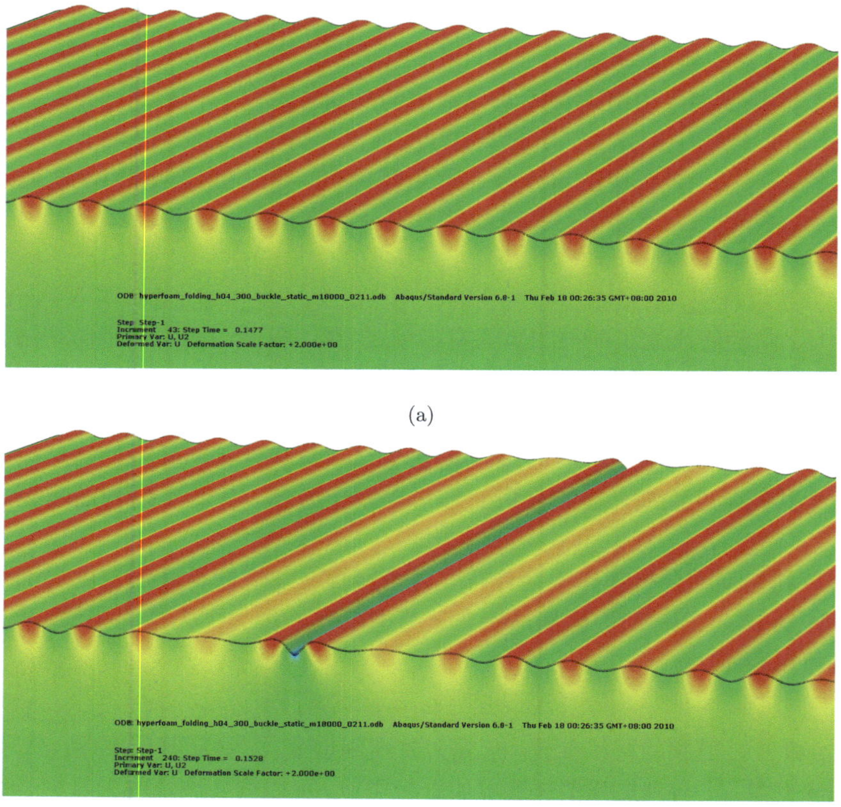

(a)

(b)

图 4.9　超弹性薄膜的失稳形貌

(a) 整体正弦失稳；(b) 局部化失稳

选取了两种薄膜厚度，分别为 h=0.1mm 和 h=0.4mm。为了消除基底尺寸及其边界条件的影响，对基底的几何尺寸进行了分析。基底的厚度选为薄膜厚度的 750 倍，相对于薄膜而言，可以认为基底是无限大，x 方向的尺寸保证产生的波数不少于 20，以消除两端边界效应的影响。基底的弹性模量和泊松比分别取为 E_{s}=10

MPa，ν_s=0.45，薄膜的材料参数 μ 和 α 的取值如图 4.10 所示。图 4.10 给出的是典型的压缩应力–应变关系，横轴和纵轴分别是应力和应变的绝对值。

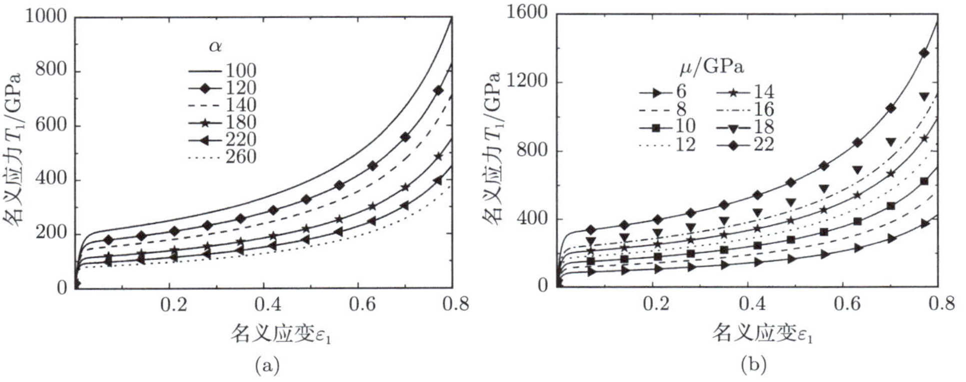

图 4.10 超弹性本构关系的主伸长和主应力之间的关系

(a) μ=10GPa，α 取值如图所示；(b) α=140，μ 的取值如图所示

利用有限元软件对以上参数对应的模型进行了模拟，结果如图 4.11 所示。可见，两种薄膜厚度对应的局部化失稳的临界应变非常接近。临界应变的数值随着参数 α 的减小而减小，在 α 较大时变化缓慢，存在近似平台区；随着参数 μ 的减小而减小，且近似呈线性关系。

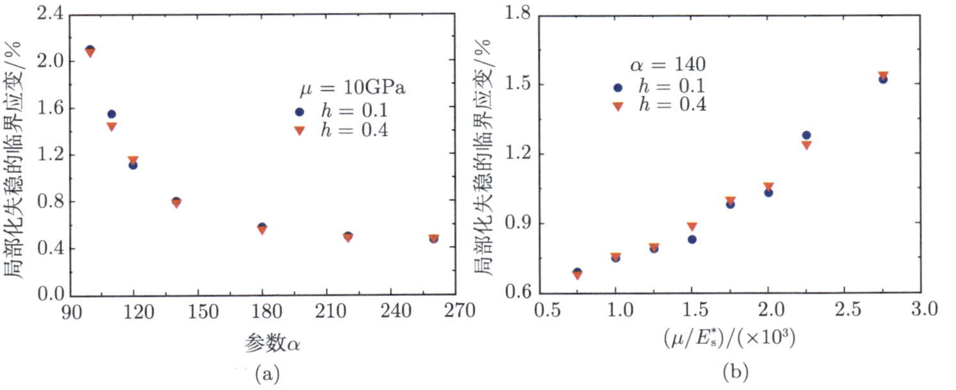

图 4.11 局部化失稳的临界应变对参数 (a) α 和 (b) μ/E_s^* 的依赖关系

弹性基底上超弹性薄膜的失稳研究可以用来解释自然界中的一些褶皱形貌，例如生物组织的失稳形貌；此外，也可以应用在 4.2.1 节提及的一些领域。与塑性导致的局部化失稳相比，由于其具有变形可恢复的特点，可以用来实现形貌的可逆调控。

4.3　三维失稳分析

前文提到二维硬膜–软基系统会产生正弦形式的失稳形貌。随着载荷的增大，失稳形貌会由正弦向双周期演化[12,32]，或者转化为局部失稳。与二维情况相比，在受到面内双向压缩载荷或热应力作用时，膜基系统会产生更加丰富的三维失稳形貌。本节介绍 Cai 等[5] 在这方面的研究工作。

在硬膜–软基系统中，当受到热载荷时，如果薄膜的热膨胀系数高于基底的热膨胀系数，热失配将在薄膜内产生双向等轴压缩应力，当应力达到临界值时，系统会发生三维形貌失稳。类似的失稳现象也发生在薄膜与基底之间的生长失配、吸水膨胀以及双向等轴压缩载荷等情况。对于这些双轴应力情况，可能出现的失稳模式如图 4.12 所示。

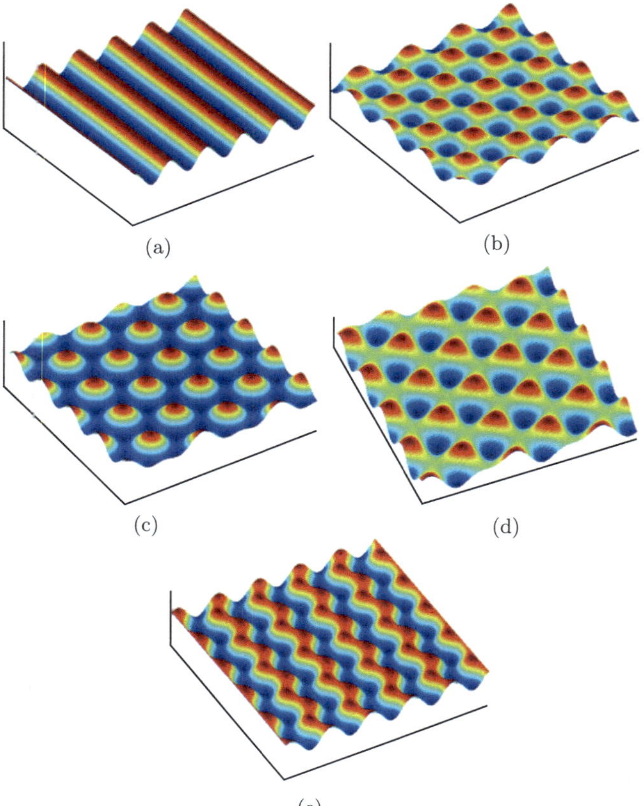

图 4.12　几种典型的三维失稳形貌[5]

(a) 条纹模式；(b) 四方模式；(c) 六方模式；(d) 三角模式；(e) 人字形模式

条纹模式、四方模式、六方模式与人字形模式在实验中都能经常观察到。如图 4.13 所示是实验中得到的几种失稳模式。Chen 和 Hutchinson[7]、Audoly 和 Boudaoud[10,11] 曾就膜基系统在双轴压缩载荷下的失稳进行了理论研究，指出在应力水平超过临界值较多 (即过应力较大) 时，人字形形貌能量最低，而条纹模式能量最高，即过应力水平较高时会产生人字形形貌；他们还发现在过应力较小时四方模式具有最低的能量，即比条纹模式和六方模式都低。Audoly 和 Boudaoud[10,11] 在研究膜基系统的失稳行为时采用了渐近方法。Hutchinson 等[5] 采用上限法研究了膜基系统在等双轴压缩下的形貌演化，其理论解能较好地解释实验中观察到的形貌演化现象。

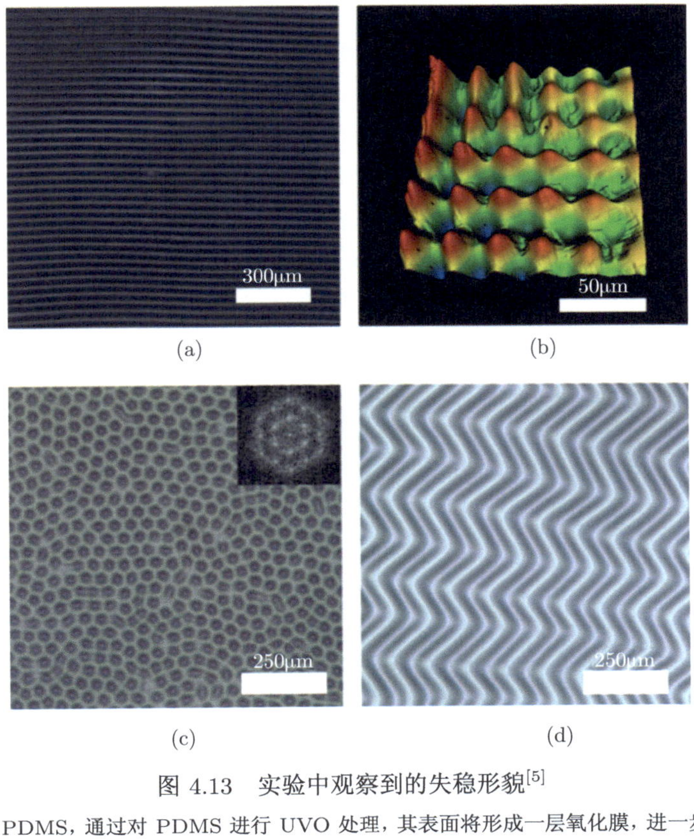

图 4.13 实验中观察到的失稳形貌[5]

实验中基底为 PDMS，通过对 PDMS 进行 UVO 处理，其表面将形成一层氧化膜，进一步通过溶胀来驱动薄膜的失稳。(a) 膜基系统受到非等轴的双向压缩时产生的条纹模式。(b) 四方模式，需要指出这种模式在实验中通常只出现在薄膜局部小范围。该图中薄膜为聚苯乙烯，由热致变形产生失稳形貌。(c) 薄膜过应力水平较低时产生的六方形貌。(d) 过应力水平较高时系统产生的人字形失稳形貌

上限法在结构失稳研究方面有着广泛应用。其主要特点和关键步骤在于假设

一个变形可能的位移模式 (满足位移的相容方程与边界条件)，但是平衡方程不一定精确满足，得到的临界失稳载荷与分岔载荷一般是近似解。在实验、有限元模拟中能观察到多种多样的失稳形貌，而上限方法可以比较方便地基于实验观察或有限元模拟，假设对应的位移模式，进而通过理论分析得到相应的失稳临界载荷。因此，这种方法应用较为方便。

4.3.1　实验观察

首先，对硬膜在软基底上的三维失稳形貌特征进行实验研究。实验中选用 PDMS 作为基底，其 $E_s \cong 1\text{MPa}$，$\nu_s \cong 0.5$，厚度 h 约为 3mm。通过一定时间的 UVO(紫外臭氧) 处理，PDMS 表面会形成一层硬膜，这层硬膜的弹性模量在 10GPa 左右[33]，厚度为 100~200 nm[34,35]。将样品放置在一定浓度的酒精蒸汽环境中，膜会吸收酒精蒸汽产生溶胀，从而在膜内形成等双轴压缩的应力状态。通过增加酒精蒸汽的浓度可以增加溶胀应变。此外，UVO 处理时间的增加会导致氧化膜厚度的增加，同时也会提高溶胀水平，从而获得更大的过应力。

图 4.14 为不同 UVO 处理时间下样品形貌结果。可以看出，随着过应力的增大，系统首先出现稳定的六方形貌，最后出现人字形形貌。增大溶胀的时间也可以提高溶胀应变，图 4.15 是样品表面失稳形貌随溶胀时间的演化，系统首先出现六方形貌，随着溶胀时间和过应力的增加，六方形貌转化为人字形形貌。

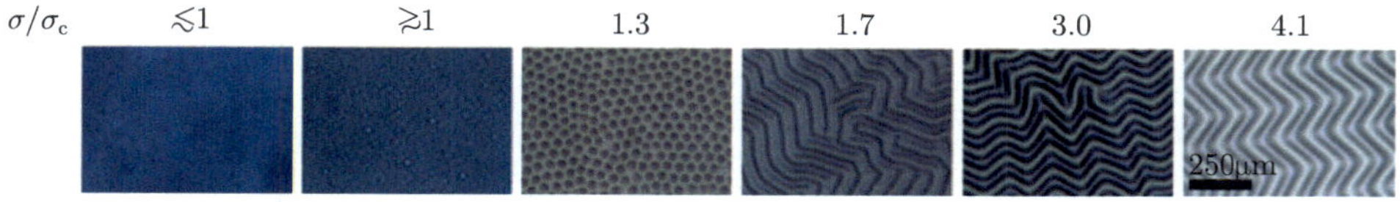

图 4.14　不同 UVO 处理时间下样品形貌图[5]

UVO 处理时间从左到右分别为 10min、15min、20min、30min、45min、60min

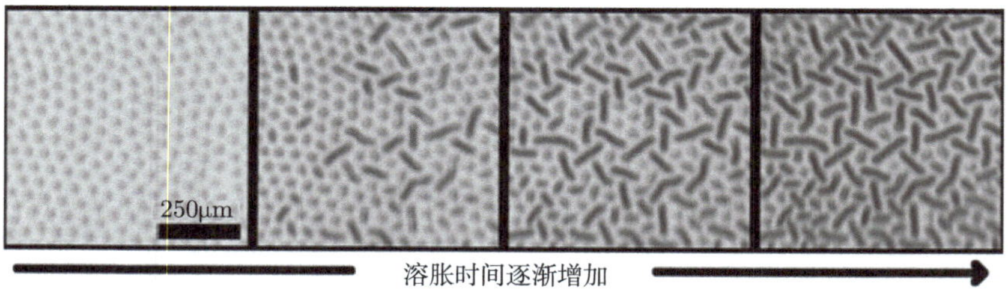

图 4.15　样品表面失稳形貌随溶胀时间的演化[5]

从图 4.14 和图 4.15 可以看出，当薄膜过应力略大于临界应力时，系统首先出现稳定的六方形貌；而这与前面提到的当过应力水平较低时，双向等轴压缩载荷下膜基系统的四方形貌能量最低这一结论相矛盾。另外，前面提及的三角模式(图 4.12(d)) 与六方模式在理论上具有相同的能量，而在实验中并没有观察到三角模式。这些问题将在后文得到解答。

4.3.2 理论模型

假设薄膜满足非线性的 von Kármán 板方程，基底为半无限大线弹性体，薄膜与基底都满足各向同性和均匀性假设，薄膜与基底之间理想粘接。非线性 von Kármán 板方程为

$$D_{\rm f}\nabla^4 w + (N_{11}w_{,11} + N_{22}w_{,22} + 2N_{12}w_{,12}) + p_{\rm s} = 0 \tag{4-33}$$

$$\frac{1}{E_{\rm f}h}\nabla^4 F = w_{,12}^2 - w_{,11}w_{,22} \tag{4-34}$$

其中，式 (4-33) 为平衡方程，式 (4-34) 为相容方程。$D_{\rm f} = E_{\rm f}h^3/[12(1-\nu_{\rm f}^2)]$ 为薄膜的弯曲刚度，E 和 ν 分别为弹性模量和泊松比，下标 f 和 s 分别代表薄膜与基底，$w(x_1, x_2)$ 为薄膜中面的挠度，F 为艾里应力函数，面内应力可以用应力函数表示为

$$N_{11} = F_{,22}, \quad N_{22} = F_{,11}, \quad N_{12} = -F_{,12} \tag{4-35}$$

$p_{\rm s} = Kw$ 为基底对薄膜的法向支持力，K 为地基刚度。对于一般的四方模式，薄膜的中面挠度 $w = \hat{w}\cos(k_1x_1)\cos(k_2x_2)$，此时 $p_{\rm s} = \hat{p}\cos(k_1x_1)\cos(k_2x_2)$，其中 $\hat{p} = (\hat{w}/2)\bar{E}_{\rm s}^*\sqrt{k_1^2+k_2^2}$，即 $K = \bar{E}_{\rm s}^*\sqrt{k_1^2+k_2^2}/2$。地基刚度 K 一般有两种选择，第一种地基刚度为

$$K = \frac{1}{2}E_{\rm s}^*\sqrt{k_1^2+k_2^2} \tag{4-36}$$

该式忽略了薄膜与基底之间的界面剪切。很多研究者采用上述地基刚度的表达式，如 Allen[2]。另一种地基刚度表示为

$$K = \frac{2(1-\nu_{\rm s})^2}{3-4\nu_{\rm s}}E_{\rm s}^*\sqrt{k_1^2+k_2^2} \tag{4-37}$$

该式是在假设基底表面的切向位移为零的条件下推导得到的。Huang[36]、Audoly[10] 等在研究中采用了这种地基刚度。对不可压缩基底，两者给出的结果是一致的。对很多软材料而言，如生物材料和 PDMS 等都近似为不可压缩，在这种情况下，采用式 (4-36) 或式 (4-37) 得到的结果差别很小。

在基态下薄膜内受到的双向等轴压缩应力为 σ_0，此时应力函数 $F = -\sigma_0 h(x_1^2 + x_2^2)/2$。为了保证在失稳构型下薄膜的平均切向位移与基态下一致，需满足式 (4-38)

所示的相容性条件：

$$\left\{\begin{array}{l}\dfrac{1}{E_{\mathrm{f}}h}\displaystyle\int_0^{L_1}(N_{11}-\nu_{\mathrm{f}}N_{22})\mathrm{d}x_1=-\dfrac{1-\nu_{\mathrm{f}}}{E_{\mathrm{f}}}\sigma_0L_1+\int_0^{L_1}\dfrac{w_{,1}^2}{2}\mathrm{d}x_1\\[2ex]\dfrac{1}{E_{\mathrm{f}}h}\displaystyle\int_0^{L_2}(N_{22}-\nu_{\mathrm{f}}N_{11})\mathrm{d}x_2=-\dfrac{1-\nu_{\mathrm{f}}}{E_{\mathrm{f}}}\sigma_0L_2+\int_0^{L_2}\dfrac{w_{,2}^2}{2}\mathrm{d}x_2\end{array}\right. \tag{4-38}$$

式中，L_1 和 L_2 分别为沿 x_1 和 x_2 方向的长度，假设在 L_1 和 L_2 长度内含有整数个失稳波长。

临界失稳的分析过程比较简单，对于本节讨论的理论模型，首先将平衡方程 (4-33) 和相容方程 (4-34) 线性化，即

$$D_{\mathrm{f}}\nabla^4w+\sigma_0(w_{,11}+w_{,22})+p_{\mathrm{s}}=0 \tag{4-39}$$

$$\frac{1}{E_{\mathrm{f}}h}\nabla^4F=0 \tag{4-40}$$

假设临界失稳模式为 $w=\hat{w}\cos(k_1x_1)\cos(k_2x_2)$，地基刚度取为

$$K=\frac{1}{2}\bar{E}_{\mathrm{s}}^*\sqrt{k_1^2+k_2^2} \tag{4-41}$$

式中保留了地基刚度的开放性，即 $\bar{E}_{\mathrm{s}}^*=E_{\mathrm{s}}^*$ 时式 (4-41) 退化到式 (4-36)，当 $\bar{E}_{\mathrm{s}}^*=[4(1-\nu_{\mathrm{s}})^2/(3-4\nu_{\mathrm{s}})]E_{\mathrm{s}}^*$ 时，式 (4-41) 退化为式 (4-37)。将临界失稳模式和地基刚度代入式 (4-39) 和式 (4-40)，得

$$\sigma_0=\frac{1}{12}\bar{E}_{\mathrm{f}}h(k_1^2+k_2^2)+\frac{1}{2}\frac{\bar{E}_{\mathrm{s}}^*}{\sqrt{k_1^2+k_2^2}} \tag{4-42}$$

对式 (4-42) 求失稳应力的极小值，可得临界失稳应力和临界波数为

$$\sigma_{\mathrm{c}}=\frac{\bar{E}_{\mathrm{f}}}{4}\left(\frac{3\bar{E}_{\mathrm{s}}^*}{E_{\mathrm{f}}^*}\right)^{2/3} \tag{4-43}$$

$$k_{\mathrm{c}}=\sqrt{k_1^2+k_2^2}=h^{-1}(3\bar{E}_{\mathrm{s}}^*/E_{\mathrm{f}}^*)^{1/3} \tag{4-44}$$

任意满足式 (4-44) 的模态

$$w=\begin{bmatrix}\sin(k_1x_1)\\\cos(k_1x_1)\end{bmatrix}\times\begin{bmatrix}\sin(k_2x_2)\\\cos(k_2x_2)\end{bmatrix} \tag{4-45}$$

均为该问题的临界失稳模态。

4.3.3 失稳模态

下面主要研究五种失稳模式及其分岔载荷：

条纹模式： $w=\xi h\cos(kx_1)$ (4-46)

四方模式： $w=\xi h\cos(kx_1/\sqrt{2})\cos(kx_2/\sqrt{2})$ (4-47)

六方模式： $$w=\xi h\left[\cos(kx_1)+2\cos\left(\frac{1}{2}kx_1\right)\cos\left(\frac{\sqrt{3}}{2}kx_2\right)\right] \tag{4-48}$$

三角模式： $$w=\xi h\left[-\sin(kx_1)+2\sin\left(\frac{1}{2}kx_1\right)\cos\left(\frac{\sqrt{3}}{2}kx_2\right)\right] \tag{4-49}$$

人字形模式： $w=\xi h\cos\left[\beta_1kx_1-a\cos(\beta_2kx_2)\right]$ (4-50)

式 (4-50) 中的人字形模式为一般的表达式，难以对其进行解析求解，这里考虑系统刚刚进入人字形失稳的情况，即 $|a|\ll 1$，此时可将式 (4-50) 进行泰勒展开，得到近似的人字形失稳模式：

$$w=h\left[\xi_1\cos(\beta_1kx_1)+\xi_2\sin(\beta_1kx_1)\cos(\beta_2kx_2)\right] \tag{4-51}$$

式中，$\xi_1=\xi/2$，$\xi_2=a\xi/2$，可以看出当 $\xi_2=0$ 和 $\beta_1=1$ 时式 (4-51) 退化到条纹模式 (4-46)；当 $\xi_1=0$ 和 $\beta_1=\beta_2=1/\sqrt{2}$ 时式 (4-51) 退化到四方模式 (4-47)。需要强调的是，对于更一般的形式，式 (4-51) 并非多个临界模态的线性组合。

4.3.4 能量分析

在用上限法分析各个模式的能量状态时，可将势能写成式 (4-52) 所示形式：

$$\begin{aligned}U&=U_\mathrm{b}+U_\mathrm{m}+U_\mathrm{s}\\&=\frac{1}{L_1L_2}\left\{\iint\frac{D_\mathrm{f}}{2}\left[\left(\nabla^2w\right)^2+2(1-\nu_\mathrm{f})(w_{,12}^2-w_{,11}w_{,22})\right]\mathrm{d}x_1\mathrm{d}x_2\right.\\&\quad+\iint\frac{1}{2E_\mathrm{f}h}\left[\left(\nabla^2F\right)^2+2(1+\nu_\mathrm{f})(F_{,12}^2-F_{,11}F_{,22})\right]\mathrm{d}x_1\mathrm{d}x_2\\&\quad\left.+\iint\sum_i\frac{\bar{E}_\mathrm{s}^*}{4}\xi_i^2\sqrt{k_1^{(i)2}+k_2^{(i)2}}\cos^2(k_1^{(i)}x_1)\cos^2(k_2^{(i)}x_2)\mathrm{d}x_1\mathrm{d}x_2\right\}\end{aligned} \tag{4-52}$$

该式表示系统单位面积的平均势能，分别由薄膜的弯曲应变能、拉伸应变能和基底应变能组成；式中最后一项为基底应变能，其贡献来自多个模态 $\xi_i\cos(k_1^{(i)}x_1)\times\cos(k_2^{(i)}x_2)$ 产生的应变能的叠加。

1. 条纹模式

将式 (4-46) 代入非线性相容方程式 (4-34) 中，可解得应力函数为

$$F = -\frac{1}{2}(\sigma_0 - \Delta\sigma_1)hx_2^2 - \frac{1}{2}(\sigma_0 - \Delta\sigma_2)hx_1^2 \tag{4-53}$$

通过相容性条件式 (4-38)，可解得 $\Delta\sigma_1$ 和 $\Delta\sigma_2$ 为

$$\Delta\sigma_1 = \frac{1}{4}E_{\rm f}^* h^2 k^2 \xi^2, \quad \Delta\sigma_2 = \nu_{\rm f}\Delta\sigma_2 \tag{4-54}$$

将位移模式和应力函数表达式代入系统势能表达式 (4-52)，可得

$$U = U_0 + \frac{1}{4}(\sigma_{\rm c} - \sigma_0)h^3 k^2 \xi^2 + \frac{1}{32}E_{\rm f}^* h^5 k^4 \xi^4 \tag{4-55}$$

式中，U_0 是在基态下，即系统未失稳的平衡状态下的应变能，表示为

$$U_0 = \frac{1-\nu_{\rm f}}{E_{\rm f}}\sigma_0^2 h \tag{4-56}$$

通过对式 (4-55) 极小化，可得条纹模式失稳波幅为

$$\xi = \sqrt{\frac{\sigma_0}{\sigma_{\rm c}} - 1} \tag{4-57}$$

将式 (4-57) 代入式 (4-55)，可得条纹模式系统应变能与基态下系统应变能之比为

$$\frac{U}{U_0} = 1 - \frac{1+\nu_{\rm f}}{2}\left(1 - \frac{\sigma_{\rm c}}{\sigma_0}\right)^2 \tag{4-58}$$

2. 六方模式

这里考虑比式 (4-48) 更一般的六方模式

$$w = h\left[\xi_1 \cos(kx_1) + \xi_2 \cos(kx_1/2)\cos(\sqrt{3}kx_2/2)\right] \tag{4-59}$$

将其代入非线性相容方程 (4-34) 中，解得应力函数为

$$\begin{aligned} F = &-\frac{1}{2}(\sigma_0 - \Delta\sigma_1)hx_2^2 - \frac{1}{2}(\sigma_0 - \Delta\sigma_2)hx_1^2 \\ &- \frac{3}{32}E_{\rm f}h^3\xi_2^2\left[\cos(kx_1) + \frac{1}{9}\cos(\sqrt{3}kx_2)\right] \\ &- \frac{3}{8}E_{\rm f}h^3\xi_1\xi_2\left[\cos(kx_1/2)\cos(\sqrt{3}kx_2/2)\right. \\ &\left. + \frac{1}{9}\cos(3kx_1/2)\cos(\sqrt{3}kx_2/2)\right] \end{aligned} \tag{4-60}$$

由相容性条件式 (4-38)，可得 $\Delta\sigma_1$ 和 $\Delta\sigma_2$ 为

$$\Delta\sigma_1 = \frac{1}{4}\frac{E_{\mathrm{f}}h^2k^2}{1-\nu_{\mathrm{f}}}\left(\xi_1^2+\frac{1}{8}\xi_2^2\right), \quad \Delta\sigma_2 = \frac{3}{32}\frac{E_{\mathrm{f}}h^2k^2}{1-\nu_{\mathrm{f}}}\xi_2^2 \tag{4-61}$$

将式 (4-59)～ 式 (4-61) 代入式 (4-52)，可得系统的应变能表达式为

$$\begin{aligned}\frac{U}{\sigma_{\mathrm{c}}^2 h/E_{\mathrm{f}}} = \frac{1}{2}\left[\left(\frac{2\sigma_0}{\sigma_{\mathrm{c}}}-\frac{\Delta\sigma_1}{\sigma_{\mathrm{c}}}-\frac{\Delta\sigma_2}{\sigma_{\mathrm{c}}}\right)^2 - 2(1+\nu_{\mathrm{f}})\left(\frac{\sigma_0}{\sigma_{\mathrm{c}}}-\frac{\Delta\sigma_1}{\sigma_{\mathrm{c}}}\right)\left(\frac{\sigma_0}{\sigma_{\mathrm{c}}}-\frac{\Delta\sigma_2}{\sigma_{\mathrm{c}}}\right)\right] \\ + \left(\mu_1+\frac{1}{2}\mu_2\right)+\frac{5}{128}(\mu_2^2+2\mu_1\mu_2)\end{aligned} \tag{4-62}$$

式中，$\mu_1=(1-\nu_{\mathrm{f}}^2)\xi_1^2$，$\mu_2=(1-\nu_{\mathrm{f}}^2)\xi_2^2$，$\dfrac{\Delta\sigma_1}{\sigma_{\mathrm{c}}}=\dfrac{\mu_1+\mu_2/8}{1-\nu_{\mathrm{f}}}$，$\dfrac{\Delta\sigma_2}{\sigma_{\mathrm{c}}}=\dfrac{3\mu_2}{8(1-\nu_{\mathrm{f}})}$。将应变能式 (4-62) 对 μ_1 和 μ_2 求极小值，得

$$\mu_2 = 4\mu_1, \quad \frac{\Delta\sigma_1}{\sigma_{\mathrm{c}}}=\frac{\Delta\sigma_2}{\sigma_{\mathrm{c}}}=\frac{\sigma_0}{\sigma_{\mathrm{c}}}-1-\frac{5}{4}\mu_1 \tag{4-63}$$

由式 (4-61) 可得系统波幅演化规律为

$$\xi_1 = \frac{1}{2}\xi_2 = \frac{2}{\sqrt{11+6\nu_{\mathrm{f}}-5\nu_{\mathrm{f}}^2}}\sqrt{\frac{\sigma_0}{\sigma_{\mathrm{c}}}-1} \tag{4-64}$$

将式 (4-64) 代入式 (4-62)，可得六方模式应变能为

$$\frac{U}{U_0} = 1-\frac{6}{11+6\nu_{\mathrm{f}}-5\nu_{\mathrm{f}}^2}\left(1-\frac{\sigma_{\mathrm{c}}}{\sigma_0}\right)^2 \tag{4-65}$$

3. 三角模式

按照同样的方法推导，不难发现式 (4-49) 所示的三角模式同六方模式具有同样的波幅演化规律和应变能，即

$$\xi = \frac{2}{\sqrt{11+6\nu_{\mathrm{f}}-5\nu_{\mathrm{f}}^2}}\sqrt{\frac{\sigma_0}{\sigma_{\mathrm{c}}}-1} \tag{4-66}$$

$$\frac{U}{U_0} = 1-\frac{6}{11+6\nu_{\mathrm{f}}-5\nu_{\mathrm{f}}^2}\left(1-\frac{\sigma_{\mathrm{c}}}{\sigma_0}\right)^2 \tag{4-67}$$

4. 四方模式

通过类似推导，得到四方模式 (4-47) 的波幅演化规律与系统应变能，分别为

$$\xi = 2\sqrt{\frac{2}{(3-\nu_{\mathrm{f}})(1+\nu_{\mathrm{f}})}\left(\frac{\sigma_0}{\sigma_{\mathrm{c}}}-1\right)} \tag{4-68}$$

$$\frac{U}{U_0}=1-\frac{2}{3-\nu_{\rm f}}\left(1-\frac{\sigma_{\rm c}}{\sigma_0}\right)^2 \tag{4-69}$$

上面利用上限法研究的条纹模式、六方模式、三角模式、四方模式，都是系统的临界失稳模态，或者为临界模态的叠加。容易理解，系统在初始后屈曲阶段的形貌为临界模态的叠加。实验中观察到的为六方形貌，而式 (4-58)、式 (4-65)、式 (4-67)、式 (4-69) 给出了条纹模式、六方模式、三角模式、四方模式的应变能的上限解。

5. 人字形模式

对于式 (4-51) 所示的人字形模式，将其代入相容方程 (4-34)，解得应力函数 F 为

$$\begin{aligned}F=&-\frac{1}{2}(\sigma_0-\Delta\sigma_1)hx_2^2-\frac{1}{2}(\sigma_0-\Delta\sigma_2)hx_1^2\\&+\frac{1}{32}E_{\rm f}h^3\xi_2^2\left[\left(\frac{\beta_2}{\beta_1}\right)^2\cos(2\beta_1kx_1)-\left(\frac{\beta_1}{\beta_2}\right)^2\cos(2\beta_2kx_2)\right]\\&-\frac{(\beta_1\beta_2)^2}{2\left[(2\beta_1)^2+\beta_2^2\right]^2}E_{\rm f}h^3\xi_1\xi_2\sin(2\beta_1kx_1)\cos(\beta_2kx_2)\end{aligned} \tag{4-70}$$

同样，由相容性条件 (4-38)，解得 $\Delta\sigma_1$ 和 $\Delta\sigma_2$ 为

$$\begin{cases}\Delta\sigma_1=\dfrac{E_{\rm f}^*(kh)^2}{8}\left[\beta_1^2(2\xi_1^2+\xi_2^2)+\nu_{\rm f}\beta_2^2\xi_2^2\right]\\[2ex]\Delta\sigma_2=\dfrac{E_{\rm f}^*(kh)^2}{8}\left[\nu_{\rm f}\beta_1^2(2\xi_1^2+\xi_2^2)+\beta_2^2\xi_2^2\right]\end{cases} \tag{4-71}$$

根据位移模式和应力函数，可以得到人字形模式下的系统应变能为

$$\begin{aligned}\frac{U}{\sigma_{\rm c}^2h/E_{\rm f}}=&\frac{1}{2}\left[\left(\frac{2\sigma_0}{\sigma_{\rm c}}-\frac{\Delta\sigma_1+\Delta\sigma_2}{\sigma_{\rm c}}\right)^2-2(1+\nu_{\rm f})\left(\frac{\sigma_0-\Delta\sigma_1}{\sigma_{\rm c}}\right)^2\left(\frac{\sigma_0-\Delta\sigma_2}{\sigma_{\rm c}}\right)^2\right]\\&+\frac{1}{3}\left[\beta_1^4\mu_1+\frac{1}{2}(\beta_1^2+\beta_2^2)^2\mu_2\right]+\frac{2}{3}\left[\beta_1\mu_1+\frac{1}{2}\sqrt{\beta_1^2+\beta_2^2}\mu_2\right]\\&+\frac{1}{16}\left[(\beta_1^4+\beta_2^4)\mu_2^2+\frac{8(\beta_1\beta_2)^4}{(4\beta_1^2+\beta_2^2)^2}\mu_1\mu_2\right]\end{aligned} \tag{4-72}$$

式中，$\mu_1=(1-\nu_{\rm f}^2)\xi_1^2$，$\mu_2=(1-\nu_{\rm f}^2)\xi_2^2$，且有

$$\begin{cases}\dfrac{\Delta\sigma_1}{\sigma_{\rm c}}=\dfrac{1}{2(1-\nu_{\rm f}^2)}\left[\beta_1^2(2\mu_1+\mu_2)+\nu_{\rm f}\beta_2^2\mu_2\right]\\[2ex]\dfrac{\Delta\sigma_2}{\sigma_{\rm c}}=\dfrac{1}{2(1-\nu_{\rm f}^2)}\left[\nu_{\rm f}\beta_1^2(2\mu_1+\mu_2)+\beta_2^2\mu_2\right]\end{cases} \tag{4-73}$$

前文提到，当 $\xi_2=0$ 且 $\beta_1=1$ 时，人字形模式 (4-51) 退化为条纹模式，同样系统应变能 (4-72) 也退化到条纹模式的应变能，通过对应变能求极小值可以得到条纹模式的波幅演化；当 $\xi_1=0$ 且 $\beta_1=\beta_2=1/\sqrt{2}$ 时，人字形模式退化到四方模式，应变能也退化到四方模式的应变能。通过对一般的人字形模式对应的应变能式 (4-72) 对 β_1、β_2、μ_1 和 μ_2 求极小值，可以得到系统的失稳波幅的演化规律以及应变能随过应力的演化。由于式 (4-72) 的复杂性，难以求得其解析解，可通过数值方法得到系统在一定的过应力水平下的最优失稳模式与其对应的应变能。通过数值方法求最优化问题，可得

$$\xi_1=0,\quad \beta_1=\beta_2=1/\sqrt{2} \tag{4-74}$$

即此时系统最优的模式为四方模式，也即在过应力水平较低时四方模式具有最低的应变能。当过应力水平达到一个临界值时，系统的形貌为人字形，如图 4.12(e) 所示。当薄膜的泊松比 $\nu_{\mathrm{f}}=0$ 时，系统由四方形貌向人字形演化的临界过应力为

$$\left(\frac{\sigma_0}{\sigma_{\mathrm{c}}}\right)_{\mathrm{t}}=1.357,\quad \nu_{\mathrm{f}}=0 \tag{4-75}$$

当 $\nu_{\mathrm{f}}=1/3$ 时，临界过应力为

$$\left(\frac{\sigma_0}{\sigma_{\mathrm{c}}}\right)_{\mathrm{t}}=1.476,\quad \nu_{\mathrm{f}}=1/3 \tag{4-76}$$

当 $\nu_{\mathrm{f}}=0.5$ 时，临界过应力为

$$\left(\frac{\sigma_0}{\sigma_{\mathrm{c}}}\right)_{\mathrm{t}}=1.595,\quad \nu_{\mathrm{f}}=1/2 \tag{4-77}$$

结合上文对条纹模式、六方模式、三角模式、四方模式、人字形模式的求解，可以画出如图 4.16 所示的各种失稳模式对应的应变能，各种模式的应变能表达式分别为式 (4-58)、式 (4-65)、式 (4-67)、式 (4-69) 和式 (4-72)。

由图 4.16 中可以看出，在以上所有模式中，条纹模式、六方模式和三角模式能量最高；条纹模式和六方模式能量的高低取决于泊松比 ν_{f}，对于泊松比为 1/3 的情况，条纹模式能量稍低；在过应力水平较低时，四方模式具有最小的应变能。即上限法分析的结果表明，系统首先出现的模式应该为四方模式，当过应力水平达到临界值时，由四方模式向人字形模式演化。这一理论分析得到的结论与前文的实验结果 (图 4.14 和图 4.15) 是不一致的。在实验中，很难观察到稳定的四方模式，但可以观察到稳定的六方模式，然后六方模式向人字形模式演化；同时理论分析得到的三角模式与六方模式具有相同的应变能，但是在实验中并没有观察到三角模式。

通过仔细观察实验过程，发现薄膜在溶胀的过程中会有一定的上凸，即膜基系统会存在微小的曲率。根据 Koiter[37] 理论，球壳受双向等轴压缩时，初始后屈曲

阶段六方模式能量最低。鉴于此，Cai 等又对具有微小曲率的球面膜基系统的形貌演化问题进行了研究，以探讨是否是微小的表面曲率导致实验中六方模式具有更低的能量。

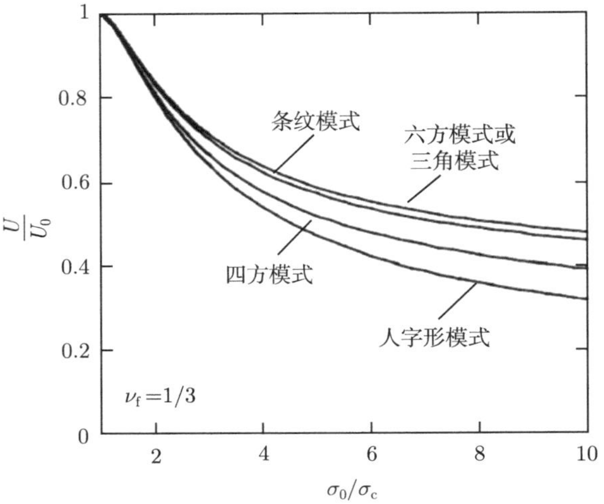

图 4.16 条纹模式、六方模式、三角模式、四方模式和人字形模式在不同过应力水平下应变能的变化[5]

薄膜的泊松比取 $v_f = 1/3$

4.3.5 表面曲率效应

对于表面曲率很小的球面膜基系统，可以用浅壳理论研究薄膜的变形和失稳行为。假设薄膜满足非线性的 Donnell–Mushtari–Vlassov (DMV) 壳方程:

$$D_f \nabla^4 w + \frac{1}{R}(N_{11} + N_{22}) + (N_{11}w_{,11} + N_{22}w_{,22} + 2N_{12}w_{,12}) + p_s = 0 \tag{4-78}$$

$$\frac{1}{E_f h}\nabla^4 F = -\frac{1}{R}(w_{,11} + w_{,22}) + w_{,12}^2 - w_{,11}w_{,22} \tag{4-79}$$

式中，R 为曲率半径，且 $R \gg \lambda$，即 R 远大于失稳特征波长。当半径 $R \to \infty$ 时，上述非线性 DMV 壳方程退化为经典的非线性 von Kármán 板方程。相容性条件同式 (4-38)。临界失稳模态的求解方法与前文中平面膜基系统问题是一致的。首先，将 DMV 壳方程线性化，假设临界失稳模态为

$$w^R = \xi h \cos(\beta_1 k x_1)\cos(\beta_2 k x_2) \tag{4-80}$$

式中，$k = h^{-1}(3\bar{E}_s^*/E_f^*)^{1/3}$。将式 (4-80) 代入线性化的 DMV 壳方程，可以得到球

面膜基系统临界的失稳应力为

$$\frac{\sigma_{\mathrm{c}}^R}{\sigma_{\mathrm{c}}} \equiv f = \frac{1}{3}(\beta^2 + 2\beta^{-1} + 3\Omega^2\beta^{-2}) \tag{4-81}$$

式中，σ_{c} 为平面膜基系统临界失稳应力，

$$\beta = \sqrt{\beta_1^2 + \beta_2^2}, \quad \beta^4 - \beta - 3\Omega^2 = 0 \tag{4-82}$$

$$\Omega = 2\sqrt{1-\nu_{\mathrm{f}}^2}\frac{h}{R}\left(\frac{\bar{E}_{\mathrm{f}}}{3\bar{E}_{\mathrm{s}}^*}\right)^{2/3} \tag{4-83}$$

通过 DMV 壳方程和系统势能，可以探讨条纹模式、六方模式、三角模式、四方模式的应变能演化。对于球面膜基系统，这几种模式的位移函数分别取为

条纹模式： $$w^R = \xi h \cos(\beta k x_1) \tag{4-84}$$

四方模式： $$w^R = \xi h \cos(\beta k x_1/\sqrt{2}) \cos(\beta k x_2/\sqrt{2}) \tag{4-85}$$

六方模式： $$w^R = \xi h \left[\cos(\beta k x_1) + 2\cos\left(\frac{\beta}{2}k x_1\right)\cos\left(\frac{\sqrt{3}}{2}\beta k x_2\right)\right] \tag{4-86}$$

三角模式： $$w^R = \xi h \left[-\sin(\beta k x_1) + 2\sin\left(\frac{\beta}{2}k x_1\right)\cos\left(\frac{\sqrt{3}}{2}\beta k x_2\right)\right] \tag{4-87}$$

根据前面求解系统应变能的步骤，先求解应力函数，然后通过相容性条件确定待定系数，最后得到系统对应每种模式的应变能函数，通过对应变能极小化可得失稳形貌的波幅演化规律。求解结果表明，对于二维条纹模式、三角模式和四方模式，球面膜基系统与平面膜基系统的应变能形式相同，分别为

条纹模式： $$\frac{U^R}{U_0^R} = 1 - \frac{1+\nu_{\mathrm{f}}}{2}\left(1 - \frac{\sigma_{\mathrm{c}}^R}{\sigma_0^R}\right)^2 \tag{4-88}$$

三角模式： $$\frac{U^R}{U_0^R} = 1 - \frac{6}{11 + 6\nu_{\mathrm{f}} - 5\nu_{\mathrm{f}}^2}\left(1 - \frac{\sigma_{\mathrm{c}}^R}{\sigma_0^R}\right)^2 \tag{4-89}$$

四方模式： $$\frac{U^R}{U_0^R} = 1 - \frac{2}{3-\nu_{\mathrm{f}}}\left(1 - \frac{\sigma_{\mathrm{c}}^R}{\sigma_0^R}\right)^2 \tag{4-90}$$

式中，U_0^R 为基态下系统的应变能；U^R 为对应失稳状态下的系统应变能；σ_0^R 为过应力大小；这里物理量加上标 R 以区别于平面膜基系统。U_0^R 表示为

$$U_0^R = \frac{1-\nu_{\mathrm{f}}}{E_{\mathrm{f}}}\left(\sigma_0^R\right)^2 h \tag{4-91}$$

然而，由于表面曲率的存在，六方模式的应变能表达式中增加了一个耦合项，表示为

$$\frac{U^R}{U_0^R}=1-\frac{6}{11+6\nu_\mathrm{f}-5\nu_\mathrm{f}^2}\left(1-\frac{\sigma_\mathrm{c}^R}{\sigma_0^R}\right)^2-\frac{36}{11-5\nu_\mathrm{f}}\sqrt{\frac{1-\nu_\mathrm{f}}{11-5\nu_\mathrm{f}}}\Omega\sqrt{f}\sqrt{\frac{\sigma_\mathrm{c}^R}{\sigma_0^R}}\left(1-\frac{\sigma_\mathrm{c}^R}{\sigma_0^R}\right)^{3/2} \tag{4-92}$$

可以看出，式 (4-92) 右端的前两项与平面膜基系统的结果完全相同，而最后一项是由于曲率所导致的附加项，该项恒为负，即曲率的存在导致六方模式能量的减小。在存在微小表面曲率情况下，这几种变形模式的应变能之间的比较见图 4.17。

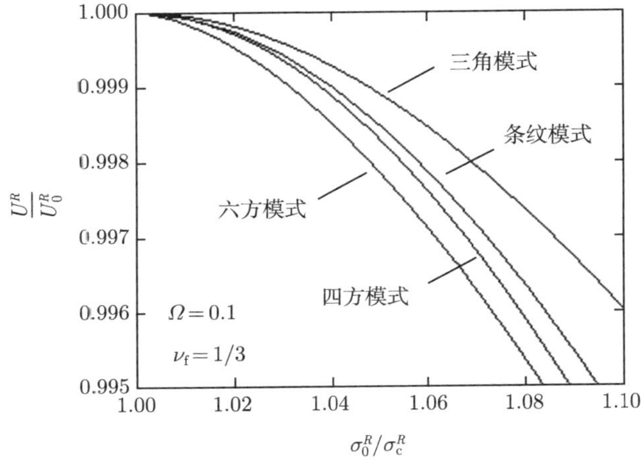

图 4.17　在球面膜基系统中，条纹模式、三角模式、四方模式、六方模式的系统总应变能随过应力的变化

由图 4.17 可以看出，由于表面曲率的存在，在过应力水平较低时，六方模式具有最低的应变能，低于四方模式的应变能。事实上，对于任意微小的曲率 Ω，总存在一个小的邻域，即过应力水平在这个小邻域内六方模式的能量最低。这可以解释为什么在实验中经常观察到稳定的六方模式，而不是四方模式。另外，由于表面曲率的影响，三角模式对应的系统势能较高，因此该模式在实验中也难以观察到。可见，膜基系统的表面失稳形貌及其演化对曲率非常敏感，在表面形貌的实验和制备中需要考虑这一因素。

4.4　含表面微纳米结构薄膜的失稳

在自然界中，生物体为了适应特定的生存环境，在长期的进化过程中形成了具有优异性能的表面。许多植物和动物体上存在着精致的多级表面结构，即在一级表

面形貌上又存在特征尺寸更小的高级形貌。这些多级形貌影响着材料多方面的物理性质，如表面浸润性质[38−42]、摩擦性质[43]、粘附性质[44−46] 等，这对于这些生物组织实现其特定的生物学功能至关重要。例如，荷叶[38−41]、蝴蝶翅膀[42]、水黾腿[47] 的多级结构使其具有超疏水性和自清洁能力；壁虎脚趾的多级结构大大提高了其粘附能力[48]；鲨鱼皮表面的多级结构可有效降低其游动阻力。

基于表面失稳方法，可以制备各种不同的微纳米表面结构，并将其应用到诸多领域，如材料表面物理特性的调控[49]、微流控装置[31]、衍射光栅[50,51]、胶态自组装[52]、细胞分化和迁移[53−55] 等。然而，如何通过表面失稳技术在材料表面制备多级结构，至今关于这个问题的研究还很少。最近，Efimenko 等[29] 提出了一种制备表面多级形貌的方法，其主要思想是基于弹性软基底上薄膜的屈曲特征来实现多级表面形貌的制备。

本节讨论存在周期性分布的表面微结构的薄膜在弹性软基底上的屈曲行为，并利用量纲分析和有限元模拟，研究了表面结构的波长和幅值对薄膜失稳的影响。此外，受荷叶和蚊子腿部表面微结构的启发，基于存在表面预制结构的薄膜失稳思想，利用有限元模拟了这两种仿生结构。

4.4.1 量纲分析

基于平面应变问题的基本解，本节考虑表面具有微观结构的薄膜在软基底上的失稳。建立如图 4.18 所示的分析模型与坐标系，假设薄膜表面存在周期性分布的三角形形貌，图中 λ_0、A_0 和 h_0 分别为微结构的周期 (波长)、幅值以及不包含表面微结构的薄膜厚度。为方便起见，定义薄膜的等效厚度 H，即假想存在另一表面光滑的薄膜，其失稳产生的波长与图 4.18 所示的含表面微结构的薄膜的失稳波长相同，将该光滑表面薄膜的厚度定义为等效厚度。以等效厚度 H 代替式 (4-5) 中的 h，可以得到含表面微结构的薄膜的临界失稳波长，即

$$\lambda = 2\pi H\left(\frac{E_{\mathrm{f}}^{*}}{3E_{\mathrm{s}}^{*}}\right)^{1/3} \tag{4-93}$$

与之类似，根据文献 [7]~[9] 提出的理论模型，具有表面结构的薄膜的失稳幅值可以表示为 $A = H\sqrt{\varepsilon_{\mathrm{a}}/\varepsilon_{\mathrm{c}} - 1}$，其中 ε_{a} 和 ε_{c} 分别是外加应变和临界失稳应变。由于失稳后的波长和幅值都是等效厚度的线性函数，所以表面微结构对薄膜失稳的影响可以通过等效厚度来评价。下面利用量纲分析，讨论含表面微结构的薄膜的失稳行为。

对于如图 4.18 所示的膜基系统，等效厚度 H 是以下参数的函数：

$$H = f\left(\lambda_0, A_0, h_0, E_{\mathrm{f}}^{*}, E_{\mathrm{s}}^{*}\right) \tag{4-94}$$

式中有两个具有独立量纲的参数，不失一般性，选为 E_s^* 和 h_0，其他参数的量纲可以由这两个基本参数的量纲导出。因此，利用量纲分析中的 π 定理[27]，式 (4-94) 可改写为

$$\frac{H}{h_0}=\Pi_1\left(\frac{\lambda_0}{h_0},\frac{A_0}{h_0},\frac{E_f^*}{E_s^*}\right) \tag{4-95}$$

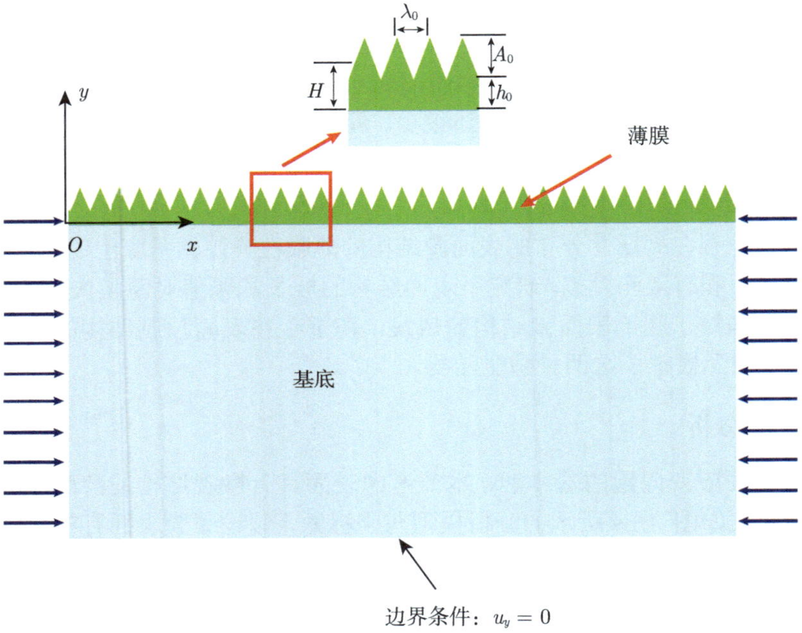

图 4.18　含表面微结构的薄膜–基底系统

该式说明等效厚度 H 依赖于几何参数 λ_0、A_0、h_0 以及材料参数 E_f^* 和 E_s^*。由于无量纲函数 Π_1 未知，4.4.2 节将通过有限元模拟讨论无量纲参数 λ_0/h_0、A_0/h_0 和 E_f^*/E_s^* 对薄膜等效厚度 H 的影响。

4.4.2　计算模型

在量纲分析的指导下，本节利用有限元计算研究弹性基底上含表面微结构薄膜的失稳问题，计算模型如图 4.18 所示，图 4.19 所示是计算模型网格的局部放大。建立笛卡儿直角坐标系 (o-xy)，模型的左右两侧边界给定 x 方向的压缩位移，底部边界限制 y 方向的位移，其他边界自由。采用有限元软件 Abaqus 进行模拟，将薄膜与基底之间的接触定义为理想粘接。薄膜和基底均采用八节点双线性平面应变四边形减缩积分单元 (CPE8R)。

在计算模拟中，通过不断加密网格，对比网格加密前后计算结果的差异，以选

取合适的网格，保证计算结果的收敛性。同时，基底尺寸应取的足够大，以保证计算结果不受基底尺寸和外边界的影响。

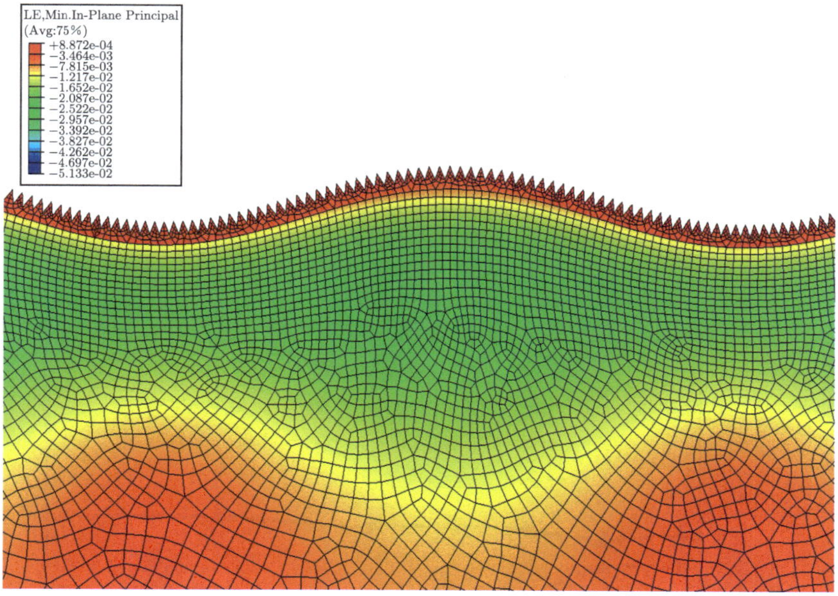

图 4.19 计算模型网格的局部放大图

4.4.3 结果与讨论

根据上述模型，下面根据有限元计算，结果讨论式 (4-95) 中无量纲参数对函数 Π_1 的影响。

1. 材料参数对无量纲函数 Π_1 的影响

在有限元模拟中，基底的杨氏模量和泊松比分别取 E_s=10MPa 和 ν_s=0.45。薄膜的泊松比 ν_f=0.3，薄膜的杨氏模量取值如表 4.2 所示。图 4.20 给出了无量纲化的等效厚度 H/h_0 和薄膜与基底平面应变模量之比 E_f^*/E_s^* 的关系。在计算中，比值 λ_0/h_0 恒等于 10/3，而无量纲参数 A_0/h_0 从 1/6 逐渐增大到 8/3。

表 4.2 有限元计算参数表

参数	取值					
A_0/h_0	1/6	1/3	2/3	4/3			
λ_0/h_0	0.5	1.0	1.8	2.5	5.0		
E_f/GPa	20	40	60	80	100	140	180

对于每一组 E_f、λ_0/h_0 和 A_0/h_0 的值，利用有限元得到了系统的失稳波长，然

后利用式 (4-93) 得出薄膜的等效厚度。如图 4.20 所示，无量纲化的等效厚度 H/h_0 随模量比 E_f^*/E_s^* 的变化。可以看出，对于每一组 λ_0/h_0 和 A_0/h_0 的取值，等效厚度 H 几乎不受模量比 E_f^*/E_s^* 变化的影响。有限元计算表明，当系统的失稳波长 λ 远大于表面结构的周期 (波长)λ_0 时，如 $\lambda > 10\lambda_0$，系统的材料参数对等效厚度的影响可以忽略不计。于是，式 (4-95) 可进一步简化为

$$\frac{H}{h_0} = \Pi\left(\frac{\lambda_0}{h_0}, \frac{A_0}{h_0}\right) \tag{4-96}$$

该式表明当满足条件 $\lambda > 10\lambda_0$ 时，等效厚度 H 主要依赖于系统的几何参数，而与材料参数无关。

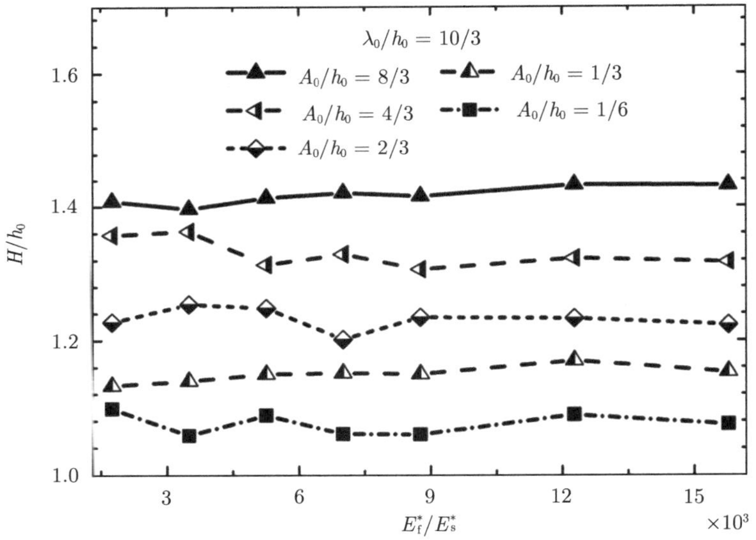

图 4.20　无量纲化的等效厚度 H/h_0 与模量比 E_f^*/E_s^* 之间的关系

2. 表面微结构的周期和幅值对无量纲函数 Π 的影响

下面通过有限元模拟分析几何参数 λ_0、A_0 和 h_0 对式 (4-96) 中无量纲函数 Π 的影响。在计算过程中，基底的杨氏模量和泊松比分别取 E_s=10MPa 和 ν_s=0.45，薄膜的杨氏模量 E_f=20GPa。A_0/h_0 和 λ_0/h_0 的取值见表 4.2。

图 4.21 和图 4.22 分别给出了无量纲化的等效厚度 H/h_0 随参数 A_0/h_0 和 λ_0/h_0 的变化。可以看出，对于较小的 λ_0/h_0(<0.5) 或 A_0/h_0(<1/6)，表面结构对薄膜失稳的影响可以忽略不计。然而，对于较大的 λ_0/h_0 和 A_0/h_0，需要考虑表面结构对失稳的影响。

在实际应用中，对于不同 A_0/h_0 和 λ_0/h_0 的取值，可以根据图 4.21 和图 4.22 提供的结果进行插值，求得等效厚度，然后再代入式 (4-93) 中得到失稳波长。

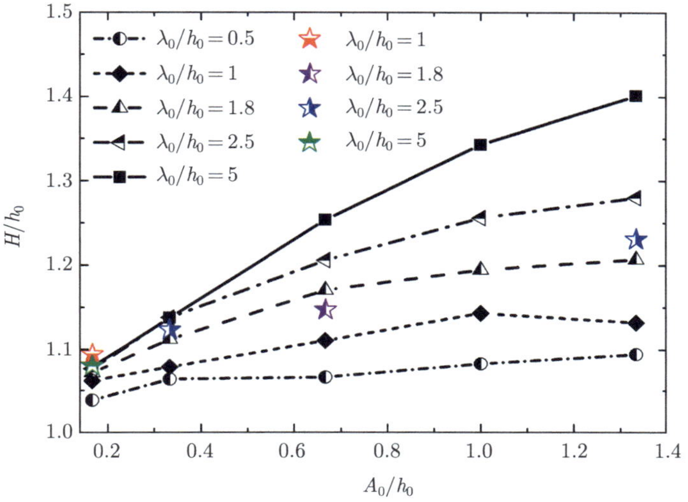

图 4.21 无量纲化的等效厚度与表面微结构幅值之间的关系

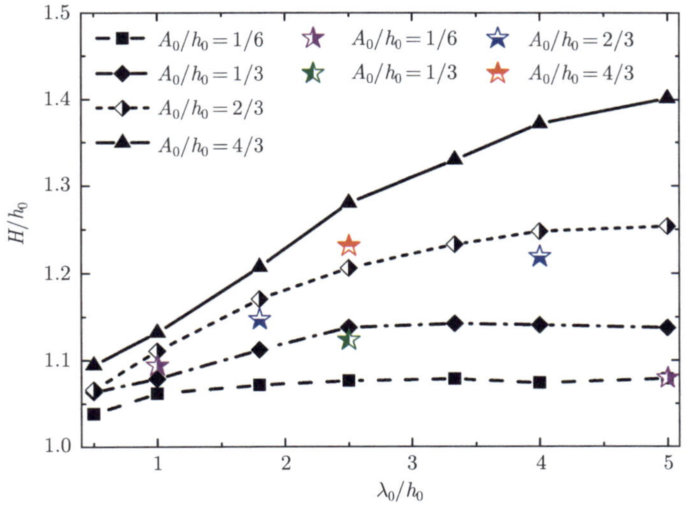

图 4.22 无量纲化的等效厚度与表面微结构波长之间的关系

3. 表面微结构形状对无量纲函数 Π 的影响

在实际应用中，表面微结构不限于三角形，还可以是其他几何形状。考虑到三角形和正弦表面结构在几何上的相似性，有可能利用统一的解描述这两种形状对失稳的影响。为此，本节进一步讨论正弦表面结构对薄膜屈曲的影响。推测式 (4-96) 及图 4.21、图 4.22 中的结果同样适用于正弦表面结构的薄膜失稳。下面通过有限元计算对此予以验证。

对于正弦形貌的表面结构，通过有限元模拟，比较了几组不同的 A_0/h_0 和 λ_0/h_0 值，结果如图 4.21 和图 4.22 中的五角星所示。可见，在 A_0/h_0 和 λ_0/h_0 取值相同的情况下，正弦表面微结构与三角形表面微结构所对应的薄膜等效厚度几乎完全相同。如果用三角形形貌的结果，来近似正弦表面形貌薄膜的等效厚度或失稳波长，误差一般小于 5%，这个误差值对于指导表面形貌的制备而言是可以接受的。因此，可以采用式 (4-96)、图 4.21 和图 4.22 的结果，对两种表面微观形貌的薄膜进行近似估计。

4.4.4　应用

本节提出了一种基于薄膜屈曲制备多级表面形貌的方法。在实际应用中，可以利用传统的表面形貌制备技术，如固化、刻蚀、化学气相沉积、相分离、压花、平面印刷和光刻等[56]，在薄膜表面产生初始几何形貌；然后，利用薄膜在软基底上的失稳方法，产生特征尺寸更大的第一级表面形貌，这样便可得到两级表面形貌。这里提出的这种方法，已经被 Lee 等[57] 用来制备多级表面形貌。

利用本节提出的方法，可以制备多种仿生的多级表面结构。受荷叶和水黾腿部表面微结构的启发，本节利用有限元模拟了两种具有表面微结构薄膜的失稳问题。图 4.23 展示的多级结构是通过弹性软基底上含正弦表面微结构薄膜的屈曲实现的，该结果与荷叶的表面形貌很相似。尽管只是二维模拟，但可以根据该思想进行三维的表面微结构制备。此外，图 4.24 是一个含三角形微结构的薄膜粘接在圆柱形软基底上产生的屈曲形貌，该表面形貌与水黾腿部横截面相似。利用薄膜和基

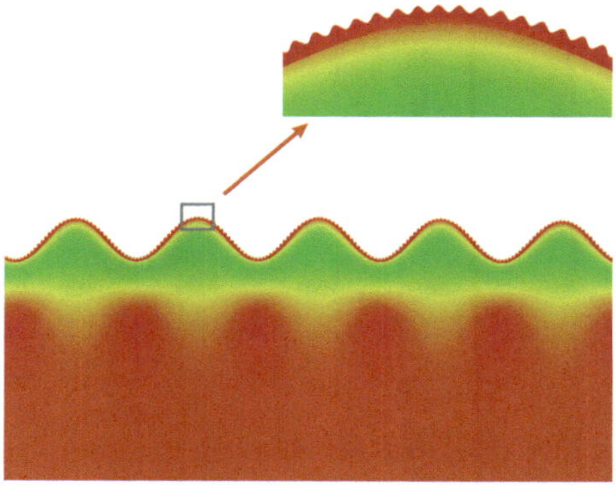

图 4.23　仿荷叶的多级表面结构

底不同的热膨胀系数，通过热致收缩引起的变形失配，可制备如图 4.24 所示的失稳形貌。这两个例子启发我们薄膜失稳技术在仿生制备表面多级形貌等方面有着潜在的应用价值。

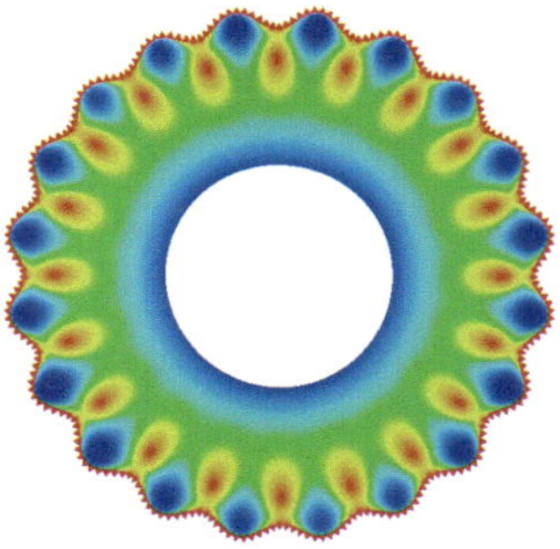

图 4.24　仿水黾腿的多级表面结构

4.5　花瓣表面微观形貌的形成机理

植物的花朵表面大都具有各种各样的微观结构，这些结构对花瓣表面的浸润、粘附等物理性质有重要影响，对其生物学功能也起着多方面的作用[40,58]。本节作为硬膜–软基系统失稳的一个例子，应用 4.1 节的理论，以小雏菊、长寿花和草原龙胆花为例，从力学角度说明花瓣表面微观形貌的形成机理[6]。

花瓣外表通常覆盖有蜡层，蜡层之下为角化层。角化层由表皮细胞分泌而来，位于表皮细胞外层，是植物与外部环境之间的一道保护屏障[59]。其结构主要分为两层，如图 4.25 所示，由真角质层 (图中绿色区域) 和位于其下的角皮层 (图中蓝

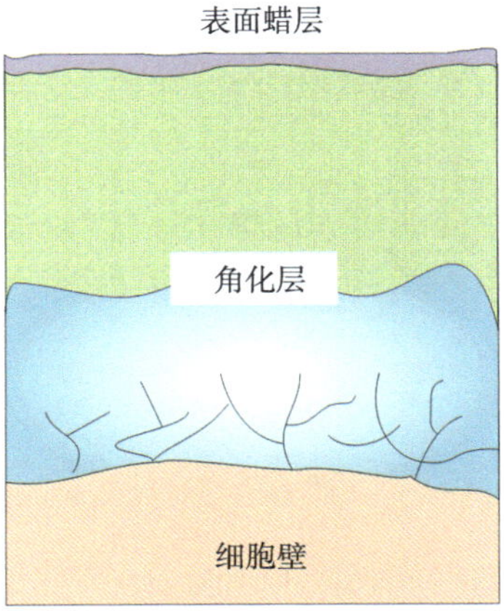

图 4.25　花瓣表面的多层结构示意图

色区域) 构成[58]。下面首先进行实验，观察三种具有代表性的花瓣表面微观形貌的形成过程，进而通过力学分析说明其微观形貌的形成机理。

4.5.1 实验方法

首先，采用三维激光扫描显微镜观察花瓣表面的形貌；然后使用原子力显微镜对花瓣表面进行压痕实验，表征其弹性模量；最后采用场发射扫描电镜观察花瓣的横截面，并测量蜡层厚度。电镜观测样品的处理步骤如下：

(1) 固定。使用 90ml 50%的酒精、5ml 冰醋酸和 5ml 福尔马林配制固定液。将新鲜的花瓣浸泡在固定液中，并置于 4℃的冰箱中 24h 进行固定，以保证组织结构的完整性。

(2) 脱水。采用浓度呈梯度递增的酒精 (浓度分别为 50%、70%、85%、95%和 100%)，对固定后的花瓣进行脱水，每个浓度下脱水 1h。

(3) 脆断。待脱水后花瓣中的酒精挥发完，将花瓣置于液氮中冷却，并在液氮中用镊子将花瓣进行脆断，得到平整的断面，以便于观察。

(4) 喷金或喷碳。选取具有平整断面的花瓣，将其固定在样品台上进行喷金或喷碳处理，得到导电的样品。

4.5.2 实验结果

首先观察小雏菊花瓣表面的微观形貌。从同一枝干中选取如图 4.26 所示的小雏菊 (Daisy) 花苞和花，选取处于不同生长阶段的、不同长度的花瓣，用三维激光扫描显微镜观察花瓣同一位置 (如图 4.26(b) 中蓝色方框所示) 的表面形貌。坐标系 x 和 y 定义如图 4.26(b) 所示，l 表示花瓣长度。

(a)

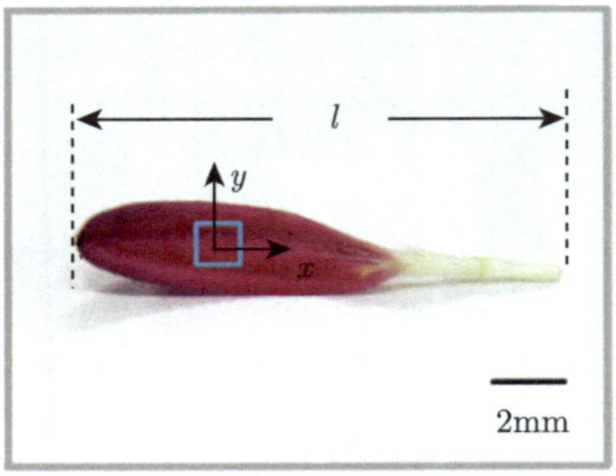

(b)

图 4.26 (a) 小雏菊的花苞和花；(b) 花瓣

如图 4.27 所示，小雏菊细胞表面形貌随着花瓣长度 l 的变化而逐渐变化，并呈长条形；随着花瓣长度 l 的增大，表皮细胞逐渐长大。当 l=10mm 时，表皮细胞尺寸较小，细胞表面光滑，如图 4.27 (a) 所示；随着花瓣生长，l 增大到 11mm，细胞的尺寸变大，表皮细胞表面的中间区域形成褶皱，如图 4.27 (b) 所示；当花瓣长度 l=14mm 时，微褶皱布满细胞表面，如图 4.27 (c) 所示。从图 4.27 (d) 所示的局部放大图可以看出，微褶皱近似垂直于细胞的长轴方向，即沿 y 方向排布。

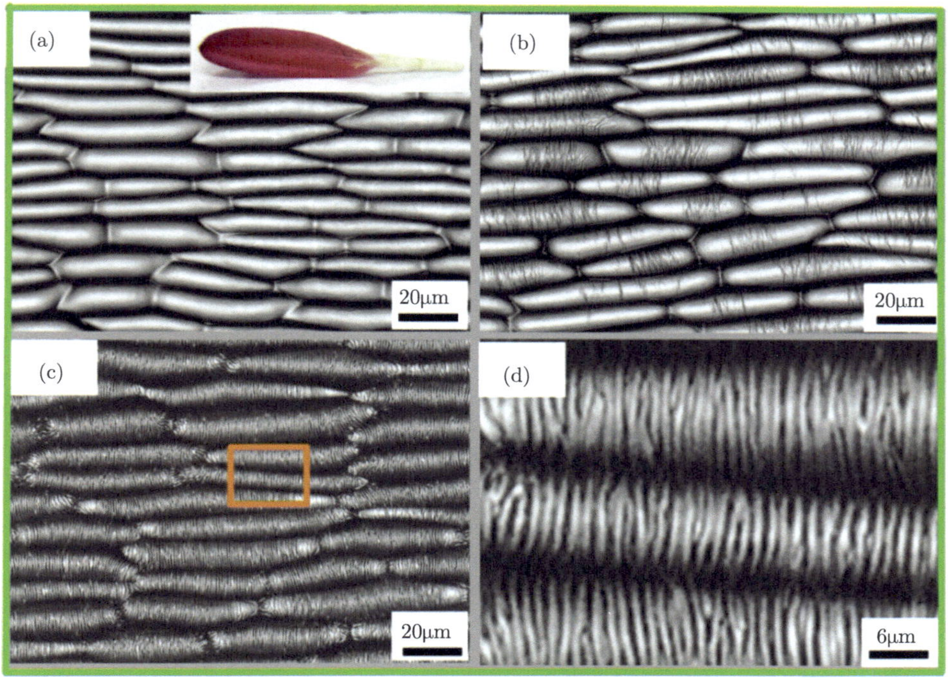

图 4.27 小雏菊表面形貌随着花瓣长度的变化

(a) l=10mm；(b) l=11mm；(c) l=14mm；(d) (c) 中方框内的放大图

接着观察长寿花花瓣表面的微观形貌。从同一枝干中选取红色长寿花 (*Kalanchoe blossfeldiana*) 的花苞和花，如图 4.28 (a) 所示。选取长度由小到大的花瓣，观察如图 4.28 (b) 所示蓝色方框位置处的表面形貌。坐标系 x 和 y 的定义如图 4.28 (b) 所示，l 表示花瓣长度。

长寿花表皮细胞的微观形貌随花瓣长度的变化如图 4.29 所示。由图可见，长寿花的表皮细胞也呈长条形，细胞长度随着花瓣长度 l 的增大而变大。当花瓣长度 l=8mm 时，细胞表面较光滑 (图 4.29 (a))；当花瓣长度增加到 l=9mm 时，细胞表面出现一些条纹状的褶皱 (图 4.29(b))；当花瓣长度为 l=15mm 时，褶皱布满细胞表面 (图 4.29(c))。图 4.29(d) 所示的局部放大图显示，长寿花表面微褶皱的方向沿着细胞的长轴方向，即 x 方向，这与小雏菊的表面褶皱取向不同。

图 4.28　(a) 长寿花的花苞和花；(b) 花瓣

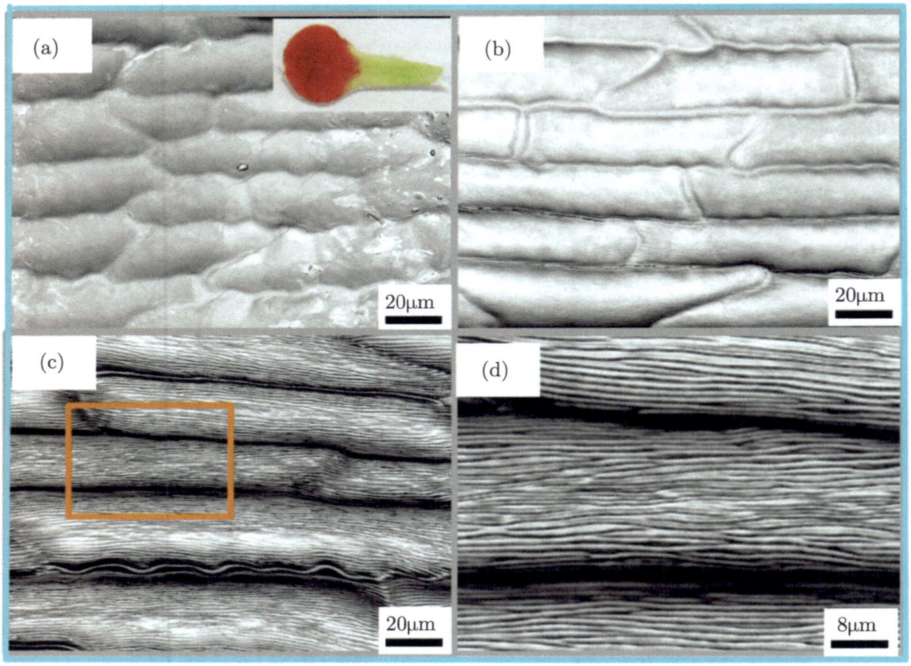

图 4.29　长寿花表皮细胞的微观形貌随着花瓣长度的变化

(a) l=8mm；(b) l=9mm；(c) l=15mm；(d) (c) 中方框内的放大图

草原龙胆 (*Eustoma grandiflorum*) 又名 “洋桔梗”，属于龙胆属植物。市场上常见的草原龙胆有紫色、粉色、白色和绿色等不同颜色。本节采用白色的草原龙胆花 (图 4.30(a) 和 (b)) 进行研究，选取不同大小的花苞及花瓣，从中取出不同长度的花瓣，观察图 4.30(c) 中蓝色方框位置处的表面形貌。

图 4.31 显示了草原龙胆花瓣在不同长度下其表皮细胞的微观形貌，大致分为

四个阶段：

第一阶段，当花瓣长度较小，如 l=16mm 时，表皮细胞较小，细胞基本呈长条形，表面光滑，如图 4.31(a) 所示。

图 4.30 (a) 不同尺寸的草原龙胆花苞和花；(b) 草原龙胆花的俯视图；(c) 花瓣

第二阶段，随着花瓣的逐渐长大，表皮细胞沿 x 和 y 两个方向生长。对于单个细胞，在靠近端部区域沿 y 方向的细胞宽度小于中间区域的细胞宽度，其形状由均匀宽度的长条形逐渐演变为两头窄、中间宽的梭形。在细胞两端区域，即两个沿轴向排列的细胞交界处，开始形成沿 x 方向的褶皱，而细胞的中间部分仍保持光滑，如图 4.31(b)~(d) 所示。

第三阶段，随着花瓣的继续增长 (如 l=36mm)，细胞尺寸也进一步增大。在该阶段，除了在细胞端部区域沿 x 方向的褶皱外，在细胞中部也出现沿 y 方向的褶皱，如图 4.31(e) 所示。

第四阶段，当草原龙胆花完全绽放以后 (如 l=45mm)，褶皱布满细胞表面，并呈现出复杂的形貌，如图 4.31(f) 所示。

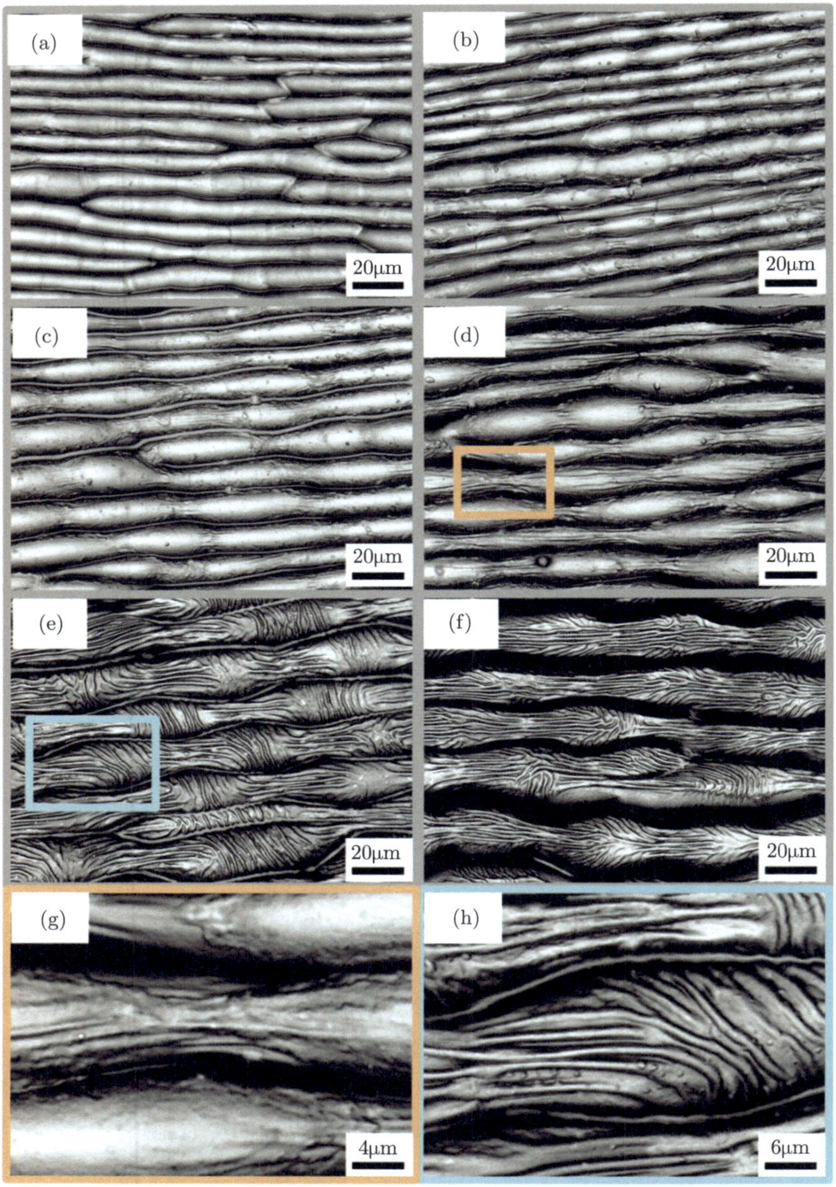

图 4.31　草原龙胆花瓣表皮细胞的微观形貌随花瓣长度 l 的变化

(a) l=16mm；(b) l=25mm；(c) l=29mm；(d) l=32mm；(e) l=36mm；(f) l=45mm；(g) (d) 中橙色方框内的放大图；(h) (e) 中蓝色方框内的放大图

4.5.3 分析与讨论

由上述实验观测可知，随着花瓣长度 l 的增大，表皮细胞的尺寸逐渐长大。定义细胞尺寸伸长比 $\eta_{\mathrm{c}}=(l_{\mathrm{c}}-l_{\mathrm{c0}})/l_{\mathrm{c0}}$，式中 l_{c0} 和 l_{c} 分别表示表皮细胞的初始长度和当前长度。在实验中，可以测量表皮细胞尺寸 l_{c}，并计算细胞伸长比 η_{c} 随花瓣长度 l 的变化。

对于小雏菊和长寿花花瓣，图 4.32(a) 和图 4.33(a) 分别给出了表皮细胞尺寸随花瓣长度 l 的变化，每个数据点为 30 组样品测量的平均值。随着花瓣长度 l 的增大，小雏菊和长寿花花瓣的表皮细胞在 x 和 y 方向的尺寸均增大。通过计算，可得两种花瓣在生长过程中表皮细胞的伸长率 η_{c}，结果如图 4.32(b) 和图 4.33(b) 所示。可以看出，小雏菊细胞 y 方向的伸长比在微褶皱形成的各个阶段均大于 x 方向的伸长比，而长寿花细胞 x 方向的伸长比远大于 y 方向。

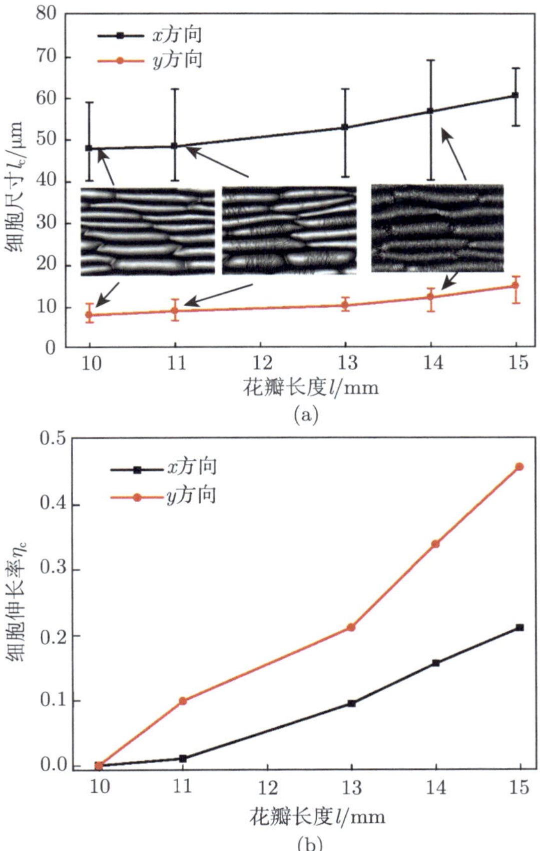

图 4.32 小雏菊表皮细胞尺寸的变化

(a) 表皮细胞尺寸随花瓣长度 l 的变化；(b) 表皮细胞伸长比随花瓣长度 l 的变化

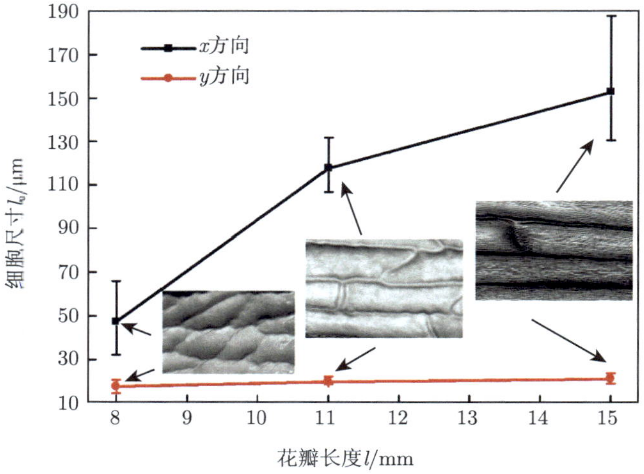

(a)

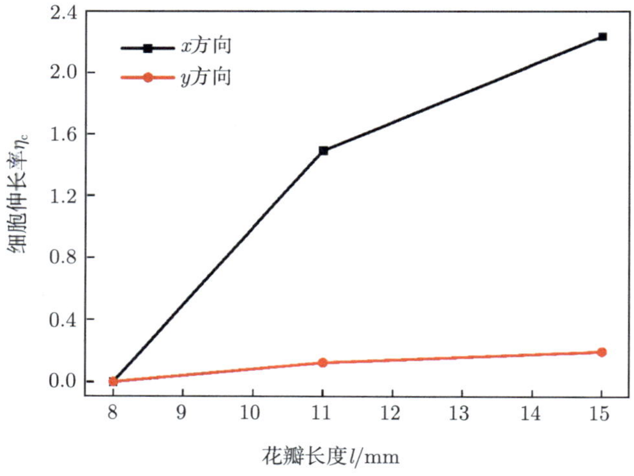

(b)

图 4.33　长寿花表皮细胞尺寸的变化

(a) 表皮细胞尺寸随花瓣长度 l 的变化；(b) 表皮细胞伸长比随花瓣长度 l 的变化

上述实验结果表明，表皮细胞的生长是各向异性的。假设表皮细胞与其外表面角化层的生长速度一致，由于蜡层的分泌是各向同性的[60]，当蜡层的生长速度高于角化层和表皮细胞的生长速度时，蜡层内产生面内压应变，当压应变累积到一定程度时，可触发失稳。小雏菊的表皮细胞在 y 方向的伸长比大于 x 方向的伸长比，因此蜡层在 x 方向产生较大的压应变，从而产生沿 y 方向的褶皱，如图 4.27 所示。

与之不同的是，长寿花的表皮细胞沿 x 方向的伸长比大于 y 方向的伸长比，因此蜡层在 y 方向受到较大的压缩应力，引发沿 x 方向的褶皱，如图 4.29 所示。

实验观察表明，在草原龙胆花瓣长大的过程中，首先在细胞端部的交界处产生沿细胞长度方向 (即 x 方向) 的褶皱；随着细胞的继续生长，在细胞中部逐渐演化出沿细胞宽度方向 (即 y 方向) 的褶皱。在实验中，我们测量了表皮细胞在三个不同位置的尺寸变化，即细胞沿 x 方向的总长度、在端部交界处的细胞长度 (即沿 y 方向的细胞尺寸)、以及在中部的细胞长度，结果如图 4.34(a) 所示。可见，这三个位置的细胞尺寸均随着花瓣长度 l 的增大而增大，但增大的幅值有所不同，呈现一定的非均匀生长，从而诱发复杂的表面微观形貌。

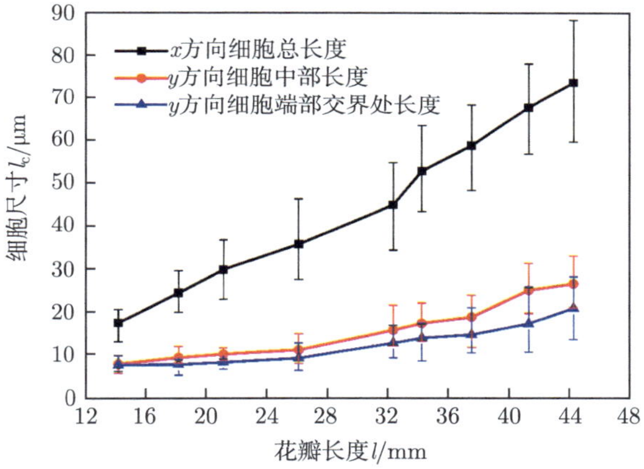

(a)

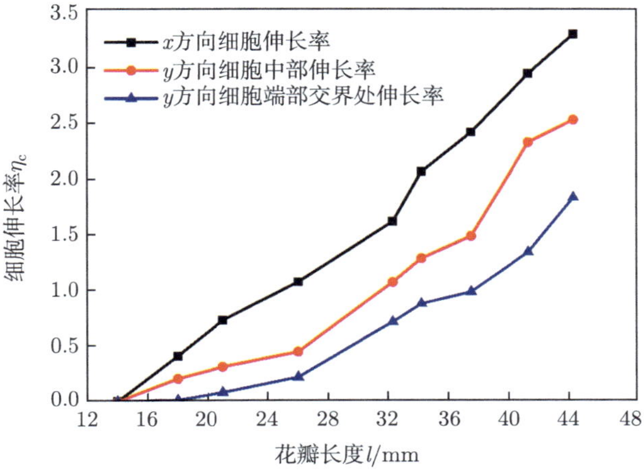

(b)

图 4.34　草原龙胆花瓣表皮细胞尺寸的变化

(a) 表皮细胞尺寸随花瓣长度 l 的变化；(b) 表皮细胞伸长比随花瓣长度 l 的变化

图 4.34(b) 给出了细胞在上述三个位置的伸长比 η_c。由图可见，在细胞端部沿 y 方向的伸长比小于另外两个位置的伸长比，因此，在细胞交界处的表面蜡层受到沿 y 方向的约束最强，即沿 y 方向的压应力最大，产生沿 x 方向的褶皱。实验还观察到，在细胞中部区域形成沿 y 方向的褶皱，这归因于该区域细胞形状的各向异性和生长的非均匀性。

4.5.4　力学模型

本节对花瓣的表皮细胞、角化层、蜡层进行力学建模，分析微观形貌的形成机制。将表面蜡层等效成薄膜，将底下的角化层和表皮细胞等效为基底，由文献 [60] 可知，蜡层的弹性模量高于角化层和表皮细胞，因此构成一个硬膜–软基底系统，如图 4.35 所示。由前文膜基系统的失稳理论可知，失稳波长具有如式 (4-5) 所示的形式。由于花瓣含水量较高，将薄膜和基底近似为不可压缩材料，即泊松比为 0.5。通过测量薄膜厚度 h、薄膜与基底的模量比 E_f^*/E_s^*，便可由式 (4-5) 计算出失稳波长，进而与实验结果进行对照。

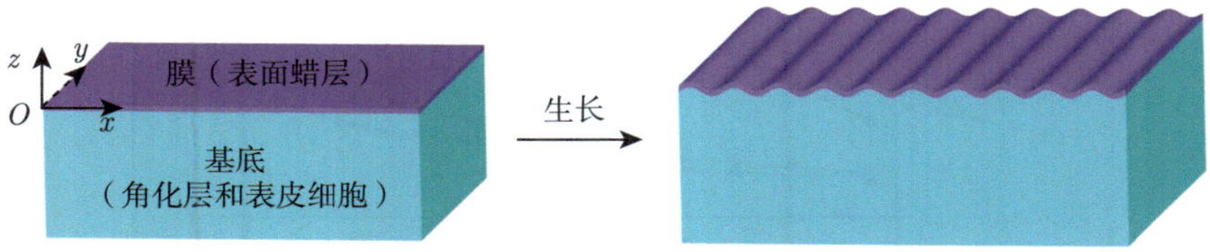

图 4.35　花瓣表面微观形貌形成的硬膜–软基底系统模型

采用扫描电镜测量三种花瓣的蜡层厚度，样品处理办法见 4.5.1 节。测量结果如图 4.36 所示，三种花的蜡层厚度分别为：小雏菊蜡层厚度为 70~80 nm、长寿花蜡层厚度为 100~150 nm、草原龙胆蜡层厚度约为 270nm。从图 4.36(e) 还可以观察到，蜡层在角化层上发生失稳，表明将表皮细胞与角化层等效为基底是合理的。

使用原子力显微镜对蜡层和基底层的弹性模量进行测量[61,62]。利用原子力显微镜进行压痕实验，可得压缩的力–位移曲线。对于每一种花，重复 5 次实验。我们借助有限元方法模拟压痕过程，从力–位移曲线反演得到材料的弹性模量。在模拟过程中，假设基底厚度无限大，薄膜理想地粘接在基底上，对薄膜厚度基于实验所测数据进行设定。通过改变模型中的薄膜和基底的模量，将有限元模拟得到的力–位移曲线与实验作对比。结果表明，薄膜和基底的弹性模量均在几 MPa 的量级，这与文献 [63] 结果吻合。对于小雏菊和草原龙胆，薄膜与基底的模量比约为 15；而对于长寿花，薄膜和基底模量比约为 25。

于是，由式 (4-5) 可求得三种花理论预测的表面微观形貌波长。与实验结果的对比见表 4.3，可见，理论预测与实验结果吻合地较好。

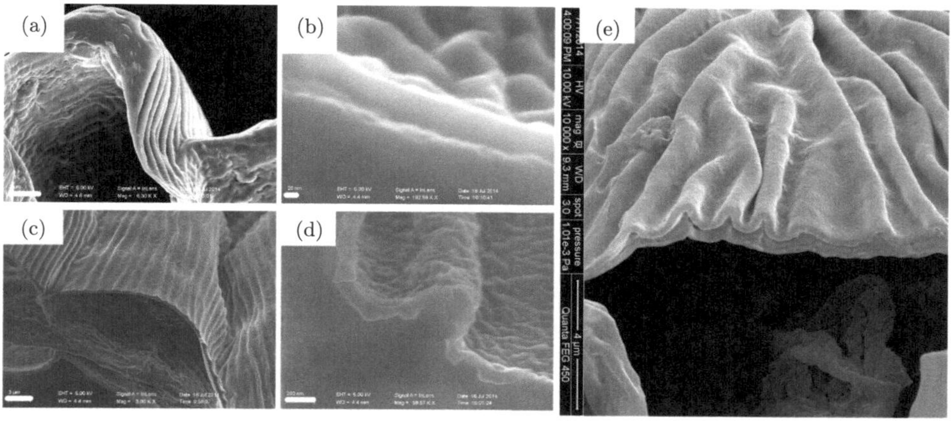

图 4.36 花瓣横截面的扫描电镜照片

(a) 小雏菊花瓣的横截面；(b) 小雏菊花瓣表面的蜡层；(c) 长寿花花瓣的横截面；(d) 长寿花花瓣表面的蜡层；(e) 草原龙胆花瓣的横截面

表 4.3 花瓣表面微褶皱波长的理论预测与实验测量结果

	理论预测 $\lambda/\mu m$	实验测量 $\lambda/\mu m$
小雏菊	0.9	1.0±0.3
长寿花	1.5	1.0±0.5
草原龙胆	3.0	3.0±1.0

4.6 本章小结

本章介绍了硬膜–软基系统的屈曲失稳问题，给出了这类系统表面失稳的临界条件和形貌特征，并研究了其失稳局部化现象。通过量纲分析与有限元计算，得到了弹塑性薄膜和超弹性薄膜在软基底上发生局部化失稳时的临界应变。结果表明，对于服从 Hyperfoam 本构关系的超弹性薄膜，局部化失稳发生时的临界应变仅依赖于薄膜与基底的材料参数，而与薄膜厚度无关。基于 Cai 等[5] 的工作，介绍了膜基系统在等双轴压缩载荷下的三维表面失稳问题，并研究了三维失稳后屈曲形貌的形成与转化。作为硬膜–软基系统失稳问题的一个实例，探讨了花瓣表面不同微观形貌形成的力学机制。

参 考 文 献

[1] Biot M. Bending of an infinite beam on an elastic foundation. ASME Journal of Applied Mechanics, 1937, 4: A1–A7.

[2] Allen H G. Analysis and Design of Structural Sandwich Panels. New York: Pergamon. 1969.

[3] Bowden N, Brittain S, Evans A G, Hutchinson J W, Whitesides G M. Spontaneous formation of ordered structures in thin films of metals supported on an elastomeric polymer. Nature, 1998, 393: 146–149.

[4] 郑修鹏. 弹性软基底上薄膜和纤维失稳的理论分析与数值模拟. 北京: 清华大学博士学位论文, 2010.

[5] Cai S, Breid D, Crosby A J, Suo Z, Hutchinson J W. Periodic patterns and energy states of buckled films on compliant substrates. Journal of the Mechanics and Physics of Solids, 2011, 59: 1094–1114.

[6] 谢伟华. 生物软组织形貌失稳与演化的力学研究. 北京: 清华大学博士学位论文, 2015.

[7] Chen X, Hutchinson J W. Herringbone buckling patterns of compressed thin films on compliant substrates. ASME Journal of Applied Mechanics, 2004, 71: 597–603.

[8] Huang Z, Hong W, Suo Z. Nonlinear analyses of wrinkles in a film bonded to a compliant substrate. Journal of the Mechanics and Physics of Solids, 2005, 53: 2101–2118.

[9] Volynskii A, Bazhenov S, Lebedeva O, Bakeev N. Mechanical buckling instability of thin coatings deposited on soft polymer substrates. Journal of Materials Science, 2000, 35: 547–554.

[10] Audoly B, Boudaoud A. Buckling of a stiff film bound to a compliant substrate-Part I: formulation, linear stability of cylindrical patterns, secondary bifurcations. Journal of the Mechanics and Physics of Solids, 2008, 56: 2401–2421.

[11] Audoly B, Boudaoud A. Buckling of a stiff film bound to a compliant substrate-Part II: a global scenario for the formation of herringbone pattern. Journal of the Mechanics and Physics of Solids, 2008, 56: 2422–2443.

[12] Zhao Y, Cao Y P, Hong W, Wadee M K, Feng X Q. Towards a quantitative understanding of period-doubling wrinkling patterns occurring in film/substrate bilayer systems. Proceedings of the Royal Society of London A, 2015, 471: 20140695.

[13] Von Kármán T, Biot M A. Mathematical Methods in Engineering. New York: McGraw-Hill, 1940.

[14] Pocivavsek L, Dellsy R, Kern A, Johnson S, Lin B, Lee K Y C, Cerda E. Stress and fold localization in thin elastic membranes. Science, 2008, 320: 912–916.

[15] Fei H, Jiang H, Khang D Y. Nonsinusoidal buckling of thin gold films on elastomeric substrates. Journal of Vacuum Science & Technology A, 2009, 27: L9–L12.

[16] Reis P, Corson F, Boudaoud A, Roman B. Localization through surface folding in solid foams under compression. Physical Review Letters, 2009, 103: 045501.

[17] Coman C D, Bassom A P, Wadee M K. Elasto-plastic localised responses in one-dimensional structural models. Journal of Engineering Mathematics, 2003, 47: 83–100.

[18] Colin J, Coupeau C, Durinck J, Grilh J. Buckling and cracking of Y_2O_3 thin films at grain boundaries. Physical Review B, 2008, 78: 153411.

[19] Colin J, Coupeau C, Durinck J, Grilh J. Buckling patterns of gold thin films on silicon substrates: Formation of superimposed blisters. Europhysics Letters, 2009, 86: 54002.

[20] Colin J, Coupeau C, Grilh J. Plastic folding of buckling structures. Physical Review Letters, 2007, 99: 046101.

[21] Coupeau C, Goudeau P, Belliard L, George M, Tamura N, Cleymand F, Colin J, Perrin B, Grilh J. Evidence of plastic damage in thin films around buckling structures. Thin Solid Films, 2004, 469: 221–226.

[22] Hutchinson J, He M, Evans A. The influence of imperfections on the nucleation and propagation of buckling driven delaminations. Journal of the Mechanics and Physics of Solids, 2000, 48: 709–734.

[23] Hutchinson J W, Suo Z. Mixed mode cracking in layered materials. Advances in Applied Mechanics, 1992, 29: 191.

[24] Vella D, Bico J, Boudaoud A, Roman B, Reis P M. The macroscopic delamination of thin films from elastic substrates. Proceedings of the National Academy of Sciences USA, 2009, 106: 10901–10906.

[25] Hibbeler R C. 材料力学. 汪越胜等, 译. 北京: 电子工业出版社, 2006.

[26] Gere J, Timoshenko S. Mechanics of Materials. London: Chapman and Hall, 1984.

[27] Barenblatt G I. Scaling, self-similarity, and intermediate asymptotics: dimensional analysis and intermediate asymptotics. Cambridge: Cambridge University Press, 1996.

[28] Hendricks T R, Lee I. Wrinkle-free nanomechanical film: control and prevention of polymer film buckling. Nano Letters, 2007, 7: 372–379.

[29] Efimenko K, Rackaitis M, Manias E, Vaziri A, Mahadevan L, Genzer J. Nested self-similar wrinkling patterns in skins. Nature Materials, 2005, 4: 293–297.

[30] Kim J, Yoon J, Hayward R C. Dynamic display of biomolecular patterns through an elastic creasing instability of stimuli-responsive hydrogels. Nature Materials, 2010, 9: 159–164.

[31] Schweikart A, Fery A. Controlled wrinkling as a novel method for the fabrication of patterned surfaces. Microchimica Acta, 2009, 165: 249–263.

[32] Brau F, Vandeparre H, Sabbah A, Poulard C, Boudaoud A, Damman P. Multiple-length-scale elastic instability mimics parametric resonance of nonlinear oscillators. Nature Physics, 2010, 7: 56–60.

[33] Chan E P, Crosby A J. Spontaneous formation of stable aligned wrinkling patterns. Soft Matter, 2006, 2: 324–328.

[34] Efimenko K, Wallace W E, Genzer J. Surface modification of Sylgard-184 poly (dimethyl siloxane) networks by ultraviolet and ultraviolet/ozone treatment. Journal of Colloid and Interface Science, 2002, 254: 306–315.

[35] Mills K, Zhu X, Takayama S, Thouless M. The mechanical properties of a surface-modified layer on polydimethylsiloxane. Journal of Materials Research, 2008, 23: 37–48.

[36] Huang R. Kinetic wrinkling of an elastic film on a viscoelastic substrate. Journal of the Mechanics and Physics of Solids, 2005, 53: 63–89.

[37] Koiter W T. On the Stability of Elastic Equlibrium. Holland: Delft, 1945.

[38] Blossey R. Self-cleaning surfaces—virtual realities. Nature Materials, 2003, 2: 301–306.

[39] Feng L, Li S, Li Y, Li H, Zhang L, Zhai J, Song Y, Liu B, Jiang L, Zhu D. Super-hydrophobic surfaces: from natural to artificial. Advanced Materials, 2002, 14: 1857–1860.

[40] Koch K, Barthlott W. Superhydrophobic and superhydrophilic plant surfaces: an inspiration for biomimetic materials. Philosophical Transactions of the Royal Society of London A, 2009, 367: 1487–1509.

[41] Neinhuis C, Barthlott W. Characterization and distribution of water-repellent, self-cleaning plant surfaces. Annals of Botany, 1997, 79: 667–677.

[42] Zheng Y, Gao X, Jiang L. Directional adhesion of superhydrophobic butterfly wings. Soft Matter, 2007, 3: 178–182.

[43] Efimenko K, Finlay J, Callow M E, Callow J A, Genzer J. Development and testing of hierarchically wrinkled coatings for marine antifouling. ACS Applied Materials & Interfaces, 2009, 1: 1031–1040.

[44] Chan E P, Smith E J, Hayward R C, Crosby A J. Surface wrinkles for smart adhesion. Advanced Materials, 2008, 20: 711.

[45] Chen S, Soh A K. Tuning the geometrical parameters of biomimetic fibrillar structures to enhance adhesion. Journal of the Royal Society Interface, 2008, 5: 373–383.

[46] Koch K, Bhushan B, Jung Y C, Barthlott W. Fabrication of artificial Lotus leaves and significance of hierarchical structure for superhydrophobicity and low adhesion. Soft Matter, 2009, 5: 1386–1393.

[47] Feng X Q, Gao X, Wu Z, Jiang L, Zheng Q S. Superior water repellency of water strider legs with hierarchical structures: experiments and analysis. Langmuir, 2007, 23: 4892–4896.

[48] Gao H, Wang X, Yao H, Gorb S, Arzt E. Mechanics of hierarchical adhesion structures of geckos. Mechanics of Materials, 2005, 37: 275–285.

[49] Ren S L, Yang S R, zhao Y P. Nano-tribological study on a super-hydrophobic film formed on rough aluminium substrates. Acta Mechanica Sinica, 2004, 20: 159–164.

[50] Bowden N, Huck W T, Paul K E, Whitesides G M. The controlled formation of ordered, sinusoidal structures by plasma oxidation of an elastomeric polymer. Applied Physics Letters, 1999, 75: 2557–2559.

[51] Harrison C, Stafford C M, Zhang W, Karim A. Sinusoidal phase grating created by a tunably buckled surface. Applied Physics Letters, 2004, 85: 4016–4018.

[52] Lu C, Möhwald H, Fery A. A lithography-free method for directed colloidal crystal assembly based on wrinkling. Soft Matter, 2007, 3: 1530–1536.

[53] Jiang X, Takayama S, Qian X, Ostuni E, Wu H, Bowden N, LeDuc P, Ingber D E, Whitesides G M. Controlling mammalian cell spreading and cytoskeletal arrangement with conveniently fabricated continuous wavy features on poly (dimethylsiloxane). Langmuir, 2002, 18: 3273–3280.

[54] Teixeira A I, Abrams G A, Bertics P J, Murphy C J, Nealey P F. Epithelial contact guidance on well-defined micro-and nanostructured substrates. Journal of Cell Science, 2003, 116: 1881–1892.

[55] Uttayarat P, Toworfe G K, Dietrich F, Lelkes P I, Composto R J. Topographic guidance of endothelial cells on silicone surfaces with micro - to nanogrooves: Orientation of actin filaments and focal adhesions. Journal of Biomedical Materials Research Part A, 2005, 75: 668–680.

[56] Guo C, Feng L, Zhai J, Wang G, Song Y, Jiang L, Zhu D. Large-area fabrication of a nanostructure - induced hydrophobic surface from a hydrophilic polymer. Chem Phys Chem, 2004, 5: 750–753.

[57] Lee J H, Ro H W, Huang R, Lemaillet P, Germer T A, Soles C L, Stafford C M. Anisotropic, hierarchical surface patterns via surface wrinkling of nanopatterned polymer films. Nano Letters, 2012, 12: 5995–5999.

[58] Koch K, Bhushan B, Barthlott W. Diversity of structure, morphology and wetting of plant surfaces. Soft Matter, 2008, 4: 1943–1963.

[59] Riederer M, Muller C. Annual Plant Reviews, Biology of the Plant Cuticle. New York: Blackwell Publishing, 2008.

[60] Martin J T, Juniper B E. The Cuticles of Plants. London: Edward Arnold, 1970.

[61] Dimitriadis E K, Horkay F, Maresca J, Kachar B, Chadwick R S. Determination of elastic moduli of thin layers of soft material using the atomic force microscope. Biophysical Journal, 2002, 82: 2798–2810.

[62] Li Q, Lee G, Ong C, Lim C. AFM indentation study of breast cancer cells. Biochemical and Biophysical Research Communications, 2008, 374: 609–613.

[63] Round A N, Yan B, Dang S, Estephan R, Stark R E, Batteas J D. The influence of water on the nanomechanical behavior of the plant biopolyester cutin as studied by AFM and solid-state NMR. Biophysical Journal, 2000, 79: 2761–2767.

第 5 章 局部载荷作用下的薄膜失稳

薄膜–软基系统表面失稳的发生与失稳形貌演化除了与系统的几何、材料性质和边界条件有关外，也与加载方式密切相关。例如，膜基系统在局部载荷作用下一般会产生局部失稳形貌。以眼角纹形成为例，人类的皮肤由较薄较硬的表皮层和较厚较软的真皮层构成[1]，随着年龄增长，眼部周围形成眼角纹，这种局部褶皱主要是由局部压缩应变引起的。软材料局部失稳在生物和医学领域也有重要应用。例如，对于培养在薄膜上的细胞，其在培养过程中产生的牵引力会使薄膜产生局部的径向失稳[2]，因而可通过薄膜产生的失稳形貌来分析细胞牵引力的分布。

膜基系统在局部载荷作用下会形成不同的失稳形貌，在这些表面形貌中，径向失稳受到较多关注[3−10]。例如，Géminard 等[8] 实验研究了弹性板中部受圆管吸力发生局部失稳的问题。结果表明，当管内负压超过临界值时，弹性板和圆管的交界处会形成径向条纹。Huang 等[11] 发现在漂浮于水面的薄膜上滴加液滴后，由于表面张力的作用，薄膜表面会产生径向失稳形貌。Vella 等[12] 研究了充气的气球在局部法向压力作用下产生的局部径向失稳问题，并通过理论分析和有限元模拟研究了失稳形貌的发生和演化条件。

本章主要关注薄膜–软基底系统在局部载荷作用下产生的径向和螺旋形失稳问题。5.1 节探讨薄膜在局部预拉伸作用下的失稳现象，建立相关的理论模型，并采用数值模拟方法研究了临界失稳发生的条件和后屈曲形貌演化问题[13]。5.2 节研究在局部扭矩载荷的作用下硬薄膜–软基系统的局部失稳问题，基于有限元模拟和实验方法，讨论了失稳形貌和系统几何、物理参数之间的关系。

5.1 局部预拉伸诱发的径向失稳

径向失稳现象广泛存在于生物组织和工程结构中，以往的理论模型大多集中于对单层板或薄膜的研究[5,6,12,14,15]，而未考虑基底的影响。例如，Coman 等[5,14] 利用数值模拟和渐近分析理论，研究了圆环薄膜在向心的拉力作用下产生的径向失稳问题。利用 Wentzel–Kramer–Brillouin 理论，他们得出了失稳波幅沿着半径方向呈指数衰减的结果。然而，目前仍然缺乏可以有效描述局部载荷作用下膜基系统失稳问题的理论模型。

因此，本节探讨硬薄膜–软基底系统在局部预拉伸作用下的径向失稳问题。首先，利用 Hankel 变换处理薄膜和基底界面处的相互作用，通过理论推导得到膜基系统发生径向失稳的临界条件。其次，采用傅里叶谱方法数值验证理论分析的正确性，并讨论无量纲化的预拉伸区域半径以及薄膜和基底模量比对结果的影响。最后，通过傅里叶谱方法模拟膜基系统径向失稳的后屈曲形貌演化特征。

5.1.1 理论分析

考虑如图 5.1 所示的膜基系统，薄膜厚度为 h，基底厚度无限大。薄膜中部半径为 r_0 的圆形区域边缘受到各向同性均匀预拉伸作用，预应变大小为 ε_0。假设薄膜和基底均为各向同性线弹性材料，弹性模量分别为 E_{f} 和 E_{s}，泊松比分别为 v_{f} 和 v_{s}。建立圆柱坐标系 (r,θ,z)，以预拉伸圆形区域的中心为原点 o，r 和 θ 轴分别沿着径向和环向，z 轴沿着薄膜表面的法向。由于薄膜中部圆形区域预应变 ε_0 的作用，在系统发生径向失稳前，薄膜将产生轴对称形式的位移，其大小 $(r\geqslant r_0)$ 为

$$\bar{u}_r^{\mathrm{f}}=-\frac{\varepsilon_0(1+v_{\mathrm{f}})r_0^2}{2r},\quad \bar{u}_\theta^{\mathrm{f}}=\bar{w}^{\mathrm{f}}=0 \tag{5-1}$$

式中，$\bar{u}_r^{\mathrm{f}}$、$\bar{u}_\theta^{\mathrm{f}}$ 和 $\bar{w}^{\mathrm{f}}$ 分别表示薄膜沿径向、环向以及法向的位移。相应的应变场和应力场为

$$\bar{\varepsilon}_{rr}^{\mathrm{f}}=\frac{\varepsilon_0(1+v_{\mathrm{f}})}{2}\left(\frac{r_0}{r}\right)^2,\qquad \bar{\varepsilon}_{\theta\theta}^{\mathrm{f}}=-\frac{\varepsilon_0(1+v_{\mathrm{f}})}{2}\left(\frac{r_0}{r}\right)^2,\qquad \bar{\varepsilon}_{r\theta}^{\mathrm{f}}=0 \tag{5-2}$$

$$\bar{\sigma}_{rr}^{\mathrm{f}}=\frac{E_{\mathrm{f}}\varepsilon_0}{2}\left(\frac{r_0}{r}\right)^2,\qquad \bar{\sigma}_{\theta\theta}^{\mathrm{f}}=-\frac{E_{\mathrm{f}}\varepsilon_0}{2}\left(\frac{r_0}{r}\right)^2,\qquad \bar{\sigma}_{r\theta}^{\mathrm{f}}=0 \tag{5-3}$$

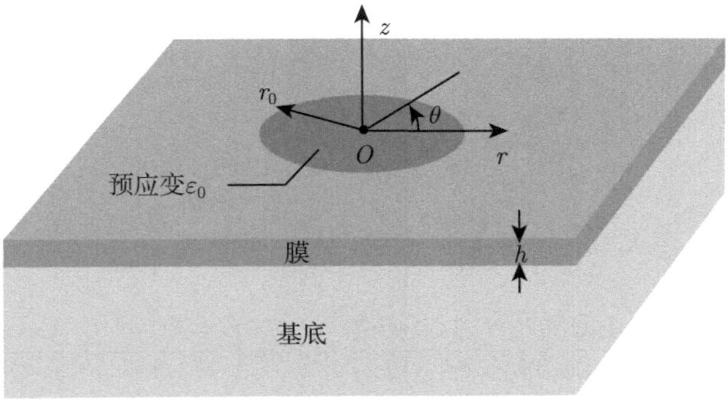

图 5.1 圆形区域预拉伸作用下的膜基系统模型

由于膜内最大压应力方向沿着环向，当预应变 ε_0 超过临界值时，圆形区域外部将产生径向辐射状的失稳形貌。假设失稳波长远大于失稳波幅，可以利用 von Kármán 弹性板理论[2] 描述薄膜的变形。令 w^{f} 表示薄膜的法向位移，u_r^{f} 和 u_θ^{f} 分别表示薄膜沿 r 和 θ 方向的面内位移，因此薄膜的总位移可表示为 $u_r^{\mathrm{f}}=\bar{u}_r^{\mathrm{f}}+u_r^{\mathrm{b}}$、$u_\theta^{\mathrm{f}}=$

$\bar{u}_\theta^{\mathrm{f}}+u_\theta^{\mathrm{b}}$ 和 $w^{\mathrm{f}}=\bar{w}^{\mathrm{f}}+w^{\mathrm{b}}$，其中 u_r^{b}、u_θ^{b} 和 w^{b} 表示失稳导致的位移增量。根据板壳理论，在极坐标系 (r,θ) 下，薄膜中的应变 $\varepsilon_{\alpha\beta}^{\mathrm{f}}$ 可表示为

$$\left\{\begin{aligned}&\varepsilon_{rr}^{\mathrm{f}}=\frac{\partial u_r^{\mathrm{f}}}{\partial r}+\frac{1}{2}\left(\frac{\partial w^{\mathrm{f}}}{\partial r}\right)^2\\&\varepsilon_{\theta\theta}^{\mathrm{f}}=\frac{1}{r}\frac{\partial u_\theta^{\mathrm{f}}}{\partial\theta}+\frac{u_r^{\mathrm{f}}}{r}+\frac{1}{2r^2}\left(\frac{\partial w^{\mathrm{f}}}{\partial\theta}\right)^2\\&\varepsilon_{r\theta}^{\mathrm{f}}=\frac{1}{2}\left(\frac{1}{r}\frac{\partial u_r^{\mathrm{f}}}{\partial\theta}+\frac{\partial u_\theta^{\mathrm{f}}}{\partial r}-\frac{u_\theta^{\mathrm{f}}}{r}+\frac{1}{r}\frac{\partial w^{\mathrm{f}}}{\partial r}\frac{\partial w^{\mathrm{f}}}{\partial\theta}\right)\end{aligned}\right.\tag{5-4}$$

由胡克定律可得薄膜力为

$$N_{\alpha\beta}=E_{\mathrm{f}}^{*}h\left[(1-v_{\mathrm{f}})\varepsilon_{\alpha\beta}^{\mathrm{f}}+v_{\mathrm{f}}\varepsilon_{\gamma\gamma}^{\mathrm{f}}\delta_{\alpha\beta}\right]\tag{5-5}$$

式中，E_{f}^{*} 为薄膜的平面应变弹性模量；$\delta_{\alpha\beta}$ 为克罗内克符号。本章中，重复下标遵守求和约定，希腊字母的下标取值为 r 和 θ。

薄膜和基底的相互作用在膜基系统的失稳中扮演着重要的角色，因此本节的推导中考虑了界面剪应力的作用。对于以上三维系统，由于薄膜位移具有非轴对称的形式，问题非常复杂。为此，引入 Hankel 变换方法对本问题进行求解。

定义 T_r 和 T_θ 分别为界面处沿 r 和 θ 方向的剪应力，T_z 为界面处的法向应力。那么，薄膜沿三个方向的平衡方程为

$$\left\{\begin{aligned}&T_r=\frac{\partial N_{rr}}{\partial r}+\frac{1}{r}\frac{\partial N_{r\theta}}{\partial\theta}+\frac{1}{r}(N_{rr}-N_{\theta\theta})\\&T_\theta=\frac{\partial N_{r\theta}}{\partial r}+\frac{1}{r}\frac{\partial N_{\theta\theta}}{\partial\theta}+\frac{2}{r}N_{r\theta}\\&T_z=-\frac{h^3E_{\mathrm{f}}^{*}}{12}\nabla^4w^{\mathrm{f}}+T_r\frac{\partial w^{\mathrm{f}}}{\partial r}+T_\theta\frac{1}{r}\frac{\partial w^{\mathrm{f}}}{\partial\theta}+N_{rr}\frac{\partial^2w^{\mathrm{f}}}{\partial r^2}\\&\qquad+2N_{r\theta}\left(\frac{1}{r}\frac{\partial^2w^{\mathrm{f}}}{\partial r\partial\theta}-\frac{1}{r^2}\frac{\partial w^{\mathrm{f}}}{\partial\theta}\right)+N_{\theta\theta}\left(\frac{1}{r^2}\frac{\partial^2w^{\mathrm{f}}}{\partial\theta^2}+\frac{1}{r}\frac{\partial w^{\mathrm{f}}}{\partial r}\right)\end{aligned}\right.\tag{5-6}$$

式中，$\nabla^4=\nabla^2\nabla^2$ 为极坐标下的双调和算子，∇^2 是调和算子，定义为

$$\nabla^2=\frac{\partial^2}{\partial r^2}+\frac{1}{r}\frac{\partial}{\partial r}+\frac{1}{r^2}\frac{\partial^2}{\partial\theta^2}=\frac{1}{r}\frac{\partial}{\partial r}\left(r\frac{\partial}{\partial r}\right)+\frac{1}{r^2}\frac{\partial^2}{\partial\theta^2}\tag{5-7}$$

基底的平衡方程为

$$\begin{cases} \dfrac{\partial \sigma_{rr}}{\partial r}+\dfrac{1}{r}\dfrac{\partial \sigma_{r\theta}}{\partial \theta}+\dfrac{\partial \sigma_{rz}}{\partial z}+\dfrac{1}{r}(\sigma_{rr}-\sigma_{\theta\theta})=0 \\ \dfrac{\partial \sigma_{r\theta}}{\partial r}+\dfrac{1}{r}\dfrac{\partial \sigma_{\theta\theta}}{\partial \theta}+\dfrac{\partial \sigma_{\theta z}}{\partial z}+\dfrac{2}{r}\sigma_{r\theta}=0 \\ \dfrac{\partial \sigma_{rz}}{\partial r}+\dfrac{1}{r}\dfrac{\partial \sigma_{\theta z}}{\partial \theta}+\dfrac{\partial \sigma_{zz}}{\partial z}+\dfrac{1}{r}\sigma_{rz}=0 \end{cases} \tag{5-8}$$

基底的本构关系可表示为

$$\begin{cases} \sigma_{rr}=2G_{\rm s}\dfrac{\partial u_r}{\partial r}+\lambda_{\rm s}S, & \sigma_{\theta\theta}=2G_{\rm s}\left(\dfrac{1}{r}\dfrac{\partial u_\theta}{\partial \theta}+\dfrac{u_r}{r}\right)+\lambda_{\rm s}S \\ \sigma_{zz}=2G_{\rm s}\dfrac{\partial w}{\partial z}+\lambda_{\rm s}S, & \sigma_{r\theta}=G_{\rm s}\left(\dfrac{1}{r}\dfrac{\partial u_r}{\partial \theta}+\dfrac{\partial u_\theta}{\partial r}-\dfrac{u_\theta}{r}\right) \\ \sigma_{rz}=G_{\rm s}\left(\dfrac{\partial w}{\partial r}+\dfrac{\partial u_r}{\partial z}\right), & \sigma_{\theta z}=G_{\rm s}\left(\dfrac{\partial u_\theta}{\partial z}+\dfrac{1}{r}\dfrac{\partial w}{\partial \theta}\right) \end{cases} \tag{5-9}$$

式中，u_r、u_θ 和 w 分别为基底沿 r、θ 和 z 方向的位移；σ_{ij} $(i,j=r,\theta,z)$ 为基底的应力；$G_{\rm s}$ 和 $\lambda_{\rm s}=2G_{\rm s}\nu_{\rm s}/(1-2\nu_{\rm s})$ 分别代表基底的剪切模量以及第一拉梅常数；$S=\dfrac{\partial u_r}{\partial r}+\dfrac{u_r}{r}+\dfrac{1}{r}\dfrac{\partial u_\theta}{\partial \theta}+\dfrac{\partial w}{\partial z}$ 为基底的体积应变。

定义 n 为薄膜失稳后的环向失稳波数。考虑到薄膜产生非轴对称的变形模式，假设基底的位移场和应力场也具有相应的非轴对称形式：

$$\begin{cases} u_r=u_{r{\rm s}}(z,r)\cos(n\theta) \\ u_\theta=u_{\theta{\rm s}}(z,r)\sin(n\theta) \\ w=w_{\rm s}(z,r)\cos(n\theta) \\ S=S_{\rm s}(z,r)\cos(n\theta) \\ \sigma_{rz}=\sigma_{rz{\rm s}}(z,r)\cos(n\theta) \\ \sigma_{\theta z}=\sigma_{\theta z{\rm s}}(z,r)\sin(n\theta) \\ \sigma_{zz}=\sigma_{zz{\rm s}}(z,r)\cos(n\theta) \end{cases} \tag{5-10}$$

将式 (5-10) 代入式 (5-9) 和式 (5-8)，可以得到

$$
\begin{cases}
G_{\mathrm{s}}\left(\nabla_n^2 u_{r\mathrm{s}}-\dfrac{u_{r\mathrm{s}}+2nu_{\theta\mathrm{s}}}{r^2}\right)+(\lambda_{\mathrm{s}}+G_{\mathrm{s}})\dfrac{\partial S_{\mathrm{s}}}{\partial r}=0\\
G_{\mathrm{s}}\left(\nabla_n^2 u_{\theta\mathrm{s}}-\dfrac{u_{\theta\mathrm{s}}+2nu_{r\mathrm{s}}}{r^2}\right)-(\lambda_{\mathrm{s}}+G_{\mathrm{s}})\dfrac{nS_{\mathrm{s}}}{r}=0\\
G_{\mathrm{s}}\nabla_n^2 w_{\mathrm{s}}+(\lambda_{\mathrm{s}}+G_{\mathrm{s}})\dfrac{\partial S_{\mathrm{s}}}{\partial z}=0\\
S_{\mathrm{s}}=\dfrac{\partial u_{r\mathrm{s}}}{\partial r}+\dfrac{u_{r\mathrm{s}}}{r}+\dfrac{nu_{\theta\mathrm{s}}}{r}+\dfrac{\partial w_{\mathrm{s}}}{\partial z}
\end{cases}
\tag{5-11}
$$

式中，$\nabla_n^2=\dfrac{\partial^2}{\partial r^2}+\dfrac{1}{r}\dfrac{\partial}{\partial r}-\dfrac{n^2}{r^2}+\dfrac{\partial^2}{\partial z^2}$。

为了便于运算，引入中间变量

$$
\begin{cases}
u_{\mathrm{p}}=u_{r\mathrm{s}}+u_{\theta\mathrm{s}}, \quad u_{\mathrm{q}}=u_{r\mathrm{s}}-u_{\theta\mathrm{s}}\\
T_{\mathrm{p}}=\sigma_{rz\mathrm{s}}+\sigma_{\theta z\mathrm{s}}, \quad T_{\mathrm{q}}=\sigma_{rz\mathrm{s}}-\sigma_{\theta z\mathrm{s}}
\end{cases}
\tag{5-12}
$$

将式 (5-12) 代入式 (5-11)，可得

$$
\begin{cases}
G_{\mathrm{s}}\left[\nabla_n^2 u_{\mathrm{p}}-\dfrac{(1+2n)u_{\mathrm{p}}}{r^2}\right]+(\lambda_{\mathrm{s}}+G_{\mathrm{s}})\left(\dfrac{\partial S_{\mathrm{s}}}{\partial r}-\dfrac{nS_{\mathrm{s}}}{r}\right)=0\\
G_{\mathrm{s}}\left[\nabla_n^2 u_{\mathrm{q}}+\dfrac{(2n-1)u_{\mathrm{q}}}{r^2}\right]+(\lambda_{\mathrm{s}}+G_{\mathrm{s}})\left(\dfrac{\partial S_{\mathrm{s}}}{\partial r}+\dfrac{nS_{\mathrm{s}}}{r}\right)=0\\
G_{\mathrm{s}}\nabla_n^2 w_{\mathrm{s}}+(\lambda_{\mathrm{s}}+G_{\mathrm{s}})\dfrac{\partial S_{\mathrm{s}}}{\partial z}=0\\
S_{\mathrm{s}}=\dfrac{\partial(u_{\mathrm{p}}+u_{\mathrm{q}})}{2\partial r}+\dfrac{u_{\mathrm{p}}+u_{\mathrm{q}}}{2r}+\dfrac{n(u_{\mathrm{p}}-u_{\mathrm{q}})}{2r}+\dfrac{\partial w_{\mathrm{s}}}{\partial z}
\end{cases}
\tag{5-13}
$$

在柱坐标系下，Hankel 变换后的方程往往具有更简单的形式。因此，采用 Hankel 变换求解上述的微分方程组。第 n 阶 Hankel 变换以及逆变换分别定义为[16]

$$
\begin{cases}
\tilde{f}^{\langle n\rangle}(z,\xi)=\displaystyle\int_0^\infty f(z,r)rJ_n(\xi r)\mathrm{d}r\\
f(z,r)=\displaystyle\int_0^\infty \tilde{f}^{\langle n\rangle}(z,\xi)\xi J_n(\xi r)\mathrm{d}\xi
\end{cases}
\tag{5-14}
$$

式中，$J_n(\xi r)$ 为第 n 阶 Bessel 函数。对式 (5-13) 前两式分别进行 $n+1$ 以及 $n-1$ 阶 Hankel 变换，对式 (5-13) 后两式进行 n 阶 Hankel 变换，可以得到解耦形式的微分方程组

$$\begin{cases} G_{\rm s}\left(\dfrac{\partial^2\tilde{u}_{\rm p}^{\langle n+1\rangle}}{\partial z^2}-\xi^2\tilde{u}_{\rm p}^{\langle n+1\rangle}\right)-(\lambda_{\rm s}+G_{\rm s})\xi\tilde{S}_{\rm s}^{\langle n\rangle}=0 \\ G_{\rm s}\left(\dfrac{\partial^2\tilde{u}_{\rm q}^{\langle n-1\rangle}}{\partial z^2}-\xi^2\tilde{u}_{\rm q}^{\langle n-1\rangle}\right)+(\lambda_{\rm s}+G_{\rm s})\xi\tilde{S}_{\rm s}^{\langle n\rangle}=0 \\ G_{\rm s}\left(\dfrac{\partial^2\tilde{w}_{\rm s}^{\langle n\rangle}}{\partial z^2}-\xi^2\tilde{w}_{\rm s}^{\langle n\rangle}\right)+(\lambda_{\rm s}+G_{\rm s})\dfrac{\partial\tilde{S}_{\rm s}^{\langle n\rangle}}{\partial z}=0 \\ \tilde{S}_{\rm s}^{\langle n\rangle}=\dfrac{\xi}{2}(\tilde{u}_{\rm p}^{\langle n+1\rangle}-\tilde{u}_{\rm q}^{\langle n-1\rangle})+\dfrac{\partial\tilde{w}_{\rm s}^{\langle n\rangle}}{\partial z} \end{cases} \tag{5-15}$$

基于式 (5-15)，可以求解得到 $\tilde{u}_{\rm p}^{\langle n+1\rangle}$、$\tilde{u}_{\rm q}^{\langle n-1\rangle}$、$\tilde{w}_{\rm s}^{\langle n\rangle}$ 和 $\tilde{S}_{\rm s}^{\langle n\rangle}$ 的解析表达式。对本构关系式 (5-9) 进行 Hankel 变换，并联立式 (5-15)，可以得到 Hankel 空间中基底位移场和应力场为

$$\begin{cases} \tilde{w}_{\rm s}^{\langle n\rangle}=C_1{\rm e}^{\xi z}+C_2{\rm e}^{-\xi z}-\dfrac{\lambda_{\rm s}+G_{\rm s}}{2G_{\rm s}}z(C_3{\rm e}^{\xi z}+C_4{\rm e}^{-\xi z}) \\ \tilde{u}_{\rm p}^{\langle n+1\rangle}=C_5{\rm e}^{\xi z}+C_6{\rm e}^{-\xi z}+\dfrac{\lambda_{\rm s}+G_{\rm s}}{2G_{\rm s}}z(C_3{\rm e}^{\xi z}-C_4{\rm e}^{-\xi z}) \\ \tilde{u}_{\rm q}^{\langle n-1\rangle}=\left(2C_1+C_5-\dfrac{\lambda_{\rm s}+3G_{\rm s}}{G_{\rm s}\xi}C_3\right) \\ \qquad -\left(2C_2-C_6+\dfrac{\lambda_{\rm s}+3G_{\rm s}}{G_{\rm s}\xi}C_4\right){\rm e}^{-\xi z} \\ \qquad -\dfrac{\lambda_{\rm s}+G_{\rm s}}{2G_{\rm s}}z(C_3{\rm e}^{\xi z}-C_4{\rm e}^{-\xi z}) \\ \tilde{T}_{\rm p}^{\langle n+1\rangle}=\left[-G_{\rm s}\xi(C_1-C_5)+\dfrac{\lambda_{\rm s}+G_{\rm s}}{2}C_3\right]{\rm e}^{\xi z} \\ \qquad +\left[-G_{\rm s}\xi(C_2+C_6)-\dfrac{\lambda_{\rm s}+G_{\rm s}}{2}C_4\right]{\rm e}^{-\xi z} \\ \qquad +(\lambda_{\rm s}+G_{\rm s})\xi z(C_3{\rm e}^{\xi z}+C_4{\rm e}^{-\xi z}) \\ \tilde{T}_{\rm q}^{\langle n-1\rangle}=\left[G_{\rm s}\xi(3C_1+C_5)-\dfrac{3\lambda_{\rm s}+7G_{\rm s}}{2}C_3\right]{\rm e}^{\xi z} \\ \qquad +\left[G_{\rm s}\xi(3C_2-C_6)+\dfrac{3\lambda_{\rm s}+7G_{\rm s}}{2}C_4\right]{\rm e}^{-\xi z} \\ \qquad -(\lambda_{\rm s}+G_{\rm s})\xi z(C_3{\rm e}^{\xi z}+C_4{\rm e}^{-\xi z}) \\ \tilde{\sigma}_{zz{\rm s}}^{\langle n\rangle}=(2G_{\rm s}\xi C_1-G_{\rm s}C_3){\rm e}^{\xi z}-(2G_{\rm s}\xi C_2+G_{\rm s}C_4){\rm e}^{-\xi z} \\ \qquad -(\lambda_{\rm s}+G_{\rm s})\xi z(C_3{\rm e}^{\xi z}-C_4{\rm e}^{-\xi z}) \end{cases} \tag{5-16}$$

式中，系数 C_i (i =1~6) 可由基底上下两端的边界条件确定。当基底不可压缩时

($\nu_{\rm s}=0.5$)，系数 $C_3=C_4=0$。这意味着界面处面内分量和法向分量相互解耦，该结论与笛卡儿坐标系下得到的结果一致[17]。

假设失稳后薄膜的增量位移具有如式 (5-17) 所示形式：

$$
\left\{\begin{aligned}
u_r^{\rm b}&=u_{r{\rm m}}f(r)\cos(n\theta)\\
u_\theta^{\rm b}&=u_{\theta{\rm m}}f(r)\sin(n\theta)\\
w^{\rm b}&=w_{\rm m}g(r)\cos(n\theta)
\end{aligned}\right.
\tag{5-17}
$$

式中，$u_{r{\rm m}}$、$u_{\theta{\rm m}}$ 和 $w_{\rm m}$ 与实际位移相比均为小量；$f(r)$ 和 $g(r)$ 表示失稳形貌沿径向变化的轮廓函数，具体形式将在下文中给出。

假设薄膜和基底理想粘接，则薄膜和基底在界面处位移连续。对于半无限大基底，上下两端的边界条件为

$$
\left\{\begin{aligned}
&u_r|_{z=0}=u_{r{\rm m}}f(r)\cos(n\theta), \quad u_r|_{z=-\infty}=0\\
&u_\theta|_{z=0}=u_{\theta{\rm m}}f(r)\sin(n\theta), \quad u_\theta|_{z=-\infty}=0\\
&w|_{z=0}=w_{\rm m}g(r)\cos(n\theta), \quad w|_{z=-\infty}=0
\end{aligned}\right.
\tag{5-18}
$$

将式 (5-18) 代入式 (5-16)，得到系数 $C_i(i=1\sim6)$ 的具体表达式：

$$
\left\{\begin{aligned}
C_1&=w_{\rm m}\int_0^\infty g(s)sJ_n(\xi s){\rm d}s\\
C_3&=\frac{\xi(1-2\nu_{\rm s})u_{r{\rm m}}}{3-4\nu_{\rm s}}\int_0^\infty f(s)s\left[J_{n+1}(\xi s)-J_{n-1}(\xi s)\right]{\rm d}s\\
&\quad+\frac{\xi(1-2\nu_{\rm s})u_{\theta{\rm m}}}{3-4\nu_{\rm s}}\int_0^\infty f(s)s\left[J_{n+1}(\xi s)+J_{n-1}(\xi s)\right]{\rm d}s\\
&\quad+\frac{2\xi(1-2\nu_{\rm s})w_{\rm m}}{3-4\nu_{\rm s}}\int_0^\infty g(s)sJ_n(\xi s){\rm d}s\\
C_5&=(u_{r{\rm m}}+u_{\theta{\rm m}})\int_0^\infty f(s)sJ_{n+1}(\xi s){\rm d}s\\
C_2&=C_4=C_6=0
\end{aligned}\right.
\tag{5-19}
$$

对式 (5-16) 进行 Hankel 逆变换，并利用式 (5-18) 和式 (5-19)，最终可以得到薄膜和基底在界面处的相互作用关系，即界面处的剪应力和法向应力为

$$
\begin{pmatrix} T_r/\cos(n\theta)\\ T_\theta/\sin(n\theta)\\ T_z/\cos(n\theta)\end{pmatrix}=\boldsymbol{K}\begin{pmatrix} u_{r{\rm m}}\\ u_{\theta{\rm m}}\\ w_{\rm m}\end{pmatrix}
\tag{5-20}
$$

式中，$\boldsymbol{K}$ 是界面处薄膜和基底相互作用的刚度矩阵，其分量为

$$
\left\{\begin{aligned}
K_{11} &= \frac{E_{\rm s}}{8(-3+\nu_{\rm s}+4\nu_{\rm s}^2)}\int_0^\infty\int_0^\infty f(s)s\xi^2\left\{J_{n-1}(\xi r)\right.\\
&\quad\times\left[-(7-8\nu_{\rm s})J_{n-1}(\xi s)+J_{n+1}(\xi s)\right]\\
&\quad\left.+J_{n+1}(\xi r)\left[J_{n-1}(\xi s)-(7-8\nu_{\rm s})J_{n+1}(\xi s)\right]\right\}{\rm d}s{\rm d}\xi\\
K_{12} &= \frac{E_{\rm s}}{8(-3+\nu_{\rm s}+4\nu_{\rm s}^2)}\int_0^\infty\int_0^\infty f(s)s\xi^2\left\{J_{n-1}(\xi r)\right.\\
&\quad\times\left[(7-8\nu_{\rm s})J_{n-1}(\xi s)+J_{n+1}(\xi s)\right]\\
&\quad\left.-J_{n+1}(\xi r)\left[J_{n-1}(\xi s)+(7-8\nu_{\rm s})J_{n+1}(\xi s)\right]\right\}{\rm d}s{\rm d}\xi\\
K_{13} &= \frac{E_{\rm s}(1-2\nu_{\rm s})}{2(-3+\nu_{\rm s}+4\nu_{\rm s}^2)}\int_0^\infty\int_0^\infty g(s)s\xi^2\left\{J_n(\xi s)\right.\\
&\quad\left.\times\left[J_{n+1}(\xi r)-J_{n-1}(\xi r)\right]\right\}{\rm d}s{\rm d}\xi\\
K_{21} &= \frac{E_{\rm s}}{8(-3+\nu_{\rm s}+4\nu_{\rm s}^2)}\int_0^\infty\int_0^\infty f(s)s\xi^2\left\{J_{n-1}(\xi r)\right.\\
&\quad\times\left[(7-8\nu_{\rm s})J_{n-1}(\xi s)-J_{n+1}(\xi s)\right]\\
&\quad\left.+J_{n+1}(\xi r)\left[J_{n-1}(\xi s)-(7-8\nu_{\rm s})J_{n+1}(\xi s)\right]\right\}{\rm d}s{\rm d}\xi\\
K_{22} &= \frac{E_{\rm s}}{8(-3+\nu_{\rm s}+4\nu_{\rm s}^2)}\int_0^\infty\int_0^\infty f(s)s\xi^2\left\{J_{n-1}(\xi r)\right.\\
&\quad\times\left[-(7-8\nu_{\rm s})J_{n-1}(\xi s)-J_{n+1}(\xi s)\right]\\
&\quad\left.-J_{n+1}(\xi r)\left[J_{n-1}(\xi s)+(7-8\nu_{\rm s})J_{n+1}(\xi s)\right]\right\}{\rm d}s{\rm d}\xi\\
K_{23} &= \frac{E_{\rm s}(1-2\nu_{\rm s})}{2(-3+\nu_{\rm s}+4\nu_{\rm s}^2)}\int_0^\infty\int_0^\infty g(s)s\xi^2\left\{J_n(\xi s)\right.\\
&\quad\left.\times\left[J_{n+1}(\xi r)+J_{n-1}(\xi r)\right]\right\}{\rm d}s{\rm d}\xi\\
K_{31} &= \frac{E_{\rm s}(1-2\nu_{\rm s})}{2(-3+\nu_{\rm s}+4\nu_{\rm s}^2)}\int_0^\infty\int_0^\infty f(s)s\xi^2\left\{J_n(\xi r)\right.\\
&\quad\left.\times\left[J_{n+1}(\xi s)-J_{n-1}(\xi s)\right]\right\}{\rm d}s{\rm d}\xi\\
K_{32} &= \frac{E_{\rm s}(1-2\nu_{\rm s})}{2(-3+\nu_{\rm s}+4\nu_{\rm s}^2)}\int_0^\infty\int_0^\infty f(s)s\xi^2\left\{J_n(\xi r)\right.\\
&\quad\left.\times\left[J_{n+1}(\xi s)+J_{n-1}(\xi s)\right]\right\}{\rm d}s{\rm d}\xi\\
K_{33} &= \frac{2E_{\rm s}(\nu_{\rm s}-1)}{-3+\nu_{\rm s}+4\nu_{\rm s}^2}\int_0^\infty\int_0^\infty g(s)s\xi^2J_n(\xi r)J_n(\xi s){\rm d}s{\rm d}\xi
\end{aligned}\right. \tag{5-21}
$$

因此，给定 $f(r)$ 和 $g(r)$ 的形式即可确定矩阵 $\boldsymbol{K}$ 的各个分量。

下面，利用能量法对膜基系统的局部径向失稳进行线性稳定性分析。薄膜的弹性应变能包含两部分：面内变形引起的薄膜能 U_{m} 和弯曲变形引起的弯曲能 U_{b}。在极坐标系下，两者分别可表示为

$$U_{\mathrm{m}}=\frac{E_{\mathrm{f}}h}{2(1-\nu_{\mathrm{f}}^2)}\int_{r_0}^{\infty}\int_0^{2\pi}\left\{\left(\varepsilon_{rr}^{\mathrm{f}}+\varepsilon_{\theta\theta}^{\mathrm{f}}\right)^2+2(1-\nu_{\mathrm{f}})\left[\left(\varepsilon_{r\theta}^{\mathrm{f}}\right)^2-\varepsilon_{rr}^{\mathrm{f}}\varepsilon_{\theta\theta}^{\mathrm{f}}\right]\right\}\mathrm{d}\theta\mathrm{d}r \quad (5\text{-}22)$$

$$\begin{aligned}U_{\mathrm{b}}=&\frac{E_{\mathrm{f}}h^3}{24(1-\nu_{\mathrm{f}}^2)}\int_{r_0}^{\infty}\int_0^{2\pi}\left\{\left(\frac{\partial^2 w^{\mathrm{f}}}{\partial r^2}+\frac{1}{r}\frac{\partial w^{\mathrm{f}}}{\partial r}+\frac{1}{r^2}\frac{\partial^2 w^{\mathrm{f}}}{\partial\theta^2}\right)^2\right.\\&+2(1-\nu_{\mathrm{f}})\left[\left(\frac{1}{r^2}\frac{\partial w^{\mathrm{f}}}{\partial\theta}-\frac{1}{r}\frac{\partial^2 w^{\mathrm{f}}}{\partial r\partial\theta}\right)^2\right.\\&\left.\left.-\left(\frac{\partial^2 w^{\mathrm{f}}}{\partial r^2}\right)\left(\frac{1}{r}\frac{\partial w^{\mathrm{f}}}{\partial r}+\frac{1}{r^2}\frac{\partial^2 w^{\mathrm{f}}}{\partial\theta^2}\right)\right]\right\}\mathrm{d}\theta\mathrm{d}r\end{aligned} \quad (5\text{-}23)$$

发生失稳的临界条件可利用卡氏第一定理推导得到。利用卡氏第一定理，并联立式 (5-20)，可得薄膜三个方向的平衡方程为

$$\left\{\begin{aligned}&\frac{\partial(U_{\mathrm{b}}+U_{\mathrm{m}})}{\partial u_{r\mathrm{m}}}+\int_{r_0}^{\infty}\int_0^{2\pi}(K_{11}u_{r\mathrm{m}}+K_{12}u_{\theta\mathrm{m}}+K_{13}w_{\mathrm{m}})f(r)\cos^2(n\theta)\mathrm{d}\theta\mathrm{d}r=0\\&\frac{\partial(U_{\mathrm{b}}+U_{\mathrm{m}})}{\partial u_{\theta\mathrm{m}}}+\int_{r_0}^{\infty}\int_0^{2\pi}(K_{21}u_{r\mathrm{m}}+K_{22}u_{\theta\mathrm{m}}+K_{23}w_{\mathrm{m}})f(r)\sin^2(n\theta)\mathrm{d}\theta\mathrm{d}r=0\\&\frac{\partial(U_{\mathrm{b}}+U_{\mathrm{m}})}{\partial w_{\mathrm{m}}}+\int_{r_0}^{\infty}\int_0^{2\pi}(K_{31}u_{r\mathrm{m}}+K_{32}u_{\theta\mathrm{m}}+K_{33}w_{\mathrm{m}})g(r)\cos^2(n\theta)\mathrm{d}\theta\mathrm{d}r=0\end{aligned}\right. \quad (5\text{-}24)$$

对于临界失稳分析，失稳波幅是小量。略去波幅的高阶小量，式 (5-24) 可转化为线性特征值问题

$$\mathbf{M}[u_{r\mathrm{m}},u_{\theta\mathrm{m}},w_{\mathrm{m}}]^{\mathrm{T}}=0 \quad (5\text{-}25)$$

式中，$\boldsymbol{M}=(M_{ij})_{1\leqslant i,j\leqslant 3}$ 是 3×3 的系数矩阵。当薄膜和基底的材料参数以及几何参数给定时，矩阵 $\boldsymbol{M}$ 的未知量只剩两个，即预应变 ε_0 和环向失稳波数 n。系统发生径向失稳的临界条件是式 (5-25) 存在非零解，这要求系数矩阵 $\boldsymbol{M}$ 的行列式值为零。由此可得预应变 ε_0 关于环向失稳波数 n 的函数。在所有可能的径向失稳模态中，系统将选择特定的环向失稳波数，使得对应的预应变最小，即系统的总势能最小。定义对应于系统能量最小的环向失稳波数为临界环向波数 n_{cr}，相应的预应变为临界应变 $\varepsilon_{\mathrm{cr}}$。

5.1.2 数值模拟

谱方法是求解偏微分方程的一种重要的数值方法。为了验证 5.1.1 节理论分析的可靠性，这里采用傅里叶谱方法对膜基系统的局部径向失稳进行模拟。与理论模型不同的是，该模拟基于笛卡儿坐标系 (x_1, x_2, z) 建立数值求解格式。

选取 E_{f}^* 和 h 对系统的各参数进行无量纲化，并引入伪粘性项 $\mu \mathrm{d}\hat{\bar{w}}^{\mathrm{f}}/\mathrm{d}t$，在傅里叶空间中，无量纲化后的薄膜平衡方程可表示为

$$\begin{cases} \hat{\bar{T}}_\alpha = \mathrm{i}\bar{k}_\beta \hat{\bar{N}}_{\alpha\beta} \\ \hat{\bar{T}}_z + \mu \dfrac{\mathrm{d}\hat{\bar{w}}^{\mathrm{f}}}{\mathrm{d}t} = -\dfrac{1}{12}\bar{k}^4 \hat{\bar{w}}^{\mathrm{f}} + \mathcal{F}(\bar{N}_{\alpha\beta}\bar{w}^{\mathrm{f}}_{,\alpha\beta} + \bar{T}_\alpha \bar{w}^{\mathrm{f}}_{,\alpha}) \end{cases} \tag{5-26}$$

式中，无量纲参数 $\bar{T}_\alpha = T_\alpha/E_{\mathrm{f}}^*$，$\bar{T}_z = T_z/E_{\mathrm{f}}^*$，$\bar{N}_{\alpha\beta} = N_{\alpha\beta}/(E_{\mathrm{f}}^* h)$，$\bar{w}^{\mathrm{f}} = w^{\mathrm{f}}/h$，$\bar{k}_\beta = k_\beta h$，$\bar{k} = \sqrt{\bar{k}_1^2 + \bar{k}_2^2}$，字母上方的“ˆ”符号表示该物理量的傅里叶变换，$\mathcal{F}(\cdot)$ 表示对括号中的量进行傅里叶变换。希腊字母下标取值为 1 和 2，k_β 是傅里叶空间的坐标。

傅里叶空间下三维膜-基系统的界面作用力可表示为

$$\begin{cases} \hat{T}_1 = D_{11}\hat{u}_1^{\mathrm{f}} + D_{12}\hat{u}_2^{\mathrm{f}} + D_{13}\hat{w}^{\mathrm{f}} \\ \hat{T}_2 = D_{21}\hat{u}_1^{\mathrm{f}} + D_{22}\hat{u}_2^{\mathrm{f}} + D_{23}\hat{w}^{\mathrm{f}} \\ \hat{T}_z = D_{31}\hat{u}_1^{\mathrm{f}} + D_{32}\hat{u}_2^{\mathrm{f}} + D_{33}\hat{w}^{\mathrm{f}} \end{cases} \tag{5-27}$$

定义矩阵 $\boldsymbol{D} = (D_{ij})_{1\leqslant i,j\leqslant 3}$ 笛卡儿坐标系下傅里叶空间中的基底刚度矩阵，具体形式为[18]

$$\boldsymbol{D} = \frac{G_{\mathrm{s}}}{3-4\nu_{\mathrm{s}}}\begin{bmatrix} \dfrac{1}{k}\left[4k^2(1-\nu_{\mathrm{s}}) - k_2^2\right] & \dfrac{k_1 k_2}{k} & 2\mathrm{i}k_1(1-2\nu_{\mathrm{s}}) \\ \dfrac{k_1 k_2}{k} & \dfrac{1}{k}\left[4k^2(1-\nu_{\mathrm{s}}) - k_1^2\right] & 2\mathrm{i}k_2(1-2\nu_{\mathrm{s}}) \\ -2\mathrm{i}k_1(1-2\nu_{\mathrm{s}}) & -2\mathrm{i}k_2(1-2\nu_{\mathrm{s}}) & 4k(1-\nu_{\mathrm{s}}) \end{bmatrix} \tag{5-28}$$

联立式 (5-26)~ 式 (5-28)，得到式 (5-29) 所示关于薄膜法向位移的迭代方程

$$\begin{aligned} \hat{\bar{w}}^{(m+1)} = & \left\{\mu + \left[\frac{D_{33}}{E_{\mathrm{f}}^*} + \frac{1}{12}(\bar{k}_1^2 + \bar{k}_2^2)^2\right]\mathrm{d}t\right\}^{-1} \\ & \times \left\{\mu\hat{\bar{w}}^{(m)} + \left[\mathcal{F}(\bar{T}_\alpha \bar{w}^{(m)}_{,\alpha} + \bar{N}_{\alpha\beta}\bar{w}^{(m)}_{,\alpha\beta}) - \frac{D_{31}}{E_{\mathrm{f}}^*}\hat{\bar{u}}_1^{(m)} - \frac{D_{32}}{E_{\mathrm{f}}^*}\hat{\bar{u}}_2^{(m)}\right]\mathrm{d}t\right\} \end{aligned} \tag{5-29}$$

式中，$\hat{\bar{u}}_\alpha^{(m)}$ 和 $\hat{\bar{w}}^{(m)}$ 分别表示第 m 次迭代薄膜的面内位移和法向位移。

选取 (x_1, x_2) 平面内一正方形区域进行模拟，由于傅里叶谱方法要求边界条件具有周期性，所以需要选取足够大的计算区域来消除周期性边界条件对模拟结果的影响。

5.1.3 结果与讨论

本节利用傅里叶谱方法预测临界失稳行为。数值模拟中薄膜和基底的泊松比分别设为 $\nu_{\rm f} = 0.3$ 和 $\nu_{\rm s} = 0.4$，计算区域大小设为 $560h \times 560h$。

图 5.2 给出了在不同几何参数和材料参数条件下，以无量纲化的法向位移 $w^{\rm f}/h$ 表示的失稳形貌图。可以看出，在圆形区域预拉伸应变作用下，膜基系统产生了局部的径向失稳。

首先，固定薄膜和基底模量比为 $E_{\rm f}/E_{\rm s} = 1000$，考察无量纲半径 r_0/h 对失稳形貌的影响，结果如图 5.2(a) 所示。当无量纲半径 r_0/h 等于 20、30、50、60 和 70 时，对应的临界环向波数 $n_{\rm cr}$ 分别为 6、8、12、14 和 16。由此可知，临界环向波数随无量纲半径增大而增多。

其次，固定无量纲半径 $r_0/h = 50$，分析薄膜和基底的模量比对失稳形貌的影响，结果如图 5.2(b) 所示。当模量比 $E_{\rm f}/E_{\rm s}$ 等于 200、500、1000、2000 和 4000 时，对应的临界环向波数 $n_{\rm cr}$ 分别为 20、16、12、10 和 8。由此可知，对于预拉伸区域半径给定的情况，模量比越小，临界环向波数越大；而且当模量比较小时，其对临界环向波数的影响较大，而随着模量比增大，其影响程度减弱。

由图 5.2 还可以看出，在预拉伸区域外，薄膜的法向位移沿径向先迅速增大到某一极值，再缓慢衰减到零。因此，表示失稳形貌沿径向变化的轮廓函数 $f(r)$ 和 $g(r)$ 也需具有相同的变化趋势。为了能方便地对这两个函数进行 Hankel 变换以及 Hankel 逆变换，假设轮廓函数 $f(r)$ 和 $g(r)$ 具有如下形式：

$$f(r) = \left(\frac{r}{r_0}\right)^4 \exp\left[-\eta\left(\frac{r}{r_0}\right)^2\right], \quad g(r) = \left(\frac{r}{r_0}\right)^5 \exp\left[-\eta\left(\frac{r}{r_0}\right)^2\right] \tag{5-30}$$

式中，η 为衰减系数。数值模拟的结果显示 η 是关于无量纲半径 r_0/h 的函数，通过数值模拟的结果拟合得到 $\eta = 0.26(r_0/h)^{0.33}$。

将式 (5-30) 代入 5.1.1 节的理论模型，可以确定临界应变 $\varepsilon_{\rm cr}$ 以及临界环向波数 $n_{\rm cr}$ 的具体数值。下面比较理论模型与数值模拟给出的结果。当预拉伸区域半径 r_0/h 和模量比 $E_{\rm f}/E_{\rm s}$ 给定时，根据式 (5-25) 可知预应变 ε_0 是环向失稳波数 n 的函数。固定模量比 $E_{\rm f}/E_{\rm s} = 1000$，图 5.3 给出了不同 r_0/h 下预应变 ε_0 和环向失稳波数 n 的变化曲线。对于每一条曲线，ε_0 的最小值即为临界应变 $\varepsilon_{\rm cr}$，此时系统的总势能最小，对应的环向失稳波数即为临界环向波数 $n_{\rm cr}$。例如，当 $r_0/h = 20$ 时，系统产生局部径向失稳的临界应变 $\varepsilon_{\rm cr} = 0.046$，临界环向波数 $n_{\rm cr} = 6$，这和图 5.2

中给出的数值模拟结果吻合。

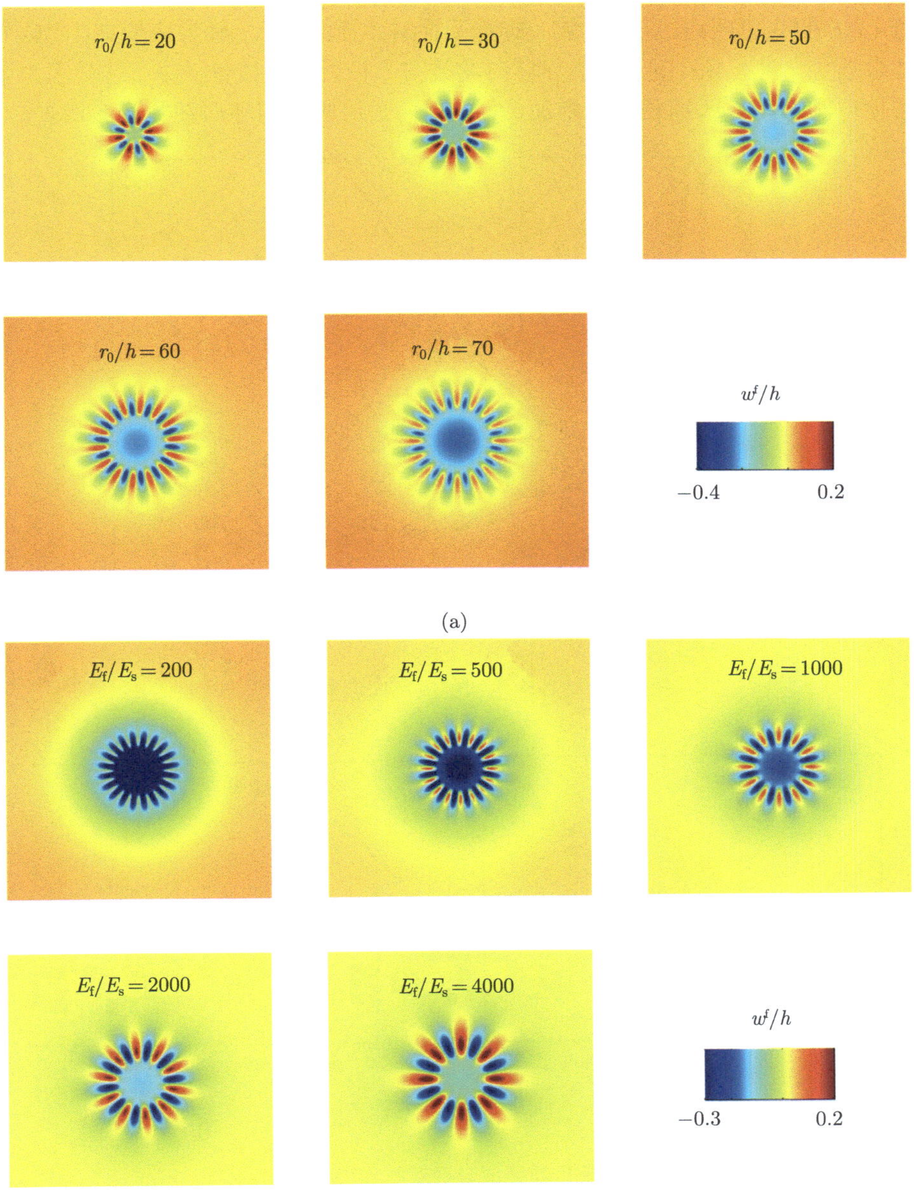

图 5.2 不同几何参数和材料参数条件下的失稳形貌

(a) 预拉伸区域半径的影响；(b) 模量比的影响

下面固定薄膜和基底模量比 $E_f/E_s = 1000$，对比两种方法给出的预拉伸区域半径 r_0/h 对局部径向失稳的影响。图 5.4 给出了临界环向波数 n_{cr} 和临界应变 ε_{cr} 随着 r_0/h 的变化曲线。可以看出，随着无量纲半径的增大，临界应变减小，临界环向波数增加。图 5.4(a) 显示，临界环向波数与半径近似呈线性关系，这是因为半径增加使得圆形区域的周长线性增加，所以圆周上可容纳的环向波数相应增多。

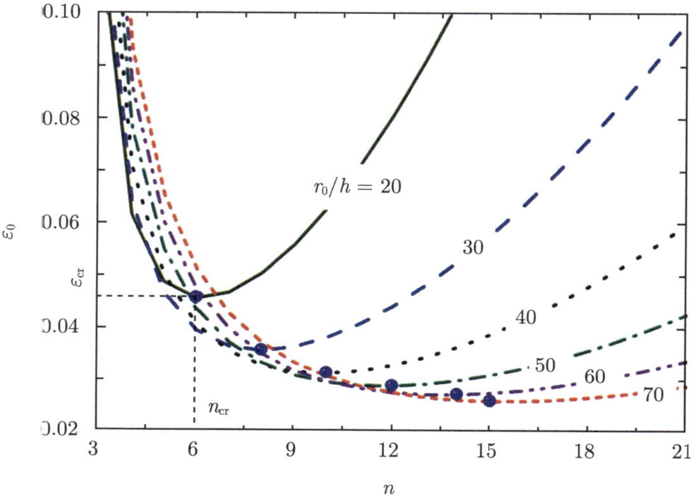

图 5.3　临界应变和临界环向波数的确定

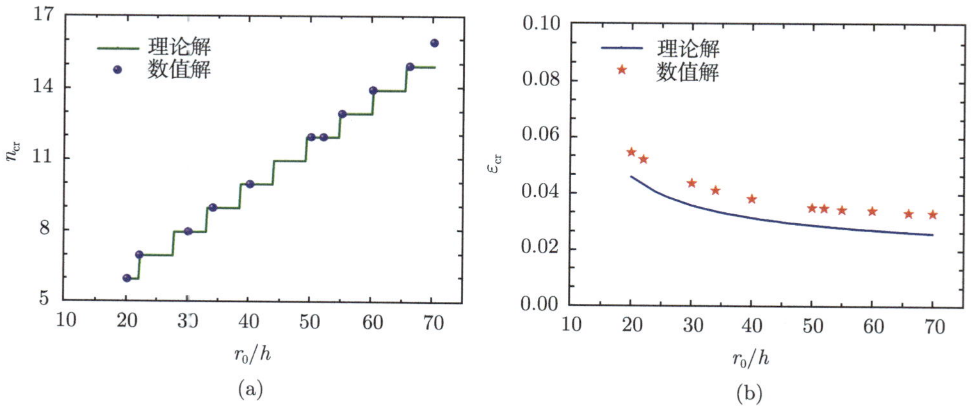

图 5.4　预拉伸区域半径对临界失稳的影响

(a) 临界环向波数；(b) 临界应变

此外，临界环向波数呈阶梯状上升，这来自于临界环向波数 n_{cr} 必须为整数的约束。对于临界环向波数，数值解和理论解吻合；而对于临界应变，数值模拟与理论分析的结果趋势一致，但数值解偏大，这之间的差异可能是由于理论模型的简化以及数值算法的误差导致的。

为了讨论薄膜和基底模量比的影响，固定 $r_0/h=50$，图 5.5 给出了基于两种方法得到的临界环向波数 $n_{\rm cr}$ 和临界应变 $\varepsilon_{\rm cr}$ 随着模量比 $E_{\rm f}/E_{\rm s}$ 的变化规律。可以看出，临界环向波数和临界应变均随着模量比增大而减小：当 $E_{\rm f}/E_{\rm s}<1000$ 时，$n_{\rm cr}$ 和 $\varepsilon_{\rm cr}$ 随模量比的增大而急剧减小，表明此时模量比的微小变化都会对失稳形貌产生较大的影响；当 $E_{\rm f}/E_{\rm s}>2000$ 时，$n_{\rm cr}$ 和 $\varepsilon_{\rm cr}$ 的变化趋势相对平缓。

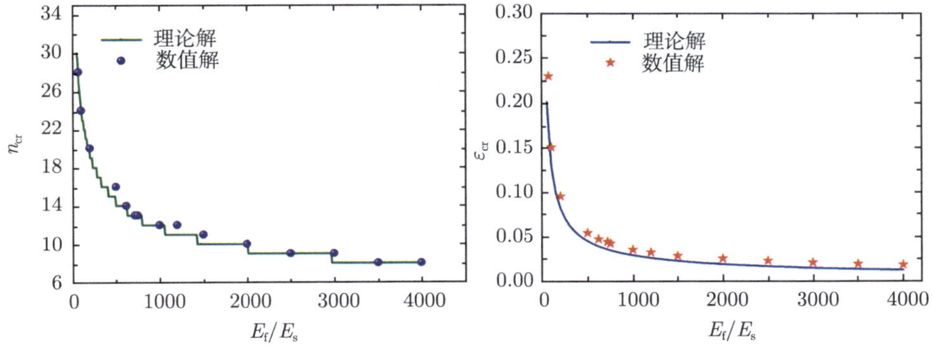

(a)　　(b)

图 5.5　薄膜和基底模量比对临界失稳的影响

(a) 临界环向波数；(b) 临界应变

为了便于应用本章得到的结果，下面通过数值拟合的方式给出临界环向波数 $n_{\rm cr}$ 和临界应变 $\varepsilon_{\rm cr}$ 近似的显式表达式。本章的模型中，系统的独立参数如下：预拉伸区域半径 r_0、膜厚 h、以及薄膜和基底的平面应变弹性模量 $E_{\rm f}^*$ 和 $E_{\rm s}^*$。通过量纲分析，临界环向波数和临界应变可表示为：

$$n_{\rm cr}=A_1\left(\frac{r_0}{h}\right)\left(\frac{E_{\rm f}^*}{E_{\rm s}^*}\right)^{b_1},\quad \varepsilon_{\rm cr}=B_1\left(\frac{r_0}{h}\right)^{a_2}\left(\frac{E_{\rm f}^*}{E_{\rm s}^*}\right)^{b_2} \tag{5-31}$$

式中，A_1、B_1、b_1、a_2 和 b_2 为待定参数。取参数 r_0/h 的范围为 20~70，$E_{\rm f}^*/E_{\rm s}^*$ 的范围为 92~3692，对式 (5-31) 中的临界环向波数和临界应变分别进行拟合，得到 $A_1=1.77$、$b_1=-0.29$、$B_1=12.15$、$a_2=-0.48$ 和 $b_2=-0.60$。如图 5.6 所示，离散点代表理论分析得到的结果，实线代表显式表达式 (5-31)。

当给定预拉伸区域半径以及薄膜和基底的模量比时，可根据式 (5-31) 方便地计算出临界环向波数和临界应变。此外，式 (5-31) 也可用于局部材料性质的测量，例如在已知基底弹性模量的情况下，通过测量局部失稳的半径以及环向波数可以反求出薄膜的弹性模量[11]。

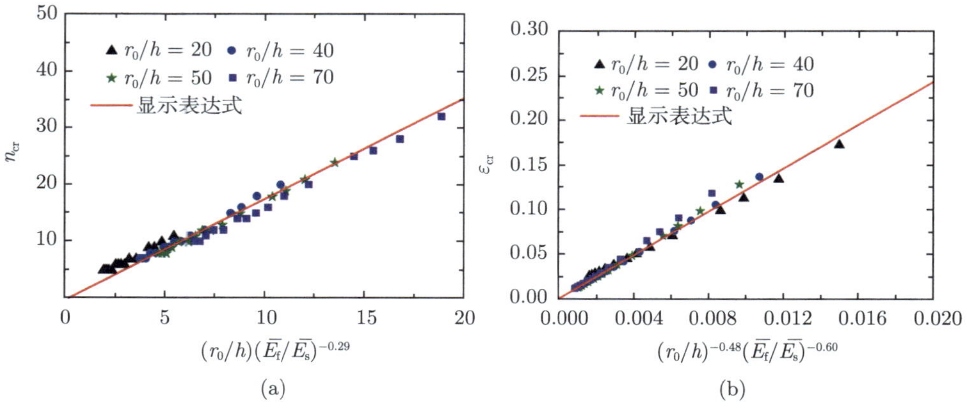

图 5.6　临界环向波数和失稳临界应变与系统几何和物理参数间关系的显式表达式

(a) 临界环向波数；(b) 临界应变

5.1.4　后屈曲形貌演化分析

本节继续采用傅里叶谱方法模拟系统局部径向失稳的后屈曲行为。图 5.7 给

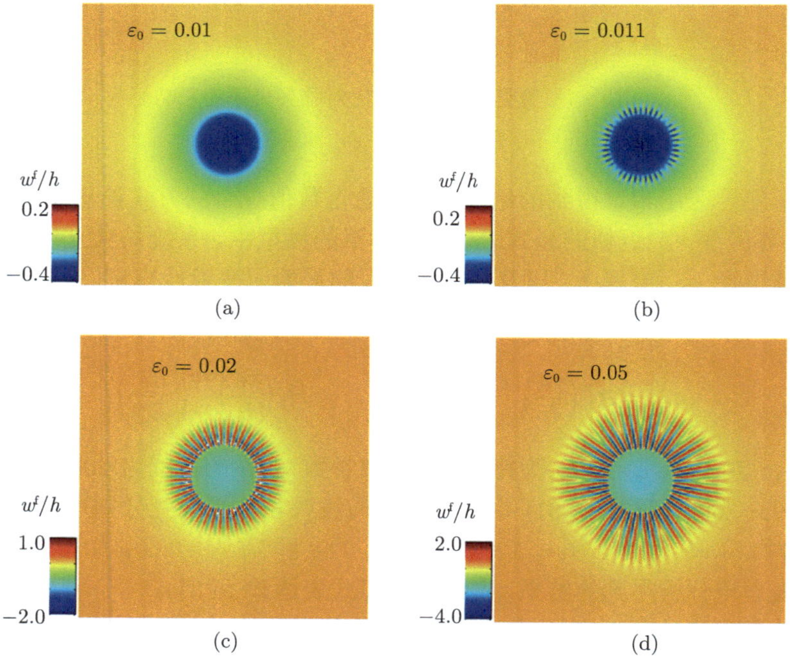

图 5.7　膜基系统局部径向失稳的后屈曲演化

(a) 发生局部径向失稳前的轴对称变形；(b) 初始后屈曲形貌；(c) 失稳条纹沿径向扩展；(d) 径向条纹的分叉

出了不同预应变下的后屈曲形貌，计算区域选取为 $2736\,h \times 2736\,h$，其他参数设置为 $r_0/h = 304$ 和 $E_\mathrm{f}/E_\mathrm{s} = 3571$。此时系统产生径向失稳的临界应变大约为 0.011。

图 5.7(a) 为薄膜发生局部径向失稳前的轴对称变形。随着载荷增大，预拉伸区域周围的环向应力增大，超过临界值后，薄膜会产生非轴对称的径向失稳 (图 5.7(b))。系统会选择最优的环向波数，以使系统的总势能最低。随着载荷继续增大，径向失稳的波幅越来越大，失稳区域也逐渐沿径向扩展，如图 5.7(c) 所示，此时环向失稳波数和失稳的模式没有发生变化。而当载荷进一步增大，例如 $\varepsilon_0 = 0.05$ 时，失稳形貌将发生二次分岔，出现如图 5.7(d) 所示的径向条纹分叉现象，即远离圆心处的径向条纹出现类似树枝状的分支，这与一些实验结果相吻合。图 5.8 展示了 Piñeirua 等[19] 最近的实验观察，一环形条带在水面上产生了径向失稳，远离圆心处的径向条纹也出现了分叉现象。

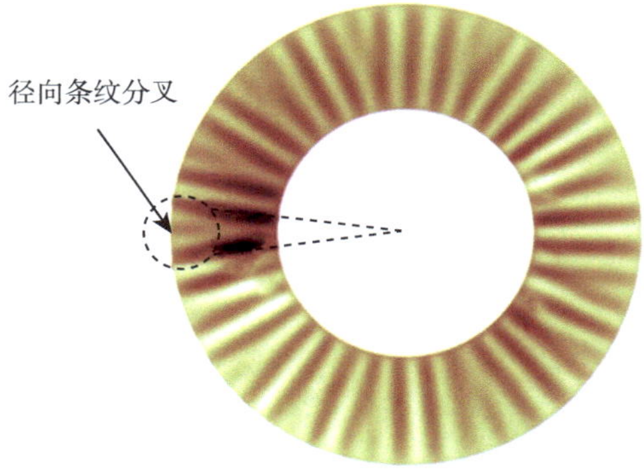

图 5.8 径向条纹分叉的实验观察[19]

5.2 局部扭转失稳

5.2.1 理论模型

当某一点 P 沿动射线 OP 以等速率运动的同时，OP 又以等角速度绕点 O 旋转，那么点 P 的轨迹称为“阿基米德螺线”。阿基米德螺线又被称为等速螺线。在自然界中阿基米德螺线十分常见，小到植物的螺旋生长，大到星系的旋臂，其形态都与阿基米德螺线有关。如何生成阿基米德型的表面宏观或微观结构是一个有趣的问题。

对比于 5.1 节的径向失稳问题，当对膜基系统施加局部扭转载荷时，会发生如图 5.9 所示的阿基米德螺线型的失稳形貌。本节首先对局部扭转载荷下的膜基系统失稳形貌特征进行实验观察。当用笔杆对手背施加扭矩时，皮肤局部会形成图

5.9(a) 所示螺线型的失稳形貌，这种形貌关于施加载荷的中心是反对称的，且从中心到边缘幅值会发生递减。下面，将介绍这种失稳形貌的形成、特点以及制备过程[20]。

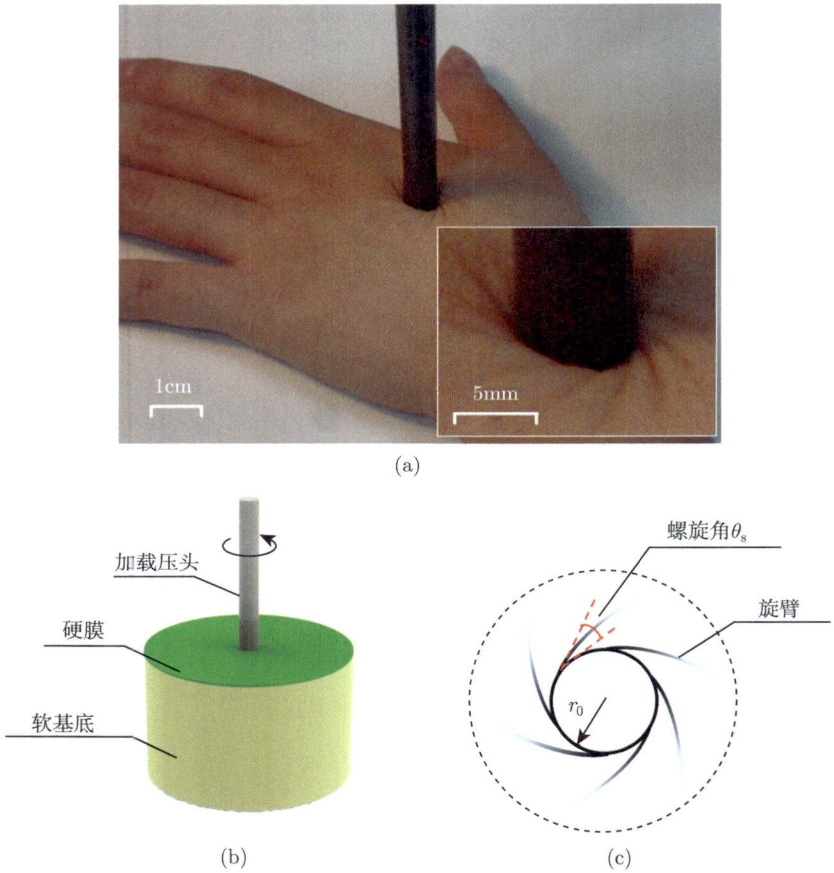

图 5.9 螺线型失稳模型图

(a) 皮肤受到剪切载荷失稳；(b) 系统模型；(c) 失稳形貌参数

将人体的皮肤以及皮下组织简化为一个由一层硬膜和柔软的地基组成的系统，如图 5.9(b) 所示。假设硬膜和基底均为不可压缩弹性材料，杨氏模量分别为 E_f 和 E_s，硬膜的厚度为 h，膜与基底之间为理想粘接。该系统的三维尺寸相对于失稳斑图的尺寸无限大，剪切载荷通过一根刚体杆施加，杆半径为 r_0。当施加的剪切力的数值超过临界失稳值时，系统表面就会出现螺线型失稳斑图。本节主要研究失稳波数 n_{cr} 以及螺旋角 θ_s，如图 5.9(c) 所示。

首先研究临界失稳波长 λ_c 与系统的物理、几何参数之间的关系。不失一般

性，λ_c 可以表示为

$$\lambda_c = f(h, r_0, E_f, E_s, r) \tag{5-32}$$

式中，r 表示失稳影响区域半径。根据 Cerda[3] 和 Huang[11] 等的工作，可以假设失稳波长具有如下形式：

$$\lambda_c = \frac{2\pi r}{C}\left(\frac{h}{r_0}\right)^a \left(\frac{E_f}{E_s}\right)^{-b} \tag{5-33}$$

式中，a、b 为常数且可以通过数值模拟确定。进而，由波长和失稳波数的关系 $n_{cr} = 2\pi r/\lambda_c$，可得

$$n_{cr} = C\left(\frac{r_0}{h}\right)^a \left(\frac{E_f}{E_s}\right)^b \tag{5-34}$$

5.2.2 数值模拟

为了确定式 (5-34) 中的待定参数，本节采用有限元软件 Abaqus 建立模型模拟 5.2.1 节中的螺线型失稳问题。模型包含大约 65 000 个 C3D20RH 类型的二阶实体单元，计算中通过改变网格疏密验证了计算结果的收敛性。在模型表面中心位置施加刚体转动位移，模型底部固定，四周自由 (图 5.10(a))。失稳后的螺线型形貌如图 5.10(b) 所示。

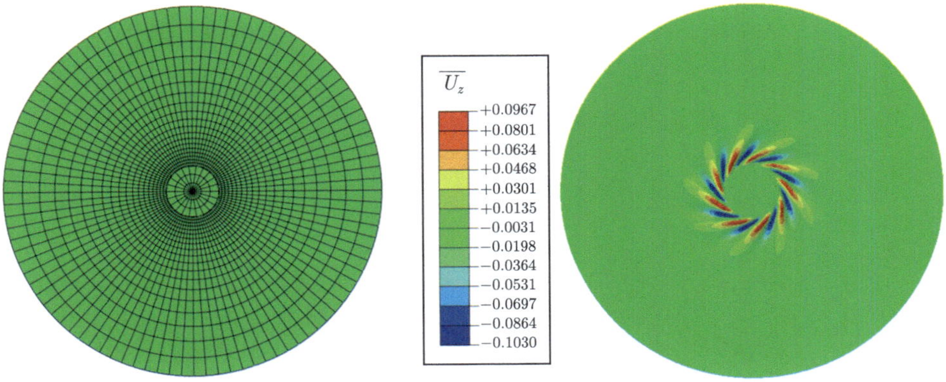

(a) (b)

图 5.10 螺线型失稳数值模拟

(a) 模型及网格示意图；(b) 失稳形貌图 (标尺代表离面位移的大小)

为了得到式 (5-34) 中常数 a、b、C 的值，改变 r_0/h 和 E_f/E_s 的值进而得到失稳波数，拟合计算结果可以得到 $a = 2/3$，$b = -1/4$，$C = 3.41$，如图 5.11 所示，则有

$$n_{cr} = 3.41\left(\frac{r_0}{h}\right)^{2/3} \left(\frac{E_f}{E_s}\right)^{-1/4} \tag{5-35}$$

利用数值模拟结果还可以研究螺线的形状及类型。在图 5.12 中提取了螺线上的坐标，根据该坐标可研究螺旋形旋臂的形状。不难发现，螺线在极坐标系 (r,θ) 下的表达满足阿基米德螺旋线方程：$r = c\theta + d$ (其中 c，d 为常数)。

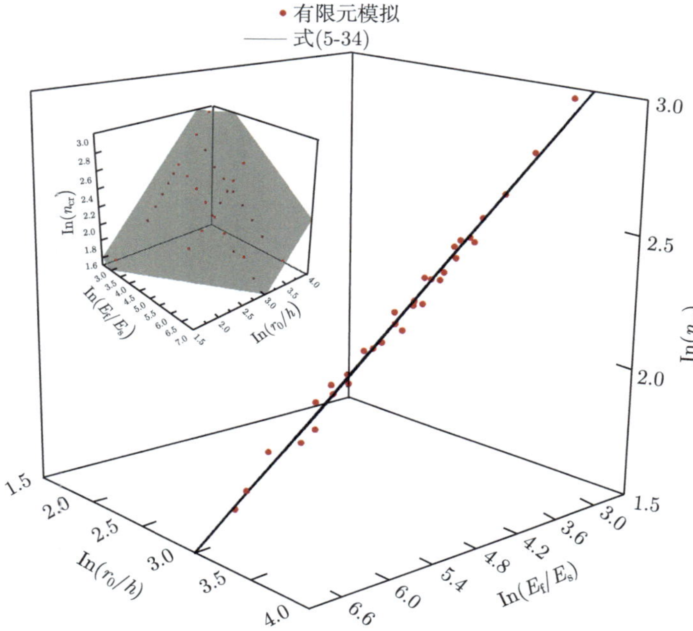

图 5.11　波数与系统几何和物理参数的关系图

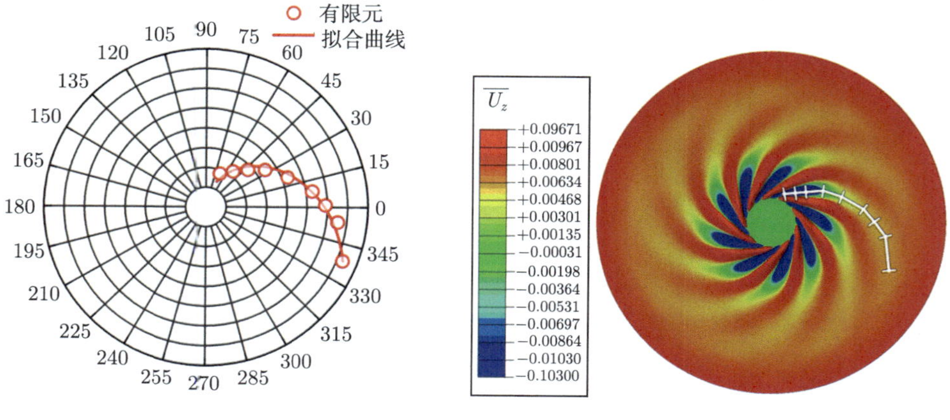

(a)　(b)

图 5.12　数值模拟得到的螺线形貌及其拟合

(a) 螺线上的点拟合；(b) 拟合的点的对应位置

5.2.3 实验验证

为了验证式 (5-35) 给出的关于波数和系统几何和材料参数间关系的表达式，设计如下由硬膜和软基底组成的系统，并对其加载剪切力使之发生局部失稳。软基底用配比为 1:30 和 1:50 的 PDMS 制备，膜采用乳胶膜。膜与基底之间的粘结足够强，实验中没有观察到界面发生脱粘的现象。为了施加剪切载荷，将半径不同的塑料棒粘结在模型表面并沿某一方向进行转动，实验现象如图 5.13 所示。采用拉伸实验和压痕实验测量了乳胶膜和基底的弹性模量，将测量得到的几何和材料参数代入式 (5-35)，可以计算出临界波数 n_{cr} 的大小。表 5.1 比较了理论预测波数和实测波数。

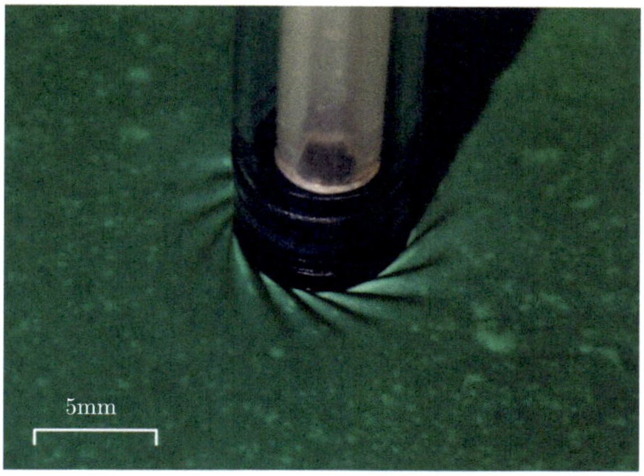

图 5.13 局部扭转载荷诱发的膜基系统局部失稳形貌

表 5.1 理论预测波数与实验测量结果的对比

	模量比 $E_{\mathrm{f}}/E_{\mathrm{s}}$	几何参数 r_0/h	理论波数 N_{theo}	实际波数 N_{exp}
样品 1	32.87	16.82	9.34	9
样品 2	32.87	22.73	11.42	11
样品 3	32.87	27.28	12.91	13
样品 4	32.87	34.54	15.10	15
样品 5	77.73	30.21	11.14	13
样品 6	72.52	32.30	11.85	15
样品 7	109.74	16.82	6.94	7
样品 8	109.74	22.73	8.45	8
样品 9	109.74	27.28	9.55	10
样品 10	109.74	34.54	11.17	11

从表 5.1 最后两列的结果可以看出，根据式 (5-35) 得到的波数和实际观察到

的结果基本一致，这验证了之前的理论分析和数值模拟得到的结果。依据式 (5-35) 可以建立相应的反方法从实验测得的失稳波数反推出系统的几何或材料参数，如膜厚和基底模量的大小等。该方法可以应用于生物软材料或薄膜材料的无损检测领域。

5.3 本章小结

基于 Hankel 变换，本章首先建立理论模型，研究了膜基系统在局部预拉伸作用下产生的径向失稳问题。研究结果表明，预拉伸区域的大小以及薄膜和基底的模量比对局部径向失稳的影响显著。临界应变和临界环向波数均随着模量比的增大而减小；临界应变随着预拉伸区域半径的增大而减小，而临界环向波数随着预拉伸区域的增大而增大。根据计算结果给出了表征临界应变和临界环向波数与系统几何和材料参数间关系的显式表达式。采用傅里叶变换建立了数值模拟的求解格式，数值模拟和理论分析得到的结果吻合得较好。后屈曲演化的模拟结果表明当预拉伸应变足够大时局部径向条纹将出现分叉的现象，这与实验观察结果吻合。

此外，本章定量地研究了局部扭转载荷作用下产生的螺旋形形貌失稳问题，通过理论分析和数值模拟获得了临界失稳波数与系统几何和材料参数之间的关系，研究发现这种螺旋形的失稳形貌符合阿基米德螺线特征。最后，通过实验验证了理论分析与数值模拟结果的有效性。

参考文献

[1] Genzer J, Groenewold J. Soft matter with hard skin: From skin wrinkles to templating and material characterization. Soft Matter, 2006, 2: 310–323.

[2] Thoumine O, Ott A. Influence of adhesion and cytoskeletal integrity on fibroblast traction. Cell Motility and the Cytoskeleton, 1996, 35: 269–280.

[3] Cerda E. Mechanics of scars. Journal of Biomechanics, 2005, 38: 1598–1603.

[4] Chung J Y, Chastek T Q, Fasolka M J, Ro H W, Stafford C M. Quantifying residual stress in nanoscale thin polymer films via surface wrinkling. ACS Nano, 2009, 3: 844–852.

[5] Coman C D, Bassom A P. On the wrinkling of a pre-stressed annular thin film in tension. Journal of the Mechanics and Physics of Solids, 2007, 55: 1601–1617.

[6] Coman C D, Liu X. Buckling-resistant thin annular plates in tension. Mathematics and Mechanics of Solids, 2014, 19: 925–951.

[7] Flynn C, McCormack B A. A simplified model of scar contraction. Journal of Biomechanics, 2008, 41: 1582–1589.

[8] Géminard J C, Bernal R, Melo F. Wrinkle formations in axi-symmetrically stretched membranes. The European Physical Journal E, 2004, 15: 117–126.

[9] Qiao L, He L, Ni Y. Local-buckling-induced elastic interaction between inclusions in a free-standing film. International Journal of Solids and Structures, 2013, 50: 3742–3747.

[10] Toga K B, Huang J, Cunningham K, Russell T P, Menon N. A drop on a floating sheet: boundary conditions, topography and formation of wrinkles. Soft Matter, 2013, 9: 8289–8296.

[11] Huang J, Juszkiewicz M, De Jeu W H, Cerda E, Emrick T, Menon N, Russell T P. Capillary wrinkling of floating thin polymer films. Science, 2007, 317: 650–653.

[12] Vella D, Ajdari A, Vaziri A, Boudaoud A. Wrinkling of pressurized elastic shells. Physical Review Letters, 2011, 107: 174301.

[13] 黄萧. 薄膜–基底系统表面失稳及其局部化的力学分析. 北京: 清华大学博士学位论文, 2015.

[14] Coman C D, Haughton D M. On some approximate methods for the tensile instabilities of thin annular plates. Journal of Engineering Mathematics, 2006, 56: 79–99.

[15] Davidovitch B, Schroll R, Cerda E. Nonperturbative model for wrinkling in highly bendable sheets. Physical Review E, 2012, 85: 066115.

[16] Sneddon I N. The Use of Integral Transforms. New York: McGraw-Hill, 1972.

[17] Mei H, Landis C M, Huang R. Concomitant wrinkling and buckle-delamination of elastic thin films on compliant substrates. Mechanics of Materials, 2011, 43: 627–642.

[18] Huang Z, Hong W, Suo Z. Nonlinear analyses of wrinkles in a film bonded to a compliant substrate. Journal of the Mechanics and Physics of Solids, 2005, 53: 2101–2118.

[19] Piñeirua M, Tanaka N, Roman B, Bico J. Capillary buckling of a floating annulus. Soft Matter, 2013, 9: 10985–10992.

[20] Wang J W, Cao Y P, Feng X Q. Archimedean spiral wrinkles on a film-substrate system induced by torsion. Applied Physics Letters, 2014, 104: 031910.

第 6 章　夹层结构失稳分析

夹层结构在自然界 [1-3] 和工程 [4] 中广泛存在。例如，鱿鱼眼睛内的反射器由多层带褶皱的薄膜组成 (图 6.1 (a))，这影响着鱿鱼眼睛的颜色 [5]；牛角中存在多层波浪状的结构 [1]，该结构能增强牛角的断裂韧性；人体的血管壁组织内部包埋有一层薄膜，在健康的人体中，该薄膜是平整的，而冠状动脉疾病患者血管壁中的薄膜具有波浪起伏的形貌 [6]，因此该薄膜的形貌改变可以作为冠状动脉疾病初步诊断的参考依据，如图 6.1(b) 所示。

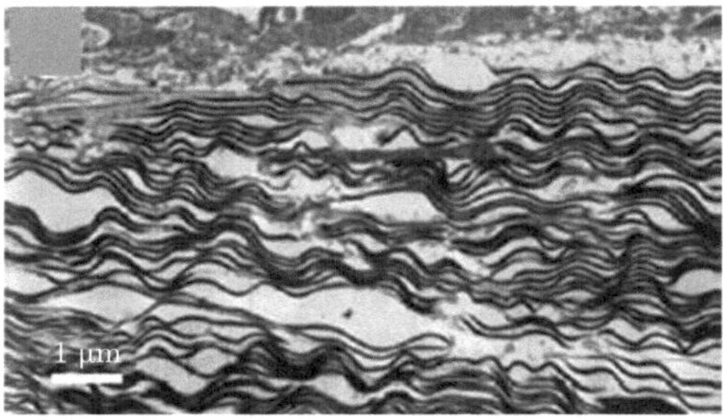

(a)

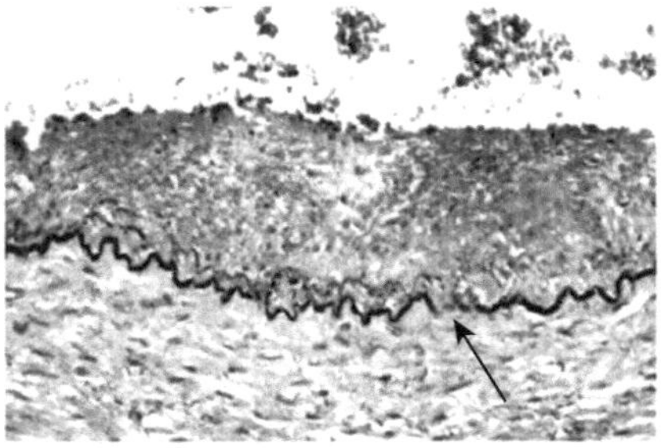

(b)

图 6.1　生物体内的夹层组织

(a) 鱿鱼眼睛内的反射器 [5]；(b) 冠状动脉疾病患者血管壁的薄膜 [6]

夹层结构在受到面内压缩载荷时会发生失稳，在过去几十年间已有一些学者针对这一问题开展了研究工作。例如，Currie 等 [7] 研究了单层硬膜包埋于软基底中的弹性屈曲问题；Parnes 和 Chiskis 将纤维包埋于软基底的系统等效为“三明治”夹层系统，研究其失稳行为；Li 等 [8] 从理论上研究了软基底–硬膜–软基底夹层结构的失稳，并开展了相应的实验和有限元模拟工作。然而，对夹层结构失稳问题，特别是后屈曲过程中失稳形貌演化的理解仍然不够深入。

本章通过理论分析和数值模拟研究有限厚度软基底–硬膜–软基底复合系统的屈曲和后屈曲问题，主要讨论了单层膜和多层膜夹层系统 [9]。首先，建立理论模型研究了单层膜夹层系统失稳的临界条件，并利用有限元模拟对所得到的理论解进行验证，进而研究后屈曲过程中失稳形貌演化；其次，对两层或多层膜夹层系统的临界失稳条件进行了理论分析，研究该复合系统发生的两种主要失稳模式，即长波失稳和短波失稳，并采用有限元方法验证了理论分析的合理性。

6.1 单层膜夹层结构

6.1.1 理论模型

考虑如图 6.2 所示的硬膜包埋于有限厚软基底的系统，坐标系选取如图所示，其中原点 O 位于膜的中线上，膜、基底 1 和基底 2 的厚度分别为 h、H_1 和 H_2。在临界失稳分析中，假设所有材料均为各向同性线弹性材料，膜、基底 1 和基底 2 的弹性模量分别为 E_{m}、E_{s1} 和 E_{s2}，其泊松比分别为 ν_{m}、ν_{s1} 和 ν_{s2}。

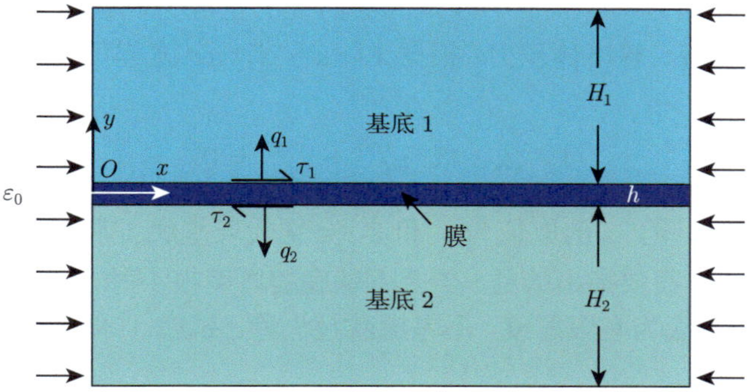

图 6.2 单层膜夹层结构示意图

由于生物体内的夹层组织一般处于受限生长的环境中，可以将生长等效成两端受到压应变的作用，如图 6.2 所示。系统在 x 方向受到面内压应变 ε_0 的作用，问题可以简化为 (x, y) 面内的平面应变问题。当面内压应变 ε_0 相对较小时，膜保持平整的状态，而当 ε_0 超过临界值 $\varepsilon_{\mathrm{cr}}$ 时，膜将失稳成正弦形貌。假设失稳的波幅远小于失稳的波长，采用 von Kármán 非线性板理论描述膜的变形，则膜的平衡方程为 [10,11]

$$\begin{cases} \dfrac{E_{\mathrm{m}}^* h^3}{12}\dfrac{\mathrm{d}^4 w}{\mathrm{d}x^4} - \varepsilon E_{\mathrm{m}}^* h \dfrac{\mathrm{d}^2 w}{\mathrm{d}x^2} = q_1 - q_2 \\ E_{\mathrm{m}}^* h \dfrac{\mathrm{d}^2 u}{\mathrm{d}x^2} = -\tau_1 + \tau_2 \end{cases} \tag{6-1}$$

式中，u 和 w 分别为失稳引起的膜沿着 x 方向和 y 方向的位移；$E_{\mathrm{m}}^* = E_{\mathrm{m}}/(1-\nu_{\mathrm{m}}^2)$ 为膜的平面应变弹性模量；q_α 和 $\tau_\alpha(\alpha = 1, 2)$ 分别为膜和基底界面处的正应力和切应力，下标 1 和 2 分别表示基底 1 和基底 2 界面处的应力，方向如图 6.2 所示。ε 为膜内应变，其表达式为

$$\varepsilon = \varepsilon_0 + \frac{\mathrm{d}u}{\mathrm{d}x} + \frac{1}{2}\left(\frac{\mathrm{d}w}{\mathrm{d}x}\right)^2 \tag{6-2}$$

式中，ε_0 表示外加应变。膜发生失稳前 ε 和 ε_0 相等，其本构关系为

$$\sigma_{\alpha\beta} = E_{\mathrm{m}}^{*}\left[(1-\nu_{\mathrm{m}})\varepsilon_{\alpha\beta} + \nu\varepsilon_{\gamma\gamma}\delta_{\alpha\beta}\right] \tag{6-3}$$

式中，α、β 和 γ 的取值为 1 或 2，当下标重复时，采用求和约定；$\delta_{\alpha\beta}$ 为克罗内克符号。在膜中引入正弦扰动

$$w = \tilde{w}\cos(kx) \tag{6-4}$$

式中，$k = 2\pi/\lambda$ 为波数，λ 为波长；$\tilde{w}$ 为波幅。

为了得到膜平衡方程 (6-1) 中涉及的界面处的正应力和切应力，需要先对基底的应力场进行求解。忽略体积力，根据 Lamé—Navier 方程可得基底的平衡方程为 [11]

$$(1-2\nu_{\mathrm{s}\alpha})\nabla^2 u_i^{(\alpha)} + u_{j,ji}^{(\alpha)} = 0 \tag{6-5}$$

式中，$u_i^{(\alpha)}$ 为位移分量，α 的取值为 1 和 2，分别代表基底 1 和基底 2 的物理量。

对于多层系统，需要指出的是：当上下基底的厚度很小时，可能会发生欧拉失稳 [12]。这里假设基底为有限厚度，不考虑欧拉失稳。基底 1 和基底 2 的边界条件分别为

$$\begin{cases} w^{(1)} = \tilde{w}\cos(kx), & u^{(1)} = \tilde{u}\sin(kx), & y = h/2 \\ \sigma_{yy} = 0, & \sigma_{xy} = 0, & y = h/2 + H_1 \end{cases} \tag{6-6}$$

$$\begin{cases} w^{(2)} = \tilde{w}\cos(kx), & u^{(2)} = \tilde{u}\sin(kx), & y = -h/2 \\ w^{(2)} = 0, & \sigma_{xy} = 0, & y = -h/2 - H_2 \end{cases} \tag{6-7}$$

对基底 1 和基底 2 而言，式 (6-5) 所示的平衡方程可转化为关于位移分量 $u^{(\alpha)}$ 和 $w^{(\alpha)}$ 的两个常微分方程 [13]。利用式 (6-6) 和式 (6-7) 的边界条件，可以解出位移场 $u^{(\alpha)}$ 和 $w^{(\alpha)}$。进一步可以得到膜和基底界面处的应力，其形式可表示为 $q_\alpha = \tilde{q}_\alpha\cos(kx)$ 和 $\tau_\alpha = \tilde{\tau}_\alpha\sin(kx)$，其中 $\tilde{q}_\alpha$ 和 $\tilde{\tau}_\alpha$ 的表达式为

$$\begin{cases} \tilde{q}_1 = E_{\mathrm{s}1}^{*}(1-\nu_{\mathrm{s}1})k\left(a_1\tilde{u} + a_2\tilde{w}\right) \\ \tilde{\tau}_1 = E_{\mathrm{s}1}^{*}(1-\nu_{\mathrm{s}1})k\left(a_3\tilde{u} + a_4\tilde{w}\right) \end{cases} \tag{6-8}$$

$$\begin{cases} \tilde{q}_2 = E_{\mathrm{s}2}^{*}(1-\nu_{\mathrm{s}2})k\left(b_1\tilde{u} + b_2\tilde{w}\right) \\ \tilde{\tau}_2 = E_{\mathrm{s}2}^{*}(1-\nu_{\mathrm{s}2})k\left(b_3\tilde{u} + b_4\tilde{w}\right) \end{cases} \tag{6-9}$$

式中，$E_{\mathrm{s}\alpha}^{*} = E_{\mathrm{s}\alpha}/\left(1-\nu_{\mathrm{s}\alpha}^2\right)$ 为基底 α 的平面应变弹性模量；a_i 和 $b_i (i = 1 \sim 4)$ 的表达式为

$$\begin{cases} a_1 = \dfrac{(1-2H_1^2k^2-2\nu_{\mathrm{s}1})+(-1+2\nu_{\mathrm{s}1})\cosh(2H_1k)}{5+2H_1^2k^2+4\nu_{\mathrm{s}1}(-3+2\nu_{\mathrm{s}1})+(3-4\nu_{\mathrm{s}1})\cosh(2H_1k)} \\ a_2 = \dfrac{-4H_1k(-1+\nu_{\mathrm{s}1})+2(-1+\nu_{\mathrm{s}1})\sinh(2H_1k)}{5+2H_1^2k^2+4\nu_{\mathrm{s}1}(-3+2\nu_{\mathrm{s}1})+(3-4\nu_{\mathrm{s}1})\cosh(2H_1k)} \\ a_3 = \dfrac{4H_1k(-1+\nu_{\mathrm{s}1})+2(-1+\nu_{\mathrm{s}1})\sinh(2H_1k)}{5+2H_1^2k^2+4\nu_{\mathrm{s}1}(-3+2\nu_{\mathrm{s}1})+(3-4\nu_{\mathrm{s}1})\cosh(2H_1k)} \\ a_4 = \dfrac{1-2(H_1^2k^2+\nu_{\mathrm{s}1})+(-1+2\nu_{\mathrm{s}1})\cosh(2H_1k)}{5+2H_1^2k^2+4\nu_{\mathrm{s}1}(-3+2\nu_{\mathrm{s}1})+(3-4\nu_{\mathrm{s}1})\cosh(2H_1k)} \end{cases} \tag{6-10}$$

$$\begin{cases} b_1 = \dfrac{-2H_2k+(1-2\nu_{\mathrm{s}2})\sinh(2H_2k)}{2H_2k+(4\nu_{\mathrm{s}2}-3)\sinh(2H_2k)} \\ b_2 = \dfrac{(1-\nu_{\mathrm{s}2})\left[-2-2\cosh(2H_2k)\right]}{2H_2k+(4\nu_{\mathrm{s}2}-3)\sinh(2H_2k)} \\ b_3 = \dfrac{(1-\nu_{\mathrm{s}2})\left[2-2\cosh(2H_2k)\right]}{2H_2k+(4\nu_{\mathrm{s}2}-3)\sinh(2H_2k)} \\ b_4 = \dfrac{-2H_2k+(1-2\nu_{\mathrm{s}2})\sinh(2H_2k)}{2H_2k+(4\nu_{\mathrm{s}2}-3)\sinh(2H_2k)} \end{cases} \tag{6-11}$$

将式 (6-4) 及 $\tilde{q}_\alpha$ 和 $\tilde{\tau}_\alpha$ 的表达式代入式 (6-1), 可得

$$\begin{cases} (-c_1E_{\mathrm{s}1}^*+c_4E_{\mathrm{s}2}^*)\,\tilde{u}+\left(-c_2E_{\mathrm{s}1}^*+c_5E_{\mathrm{s}2}^*+E_{\mathrm{m}}^*h^3k^3/12+\varepsilon E_{\mathrm{m}}^*hk\right)\tilde{w}=0 \\ (-c_3E_{\mathrm{s}1}^*+c_6E_{\mathrm{s}2}^*+E_{\mathrm{m}}^*hk)\,\tilde{u}+(-c_1E_{\mathrm{s}1}^*+c_4E_{\mathrm{s}2}^*)\,\tilde{w}=0 \end{cases} \tag{6-12}$$

式中

$$\begin{cases} c_1 = \dfrac{(1-\nu_{\mathrm{s}1})\left[(1-2{H_1}^2k^2-2\nu_{\mathrm{s}1})+(-1+2\nu_{\mathrm{s}1})\cosh(2H_1k)\right]}{5+2{H_1}^2k^2+4\nu_{\mathrm{s}1}(-3+2\nu_{\mathrm{s}1})+(3-4\nu_{\mathrm{s}1})\cosh(2H_1k)} \\ c_2 = \dfrac{(1-\nu_{\mathrm{s}1})\left[-4H_1k(-1+\nu_{\mathrm{s}1})+2(-1+\nu_{\mathrm{s}1})\sinh(2H_1k)\right]}{5+2{H_1}^2k^2+4\nu_{\mathrm{s}1}(-3+2\nu_{\mathrm{s}1})+(3-4\nu_{\mathrm{s}1})\cosh(2H_1k)} \\ c_3 = \dfrac{(1-\nu_{\mathrm{s}1})\left[4H_1k(-1+\nu_{\mathrm{s}1})+2(-1+\nu_{\mathrm{s}1})\sinh(2H_1k)\right]}{5+2{H_1}^2k^2+4\nu_{\mathrm{s}1}(-3+2\nu_{\mathrm{s}1})+(3-4\nu_{\mathrm{s}1})\cosh(2H_1k)} \\ c_4 = \dfrac{(1-\nu_{\mathrm{s}2})\left[-2H_2k+(1-2\nu_{\mathrm{s}2})\sinh(2H_2k)\right]}{2H_2k+(4\nu_{\mathrm{s}2}-3)\sinh(2H_2k)} \\ c_5 = \dfrac{(1-\nu_{\mathrm{s}2})^2\left[-2-2\cosh(2H_2k)\right]}{2H_2k+(4\nu_{\mathrm{s}2}-3)\sinh(2H_2k)} \\ c_6 = \dfrac{(1-\nu_{\mathrm{s}2})^2\left[2-2\cosh(2H_2k)\right]}{2H_2k+(4\nu_{\mathrm{s}2}-3)\sinh(2H_2k)} \end{cases} \tag{6-13}$$

当式 (6-12) 中的系数矩阵行列式值为零时，膜发生失稳。由此可以得到临界应变 $\varepsilon_{\mathrm{c}}(k)$ 关于 k 的表达式，进一步可求得 ε_{c} 的最小值，此时对应的波长即为失稳的临

界波长 λ_{cr}，对应的应变为临界应变 ε_{cr}。当基底为有限厚时，无法给出 λ_{cr} 和 ε_{cr} 的解析表达式，只有在一些特殊情况下，才能得到临界波长和临界应变的解析解。这里首先给出几种特殊情况下系统发生失稳的临界波长和临界应变。

若基底的厚度远大于膜的厚度，且二者的泊松比相同，即 $kH_\alpha \to \infty$，$\nu_m = \nu_{s1} = \nu_{s2} = \nu_s$，当模量比 $E_{s1}^*/E_m^* \ll 2kh$ 和 $E_{s2}^*/E_m^* \ll 2kh$ 时，可得

$$\varepsilon_c(kh) = \frac{(kh)^2}{12} + \frac{2(-1+v_s)^2}{(3-4v_s)kh}\frac{(E_{s1}^*+E_{s2}^*)}{E_m^*} \tag{6-14}$$

进一步将式 (6-14) 的 ε_c 对 kh 求导后，可求得 ε_c 最小时对应的波长和应变，即为临界波长 λ_{cr} 和临界应变 ε_{cr}，其表达式为

$$\begin{cases} \lambda_{cr} = 2\pi h \left[\dfrac{3-4\nu_s}{4(1-\nu_s)^2}\right]^{1/3} \left[\dfrac{E_m^*}{3(E_{s1}^*+E_{s2}^*)}\right]^{1/3} \\ \varepsilon_{cr} = \dfrac{1}{4}\left[\dfrac{3-4\nu_s}{4(1-\nu_s)^2}\right]^{-2/3} \left[\dfrac{3(E_{s1}^*+E_{s2}^*)}{E_m^*}\right]^{2/3} \end{cases} \tag{6-15}$$

特别地，当 $E_{s2}^* = 0$ 时，式 (6-15) 的结果可退化到硬膜粘接在半无限厚基底 [10] 的结果。当上下基底的材料性质相同时，即 $E_{s1}^* = E_{s2}^* = E_s^*$，式 (6-15) 简化为

$$\begin{cases} \lambda_{cr} = 2\pi h \left[\dfrac{3-4\nu_s}{4(1-\nu_s)^2}\right]^{1/3} \left(\dfrac{E_m^*}{6E_s^*}\right)^{1/3} \\ \varepsilon_{cr} = \dfrac{1}{4}\left[\dfrac{3-4\nu_s}{4(1-\nu_s)^2}\right]^{-2/3} \left(\dfrac{6E_s^*}{E_m^*}\right)^{2/3} \end{cases} \tag{6-16}$$

当基底厚度远小于膜的厚度，即 $kH_1 \to 0$ 和 $kH_2 \to 0$，并且基底 1 的上表面以及基底 2 的下表面均固定时，临界波长和临界应变为

$$\begin{cases} \lambda_{cr} = 2\pi h \left(\dfrac{E_m^*}{12hA}\right)^{1/4} \\ \varepsilon_{cr} = \dfrac{-b_1E_{s1}^* + b_2E_{s2}^*}{k_chE_m^*} + \dfrac{(k_ch)^2}{12} \end{cases} \tag{6-17}$$

式中，$A = \dfrac{(1-\nu_{s1})^2E_{s1}^*}{(1-2\nu_{s1})H_1} + \dfrac{(1-\nu_{s2})^2E_{s2}^*}{(1-2\nu_{s2})H_2}$；$b_1 = -\dfrac{(1-\nu_{s1})^2}{(1-2\nu_{s1})kH_1}$；$b_2 = \dfrac{(1-\nu_{s2})^2}{(1-2\nu_{s2})kH_2}$；$k_c = \left(\dfrac{12}{h^3E_m^*}A\right)^{1/4}$。

当基底为有限厚时，通过膜的平衡方程 (6-12)，令系数矩阵的行列式为零，可求得压缩应变 ε 与波数 k 的关系，如图 6.3 所示。图中参数选取为 $E_{\rm m}^*/E_{\rm s1}^* = 500$，$E_{\rm s2}^*/E_{\rm s1}^* = 2$，$H_1 = H_2 = H$，$\nu = \nu_{\rm s1} = \nu_{\rm s2} = \nu_{\rm m} = 0.5$。由图可以看出曲线具有最小值点，如图中紫色的点所示，对应的应变即为临界应变 $\varepsilon_{\rm cr}$，据此可求得临界波数 $k_{\rm cr}$ 和临界波长 $\lambda_{\rm cr}$。

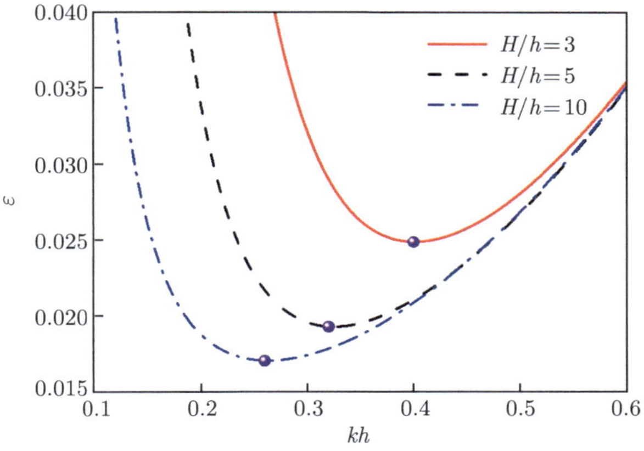

图 6.3　ε 随 kh 的变化曲线

下面讨论泊松比和基底厚度的影响。假设上下基底和膜的泊松比相同，即 $\nu = \nu_{\rm s1} = \nu_{\rm s2} = \nu_{\rm m}$。图 6.4(a) 和 (b) 分别给出了临界应变 $\varepsilon_{\rm cr}$ 和临界波长 $\lambda_{\rm cr}$ 随泊松比 ν 的变化，其他参数取值为：$E_{\rm m}^*/E_{\rm s1}^* = 1000$、$E_{\rm s2}^*/E_{\rm s1}^* = 2$ 和 $H_1 = H_2 = H$。若厚度比 H/h 很小 (如 $H/h = 1$)，当泊松比 ν 增加时，$\varepsilon_{\rm cr}$ 增加，而 $\lambda_{\rm cr}$ 减小，此

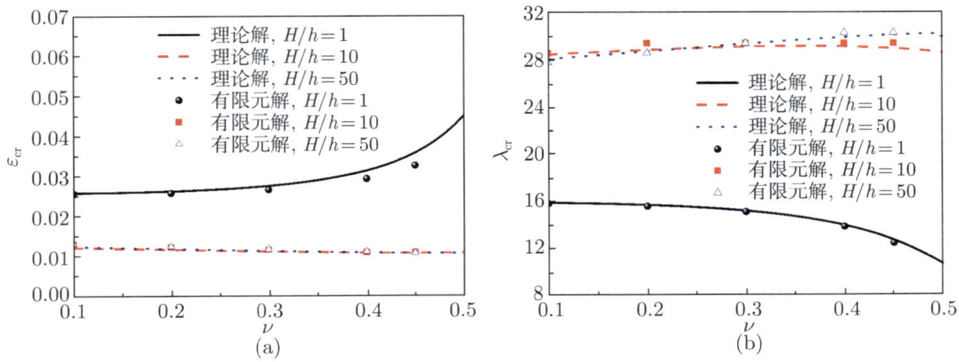

图 6.4　泊松比对临界失稳的影响

(a) 临界应变 $\varepsilon_{\rm cr}$ 随泊松比 ν 的变化；(b) 临界波长 $\lambda_{\rm cr}$ 随泊松比 ν 的变化

时泊松比 ν 对 ε_{cr} 和 λ_{cr} 的影响较大；而当厚度比 H/h 较大时 (如 $H/h=10$ 或 $H/h=50$)，泊松比 ν 对临界应变 ε_{cr} 和临界波长 λ_{cr} 影响不大。

图 6.5(a) 和 (b) 分别给出了临界应变 ε_{cr} 和临界波长 λ_{cr} 随基底厚度比 H/h 的变化，其他参数取值为：$E_{\text{m}}^*/E_{\text{s1}}^*=1000$、$E_{\text{s2}}^*/E_{\text{s1}}^*=2$ 和 $\nu=\nu_{\text{s1}}=\nu_{\text{s2}}=\nu_{\text{m}}$。随着基底厚度比 H/h 的增加，临界应变 ε_{cr} 减小，而临界波长 λ_{cr} 增大。当基底比膜厚很多时 (如 $H/h>10$)，ε_{cr} 和 λ_{cr} 都将趋于常值，该常值随着泊松比 ν 的变化而变化。随着泊松比 ν 的增大，ε_{cr} 对应的常值变小，而 λ_{cr} 对应的常值增大，这是考虑界面剪切导致的；如果模型中不考虑界面剪切，不论泊松比 ν 如何变化，ε_{cr} 和 λ_{cr} 都将趋于常数。

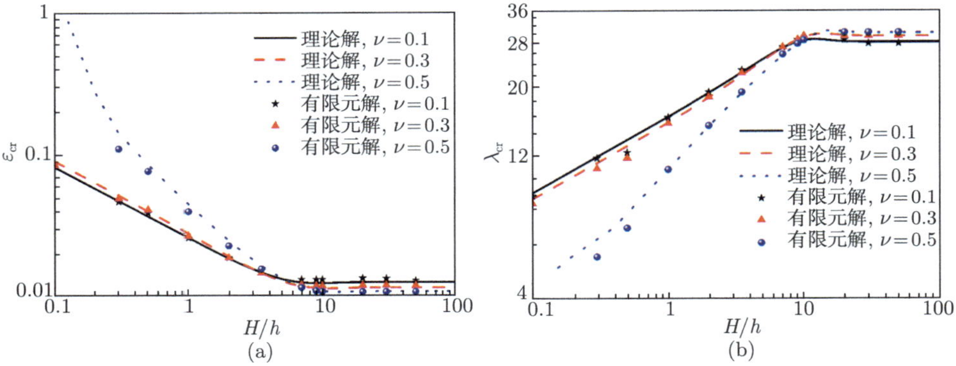

图 6.5　基底厚度对临界失稳的影响

(a) 临界应变 ε_{cr} 随厚度比 H/h 的变化；(b) 临界波长 λ_{cr} 随厚度比 H/h 的变化

6.1.2　临界屈曲分析

为了验证 6.1.1 节中理论分析的可靠性，本节采用有限元软件 Abaqus 对理论得到的临界失稳应变和临界波长的结果进行验证。膜和基底均采用二次平面应变单元 (CPE8R)。计算过程通过采用不同疏密的网格验证结果的收敛性。

利用有限元软件 Abaqus 的 BUCKLE 分析模块，可以得到系统的临界失稳应变和失稳波长。模拟中的参数设置及边界条件与 6.1.1 节中相同。有限元模拟的结果如图 6.4 和图 6.5 中的离散点所示。由图可以看出，有限元结果与理论解吻合。即使在基底厚度与膜的厚度相当时 (即 $H/h=1$)，理论分析得到的结果与有限元结果也能基本吻合，这说明理论分析的结果可较好预测此类系统失稳的临界应变和波长。

6.1.3　后屈曲分析

6.1.1 节和 6.1.2 节对单层膜夹层结构的临界失稳问题进行了理论分析和有限元模拟，本节利用有限元软件 Abaqus 研究单层膜夹层结构的后屈曲形貌演化，采

用伪动力学法 [14,15] 进行计算。考虑到很多生物组织通常被假设为不可压缩材料，因此有限元模拟中夹层和基底均假设为不可压缩的超弹性材料，并选取 neo-Hooke 本构方程描述其超弹性变形行为。计算中采用二次平面应变单元 (CPE8RH)。在所有模拟中，加载方式为沿 x 方向施加给定位移。在后屈曲形貌的模拟中，需要引入几何扰动，具体是将 BUCKLE 分析得到的第一阶模态的位移场乘以较小的系数后 (如 0.005)，作为初始扰动引入系统中。

首先，研究上下两层基底厚度和材料性质相同的情况，如图 6.2 所示。膜和基底的模量比取值为 $E_{\rm m}^*/E_{\rm s1}^*=500$，厚度比为 $H/h=100$。假设膜和基底均为不可压缩材料，即 $\nu_{\rm m}=\nu_{\rm s1}=\nu_{\rm s2}=0.5$。当压应变 ε_0 超过临界值 $\varepsilon_{\rm cr}$ 时，膜将发生失稳，形成正弦形貌，如图 6.6(a) 所示；当应变增大到 $\varepsilon_0=0.3$ 时，膜失稳的波幅增大，但失稳形貌依旧保持近似正弦的形貌，如图 6.6(b) 所示。该结果和已有文献 [16] 的实验结果基本一致。

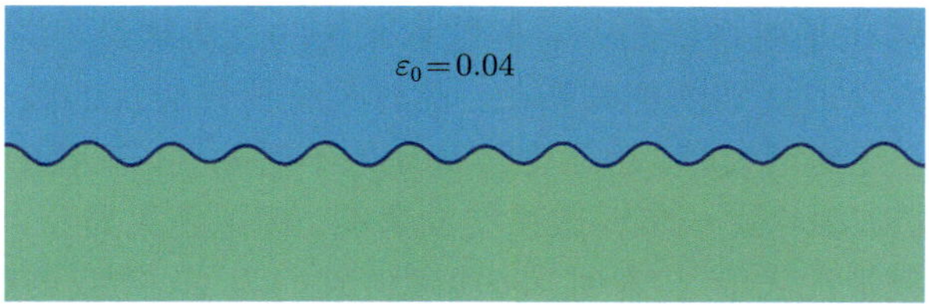

(a)

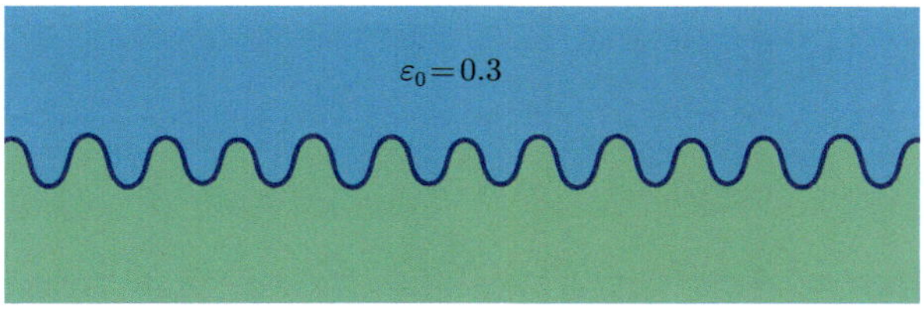

(b)

图 6.6　上下基底对称时，单层膜夹层系统的后屈曲演化

(a) 压应变 $\varepsilon_0=0.04$；(b) 压应变 $\varepsilon_0=0.3$

其次，考虑基底 1 和基底 2 的材料性质不同的情况。几何参数取值为 $H/h=100$，其中 $H_1=H_2=H$。假设膜和基底均为不可压缩材料，即 $\nu_{\rm m}=\nu_{\rm s1}=\nu_{\rm s2}=0.5$；模量比选取 $E_{\rm m}^*/E_{\rm s1}^*=500$ 和 $E_{\rm m}^*/E_{\rm s2}^*=50$，即基底 1 与基底 2 的模量比为 $E_{\rm s1}^*/E_{\rm s2}^*=1/10$。该系统后屈曲的形貌演化如图 6.7 所示，其中图 6.7(a)~(f) 分别为压应变 $\varepsilon_0=0$、0.057、0.15、0.23、0.29 和 0.31 对应的结果。当压应变 ε 达到临界应变 $\varepsilon_{\rm cr}$ 时，膜由初始平整的状态 (图 6.7(a)) 失稳成正弦形貌 (图 6.7(b))；压应变 ε_0 增大后，正弦形貌的波幅随之增大，如图 6.7 (c) 和 (d) 所示；当 ε_0 继续增大时，系统出现二次分岔，产生双周期形貌，如图 6.7 (e) 所示，这种双周期形貌在硬

膜–软基底系统 [16−18] 受到面内压缩时也会出现，硬膜–软基底系统可以看成本节研究的复合系统中当基底弹性模量为零时的特殊情况；当 ε_0 增大到 0.31 时，双周期形貌继续演化为四周期形貌，如图 6.7(f) 所示。对比正弦形貌，这种双周期、四周期的失稳形貌具有更低的系统应变能。

图 6.7 的后屈曲演化中观察到系统发生二次分岔，形成了双周期形貌。进一步采用有限元方法研究产生双周期失稳形貌的条件，参数取为 $H/h = 100$ 和 $\nu_{\rm m} = \nu_{\rm s1} = \nu_{\rm s2} = 0.5$。模拟中改变基底 1 与膜的模量比 $E^*_{\rm s1}/E^*_{\rm m}$ 以及基底 2 与膜的模量比 $E^*_{\rm s2}/E^*_{\rm m}$，采用有限元方法模拟得到了出现双周期形貌的相图，如图 6.8 所示，其中横轴和纵轴分别表示基底 2 和基底 1 与膜的模量比。从图中可以看出，固定基底模量 $E^*_{\rm s1}$ 和 $E^*_{\rm s2}$，改变膜的模量 $E^*_{\rm m}$ 不会导致双周期形貌的产生；而两层基底的模量比 $E^*_{\rm s2}/E^*_{\rm s1}$ 决定了双周期形貌的出现。当 $E^*_{\rm s2}/E^*_{\rm s1} < 0.23$ 或 $E^*_{\rm s2}/E^*_{\rm s1} > 4.35$ 时，正弦形貌在后屈曲过程中将演化成双周期形貌；而当 $0.23 < E^*_{\rm s2}/E^*_{\rm s1} < 4.35$ 时，正弦形貌不会演化成双周期形貌。

这种形貌的演化是由系统的不对称性和系统的总势能最小共同决定的。在初始屈曲阶段，膜失稳成规则的正弦形貌，此时系统选择最优的波长 λ 以保证系统总势能最小。当压应变增大时，由于上下基底的不对称性，正弦形貌的上下对称性被破坏，对称性的破缺将进一步释放系统的势能。模拟结果显示，当较硬的基底相对于较软基底的模量比大于 4.35 时，将出现波长约为 2λ 的双周期形貌。

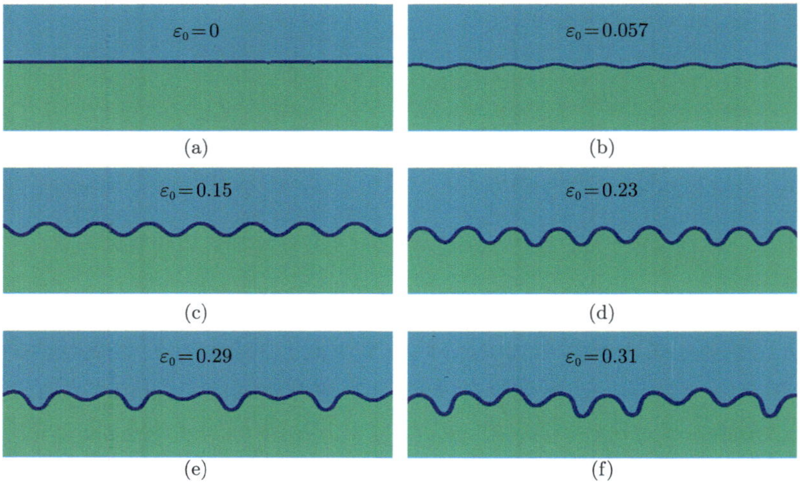

图 6.7　上下基底不对称时，单层膜夹层结构的后屈曲形貌演化

(a) $\varepsilon_0 = 0$，膜保持平整；(b) $\varepsilon_0 = 0.057$，膜产生正弦形貌；(c) $\varepsilon_0 = 0.15$，正弦形貌的波幅增大；(d) $\varepsilon_0 = 0.23$，波幅继续增大；(e) $\varepsilon_0 = 0.29$，双周期形貌；(f) $\varepsilon_0 = 0.31$，四周期形貌

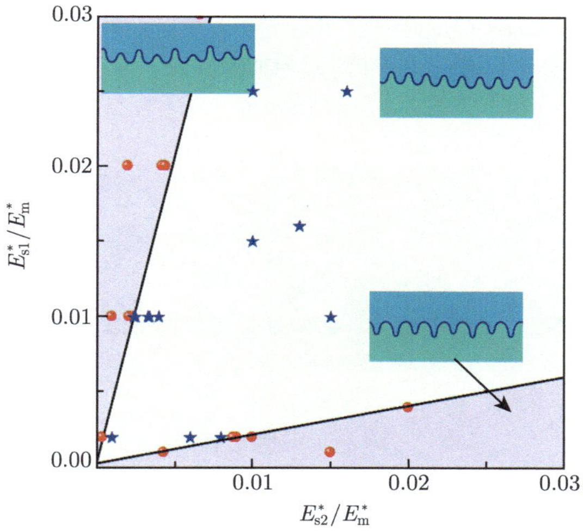

图 6.8 出现双周期形貌的相图

6.2 双层与多层膜夹层结构

在许多生物材料中可观察到多层夹层结构的失稳现象 (图 6.1)，研究多层夹层结构的失稳有助于理解这些生物系统中夹层组织产生的褶皱形貌及其功能。本节将通过理论研究两层和多层膜夹层结构的临界失稳问题，并利用有限元研究其后屈曲过程中失稳形貌的演化。

6.2.1 数值模拟

考虑如图 6.9 所示的系统，两层平行膜包埋于软基底中，将基底分成基底 1、中间层基底和基底 2 三层。基底 1 和基底 2 的参数分为：平面应变弹性模量 $E^*_{s\alpha}$、泊松比 $\nu_{s\alpha}$ 及厚度 $H_\alpha(\alpha=1$ 和 2 分别代表基底 1 和基底 2)。中间层基底的平面应变弹性模量和泊松比分别为 $E^*_{\rm mid}$ 和 $\nu_{\rm mid}$，厚度为 $\varDelta$。膜 1 和膜 2 的参数为：平面应变弹性模量 $E^*_{m\alpha}$、泊松比 $\nu_{m\alpha}$ 和厚度 $h_\alpha(\alpha=1$ 和 2 分别代表膜 1 和膜 2)。建立如图 6.9 所示的坐标系 O-xy，原点 O 位于中间层基底的中线处。

假设基底 1 和基底 2 的材料和几何参数相同，两层膜的材料和几何参数也相同，研究中间层基底的材料性质对失稳的影响。首先采用有限元方法对临界失稳产生的形貌进行分析。模拟结果显示，改变中间层基底的模量，将出现两种波长截然不同的失稳形貌：当中间层基底模量较小时，出现波长较短的失稳形貌，称为短波失稳，如图 6.10 (a) 所示；当中间层基底模量较大时，失稳形貌的波长较大，称为长波失稳，如图 6.10 (b) 所示。

图 6.11 中给出了有限元模拟得到的临界应变 $\varepsilon_{\mathrm{cr}}$ 和临界波长 λ_{cr} 随中间层基底模量 $E^*_{\mathrm{mid}}/E^*_{\mathrm{s}}$ 的变化。系统的材料参数取为 $E^*_{\mathrm{s1}}=E^*_{\mathrm{s2}}=E^*_{\mathrm{s}}$、$E^*_{\mathrm{m1}}=E^*_{\mathrm{m2}}=E^*_{\mathrm{m}}$、$\nu_{\mathrm{m1}}=\nu_{\mathrm{m2}}=\nu_{\mathrm{mid}}=\nu_{\mathrm{s1}}=\nu_{\mathrm{s2}}=0.5$ 及 $E^*_{\mathrm{m}}/E^*_{\mathrm{s}}=500$。有限元模拟中，膜和基

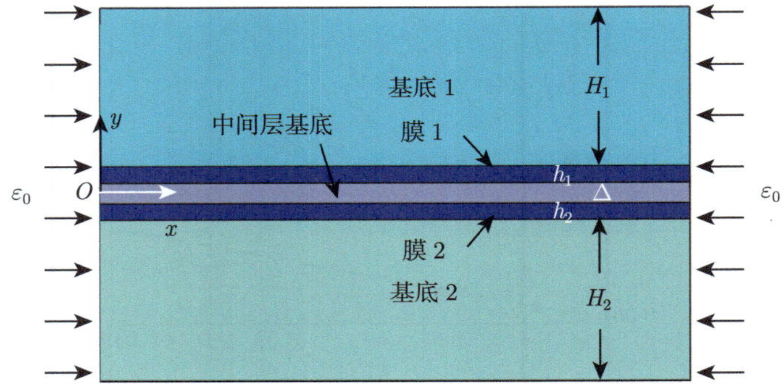

图 6.9　两层膜包埋于软基底的示意图

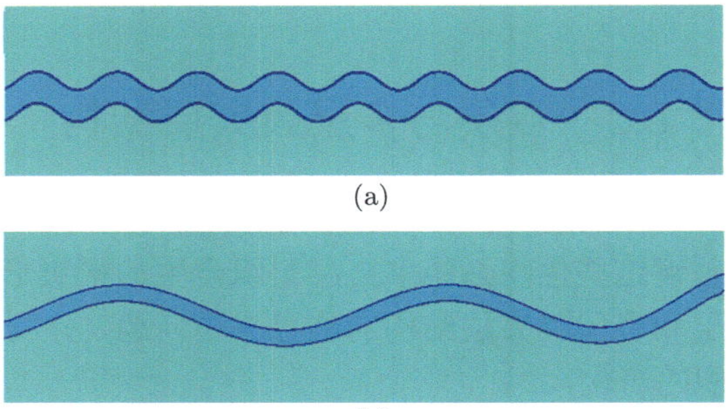

(a)

(b)

图 6.10　(a) 短波模式示意图；(b) 长波模式示意图

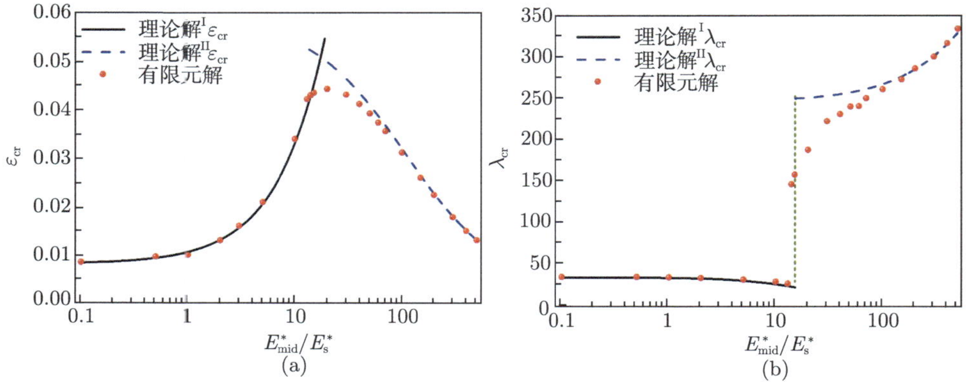

(a)　　　　(b)

图 6.11　中间层基底模量对临界失稳的影响

(a) 对临界应变的影响；(b) 对临界波长的影响

底均采用 CPE8RH 单元离散。系统的几何参数取为 $h_1 = h_2 = h$，$\Delta/h = 10$。有限元模拟中选取的基底厚度足够大，即可假设基底为无限厚。从图 6.11 (a) 中可以看出，临界应变 $\varepsilon_{\mathrm{cr}}$ 随着中间层基底模量的增加，出现先增加后减小的趋势，转折点即为两种失稳形貌的转变点；从图 6.11 (b) 可以看出，当中间层基底的模量 E^*_{mid} 较小时，出现的失稳波长 λ_{cr} 很小，随着 E^*_{mid} 的增大，临界波长出现明显的突跳现象，波长突然变得很大，这意味着短波失稳和长波失稳会出现转换。

6.2.2 理论分析

6.2.1 节中利用有限元软件 Abaqus 研究了中间层基底模量的改变对系统临界失稳的影响，得到了两种失稳模态, 即短波失稳模态和长波失稳模态。本小节将给出这两种失稳模态出现的物理机制，并通过理论分析研究两种失稳模态的临界波长和临界应变。

当中间层基底较软时，两层膜之间的相互影响较弱，因此两层膜以各自的模式发生失稳。假设此时膜失稳的临界应变和波长分别为 $\varepsilon^{\mathrm{I}}_{\mathrm{cr}}$ 和 $\lambda^{\mathrm{I}}_{\mathrm{cr}}$。膜失稳的位移模式为 $w = \tilde{w}\cos(kx)$。此时，系统失稳的临界条件可以通过 6.1.1 节中求解单层膜的方法得到，将中间层基底分别当作膜 1 的下基底和膜 2 的上基底，通过求解基底的平衡方程式 (6-5) 可得膜和基底界面处的相互作用力，将求得的作用力代入式 (6-1) 所示膜的平衡方程中，并引入位移模式，可将膜的平衡方程转化为特征值问题，特征值方程的系数矩阵行列式为零时，膜发生失稳，从而求得临界应变 $\varepsilon^{\mathrm{I}}_{\mathrm{cr}}$ 和临界波长 $\lambda^{\mathrm{I}}_{\mathrm{cr}}$。

当中间层基底较硬时，两层膜和中间层基底以相同的方式失稳，可以看成一层复合膜在软基底中的失稳问题。复合膜的等效弯曲模量 E^*_{b} 和等效拉伸模量 E^*_{t} 的表达式为 [19,20]

$$\left\{\begin{aligned} E^*_{\mathrm{b}} &= \frac{E^*_{\mathrm{m}}\left(8h^3 + 12h^2\Delta + 6h\Delta^2\right) + E^*_{\mathrm{mid}}\Delta^3}{(2h+\Delta)^3} \\ E^*_{\mathrm{t}} &= \frac{2E^*_{\mathrm{m}}h + E^*_{\mathrm{mid}}\Delta}{2h+\Delta} \end{aligned}\right. \tag{6-18}$$

在这种情况下，将出现长波失稳模态，将其临界应变和临界波长定义为 $\varepsilon^{\mathrm{II}}_{\mathrm{cr}}$ 和 $\lambda^{\mathrm{II}}_{\mathrm{cr}}$，根据式 (6-15)，可得

$$\left\{\begin{aligned} \varepsilon^{\mathrm{II}}_{\mathrm{cr}} &= \frac{1}{4}\frac{E^*_{\mathrm{b}}}{E^*_{\mathrm{t}}}\left(\frac{6E^*_{\mathrm{s}}}{E^*_{\mathrm{b}}}\right)^{2/3} \\ \lambda^{\mathrm{II}}_{\mathrm{cr}} &= 2\pi(2h+\Delta)\left(\frac{E^*_{\mathrm{b}}}{6E^*_{\mathrm{s}}}\right)^{1/3} \end{aligned}\right. \tag{6-19}$$

理论分析得到的结果如图 6.11 中的曲线所示。当中间层基底的模量较小时 (如 $E^*_{\mathrm{mid}}/E^*_{\mathrm{s}} < 10$)，两层膜各自发生失稳，出现短波失稳模态，此时，短波失稳模态的

理论解与有限元解吻合地很好，如图 6.11 (a) 和 (b) 中的黑色实线所示；当中间层基底的模量较大时，中间层基底与膜共同发生失稳，产生长波失稳模态，此时，通过式 (6-19) 得到的长波模态的临界条件与有限元解吻合地很好，如图 6.11 (a) 和 (b) 中的蓝色虚线所示；而在两种模态的转变区 ($10 < E^*_{\rm mid}/E^*_{\rm s} < 100$)，系统的失稳模式变得很复杂，理论解无法很好地预测其失稳模式。

6.2.3 后屈曲演化

前文分别对两层膜夹层结构的临界失稳进行了数值模拟和理论分析，本节将利用有限元方法模拟双层和多层膜结构的后屈曲失稳形貌演化，模拟中所取材料参数为 $E^*_{\rm s1} = E^*_{\rm s2} = E^*_{\rm s}$、$E^*_{\rm m1} = E^*_{\rm m2} = E^*_{\rm m}$、$\nu_{\rm m1} = \nu_{\rm m2} = \nu_{\rm mid} = \nu_{\rm s1} = \nu_{\rm s2} = 0.5$ 和 $E^*_{\rm m}/E^*_{\rm s} = 500$，几何参数为 $h_1 = h_2 = h$、$\Delta/h = 10$、$H_1/h = 50$ 和 $H_2/h = 50$。膜和基底的材料均假设为不可压缩的超弹性材料，采用 neo-Hooke 本构关系描述膜和基底的响应。计算中采用 CPE8RH 单元。有限元模拟的结果如图 6.12 所示，其中 (a) 和 (c) 分别为 $E^*_{\rm mid}/E^*_{\rm s} = 0.5$ 时双层膜和五层膜的后屈曲结果，此时外加应变为 $\varepsilon_0 = 0.28$；(b) 和 (d) 分别为 $E^*_{\rm mid}/E^*_{\rm s} = 30$ 时双层膜和五层膜的后屈曲结果，此时外加应变为 $\varepsilon_0 = 0.12$。

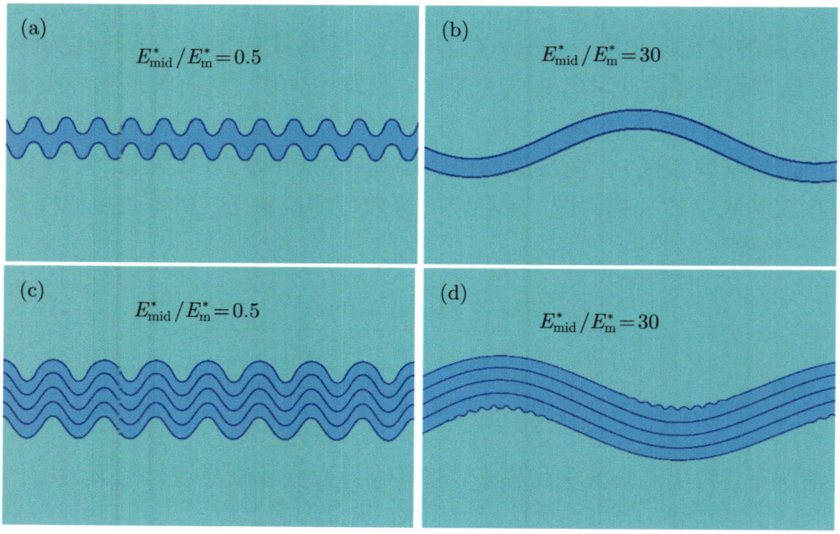

图 6.12 有限元模拟两层膜和多层膜结构的后屈曲形貌

两层膜结构的后屈曲：(a) $E^*_{\rm mid}/E^*_{\rm s} = 0.5$；(b) $E^*_{\rm mid}/E^*_{\rm s} = 30$

多层膜结构的后屈曲：(c) $E^*_{\rm mid}/E^*_{\rm s} = 0.5$；(d) $E^*_{\rm mid}/E^*_{\rm s} = 30$

由图 6.12 所示的后屈曲形貌中可以看出，中间层基底的模量对多层结构的后屈曲演化有重要的影响。当中间层基底很软时，从 6.2.2 节中的临界分析可知，膜将以短波失稳模态各自发生失稳，其后屈曲演化如图 6.12 (a) 和 (c) 所示，后屈曲过程也维持短波失稳模态。当中间层基底较硬时，系统将以长波失稳模态发生失稳，如图 6.12 (b) 和 (d) 所示。此时如果系统内存在多层膜，失稳的波长可能会较大，如图 6.12 (d) 所示；此外，当系统内包含多层膜时，在后屈曲过程中还会产生二次失稳，在大的正弦波的波谷凹面处产生了小的正弦波，该二次失稳的波长比第一次失稳的波长小很多，形成了多级失稳形貌。

上述研究主要针对人工材料或者生物材料中的夹层结构，相关的模型和结果也可以推广到地壳结构中。地壳结构的岩石层包埋于土壤层中间，由于地壳运动的挤压，将形成失稳，这种失稳形貌可简化为软层–硬层–软层的模型进行研究。在地质结构中也能够观察到多级失稳形貌 [21]。

传统的硬膜–软基底系统在薄膜测量学中有着广泛应用，夹层结构也能够用来测量薄膜的力学性质。当膜的厚度以及基底的材料和几何参数已知时，通过实验测量失稳的波长，再利用式 (6-16) 即可得到薄膜的材料性质。且相比于硬膜–软基底系统，在夹层结构中，由于硬膜被两侧的软基底包围，两侧基底提供的约束可有效地避免在实验过程中发生的界面脱粘现象 [22,23]。

此外，在工程领域，通过改变夹层结构的材料参数和几何参数，还可用来控制弹性波的传播 [8]。

6.3 本章小结

本章研究了夹层结构受面内载荷及基底约束时产生的失稳现象 [9,24]。首先，针对单层膜包埋于软基底这一复合系统建立了理论分析模型，考虑界面剪切和基底厚度的影响，求解了上下基底材料性质不同的情况下系统失稳的临界应变和波长；讨论了基底厚度和泊松比对失稳临界应变和波长的影响；并利用有限元方法模拟了单层膜夹层结构的后屈曲演化，探究了双周期形貌出现的条件。后屈曲模拟表明，当上下基底对称时，薄膜出现正弦形貌；当上下基底不对称时，薄膜可能出现正弦形貌向双周期、四周期形貌的演化。上下基底的模量比决定了双周期形貌是否出现。

其次，对双层和多层膜夹层结构进行了理论分析和有限元模拟，探讨了中间层基底模量变化对失稳模式的影响。结果表明，当中间层基底模量较小时，出现短波失稳模式；当中间层基底模量较大时，出现长波失稳模式。通过理论分析建立了两种失稳模式发生的条件，并利用有限元方法对系统后屈曲形貌演化进行了模拟。后屈曲模拟的结果显示，短波失稳的后屈曲演化仍维持短波失稳形貌；而对于长波失稳，若系统内存在多层膜，后屈曲演化中可能会出现多级失稳形貌的情形。

本章的结果有助于理解生物体中多层组织出现的波浪状褶皱现象；同时，本章的理论结果也对理解地质中夹层结构的失稳、测量薄膜的力学性质和设计控制波传播的超材料等问题提供了参考。值得指出的是，本章侧重于研究平面多层系统的二维失稳问题，同时本章所采用的方法也可以扩展到平面多层系统的三维失稳或者曲面系统中夹层结构的失稳问题。

参 考 文 献

[1] Li B W, Zhao H P, Feng X Q, Guo W W, Shan S C. Experimental study on the mechanical properties of the horn sheaths from cattle. The Journal of Experimental Biology, 2010, 213: 479–486.

[2] Parker A R. 515 million years of structural colour. Journal of Optics A: Pure and Applied Optics, 2000, 2: R15–R28.

[3] Parker A R. Natural photonic engineers. Materials Today, 2002, 5: 26–31.

[4] Parnes R, Chiskis A. Buckling of nano-fibre reinforced composites: a re-examination of elastic buckling. Journal of the Mechanics and Physics of Solids, 2002, 50: 855–879.

[5] Mäthger L M, Denton E J, Marshall N J, Hanlon R T. Mechanisms and behavioural functions of structural coloration in cephalopods. Journal of the Royal Society Interface, 2009, 6: S149–S163.

[6] Mortensen E S, Rognum T O, Straume B, Jørgensen L. Evidence at autopsy of spasm in the distal right coronary artery in persons with coronary heart disease dying suddenly. Cardiovascular Pathology, 2007, 16: 336–343.

[7] Currie J, Patnode H, Trump R. Development of folds in sedimentary strata. Geological Society of America Bulletin, 1962, 73: 655–673.

[8] Li Y, Kaynia N, Rudykh S, Boyce M C. Wrinkling of interfacial layers in stratified composites. Advanced Engineering Materials, 2013, 15: 921–926.

[9] 谢伟华. 生物软组织形貌失稳与演化的力学研究. 北京: 清华大学博士学位论文, 2015.

[10] Mei H, Landis C M, Huang R. Concomitant wrinkling and buckle-delamination of elastic thin films on compliant substrates. Mechanics of Materials, 2011, 43: 627–642.

[11] Cerda E, Mahadevan L. Geometry and physics of wrinkling. Physical Review Letters, 2003, 90: 074302.

[12] Douville M A, Le Grognec P. Exact analytical solutions for the local and global buckling of sandwich beam-columns under various loadings. International Journal of Solids and Structures, 2013, 50: 2597–2609.

[13] Li B, Huang S Q, Feng X Q. Buckling and postbuckling of a compressed thin film bonded on a soft elastic layer: a three-dimensional analysis. Archive of Applied Mechanics, 2010, 80: 175–188.

[14] Li B, Cao Y P, Feng X Q, Gao H. Surface wrinkling of mucosa induced by volumetric growth: theory, simulation and experiment. Journal of the Mechanics and Physics of Solids, 2011, 59: 758–774.

[15] Cao Y P, Jia F, Zhao Y, Feng X Q, Yu S W. Buckling and post-buckling of a stiff film resting on an elastic graded substrate. International Journal of Solids and Structures, 2012, 49: 1656–1664.

[16] Brau F, Vandeparre H, Sabbah A, Poulard C, Boudaoud A, Damman P. Multiple-length-scale elastic instability mimics parametric resonance of nonlinear oscillators. Nature Physics, 2011, 7: 56–60.

[17] Cao Y P, Li B, Feng X Q. Surface wrinkling and folding of core–shell soft cylinders. Soft Matter, 2012, 8: 556–562.

[18] Sun J Y, Xia S, Moon M W, Oh K H, Kim K S. Folding wrinkles of a thin stiff layer on a soft substrate. Proceedings of the Royal Society of London A, 2012, 468: 932–953.

[19] Jia F, Cao Y P, Liu T S, Jiang Y, Feng X Q, Yu S W. Wrinkling of a bilayer resting on a soft substrate under in-plane compression. Philosophical Magazine, 2012, 92: 1554–1568.

[20] Nolte A J, Cohen R E, Rubner M F. A two-plate buckling technique for thin film modulus measurements: applications to polyelectrolyte multilayers. Macromolecules, 2006, 39: 4841–4847.

[21] Dodwell T, Hunt G, Peletier M, Budd C. Multi-layered folding with voids. Philosophical Transactions of the Royal Society of London A, 2012, 370: 1740–1758.

[22] Allen H G. Analysis and Design of Structural Sandwich Panels. London: Pergamon, 1969.

[23] Yang W, Wei Y G. Progressive damage along kink bands in fiber-reinforced composite blocks under compression. International Journal of Damage Mechanics, 1992, 1: 80–101.

[24] Xie W H, Huang X, Cao Y P, Li B, Feng X Q. Buckling and postbuckling of stiff lamellae in a compliant matrix. Composites Science and Technology, 2014, qq: 89–95.

第 7 章　梁–基系统

前文的稳定性分析主要是针对无限大薄膜，即薄膜在面内两个方向的尺寸远大于其厚度和失稳特征波长。本章讨论有限宽度的薄膜、纤维等的失稳问题，它们或粘接于软基底表面，或埋于软基底内部，这里统称为“梁–基系统”或“梁基系统”。

在实际应用中，经常遇到有限宽度的薄膜，即薄膜的宽度与厚度之比不满足无限大假设。例如，针对半导体中普遍使用的硅材料可伸展性较差的弱点，Khang 等 [1] 指出，若使 PDMS 基底上的有限宽度硅薄膜预先失稳，使之产生波浪状形貌，可以大幅提高该薄膜–基底系统的延展性。在该技术的应用中，需要对系统的褶皱形貌进行理论预测，通过力学分析建立失稳波长与系统的材料、几何参数之间的关系。Tarasovs 和 Andersons[2]、Jiang(姜汉卿)[3] 等通过理论分析和有限元模拟，研究了软基底上有限宽度膜的失稳问题。其研究表明，对于宽度与厚度之比较小的薄膜，利用传统平面应变理论预测的波长大于实际值，因此应该考虑薄膜宽度对失稳波长的影响。

在微机电系统中广泛使用的传感器、激励器、探针等 [4]，一般可以简化为细长梁或纤维。Tan 和 Lim[5] 总结了纳米纤维力学性能的实验测量方法，包括拉伸实验、弯曲实验、压痕实验等，讨论了这些方法的优缺点。Stafford 等 [6] 提出了一种基于欧拉失稳的方法，可以测量微纳米纤维的力学性质。与传统的测试方法相比，无论在设备上还是在操作上，这种基于屈曲形貌的测试方法都具有一定优势。该方法的测量精度依赖于对梁基系统失稳行为的精确分析。Khang 等 [7] 研究了碳纳米管在 PDMS 基底上的屈曲，得到了失稳波长的解析解。

此外，在自然界和工程中，很多纤维埋于软基底内部，如细胞中的微管 [8−13]、β 淀粉样蛋白 [14−16]、在生物组织内植入的电极 [17]、在土壤中生长的植物根茎 [18,19]、鱼体内的鱼刺、纤维增强复合材料等 [20]。当承受轴向压缩载荷时，基底内的纤维不仅可能发生欧拉失稳，而且可能会屈曲成一种短波模式，即失稳波长远小于欧拉失稳波长 [13,21−23]。近年来，细胞微管的失稳也受到了关注，一些学者也将其等效为软基底中的长纤维 [13,21,24−27]。关于埋在软基底内的纤维的失稳研究，在其他生物和工程系统中亦有价值。例如，β 淀粉样蛋白与老年痴呆症、帕金森综合症、克雅氏病等重大疾病密切相关 [28]，这种蛋白一般呈纤维状，在人体内被周围介质包裹，在其自组装或者受到外界激励时可能会发生失稳 [16]。脑电极在脑信号检测以及一些疾病治疗中起着重要的作用 [17]，这类植入在生物组织内的电极也可以被看作埋在软基底内的纤维。为了保证电极的正常功能，需要避免其弯曲失稳。对于软基底内弹性纤维的失稳，前人主要关注无限长纤维，外加载荷一般直接施加在纤维两端 [21,25,26,29,30]；然而，在实际系统中，纤维长度往往是有限的，载荷通常施加在基底上，而非直接加在纤维两端，这种纤维的稳定性与无限长纤维具有显著的差别。

基于上述背景，本章主要涉及三方面的内容，其一是在软基底上有限宽度薄膜的失稳 [3]，其二是在软基底上纤维的失稳 [31]，其三是在软基体内有限长度纤维的失稳 [32]。

7.1 软基底上有限宽度薄膜的失稳

对于有限宽度薄膜在软基底上的失稳问题，Jiang 等 [3] 进行了实验研究和理论分析，本节对其工作进行介绍。

在实验中，Jiang 等 [3] 将有限宽度的硅薄膜粘贴在预拉伸的 PDMS 基底上，然后释放基底的预应变。结果表明，硅薄膜由于受到压缩而发生正弦状失稳，如图 7.1 所示。

图 7.1 在 PDMS 基底上有限宽度硅薄膜的失稳形貌 [3]

为了揭示上述失稳现象的物理机制，Jiang 等 [3] 利用能量原理对该问题进行了理论分析，其模型如图 7.2 所示，其中 d 表示薄膜宽度。在硅薄膜表面建立坐标系，x_1 沿薄膜的长度方向，x_2 沿宽度方向，x_3 垂直于薄膜、指向 PDMS 软基底。系统总能量由三部分组成，即薄膜由于屈曲产生的弯曲应变能 U_b、薄膜的面内弹性应变能 U_m 和基底的应变能 U_s。由于薄膜的厚度 ($\sim$ 10nm) 远小于其他特征尺度，如失稳波长 ($\sim$ 15μm)、薄膜的宽度 (2 $\sim$ 200 μm) 和长度，可以将薄膜视为弹性梁，这里采用 von Kármán 梁理论 [33]。

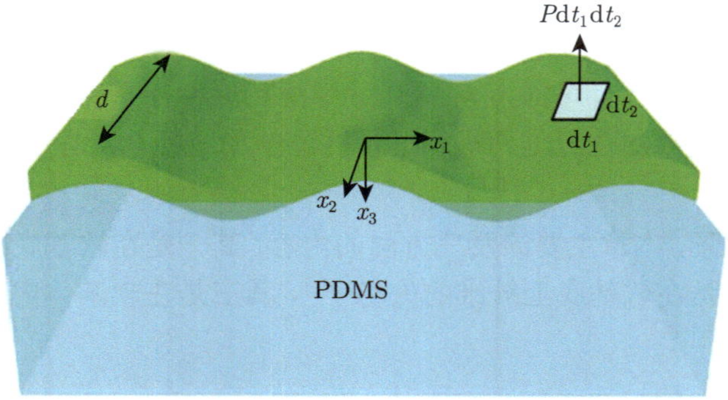

图 7.2　PDMS 基底上有限宽度薄膜失稳的理论模型 [3]

膜应变表示为

$$\varepsilon_{11} = u_{1,1} + \frac{1}{2}(w_{,1})^2 \tag{7-1}$$

式中，u_1 为沿预应变方向的位移；w 为面外位移。根据线弹性本构关系，轴向力为

$$N_{11} = dhE_{\mathrm{f}}\varepsilon_{11} \tag{7-2}$$

式中，E_{f} 为梁的杨氏模量；h 为梁的高度。

利用平衡方程，沿预应变方向的切应力 T_1 和膜–基之间的界面法向力 T_3 分别表示为 [33]

$$T_1 = \frac{\partial N_{11}}{\partial x_1} \tag{7-3}$$

$$T_3 = D\nabla^2 w - N_{11}w_{,11} - N_{11,1}w_{,1} \tag{7-4}$$

式中，$D = dh^3E_{\mathrm{f}}/12$ 是膜的弯曲刚度。

忽略硬膜与基底之间的界面切应力，即假设 $T_1 = 0$，并假设薄膜的失稳模式为

$$w = A\cos(kx_1) \tag{7-5}$$

式中，A 是幅值；k 是波数，$\lambda = 2\pi/k$ 是失稳波长。由膜应变可以求出轴向位移 $u = \dfrac{1}{8}kA^2\sin(2kx_1)$，且变形满足相容条件 $\displaystyle\int_0^{2\pi/k} u_{,1}\mathrm{d}x = 0$ [34]，由此得到膜应变为 $\varepsilon_{11} = 1/4A^2k^2 - \varepsilon_{\mathrm{pre}}$，其中，$-\varepsilon_{\mathrm{pre}}$ 是由于预应变 $\varepsilon_{\mathrm{pre}}$ 释放所产生的膜内压应变。

对于式 (7-5) 中的失稳模式，单个波长内薄膜的弯曲能为

$$U_{\mathrm{b}} = \frac{k}{2\pi}\int_0^{2\pi/k}\frac{1}{2}D\left(\frac{\partial^2 w}{\partial x_1^2}\right)^2\mathrm{d}x_1 = \frac{h^3E_{\mathrm{f}}d}{48}k^4A^2 \tag{7-6}$$

单位波长内薄膜的面内弹性应变能为

$$U_{\mathrm{m}}=\frac{1}{2}N_{11}\varepsilon_{11}=\frac{1}{2}dhE_{\mathrm{f}}\left(\frac{1}{4}A^2k^2-\varepsilon_{\mathrm{pre}}\right)^2 \tag{7-7}$$

薄膜与基底之间的界面法向力 T_3 为

$$T_3=-\beta d\cos\left(kx_1\right) \tag{7-8}$$

式中，$\beta=-\dfrac{h^3E_{\mathrm{f}}}{12}Ak^4-hE_{\mathrm{f}}\left(\dfrac{1}{4}A^2k^2-Ak^4\right)Ak^2$。

将 PDMS 基底视为半无限大弹性体。除了与薄膜接触的区域，PDMS 上表面为应力自由边界。假定在整个粘接区域的宽度方向上，界面法向力均匀，其值由式 (7-8) 表示。在单位波长内，PDMS 基底的弹性应变能为

$$U_{\mathrm{s}}=\frac{k}{2\pi}\left(\frac{1}{2}\int_V\sigma_{ij}\varepsilon_{ij}\mathrm{d}V\right)=\frac{k}{4\pi}\int_{-d/2}^{d/2}\int_0^{2\pi/k}Pw_{\mathrm{s}}\mathrm{d}x_1\mathrm{d}x_2 \tag{7-9}$$

式中，

$$P=-\frac{T_3}{d}=\beta\cos(kx_1) \tag{7-10}$$

$$\begin{aligned}w_s\left(x_1,x_2,0\right)&=\int_{-d/2}^{d/2}\int_{-\infty}^{\infty}\frac{\beta\cos(kx_1)}{\pi E_{\mathrm{s}}^*}\frac{1}{\sqrt{\left(x_1-t_1\right)^2+\left(x_2-t_2\right)^2}}\mathrm{d}t_1\mathrm{d}t_2\\&=2\int_{-d/2}^{d/2}\frac{\beta\cos(kt_1)}{\pi E_{\mathrm{s}}^*}Y_0\left(k\left|t_2-x_2\right|\right)\mathrm{d}t_2\end{aligned} \tag{7-11}$$

$Y_n\ (n=0,1,2,\cdots)$ 是第二类修正的贝塞尔函数；$E_{\mathrm{s}}^*=E_{\mathrm{s}}/(1-\nu_{\mathrm{s}}^2)$ 表示基底的平面应变弹性模量，E_{s} 与 ν_{s} 分别为基底的杨氏模量和泊松比。对于假定的失稳模式，式 (7-9) 变为

$$\begin{aligned}U_{\mathrm{s}}&=\frac{k}{4\pi}\int_{x_2=-d/2}^{d/2}\int_{x_1=0}^{2\pi/k}\int_{t_2=-d/2}^{d/2}\beta\cos(kx_1)\frac{2\beta\cos(kx_1)}{\pi E_{\mathrm{s}}^*}Y_0\left(k\left|t_2-x_2\right|\right)\mathrm{d}t_2\mathrm{d}x_1\mathrm{d}x_2\\&=\frac{\beta^2\rho\left(dk\right)}{k^2\pi E_{\mathrm{s}}^*}\end{aligned} \tag{7-12}$$

式中，

$$\rho\left(x\right)=-1+xY_1(x)+x^2Y_0(x)+\frac{\pi}{2}x^2\left[H_1(x)Y_0(x)+H_0(x)Y_1(x)\right] \tag{7-13}$$

由以上各式，并利用界面位移连续条件，系统总势能表示为

$$\Pi_{\mathrm{tot}}=U_{\mathrm{b}}+U_{\mathrm{m}}+U_{\mathrm{s}}-\int\Lambda(w-w_{\mathrm{s}})\mathrm{d}S \tag{7-14}$$

式中，Λ 是拉格朗日乘子，积分域为薄膜与基底的粘接区域。将系统总势能函数对 Λ 进行变分，得到 $w = w_s$；而对位移 w 和 w_s 进行变分，可知 $\Lambda = T_3$。将 Λ 用式 (7-8) 中的 T_3 代替，得到如式 (7-15) 所示的势能泛函：

$$\Pi_{\text{tot}} = -\frac{1}{48}dh^3E_fk^4A^2+\frac{1}{2}dhE_f\left(\varepsilon_{\text{pre}}-\frac{1}{4}A^2k^2\right)\left(\varepsilon_{\text{pre}}+\frac{3}{4}A^2k^2\right)-\frac{\beta^2\rho(dk)}{k^2\pi E_s^*} \tag{7-15}$$

将总势能函数对屈曲幅值 A 求变分，即利用 $\partial\Pi_{\text{tot}}/\partial A = 0$，得

$$A = \begin{cases} \dfrac{2}{k}\sqrt{\varepsilon_{\text{pre}}-F}, & F < \varepsilon_{\text{pre}} \\ 0, & F \geqslant \varepsilon_{\text{pre}} \end{cases} \tag{7-16}$$

式中，

$$F = \frac{\pi d E_s^*}{4hE_f\rho(dk)} + \frac{1}{12}h^2k^2 \tag{7-17}$$

由式 (7-17)，可以得到临界预应变。用类似方法得到临界波数为

$$k_{\text{cr}} = \frac{1}{h}\left(\frac{3E_s^*}{E_f}\right)^{1/3} f\left[\left(\frac{E_s^*}{E_f}\right)^{1/3}\frac{d}{h}\right] \tag{7-18}$$

式中，f 为无量纲函数。于是，失稳的临界波长为

$$\lambda_{\text{cr}} = 2\pi h\left(\frac{E_f}{3E_s^*}\right)^{1/3}\tanh\left\{\frac{16}{15}\left[\left(\frac{E_s^*}{E_f}\right)^{1/3}\frac{d}{h}\right]^{1/4}\right\} \tag{7-19}$$

图 7.3(a) 和 (b) 分别给出了薄膜失稳的临界波长与波幅的理论解和实验结果，二者吻合较好。

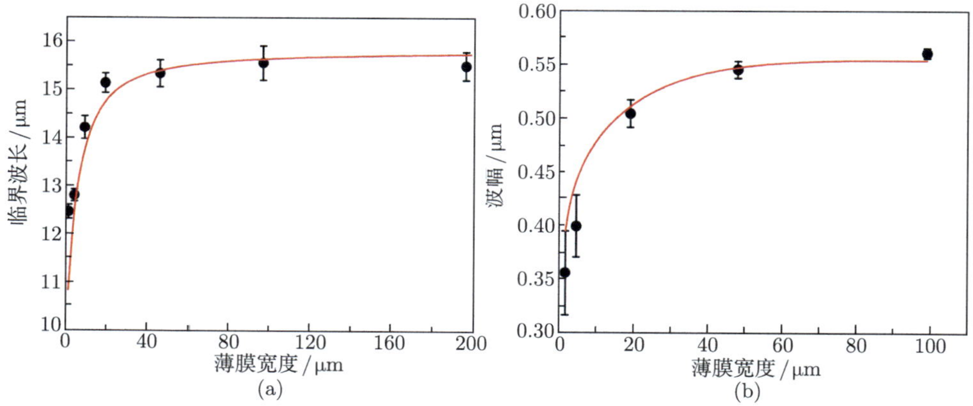

图 7.3　薄膜失稳的临界波长 (a) 和波幅 (b)

黑点代表实验数据，实线为式 (7-16) 和式 (7-19) 给出的理论解

7.2 软基底上纤维的失稳

前面关于有限宽度薄膜在软基底上失稳的分析方法，可以推广到在软基底上的纤维。本节通过量纲分析和三维有限元模拟，分析在弹性软基底上具有任意横截面形状的纤维的失稳问题。

7.2.1 理论分析

考虑在软基底上无限长纤维的失稳，纤维可以具有任意的横截面形状。建立如图 7.4(a) 所示的坐标系，原点位于横截面的形心位置，z 轴为纤维的长度方向。假定纤维的横截面形状可以用有限个几何参数表示，记为 S_1、S_2、$\cdots$、S_n，其中 n 为整数。沿 z 轴方向对系统施加压缩应变 ε_a，当 ε_a 达到某一临界值后，纤维发生屈曲，屈曲后的变形如图 7.4(b) 所示。本处仅考虑纤维面外失稳的情形，不考虑面内失稳、三维失稳等情形。

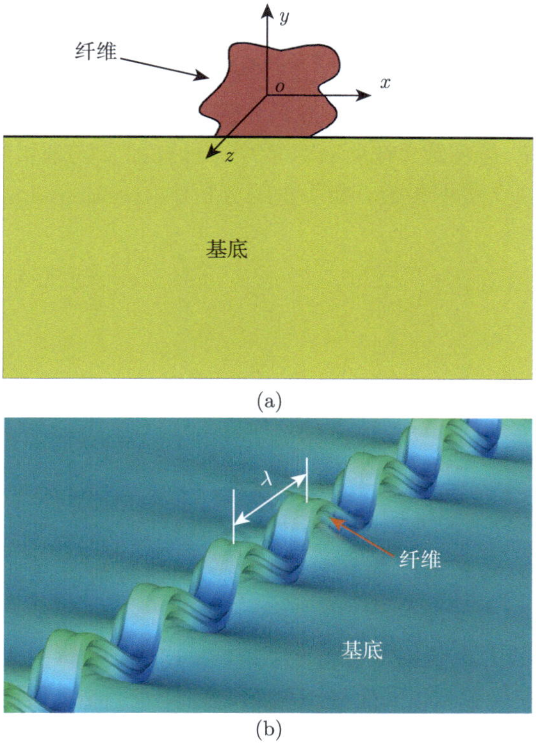

图 7.4 弹性基底上一般横截面形状的纤维失稳

(a) 模型示意图；(b) 失稳形貌

首先，进行量纲分析。对于如图 7.4(a) 所示的系统，纤维失稳后的波长可以表示为

$$\lambda = f\left(\varepsilon_{\mathrm{a}}, E_{\mathrm{f}}, \nu_{\mathrm{f}}, E_{\mathrm{s}}, \upsilon_{\mathrm{s}}, d, S_1, S_2, \cdots, S_n\right) \tag{7-20}$$

式中，ν_{f} 为纤维的泊松比；d 为纤维和基底之间的接触宽度。本节仅进行临界屈曲分析，即失稳波长不依赖于外加应变。于是，式 (7-20) 简化为

$$\lambda = f\left(E_{\mathrm{f}}, \upsilon_{\mathrm{f}}, E_{\mathrm{s}}, \nu_{\mathrm{s}}, d, S_1, S_2, \cdots, S_n\right) \tag{7-21}$$

对于半无限大的基底，引入平面应变模量 $E_{\mathrm{s}}^* = E_{\mathrm{s}}/\left(1-\nu_{\mathrm{s}}^2\right)$ [25,26]。于是，有

$$\lambda = f\left(E_{\mathrm{f}}, \nu_{\mathrm{f}}, E_{\mathrm{s}}^*, d, S_1, S_2, \cdots, S_n\right) \tag{7-22}$$

在处理很多实际问题时，经常选用梁的惯性矩作为描述其横截面几何形状的一个参数。因此，在下面的推导中，用横截面关于 x 轴的惯性矩 I 代替几何参数 S_n，于是，式 (7-22) 变为

$$\lambda = f\left(E_{\mathrm{f}}, \nu_{\mathrm{f}}, E_{\mathrm{s}}^*, d, I, S_1, S_2, \cdots, S_{n-1}\right) \tag{7-23}$$

惯性矩 I 的量纲为长度的四次方，几何参数 S_i $(0 \leqslant i \leqslant n-1)$ 的量纲为 $[S_i] = [d]^{R_i}$，其中 R_i 是实数。在所有参数中，具有独立物理量纲的参数只有两个，这里取 E_{s}^* 和 d 为独立量纲参数。利用量纲分析中 Buckingham 提出的 π 定理 [35]，式 (7-23) 变为

$$\lambda = d\varPi\left(\frac{E_{\mathrm{f}}}{E_{\mathrm{s}}^*}, \nu_{\mathrm{f}}, \frac{I}{d^4}, \frac{S_1}{d^{R_1}}, \frac{S_2}{d^{R_2}}, \cdots, \frac{S_{n-1}}{d^{R_{n-1}}}\right) \tag{7-24}$$

该式亦可写为

$$\frac{E_{\mathrm{f}}}{E_{\mathrm{s}}^*} = \varPi_1\left(\frac{\lambda}{d}, \nu_{\mathrm{f}}, \frac{I}{d^4}, \frac{S_1}{d^{R_1}}, \frac{S_2}{d^{R_2}}, \cdots, \frac{S_{n-1}}{d^{R_{n-1}}}\right) \tag{7-25}$$

或

$$\frac{E_{\mathrm{f}}}{E_{\mathrm{s}}^*} = \varPi_2\left(\frac{\lambda}{d}, \nu_{\mathrm{f}}, \frac{I}{\lambda^4}, \frac{S_1}{d^{R_1}}, \frac{S_2}{d^{R_2}}, \cdots, \frac{S_{n-1}}{d^{R_{n-1}}}\right) \tag{7-26}$$

该式给出了失稳临界波长与纤维的材料参数、几何参数以及基底的平面应变弹性模量之间的基本关系。

对于一般的横截面形状，难以得到式 (7-26) 所示的解析表达式。为了确定无量纲函数 $\varPi_1$ 中的主导参数，下面对该问题进行理论分析。采用无限长纤维在弹性基底上失稳的经典模型 [2,36]，梁的弯曲方程为

$$E_{\mathrm{f}} I \frac{\mathrm{d}^4 u_y}{\mathrm{d}z^4} + F\frac{\mathrm{d}^2 u_y}{\mathrm{d}z^2} + K u_y = 0 \tag{7-27}$$

式中，F 为纤维轴向的外加轴力；u_y 为 y 方向的位移；K 为基底与纤维相互作用的法向刚度，与基底材料的弹性模量相关。假设梁的挠曲线方程为

$$u_y = A\cos\left(\frac{2\pi z}{\lambda}\right) \tag{7-28}$$

式中，λ 为系统失稳的波长。挠度的二阶和四阶导数分别为

$$\begin{cases} \dfrac{\mathrm{d}^2 u_y}{\mathrm{d}z^2} = -A\left(\dfrac{2\pi}{\lambda}\right)^2\cos\left(\dfrac{2\pi z}{\lambda}\right) \\ \dfrac{\mathrm{d}^4 u_y}{\mathrm{d}z^4} = A\left(\dfrac{2\pi}{\lambda}\right)^4\cos\left(\dfrac{2\pi z}{\lambda}\right) \end{cases} \tag{7-29}$$

将式 (7-28) 和式 (7-29) 代入式 (7-27)，得

$$F = E_{\mathrm{f}}I\left(\frac{2\pi}{\lambda}\right)^2 + K\left(\frac{\lambda}{2\pi}\right)^2 \tag{7-30}$$

忽略界面剪切应力，并且假设界面的法向应力沿着接触宽度方向均匀分布，其形式近似为 $\sigma_{\mathrm{t}} = \sigma_{\mathrm{t}_0}\cos(2\pi z/\lambda)$，根据 Biot[36] 的分析，基底法向刚度 K 可写为 $K = \varPsi(\lambda/d)E_{\mathrm{s}}^*$。将该关系代入式 (7-30)，并利用 $\mathrm{d}F/\mathrm{d}\lambda = 0$，可导出临界波长的表达式为

$$\lambda_{\mathrm{cr}} = \varPhi\left(\frac{\lambda_{\mathrm{cr}}}{d}\right)\left(\frac{E_{\mathrm{f}}I}{E_{\mathrm{s}}^*}\right)^{1/4} \tag{7-31}$$

该式亦可写为

$$\frac{E_{\mathrm{f}}}{E_{\mathrm{s}}^*} = \frac{\lambda^4}{I}\varTheta\left(\frac{\lambda}{d}\right) \tag{7-32}$$

式中，$\varPhi$ 和 $\varTheta$ 均为函数。

对比式 (7-26) 和式 (7-32)，可以作出如下推测：在无量纲函数 $\varPi_1$ 或 $\varPi_2$ 中，只有参数 λ^4/I 和 λ/d 起主导作用，而其他参数对软基底上各种横截面形状纤维失稳的影响可以忽略不计。由于在上述理论推导中存在一些假设，如沿着纤维和基底接触宽度方向的界面法向应力均匀分布，因此需要对上述结论进行仔细验证。

7.2.2 横截面效应

为了验证前述结论，并确定式 (7-26) 中的无量纲函数 $\varPi_2$，本节利用有限元软件 Abaqus 进行三维非线性有限元计算。为了避免计算过程中的弯曲自锁问题，纤维采用 20 节点减缩积分单元 (C3D20R)，基底采用 4 节点线性四面体单元 (C3D4) 和 8 节点线性六面体减缩积分单元 (C3D8R)，将计算规模控制在 60 万自由度左右。将纤维和基底之间的界面定义为理想粘接。

首先，比较多种不同横截面形状的纤维失稳波长，令参数 S_1/d^{R_1}、S_2/d^{R_2}、$\cdots$、$S_{n-1}/d^{R_{n-1}}$ 在较大范围内变化，而保持 $E_\mathrm{f}/E_\mathrm{s}^*$ 和 I/d^4 的值不变。对于八种横截面形状纤维，图 7.5 给出了式 (7-24) 中无量纲函数 Π 的值，其中 $\Pi_{矩形}$ 表示矩形截面纤维对应的无量纲函数值。在这八种横截面形状中，包括实心和空心横截面，其中空心纤维又包括单连通域和多连通域的横截面。模拟结果表明，纤维屈曲的临界波长主要依赖于参数 $E_\mathrm{f}/E_\mathrm{s}^*$ 和 I/d^4，而对其他参数，如 S_1/d^{R_1}、S_2/d^{R_2}、$\cdots$、$S_{n-1}/d^{R_{n-1}}$ 的依赖性很弱。

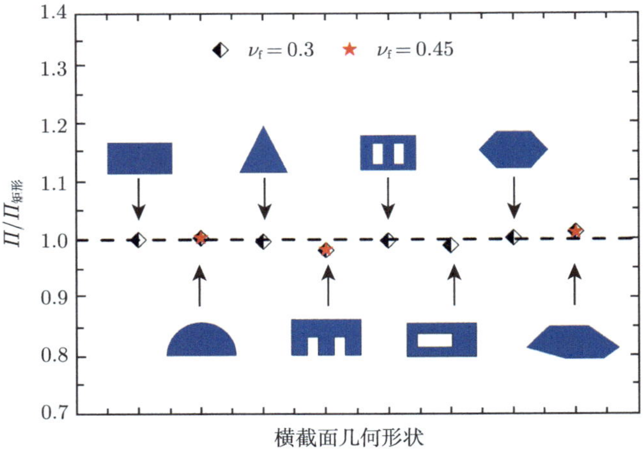

图 7.5 纤维的横截面形状与泊松比对失稳波长的影响

此外，关于纤维泊松比对其失稳波长的影响，本节也通过有限元模拟进行了分析。对于纤维泊松比 ν_f 取 0.3 和 0.45 两种情况，图 7.5 对比了计算结果，可以看出泊松比对波长的影响可忽略不计。因此，纤维的失稳波长主要依赖于参数 $E_\mathrm{f}/E_\mathrm{s}^*$ 和 I/d^4，而几乎不受参数 S_1/d^{R_1}、S_2/d^{R_2}、$\cdots$、$S_{n-1}/d^{R_{n-1}}$ 以及泊松比 ν_f 的影响。

7.2.3 无量纲函数

7.2.1 节给出了一个在软基底上纤维失稳临界波长的一般性公式。该公式形式简洁，不仅可以预测各种横截面形状的纤维特征失稳波长，而且可以作为基于失稳方法测试纤维弹性模量的实验方法的基本解。然而，该公式中尚存在未知的无量纲函数 Θ。本节将通过有限元模拟确定该函数。

基于以上讨论，纤维的横截面形状对其失稳波长的影响可以通过其截面惯性矩及其与基底的粘接区宽度来等效，因此下面的有限元计算以矩形横截面纤维为基本模型。有限元模拟结果如图 7.6 中数据点所示，利用 Prony 级数对数据点进行

拟合，得

$$\Theta\left(\frac{\lambda}{d}\right)=\left[2+9\exp\left(-\frac{\lambda}{2d}\right)+3\exp\left(-\frac{\lambda}{20d}\right)\right]\times 10^{-4} \tag{7-33}$$

图 7.6 给出了该拟合曲线 (实线)，并与其他几种横截面形状纤维的有限元结果进行了对比。可见，各种横截面形状的有限元计算结果与式 (7-33) 吻合得较好。因此，尽管式 (7-33) 是矩形横截面纤维有限元模拟的结果，但也适用于其他任意横截面形状的纤维。

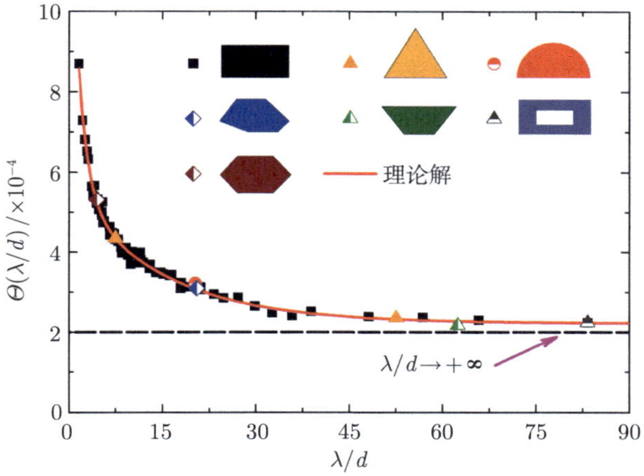

图 7.6 各种横截面形状的纤维失稳波长的对比

综上所述，本节在量纲分析的指导下，通过三维有限元模拟得到了未知函数 Θ 的表达式。与理论分析不同的是，在有限元模拟中，并没有对界面应力分布、纤维的失稳模态等进行近似假设。针对不同的横截面形状 (如圆形、矩形) 等不同情况，前人给出了多个纤维失稳波长的理论解，本节得到的公式更具一般性，这里的有限元结果也可以用于评估文献 [7] 中各种理论解的准确性。例如，如果将基底法向刚度 K 取为常数，即 $K\sim E_{\mathrm{s}}^{*}$，利用式 (7-30) 便可以给出基本关系 $\lambda^4\sim E_{\mathrm{f}}I/E_{\mathrm{s}}^{*}$。从图 7.6 可以看出，这个关系只有在 λ/d 较大的情况下才比较精确。

当 $\lambda/d>80$ 时，Θ 可以视为常数，于是式 (7-32) 简化为 $E_{\mathrm{f}}I=\xi E_{\mathrm{s}}^{*}\lambda^4$。根据有限元结果，可以取常数 $\xi=0.0002$，如图 7.6 中虚线所示。$\Theta=0.0002$ 对应 $\lambda/d\to\infty$ 的情况，即接触区宽度近似为零，例如圆截面纤维属于这种情况。在有限元模拟中，定义圆纤维与基底的接触为线接触，通过模拟圆形横截面纤维在基底上的失稳可实现 $\lambda/d\to\infty$。Khang 等 [7] 分析了碳纳米管在 PDMS 基底上的屈曲，并利用能量方法得出了理论公式 $\lambda_{\mathrm{CNT}}=8\pi/3\left(E_{\mathrm{CNT}}I/E_{\mathrm{PDMS}}^{*}\right)^{1/4}$，经过换算得到对应的 $\Theta=2.03\times10^{-4}$，与本书的有限元结果很接近。在实际测量过程中，精确确定纤维与基底的接触宽度 d 是比较困难的。因此，在测量过程中，可以选取足够小的

E_s^* 值，以获得较大的比值 E_f/E_s^*，从而得到足够大的 λ/d 值。如果满足 $\lambda/d > 80$，根据图 7.6 及以上讨论可知，式 (7-32) 可以简化为 $E_f I = \xi E_s^* \lambda^4$，因此一旦测得失稳波长，就可以比较方便地反演纤维的弹性模量或弯曲刚度。

7.3　软基体内纤维的失稳

本节研究埋在软基体内有限长度纤维的失稳。首先，将不同长度的头发埋入 PDMS 基体内，通过实验研究软基体内纤维 (头发) 的失稳。实验结果表明，失稳临界应变强烈依赖于纤维长度，进而通过理论分析揭示实验现象背后的物理机制。理论分析表明，界面剪切起着重要作用。其次，通过分析界面剪切，得到了失稳时临界压缩应变的解析解。最后，讨论本节方法和结果的一些潜在应用。

7.3.1　实验方法

在实验中，以人的头发作为弹性纤维，所采用的头发半径约为 50μm，基体为 PDMS。

制备 PDMS 软基体的步骤如下：

(1) 将基体和固化剂进行充分混合，二者的质量比为 40 : 1；

(2) 通过抽真空的办法，将混合物中的气泡排除，然后将混合物的 50% 倒入一个矩形容器；

(3) 将混合物在 60℃ 环境下加热 12h；

(4) 将不同长度 (如 0.5cm、1cm、2cm 和 3cm) 的头发，贴结于固化之后的 PDMS 表面；

(5) 将另外 50% 未固化的混合物再倒入同一容器，并在 60℃ 环境下再次加热 12h。

最终得到的实验样品如图 7.7(a) 所示，样品尺寸为 30mm×38mm×45mm。两次固化 PDMS 的目的是防止头发在 PDMS 的固化过程中发生弯曲，从而影响实验结果。对于长度分别为 0.5cm、1cm、2cm 和 3cm 的纤维，各自的长细比 c (即长度与半径之比) 分别为 100、200、400 和 600。这些实验样品均有 $c \gg 1$，因此可以将这些头发视为细长纤维。通过压痕实验，可以测量得到 PDMS 的初始切变模量，约为 0.043MPa。通过拉伸实验测得头发的弹性模量，约为 5.6GPa。压痕和拉伸实验都是在 Bose3100 实验拉伸仪上进行的。

在轴向压缩载荷作用下，游离的头发呈现经典的欧拉失稳模式。与游离头发不同的是，埋在 PDMS 基体内的头发呈现一种短波失稳模式 (图 7.7)。有趣的是，失稳总是首先发生在头发的中间区域。此外，实验结果表明，头发的长细比对系统的失稳行为有显著影响。当 PDMS 受到轴向压缩，压缩量达到 2% 时，最长的头

发 (长度为 3 cm) 首先发生失稳 (图 7.7(b))，随着外界应变的增大，失稳波幅逐渐增大；随后，在总体压缩应变约为 7%时，2 cm 长的头发发生失稳 (图 7.7(c))；在压缩应变达到 17%左右时，1 cm 长的头发才出现比较明显的屈曲 (图 7.7(f))，而最短的头发 (0.5 cm) 在整个压缩过程中都保持直线构型，未发生失稳。对于埋在 PDMS 基体内的无限长头发 (即头发的长度远远大于失稳波长)，由 7.3.2 节中的理论解可知其临界压缩应变约为 0.3%，该临界值明显小于实验中测得的临界失稳应变。可见，纤维失稳的临界压缩应变强烈依赖于纤维长度，通过改变纤维的长细比可以大幅调控其失稳的临界应变。

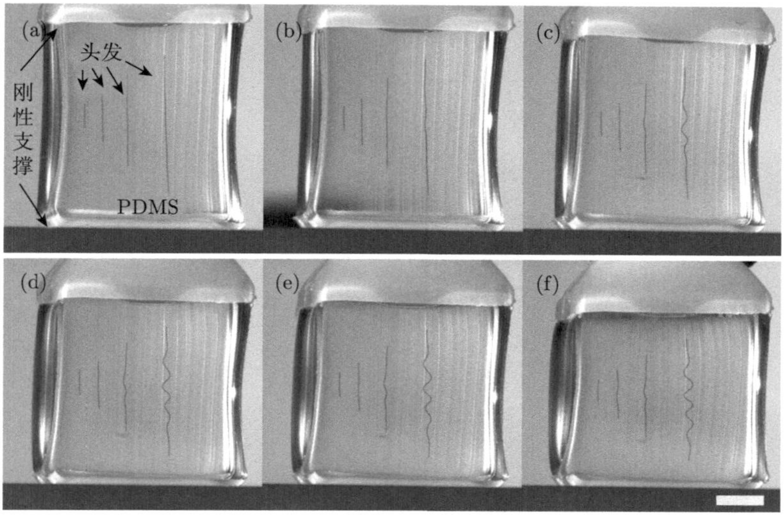

图 7.7 埋在 PDMS 基体内部的不同长度的头发在轴向压缩应变下的失稳

外加压缩应变分别为 (a) 0；(b) 2%；(c) 7%；(d) 12%；(e) 13%；(f) 17%。刻度条：1 cm

7.3.2 理论分析

本节对上述问题进行理论分析，以揭示实验现象的物理机制，并确定临界失稳应变对系统的几何参数和材料参数的依赖关系。在理论模型中，假设一根有限长度的弹性纤维埋于无限大弹性基体内，如图 7.8 所示，其中 E 和 ν 分别表示弹性模量和泊松比，下标 f 和 s 分别指纤维和基体。基体承受沿 z 方向的单轴压缩应变，记为 ε_0。坐标系 (x, y, z) 如图 7.8 所示。假设纤维为细长杆，长度和半径分别为 $2a$ 和 r。假设纤维与基体之间的界面为理想粘接。

1. 界面剪切

在本节所研究的问题中，纤维通过界面剪切感受压缩应变，进而发生屈曲。20 世纪 50 年代，在研究纤维增强复合材料中纤维和基体之间的应力传递时，学者提出了剪滞模型[37]。然而，解析计算界面切应力的分布比较困难[38,39]。此外，Nairn 指出剪滞模型不适用于纤维埋在无限大基体或者纤维的体积分数很低的情况[40]。因此，本节采用有限元软件 Abaqus 对该问题进行数值模拟，以确定界面切应力的分布。所采用的有限元模型包含 50000 个以上的轴对称二次单元 (CAX8R)。基体承受单向压缩应变。假设纤维和基体都具有较弱的可压缩性，泊松比取为 $\nu_s = \nu_f = 0.48$。

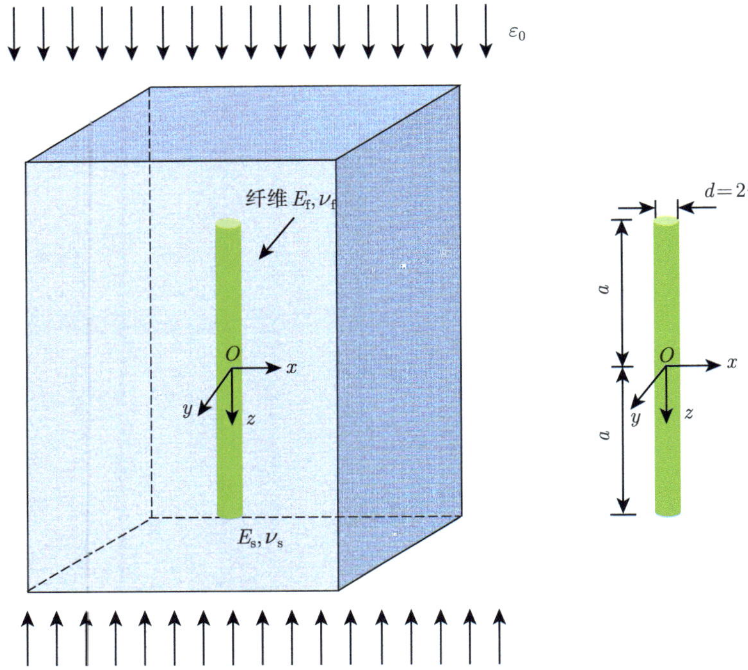

图 7.8　埋于无限大基体内的有限长纤维失稳的理论模型

有限元计算结果如图 7.9 所示。通过拟合，将纤维与基体之间的界面切应力 T_z 近似表示为

$$T_z = \begin{cases} A\ln\dfrac{a+z}{a} + B\dfrac{z}{a}, & -a < z \leqslant 0 \\ -A\ln\dfrac{a-z}{a} + B\dfrac{z}{a}, & 0 \leqslant z < a \end{cases} \tag{7-34}$$

式中，A 和 B 为待定参数，需要由两个协调条件确定。

2. 纤维应变与外加应变之间的关系

变形协调性条件要求在纤维的中点 ($x = 0$，$y = 0$，$z = 0$) 和两端 ($x = 0$，$y =$

0，$z=a/2$) 处，纤维和基体沿 z 方向具有相同的应变，即

$$\begin{cases} \varepsilon_z^{\mathrm{f}}\big|_{z=0} = \varepsilon_z^{\mathrm{s}}\big|_{x=0,y=0,z=0} \\ \varepsilon_z^{\mathrm{f}}\big|_{z=a/2} = \varepsilon_z^{\mathrm{s}}\big|_{x=0,y=0,z=a/2} \end{cases} \tag{7-35}$$

在界面切应力 $-T_z$ 作用下，纤维的轴向应变可以通过如式 (7-36) 所示的积分方程得到

$$\varepsilon_z^{\mathrm{f}} = -\frac{2}{E_{\mathrm{f}}r}\int_z^a T_z \mathrm{d}z = \frac{2A}{E_{\mathrm{f}}r}\left[(a-z)\ln\frac{a-z}{a} - (a-z)\right] - \frac{B}{E_{\mathrm{f}}ar}(a^2-z^2), \quad 0 \leqslant z < a \tag{7-36}$$

此式表明，纤维内的压缩应变是不均匀的，并且最大压缩应变发生在纤维中点，即 $z=0$ 的位置，此处有

$$\varepsilon = -\varepsilon_z^{\mathrm{f}}\big|_{z=0} = \frac{2A+B}{E_{\mathrm{f}}}\frac{a}{r} \tag{7-37}$$

由此可以解释屈曲总是首先发生在纤维中心区域的实验现象 (图 7.7)。由式 (7-36) 可得纤维在上端 ($x=0$，$y=0$，$z=a/2$) 处的名义应变为

$$\varepsilon_z^{\mathrm{f}}\big|_{z=a/2} = -\frac{1}{E_{\mathrm{f}}}\frac{a}{r}\left[A(1+\ln 2) + \frac{3}{4}B\right] \tag{7-38}$$

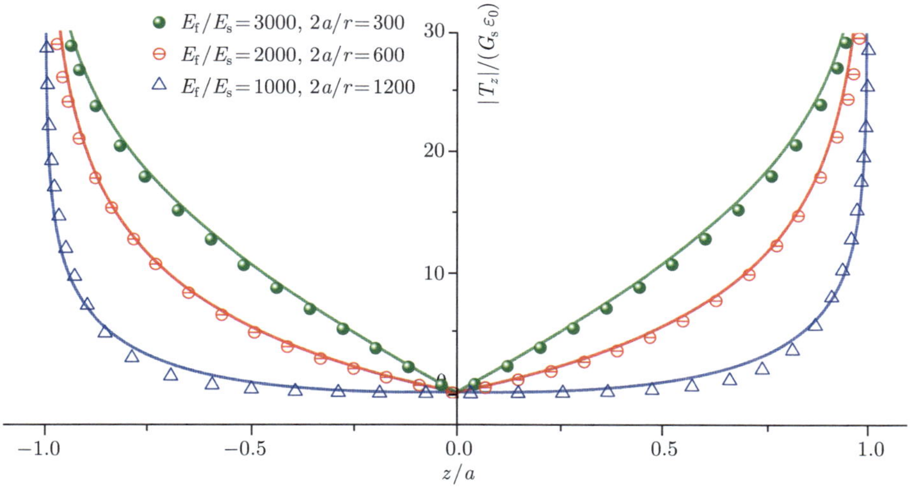

图 7.9 纤维与基体之间的界面切应力分布

数据点为有限元结果，实线为式 (7-34) 表示的拟合曲线

在界面剪切作用下，基体内的应变状态可以通过积分 Kelvin 解得到。对于一个无限大弹性介质，当在点 ($\sqrt{x^2+y^2}=r$，z) 处作用一个单位集中力时，O 点处

的应变分量为

$$\varepsilon_z^{\mathrm{s}0}=\frac{1}{16\pi G_{\mathrm{s}}(1-\nu_s^2)}\left[\frac{1-4\nu_s^2}{(r^2+z^2)^{3/2}}z+\frac{3z^3}{(r^2+z^2)^{5/2}}-\frac{3\nu_s z r^2}{(r^2+z^2)^{5/2}}\right] \tag{7-39}$$

式中，$G_{\mathrm{s}}=E_{\mathrm{s}}/[2(1+\nu_{\mathrm{s}})]$ 为基体的切变模量。在界面切应力 T_z 作用下，O 点的应变为

$$\begin{aligned}\varepsilon_z^{\mathrm{s}T}|_{x=0,y=0,z=0}&=-2\pi r\int_{-a}^{a}\varepsilon_z^{\mathrm{s}0}\times T_z\mathrm{d}z\\&=-\frac{r}{4G_{\mathrm{s}}(1-\nu_{\mathrm{s}}^2)}\int_0^a\left[A\ln\left(1-\frac{z}{a}\right)-B\frac{z}{a}\right]\\&\quad\times\left[\frac{1-4\nu_{\mathrm{s}}^2}{(r^2+z^2)^{3/2}}z+\frac{3z^3}{(r^2+z^2)^{5/2}}-\frac{3\nu_{\mathrm{s}}zr^2}{(r^2+z^2)^{5/2}}\right]\mathrm{d}z\end{aligned} \tag{7-40}$$

对式 (7-40) 作积分，得

$$\begin{aligned}\varepsilon_z^{\mathrm{s}T}|_{x=0,y=0,z=0}=&\frac{A}{2G_{\mathrm{s}}(1-\nu_{\mathrm{s}}^2)c}\frac{3-4\nu_{\mathrm{s}}^2}{(1+4/c^2)^{1/2}}\ln\frac{1+4/c^2}{\left(2/c+\sqrt{1+4/c^2}\right)/c}\\&+\frac{A}{2G_{\mathrm{s}}(1-\nu_{\mathrm{s}}^2)c}\left[\frac{4/c^2}{(1+4/c^2)^{3/2}}-\frac{2/c}{1+4/c^2}-\frac{1}{(1+4/c^2)^{3/2}}\right.\\&\left.+\frac{1}{(1+4/c^2)^{3/2}}\ln\frac{1+4/c^2}{\left(2/c+\sqrt{1+4/c^2}\right)/c}\right]\\&-\frac{A\nu_{\mathrm{s}}}{2G_{\mathrm{s}}(1-\nu_{\mathrm{s}}^2)c}\left[-\frac{4/c^2}{(1+4/c^2)^{3/2}}+\frac{2/c}{1+4/c^2}+\frac{1}{(1+4/c^2)^{3/2}}\right.\\&\left.+\frac{4/c^2}{(1+4/c^2)^{3/2}}\ln\frac{1+4/c^2}{\left(2/c+\sqrt{1+4/c^2}\right)/c}\right]\\&+\frac{2B}{G_{\mathrm{s}}c}\left[\operatorname{arcsinh}\left(\frac{c}{2}\right)-\frac{1}{\sqrt{1+4/c^2}}\right]-\frac{B}{2G_{\mathrm{s}}(1-\nu_{\mathrm{s}})c}\end{aligned} \tag{7-41}$$

式中，$c=2a/r$ 为纤维的长细比。对于细长的纤维，c 是一个大数，即 $1/c\ll 1$。忽略关于 $1/c$ 的高阶项，将式 (7-41) 简化为

$$\varepsilon_z^{\mathrm{s}T}|_{x=0,y=0,z=0}=\frac{A+B}{G_{\mathrm{s}}}\frac{2}{c}\ln c-\frac{A+B}{2G_{\mathrm{s}}(1-\nu_{\mathrm{s}})c}-\frac{2B}{G_{\mathrm{s}}c} \tag{7-42}$$

于是，基体在 O 点沿 z 方向的总应变为

$$\varepsilon_z^{\mathrm{s}}|_{x=0,y=0,z=0}=-\varepsilon_0+\varepsilon_z^{\mathrm{s}T}|_{x=0,y=0,z=0} \tag{7-43}$$

同理，在 T_z 作用下基体在纤维上端 ($x=0$，$y=0$，$z=a/2$) 处沿 z 方向的应变为

$$\begin{aligned}\varepsilon_z^{sT}\Big|_{x=0,y=0,z=a/2}=&\frac{c}{4G_s(1-\nu_s^2)}\int_{-1/2}^{1/2}\left[-A\ln\left(\frac{1}{2}-t\right)+B\left(\frac{1}{2}+t\right)\right]\\&\times\left[\frac{1-4\nu_s^2}{(c^2+t^2)^{3/2}}t+\frac{3t^3}{(c^2+t^2)^{5/2}}-\frac{3\nu_s c^2 t}{(c^2+t^2)^{5/2}}\right]\mathrm{d}t\\&+\frac{c}{4G_s(1-\nu_s^2)}\int_{-3/2}^{-1/2}\left[A\ln\left(\frac{3}{2}+t\right)+B\left(\frac{1}{2}+t\right)\right]\\&\times\left[\frac{1-4\nu_s^2}{(c^2+t^2)^{3/2}}t+\frac{3t^3}{(c^2+t^2)^{5/2}}-\frac{3\nu_s c^2 t}{(c^2+t^2)^{5/2}}\right]\mathrm{d}t\end{aligned}\tag{7-44}$$

该式可简化为

$$\begin{aligned}\varepsilon_z^{sT}\Big|_{x=0,y=0,z=a/2}=&\frac{2A}{G_s c}\left[-\ln\frac{16}{c^2}+\frac{1}{3}\ln 3-2+\frac{3-4\nu_s}{2(1-\nu_s)}\right]\\&+\frac{2B}{G_s c}\left[\ln\frac{\sqrt{3}}{2}c-\frac{4}{3}-\frac{1}{4(1-\nu_s)}\right]\end{aligned}\tag{7-45}$$

式 (7-45) 同样忽略了关于 $1/c$ 的高阶项。基体在纤维上端 ($x=0$，$y=0$，$z=a/2$) 处沿 z 方向的总应变为

$$\varepsilon_z^{s}\Big|_{x=0,y=0,z=a/2}=-\varepsilon_0+\varepsilon_z^{sT}\Big|_{x=0,y=0,z=a/2}\tag{7-46}$$

由式 (7-35) 给出的两个协调性条件，可以解得未知参数 A 和 B 为

$$A=\frac{\phi}{1+\phi}\frac{2}{c}E_f\varepsilon,\quad B=\frac{1-\phi}{1+\phi}\frac{2}{c}E_f\varepsilon\tag{7-47}$$

式中，

$$\phi=\frac{-\ln\dfrac{\sqrt{3}}{2}+\dfrac{1}{3}+\dfrac{1}{16}\dfrac{G_s c^2}{E_f}}{-\ln\dfrac{8\sqrt{3}}{c}+\dfrac{1}{3}\ln 3-\dfrac{5}{3}+\dfrac{7-8\nu_s}{4(1-\nu_s)}+\left(\ln 2-\dfrac{3}{4}\right)\dfrac{G_s c^2}{4E_f}}\tag{7-48}$$

图 7.9 表明由式 (7-34) 和式 (7-47) 给出的界面切应力可以很好地描述有限元结果。

根据协调性条件以及式 (7-37)、式 (7-38)、式 (7-43) 和式 (7-46)，可得 ε_0 与 ε 之间的关系式为

$$\varepsilon_0=\varepsilon+\varphi\frac{4E_f}{G_s c^2}\varepsilon\tag{7-49}$$

式中，

$$\varphi=\frac{\phi+\ln c-1-1/[4(1-\nu_{\mathrm{s}})]}{\phi+1} \tag{7-50}$$

纤维内的最大压缩应变与基体受到的外加应变之间的关系如图 7.10 所示。图中数据点为有限元结果，实线为式 (7-49) 中的理论解。可见，式 (7-49) 中的理论解与有限元解吻合得很好。对于无限长的纤维，即 $c\to\infty$，由式 (7-49) 可以看出纤维内的最大压缩应变等于 ε_0。然而，对于有限长的纤维，纤维内的压缩应变 ε 总是小于 ε_0。此外，对于模量比 $E_{\mathrm{f}}/E_{\mathrm{s}}$ 较大、长细比 $2a/r$ 较小的情况，纤维内的应变可以比外加应变 ε_0 低数个数量级 (图 7.10)。因此，可以通过改变纤维的长细比和系统的模量比来调控纤维内的应变状态。

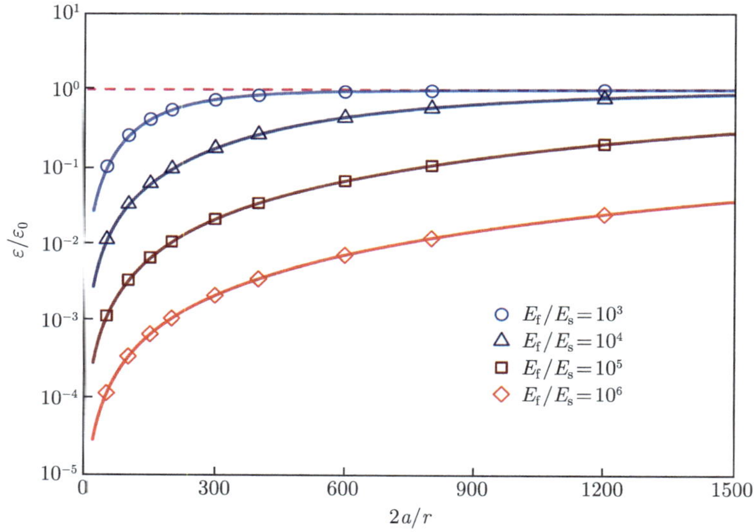

图 7.10　纤维内最大压缩应变与外加应变之比 $\varepsilon/\varepsilon_0$ 的关系

此外，在上述模型中假设基体为无限大，即基体沿 z 向的尺寸 L_{s} 远大于纤维长度 $2a$。然而，在实验系统中，基体的尺寸是有限的。因此，我们借助有限元分析检验该假设的适用范围，如图 7.11 所示。图中数据点为有限元结果，实线为理论解。可见，即使基体尺寸与纤维长度相当，式 (7-49) 仍然可以很好地预测纤维内的最大应变。例如，当 $L_{\mathrm{s}}/2a=1.5$ 时，理论解与数值解的相对误差不到 3%；甚至当 $L_{\mathrm{s}}/2a=1.1$ 时，二者的相对误差也小于 10%。

3. 纤维失稳时的临界压缩应变

在分析有限长纤维之前，首先推导埋在基体内无限长纤维发生失稳时的临界外加条件。在这种情况下，纤维内的应变是均匀的，等于基体受到的外加应变，即

$$\varepsilon_z^{\mathrm{f}} = \varepsilon = \varepsilon_0 \tag{7-51}$$

将纤维简化为一根细长梁，其平衡方程为

$$E_{\mathrm{f}} I \frac{\partial^4 w}{\partial z^4} + E_{\mathrm{f}} S \varepsilon_0 \frac{\partial^2 w}{\partial z^2} + K w = 0 \tag{7-52}$$

式中，$E_{\mathrm{f}}I$ 和 S 分别为纤维的弯曲刚度与横截面面积；$w = A_0\cos(kz)$ 为屈曲模态，其中 A_0 为失稳波幅，λ 为失稳波长，$k = 2\pi/\lambda$ 为波数；K 为基体的等效地基刚度，可以通过对 Kelvin 解进行积分得到，表示为

$$K = \frac{4\pi G_{\mathrm{s}}^*}{-\ln(2kr/5)} \tag{7-53}$$

式中，$G_{\mathrm{s}}^* = [2(1-\nu_{\mathrm{s}})/(3-4\nu_{\mathrm{s}})]G_{\mathrm{s}}$。对于不可压缩材料，有 $G_{\mathrm{s}}^* = G_{\mathrm{s}}$，此时式 (7-53) 与 Jiang 和 Zhang[25] 通过基体应变能得到的地基刚度一致。当 $kr \to 0$ 时，式 (7-53) 也与 Brangwynne 等 [21] 和 Su 等 [30] 采用的地基刚度一致。

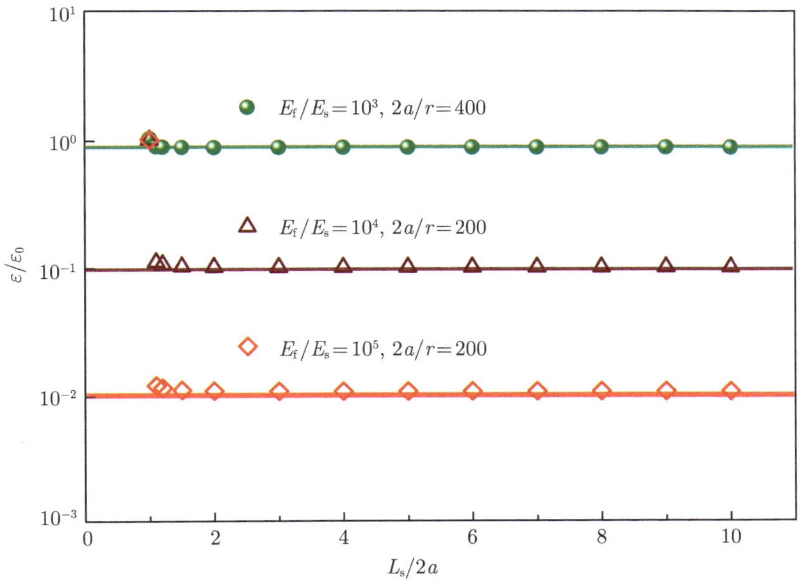

图 7.11 基体尺寸对纤维内最大压缩应变的影响

将屈曲模态代入式 (7-52)，得

$$E_{\mathrm{f}} S \varepsilon = E_{\mathrm{f}} I k^2 + \frac{K}{k^2} \tag{7-54}$$

将式 (7-54) 对波数 k 求极小值，可得纤维失稳时的临界应变

$$E_{\mathrm{f}}S\varepsilon^{\mathrm{c}} = E_{\mathrm{f}}Ik_{\mathrm{c}}^2 + \frac{4\pi G_{\mathrm{s}}^*}{-k_{\mathrm{c}}^2\ln(2k_{\mathrm{c}}r/5)} \tag{7-55}$$

对应的临界失稳波数 k_{c} 为

$$k_{\mathrm{c}} = \left(\frac{2\pi G_{\mathrm{s}}^*}{E_{\mathrm{f}}I}\right)^{1/4}\left[\frac{1+2\ln(2k_{\mathrm{c}}r/5)}{-\ln^2(2k_{\mathrm{c}}r/5)}\right]^{1/4} \tag{7-56}$$

以 $N_{\mathrm{c}} = E_{\mathrm{f}}S\varepsilon^{\mathrm{c}}$ 表示纤维所能承受的临界屈曲载荷。式 (7-56) 与 Brangwynne 等 [21] 给出的解析解吻合，通过该式可求得基体内的无限长纤维发生失稳时的临界波长。作为例子，对于细胞中的微管，其半径和弯曲刚度分别取为 12nm [8] 和 $2\times10^{-23}\mathrm{N\cdot m^2}$ [41]，周围介质的弹性模量约为 1kPa [42,43]。式 (7-56) 给出微管的失稳波长约为 2.8μm，与 Brangwynne 等的测量值 (≈ 3μm) [21] 比较接近。

对于有限长度的纤维，假设当其最大压缩应变达到式 (7-55) 给出的临界值 ε^{c} 时，发生失稳。由此，可得有限长纤维失稳时的临界外加应变为

$$\varepsilon_0^{\mathrm{c}} = \left(1+\varphi\frac{4E_{\mathrm{f}}}{G_{\mathrm{s}}c^2}\right)\times\varepsilon^{\mathrm{c}} \tag{7-57}$$

对于非常长的纤维，即 $1/c\to0$ 时，失稳临界应变 $\varepsilon_0^{\mathrm{c}}$ 由式 (7-55) 表示，它主要依赖于材料参数，而与纤维的长度无关。然而，对于有限长的纤维，式 (7-57) 表明施加在基体上的临界应变 $\varepsilon_0^{\mathrm{c}}$ 不仅依赖于系统的本构参数，还与纤维的长细比有关。值得一提的是，式 (7-36) 给出的纤维应变是不均匀的，而式 (7-57) 是通过令纤维内的最大应变等于式 (7-55) 导出的，因此是近似解。

为了验证式 (7-57) 的准确性，本书进行了三维有限元模拟。有限元模型中单元数约为 40000，单元类型为 20 节点二次单元 (C3D20R)。通过 Abaqus 中的 BUCKLE 分析步对系统进行摄动分析，可得到系统发生失稳时的临界外加应变 $\varepsilon_0^{\mathrm{c}}$，结果见图 7.12。可以看出，解析解与有限元解吻合得较好，表明尽管式 (7-57) 是一个精度较好的近似解，对于埋在基体内的有限长纤维，失稳临界应变 $\varepsilon_0^{\mathrm{c}}$ 总是大于无限长纤维的失稳临界应变 ε^{c}，二者的比值 $\varepsilon_0^{\mathrm{c}}/\varepsilon^{\mathrm{c}}$ 依赖于模量比和纤维的长细比，$\varepsilon_0^{\mathrm{c}}/\varepsilon^{\mathrm{c}}$ 随着模量比的增加而增加，并随着长细比的增加而减小。因此，临界应变 $\varepsilon_0^{\mathrm{c}}$ 可以通过长细比或模量比进行调控。为了进一步验证式 (7-57) 的适用性，图 7.13 将实验测得的临界应变与理论解进行了对比。可见，式 (7-57) 可以较好地预测失稳临界应变。

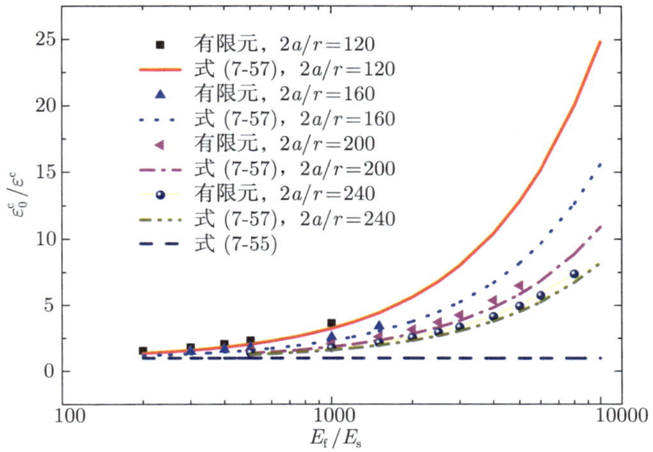

图 7.12 失稳临界应变 ε_0^c 与 ε^c 之比

数据点为有限元结果，曲线为式 (7-55) 和 (7-57) 给出的理论解。在有限元模拟中，纤维和基体的泊松比均取 0.48

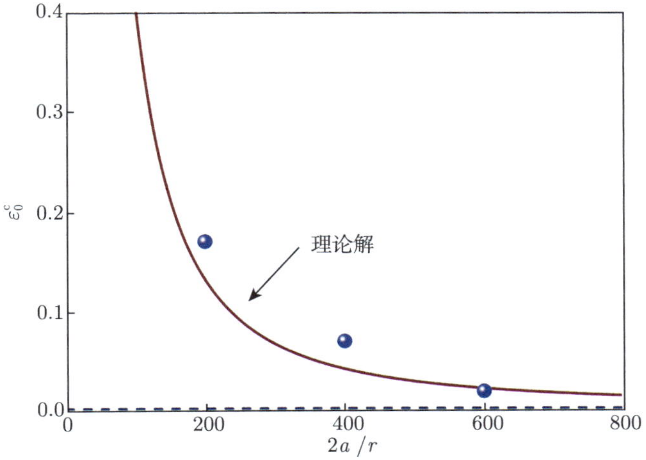

图 7.13 纤维长细比对临界失稳应变 ε_0^c 的影响

数据点为实验测量结果，实线为理论解，虚线是无限长纤维的失稳临界应变 ε^c。这里，头发和基体的泊松比均取 0.48

7.3.3 结果与讨论

对于埋在软基体内的纤维，外加载荷一般不是直接加在纤维两端，而是施加在基体上，纤维通过界面剪切感受轴向压缩。对于无限长的纤维，其内部应变近似均匀，且等于施加在基体上的轴向应变。然而，对于有限长的纤维，其内部应变可明显低于施加在基体上的总体应变，且显著依赖于纤维长细比。本节的研究表明，可以通过改变系统的本构参数以及纤维长细比调控纤维的应变状态。

在该问题中，界面剪切起着关键作用。最近，Shan 等 [44] 指出纤维和基体之间界面条件在纤维的失稳过程中扮演着重要角色。通过对界面切应力进行积分，可以得到纤维的应力和应变状态。对于弹性软基体，式 (7-34) 给出的界面剪应力可以较好地描述纤维与基体之间的界面切应力分布，该式也可以用来估计纤维体积分数比较低的复合材料中纤维与基体之间的应力传递。对于活细胞中的微管等情形，基体的力学性质呈现空间梯度变化 [45]。此时，界面切应力的分布也可以按照本书的思路进行计算，纤维的应力和应变状态也会相应发生变化，纤维可以呈现更丰富的失稳形貌。

式 (7-57) 表明，可以通过改变纤维的长细比和界面切应力的分布来调控纤维的失稳形貌，或者避免其失稳。这些结果有助于理解生物界中一些系统的力学机理。例如，游离的鱼刺在对肌肉进行增强的同时，也可能具有一个合适的长细比范围防止屈曲。由埋在基体内或附着在基体表面的纤维失稳形貌，可以反演其力学性质 [7,21,26,46,47]。最近，Su 等 [30] 的研究表明，基体内的纤维在压缩载荷中可能发生正弦状的平面失稳，也可以呈现三维螺旋失稳形貌。从这个意义上讲，当利用失稳方法反演纤维的力学性质时，也需要选取合适的参数，以避免非平面失稳模式 [30]。

7.4　本 章 小 结

本章通过几个例子探讨了梁基系统的失稳问题。其一，分析了软基底上有限宽度薄膜在轴向压缩载荷下的稳定性，给出了失稳特征波长对材料参数、几何参数的依赖关系，该理论解在薄膜力学性能表征、柔性电子器件设计等领域有潜在的应用。其二，基于理论分析和量纲分析，通过数值模拟，研究了弹性基底上具有一般横截面形状的纤维的失稳问题，确定了主导失稳特征的无量纲参数，建立了其失稳特征波长与基底弹性模量、纤维弹性模量和几何参数之间的关系。其三，通过实验测量、数值模拟和理论分析，研究了埋在基体内的有限长度纤维的弹性失稳，得到了失稳临界应变的解析解，有限元模拟验证了其精确性。结果表明，施加在系统上的失稳临界应变依赖于纤维的长细比，而界面剪切在失稳过程中起着关键作用。上述结果在薄膜和纤维的力学性质表征、复合材料设计等方面可能有参考价值。

参 考 文 献

[1] Khang D Y, Jiang H, Huang Y, Rogers J A. A stretchable form of single-crystal silicon

for high-performance electronics on rubber substrates. Science, 2006, 311: 208–212.
[2] Tarasovs S, Andersons J. Buckling of a coating strip of finite width bonded to elastic half-space. International Journal of Solids and Structures, 2008, 45: 593–600.
[3] Jiang H, Khang D Y, Fei H, Kim H, Huang Y, Xiao J, Rogers J A. Finite width effect of thin-films buckling on compliant substrate: experimental and theoretical studies. Journal of the Mechanics and Physics of Solids, 2008, 56: 2585–2598.
[4] Xia Y, Yang P, Sun Y, Wu Y, Mayers B, Gates B, Yin Y, Kim F, Yan H. One-dimensional nanostructures: synthesis, characterization, and applications. Advanced Materials, 2003, 15: 353–389.
[5] Tan E, Lim C. Mechanical characterization of nanofibers–a review. Composites Science and Technology, 2006, 66: 1102–1111.
[6] Stafford C M, Harrison C, Beers K L, Karim A, Amis E J, VanLandingham M R, Kim H C, Volksen W, Miller R D, Simonyi E E. A buckling-based metrology for measuring the elastic moduli of polymeric thin films. Nature Materials, 2004, 3: 545–550.
[7] Khang D Y, Xiao J, Kocabas C, MacLaren S, Banks T, Jiang H, Huang Y Y, Rogers J A. Molecular scale buckling mechanics in individual aligned single-wall carbon nanotubes on elastomeric substrates. Nano Letters, 2008, 8: 124–130.
[8] Alberts B, Johnson A, Lewis J, Raff M, Roberts K, Walter P. Molecular Biology of the Cell. Fourth edition ed. New York: Garland Science, 2005.
[9] Fletcher D A, Mullins R D. Cell mechanics and the cytoskeleton. Nature, 2010, 463: 485–492.
[10] Howard J. Mechanics of Motor Proteins and the Cytoskeleton. Sunderland: Sinauer Associates Inc., 2001.
[11] Ingber D E. Tensegrity: the architectural basis of cellular mechanotransduction. Annual Review of Physiology, 1997, 59: 575–599.
[12] Wang N, Butler J P, Ingber D E. Mechanotransduction across the cell surface and through the cytoskeleton. Science, 1993, 260: 1124–1127.
[13] Wang N, Naruse K, Stamenovi D, Fredberg J J, Mijailovich S M, Toli Nørrelykke I M, Polte T, Mannix R, Ingber D E. Mechanical behavior in living cells consistent with the tensegrity model. Proceedings of the National Academy of Sciences of the United States of America, 2001, 98: 7765–7770.
[14] Xue W F, Hellewell A L, Gosal W S, Homans S W, Hewitt E W, Radford S E. Fibril fragmentation enhances amyloid cytotoxicity. Journal of Biological Chemistry, 2009, 284: 34272–34282.
[15] Xue W F, Hellewell A L, Hewitt E W, Radford S E. Fibril fragmentation in amyloid assembly and cytotoxicity: when size matters. Prion, 2010, 4: 20–25.
[16] Xue W F, Homans S W, Radford S E. Systematic analysis of nucleation-dependent polymerization reveals new insights into the mechanism of amyloid self-assembly. Pro-

ceedings of the National Academy of Sciences of the United States of America, 2008, 105: 8926–8931.

[17] Kringelbach M L, Jenkinson N, Owen S L, Aziz T Z. Translational principles of deep brain stimulation. Nature Reviews Neuroscience, 2007, 8: 623–635.

[18] Silverberg J L, Noar R D, Packer M S, Harrison M J, Henley C L, Cohen I, Gerbode S J. 3D imaging and mechanical modeling of helical buckling in Medicago truncatula plant roots. Proceedings of the National Academy of Sciences of the United States of America, 2012, 109: 16794–16799.

[19] Whiteley G, Hewitt J, Dexter A. The buckling of plant roots. Physiologia Plantarum, 1982, 54: 333–342.

[20] Mallick P K. Fiber-reinforced Composites: Materials, Manufacturing, and Design. CRC Press, 2007.

[21] Brangwynne C P, MacKintosh F C, Kumar S, Geisse N A, Talbot J, Mahadevan L, Parker K K, Ingber D E, Weitz D A. Microtubules can bear enhanced compressive loads in living cells because of lateral reinforcement. The Journal of Cell Biology, 2006, 173: 733–741.

[22] Dogterom M, Yurke B. Measurement of the force-velocity relation for growing microtubules. Science, 1997, 278: 856–860.

[23] Gittes F, Meyhöfer E, Baek S, Howard J. Directional loading of the kinesin motor molecule as it buckles a microtubule. Biophysical Journal, 1996, 70: 418.

[24] Brodland G, Gordon R. Intermediate filaments may prevent buckling of compressively loaded microtubules. Journal of Biomechanical Engineering, 1990, 112: 319–321.

[25] Jiang H, Zhang J. Mechanics of microtubule buckling supported by cytoplasm. Journal of Applied Mechanics, 2008, 75: 061019.

[26] Li T. A mechanics model of microtubule buckling in living cells. Journal of Biomechanics, 2008, 41: 1722–1729.

[27] Wang C, Ru C, Mioduchowski A. Orthotropic elastic shell model for buckling of microtubules. Physical Review E, 2006, 74: 052901.

[28] Chiti F, Dobson C M. Protein misfolding, functional amyloid, and human disease. Annual Review of Biochemistry, 2006, 75: 333–366.

[29] O'Keeffe S G, Moulton D E, Waters S L, Goriely A. Growth-induced axial buckling of a slender elastic filament embedded in an isotropic elastic matrix. International Journal of Non-Linear Mechanics, 2013, 56: 94–104.

[30] Su T, Liu J, Terwagne D, Reis P M, Bertoldi K. Buckling of an elastic rod embedded on an elastomeric matrix: planar vs. non-planar configurations. Soft Matter, 2014, 10: 6294–6302.

[31] 郑修鹏. 弹性软基底上薄膜和纤维失稳的理论分析与数值模拟. 北京: 清华大学博士学位论文, 2010.

[32] 赵岩. 软材料失稳的理论分析与实验研究. 北京: 清华大学博士学位论文, 2016.

[33] Timoshenko S P, Gere J M. Theory of Elastic Stability. Tokyo: McGrawHill-Kogakusha Ltd, 1961.

[34] Chen X, Hutchinson J W. Herringbone buckling patterns of compressed thin films on compliant substrates. ASME Journal of Applied Mechanics, 2004, 71: 597–603.

[35] Barenblatt G I. Scaling, Self-similarity, and Intermediate Asymptotics: Dimensional Analysis and Intermediate Asymptotics. Cambridge: Cambridge University Press, 1996.

[36] Biot M A. Bending on an infinite beam on an elastic foundation. ASME Journal of Applied Mechanics, 1937, 59: A1-A7.

[37] Cox H. The elasticity and strength of paper and other fibrous materials. British Journal of Applied Physics, 1952, 3: 72.

[38] Gao X L, Li K. A shear-lag model for carbon nanotube-reinforced polymer composites. International Journal of Solids and Structures, 2005, 42: 1649–1667.

[39] Wu Z, Ye J, Cabrera J. 3D analysis of stress transfer in the micromechanics of fiber reinforced composites by using an eigen-function expansion method. Journal of the Mechanics and Physics of Solids, 2000, 48: 1037–1063.

[40] Nairn J A. On the use of shear-lag methods for analysis of stress transfer in unidirectional composites. Mechanics of Materials, 1997, 26: 63–80.

[41] Gittes F, Mickey B, Nettleton J, Howard J. Flexural rigidity of microtubules and actin filaments measured from thermal fluctuations in shape. The Journal of Cell Biology, 1993, 120: 923–934.

[42] Fabry B, Maksym G N, Butler J P, Glogauer M, Navajas D, Fredberg J J. Scaling the microrheology of living cells. Physical Review Letters, 2001, 87: 148102.

[43] Mahaffy R, Shih C, MacKintosh F, Käs J. Scanning probe-based frequency-dependent microrheology of polymer gels and biological cells. Physical Review Letters, 2000, 85: 880–883.

[44] Shan W, Chen Z, Broedersz C, Gumaste A, Soboyejo W, Brangwynne C. Attenuated short wavelength buckling and force propagation in a biopolymer-reinforced rod. Soft Matter, 2013, 9: 194–199.

[45] Jin M, Ru C. Localized buckling of a microtubule surrounded by randomly distributed cross linkers. Physical Review E, 2013, 88: 012701.

[46] Cao Y P, Zheng X P, Li B, Feng X Q. Determination of the elastic modulus of micro- and nanowires/tubes using a buckling-based metrology. Scripta Materials, 2009, 61: 1044–1047.

[47] Jiang H, Khang D Y, Fei H, Kim H, Huang Y, Xiao J, Rogers J A. Finite width effect of thin-films buckling on compliant substrate: experimental and theoretical studies. J Mech Phys Solids, 2008, 56: 2585–2598.

第 8 章　非均匀基底上硬膜的失稳

在第 4~7 章中讨论的薄膜–基底结构，均假设薄膜和基底为均匀材料，而在实际结构中，往往由于制备工艺的原因或功能的需求，具有比较复杂的几何或结构特征，如多层结构、功能梯度性能等。在微机电系统中常常在硅基板表面上胶合不同的功能器件，以构成双层或多层的薄膜–基底系统。人的皮肤由表皮层、真皮层和皮下组织组成，可简化为双层膜–软基系统。

梯度弹性材料 (elastic graded material) 是指弹性模量随空间变化的材料。梯度弹性材料可以有效改善不同材料界面连接处的应力失配，因而在工程中被广泛采用 [1]。例如，航空领域的“三明治”结构设计中，采用梯度弹性软芯可有效降低蒙皮与软芯界面处的应力集中。在很多膜基系统中，基底靠近界面处的弹性模量也是呈梯度变化的 [2]。以金属薄膜–聚合物系统为例，其制备过程往往是在聚合物表面通过溅射或喷涂的办法形成金属膜，在此过程中，聚合物的表面性质会发生改变，形成梯度弹性基底。另外，具有这类梯度特征的膜基结构也广泛存在于生物组织中，如大脑、肝脏。对于此类系统表面失稳的研究，一方面有望为工程结构设计提供参考，另一方面也有助于理解生物组织表面形貌的形成机理。

本章关注在软基底上双层膜的失稳以及在梯度弹性基底上硬膜的失稳问题。首先，通过理论分析和有限元模拟研究了双层膜–基底系统的失稳问题，得到了失稳模式与材料、几何参数之间的关系；进而对幂级数和指数函数形式变化的梯度软基底上的硬膜失稳进行分析，得到了表面失稳的临界条件和后屈曲失稳形貌特征 [3]。

8.1　软基底上双层膜的失稳

本节通过理论分析和有限元模拟研究在软基底上双层膜的失稳，以揭示其临界失稳条件和失稳模式与材料性质、几何参数之间的关系。该复合系统存在两种主要的失稳模式，其一是双层膜作为一个整体在软基底上失稳，称为模式 I，见图 8.1(a)；另一种是顶层膜在中间层膜和软基底组成的复合基底上失稳，称为模式 II，见图 8.1(b)。对于模式 I，Nolte 等 [4] 和 Huang 等 [5] 对单层膜–基底系统表面失稳问题的经典解 [6] 进行了发展，给出了系统失稳波长和临界应变与材料性质、几何参数之间的关系。因此，本章重点关注模式 II，即研究硬膜在复合基底上的临界失稳条件和失稳波长。

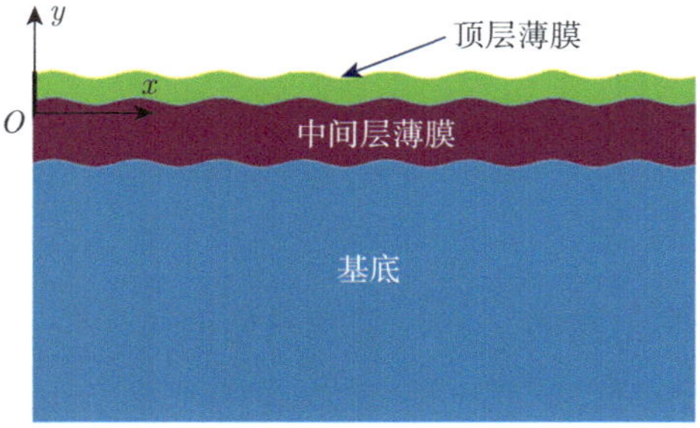

(a)

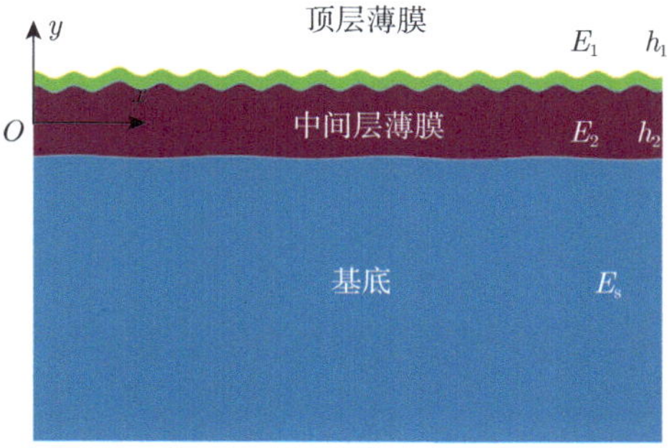

(b)

图 8.1 双层膜–基底系统的表面失稳

(a) 双层膜作为一个整体在均一基底上失稳，称为模式 I；(b) 顶层膜在中间层膜和基底组成的复合基底上失稳，定义为模式 II

8.1.1 理论分析

考虑如图 8.1 所示双层膜–基底系统在面内压缩载荷作用下的失稳问题。假设双层膜和基底均为各向同性线弹性材料。左右边界施加沿水平方向给定的压缩位移边界条件，其他边界均为自由边界。定义左右边界的相对位移与膜原长的比值为压缩应变 ε_a，当压缩应变 ε_a 达到临界值 ε_c 时，薄膜会发生失稳。

如前所述，双层膜–基底系统失稳时会产生不同的失稳模式 [7]。两种主要的失稳模式为：模式 I 顶层薄膜和中间层薄膜作为一个整体在基底上失稳，见图 8.1(a)；模式 II 顶层薄膜在中间层薄膜和基底组成的复合基底上失稳，见图 8.1(b)。对于前者，将双层膜等效为单层膜，然后由单层膜–基底系统的解，即可得到模式 I 下的理论解 [4]；对于失稳模式 II，本章将给出关于薄膜失稳特征与材料、几何参数之间的解析关系。

1. 失稳模式 I

Nolte 等 [4] 和 Huang 等 [5] 通过等效的方法，将双层膜等效为单层膜，然后采用单层膜–基底系统表面失稳问题的分析方法得到了模式 I 的解析解。

在其分析中，将双层膜等效为一个单层板，其平衡方程为 [8]

$$E_\mathrm{b}^* I\frac{\mathrm{d}^4 w}{\mathrm{d}x^4} + F\frac{\mathrm{d}^2 w}{\mathrm{d}x^2} + Kw = 0 \tag{8-1}$$

式中，I 为等效单层膜的截面惯性矩；w 为膜的挠度；F 为膜所受的压缩载荷；K 为基底刚度。膜的等效弯曲模量 E_b^* 依赖于双层膜的几何和材料参数，等效关系为 [4]

$$E_\mathrm{b}^* = \frac{1 + m^2 n^4 + 2mn\left(2n^2 + 3n + 2\right)}{(n+1)^3(1+mn)} E_1^* \tag{8-2}$$

式中，$m=E_2^*/E_1^*$；$n=h_2/h_1$，h_1 和 h_2 分别代表顶层膜和中间层膜的厚度；$E_1^*=E_1/\left(1-\nu_1^2\right)$ 和 $E_2^*=E_2/\left(1-\nu_2^2\right)$ 分别为顶层和中间层膜的平面应变弹性模量。本节中，下标 1 和 2 分别代表与顶层膜和中间层膜相关的物理量。假设膜的变形模式为

$$w=W_0\cos\left(\frac{2\pi x}{\lambda_{\mathrm{I}}}\right) \tag{8-3}$$

式中，λ_{I} 为膜失稳的波长。假设膜和基底间无剪切，并且基底表面的竖向位移为 w。

根据 Biot[9] 的工作，可以得到基底表面的竖向应力 σ_y 与竖向位移 w 间的关系。此时，基底刚度可以表示为

$$K=\frac{\sigma_y}{w}=\frac{\pi E_{\mathrm{s}}^*}{\lambda_{\mathrm{I}}} \tag{8-4}$$

式中，$E_{\mathrm{s}}^*=E_{\mathrm{s}}/\left(1-\nu_{\mathrm{s}}{}^2\right)$ 为基底的平面应变模量。将式 (8-3) 和式 (8-4) 代入式 (8-1)，得到压缩载荷为

$$F=E_{\mathrm{b}}^*I\left(\frac{2\pi}{\lambda_{\mathrm{I}}}\right)^2+\frac{E_{\mathrm{s}}^*\lambda_{\mathrm{I}}}{4\pi} \tag{8-5}$$

该载荷取最小值的条件为 $\partial F/\partial\lambda_{\mathrm{I}}=0$，由此可以得到临界失稳波长为

$$\lambda_{\mathrm{c,I}}=2\pi h\left(\frac{E_{\mathrm{b}}^*}{3E_{\mathrm{s}}^*}\right)^{1/3} \tag{8-6}$$

式中，$h=h_1+h_2$。压缩载荷 F 的最小值记为 $F_{\mathrm{c}}^{\mathrm{I}}$，对应的临界应变为

$$\varepsilon_{\mathrm{c}}^{\mathrm{I}}=\frac{F_{\mathrm{c}}^{\mathrm{I}}}{E_{\mathrm{t}}^*h}=\frac{1}{4}\frac{E_{\mathrm{b}}^*}{E_{\mathrm{t}}^*}\left(\frac{3E_{\mathrm{s}}^*}{E_{\mathrm{b}}^*}\right)^{2/3} \tag{8-7}$$

式中，E_{t}^* 为等效的弹性模量，表示为

$$E_{\mathrm{t}}^*=\frac{1}{h}\left(E_1h_1+E_2h_2\right) \tag{8-8}$$

若采用另一种薄膜和基底的界面条件 [10]，即竖向位移 $w=W_0\cos\left(2\pi x/\lambda_{\mathrm{I}}\right)$，水平位移 $u_x=0$，则基底的刚度为

$$K^*=\frac{4\left(1-\nu_{\mathrm{s}}\right)^2}{\left(3-4\nu_{\mathrm{s}}\right)}\frac{\pi E_{\mathrm{s}}^*}{\lambda_{\mathrm{I}}} \tag{8-9}$$

对比式 (8-4) 和式 (8-9)，可以给出两种界面条件下的基底刚度。当泊松比 $\nu_{\mathrm{s}}=0.5$ 时，即对于不可压缩材料，$K^*=K$；但是，当 $\nu_{\mathrm{s}}=0.0$ 时，K^* 和 K 间的差别可达到 33%，对应失稳波长的差别在 10%左右。本节重点考虑基底泊松比 $\nu_{\mathrm{s}}\geqslant 0.3$ 的情况，此时在上述两种界面条件约束下求得的失稳波长的差别小于 3%。因此，本节后续分析中将不考虑界面剪切作用。

2. 失稳模式 II

对模式 II，即顶层膜在复合基底上的失稳问题，以顶层膜为研究对象，其平衡方程为

$$E_1^* I_1 \frac{\mathrm{d}^4 w}{\mathrm{d}x^4} + F\frac{\mathrm{d}^2 w}{\mathrm{d}x^2} + K_{\mathrm{e}} w = 0 \tag{8-10}$$

式中，顶层膜的截面惯性矩 $I_1 = h_1^3/12$；K_{e} 为中间层薄膜和基底组成的复合基底的刚度。为了确定 K_{e}，需要确定复合基底表面的应力和位移间的解析关系。文献 [11] 给出了任意形式分布的表面压力作用下复合基底表面位移的表达式。

根据文献 [11]，复合基底在任意形式分布压力 $p(x)$ 作用下其表面位移的结果为

$$\begin{aligned} u_y =& \frac{-1}{\pi\mu_2}\int_0^\infty \left\{\left[\frac{1}{2}(\kappa_2 - 1)B - C - D\omega h_2\right]\cosh(\omega h_2)\right. \\ & \left. - \left[A + B\omega h_2 - \frac{1}{2}(\kappa_2 - 1)D\right]\sinh(\omega h_2)\right\}\frac{\tilde{p}_{\mathrm{c}}(\omega)\cos(\omega x)}{\omega}\mathrm{d}\omega \end{aligned} \tag{8-11}$$

式中

$$\begin{aligned} &\tilde{p}_{\mathrm{c}}(\omega) = \int_0^\infty p(x)\cos(\omega x)\,\mathrm{d}x \\ &A = P(QB + RD) \\ &C = P(SB - QD) \\ &B = \frac{(PR+1)\sinh(\omega h_2) - (PQ - \omega h_2)\cosh(\omega h_2)}{\Theta} \\ &D = \frac{-(PS+1)\cosh(\omega h_2) - (PQ + \omega h_2)\sinh(\omega h_2)}{\Theta} \\ &\Theta = (\omega h_2)^2 + P(S-R)\cosh^2(\omega h_2) \\ &\qquad + PQ[\sinh(2\omega h_2) - PQ] - PS(PR+1) \end{aligned}$$

式中，$\kappa_2 = 3 - 4\nu_2$，中间层的剪切模量为 $\mu_2 = E_2/[2(1+\nu_2)]$。参数 P、Q、R 和 S 分别为

$$\begin{aligned} &P = \frac{1}{4(\beta-\alpha)(1+\beta)} \\ &Q = 1 - \alpha^2 \\ &R = (1-\alpha)(\alpha - 1 - 2\beta) \\ &S = (1+\alpha)^2 + 2\beta(\alpha - 1 - 2\beta) \end{aligned}$$

式中，α 和 β 为 Dundurs 常数 [11]，具体表达式为

$$\alpha = \frac{\varsigma(\kappa_{\mathrm{s}} + 1) - (\kappa_2 + 1)}{\varsigma(\kappa_{\mathrm{s}} + 1) + (\kappa_2 + 1)}$$

$$\beta = \frac{\varsigma(\kappa_{\mathrm{s}} - 1) - (\kappa_2 - 1)}{\varsigma(\kappa_{\mathrm{s}} + 1) + (\kappa_2 + 1)}$$

式中，$\kappa_{\mathrm{s}} = 3 - 4\nu_{\mathrm{s}}$，$\varsigma = \mu_2/\mu_{\mathrm{s}}$，$\mu_{\mathrm{s}} = \dfrac{E_{\mathrm{s}}}{2(1+\nu_{\mathrm{s}})}$。

考虑余弦分布的界面正应力，即

$$p = p_0 \cos(\omega_{\mathrm{II}} x) \tag{8-12}$$

由式 (8-11)，得

$$u_y = -\frac{\vartheta}{2\mu_2\omega_{\mathrm{II}}} p \tag{8-13}$$

式中，

$$\begin{aligned}\vartheta = & \left[\frac{1}{2}(\kappa_2 - 1)B - C - D\omega_{\mathrm{II}}h_2\right]\cosh(\omega_{\mathrm{II}}h_2) \\ & + \left[-A - B\omega_{\mathrm{II}}h_2 + \frac{1}{2}(\kappa_2 - 1)D\right]\sinh(\omega_{\mathrm{II}}h_2)\end{aligned} \tag{8-14}$$

由式 (8-12) 和式 (8-13)，得到基底刚度的表达式为

$$K_e = \frac{p}{u_y} = -\frac{2\mu_2\omega_{\mathrm{II}}}{\vartheta} \tag{8-15}$$

假设顶层膜的竖向位移 $w = W_0\cos(\omega_{\mathrm{II}}x)$，将其代入式 (8-10)，得

$$F = E_1^* I_1 \omega_{\mathrm{II}}^2 - \frac{2\mu_2}{\vartheta\omega_{\mathrm{II}}} \tag{8-16}$$

临界波长 $\lambda_{\mathrm{c,II}}$ 应使得压缩载荷取得最小值 $F_{\mathrm{c}}^{\mathrm{II}}$，即临界波长应满足如式 (8-17) 所示条件：

$$\frac{\partial F}{\partial \omega_{\mathrm{II}}} = 0 \tag{8-17}$$

由式 (8-16) 得到临界应变的表达式为

$$\varepsilon_{\mathrm{c}}^{\mathrm{II}} = \frac{F_{\mathrm{c}}^{\mathrm{II}}}{E_1^* h_1} \tag{8-18}$$

当中间层膜的弹性模量与基底的弹性模量相同时，式 (8-14) 退化为

$$\vartheta = 2(\nu_2 - 1) \tag{8-19}$$

将式 (8-19) 代入式 (8-15)，得到均匀基底刚度为 $K_{\mathrm{e}} = E_2^*\omega_2/2 = E_{\mathrm{s}}^*\omega_2/2$，与式 (8-4) 给出的结果一致。因此，在这种情况下失稳波长与单层膜–基底系统的结果 [6] 相同，即 $\lambda_{\mathrm{c,II}} = 2\pi h_1 (E_1^*/3E_{\mathrm{s}}^*)^{1/3}$。

当基底为刚性 (即 $E_s \to \infty$) 时，由式 (8-14)，得

$$\vartheta = \frac{(\nu_2 - 1)\left[(6 - 8\nu_2)\sinh(2\omega_{\text{II}} h_2) - 4\omega_{\text{II}} h_2\right]}{(3 - 4\nu_2)\cosh(2\omega_{\text{II}} h_2) + 5 - 12\nu_2 + 8\nu_2^2 + 2(\omega_{\text{II}} h_2)^2} \tag{8-20}$$

将式 (8-20) 代入式 (8-13)，得到与 Huang 等 [12] 一致的结果，即

$$g = \frac{\nu_2 - 1}{\vartheta} = \frac{(3 - 4\nu_2)\cosh(2\omega_{\text{II}} h_2) + 5 - 12\nu_2 + 8\nu_2^2 + 2(\omega_{\text{II}} h_2)^2}{(6 - 8\nu_2)\sinh(2\omega_{\text{II}} h_2) - 4\omega_{\text{II}} h_2} \tag{8-21}$$

因此，在 $E_s \to \infty$ 情况下，得到的临界失稳波长与 Huang 等 [12] 的结果一致。图 8.2 给出了临界失稳波长随基底模量变化的曲线。图 8.2(a) 中的参数为：$E_1 =$

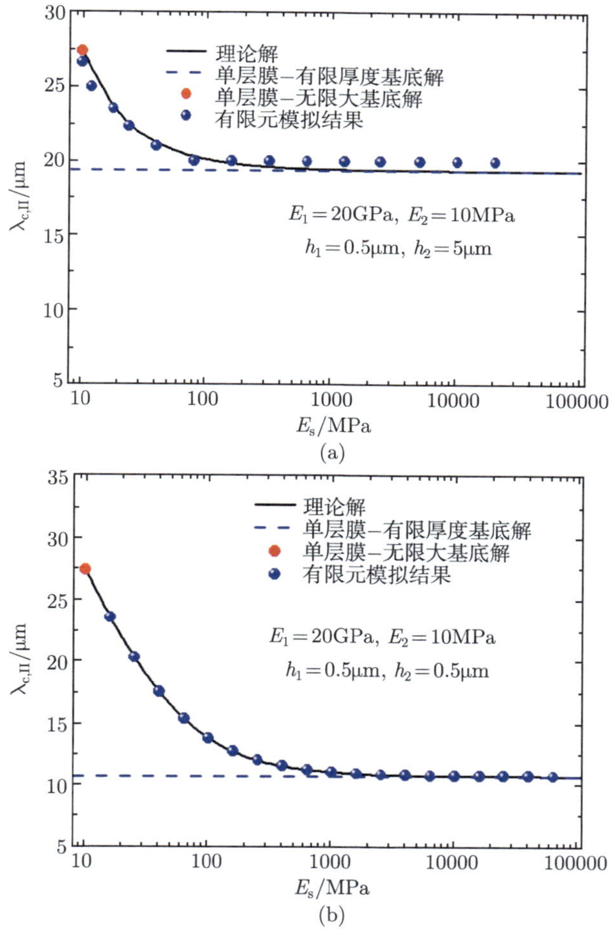

图 8.2 临界失稳波长随基底模量的变化

(a) $h_2 = 5\mu\text{m}$；(b) $h_2 = 0.5\mu\text{m}$

20GPa，$h_1 = 0.5\mu m$，$E_2 = 10MPa$，$h_2 = 5\mu m$，泊松比均为 0.3；图 8.2(b) 中的参数为：$E_1 = 20GPa$，$h_1 = 0.5\mu m$，$E_2 = 10MPa$，$h_2 = 0.5\mu m$，泊松比均为 0.3。基底弹性模量的取值范围为 $E_s \geqslant E_2$。这些材料参数的选取接近于聚合物薄膜–橡胶 (如 PDMS) 基底系统。此时，系统仅发生模式 II 的失稳。图 8.2 中的曲线为本节得到的理论解，蓝色点为有限元计算结果，红色点表示单层膜–无限大基底解 [6]，虚线表示单层膜–有限厚度基底解 [12]。从图 8.2 可以看出，在两种极限情况下 ($E_2 = E_s$ 和 $E_s \to \infty$)，本节得到的理论解和已有的理论解吻合得较好。

8.1.2　数值验证

下面采用有限元软件 Abaqus 对双层膜–基底系统表面失稳问题进行数值模拟，并与 8.1.1 节的理论解进行对比。在理论分析中，忽略了基底与薄膜间剪切应力的影响，但在有限元模拟中，不需要引入这样的假设。整个计算模型采用约 30000 个八节点二次减缩积分平面应变单元 (CPE8R)。具体的网格如图 8.3 所示，双膜和基底上部均采用较密的规则网格，以保证计算的收敛性。基底中部和底部对于计算结果的影响较小，因此选取比较稀疏的网格，以提高计算效率。另外，计算中基底的尺寸足够大，其下端边界条件对计算结果的影响可以忽略。

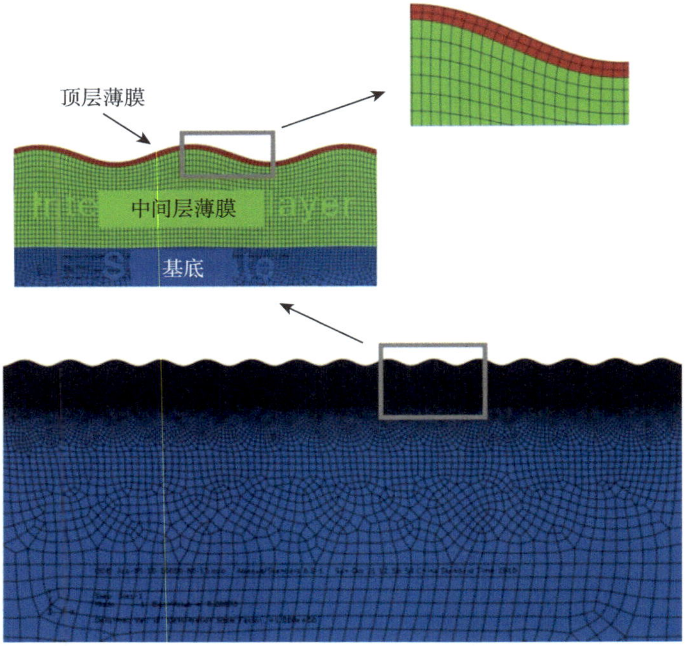

图 8.3　数值模拟中采用的网格

首先，考虑基底模量 ($E_s \geqslant E_2$) 对临界失稳波长的影响。图 8.2(a) 和 (b) 分别比较了不同中间层厚度 ($h_2 = 5\mu m$，$h_2 = 0.5\mu m$) 情况下的计算结果和理论结果。从图 8.2(b) 中可以看出，当中间层厚度较小时 ($h_2 = 0.5\mu m$)，失稳波长的变化范围较大，可以从 10μm 变化到 27μm 左右，有限元模拟结果与解析解结果吻合。当中间层厚度较大时 ($h_2 = 5\mu m$)，失稳波长的变化范围较小，从 20μm 变化到 27μm，说明随着中间层厚度的增加，基底对于失稳波长的影响逐渐减小。此外，图 8.2(a) 中有限元结果与解析解之间的偏差比图 8.2(b) 较为明显，这也是由于波长变化范围导致的。由于波长范围变化较小，相同的误差相对于波长范围的比值就会更大，因而在图 8.2(b) 中相对偏差稍大。实际上，误差相对于波长的比值很小，因此有限元模拟结果与解析解基本吻合。

需要指出的是，从量纲分析角度看，在给定泊松比情况下，系统的失稳波长可以表达为 $h_1 \Pi\left(h_1/h_2, E_1/E_s, E_2/E_s\right)$。因此，图 8.2 中给出的算例可以代表其他具有相同模量比和厚度比的系统。例如，表层薄膜为金属膜 ($E_1 = 100\text{GPa}$)，中间层为聚合物 ($E_2 = 50\text{MPa}$)，基底模量 $E_s \geqslant 50\text{MPa}$。本节所得的理论解并不局限于图 8.2 所示的例子，也适用于其他一些系统。例如，针对柔性电子 [13] 系统，金属表面层/PDMS 中间层/硅基底，其材料参数为 $E_1 = 77\text{GPa}$，$\nu_1 = 0.42$，$E_2 = 2\text{MPa}$，$\nu_2 = 0.49$，$E_s = 130\text{GPa}$，$\nu_s = 0.28$，$h_1 = 0.5\mu m$，$h_2/h_1 = 80$。理论分析得到的临界失稳波长为 $\lambda_{c,\text{II}} = 66.4\mu m$，与有限元计算结果 66.8μm 非常接近。

考虑基底模量比中间层小 ($E_s < E_2$) 的情况。此时，两种失稳模式都有可能发生，具体何种模式先发生取决于条件 $\varepsilon_c = \min\left(\varepsilon_c^{\text{I}}, \varepsilon_c^{\text{II}}\right)$，即临界应变相对小的失稳模式将先出现。下面针对具体的系统进行分析，选取系统参数如下：$h_2/h_1 = 20$，$h_1 = 0.5\mu m$，$E_1 = 80\text{GPa}$，$E_s = 40\text{MPa}$，$\nu_1 = \nu_2 = \nu_s = 0.3$。根据 8.1.1 节理论分析得到的临界应变与系统的物理、几何参数间的解析关系，可以得到临界应变 ε_c^{I} 和 $\varepsilon_c^{\text{II}}$ 随中间层模量的变化曲线，如图 8.4 所示。当中间层膜的弹性模量 E_2 较小时，模式 II 的临界应变较小，较容易发生；随着 E_2 的增大，两种模式对应的临界应变也均增加，但模式 II 临界应变的增加速度明显较快。当 E_2 超过某一临界值时，模式 I 的临界应变较小，并且随着 E_2 的增加呈现减小的趋势，此时发生模式 I 的失稳。对于以上理论结果，采用有限元模拟进行了验证。图 8.4 中的圆点为有限元模拟结果。可以看到，当中间层模量较小时，有限元分析得到的临界应变和模式 II 的理论结果一致；当中间层模量较大时，有限元结果和模式 I 的理论结果一致。有限元分析结果表明，中间层模量达到 480MPa 左右时，失稳模式会发生切换，这与理论预测相吻合。图 8.5(a) 给出了理论和有限元模拟的临界波长结果，两者吻合较好。此外，随着中间层模量的逐渐增加，系统表面失稳波长会先逐渐减小，但超过模式切换区 ($E_2 = 480\text{MPa}$) 后，波长迅速增大，并且随着中间层模量呈递增趋势。在切换区附近，本算例波长的变化达到了 12 倍。关于这一有趣现象的潜在应用，将在

8.1.3 节讨论。

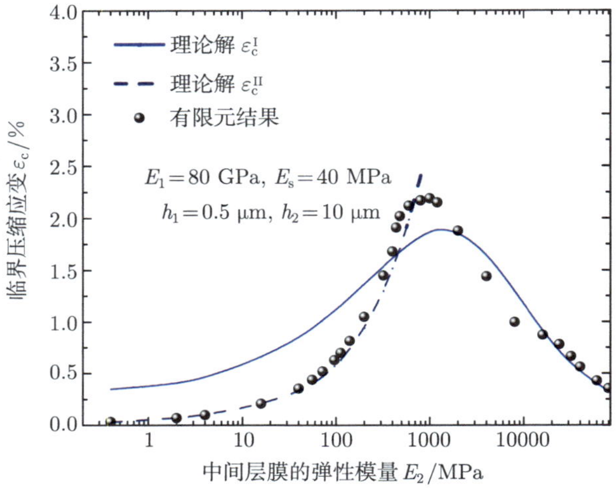

图 8.4 失稳临界应变随中间层模量的变化

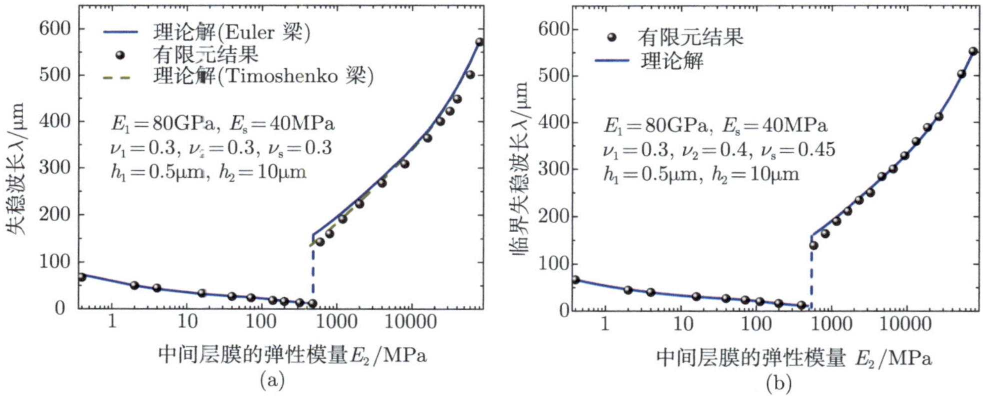

图 8.5 在不同泊松比情况下失稳波长随中间层膜的弹性模量的变化

下面选取另一组参数进行分析：$h_2/h_1=20$，$h_1=0.5\mu\text{m}$，$E_1=80\text{GPa}$，$E_s=40\text{MPa}$，$\nu_1=0.3$，$\nu_2=0.4$，$\nu_s=0.45$。同样可以发现有限元和理论结果吻合得较好，如图 8.5(b) 所示。

图 8.5(a) 和 (b) 中的形貌切换区域附近，由式 (8-6) 得到的理论结果高于有限元计算结果。通过观察有限元模拟中双层膜的变形可以发现，双层膜存在较大的剪切变形。而在理论分析过程中，采用的是 Euler–Bernoulli 梁模型，忽略了剪切变形

的影响，这可能是导致误差的主要原因。下面改用考虑剪切变形影响的 Timoshenko 梁进行理论分析。对于模式 I，改进后的平衡方程为

$$\begin{cases} E_{\mathrm{b}}^{*}I\dfrac{\mathrm{d}^2\varphi}{\mathrm{d}x^2}-\kappa\overline{GA}\left(\varphi-\dfrac{\mathrm{d}w}{\mathrm{d}x}\right)=0 \\ -Kw-F\dfrac{\mathrm{d}^2 w}{\mathrm{d}x^2}+\kappa\overline{GA}\left(\dfrac{\mathrm{d}\varphi}{\mathrm{d}x}-\dfrac{\mathrm{d}^2 w}{\mathrm{d}x^2}\right)=0 \end{cases} \tag{8-22}$$

式中，φ 为双层膜的转角；κ 为剪切系数，对于矩形截面为 0.854。根据文献 [14] 得到 $1/\left(\overline{GA}\right)=\left(h_1/G_1+h_2/G_2\right)/h^2$，其中 G_1 和 G_2 分别为顶层和中间层薄膜的剪切模量。消去式 (8-22) 中与 φ 有关的量，得

$$\left(1-\frac{F}{\kappa\overline{GA}}\right)\frac{\mathrm{d}^4 w}{\mathrm{d}x^4}+\left(\frac{F}{E_{\mathrm{b}}^{*}I}-\frac{K}{\kappa\overline{GA}}\right)\frac{\mathrm{d}^2 w}{\mathrm{d}x^2}+\frac{K}{E_{\mathrm{b}}^{*}I}w=0 \tag{8-23}$$

假设双层膜产生余弦形式的失稳，并采用式 (8-4) 中的基底刚度，通过类似于理论分析部分的求解步骤，得到压缩载荷 F 的表达式为

$$F=\frac{\omega_{\mathrm{I}}^4+\dfrac{K}{\kappa\overline{GA}}\omega_{\mathrm{I}}^2+\dfrac{K}{E_{\mathrm{b}}^{*}I}}{\dfrac{\omega_{\mathrm{I}}^4}{\kappa\overline{GA}}+\dfrac{\omega_{\mathrm{I}}^2}{E_{\mathrm{b}}^{*}I}} \tag{8-24}$$

式中，失稳波数为 $\omega_{\mathrm{I}}=2\pi/\lambda_{\mathrm{I}}$。临界失稳波长应满足的条件为

$$\frac{\partial F}{\partial \lambda_{\mathrm{I}}}=0 \tag{8-25}$$

所得的结果如图 8.5(a) 中虚线所示，采用 Timoshenko 梁模型比采用 Euler–Bernoulli 梁模型进行分析得到的波长值小，且与有限元结果吻合得更好。

8.1.3 结果与讨论

以上分析表明，双层膜–软基底系统存在两种主要的失稳模式，其一是双层膜作为一个整体发生正弦状失稳，即模式 I；其二是表层膜在中间层和软基底组成的复合基底上发生正弦状失稳，即模式 II。当基底的弹性模量明显高于中间层膜的弹性模量时，易出现第二种失稳。随着基底模量的增加，失稳波长将逐渐减小。当基底模量小于中间层膜的模量时，两种失稳模式均可能发生，此时，可以通过比较两种失稳模式所对应的临界应变来判断最可能的失稳模式。在模式切换区域附近，中间层的弹性模量对失稳波长有显著影响。

表面失稳模式随中间层性质而变化的这一特性可用于制备动态可调控的表面形貌，进而可应用于薄膜力学性质的测量、智能粘附表面、光子晶体、浸润性质的调控等方面。

首先，本节结果在薄膜力学性质的测量方面有潜在应用。Nolte 等 [4] 利用模式 I 的失稳模式进行了薄膜力学特性的表征。具体的测量步骤如下：首先，利用椭圆偏振光谱方法测量顶层膜和中间层膜的厚度；然后，使用光学显微镜记录薄膜表面的失稳形貌，进而得到失稳的平均波长；最后，将系统中已知的几何和物理量代入式 (8-2) 和式 (8-6)，得到顶层薄膜的弹性模量。在 Nolte 等 [4] 的工作中，引入中间层薄膜主要是为了增强薄膜和基底的粘接性能，因此中间层非常薄，只有几十纳米厚。本节的理论分析不需要对中间层厚度做假设，因此也适用于 Nolte 等 [4] 的问题。当中间层厚度相对较厚时，本节的理论分析和数值模拟结果均表明，模式 I 的失稳波长将变长，这样既有利于实验测量，又可以提高测量精度。然而，虽然这种测量方法有一些优点，但是要求在实验过程中首先发生模式 I 的表面失稳。由理论分析可知，双层膜系统有发生模式 I 和 II 两种典型失稳模式。因此，在设计实验时，需要选取合适的材料作为中间层和基底，并设计合理的几何尺寸，以保证模式 I 先发生。本节给出的理论解可以为这种测量方法的实验设计提供指导。

其次，本节的理论结果也可为人工制备可动态调控的表面形貌提供参考。图 8.5 表明，当中间层薄膜的弹性模量在某一特定值 (如 480MPa) 附近变化时，表面失稳形貌会发生转换，失稳波长可以有量级上的改变。这一特征为设计大范围可调节的表面形貌提供了一种思路。作为例子，一个可能的设计方案简介如下：选择中间层膜的材料，使其弹性模量大于图 8.5 中的临界模量。在面内压缩载荷作用下，系统发生模式 I 的失稳。随着中间层模量的降低，薄膜表面形貌就会发生很大的改变。有多种方法可以调控中间层的弹性模量。例如，可以选取聚合物材料，在温度升高到玻璃态转变温度时，其弹性模量会急剧降低。有限元模拟结果表明，降低中间层薄膜的弹性模量可以使表面失稳波长发生很大变化。在我们的有限元模拟中，选用聚合物 SBR 作为中间层薄膜材料，其弹性模量 E_2 随着温度的升高单调递减，如图 8.6(a) 所示。顶层薄膜和基底的弹性模量分别为 60GPa 和 30MPa。中间层膜与顶层膜的厚度比 h_2/h_1 为 20。所有材料的泊松比均取为 0.3。在模拟的初始阶段，温度较低，中间层模量为 $E_2 = 800\text{MPa}$；当压缩应变达到 3.0%时，出现模式 I 形式的失稳；保持压缩应变不变，同时升高温度，失稳模式会从模式 I 转变到模式 II，如图 8.6(a) 所示。可以看到，系统表面失稳波长发生了非常明显的变化。除了聚合物材料以外，其他模量可调材料也可以被选作中间层材料。例如，在一种生物材料——海参真皮的启发下，Capadona 等 [15] 设计了一种纳米聚合物。在化学试剂作用下，其弹性模量会产生 40 倍左右的可逆改变，这也是一种比较理想的中间层材料。选择这种材料作为系统中间层，结合理论得到的表面形貌切换原理图见图

8.6(b)。在氢键形成状态下，所有的纳米纤维通过氢键结合在一起，形成坚固的网状结构。此时，中间层薄膜的弹性模量很大，双层膜–基底系统出现模式 I 形式的失稳。在左侧氢键打开状态下，纳米纤维杂乱无章地排列，弹性模量急剧下降。一旦 E_2 低于临界模量值，系统就会从失稳模式 I 转变到模式 II。在此过程中，所有材料均处于弹性状态，表面形貌的切换过程是可逆的。这种失稳模式切换的实现存在一些潜在的应用前景，如智能黏附、光子晶体、可调的超疏水表面等。在自然界中存在很多粘附性能可调控的现象，如壁虎的脚。很多人致力于仿制出类似优异性能的材料 [16]。Chen 等 [17] 的研究表明，可以通过失稳技术制备类似的仿生材料。本节的结果为人工制备智能粘附材料提供了新的途径 (图 8.6)。此外，蝴蝶、甲虫、

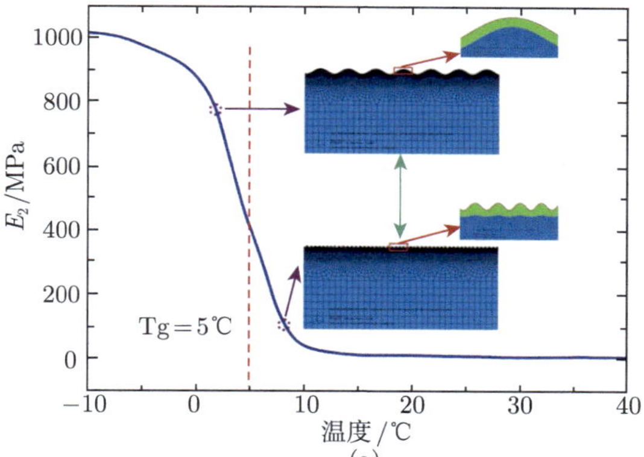

(a)

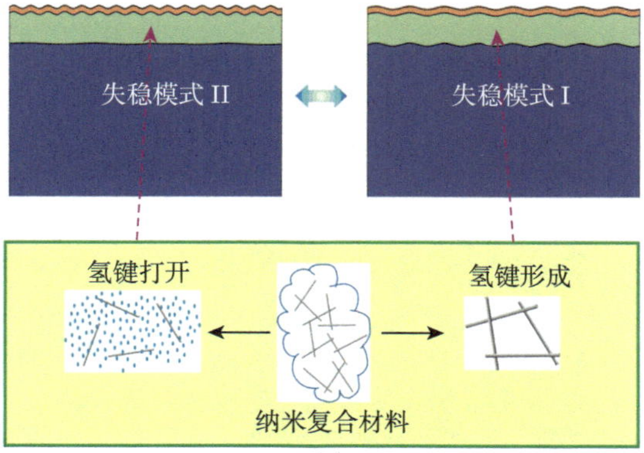

(b)

图 8.6 软基底上双层薄膜表面失稳形貌的转换

(a) 中间层聚合物材料的弹性模量在玻璃态温度附近发生较大的变化，从而导致表层薄膜表面形貌发生切换；(b) 当选用化学驱动的纳米复合材料作为中间层材料，通过改变纳米颗粒和纤维间结合率可调节中间层的弹性模量 [15]，可以实现表面形貌的调控

鸟的羽毛通常显示出五彩斑斓的颜色，这些颜色是由于光通过表面微结构时发生干涉或衍射形成的。利用表面失稳的方法，也有望实现具有类似光学性质的仿生材料 [18]。

8.2　梯度弹性基底上硬膜的失稳

本节讨论在梯度弹性基底上硬膜的失稳问题。首先，通过理论分析给出临界应变和失稳波长对材料参数、几何参数的依赖关系；然后，进行有限元模拟，以验证理论解的准确性；最后，利用有限元方法追踪失稳形貌的演化过程，并讨论基底弹性模量的变化形式对后屈曲形貌演化的影响。

8.2.1　理论分析

考虑如图 8.7 所示的系统，其中表面为均质的弹性硬膜，底层为功能梯度材料的半无限大基底。左右边界施加水平方向的压缩载荷，其余边界均自由。采用笛卡儿坐标系 (O-xy^*)，其中原点 O 位于膜厚度方向的中点，x 沿着薄膜的表面方向，y^* 轴垂直向下。假设薄膜具有各向同性线弹性本构关系；基底也为线弹性材料，其弹性模量沿着深度方向变化，而泊松比为常数。本节重点讨论两种特殊形式的功能梯度弹性基底，其弹性模量分别按幂级数和指数函数的形式沿深度变化，如图 8.8 所示。这两种梯度形式被广泛用于功能梯度材料 (如镀层) 的研究 [19−24]。

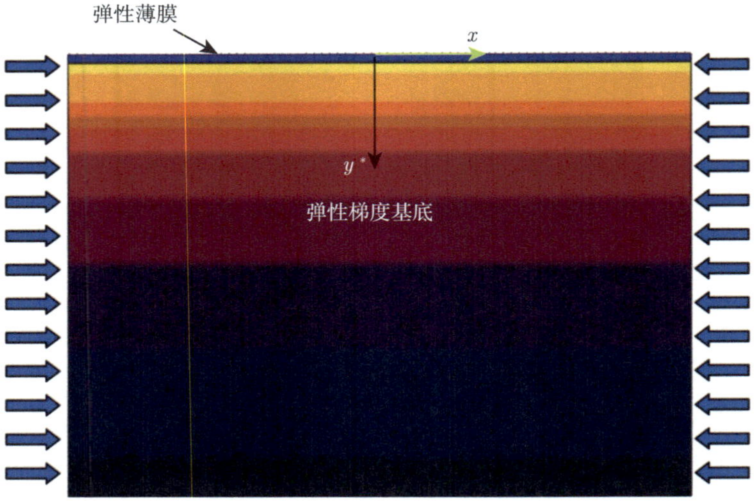

图 8.7　硬膜–梯度软基底模型

幂函数基底：即基底的弹性模量沿深度方向按幂函数形式变化，表示为

$$E_{s,I} = E_I y^{\beta} \tag{8-26}$$

式中，E_I 和 β 为材料常数。在图 8.8 中，坐标轴 $y = y^* - h/2$，h 为薄膜厚度。β 的变化范围为 0~1，当 β 等于 1 时则为 Gibson 梯度基底 [19]。值得注意的是，E_I 并不需要具有弹性模量的量纲。在这个模型中，表面 $y = 0$ 处的弹性模量为零，并不符合实际情况。但是，基于这一简化模型的分析可以帮助理解基底弹性性质呈梯度变化对薄膜失稳的影响。

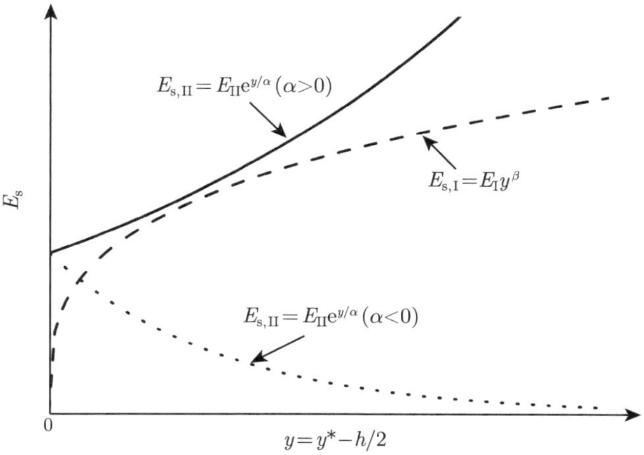

图 8.8 基底弹性模量随深度变化的形式

指数函数基底：即基底的弹性模量沿深度方向按指数函数形式变化，表示为

$$E_{s,II} = E_{II} \exp\left(\frac{y}{\alpha}\right) \tag{8-27}$$

式中，E_{II} 和 α 为材料常数。α 的取值可以为正，也可以为负，如图 8.8 所示。下面分别分析在两种形式基底上薄膜的失稳问题。

首先推导薄膜–幂函数基底系统的临界应变和失稳波长。以往关于薄膜–基底失稳的研究 [6,12]，大多假设薄膜和基底间的剪切应力为零。当基底泊松比较小时这一假设会导致较大误差。本节将使用 Mei 等 [25] 的方法来引入界面剪切的影响。当竖向位移 w 和横向位移 u 均较小时，薄膜的平衡方程可表示为 [25]

$$\begin{cases} \sigma_n = -\dfrac{E_f^* h^3}{12}\dfrac{d^4 w}{dx^4} + \varepsilon E_f^* h \dfrac{d^2 w}{dx^2} \\ \tau_s = E_f^* h \dfrac{d^2 u}{dx^2} \end{cases} \tag{8-28}$$

式中，$E_{\mathrm{f}}^{*}=E_{\mathrm{f}}/(1-\nu_{\mathrm{f}}^{2})$ 为薄膜的平面应变模量，E_{f} 和 ν_{f} 分别为薄膜的弹性模量和泊松比；σ_{n} 和 τ_{s} 分别为薄膜和基底界面间的正应力与切应力；ε 为名义压缩应变。假设薄膜与基底之间理想粘接，即不会发生脱粘和相对滑动。

从基底角度进行分析，假设薄膜对基底表面作用力的形式为

$$\begin{cases}\sigma_{\mathrm{n}}=\sigma_{\mathrm{n},0}\cos(\omega x)\\ \tau_{\mathrm{s}}=\tau_{\mathrm{s},0}\sin(\omega x)\end{cases}\tag{8-29}$$

式中，$\omega=2\pi/\lambda$ 为失稳形貌的波数。下面求解式 (8-29) 所示作用力产生的基底表面位移。Muravskii[23] 得到了竖向线力 F 作用下幂函数基底表面位移，表示为

$$\begin{cases}w_1(x,y=0)=\dfrac{(1-\nu_{\mathrm{s}}^{2})qCF}{E_{\mathrm{I}}(1+\beta)\beta}|x|^{-\beta}\sin\left(\dfrac{\pi q}{2}\right)=B_1F|x|^{-\beta}\\ u_1(x,y=0)=\dfrac{(1-\nu_{\mathrm{s}}^{2})CF}{E_{\mathrm{I}}\beta}\dfrac{x}{|x|^{1+\beta}}\cos\left(\dfrac{\pi q}{2}\right)=B_2F\dfrac{x}{|x|^{1+\beta}}\end{cases}\tag{8-30}$$

在切向线力 T 作用下的基底表面位移为

$$\begin{cases}w_2(x,y=0)=-\dfrac{(1-\nu_{\mathrm{s}}^{2})CT}{E_{\mathrm{I}}\beta}\dfrac{x}{|x|^{1+\beta}}\cos\left(\dfrac{\pi q}{2}\right)=D_1T\dfrac{x}{|x|^{1+\beta}}\\ u_2(x,y=0)=\dfrac{(1-\nu_{\mathrm{s}}^{2})(1+\beta)CT}{E_{\mathrm{I}}q\beta}|x|^{-\beta}\sin\left(\dfrac{\pi q}{2}\right)=D_2T|x|^{-\beta}\end{cases}\tag{8-31}$$

式中，

$$C=\frac{2^{1+\beta}}{\pi\Gamma(2+\beta)}\Gamma\left(\frac{3+\beta+q}{2}\right)\Gamma\left(\frac{3+\beta-q}{2}\right)\tag{8-32}$$

Γ 为 Gamma 函数。

$$q=\sqrt{(1+\beta)\left[1-\beta\nu_{\mathrm{s}}/(1-\nu_{\mathrm{s}})\right]}\tag{8-33}$$

$$B_1=\frac{b_1}{E_{\mathrm{I}}^{*}},\quad B_2=\frac{b_2}{E_{\mathrm{I}}^{*}},\quad D_1=-\frac{d_1}{E_{\mathrm{I}}^{*}},\quad D_2=\frac{d_2}{E_{\mathrm{I}}^{*}}\tag{8-34}$$

式中，$E_{\mathrm{I}}^{*}=E_{\mathrm{I}}/(1-\nu_{\mathrm{s}}^{2})$，$\nu_{\mathrm{s}}$ 为基底的泊松比，

$$\begin{cases}b_1=\dfrac{qC}{(1+\beta)\beta}\sin\left(\dfrac{\pi q}{2}\right)\\ b_2=d_1=\dfrac{C}{\beta}\cos\left(\dfrac{\pi q}{2}\right)\\ d_2=\dfrac{(1+\beta)C}{q\beta}\sin\left(\dfrac{\pi q}{2}\right)\end{cases}\tag{8-35}$$

对式 (8-30) 和式 (8-31) 沿 x 方向积分，可得到式 (8-29) 所示作用力产生的表面位移为

$$\begin{cases} w = 2\left[\sigma_{\mathrm{n},0}B_1\displaystyle\int_0^{+\infty}\frac{\cos(\omega t)}{t^\beta}\mathrm{d}t + \tau_{\mathrm{s},0}D_1\int_0^{+\infty}\frac{\sin(\omega t)}{t^\beta}\mathrm{d}t\right]\cos(\omega x) \\ u = 2\left[-\sigma_{\mathrm{n},0}B_2\displaystyle\int_0^{+\infty}\frac{\sin(\omega t)}{t^\beta}\mathrm{d}t + \tau_{\mathrm{s},0}D_2\int_0^{+\infty}\frac{\cos(\omega t)}{t^\beta}\mathrm{d}t\right]\sin(\omega x) \end{cases} \tag{8-36}$$

式中，

$$\begin{cases} \displaystyle\int_0^{+\infty}\frac{\sin(\omega t)}{t^\beta}\mathrm{d}t = \omega^{\beta-1}\cos\left(\frac{\pi\beta}{2}\right)\Gamma(1-\beta) \\ \displaystyle\int_0^{+\infty}\frac{\cos(\omega t)}{t^\beta}\mathrm{d}t = \omega^{\beta-1}\sin\left(\frac{\pi\beta}{2}\right)\Gamma(1-\beta) \end{cases} \tag{8-37}$$

令

$$c_1 = \cos\left(\frac{\pi\beta}{2}\right)\Gamma(1-\beta), \quad c_2 = \sin\left(\frac{\pi\beta}{2}\right)\Gamma(1-\beta) \tag{8-38}$$

将式 (8-29) 及 (8-36) 式代入式 (8-28)，得

$$\begin{cases} \left[b_1c_2 + \dfrac{E_{\mathrm{I}}^*\omega^{1-\beta}}{2E_{\mathrm{f}}^*\omega}\left(\dfrac{h^3\omega^3}{12}+\varepsilon h\omega\right)^{-1}\right]\sigma_{\mathrm{n},0} - d_1c_1\tau_{\mathrm{s},0} = 0 \\ -b_2c_1\sigma_{\mathrm{n},0} + \left(d_2c_2 + \dfrac{E_{\mathrm{I}}^*\omega^{1-\beta}}{2E_{\mathrm{f}}^*\omega}\dfrac{1}{h\omega}\right)\tau_{\mathrm{s},0} = 0 \end{cases} \tag{8-39}$$

令式 (8-39) 的系数矩阵为零，可以得到临界应变为

$$\varepsilon_{\mathrm{c}} = \frac{(h\omega)^2}{12} + \frac{E_{\mathrm{I}}^*\omega^{-1-\beta}}{2E_{\mathrm{f}}^*h}\left[b_1c_2 - b_2d_1c_1^2 + \left(d_2c_2\frac{E_{\mathrm{I}}^*\omega^{-1-\beta}}{2E_{\mathrm{f}}^*h}\right)^{-1}\right]^{-1} \tag{8-40}$$

对于硬膜–软基底系统，$\dfrac{E_{\mathrm{I}}^*\omega^{1-\beta}}{2E_{\mathrm{f}}^*\omega h\omega} \ll d_2c_2$，式 (8-40) 可以简化为

$$\varepsilon_{\mathrm{c}} = \frac{(h\omega)^2}{12} + \frac{E_{\mathrm{I}}^*\omega^{-1-\beta}}{E_{\mathrm{f}}^*}\frac{1}{2h}\left[b_1c_2 - b_2d_1c_1^2(d_2c_2)^{-1}\right]^{-1} \tag{8-41}$$

此式可以改写为

$$\varepsilon_{\mathrm{c}} = \frac{(h\omega)^2}{12} + \frac{E_{\mathrm{I}}^*\omega^{-1-\beta}}{E_{\mathrm{f}}^*}\frac{\mathit{\Pi}_{\mathrm{I}}}{h}\left[1 - \frac{1}{\tan^2(\pi q/2)\tan^2(\pi\beta/2)}\right]^{-1} \tag{8-42}$$

式中

$$\mathit{\Pi}_{\mathrm{I}} = \frac{(1+\beta)\beta}{2qC\Gamma(1-\beta)\sin\left(\dfrac{\pi\beta}{2}\right)\sin\left(\dfrac{\pi q}{2}\right)} \tag{8-43}$$

当 $\beta \to 0$ 时，式 (8-42) 中的临界应变可退化到均匀基底的情况 [25]，即

$$\varepsilon_{\mathrm{c,h}} = \frac{(h\omega)^2}{12} + \frac{E_{\mathrm{I}}^*}{2hE_{\mathrm{f}}^*\omega}\left[1 - \frac{1}{4}\left(\frac{1-2\nu_{\mathrm{s}}}{1-\nu_{\mathrm{s}}}\right)^2\right]^{-1} \tag{8-44}$$

临界失稳波数 ω 应使得 ε_{c} 取得极小值。由此，得到失稳波长为

$$\lambda_{\mathrm{I,c}} = 2\pi h\left[\frac{E_{\mathrm{f}}^* h^{-\beta}\xi}{6(1+\beta)E_{\mathrm{I}}^*\Pi_{\mathrm{I}}}\right]^{1/(3+\beta)} \tag{8-45}$$

式中，

$$\xi = 1 - \frac{1}{\tan^2(\pi q/2)\tan^2(\pi\beta/2)} \tag{8-46}$$

将式 (8-45) 代入式 (8-44)，得到临界应变 $\varepsilon_{\mathrm{c,I}}$ 为

$$\varepsilon_{\mathrm{c,I}} = \frac{(h\omega_{\mathrm{c}})^2}{12} + \frac{E_{\mathrm{I}}^*\omega_{\mathrm{c}}^{-1-\beta}}{E_{\mathrm{f}}^*}\frac{\Pi_{\mathrm{I}}}{h}\left[1 - \frac{1}{\tan^2(\pi q/2)\tan^2(\pi\beta/2)}\right]^{-1} \tag{8-47}$$

式中，$\omega_{\mathrm{c}} = 2\pi/\lambda_{\mathrm{I,c}}$。当 $\beta \to 0$ 时，以上得到的失稳临界应变和波长都可以退化到均匀基底的情况 [25]。

对于薄膜–指数函数基底系统，与上面的分析过程类似，首先求解式 (8-29) 给出的界面力作用下指数函数基底表面的位移。这里采用 Plevako[20] 给出的平面应变问题的平衡方程式：

$$\Delta\left(\frac{1}{G}\Delta L\right) - \frac{1}{1-\nu_{\mathrm{s}}}\frac{\partial^2 L}{\partial x^2}\frac{\mathrm{d}^2}{\mathrm{d}y^2}\left(\frac{1}{G}\right) = 0 \tag{8-48}$$

式中，$\Delta = \partial^2/\partial x^2 + \partial^2/\partial y^2$ 为拉普拉斯算子；L 为应力函数。剪切模量 G 与基底弹性模量之间的关系为

$$G = \frac{E_{\mathrm{s,II}}}{2(1+\nu_{\mathrm{s}})} = \frac{E_{\mathrm{II}}}{2(1+\nu_{\mathrm{s}})}\exp\left(\frac{y}{\alpha}\right) \tag{8-49}$$

在式 (8-48) 中，根据势函数 L 得到基底的应力和位移为 [20]

$$\sigma_x = \frac{\partial^4 L}{\partial x^2\partial y^2},\quad \sigma_y = \frac{\partial^4 L}{\partial x^4} \tag{8-50}$$

$$\tau_{xy} = -\frac{\partial^4 L}{\partial x^3\partial y} \tag{8-51}$$

$$u_{\mathrm{s}} = -\frac{1}{2G}\left[\nu_{\mathrm{s}}\frac{\partial^2}{\partial x^2} - (1-\nu_{\mathrm{s}})\frac{\partial^2}{\partial y^2}\right]\frac{\partial L}{\partial x} \tag{8-52}$$

$$w_{\mathrm{s}}=-\frac{1}{G}\frac{\partial^3 L}{\partial^2 x\partial y}+\frac{\partial}{\partial y}\left[\frac{1}{2G}\left(\nu_{\mathrm{s}}\frac{\partial^2 L}{\partial x^2}-(1-\nu_{\mathrm{s}})\frac{\partial^2 L}{\partial y^2}\right)\right] \tag{8-53}$$

式中，u_{s} 和 w_{s} 分别代表基底表面 x 和 y 方向的位移。采用分离变量方法进行求解，并假设

$$L=\phi(y)\cos(\omega x) \tag{8-54}$$

将式 (8-54) 代入式 (8-48)，得到如式 (8-55) 所示的四阶常微分方程：

$$\phi^{(4)}-\frac{2}{\alpha}\phi^{(3)}+\left(\frac{1}{\alpha^2}-2\omega^2\right)\phi''+\frac{2\omega^2}{\alpha}\phi'+\left(\omega^4+\frac{\omega^2}{\alpha^2}\frac{\nu_{\mathrm{s}}}{1-\nu_{\mathrm{s}}}\right)\phi=0 \tag{8-55}$$

其特征方程为

$$\left(\frac{\kappa}{\omega}\right)^4-\frac{2}{\alpha\omega}\left(\frac{\kappa}{\omega}\right)^3+\left(\frac{1}{\alpha^2\omega^2}-2\right)\left(\frac{\kappa}{\omega}\right)^2+\frac{2}{\alpha\omega}\frac{\kappa}{\omega}+\left(1+\frac{1}{\alpha^2\omega^2}\frac{\nu_{\mathrm{s}}}{1-\nu_{\mathrm{s}}}\right)=0 \tag{8-56}$$

令

$$\frac{\kappa}{\omega}=\gamma+\frac{1}{2\alpha\omega} \tag{8-57}$$

式 (8-56) 可以简写为

$$\gamma^4-\frac{1+4\alpha^2\omega^2}{2\alpha^2\omega^2}\gamma^2+\left(\frac{1}{16\alpha^4\omega^4}+\frac{1}{2\alpha^2\omega^2}\frac{1+\nu_{\mathrm{s}}}{1-\nu_{\mathrm{s}}}+1\right)=0 \tag{8-58}$$

从式 (8-57) 和式 (8-58) 解得特征方程的根为

$$\frac{\kappa}{\omega}=\pm\sqrt{\frac{1+4\alpha^2\omega^2}{4\alpha^2\omega^2}\pm\sqrt{\frac{1}{\alpha^2\omega^2}\frac{\nu_{\mathrm{s}}}{1-\nu_{\mathrm{s}}}}\mathrm{i}}+\frac{1}{2\alpha\omega} \tag{8-59}$$

式中，i 为单位虚数。令

$$\frac{1+4\alpha^2\omega^2}{4\alpha^2\omega^2}\pm\sqrt{\frac{1}{\alpha^2\omega^2}\frac{\nu_{\mathrm{s}}}{1-\nu_{\mathrm{s}}}}\mathrm{i}=r\exp(\mp\mathrm{i}\theta) \tag{8-60}$$

则式 (8-59) 变为

$$\frac{\kappa}{\omega}=\pm A'+\frac{1}{2\alpha\omega}\pm\mathrm{i}B \tag{8-61}$$

式中，

$$A'=\sqrt{r}\cos\left(\frac{1}{2}\theta\right),\quad B=\sqrt{r}\sin\left(\frac{1}{2}\theta\right) \tag{8-62}$$

进一步令 $A=-A'+(2\alpha\omega)^{-1}$，得到 L 的解如下：

$$\begin{aligned}L=\cos(\omega x)\Big\{&\mathrm{e}^{A\omega y}\left[C_1\sin(B\omega y)+C_2\cos(B\omega y)\right]\\&+\mathrm{e}^{\left(A'+\frac{1}{2\alpha\omega}\right)\omega y}\left[C_3\sin(B\omega y)+C_4\cos(B\omega y)\right]\Big\}\end{aligned} \tag{8-63}$$

式中，$C_1 \sim C_4$ 均为常数。表面和无限远处的边界条件为

$$\begin{cases} -\sigma_y\left(y=0\right)=\sigma_{\mathrm{n},0}\cos\left(\omega x\right) \\ -\tau_{xy}\left(y=0\right)=\tau_{\mathrm{s},0}\sin\left(\omega x\right) \end{cases} \tag{8-64}$$

$$\sigma_y\left(y=\infty\right)=0, \quad \tau_{xy}\left(y=\infty\right)=0 \tag{8-65}$$

将式 (8-53) 和式 (8-63) 代入式 (8-65) 中，得到 $C_4=C_3=0$。从式 (8-50) 和式 (8-51) 得到如式 (8-66) 所示的应力表达式：

$$\begin{cases} \sigma_y=\dfrac{\partial^4 L}{\partial x^4}=\mathrm{e}^{A\omega y}\omega^4\cos\left(\omega x\right)\left[C_1\sin\left(B\omega y\right)+C_2\cos\left(B\omega y\right)\right] \\ \tau_{xy}=-\dfrac{\partial^4 L}{\partial x^3\partial y} \\ \quad =-\mathrm{e}^{Awy}\left[\left(AC_1-BC_2\right)\sin\left(B\omega y\right)+\left(AC_2+BC_1\right)\cos\left(B\omega y\right)\right]\omega^4\sin\left(\omega x\right) \end{cases} \tag{8-66}$$

从式 (8-64) 和式 (8-66)，得

$$C_2=-\frac{\sigma_{\mathrm{n},0}}{\omega^4}, \quad C_1=\frac{1}{B\omega^4}\left(\tau_{\mathrm{n},0}+A\sigma_{\mathrm{n},0}\right) \tag{8-67}$$

利用式 (8-53)，可以得到表面位移为

$$\begin{cases} w=\left(g_1\sigma_{\mathrm{n},0}+g_2\tau_{\mathrm{n},0}\right)\dfrac{1}{E_{\mathrm{II}}^*\omega}\cos\left(\omega x\right) \\ u=\left(g_3\sigma_{\mathrm{n},0}+g_4\tau_{\mathrm{n},0}\right)\dfrac{1}{E_{\mathrm{II}}^*\omega}\sin\left(\omega x\right) \end{cases} \tag{8-68}$$

式中，$E_{\mathrm{II}}^*=E_{\mathrm{II}}/\left(1-\nu_{\mathrm{s}}^2\right)$，

$$\begin{aligned} g_1&=-\left[\frac{\nu_{\mathrm{s}}}{1-\nu_{\mathrm{s}}}\frac{1}{\alpha\omega}+\left(A^2+B^2\right)\left(-\frac{1}{\alpha\omega}+2A\right)\right] \\ g_2&=1+\frac{1}{1-\nu_{\mathrm{s}}}+\frac{2A}{\alpha\omega}-\left(3A^2-B^2\right) \end{aligned} \tag{8-69}$$

$$g_3=\frac{\nu_{\mathrm{s}}}{1-\nu_{\mathrm{s}}}-\left(A^2+B^2\right), \quad g_4=-2A \tag{8-70}$$

将式 (8-29) 和式 (8-68) 代入式 (8-28)，得

$$\left[g_1+\frac{E_{\mathrm{II}}^*}{E_{\mathrm{f}}^*}\left(\frac{1}{12}\left(h\omega\right)^3+\varepsilon h\omega\right)^{-1}\right]\sigma_{\mathrm{n},0}+g_2\tau_{\mathrm{n},0}=0 \tag{8-71}$$

$$g_3\sigma_{\mathrm{n},0}+\left(g_4+\frac{E_{\mathrm{II}}^*}{E_{\mathrm{f}}^*}\frac{1}{h\omega}\right)\tau_{\mathrm{n},0}=0 \tag{8-72}$$

令上述方程组的系数矩阵行列式值为零，得到临界应变为

$$\varepsilon_{\rm c}=\frac{(h\omega)^2}{12}+\frac{E_{\rm II}^*}{E_{\rm f}^*}\frac{1}{h\omega}\left[g_1-g_2g_3\left(g_4+\frac{E_{\rm II}^*}{E_{\rm f}^*}\frac{1}{h\omega}\right)^{-1}\right]^{-1} \tag{8-73}$$

对于薄膜–软基底系统，有 $\dfrac{E_{\rm II}^*}{E_{\rm f}^*h\omega}\ll g_4$，从而式 (8-73) 简化为

$$\varepsilon_{\rm c}=\frac{(h\omega)^2}{12}+\frac{E_{\rm II}^*}{E_{\rm f}^*}\frac{1}{g_1h\omega}\left(1-\frac{g_2g_3}{g_1g_4}\right)^{-1} \tag{8-74}$$

当 $|\alpha\omega|\to\infty$ 时，式 (8-74) 可以退化到 Mei 等 [25] 关于均匀基底的解。

对于给定物理和几何参数的系统，临界波长 $\lambda_{\rm II,c}$ 可以通过临界应变取极小值条件得到。将临界波长代入式 (8-74)，即可得到临界应变 $\varepsilon_{\rm c,II}$。

8.2.2 数值模拟

下面利用有限元软件 Abaqus，通过数值模拟验证上面导出的理论解。在有限元计算中，选用二阶八节点平面应变减缩积分单元对系统进行离散。所有算例均已进行了收敛性验证。在薄膜和界面附近均采用很细的网格。失稳波长和单元尺寸的比值可达到 5000，这样可以保证模拟结果的精度。

首先通过数值模拟进行临界失稳分析，得到临界应变和失稳波长。图 8.9 和图 8.10 比较了理论分析和数值模拟得到的临界应变和波长。图 8.9 给出了幂函数形式基底的结果，选取的参数为：$E_{\rm f}=10{\rm GPa}$，$\nu_{\rm f}=0.3$，$h_{\rm f}=0.1{\rm mm}$，$E_{\rm I}=$

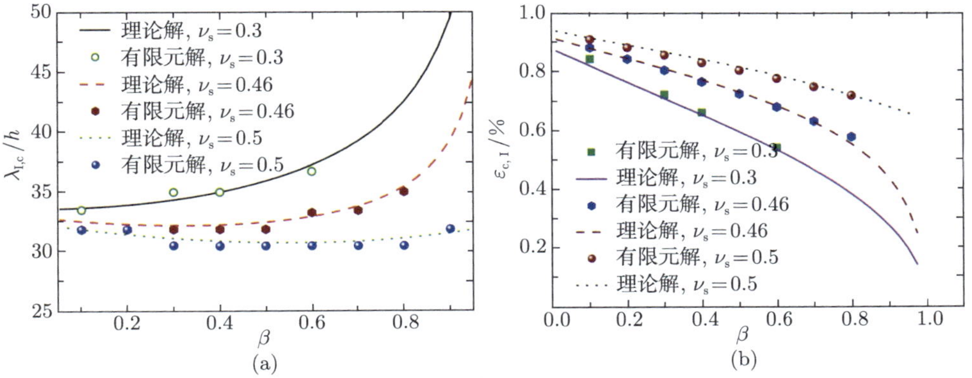

图 8.9 幂函数基底的理论解与有限元结果的比较

(a) 临界失稳波长；(b) 临界压缩应变

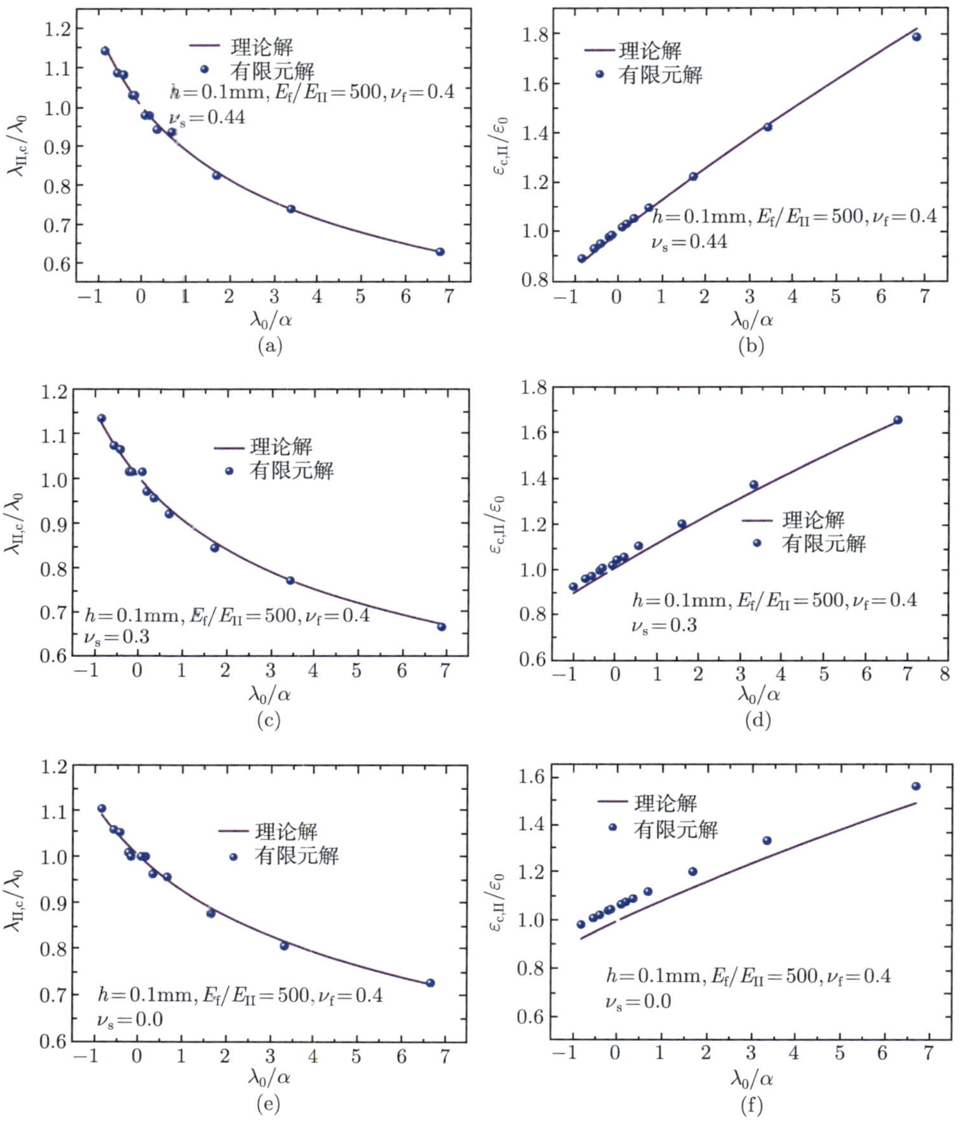

图 8.10 在指数函数基底情况下，理论解和有限元模拟结果的比较

(a) 临界波长 ($\nu_s = 0.44$)；(b) 临界压缩应变 ($\nu_s = 0.44$)；(c) 临界波长 ($\nu_s = 0.3$)；(d) 临界压缩应变 ($\nu_s = 0.3$)；(e) 临界波长 ($\nu_s = 0$)；(f) 临界压缩应变 ($\nu_s = 0$)。ε_0 和 λ_0 分别为均匀基底情况下 ($|\alpha| \to \infty$) 的临界应变和波长 [25]

$20\text{MPa}\cdot\text{mm}^{1-\beta}$。针对基底泊松比的三个取值 0.3、0.46 和 0.5 进行分析。从图 8.9 中可以看出，理论分析所适用的范围为 $0 \leqslant \beta \leqslant 1$ 和 $E_f/\left(E_I l^\beta\right) \geqslant 5$，这里 l 为单

位长度。当基底泊松比取 0.5 时，虽然基底参数 β 变化范围很大，失稳波长的变化范围却很小，如图 8.9(a) 所示。生物组织一般可假设为不可压缩材料，上述结果表明其失稳波长对基底梯度变化形式不敏感。另外，该结果也表明，采用失稳方法测量薄膜材料的弹性模量时，选用不可压缩材料作为基底具有更高的可靠性。针对指数函数形式基底临界失稳的理论分析和数值模拟结果如图 8.10 所示，结果表明理论分析结果适用的参数范围为：$\alpha/h \leqslant -40$ 或 $\alpha/h > 5$，$E_{\mathrm{f}}/E_{\mathrm{II}} \geqslant 5$。对于幂函数和指数函数基底，当 $E_{\mathrm{f}}/\left(E_{\mathrm{I}}l^{\beta}\right)$ 和 $E_{\mathrm{f}}/E_{\mathrm{II}}$ 均大于 20 时，有限元模拟结果和理论分析结果吻合得很好。需要指出的是，本章所有的分析均针对薄膜表面失稳行为进行；但是当 $\alpha < 0$、基底足够长时，将产生类似于欧拉失稳的失稳模式，该现象超出了本节的研究范围，暂不予以讨论。

8.2.3 形貌演化

前文主要研究系统的临界失稳。本节采用有限元方法 [27−29] 研究系统的后屈曲失稳形貌演化。在后屈曲分析过程中，将膜和基底均假设为不可压缩 neo-Hooke 材料，其应变能函数为

$$W = \frac{\mu}{2}\left(\lambda_1^2 + \lambda_2^2 + \lambda_3^2 - 3\right) \tag{8-75}$$

式中，$\lambda_i (i = 1, 2, 3)$ 代表沿材料主方向的拉伸应变；μ 为材料的剪切模量。模拟中采用八节点平面应变不可压减缩积分单元 (CPE8RH)。首先，基于有限元线性摄动分析得到系统的失稳模态。然后将第一阶失稳模态乘以一个很小的系数，作为初始缺陷引入计算模型中。初始缺陷的幅值与薄膜厚度的比值为 $A_0/h = 0.05$。计算模型的底部，沿 y 方向的位移和剪切应力均为零。在模型左右两端施加沿 x 方向的压缩位移载荷，载荷的大小用名义应变 ε_{T} 来衡量，其定义为施加在模型两端总的位移与初始模型长度的比值。

首先，采用有限元模拟薄膜–均匀基底系统的后屈曲失稳。选取薄膜和基底的剪切模量比值为 500。当压缩应变达到临界值时，系统将产生正余弦失稳 (图 8.11(a))。进一步增加压缩应变会引起双周期失稳。发生双周期失稳的临界应变在 20%左右，这一分析结果与 Brau 等 [26] 的硬膜–软基底实验结果相吻合，如图 8.11(c) 和 (d) 所示。

接下来采用有限元方法模拟薄膜在梯度基底上失稳的后屈曲表面形貌演化。选取三种不同变化形式的基底进行研究：① $\mu_{\mathrm{s}} = 20y^{0.5}\mathrm{MPa}$，② $\mu_{\mathrm{s}} = 20\exp\left(y/8\right)\mathrm{MPa}$，③ $\mu_{\mathrm{s}} = 20\exp\left(-y/8\right)\mathrm{MPa}$。所有的例子中，薄膜的剪切模量均取为 10GPa。图 8.12 给出了计算结果的云图。对于所有算例，薄膜在压缩应变达到临界值时发生单周期失稳。

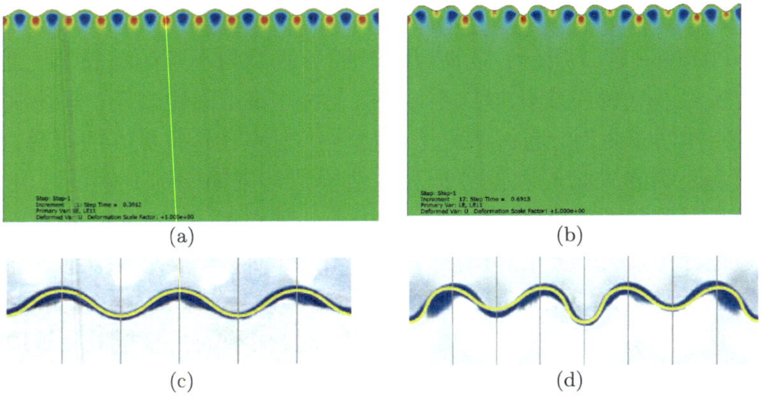

图 8.11 薄膜–均匀基底系统受压缩应变过程中失稳形貌的演化

(a) 和 (b) 分别为压缩应变 $\varepsilon_{\mathrm{A}}=11.7\%$和 $\varepsilon_{\mathrm{A}}=20.7\%$情况下的有限元结果；(c) 和 (d) 分别为应变 $\varepsilon_{\mathrm{A}}=11\%$和 $\varepsilon_{\mathrm{A}}=19\%$情形下的实验结果 [26]

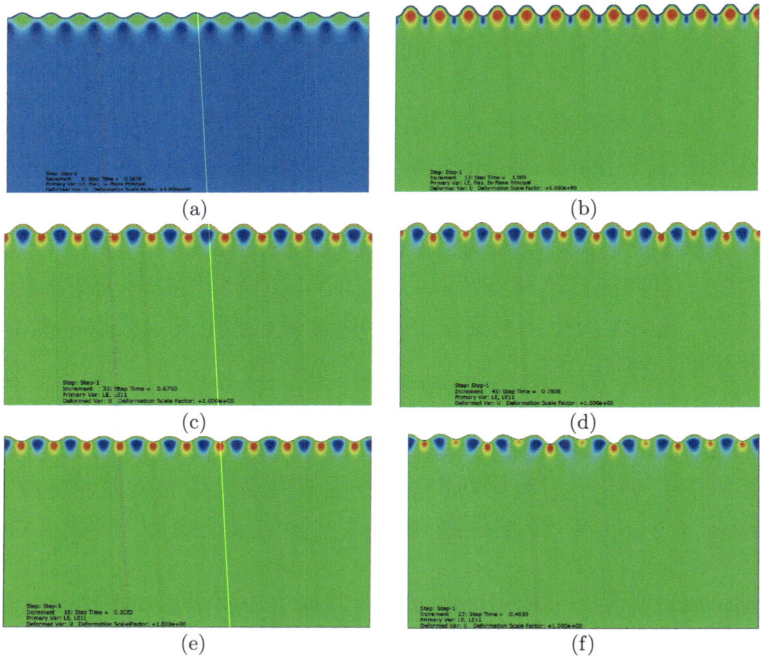

图 8.12 薄膜–梯度弹性基底系统受压缩应变过程中后屈曲表面形貌演化

(a) 和 (b) 为基底① 在压缩应变为 $\varepsilon_{\mathrm{A}}=9.6\%$和 $\varepsilon_{\mathrm{A}}=30\%$时的形貌；(c) 和 (d) 为基底② 在压缩应变 $\varepsilon_{\mathrm{A}}=20\%$和 $\varepsilon_{\mathrm{A}}=23.5\%$时的形貌；(e) 和 (f) 为基底③ 在压缩应变 $\varepsilon_{\mathrm{A}}=9\%$和 $\varepsilon_{\mathrm{A}}=14.5\%$时的形貌

后屈曲分析清晰地表明基底弹性性质的梯度变化将影响薄膜失稳的后屈曲演化行为。在形式① 和②中，基底的剪切模量随着基底深度单调增加。对于形式①，当压缩应变达到 30%时，仍未发生双周期失稳。在情形②中，可以看到双周期失稳，但失稳的临界应变要比均匀基底高。当基底剪切模量随着基底深度单调递减时(情形③)，薄膜在较小压缩应变下会产生双周期或多周期失稳。

8.2.4 结果与讨论

以上分析揭示了硬膜–梯度基底系统表面失稳过程中的一些关键特征。首先，理论分析给出了临界应变和波长与基底弹性梯度间的关系。以幂函数基底为例，图 8.9 表明当基底的泊松比较大时，系数 β 对于临界波长的影响很小。因此，对于临界失稳分析，可以将不可压缩梯度基底简化成均匀基底。对于硬膜–均匀基底系统，Brau 等 [26] 的结果表明，当压缩应变达到某一临界值时，双周期失稳将会发生。这一临界应变仅与基底的泊松比有关，而不依赖于薄膜和基底的弹性模量比。对于薄膜–梯度基底系统，后屈曲模拟结果表明在给定的泊松比情况下，基底模量的梯度变化对于形貌的演化会产生很大影响。

8.3 本 章 小 结

本章给出了双层薄膜–软基底系统受压缩载荷发生表面失稳的理论分析和数值模拟结果。双层膜–软基底系统广泛存在于自然界中，如皮肤。研究结果表明，对比单层膜–基底系统，双层膜–基底系统具有丰富的失稳模式。本章所建立的解析解有助于理解其表面失稳现象，并可为相关实验提供指导。

除此之外，本章还研究了薄膜–梯度弹性基底系统表面失稳问题。首先，通过理论分析给出了失稳临界应变和波长与几何、物理参数间的解析关系。进而通过有限元分析验证了理论分析的结果，并据此给出了理论解的适用范围。最后采用有限元方法研究了基底弹性模量的变化形式对系统表面失稳后屈曲行为的影响。

参 考 文 献

[1] Needleman A, Suresh S. Mechanics and Physics of Layered and Graded Materials. Elsevier, 1996.

[2] Howarter J A, Stafford C M. Instabilities as a measurement tool for soft materials. Soft Matter, 2010, 6: 5661–5666.

[3] 贾飞. 膜–基系统表面失稳的力学理论和数值模拟. 北京: 清华大学博士学位论文, 2013.

[4] Nolte A J, Cohen R E, Rubner M F. A two-plate buckling technique for thin film modulus measurements: applications to polyelectrolyte multilayers. Macromolecules,

2006, 39: 4841–4847.

[5] Huang R, Stafford C M, Vogt B D. Effect of surface properties on wrinkling of ultrathin films. Journal of Aerospace Engineering, 2007, 20: 38–44.

[6] Volynskii A, Bazhenov S, Lebedeva O, Bakeev N. Mechanical buckling instability of thin coatings deposited on soft polymer substrates. Journal of Materials Science, 2000, 35: 547–554.

[7] Jia F, Zheng X P, Cao Y P, Feng X Q. Theoretical study on the bilayer buckling technique for thin film metrology. Computers Materials and Continua, 2010, 18: 105–120.

[8] von Kármán T, Biot M A. Mathematical Methods in Engineering. New York: McGraw-Hill, 1940.

[9] Biot M A. Bending on an infinite beam on an elastic foundation. ASME Journal of Applied Mechanics, 1937, 59: A1-A7.

[10] Cai S, Breid D, Crosby A J, Suo Z, Hutchinson J W. Periodic patterns and energy states of buckled films on compliant substrates. Journal of the Mechanics and Physics of Solids, 2011, 59: 1094–1114.

[11] Porter M, Hills D. Note on the complete contact between a flat rigid punch and an elastic layer attached to a dissimilar substrate. International Journal of Mechanical Sciences, 2002, 44: 509–520.

[12] Huang Z, Hong W, Suo Z. Nonlinear analyses of wrinkles in a film bonded to a compliant substrate. Journal of the Mechanics and Physics of Solids, 2005, 53: 2101–2118.

[13] Lacour S P, Jones J, Wagner S, Li T, Suo Z. Stretchable interconnects for elastic electronic surfaces. Proceedings of the IEEE, 2005, 93: 1459–1467.

[14] Aboudi J. Mechanics of composite materials-A unified micromechanical approach. NASA STI/Recon Technical Report A, 1991, 93: 29778.

[15] Capadona J R, Shanmuganathan K, Tyler D J, Rowan S J, Weder C. Stimuli-responsive polymer nanocomposites inspired by the sea cucumber dermis. Science, 2008, 319: 1370–1374.

[16] Vogel M J, Steen P H. Capillarity-based switchable adhesion. Proceedings of the National Academy of Sciences USA, 2010, 107: 3377–3381.

[17] Chan E P, Smith E J, Hayward R C, Crosby A J. Surface wrinkles for smart adhesion. Advanced Materials, 2008, 20: 711.

[18] Mullin T, Deschanel S, Bertoldi K, Boyce M. Pattern transformation triggered by deformation. Physical Review Letters, 2007, 99: 084301.

[19] Gibson R. Some results concerning displacements and stresses in a non-homogeneous elastic half-space. Geotechnique, 1967, 17: 58–67.

[20] Plevako V. On the theory of elasticity of inhomogeneous media. Journal of Applied Mathematics and Mechanics, 1971, 35: 806–813.

[21] Giannakopoulos A, Suresh S. Indentation of solids with gradients in elastic properties: Part I. Point force. International Journal of Solids and Structures, 1997, 34: 2357–2392.

[22] Giannakopoulos A, Pallot P. Two-dimensional contact analysis of elastic graded materials. Journal of the Mechanics and Physics of Solids, 2000, 48: 1597–1631.

[23] Muravskii G. Response of an elastic half-space with power-law nonhomogeneity to static loads. Archive of Applied Mechanics, 2008, 78: 965–987.

[24] Chen S, Yan C, Zhang P, Gao H. Mechanics of adhesive contact on a power-law graded elastic half-space. Journal of the Mechanics and Physics of Solids, 2009, 57: 1437–1448.

[25] Mei H, Landis C M, Huang R. Concomitant wrinkling and buckle-delamination of elastic thin films on compliant substrates. Mechanics of Materials, 2011, 43: 627–642.

[26] Brau F, Vandeparre H, Sabbah A, Poulard C, Boudaoud A, Damman P. Multiple-length-scale elastic instability mimics parametric resonance of nonlinear oscillators. Nature Physics, 2011, 7: 56–60.

[27] Li B, Cao Y P, Feng X Q, Gao H. Surface wrinkling of mucosa induced by volumetric growth: theory, simulation and experiment. Journal of the Mechanics and Physics of Solids, 2011, 59: 758–774.

[28] Li B, Jia F, Cao Y P, Feng X Q, Gao H. Surface wrinkling patterns on a core-shell soft sphere. Physical Review Letters, 2011, 106: 234301.

[29] Müller M M, Ben Amar M, Guven J. Conical defects in growing sheets. Physical Review Letters, 2008, 101: 156104.

第 9 章 非线性基底上的薄膜失稳

本章讨论在具有非线性性质的基底上薄膜的稳定性 [1]。有多种机制可以引起基底的非线性性质，其一是基底材料本身的非线性本构关系，例如某些碳–碳复合材料的拉伸模量是压缩模量的 3~6 倍 [2]。Soltz 和 Ateshian [3] 的实验发现，关节软骨的拉伸模量比压缩模量高了近 20 倍；此外基底中的微观结构，例如各向异性分布的纤维、微裂纹、孔洞等都可以影响材料的非线性性质。对于由软材料构成的基底，在承受大应变时往往呈现出显著的非线性特征，而且在不同的应力状态下(如拉伸与压缩)，材料的力学性质也可能存在一定的差异。在薄膜失稳过程中，基底的非线性效应是多方面的，它不仅会影响系统的初始失稳形貌，诱发在线弹性基底上难以观察到的若干现象，而且影响表面形貌的后继演化。因而，可以通过改变基底的非线性性质来调控薄膜的表面形貌，进而改变与表面形貌相关的某些宏观物理性质，如浸润与粘附性质。

9.1 结构化基底

具有周期性微观结构的材料在力学、声学、光学等方面上都有重要应用 [4−6]。微结构的排列形式会影响材料的非线性力学行为。当在薄膜–软基系统中以这类材料作为基底时，系统的稳定性将增添新的特征。

为了方便起见，本节仅以二维基底为例分析两种典型的微结构，其一是由微柱阵列构成的基底，简称微柱阵列基底；其二是基底与薄膜之间具有周期性的界面粘接条件，简称周期粘接界面，如图 9.1 所示。所采用的分析方法与部分结论可类似应用于三维基底。具有这两种典型微结构的材料，在生物医学工程、形貌制备等相关领域具有应用价值 [7]。建立如图 9.1 所示的笛卡儿坐标系 (O-xz)，薄膜厚度为 h，微柱长度或基底厚度为 l。下面首先通过有限元模拟研究这两种基底沿法向的拉压力学性质。

9.1.1 微柱阵列基底

对于微柱阵列基底，微柱的宽度为 b_1，间隙为 b_2。参数 b_2/b_1 反映微柱阵列的稀疏程度，b_2/b_1 越大，微柱阵列越稀疏；l/b_1 表示微柱的长细比。假设这些微结构的特征尺寸与薄膜的失稳波长相比是小量，因而结构化基底对薄膜的作用可以通过基底的宏观等效力学行为来近似描述。这里忽略薄膜和基底界面间剪应力的影

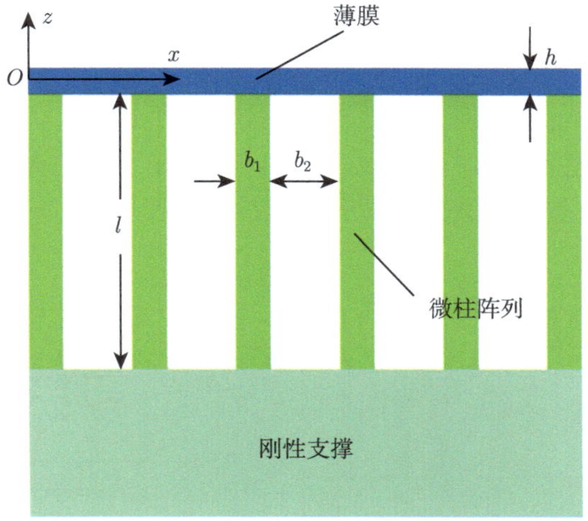

(a)

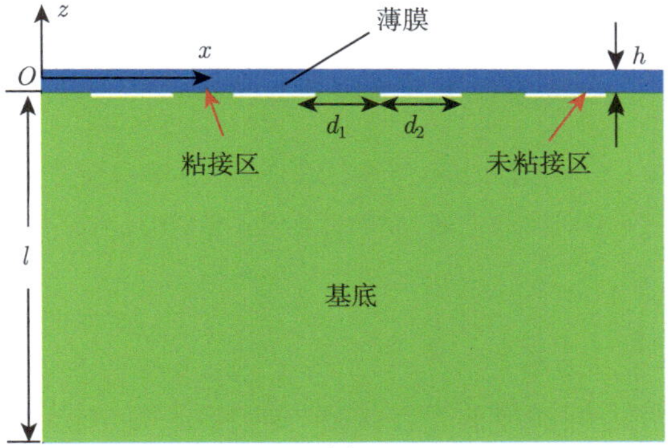

(b)

图 9.1 结构化基底模型

(a) 微柱阵列基底；(b) 周期粘接界面

响，采用 Winkler 地基模型描述基底，即只考虑基底沿 z 方向的拉伸与压缩力学性质。对于微柱阵列基底，在受到压缩时微柱可能发生欧拉失稳，而受到拉伸时微柱不会发生失稳，因此基底表现出拉压不对称的性质。此外，假设微柱两端均为理想粘接。

采用有限元软件 Abaqus 研究微柱阵列基底的拉压力学性质。参考 PDMS 的性质，选取如下的基底材料参数：$E_s = 1\text{MPa}$，$\nu_s = 0.49$，$b_1 = 0.5\text{mm}$。

对于给定的微柱高度 $l = 10\text{mm}$，图 9.2(a) 显示了不同微柱稀疏度 b_2/b_1 下基底的应力–位移曲线。图中，P 表示基底在界面处受到的平均法向应力，w 表示基底在界面处的法向位移。结果表明，对于不同的微柱阵列稀疏度，基底表现出不同的非线性性质，即 b_2/b_1 越大，微柱阵列越稀疏，基底的等效拉伸刚度越小。此外，当压缩位移超过一定值时，微柱阵列基底的刚度会突然变小，这是由于微柱发生了细长杆的欧拉失稳，而且微柱阵列越稀疏，基底刚度发生转变时的法向应力越小。

对于给定的微柱间隙 $b_2 = 1\text{mm}$，图 9.2(b) 给出了不同微柱高度对基底非线性的影响。可以看出，微柱越高，基底的等效拉伸刚度越小，刚度发生突变时对应的法向应力也越小。

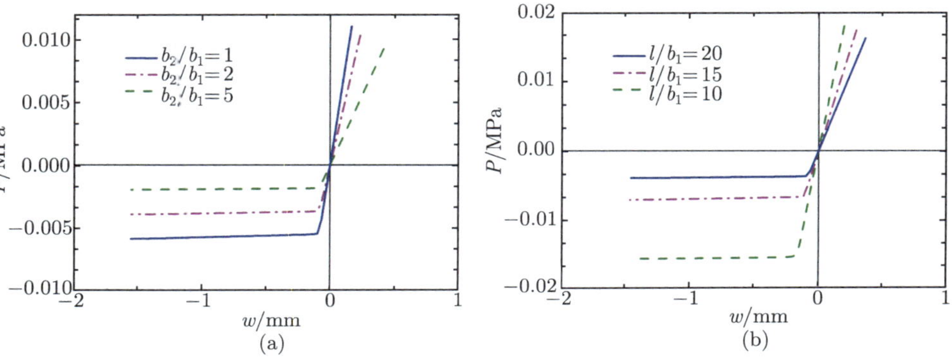

图 9.2 不同排布参数下微柱阵列基底的非线性力学性质

(a) 微柱阵列稀疏度 b_2/b_1 的影响；(b) 微柱高度 l/b_1 的影响

9.1.2 周期粘接界面

如果薄膜与基底之间的界面存在按照一定特征分布的粘接区与未粘接区 (或脱粘区)，则相当于存在界面微裂纹。在法向拉伸与压缩载荷下，界面裂纹分别呈现张开与闭合状态，因而呈现拉压不同的力学性质。这里假设在薄膜–基底界面上存在周期分布的粘接区和未粘接区，每个粘接区和未粘接区的长度分别为 d_1 和 d_2，则 d_2/d_1 反映两类界面的面积之比。在未粘接区内，忽略摩擦力的影响。

在计算中，基底参数取为 $E_\mathrm{s} = 1\text{MPa}$，$\nu_\mathrm{s} = 0.49$，$l = 20\text{mm}$，$b_1 = 0.4\text{mm}$。对于 d_2/d_1 的三个不同取值，图 9.3 给出了在具有周期粘接界面时基底的宏观等效性质。结果表明，基底呈现拉压不同的力学效应。d_2/d_1 越大，即未粘接区所占的比例越高，等效拉伸刚度越小，而等效压缩刚度保持不变。由于界面存在未粘接区，在法向拉伸载荷作用下，界面裂纹张开，基底表现出较小的等效刚度，而在压缩载荷下，裂纹闭合，未粘接区对等效压缩刚度没有影响。因此，如果存在周期粘接的薄膜–基底界面，则基底的等效力学性质在原点处发生刚度突变，呈现出双模量的本构关系。

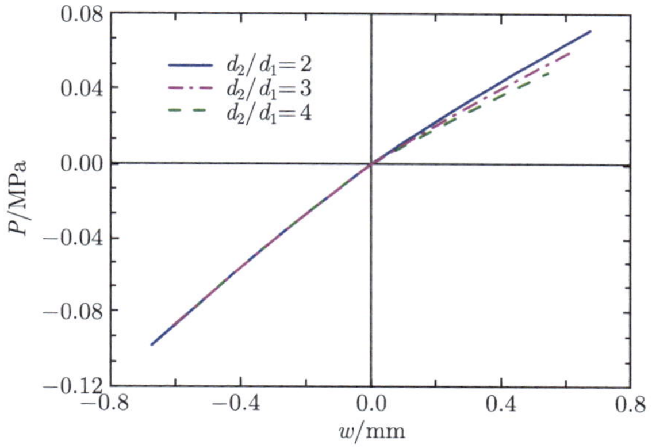

图 9.3　在薄膜–基底界面存在周期粘接结构情况下，基底的等效力学性质

9.1.3　分段线性本构模型

上述两种基底的非线性性质，可以采用统一的分段线性本构模型描述，图 9.4 表示薄膜和基底之间界面相互作用的应力–位移关系，其中，K_t 为基底的等效拉伸刚度，w_e 为刚度发生突变时界面处的法向位移，定义为刚度转变位移。K_c 为突变后的等效压缩刚度。则界面相互作用的等效本构关系可表示为

$$P=\begin{cases} K_t w, & w \geqslant w_e \\ K_t\left[\dfrac{K_c}{K_t}(w-w_e)+w_e\right], & w < w_e \end{cases} \tag{9-1}$$

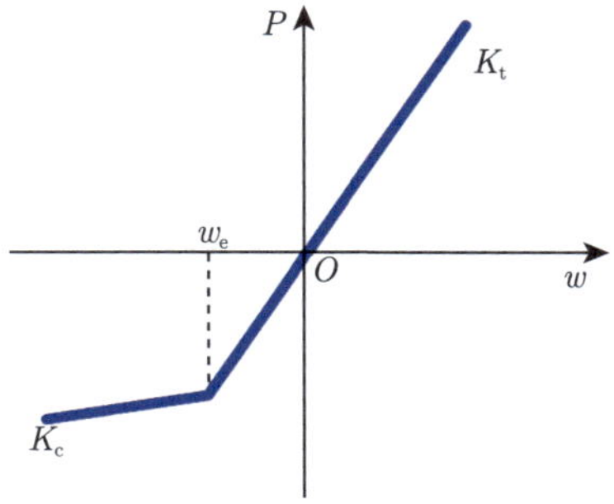

图 9.4　结构化基底的分段线性本构模型

对于周期粘接界面情况，刚度转变位移 $w_e=0$，式 (9-1) 简化为

$$P=\begin{cases} K_t w, & w \geqslant 0 \\ K_c w, & w < 0 \end{cases} \tag{9-2}$$

此式表明，对于具有周期粘接界面的基底，法向的拉伸和压缩刚度不同，因而对于这种情况，可以采用双模量本构关系来表示薄膜与基底的相互作用。

界面相互作用式 (9-1) 中的三个参数 K_t、$K_\mathrm{c}/K_\mathrm{t}$ 和 w_e 对薄膜–软基系统的失稳行为都有影响。这里定义薄膜和基底的模量比为 $\kappa = \bar{E}_\mathrm{f}/(K_\mathrm{t}h)$，则基底拉伸刚度 K_t 越大，模量比 κ 越小。$K_\mathrm{c}/K_\mathrm{t}$ 表示基底压缩刚度和拉伸刚度的比值，以下简称刚度比，它表征基底的非线性程度。对于微柱阵列基底，$K_\mathrm{c}/K_\mathrm{t} \leqslant 1$；而对于周期粘接界面，有 $K_\mathrm{c}/K_\mathrm{t} \geqslant 1$。以下不妨假设 $K_\mathrm{c}/K_\mathrm{t} \leqslant 1$，其中 $K_\mathrm{c}/K_\mathrm{t} = 1$ 代表线性基底，而 $K_\mathrm{c}/K_\mathrm{t} < 1$ 代表非线性基底，刚度比 $K_\mathrm{c}/K_\mathrm{t}$ 越小，基底的非线性越强。

9.2　双模量基底上薄膜的二维失稳分析

本节通过理论分析和傅里叶谱方法研究双模量基底上薄膜的二维形貌失稳。假设薄膜和基底承受大小为 ε_0 的面内压缩应变。

9.2.1　理论分析

由于系统仅承受面内载荷，在薄膜–基底系统变形过程中，界面上平均的法向应力 P 需满足如式 (9-3) 所示的平衡条件:

$$\int P(w)\mathrm{d}x = 0 \tag{9-3}$$

对于线性基底，如果薄膜发生如式 (9-4) 所示形式的正弦失稳:

$$w = A\cos(kx) \tag{9-4}$$

式中，A 和 k 分别表示失稳形貌的波幅和波数，则式 (9-3) 将自动满足，因而以往文献中通常采用式 (9-4) 所示的位移模式。但是，由于双模量基底具有拉压不对称性，平衡条件式 (9-3) 不能自动满足，因此不能直接采用式 (9-4) 中的位移模式，失稳后将偏离该模式。为了简单起见，这里近似假设薄膜的位移依然为正弦形式，只是在式 (9-4) 中增加了一个法向平移项，即

$$w = A\cos(kx) + \eta \tag{9-5}$$

式中，η 为沿法向的平移位移，在初始失稳后其值随着加载而增大。若 $K_\mathrm{c}/K_\mathrm{t} < 1$，则 η 为负值，即薄膜整体下移。

η 的值将通过平衡条件式 (9-3) 来确定。在一个周期内，法向界面力自平衡条件式 (9-3) 表示为

$$\int_0^{k^{-1}\arccos(-\eta/A)} K_\mathrm{t} w\mathrm{d}x + \int_{k^{-1}\arccos(-\eta/A)}^{\pi/k} K_\mathrm{c} w\mathrm{d}x = 0 \tag{9-6}$$

对此式进行积分得

$$\left(1-\frac{K_\mathrm{c}}{K_\mathrm{t}}\right)\left[\sqrt{1-\frac{\eta^2}{A^2}}+\frac{\eta}{A}\arccos\left(-\frac{\eta}{A}\right)\right]+\frac{K_\mathrm{c}}{K_\mathrm{t}}\frac{\eta}{A}\pi = 0 \tag{9-7}$$

由此可以求出相对平移量 η/A。

采用能量法分析薄膜的稳定性，此时基底能量在单位宽度上的平均值为

$$U_{\mathrm{s}}=\frac{k}{2\pi}\int_0^{2\pi/k}\frac{1}{2}P(w)w\,\mathrm{d}x=\frac{1}{4}A^2K_{\mathrm{t}}\xi \tag{9-8}$$

式中，无量纲参数 ξ 仅取决于基底的刚度比 $K_{\mathrm{c}}/K_{\mathrm{t}}$，表示为

$$\begin{aligned}\xi=&\frac{1}{\pi}\left(1-\frac{K_{\mathrm{c}}}{K_{\mathrm{t}}}\right)\left[3\frac{\eta}{A}\sqrt{1-\left(\frac{\eta}{A}\right)^2}+\left(1+2\frac{\eta^2}{A^2}\right)\arccos\left(-\frac{\eta}{A}\right)\right]\\&+\frac{K_{\mathrm{c}}}{K_{\mathrm{t}}}\left(1+2\frac{\eta^2}{A^2}\right)\end{aligned} \tag{9-9}$$

对于薄膜，单位宽度上的平均薄膜能 U_{m} 和弯曲能 U_{b} 分别为 [8]

$$U_{\mathrm{m}}=\frac{k}{2\pi}\int_0^{2\pi/k}\frac{1}{2}N\varepsilon\,\mathrm{d}x=\frac{1}{2}E_{\mathrm{f}}^*h\varepsilon_0^2-\frac{1}{4}E_{\mathrm{f}}^*h\varepsilon_0k^2A^2+\frac{1}{32}E_{\mathrm{f}}^*hk^4A^4 \tag{9-10}$$

$$U_{\mathrm{b}}=\frac{k}{2\pi}\int_0^{2\pi/k}\frac{1}{24}E_{\mathrm{f}}^*h^3w_{,xx}^2\,\mathrm{d}x=\frac{1}{48}E_{\mathrm{f}}^*h^3k^4A^2 \tag{9-11}$$

因此，单位宽度上平均的总势能为

$$\begin{aligned}U_{\mathrm{tot}}=&U_{\mathrm{b}}+U_{\mathrm{m}}+U_{\mathrm{s}}\\=&\frac{1}{2}E_{\mathrm{f}}^*h\varepsilon_0^2-\frac{1}{4}E_{\mathrm{f}}^*h\varepsilon_0k^2A^2+\frac{1}{48}E_{\mathrm{f}}^*h^3k^4A^2+\frac{1}{4}A^2K_{\mathrm{t}}\xi+\frac{1}{32}E_{\mathrm{f}}^*hk^4A^4\end{aligned} \tag{9-12}$$

U_{tot} 是失稳波幅 A 和波数 k 的函数。对总势能求极值，即 $\partial U_{\mathrm{tot}}/\partial k=0$ 且 $\partial U_{\mathrm{tot}}/\partial A=0$，可以得到双模量基底上薄膜失稳的临界应变、失稳波长和波幅分别为

$$\varepsilon_{\mathrm{cr}}=\left(\frac{\xi K_{\mathrm{t}}h}{3E_{\mathrm{f}}^*}\right)^{1/2},\quad \lambda_{\mathrm{cr}}=2\pi h\left(\frac{E_{\mathrm{f}}^*}{12\xi K_{\mathrm{t}}h}\right)^{1/4},\quad A=\frac{\sqrt{6}}{3}h\sqrt{\frac{\varepsilon_0}{\varepsilon_{\mathrm{cr}}}-1} \tag{9-13}$$

此外，为了验证理论分析的正确性，采用傅里叶谱方法进行数值模拟。选取 E_{f}^* 和 h 对系统的各参数无量纲化，并引入伪粘性项，得到傅里叶空间中无量纲化的薄膜平衡方程为

$$\left\{\begin{array}{l}\mathrm{i}\bar{k}\,\hat{\bar{N}}=0\\ \dfrac{\mathrm{d}\hat{\bar{w}}}{\mathrm{d}t}+\dfrac{1}{12}\kappa\bar{k}^4\hat{\bar{w}}-\mathcal{F}\left(\kappa\bar{N}\bar{w}_{,xx}-\kappa\bar{P}\right)=0\end{array}\right. \tag{9-14}$$

式中，无量纲参数 $\bar{N}=N/(E_{\mathrm{f}}^*h)$；$\bar{P}=P/E_{\mathrm{f}}^*$；$\bar{w}=w/h$；$\bar{k}=kh$。这里，$N=E_{\mathrm{f}}^*h\varepsilon$ 表示薄膜沿 x 方向的薄膜力，$\varepsilon=\varepsilon_0+\tilde{u}_{,x}+w_{,x}^2/2$ 为薄膜沿 x 方向的应

变，$\tilde{u}$ 为由失稳引起的薄膜沿 z 方向的增量位移。经整理，得到数值求解的迭代格式为

$$\hat{\bar{w}}^{(m+1)}=\left(1+\frac{1}{12}\kappa\bar{k}^4\mathrm{d}t\right)^{-1}[\hat{\bar{w}}^{(m)}+\mathcal{F}(\kappa\bar{N}\bar{w}_{,xx}^{(m)}-\kappa\bar{P})\mathrm{d}t] \tag{9-15}$$

在数值模拟中，薄膜与基底的模量比设为 $\kappa=1000$，薄膜的泊松比取 $\nu_\mathrm{f}=0.3$。

9.2.2 结果和讨论

从式 (9-13) 可以看出，刚度比 $K_\mathrm{c}/K_\mathrm{t}$ 会影响薄膜–基底系统失稳的临界应变和失稳波长，即基底的非线性会改变临界失稳条件。特别地，对于线性基底，即 $K_\mathrm{c}/K_\mathrm{t}=1$，由式 (9-7) 和式 (9-9)，可得 $\xi=1$，此时式 (9-13) 可退化为线性 Winkler 地基上薄膜失稳的解 [9]。

图 9.5 给出了临界应变 ε_cr 和无量纲化的失稳波长 λ_cr/h 随基底刚度比 $K_\mathrm{c}/K_\mathrm{t}$ 的变化曲线，可以看出数值解与理论解吻合得较好。图中虚线给出了不考虑正弦形貌沿法向平移 (即假设 $w=A\cos(kx)$ 或 $\eta=0$) 的解。随着刚度比减小，即基底非线性增强，临界应变减小，而失稳波长增大。对于式 (9-4) 和式 (9-5) 假设的位移模式，$K_\mathrm{c}/K_\mathrm{t}$ 较小时，结果有较大的偏差，即基底非线性对临界失稳影响显著。例如，基底刚度比 $K_\mathrm{c}/K_\mathrm{t}=0.2$ 对应的临界应变比 $K_\mathrm{c}/K_\mathrm{t}=1$ 大约低 60%。因此，当 K_c 与 K_t 有明显偏差时，若假设 $w=A\cos(kx)$，会带来较大的误差，而且基底非线性越强，误差越大。当 $K_\mathrm{c}/K_\mathrm{t}=0.2$ 时，ε_cr 的相对误差可达 30%，这意味着对于拉压不对称的非线性基底，在理论分析中应该考虑界面法向力的自平衡条件式 (9-3)，即以 $w=A\cos(kx)+\eta$ 作为近似的位移模式。

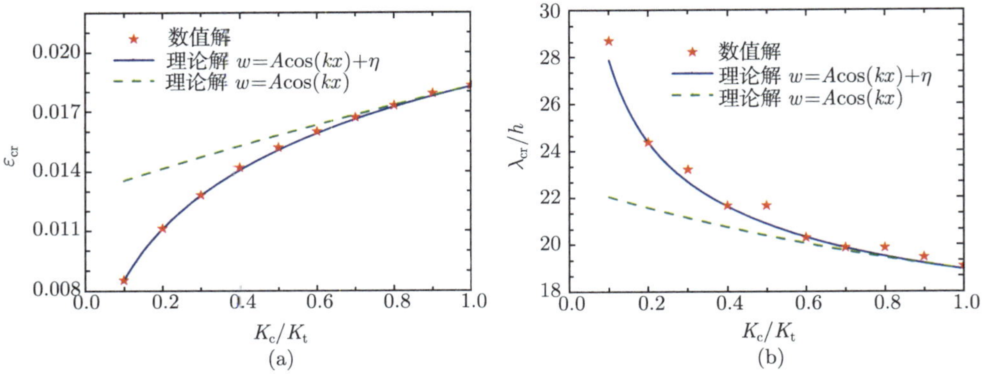

图 9.5 基底拉压不同性质对临界失稳的影响

(a) 临界失稳应变；(b) 临界失稳波长

对于给定基底的刚度比 $K_\mathrm{c}/K_\mathrm{t}=0.2$ 和外加应变 $\varepsilon_0/\varepsilon_\mathrm{cr}=1.5$，图 9.6 画出了双模量基底上薄膜的后屈曲形貌。可以看出，基底的拉压不对称性对失稳形貌有显

著影响，使正弦失稳模式产生沿法向的平移，形成较深的波谷和较小的波峰。这种现象在动物的肠道内壁可以观察到，例如，Hannezo 等发现较小的上凸的小肠绒毛 (villi) 以及较深的下凹的小肠隐窝 (crypt) [10]。如果基底的压缩刚度小于拉伸刚度，则薄膜的正弦失稳模式向下平移，即 $\eta < 0$；反之，若基底具有拉伸软化的特性 (如周期粘接界面，即 $K_{\mathrm{c}}/K_{\mathrm{t}} > 1$)，正弦失稳模式会向上平移，即 $\eta > 0$。对于后面一种情况，有限元模拟也验证了这一结论，图 9.7 为数值模拟得到的一个周期内的失稳形貌。

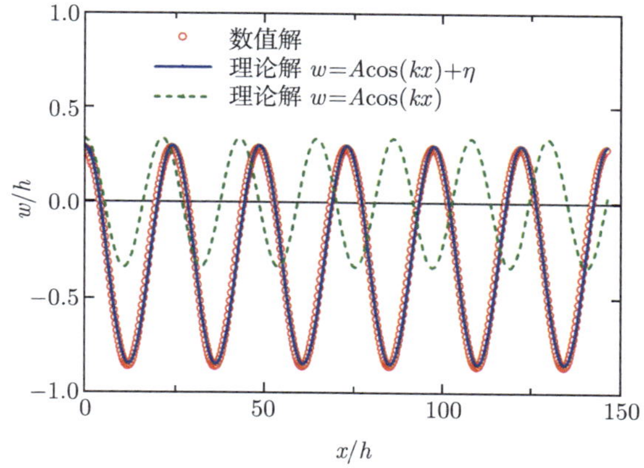

图 9.6 双模量基底上薄膜的后屈曲形貌的理论解

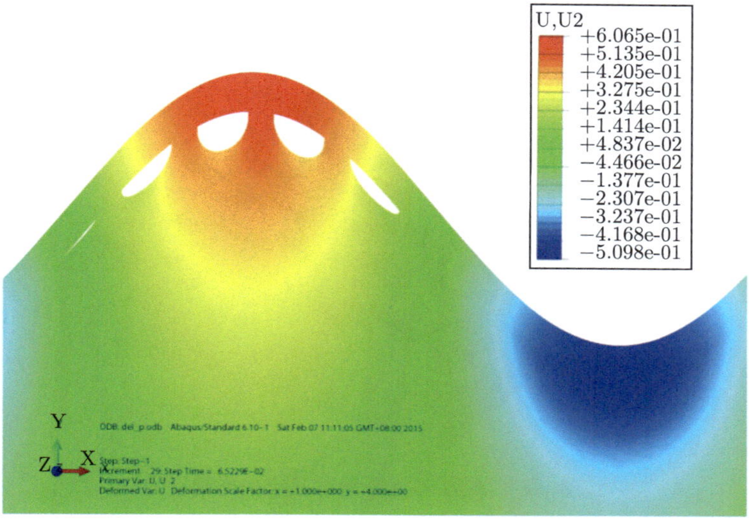

图 9.7 在具有周期粘接界面的基底上薄膜的后屈曲形貌的有限元模拟结果

9.3　双模量基底上薄膜的三维失稳分析

薄膜–基底系统经常呈现丰富的三维失稳模式。例如，Breid 和 Crosby [11] 通过实验研究了 PDMS 软基底上薄膜的三维失稳，他们采用溶胀法使薄膜产生等轴压缩应变，发现薄膜产生了六方下凹的失稳模式，而靠近边界处出现条纹和珠链状的形貌。但是，Cai 等 [12] 的理论分析表明，线性基底上薄膜在等轴加载下首先出现四方失稳模式，随后演化为迷宫形貌。Cai 等将实验与理论预测上的差异归因于薄膜初始曲率的影响。对于 PDMS 这样的软材料或生物软组织，其力学行为往往表现出拉压不对称性 [13−15]，除了薄膜初始曲率，基底的非线性性质是否也起着重要的作用？9.2 节指出，基底非线性对薄膜二维失稳形貌产生了较大的影响。类推可知，当薄膜发生三维失稳时，基底的非线性的影响亦不可忽略。

本节研究双模量基底上薄膜的三维失稳 [16]。首先，基于能量法推导系统产生不同三维失稳模式的临界应变和失稳波长，并通过傅里叶谱方法验证理论分析的正确性。在等轴加载和非等轴加载两种情况下，讨论基底非线性对薄膜临界失稳以及后屈曲演化的影响。最后，给出在不同基底非线性以及加载状态下薄膜–基底系统三维失稳的形貌相图。

9.3.1　理论模型

对于如图 9.8 所示的硬膜–软基系统，建立直角坐标系 (O-$x_1x_2x_3$)，原点 O 以及 x_1 和 x_2 轴位于薄膜中面上，x_3 轴沿着薄膜表面的外法向。假设薄膜在 x_1 和 x_2 方向分别受到压缩应变 ε_{11}^0 和 ε_{22}^0 作用。假设薄膜为各向同性线弹性材料，弹性模量为 $E_{\rm f}$，泊松比为 $\nu_{\rm f}$。

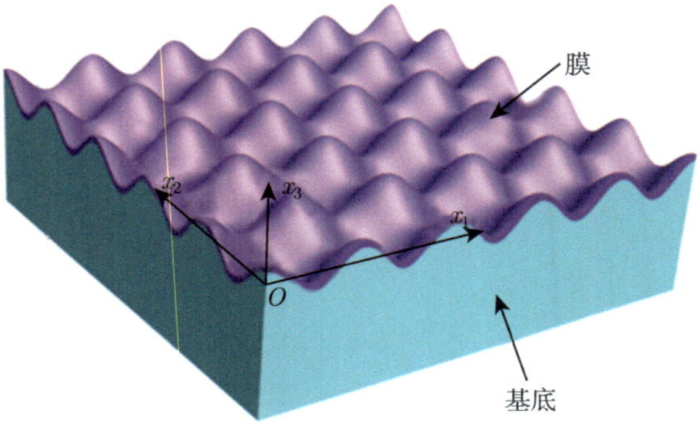

图 9.8　薄膜–基底系统的三维失稳模型

许多软材料 (如橡胶、水凝胶、生物组织) 的力学行为呈现非线性的拉压不对称性，如图 9.9 中虚线所示。由于系统失稳的临界条件取决于其总势能的变化，失稳引起的基底在单位面积上的应变能变化可由图中曲线和横轴包围的面积表示，因此，为了简化起见，可以通过应变能等价的方法，将软材料的非线性本构关系 (图中虚线) 简化为分段线性的双模量本构模型 (图中实线)。根据 Huang 等 [8] 的研究结果，薄膜–基底界面上剪应力的影响可忽略不计，因此这里利用 Winkler 地基模型近似描述这种双模量非线性基底与薄膜的相互作用。基底的拉伸刚度和压缩刚度分别记为 K_{t} 和 K_{c}，刚度比 $K_{\mathrm{c}}/K_{\mathrm{t}}$ 反映了基底的拉压不同性质。采用这种分段线性模型，既可以揭示基底非线性行为对表面失稳的影响规律，又便于进行理论分析。当然，这种简化模型具有一定的局限性，基于更精确的非线性本构模型的研究值得期待。

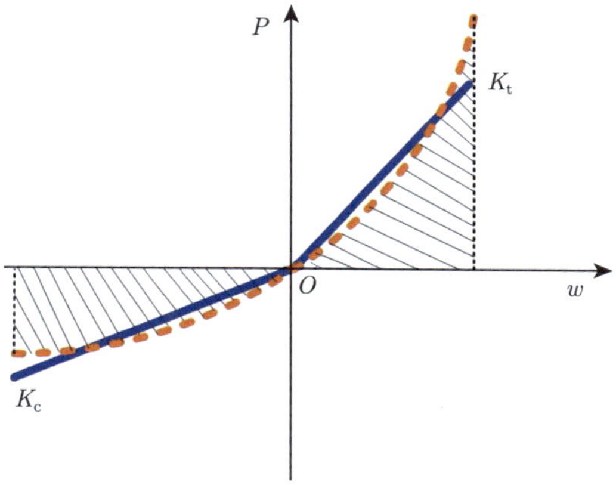

图 9.9 基底的双模量本构模型

当面内压缩应变足够大时，薄膜将发生屈曲。假设失稳波幅与波长相比是小量，因此可以利用 von Kármán 弹性板理论 [17] 描述薄膜的变形。令 u_1 和 u_2 分别表示由于失稳引起的薄膜沿 x_1 和 x_2 方向的面内位移，w 为薄膜的法向位移，则薄膜的应变为

$$\varepsilon_{\alpha\beta}=\varepsilon_{\alpha\beta}^{0}+\frac{1}{2}(u_{\alpha,\beta}+u_{\beta,\alpha})+\frac{1}{2}w_{,\alpha}w_{,\beta} \tag{9-16}$$

由胡克定律，薄膜力可表示为

$$N_{\alpha\beta}=E_{\mathrm{f}}^{*}h[(1-\nu_{\mathrm{f}})\varepsilon_{\alpha\beta}+\nu_{\mathrm{f}}\varepsilon_{\gamma\gamma}\delta_{\alpha\beta}] \tag{9-17}$$

本节采用爱因斯坦求和约定，希腊字母的指标取值为 1 和 2。薄膜沿 x_1、x_2 和 x_3 方向的平衡方程为

$$\frac{\partial N_{\alpha\beta}}{\partial x_{\beta}}=0 \tag{9-18}$$

$$-\frac{E_{\mathrm{f}}^{*}h^{3}}{12}\nabla^{4}w+N_{\alpha\beta}w_{,\alpha\beta}=P \tag{9-19}$$

式中，∇^4 是直角坐标系下的双调和算子。对于双模量基底，采用 Winkler 地基模型，界面的法向应力 P 和法向位移 w 的关系如式 (9-2) 所示。

薄膜发生失稳后，薄膜能 U_{m} 和弯曲能 U_{b} 分别为

$$U_{\mathrm{m}}=\frac{1}{2}\int N_{\alpha\beta}\varepsilon_{\alpha\beta}\mathrm{d}x_1\mathrm{d}x_2 \tag{9-20}$$

$$U_{\mathrm{b}}=\frac{E_{\mathrm{f}}^{*}h^3}{24}\int[(1-\nu_{\mathrm{f}})w_{,\alpha\beta}w_{,\alpha\beta}+\nu_{\mathrm{f}}w_{,\alpha\alpha}w_{,\gamma\gamma}]\mathrm{d}x_1\mathrm{d}x_2 \tag{9-21}$$

基底的能量 U_{s} 为

$$U_{\mathrm{s}}=\int\frac{1}{2}P(w)w\mathrm{d}x_1\mathrm{d}x_2 \tag{9-22}$$

在应变加载情况下，薄膜–基底系统的总势能 U_{tot} 主要包括如式 (9-23) 所示三部分：

$$U_{\mathrm{tot}}=U_{\mathrm{m}}+U_{\mathrm{b}}+U_{\mathrm{s}} \tag{9-23}$$

系统的临界失稳状态对应的总势能最小，则通过对 U_{tot} 取极值，可以得到薄膜–基底系统发生失稳的临界条件。

下面首先采用能量法进行理论分析，然后利用傅里叶谱方法进行数值模拟与验证。选取 E_{f}^{*} 和 h 对系统的各参数无量纲化，并引入伪粘性项，得到傅里叶空间中无量纲化的薄膜平衡方程为

$$\left\{\begin{array}{l}\mathrm{i}\bar{k}_{\beta}\hat{\bar{N}}_{\alpha\beta}=0\\ \dfrac{\mathrm{d}\hat{\bar{w}}}{\mathrm{d}t}+\dfrac{1}{12}\kappa\bar{k}^4\hat{\bar{w}}-\mathcal{F}(\kappa\bar{N}_{\alpha\beta}\bar{w}_{,\alpha\beta}-\kappa\bar{P})=0\end{array}\right. \tag{9-24}$$

式中，无量纲参数 $\bar{P}=P/E_{\mathrm{f}}^{*}$，$\bar{N}_{\alpha\beta}=N_{\alpha\beta}/(E_{\mathrm{f}}^{*}h)$，$\bar{w}=w/h$，$\bar{k}_{\beta}=k_{\beta}h$，$\bar{k}=\sqrt{\bar{k}_1^2+\bar{k}_2^2}$。整理式 (9-24)，得到如式 (9-25) 所示的数值求解迭代格式：

$$\hat{\bar{w}}^{(m+1)}=\left(1+\frac{1}{12}\kappa\bar{k}^4\mathrm{d}t\right)^{-1}[\hat{\bar{w}}^{(m)}+\mathcal{F}(\kappa\bar{N}_{\alpha\beta}\bar{w}_{,\alpha\beta}^{(m)}-\kappa\bar{P})\mathrm{d}t] \tag{9-25}$$

在数值模拟中，薄膜与基底的模量比设为 $\kappa=1000$，薄膜的泊松比取为 $\nu_{\mathrm{f}}=0.3$。

薄膜–基底系统的三维失稳形貌多种多样，常见的形貌有四方、六方、条纹、人字形、迷宫等，其中人字形和迷宫形貌通常出现于后屈曲演化过程中 [12,18,19]。考虑薄膜在双向压缩应变作用下临界失稳可能出现的若干三维形貌，假设失稳模式为

$$w=A\cos(kx_1)+B\cos\left(\frac{1}{2}kx_1\right)\cos\left(\frac{1}{2}qkx_2\right)+\eta \tag{9-26}$$

式中，A 和 B 是波幅的系数；q 是无量纲数；k 和 qk 分别代表沿 x_1 和 x_2 方向的波数。由于基底具有拉压不对称的力学行为，类似 9.2 节的分析，假设三维失稳模

式沿法向的平移位移为 η，其值可通过三维情形下界面法向力的平衡条件求得，即

$$\int P(w)\mathrm{d}x_1\mathrm{d}x_2 = 0 \tag{9-27}$$

为了更直观地说明式 (9-26) 所代表的各种三维形貌，图 9.10 绘出了不同参数对应的几种三维形貌。若 $A \neq 0$，记 $p = B/A$。几种典型的三维失稳形貌归纳如下：

(i) 四方形貌，此时 $A = 0$ 且 $q = 1$；

(ii) 条纹形貌 ($p = 0$)；

(iii) 六方形貌 ($p = 2$ 且 $q = \sqrt{3}$)；

(iv) 珠链状形貌 ($p = 1$ 且 $q = \sqrt{3}$)。

需要指出的是，上述的珠链状形貌不仅包括 $p = 1$ 的情况，也将 $0 < p < 2$ 表示的各向异性形貌归入珠链状形貌。此外，六方和珠链状形貌可以具有不同的离面位移特征，这与 A 的正负有关。例如，$p = 2$ 且 $A > 0$ 表示背向基底的上凸六方形貌，而 $p = 2$ 且 $A < 0$ 表示朝向基底的下凹六方形貌。

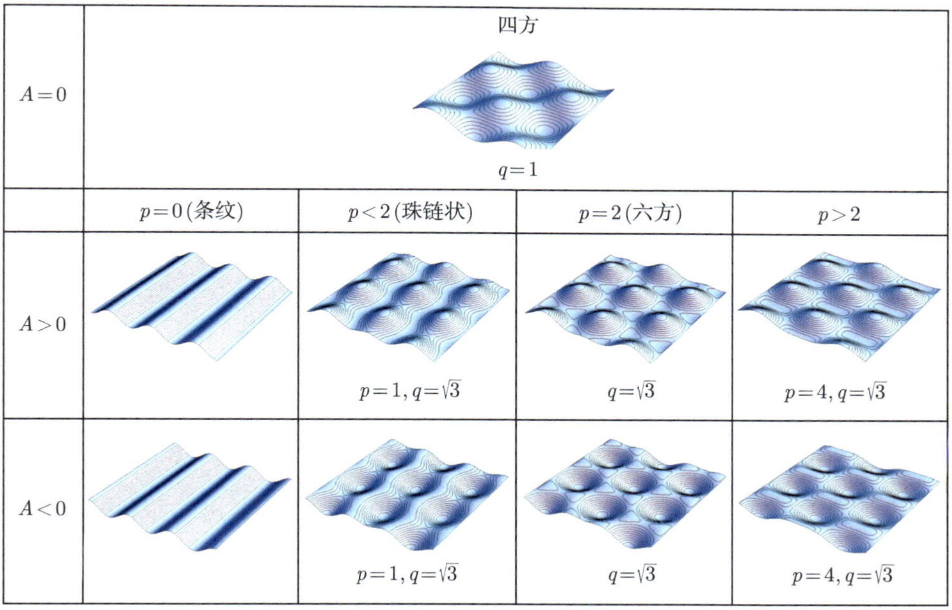

图 9.10 式 (9-26) 表示的几种典型的三维失稳形貌

在式 (9-26) 表示的三维失稳形貌下，采用能量法推导薄膜失稳的临界条件。首先，将式 (9-18) 中的平衡方程用面内位移 u_1、u_2 以及法向位移 w 重新表示为

$$2\frac{\partial^2 u_1}{\partial x_1^2} + (1-\nu_\mathrm{f})\frac{\partial^2 u_1}{\partial x_2^2} + (1+\nu_\mathrm{f})\frac{\partial^2 u_2}{\partial x_1 \partial x_2}$$

$$
= -(1-\nu_{\mathrm{f}})\frac{\partial w}{\partial x_1}\left(\frac{\partial^2 w}{\partial x_1^2}+\frac{\partial^2 w}{\partial x_2^2}\right)-(1+\nu_{\mathrm{f}})\left(\frac{\partial w}{\partial x_1}\frac{\partial^2 w}{\partial x_1^2}+\frac{\partial w}{\partial x_2}\frac{\partial^2 w}{\partial x_1 \partial x_2}\right) \tag{9-28}
$$

$$
\begin{aligned}
&2\frac{\partial^2 u_2}{\partial x_2^2}+(1-\nu_{\mathrm{f}})\frac{\partial^2 u_2}{\partial x_1^2}+(1+\nu_{\mathrm{f}})\frac{\partial^2 u_1}{\partial x_1 \partial x_2}\\
&= -(1-\nu_{\mathrm{f}})\frac{\partial w}{\partial x_2}\left(\frac{\partial^2 w}{\partial x_1^2}+\frac{\partial^2 w}{\partial x_2^2}\right)-(1+\nu_{\mathrm{f}})\left(\frac{\partial w}{\partial x_2}\frac{\partial^2 w}{\partial x_2^2}+\frac{\partial w}{\partial x_1}\frac{\partial^2 w}{\partial x_1 \partial x_2}\right)
\end{aligned} \tag{9-29}
$$

利用式 (9-28) 和式 (9-29)，通过薄膜的法向位移表达式 (9-26)，可以求得薄膜面内位移 $u_1(x_1,x_2)$ 和 $u_2(x_1,x_2)$ 的表达式为

$$
\left\{
\begin{aligned}
u_1 &= c_1\sin\left(\frac{1}{2}kx_1\right)\cos\left(\frac{1}{2}qkx_2\right)+c_2\sin\left(\frac{3}{2}kx_1\right)\cos\left(\frac{1}{2}qkx_2\right)\\
&\quad +c_3\sin(kx_1)\cos(qkx_2)+c_4\sin(2kx_1)+c_5\sin(kx_1)\\
u_2 &= c_6\cos\left(\frac{1}{2}kx_1\right)\sin\left(\frac{1}{2}qkx_2\right)+c_7\cos\left(\frac{3}{2}kx_1\right)\sin\left(\frac{1}{2}qkx_2\right)\\
&\quad +c_8\cos(kx_1)\sin(qkx_2)+c_9\sin(qkx_2)
\end{aligned}
\right. \tag{9-30}
$$

式中系数 $c_1\sim c_9$ 分别为

$$
\left\{
\begin{aligned}
&c_1=\frac{ABk(q^4-2q^2-2q^2\nu_{\mathrm{f}}-1)}{2(1+q^2)^2},\quad c_2=\frac{ABk(q^4+6q^2-6q^2\nu_{\mathrm{f}}+27)}{2(9+q^2)^2}\\
&c_3=\frac{B^2k}{32},\quad c_4=\frac{A^2k}{8},\quad c_5=\frac{B^2k(1-q^2\nu_{\mathrm{f}})}{32}\\
&c_6=-\frac{ABkq(1-q^2\nu_{\mathrm{f}})}{(1-q^2)^2},\quad c_7=-\frac{ABkq(9-q^2\nu_{\mathrm{f}})}{(9+q^2)^2}\\
&c_8=\frac{B^2kq}{32},\quad c_9=\frac{B^2k(q^2-\nu_{\mathrm{f}})}{32q}
\end{aligned}
\right. \tag{9-31}
$$

将薄膜三个方向的位移表达式 (9-26) 和 (9-30) 代入式 (9-16)，并利用式 (9-17) 和式 (9-20)，忽略 A 和 B 的高阶项，得到单位面积内的平均薄膜能为

$$
\begin{aligned}
U_{\mathrm{m}} =&\frac{1}{32}E_{\mathrm{f}}^{*}h\varepsilon_{11}^{0}\left\{8A^2k^2(1+\rho\nu_{\mathrm{f}})+B^2k^2[1+q^2\nu_{\mathrm{f}}+\rho(q^2+\nu_{\mathrm{f}})]\right.\\
&\left.+16(1+\rho^2+2\rho\nu_{\mathrm{f}})\varepsilon_{11}^{0}\right\}
\end{aligned} \tag{9-32}
$$

式中，$\rho=\varepsilon_{22}^{0}/\varepsilon_{11}^{0}$ 为两方向加载应变之比，称为载荷双轴度，它反映了加载的各向异性。不失一般性，假设 $0\leqslant\rho\leqslant1$，其中 $\rho=0$ 表示单轴加载，$\rho=1$ 表示等轴加载，$0<\rho<1$ 表示非等轴加载。

单位面积内薄膜的平均弯曲能为

$$U_{\mathrm{b}}=\frac{1}{1536}E_{\mathrm{f}}^{*}h^{3}k^{4}\left[32A^{2}+B^{2}(1+q^{2})^{2}\right] \tag{9-33}$$

为了求得基底的能量，需要先确定平移项 η。由于难以得到解析解，采用二分法确定 η 的值。图 9.10 表明参数 A 的正负会影响 η 的值，即决定形貌是上凸、还是下凹。给定基底的刚度比 $K_{\mathrm{c}}/K_{\mathrm{t}}$ 以及模式参数 p 和 q，即可确定 $A=0$、$A>0$ 和 $A<0$ 这三种情况下所对应平移项 η_{A0}、η_{A+} 和 η_{A-}。进而得到在单位面积内基底的平均应变能为

$$U_{\mathrm{s}}=\begin{cases}\dfrac{1}{4}B^{2}K_{\mathrm{t}}\xi_{A0}, & \text{若}A=0\\ \dfrac{1}{4}A^{2}K_{\mathrm{t}}\xi_{A+}, & \text{若}A>0\\ \dfrac{1}{4}A^{2}K_{\mathrm{t}}\xi_{A-}, & \text{若}A<0\end{cases} \tag{9-34}$$

式中，参数 $\xi_{A0}=\xi_{A0}(q,K_{\mathrm{c}}/K_{\mathrm{t}})$、$\xi_{A+}=\xi_{A+}(p,q,K_{\mathrm{c}}/K_{\mathrm{t}})$ 和 $\xi_{A-}=\xi_{A-}(p,q,K_{\mathrm{c}}/K_{\mathrm{t}})$ 分别对应四方 $(A=0)$、上凸 $(A>0)$ 和下凹 $(A<0)$ 的失稳模式，如图 9.10 所示。由于对应平移项 η_{A0}、η_{A+} 和 η_{A-} 已经求得，即可得到参数 ξ_{A0}、ξ_{A+} 和 ξ_{A-} 的值。

式 (9-32)～式 (9-34) 给出了薄膜和基底的能量，由此可求得系统的总势能 U_{tot}。对总势能取极值，即 $\partial U_{\mathrm{tot}}/\partial k=0$ 且 $\partial U_{\mathrm{tot}}/\partial A=0$(或 $\partial U_{\mathrm{tot}}/\partial B=0$)，得到薄膜产生不同三维失稳形貌所对应的临界应变和失稳波长为

$$\varepsilon_{\mathrm{cr}}=\begin{cases}\dfrac{\sqrt{2}(1+q^{2})}{1+q^{2}\nu_{\mathrm{f}}+\rho(q^{2}+\nu_{\mathrm{f}})}\left(\dfrac{\xi_{A0}K_{\mathrm{t}}h}{3E_{\mathrm{f}}^{*}}\right)^{1/2}, & \text{若}A=0\\ \dfrac{\sqrt{2}\left[32+p^{2}(1+q^{2})^{2}\right]^{1/2}}{8+8\rho\nu_{\mathrm{f}}+p^{2}[1+q^{2}\nu_{\mathrm{f}}+\rho(q^{2}+\nu_{\mathrm{f}})]}\left(\dfrac{\xi_{A+}K_{\mathrm{t}}h}{3E_{\mathrm{f}}^{*}}\right)^{1/2}, & \text{若}A>0\\ \dfrac{\sqrt{2}\left[32+p^{2}(1+q^{2})^{2}\right]^{1/2}}{8+8\rho\nu_{\mathrm{f}}+p^{2}[1+q^{2}\nu_{\mathrm{f}}+\rho(q^{2}+\nu_{\mathrm{f}})]}\left(\dfrac{\xi_{A-}K_{\mathrm{t}}h}{3E_{\mathrm{f}}^{*}}\right)^{1/2}, & \text{若}A<0\end{cases} \tag{9-35}$$

$$\lambda_{\mathrm{cr}}=\begin{cases}\pi h\sqrt{1+q^{2}}\left(\dfrac{E_{\mathrm{f}}^{*}}{24\xi_{A0}K_{\mathrm{t}}h}\right)^{1/4}, & \text{若}A=0\\ 2\pi h\left[1+\dfrac{1}{32}p^{2}(1+q^{2})^{2}\right]^{1/4}\left(\dfrac{E_{\mathrm{f}}^{*}}{12\xi_{A+}K_{\mathrm{t}}h}\right)^{1/4}, & \text{若}A>0\\ 2\pi h\left[1+\dfrac{1}{32}p^{2}(1+q^{2})^{2}\right]^{1/4}\left(\dfrac{E_{\mathrm{f}}^{*}}{12\xi_{A-}K_{\mathrm{t}}h}\right)^{1/4}, & \text{若}A<0\end{cases} \tag{9-36}$$

式 (9-35) 表明，对于给定的载荷双轴度 ρ、薄膜与基底的模量比 $\kappa=E_{\mathrm{f}}^{*}/(K_{\mathrm{t}}h)$ 以及基底的刚度比 $K_{\mathrm{c}}/K_{\mathrm{t}}$，临界应变 $\varepsilon_{\mathrm{cr}}$ 的表达式中仅含 p 和 q 两个无量纲数，其

不同取值对应于不同的三维形貌。实际的系统将选择使临界应变 $\varepsilon_{\rm cr}$ 最小的三维失稳模式，此时系统的总势能也最小。因此，对于式 (9-35)，遍历 $A=0$、$A>0$ 和 $A<0$ 时 p 和 q 的取值，找到最小的临界应变 $\varepsilon_{\rm cr}$。将此时 p 和 q 的取值代入式 (9-26)，即得到系统实际发生的失稳模式。

9.3.2　等轴加载

本节讨论双模量基底上薄膜受到等轴加载时 ($\rho=1$) 的三维失稳。给定系统可能发生的失稳模式，可由式 (9-35) 求得相应的临界应变。图 9.11 给出了不同三维失稳模式对应的临界应变，其中参数选取为 $K_{\rm c}/K_{\rm t}=0.6$。可以看出，对于所有的三维形貌，$p=2$、$q=\sqrt{3}$ 且 $A<0$(图中圆点) 对应的失稳临界应变最低，为 $\varepsilon_{\rm cr}=0.0115$，这说明系统在受到等轴面内压缩时将首先出现六方下凹的失稳模式。

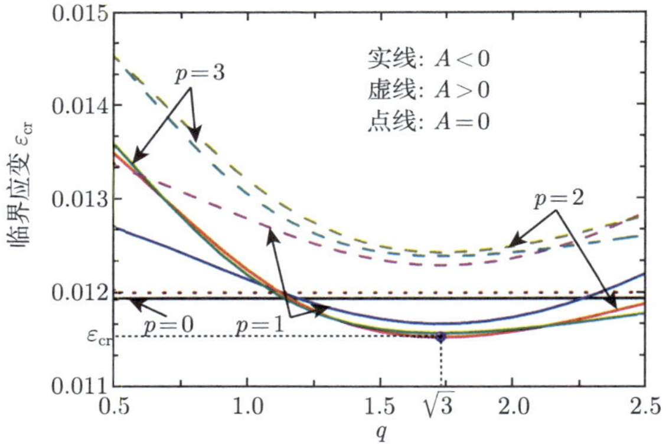

图 9.11　等轴加载下失稳临界应变 $\varepsilon_{\rm cr}$ 的确定

为了分析基底非线性的影响，对比条纹、四方、六方上凸和六方下凹这四种典型失稳模式的临界应变随基底刚度比的变化，如图 9.12 所示。对于线性基底，即 $K_{\rm c}/K_{\rm t}=1$，四种失稳形貌的临界应变相等，这与 Cai 等 [12] 的理论预测一致。然而，对于非线性基底，即 $K_{\rm c}/K_{\rm t}<1$，六方下凹失稳模式的临界应变最小，表明非线性基底上的薄膜倾向于出现六方下凹的失稳模式。此外，可以看出六方上凸的临界应变在四种模式中是最高的，这是因为假设基底的压缩刚度小于拉伸刚度，对此系统需要更高的势能才能出现六方上凸的模式。如果基底具有拉伸软化效应，即 $K_{\rm c}/K_{\rm t}>1$，则六方上凸的形貌具有更小的势能，即更容易发生。

对于基底不同的压缩–拉伸刚度比 $K_{\rm c}/K_{\rm t}$，图 9.13 给出了由傅里叶谱方法模拟得到的薄膜失稳形貌图。在计算中，模拟区域大小设为 $6\lambda_{\rm cr}\times 6\lambda_{\rm cr}$，给定加载应

变为 $\varepsilon_{11}^0=\varepsilon_{22}^0=1.02\varepsilon_{\rm cr}$。数值模拟结果与理论预测吻合得较好。对于 $K_{\rm c}/K_{\rm t}=1$ 的线性基底，系统出现四方失稳形貌，与 Cai 等 [12] 的理论预测一致。基底非线性对系统出现四方或六方的失稳形貌有显著影响，随着刚度比 $K_{\rm c}/K_{\rm t}$ 减小，六方下凹失稳模式的势能比四方失稳模式更低，因此系统将选择六方下凹的失稳形貌。

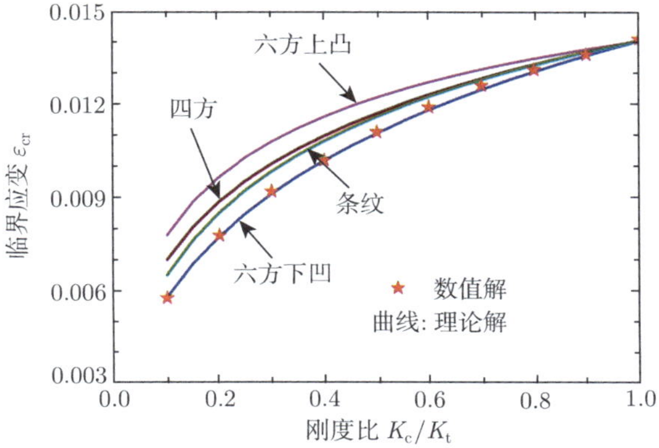

图 9.12 失稳临界应变 $\varepsilon_{\rm cr}$ 随基底刚度比 $K_{\rm c}/K_{\rm t}$ 的变化

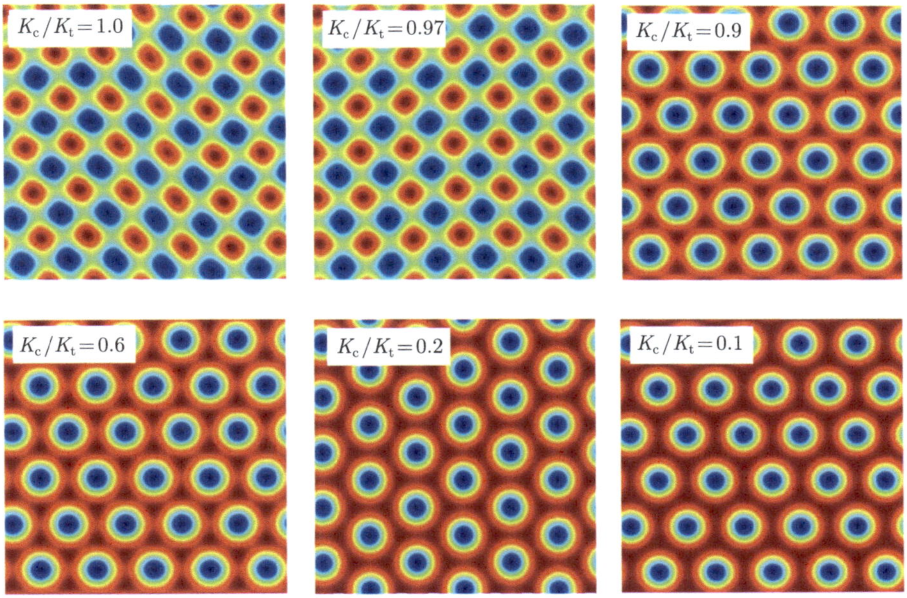

图 9.13 在不同的刚度比 $K_{\rm c}/K_{\rm t}$ 情况下薄膜的失稳形貌

Cai 等 [12] 的理论分析表明，在等轴压缩下线性基底上的薄膜首先出现四方失稳模式。然而，实验结果显示 PDMS 基底上薄膜出现的是六方模式。Cai 等从基底初始曲率的角度解释了理论和实验的差别，认为在实验中初始薄膜表面并不是严格的平面，而是带有一定曲率的曲面。本节的理论分析表明，基底拉伸和压缩性质的差异也会导致薄膜倾向于出现六方的失稳形貌。此外，理论分析和数值模拟都表明，这种六方模式向基底方向凹陷，Breid 和 Crosby [11] 在实验中曾观察到类似现象。本节的研究从另外一个角度上解释了上述实验结果。

下面进一步采用傅里叶谱方法模拟薄膜–基底系统失稳后的三维形貌演化。图 9.14(a)~(d) 和 (e)~(h) 分别给出了线性基底 ($K_{\mathrm{c}}/K_{\mathrm{t}}=1$) 和非线性基底 ($K_{\mathrm{c}}/K_{\mathrm{t}}=0.6$) 上薄膜的后屈曲形貌演化图。可见，线性基底上的薄膜首先出现四方失稳形貌 (图 9.14(a))，然而四方形貌不够稳定，在较小的压缩应变下 (如 $\varepsilon_{11}^{0}/\varepsilon_{\mathrm{cr}}=1.1$ 时)，即演化成四方与条纹的混合态 (图 9.14(b))，继而转变成迷宫形貌，如图 9.14(d) 所示。与线性基底不同，当基底的力学行为具有拉压不对称性时，薄膜首先产生六方下凹的失稳形貌 (图 9.14(e))，和四方形貌相比，六方形貌更为稳定，但当压缩应变足够大时 (如 $\varepsilon_{11}^{0}/\varepsilon_{\mathrm{cr}}>1.5$)，六方形貌也会演化成混合模式 (图 9.14(g))，并最终形成迷宫状 (图 9.14(h))。Cai 等 [12] 在实验中也曾观察到类似现象，如图 9.15 所示。对于 PDMS 基底上的薄膜，他们采用溶胀法在薄膜内产生等轴的压缩应变，随着薄膜的膨胀，压缩应变逐渐增大，薄膜依次产生六方下凹、六方与条纹混合态的形貌，并最终形成迷宫状。本节工作为其实验结果提供了一种可能的解释。

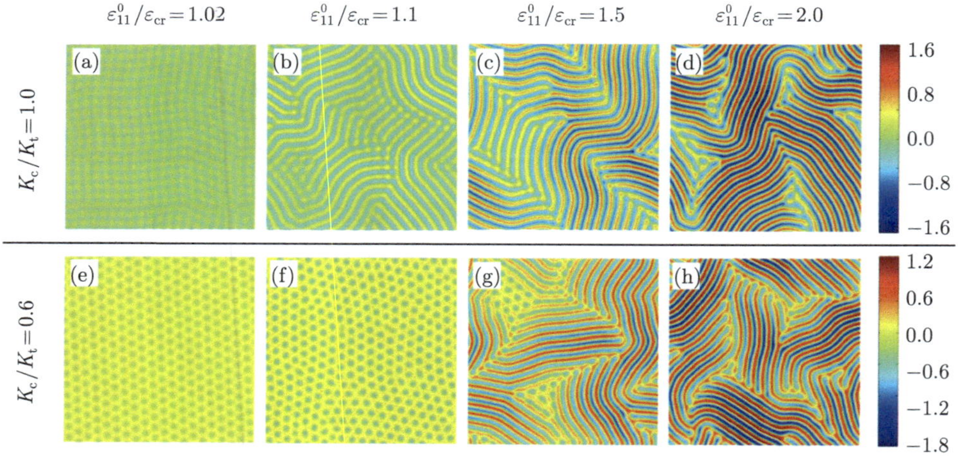

图 9.14 在等轴压缩下薄膜失稳形貌演化的数值模拟结果

(a)~(d) 线弹性基底；(e)~(h) 非线性弹性基底

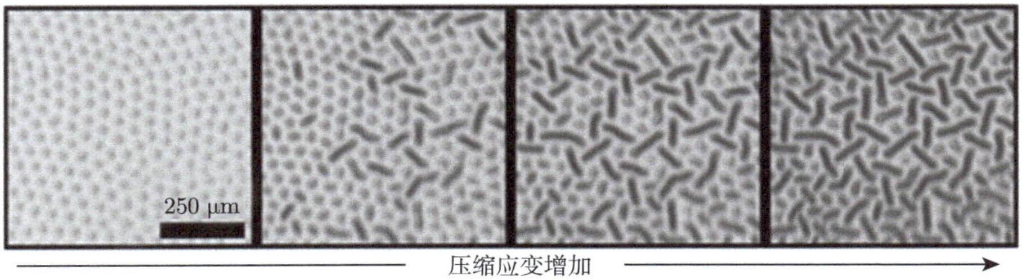

图 9.15 在等轴压缩下薄膜形貌演化的实验观察 [12]

9.3.3 非等轴加载

前文讨论了在等轴压缩应变下双模量基底上薄膜的三维失稳，下面讨论非等轴加载的情况。非等轴载荷更为常见，例如，动植物组织的各向异性生长会产生非等轴的残余应力场 [20−26]。

作为例子，给定载荷双轴度 $\rho = \varepsilon_{22}^0/\varepsilon_{11}^0 = 0.7$，双模量基底的参数选取为 $K_\mathrm{c}/K_\mathrm{t} = 0.25$。图 9.16 显示了不同三维失稳模式对应的临界应变。可见，$p = 1.5$，$q=1.5$ 以及 $A<0$ (图中圆点) 对应的临界应变最低，为 $\varepsilon_\mathrm{cr}=0.009$ (式 (9-35))。由于 $0 < p < 2$ 代表珠链状形貌，所以说明该图在上述参数设定下，珠链状的失稳形貌将首先出现。

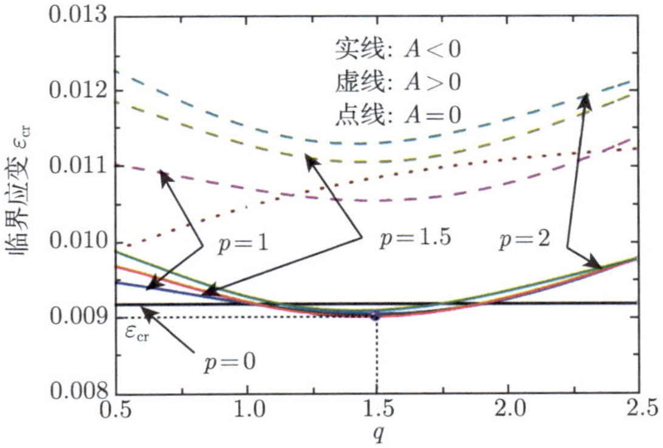

图 9.16 非等轴加载下 ($\rho = 0.7$), 失稳临界应变 ε_cr 的确定

通过对比图 9.17 中珠链状 ($p = 0.8$ 和 $p = 1.6$) 和条纹模式 ($p = 0$) 在不同基底刚度比下的临界应变大小，可知基底非线性可以影响临界失稳形貌。当基底的非线性较强时 (如 $K_\mathrm{c}/K_\mathrm{t} = 0.1$)，珠链状模式比条纹模式的临界应变更小，因此系统易发生珠链状形貌失稳。而当基底非线性较弱时 (如 $K_\mathrm{c}/K_\mathrm{t} = 0.9$)，条纹模式的临界应变更低，此时薄膜产生条纹失稳。因此，对于给定的载荷双轴度 ρ，存在一个临界的刚度比 $K_\mathrm{c}/K_\mathrm{t}$，当 $K_\mathrm{c}/K_\mathrm{t}$ 低于此临界值时，系统易出现珠链状形貌；而当

K_c/K_t 大于此值时，系统的临界失稳以条纹模式为主。在此例中，临界刚度比为 $K_c/K_t = 0.38$，见图 9.17 内部的插图。当 K_c/K_t 减小到 0.38 时，系统势能最小对应的模式从 $p = 0$ 转变为 $p > 0$，即从条纹变为珠链状。

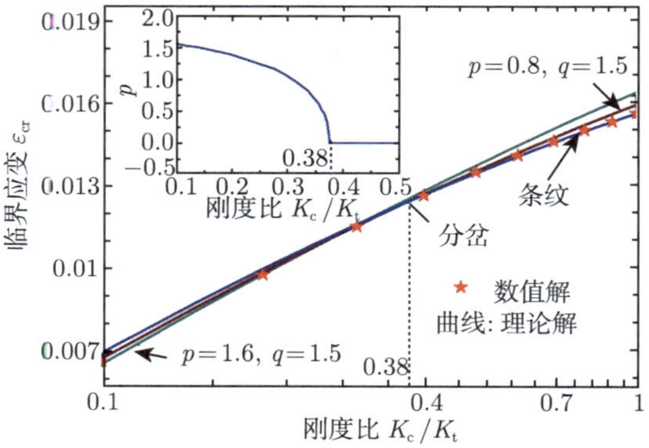

图 9.17　失稳临界应变 ε_{cr} 随基底刚度比 K_c/K_t 的变化

下面采用傅里叶谱方法，验证上述理论预测。仍然取载荷双轴度 $\rho = 0.7$，在不同基底刚度比情况下，图 9.18 绘出了薄膜的三维失稳形貌的数值模拟结果。计算区域尺寸大小取为 $6\lambda_{cr} \times 6\lambda_{cr}$，加载应变为 $\varepsilon_{11}^0 = \varepsilon_{22}^0/\rho = 1.02\varepsilon_{cr}$。对于线性基底，薄膜首先出现条纹状失稳形貌。这与 Audoly 和 Boudaoud [27] 的理论预测一致，其理论分析表明，线性基底上的薄膜在受到非等轴压缩时，系统会首先出现条纹形貌。即使薄膜受到接近等轴的加载，如 $\rho = 0.99$，也会先发生条纹状失稳。然而，实际的系统在受到接近等轴压缩时，一般难以观察到条纹状形貌。在这一过程中，基底非线性扮演了重要角色，当基底非线性足够大时，在非等轴压缩应变下，薄膜–基底系统也会倾向于发生珠链状形貌的失稳，因为此时珠链状失稳模式对应的势能更低。事实上，珠链状形貌也可以看成条纹到六方的过渡模式，p 趋于 0 即为条纹模式，p 趋于 2 即为六方模式。图 9.18 表明基底非线性越强，珠链状形貌越接近于六方形貌。例如，$K_c/K_t = 0.1$ 对应的形貌与六方形貌非常相似。

此外，载荷双轴度 ρ 也是影响薄膜失稳形貌的一个重要参数。例如，对于相同的基底，在单轴压缩和双向等轴压缩下，薄膜会呈现不同的失稳形式。图 9.19 的相图总结了基底刚度比 K_c/K_t 和载荷双轴度 ρ 这两个参数对薄膜三维失稳形貌的影响。可见，给定 $K_c/K_t \geqslant 0.1$，当 $\rho < 0.45$ 时，系统总是出现条纹状失稳模式。对于较弱的基底非线性和 ρ 较小 (趋于单轴) 的加载方式，系统倾向于产生条纹失稳，而对于较强的基底非线性和 ρ 较大 (趋于双轴) 的加载方式，薄膜更容易出现珠链状失稳。

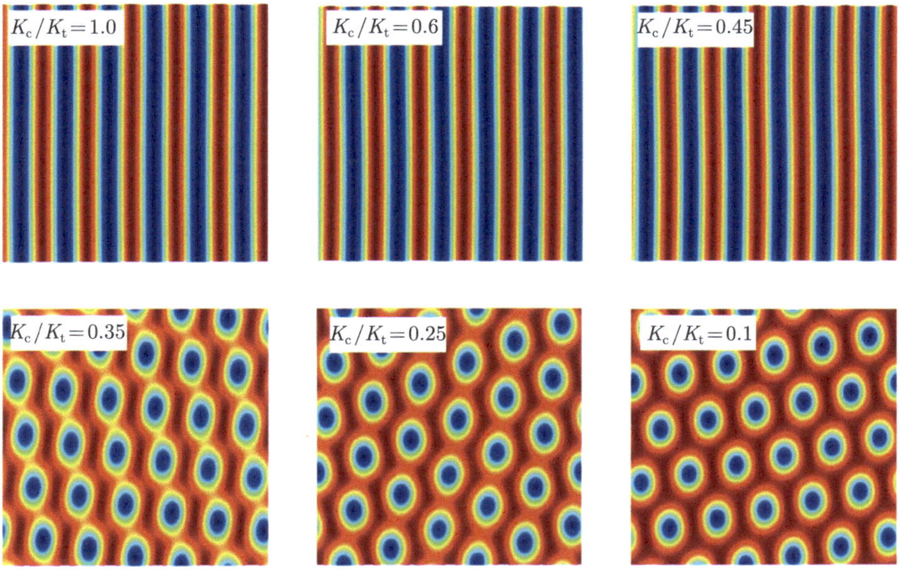

图 9.18 不同基底刚度比情况下薄膜的三维失稳形貌的数值模拟结果

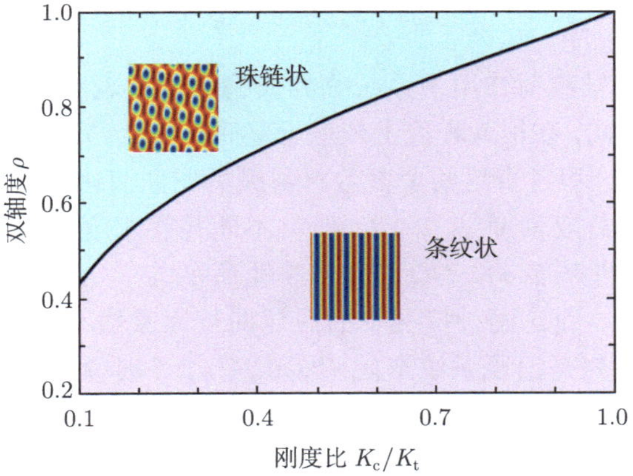

图 9.19 在不同基底刚度比和载荷双轴度情况下，条纹状和珠链状失稳形貌的相图

对于给定的非线性基底，增加载荷双轴度 ρ 将使薄膜从条纹失稳形貌转变为珠链状失稳形貌。Breid 和 Crosby [11] 在实验中曾观察到类似现象。如图 9.20 所示，他们通过溶胀法使薄膜内产生近似等轴的压缩应变 (即 $\rho=1$)，此时出现六方失稳形貌，见图中区域 C。但在靠近薄膜的边缘处 (区域 A)，薄膜内的压缩应变是非等轴的，该区域内出现条纹形貌。而在位于 A 和 C 之间的区域 B 中，载荷双轴度 ρ 大于区域 A，但小于区域 C，此时薄膜产生了珠链状的失稳。本节的数值模拟

表明，双模量基底上薄膜的各向异性受力状态也会产生这种连续的形貌转变现象，解释了 Breid 和 Crosby [11] 的实验。

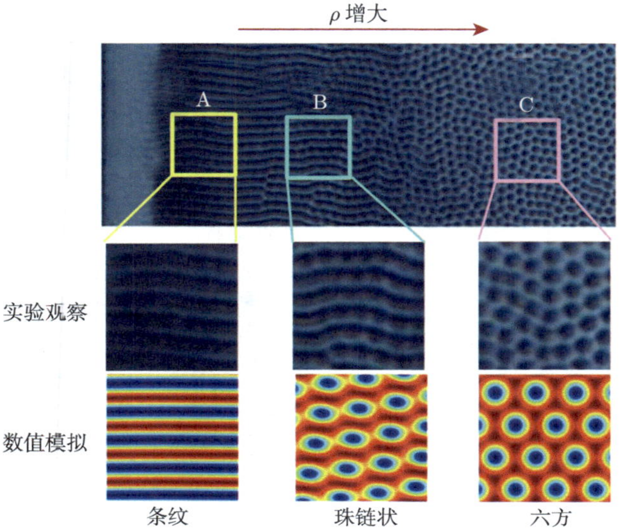

图 9.20　Breid 和 Crosby [11] 在实验中观察到的三维失稳形貌，以及本书数值模拟的结果

上述关于非等轴载荷作用下系统临界失稳的分析表明，平直薄膜产生条纹状或珠链状的失稳模式，在很大程度上依赖于基底非线性与载荷的双轴度。下面采用傅里叶谱方法，进一步考查这两个参数对薄膜后屈曲演化的影响。

首先，固定载荷双轴度 $\rho = 0.7$，研究不同基底刚度比 K_c/K_t 下薄膜的三维形貌演化。对于线性基底 (K_c/K_t) 和非线性基底 ($K_c/K_t = 0.25$)，模拟结果观察到明显的形貌演化，而这两种情况下的后屈曲行为截然不同。如图 9.21 所示，在线性基底上的薄膜先是出现条纹形貌 (图 9.21(a))，接着演化为弯折的“之”字形 (图 9.21(c))，当外加应变足够大时 (如 $\varepsilon_{11}^0/\varepsilon_{cr} = 4.5$)，薄膜演化为迷宫形貌，(图 9.21(d))。而当基底的拉压不对称性较为显著时，薄膜的临界失稳倾向于出现珠链状失稳 (图 9.21(e))，随着外加应变的增大，珠链状会演化为六方与条纹的混合态 (图 9.21(f) 和 (g))，最后混合态逐渐转变为迷宫形貌 (图 9.21(h))。

在固定基底的刚度比 $K_c/K_t = 0.2$ 和外加应变 $\varepsilon_{11}^0/\varepsilon_{cr} = 3.5$ 情况下，图 9.22 给出了不同载荷双轴度 ρ 下薄膜三维失稳形貌后屈曲演化的数值模拟结果。随着 ρ 的变化，系统出现三种明显不同的失稳形貌，(1) 当 $\rho > 0.9$ 时，为迷宫形貌；(2) 当 $0.35 \leqslant \rho \leqslant 0.9$ 时，出现六方与条纹的混合态；(3) 当 $\rho < 0.35$ 时，为条纹状。当载荷双轴度较小时 (如 $\rho = 0$)，系统倾向于条纹失稳，此时随着外加应变的增加，条纹形貌的波幅逐渐增大，但一般不会改变条纹形貌。当 $\rho \approx 1$ 时，薄膜两

方向受到近似相等的压缩应变，更容易发生迷宫状的变形模式。另外，对于混合模式中的条纹形貌，随着两方向载荷的差异性减小，即 ρ 逐渐增大，会出现从直条纹到人字形、再到迷宫状的转变。这一现象与在固定载荷双轴度情况下，双向等比例加载时条纹形貌的演化规律相类似。

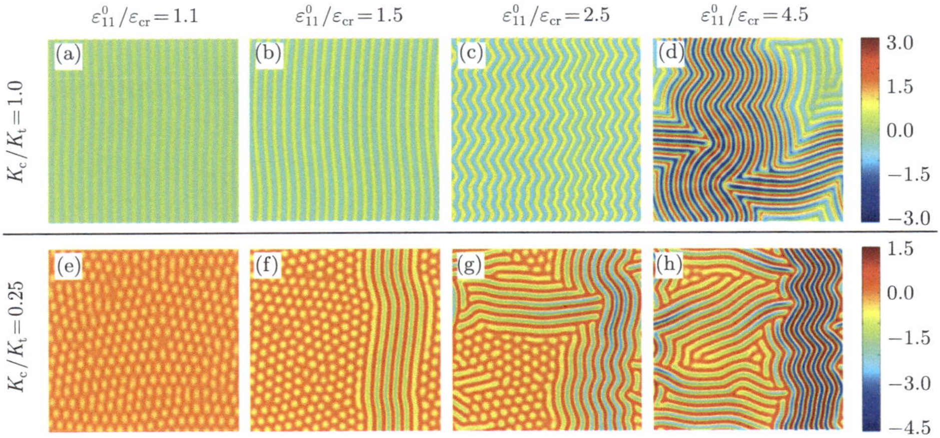

图 9.21 非等轴压缩下薄膜的后屈曲形貌演化

(a)~(d) 线弹性基底；(e)~(h) 非线性弹性基底

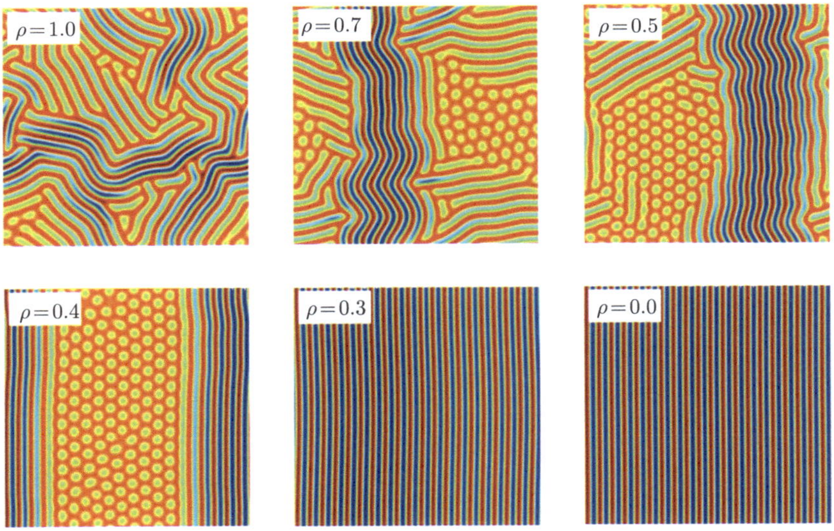

图 9.22 载荷双轴度对后屈曲形貌的影响

9.3.4　三维失稳形貌相图

综上所述，双模量基底上薄膜的三维失稳形貌多种多样，包括条纹、四方、六方、珠链状、人字形、迷宫状及其组合形态等。一个系统实际出现何种形貌取决于基底的非线性与加载条件，即受控于如下三个参数：基底刚度比 K_c/K_t、载荷双轴度 ρ 和外加应变 $\varepsilon_{11}^0/\varepsilon_{cr}$。为了更清楚地展示系统在不同参数下的失稳模式，下面给出系统受到等轴加载和非等轴加载时的失稳形貌相图。

在等轴加载情况下 (即 $\rho=1$)，图 9.23(a) 给出了薄膜–基底系统的形貌相图，图中六个区域的形貌分别表示平整 (即不失稳，区域 I)、四方 (II)、六方 (III)、四方–条纹混合 (IV)、六方和条纹混合 (V) 以及迷宫形貌 (VI)。可以看出，发生四方形貌失稳的参数范围较窄，只在近似线性的基底和较小的外加应变下才能稳定

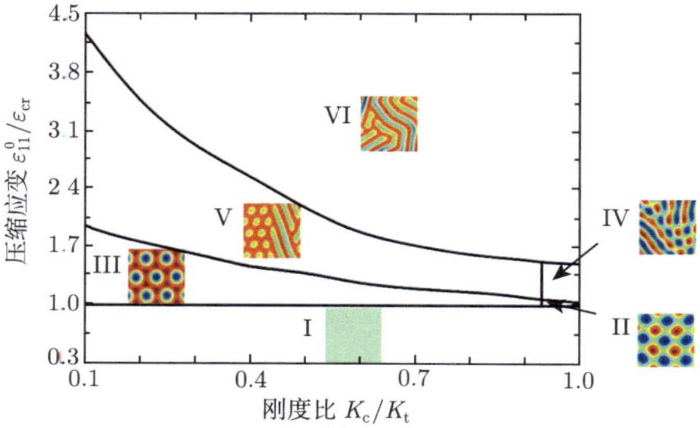

(a)

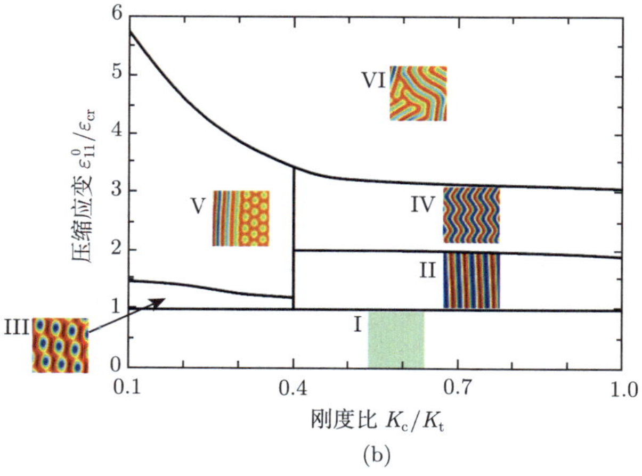

(b)

图 9.23　三维失稳形貌的相图

(a) 载荷双轴度 $\rho=1$；(b) 载荷双轴度 $\rho=0.7$

存在。相比之下，六方形貌可以在较广的参数范围内存在。正因如此，在实际的薄膜–基底系统中，很少见到四方形貌的表面失稳，而六方形貌更为常见。随着外加应变的增大，四方和六方形貌都会先经历混合态，再演化为迷宫状。此外，随着基底的压缩模量与拉伸模量之比 $K_{\mathrm{c}}/K_{\mathrm{t}}$ 增大，III–V 和 V–VI 区域的分界线呈现单调下降趋势。

作为例子，在给定载荷双轴度 $\rho=0.7$ 情况下，图 9.23(b) 画出了非等轴加载时的三维失稳形貌相图。图中六个区域分别表示：平整 (I)、条纹 (II)、珠链状 (III)、人字形 (IV)、六方和条纹混合 (V) 以及迷宫形貌 (VI)。可以看出，与等轴加载的情况类似，基底非线性对非等轴加载的形貌演化有显著影响。系统存在两条典型的后屈曲演化路径：① 当基底非线性较弱时，薄膜依次经历条纹、人字形到迷宫形貌的演化；② 当基底非线性较强时，薄膜首先出现珠链状失稳，进而演化为六方与条纹混合的形貌，最后转变为迷宫状。

对于给定基底刚度比 $K_{\mathrm{c}}/K_{\mathrm{t}}$ 和载荷双轴度 ρ 的薄膜–基底系统，可以根据三维失稳形貌相图判断系统发生何种形式的表面失稳。除此之外，形貌相图也为制备所需要的三维形貌提供了理论依据。

9.4 微柱阵列基底上薄膜的二维失稳分析

如前所述，薄膜–基底系统失稳形貌的后屈曲演化特征依赖于系统的几何特征以及材料的力学性质。在一定条件下，失稳形貌会随着载荷的增加发生变形的局部化现象。Hunt 等 [28,29] 和 Wadee 等 [30,31] 采用理论分析和数值模拟的方法，研究了非线性基底上弹性梁的失稳行为，分析了失稳形貌的局部化。郑修鹏 [32] 的研究表明，弹性基底上的理想弹塑性薄膜首先发生正弦形貌的失稳，而在后继演化过程中该形貌可能发生变形的局部化。此外，实验研究表明，泡沫基底上的薄膜也会出现失稳局部化现象 [14]。

本节利用傅里叶谱方法和有限元方法，研究微柱阵列基底上薄膜的失稳行为。假设薄膜和基底受到沿 x 轴方向的压缩应变 ε_0。选取薄膜的杨氏模量 $E_{\mathrm{f}}=50\mathrm{MPa}$，泊松比 $\nu_{\mathrm{f}}=0.49$，厚度 $h=0.5\mathrm{mm}$，长度 $L=92\mathrm{mm}$，基底的参数选取同 9.1.1 节。为了保证计算收敛，在 Abaqus 有限元模拟中采用约 20000 个八节点二阶减缩积分平面应变单元，利用薄膜沿 x 方向的受限热膨胀模拟压缩行为。在傅里叶谱方法的计算中，参数取值为基底的刚度比 $K_{\mathrm{c}}/K_{\mathrm{t}}=0.04$，刚度转变位移 $w_{\mathrm{e}}/h=0.165$，薄膜和基底的模量比 $\kappa=3000$。

以 E_{f}^{*} 和 h 对系统的各参数进行无量纲化，并引入伪粘性项，得到傅里叶空间中无量纲化的薄膜平衡方程：

$$\begin{cases} \mathrm{i}\bar{k}\,\hat{\bar{N}} = 0 \\ \dfrac{\mathrm{d}\hat{\bar{w}}}{\mathrm{d}t} + \dfrac{1}{12}\kappa\bar{k}^4\hat{\bar{w}} - \mathcal{F}\left(\kappa\bar{N}\bar{w}_{,xx} - \kappa\bar{P}\right) = 0 \end{cases} \tag{9-37}$$

式中，无量纲参数 $\bar{N} = N/(E_\mathrm{f}^*h)$，$\bar{P} = P/\bar{E}_\mathrm{f}$，$\bar{w} = w/h$，$\bar{k} = kh$。这里，$N = E_\mathrm{f}^*h\varepsilon$ 表示薄膜沿 x 方向的薄膜力，$\varepsilon = \varepsilon_0 + \tilde{u}_{,x} + w_{,x}^2/2$ 为薄膜沿 x 方向的应变，$\tilde{u}_{,x}$ 为由失稳引起的薄膜沿 x 方向的位移增量，采用式 (9-1) 表示薄膜和基底之间的界面相互作用关系，整理式 (9-37)，得到数值求解的迭代格式为

$$\hat{\bar{w}}^{(m+1)} = \left(1 + \frac{1}{12}\kappa\bar{k}^4\mathrm{d}t\right)^{-1}[\hat{\bar{w}}^{(m)} + \mathcal{F}(\kappa\bar{N}\bar{w}_{,xx}^{(m)} - \kappa\bar{P})\mathrm{d}t] \tag{9-38}$$

图 9.24(a)~(c) 和 (d)~(f) 分别给出了傅里叶谱方法和有限元方法模拟得到的微柱阵列基底上薄膜失稳形貌的演化。可以看出，这两种方法得到的结果吻合较好。随着外加应变 ε_0 的增加，薄膜首先发生正弦形式的表面失稳，当外加应变增大到某一临界值后，发生变形的局部化，即其中的一个波谷快速加深，而其周围的正弦状形貌变平。整个变形过程可以分为如下三个阶段：

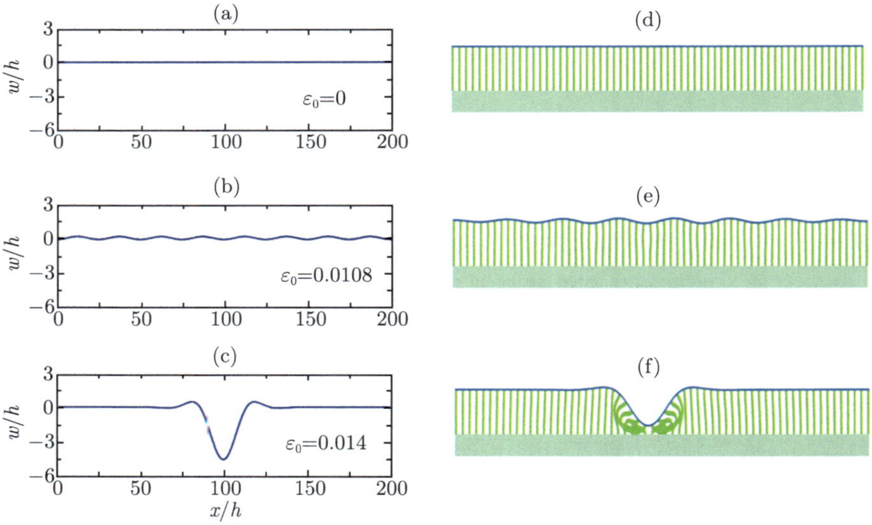

图 9.24　微柱阵列基底上薄膜失稳形貌演化的数值模拟结果

(a)~(c) 傅里叶谱方法；(d)~(f) 有限元方法

(1) 在第一阶段，即外加应变很小时，薄膜未发生失稳，具有平整的形貌，如图 9.24(a) 和 (d) 所示。

(2) 当外加应变超过临界值后，薄膜发生失稳，进入第二阶段，分岔为正弦失

稳形貌 (图 9.24(b) 和 (e))，当正弦失稳波幅未超过刚度转变位移 w_e 时，基底仍然具有线性的力学行为，因此薄膜的失稳形貌与线性基底上薄膜的失稳情形一致 [8]。

(3) 当外加应变进一步增大时，系统将发生第二次分岔，薄膜的失稳行为发生转变，由正弦失稳模式转变为朝向基底的局部凹陷，如图 9.24(c) 和 (f) 所示。正弦失稳波幅超过 w_e 后，基底的刚度发生突变，从 K_t 变为 K_c，由于 $K_c/K_t < 1$，失稳形貌比较容易沿波谷演化，最终形成朝向基底的局部化失稳。这些局部凹陷具有方向性，与泡沫基底上的薄膜失稳相似 [33]，而立方非线性基底上薄膜的局部失稳不具有方向性，因为此时基底的非线性具有中心对称性，而非拉压不对称性。

对于本节讨论的系统，基底的刚度比 K_c/K_t 和刚度转变位移 w_e 是影响基底非线性力学行为的两个重要参数。在固定外加应变 $\varepsilon_0 = 0.014$ 情况下，图 9.25 给出了这两个参数对薄膜–基底系统后屈曲行为的影响。从图 9.25(a) 可以看出，刚度比越小，即基底非线性越强，局部化失稳越明显。对于线性基底 ($K_c/K_t = 1$)，薄膜难以产生局部失稳，而是维持正弦失稳模式。图 9.25(b) 显示，刚度转变位移越大，薄膜越难发生局部化失稳。当 w_e 足够大时，外加应变不足以使薄膜的正弦失稳波幅超过刚度转变位移，因此薄膜将发生正弦失稳。这些结果表明，基底的刚度比 K_c/K_t 和刚度转变位移 w_e 对系统的失稳形貌影响较大。而 K_c/K_t 和 w_e 依赖于系统的几何参数，如微柱的宽度 b_1、间隙 b_2 以及高度 l 等。因此，可通过改变系统的几何参数来调控薄膜的失稳形貌。

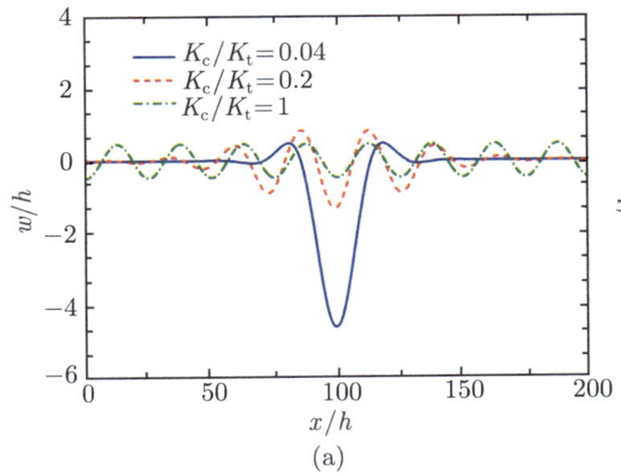

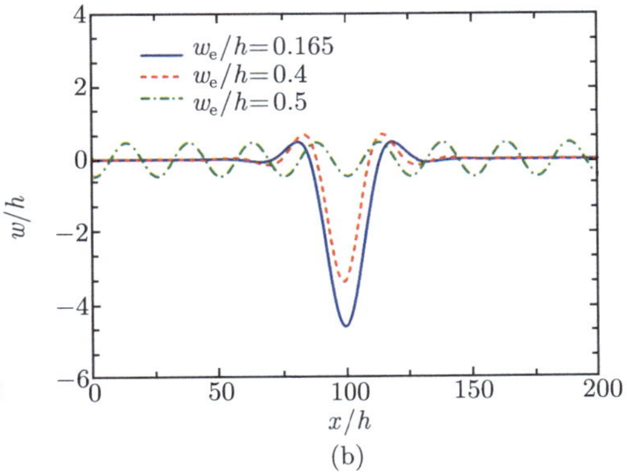

图 9.25 基底非线性性质对薄膜失稳形貌局部化的影响

(a) 刚度比 K_c/K_t 的影响；(b) 本构模型中参数 w_e 的影响

9.5 本 章 小 结

本章研究了基底拉压不对称性质对硬膜–软基系统稳定性的影响。首先，分析了两种典型拉压不对称基底，即微柱阵列基底和周期脱粘基底，采用双模量本构模型近似描述这两种基底的力学响应。之后，结合理论分析和数值模拟，研究了双模量基底上薄膜在双向压缩载荷作用下的临界失稳以及后屈曲演化。结果表明双模量基底的拉压不对称性不仅会改变失稳的临界应变，而且对失稳形貌也有显著的影响。此外，建立了关于基底刚度比、载荷双轴度以及加载应变大小的三维失稳形貌相图。本章的研究揭示了基底非线性对薄膜三维失稳形貌的影响机制，可为实验上三维形貌的制备和调控提供理论指导。关于这种机制在生物组织 (如脑组织、皮肤) 形貌形成与演化方面的应用，是一个值得深入研究的问题。

参考文献

[1] 黄萧. 薄膜–基底系统表面失稳及其局部化的力学分析. 北京: 清华大学博士学位论文, 2015.

[2] Jones R M, Morgan H S. Bending and extension of cross-ply laminates with different moduli in tension and compression. Computers & Structures, 1980, 11: 181–190.

[3] Soltz M A, Ateshian G A. A conewise linear elasticity mixture model for the analysis of tension-compression nonlinearity in articular cartilage. Journal of Biomechanical Engineering, 2000, 122: 576–586.

[4] Bertoldi K, Boyce M. Wave propagation and instabilities in monolithic and periodically structured elastomeric materials undergoing large deformations. Physical Review B, 2008, 78: 184107.

[5] Shan S, Kang S H, Wang P, Qu C, Shian S, Chen E R, Bertoldi K. Harnessing multiple folding mechanisms in soft periodic structures for tunable control of elastic waves. Advanced Functional Materials, 2014, 24: 4935–4942.

[6] Wang P, Casadei F, Shan S, Weaver J C, Bertoldi K. Harnessing buckling to design tunable locally resonant acoustic metamaterials. Physical Review Letters, 2014, 113: 014301.

[7] Kim J, Yoon J, Hayward R C. Dynamic display of biomolecular patterns through an elastic creasing instability of stimuli-responsive hydrogels. Nature Materials, 2010, 9: 159–164.

[8] Huang Z, Hong W, Suo Z. Nonlinear analyses of wrinkles in a film bonded to a compliant substrate. Journal of the Mechanics and Physics of Solids, 2005, 53: 2101–2118.

[9] van der Heijden A M. WT Koiter's Elastic Stability of Solids and Structures. Cambridge: Cambridge University Press Cambridge, 2009.

[10] Hannezo E, Prost J, Joanny J F. Instabilities of monolayered epithelia: shape and structure of villi and crypts. Physical Review Letters, 2011, 107: 078104.

[11] Breid D, Crosby A J. Effect of stress state on wrinkle morphology. Soft Matter, 2011,

7: 4490–4496.

[12] Cai S, Breid D, Crosby A J, Suo Z, Hutchinson J W. Periodic patterns and energy states of buckled films on compliant substrates. Journal of the Mechanics and Physics of Solids, 2011, 59: 1094–1114.

[13] Hutchinson J W. The role of nonlinear substrate elasticity in the wrinkling of thin films. Philosophical Transactions of the Royal Society of London A, 2013, 371: 20120422.

[14] 张满弓. 表征生物软材料力学性质的压痕和吸管方法. 北京: 清华大学博士学位论文, 2014.

[15] Rizzi E, Papa E, Corigliano A. Mechanical behavior of a syntactic foam: experiments and modeling. International Journal of Solids and Structures, 2000, 37: 5773–5794.

[16] Huang X, Li B, Hong W, Cao Y P, Feng X Q. Effects of tension–compression asymmetry on the surface wrinkling of film–substrate systems. Journal of the Mechanics and Physics of Solids, 2016, 94: 88–104.

[17] Landau L D, Lifshitz E. Theory of Elasticity. Oxford: Pergamon, 1986.

[18] Chen X, Hutchinson J W. Herringbone buckling patterns of compressed thin films on compliant substrates. ASME Journal of Applied Mechanics, 2004, 71: 597–603.

[19] Zhang C, Song J, Yang Q. Periodic buckling patterns of graphene/hexagonal boron nitride heterostructure. Nanotechnology, 2014, 25: 445401.

[20] Ben Amar M, Goriely A. Growth and instability in elastic tissues. Journal of the Mechanics and Physics of Solids, 2005, 53: 2284–2319.

[21] Goriely A, Ben Amar M. Differential growth and instability in elastic shells. Physical Review Letters, 2005, 94: 198103.

[22] Goriely A, Vandiver R. On the mechanical stability of growing arteries. IMA Journal of Applied Mathematics, 2010, 75: 549-570.

[23] Vandiver R, Goriely A. Tissue tension and axial growth of cylindrical structures in plants and elastic tissues. Europhysics Letters, 2008, 84: 58004.

[24] Ben Amar M, Jia F. Anisotropic growth shapes intestinal tissues during embryogenesis. Proceedings of the National Academy of Sciences USA, 2013, 110: 10525–10530.

[25] Yin J, Chen X, Sheinman I. Anisotropic buckling patterns in spheroidal film/substrate systems and their implications in some natural and biological systems. Journal of the Mechanics and Physics of Solids, 2009, 57: 1470–1484.

[26] 贾飞. 膜–基系统表面失稳的力学理论和数值模拟. 北京: 清华大学博士学位论文, 2013.

[27] Audoly B, Boudaoud A. Buckling of a stiff film bound to a compliant substrate—Part I: Formulation, linear stability of cylindrical patterns, secondary bifurcations. Journal of the Mechanics and Physics of Solids, 2008, 56: 2401–2421.

[28] Hunt G W, Bolt H, Thompson J. Structural localization phenomena and the dynamical phase-space analogy. Proceedings of the Royal Society of London A, 1989, 425: 245–267.

[29] Hunt G W, Wadee M. Comparative lagrangian formulations for localized buckling. Proceedings of the Royal Society of London A, 1991, 434: 485–502.

[30] Wadee M, Higuchi Y, Hunt G W. Galerkin approximations to static and dynamic localization problems. International Journal of Solids and Structures, 2000, 37: 3015–3029.

[31] Wadee M K, Coman C D, Bassom A P. Numerical stability criteria for localized post-buckling solutions in a strut-on-foundation model. ASME Journal of Applied Mechanics, 2004, 71: 334–341.

[32] 郑修鹏. 弹性软基底上薄膜和纤维失稳的理论分析与数值模拟. 北京: 清华大学博士学位论文, 2010.

[33] Reis P, Corson F, Boudaoud A, Roman B. Localization through surface folding in solid foams under compression. Physical Review Letters, 2009, 103: 045501.

第 10 章 柱状核壳结构

已有一些学者研究了圆柱状核壳结构在轴压载荷下表面失稳的临界失稳条件及其形貌演化问题 [1−7]。然而，前人工作主要关注轴对称失稳形貌 [1,2,4,5,7]。实际上，由于圆柱状核–壳结构的表面曲率效应，其失稳形貌更为复杂。例如，赵岩等 [8] 的实验表明，当外壳的弹性模量远远大于软核的模量时，表面失稳呈现非轴对称的三维形貌；而当薄膜的弹性模量较小时，可以发生轴对称失稳形貌，如图 10.1 所示。该实验现象与 O'Neal [9] 观察到的现象类似。本章将采用 Koiter 后屈曲理论 [10,11] 分析圆柱状核–壳结构的形貌演化问题 [8]。

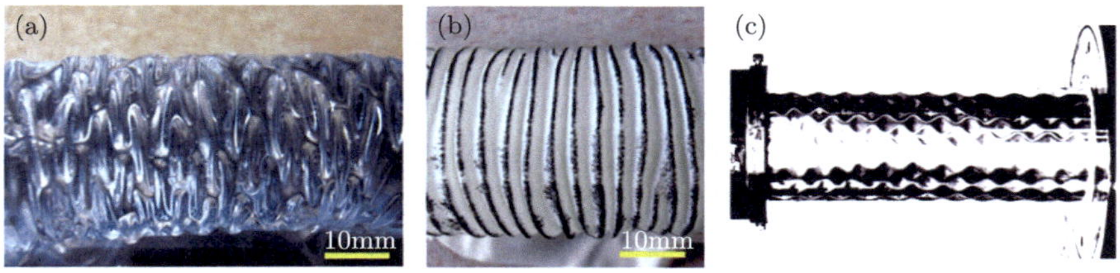

图 10.1 轴压载荷下圆柱状核壳结构表面失稳形貌

(a) PDMS 圆柱表面的高密度聚乙烯薄膜的表面失稳形貌；(b) PDMS 圆柱表面的较软的乳胶薄膜的表面失稳形貌；(c) 圆柱壳的失稳形貌 [12]。在图 (c) 所示实验中，圆柱壳内放置了芯棒，其支撑作用保证了该后屈曲形貌能稳定存在

10.1 实 验 方 法

采用 PDMS 制备核壳结构的软核。首先，通过将 PDMS 预聚体和交联剂按照质量比 50:1 的比例进行混合，搅拌均匀，然后进行抽真空 1h 左右，以除去混合物中的气泡。待气泡全部除去后，将混合物注入圆柱容器内，在 60℃ 的环境下加热 12h。之后，将得到的 PDMS 从圆柱容器内取出，即可得半径为 12.5mm、长度为 100mm 的 PDMS 圆柱。

在实验中，首先将 PDMS 圆柱进行预拉伸，预应变为 10%~20%。然后，将厚度为 0.0625mm 的高密度聚乙烯薄膜贴在 PDMS 圆柱表面。当预拉伸应变被释放时，薄膜内会产生轴向的压应力，并诱发结构的表面失稳。高密度聚乙烯薄膜的弹性模量远大于 PDMS。实验结果表明，该系统表面不仅发生轴向失稳，而且也同时发生环向失稳，如图 10.1(a) 所示。由于 PDMS 材料具有较强的表面粘附性质，在实验过程中薄膜与基底粘接良好，未观察到界面脱粘现象。

为了研究薄膜与基底弹性模量之比的影响，在接下来的实验中，采用弹性模量比较小的一种乳胶薄膜，薄膜厚度为 0.1mm，将其粘贴在 PDMS 圆柱表面。随着预应变的逐渐释放，系统首先发生轴对称失稳，其表面形貌的波幅逐渐增大。直至预应变完全被释放，轴对称失稳形貌依然稳定存在，如图 10.1(b) 所示。

O'Neal [9] 观察到圆柱壳在轴向压缩载荷下可以发生“钻石”状的形貌失稳，如图 10.1(c) 所示。图 10.1(a) 中圆柱状核–壳结构的失稳形貌与之类似。由于圆柱壳在轴向压缩载荷下的失稳具有高度不稳定性，在失稳后结构很快发生二次分叉，而演化为局部失稳，因此一般情况下很少观察到图 10.1(c) 所示的“钻石”形貌。在图 10.1(c) 所示的实验中，可以通过在圆柱内加刚性或弹性芯棒支撑来获得稳定的“钻石”状失稳形貌。

通过压痕实验，测得实验中配比 50:1 的 PDMS 的弹性模量约为 0.03MPa。高密度聚乙烯薄膜和乳胶薄膜的弹性模量通过拉伸实验得到，分别约为 120MPa 和 2.4MPa。压痕实验和拉伸实验均在室温 (23°C) 下采用 Bose3100 生物力学实验机进行。该仪器可以提供的最大载荷为 22N，力分辨率为 0.5mN，位移分辨率为 1μm。图 10.1(a) 和 (b) 中两个系统的模量比分别约为 4000 和 80，核–壳系统的外半径与膜厚之比分别为 200 和 125。图 10.1 中的实验结果表明，当给定几何参数时，圆柱核–壳结构表面失稳形貌依赖于硬膜与软核材料的模量比。

10.2 数值模拟

为了确认上述实验结果，并进一步揭示圆柱状核壳结构失稳形貌演化的物理机制，本节利用有限元软件 Abaqus 进行三维有限元模拟。模拟中，单元采用杂交元 C3D20RH，这类单元可以较好模拟不可压缩材料的变形行为。硬膜和软核均采用新胡克本构模型。假设薄膜为不可压缩材料，基底为近似不可压缩材料，其泊松比分别取为 0.50 和 0.48 [13]。假设硬膜与软核之间为理想粘接界面。首先针对上述实验的两个系统，建立相应的有限元模型。在第一个模型中，薄膜与基底的模量比取为 80，薄膜外半径与膜厚度之比为 125；在第二个模型中，模量比取为 4000，半径与厚度之比取为 200。在核–壳结构两端施加轴向位移载荷，径向保持自由。结构整体的压缩应变记为 ε。需要指出的是，为了计算方便，模拟中的载荷情况与实验存在细微差别。在实验中，薄膜内的压缩应变是通过释放 PDMS 基底预应变的方式产生的；而在有限元模拟中直接对系统施加轴向载荷。由图 10.3 可以看出，在系统发生二次分岔时，膜内的压缩应变很小，因此实验和模拟中加载方式的不同对结果的影响可以忽略不计。Cao 和 Hutchinson [14] 在平面膜基系统表面失稳的研究中也证实了这一点。

采用 Abaqus 中的 BUCKLE 分析步对系统进行临界失稳的分析。结果表明，结构的临界失稳模态总是轴对称的，且与系统的模量比无关。在后屈曲模拟中，采用伪动力学算法追踪系统的失稳路径 [15]。在模拟过程中，为了更好地捕捉到临界失稳模态，在结构表面引入了微小的初始几何缺陷。在模量比为 80 和 4000 的两种情况下，图 10.2 和图 10.3 分别给出了系统失稳形貌演化的模拟结果。可见，在这两种情况下，系统初始后屈曲形貌均是轴对称的。当模量比较大时，系统迅速从轴对称形貌演化为 “钻石” 形貌 (图 10.3(d))；而对于模量比较小的系统，即使压缩应变比较大时，轴对称形貌也能稳定存在 (图 10.2)。该数值模拟结果与 10.2 节中的实验相吻合。

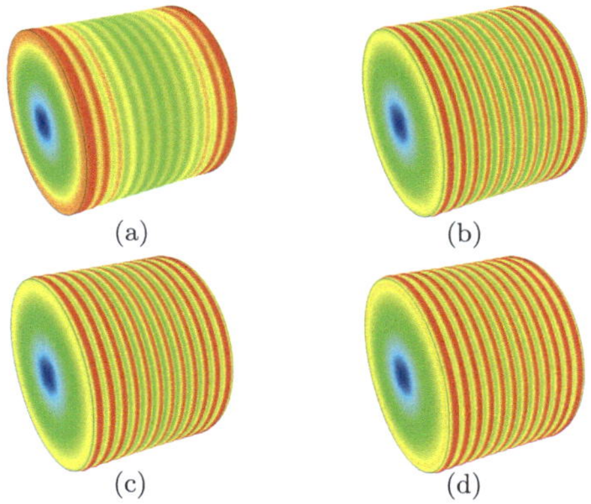

图 10.2 在轴向压缩载荷下圆柱状核壳结构的形貌演化

计算中，取模量比为 80，半径厚度比为 125。总体压缩应变分别为：
(a) ε =3.8%；(b) ε =8.2%；(c) ε =10.9%；(d) ε =13.5%

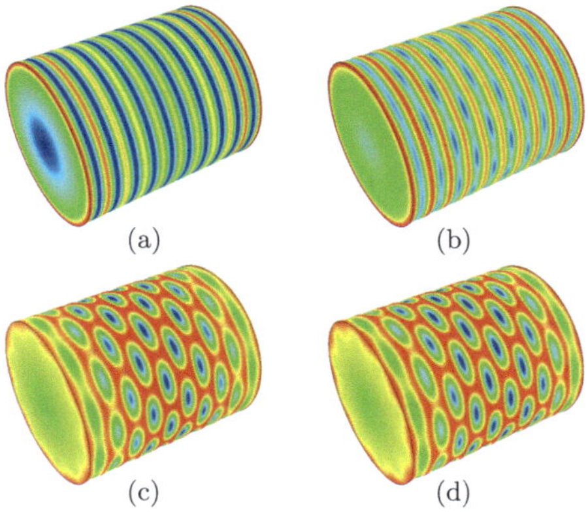

图 10.3 在轴向压缩载荷下圆柱状核壳结构的形貌演化

在计算中，取模量比为 4000，半径厚度比 200。总体压缩应变分别为：
(a) ε=0.57%；(b) ε=0.92%；(c) ε=1.1%；(d) ε=1.5%

10.3 理论分析

为了理解圆柱状核壳结构表面失稳形貌演化的物理机制，本节基于 Koiter 弹性稳定性理论进行分析。

理论模型如图 10.4 所示，其中 R、h 和 ℓ 分别表示核壳结构的半径、壳的厚度和结构的长度，E_f 和 ν_f 分别表示薄膜的弹性模量和泊松比，E_s 和 ν_s 分别表示基底的弹性模量和泊松比。理论分析中的加载情况与有限元模拟一致，即圆柱核壳结构承受单轴压缩应变记 ε。假设薄膜厚度远小于结构的外半径，因此可以采用浅壳理论。在失稳前 (基态)，壳内的膜应力为

$$N_{xx} = -\sigma h, \quad N_{yy} = -\sigma_y h, \quad N_{xy} = 0 \tag{10-1}$$

式中，

$$\sigma = \left\{ E_\mathrm{f} + \nu_\mathrm{f}(\nu_\mathrm{f} - \nu_\mathrm{s}) \left[\frac{h}{R}\frac{1}{E_\mathrm{s}}(1+\nu_\mathrm{s})(1-2\nu_\mathrm{s}) + \frac{1}{E_\mathrm{f}}(1-\nu_\mathrm{f}^2) \right]^{-1} \right\} \varepsilon \tag{10-2}$$

$$\sigma_y = (\nu_\mathrm{f} - \nu_\mathrm{s}) \left[\frac{h}{R}\frac{1}{E_\mathrm{s}}(1+\nu_\mathrm{s})(1-2\nu_\mathrm{s}) + \frac{1}{E_\mathrm{f}}(1-\nu_\mathrm{f}^2) \right]^{-1} \varepsilon \tag{10-3}$$

分别为膜内轴向和环向的平均压缩应力。

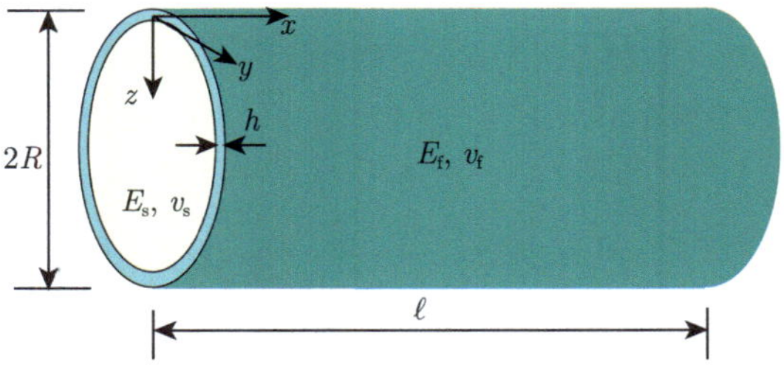

图 10.4 理论模型

对于本章所研究的核壳系统，采用如下的非线性 Donnel–Mushtari–Vlassov (DMV) 壳方程 [16] 描述壳的变形行为

$$\frac{E_\mathrm{f} h^3}{12(1-\nu_\mathrm{f}^2)} \nabla^4 w = \frac{1}{R} F_{,xx} + F_{,xx} w_{,yy} + F_{,yy} w_{,xx} - 2F_{,xy} w_{,xy} - Kw - h\sigma w_{,xx} - h\sigma_y w_{,yy} \tag{10-4}$$

$$\frac{1}{E_\mathrm{f} h} \nabla^4 F = -\frac{1}{R} w_{,xx} + w_{,xy}^2 - w_{,xx} w_{,yy} \tag{10-5}$$

式中，$w(x,y)$ 为从基态到当前失稳构型薄壳挠度的增量；K 为软核的刚度；Kw 表示软核对壳的径向支持力；F 为应力函数。从基态到当前构型膜应力的增量可由

应力函数表示为

$$N_{\alpha\beta}=F_{,\gamma\gamma}\delta_{\alpha\beta}-F_{,\alpha\beta} \tag{10-6}$$

式中，α、β 等希腊字母取值为 1 和 2，并采用爱因斯坦求和约定；$\delta_{\alpha\beta}$ 为克罗内克符号。

10.3.1 临界失稳分析

通过求解线性化的 DMV 壳方程，可以得到临界失稳的条件。线性化的 DMV 壳方程表示为

$$\frac{E_{\mathrm{f}}h^3}{12\left(1-\nu_{\mathrm{f}}^2\right)}\nabla^4\hat{w}=\frac{1}{R}\hat{F}_{,xx}-h\sigma\hat{w}_{,xx}-h\sigma_y\hat{w}_{,yy}-K\hat{w} \tag{10-7}$$

$$\frac{1}{E_{\mathrm{f}}h}\nabla^4\hat{F}=-\frac{1}{R}\hat{w}_{,xx} \tag{10-8}$$

式中，$\hat{w}$ 和 $\hat{F}$ 分别表示挠度和应力函数的线性模态。

在 DMV 方程 (10-7) 和 (10-8) 中引入如下形式的挠度和应力函数模态:

$$\hat{w}=hA_0\cos(k_1x)\times\cos(k_2y) \tag{10-9}$$

$$\hat{F}=E_{\mathrm{f}}hR^2B_0\cos(k_1x)\times\cos(k_2y) \tag{10-10}$$

式中，k_1 和 k_2 表示轴向和环向的失稳波数；A_0 和 B_0 表示挠度和应力函数线性模态的幅值。

将式 (10-9) 和式 (10-10) 代入式 (10-7) 和式 (10-8)，得

$$\frac{E_{\mathrm{f}}h^4}{12(1-\nu_{\mathrm{f}}^2)}\left(k_1^2+k_2^2\right)^2A_0=-hRE_{\mathrm{f}}k_1^2B_0-KhA_0+\sigma h^2(k_1^2+\rho k_2^2)A_0 \tag{10-11}$$

$$\left(k_1^2+k_2^2\right)^2B_0=\frac{h}{R^3}k_1^2A_0 \tag{10-12}$$

式中，$\rho=\sigma_y\ /\ \sigma$ 为基态下环向应力与轴向应力之比。

由式 (10-11) 和式 (10-12)，可得

$$\frac{\sigma}{E_{\mathrm{f}}}=\frac{1}{k_1^2+\rho k_2^2}\left[\frac{k_1^4}{\left(k_1^2+k_2^2\right)^2R^2}+\frac{h^2}{4\vartheta^2}\left(k_1^2+k_2^2\right)^2+\frac{K}{hE_{\mathrm{f}}}\right] \tag{10-13}$$

式中，$\vartheta=\sqrt{3(1-\nu_{\mathrm{f}}^2)}$。

若取 $K=0$ 和 $\rho=0$，即在无软核时，式 (10-13) 退化为经典的圆柱壳在单轴压缩下临界失稳的解。此时，由式 (10-13) 得到的临界失稳应变和应力分别为 $\varepsilon_{\mathrm{c}}=h/(\vartheta R)$ 和 $\sigma_{\mathrm{c}}=E_{\mathrm{f}}h/(\vartheta R)$。任何满足式 $k_1^2+k_2^2=\sqrt{2\vartheta/(hR)}k_1$ 的失稳模态都是系统的特征模态，这也被称为 Koiter 圆。该结果与 Koiter [9,10] 给出的经典结果一致。

对于弹性软核，软核刚度 K 表示为

$$K=\frac{1}{2}E_{\rm s}^{*}\sqrt{k_1^2+k_2^2} \tag{10-14}$$

式中，$E_{\rm s}^{*}=E_{\rm s}/(1-\nu_{\rm s}^2)$ 为软核的平面应变弹性模量。

在推导式 (10-14) 的过程中，假设了失稳波长远小于圆柱外径，因此可将圆柱考虑为一个弹性半空间。在弹性半空间表面作用法向应力 $T_z=T_0\cos(k_1x)\cos(k_2y)$，然后求解对应的法向位移。该法向位移可以通过对经典的 Boussinesq 解 [17] 积分得到。将法向应力与法向位移之比定义为软核的等效刚度，即式 (10-14)。对于轴对称模态，式 (10-14) 表示的软核刚度可以退化为 Biot 地基刚度 [18]。下面通过有限元模拟验证式 (10-14) 的有效性。在模拟中，单元采用 C3D8RH，单元数目 700000，核的泊松比取为 0.5。通过施加径向载荷，然后提取表面的径向位移，可以得到软核的等效刚度。有限元结果与式 (10-14) 的对比如图 10.5 所示。可见，当软核半径远大于失稳波长时，式 (10-14) 与有限元结果吻合很好；即使当软核半径与波长处于同一量级时，相对误差也在 5% 以内。Karam 和 Gibson [2] 曾经对圆柱状核–壳结构受单轴压缩的问题进行了临界失稳的理论分析。他们假设失稳模态是轴对称的，并将基底刚度取为 $K=2k_1E_{\rm s}/[(3-\nu_{\rm s})(1+\nu_{\rm s})]$。该基底刚度的推导采用了平面应力假设 [19]。图 10.5 所示的结果表明，与 Karam 和 Gibson [2] 采用的地基刚度相比，式 (10-14) 更符合实际情况。

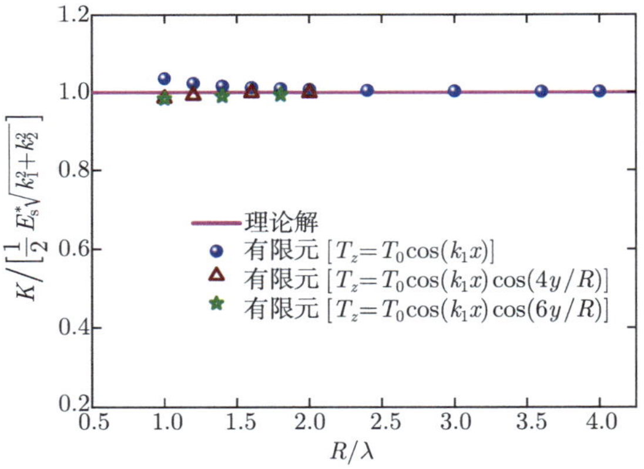

图 10.5　软核等效刚度的有限元结果与理论结果

其中 λ 表示轴向失稳波长

将式 (10-13) 分别对 k_1 和 k_2 求极值，可知临界失稳波数满足如下关系：

$$\begin{cases} -2+\dfrac{h^2R^2}{2\vartheta^2}k_{1\rm c}^4-\dfrac{3R^2}{2\vartheta^2 h}\dfrac{E_{\rm s}^{*}}{E_{\rm f}^{*}}k_{1\rm c}=0 \\ k_{2\rm c}=0 \end{cases} \tag{10-15}$$

式中，$k_{1\rm c}$ 和 $k_{2\rm c}$ 分别表示轴向和环向的临界失稳波数；$E_{\rm f}^{*}=E_{\rm f}/(1-\nu_{\rm f}^2)$。式 (10-15)

包含一个假设，即假设轴向失稳波数 k_{1c} 是非负的。同时，$k_{2c}=0$ 表明临界失稳模态恒为轴对称模式，而与结构的力学和几何参数无关，即与模量比和曲率无关，这个结论与有限元临界分析的结果相一致。该结果也为前人工作中采用轴对称模式进行临界分析提供了理论支撑。由式 (10-13) 和式 (10-15)，可以得到系统的临界失稳应力和波长分别为

$$\frac{\sigma_c}{E}=\frac{1}{k_{1c}^2R^2}+\frac{h^2}{4\vartheta^2}k_{1c}^2+\frac{3}{2\vartheta^2 h}\frac{E_s^*}{E_f^*}\frac{1}{k_{1c}} \tag{10-16}$$

$$\lambda_c=\frac{2\pi}{k_{1c}} \tag{10-17}$$

式中，k_{1c} 为方程 (10-15) 的正实根。临界失稳应变 ε_c 可由式 (10-16) 和式 (10-2) 确定。图 10.6 给出了临界失稳应变和临界失稳波长的理论解与有限元解的对比。理论结果可由式 (10-16)、式 (10-17) 和式 (10-2) 直接确定。由图 10.6 可知，理论预测与有限元模拟结果吻合，进一步证实了采用式 (10-14) 描述软核等效刚度的准确性。

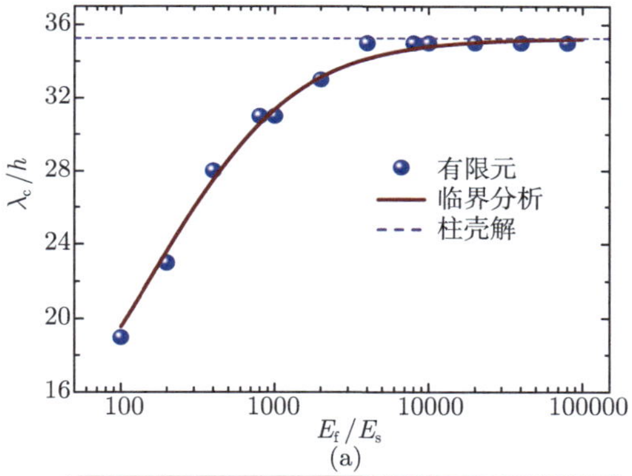

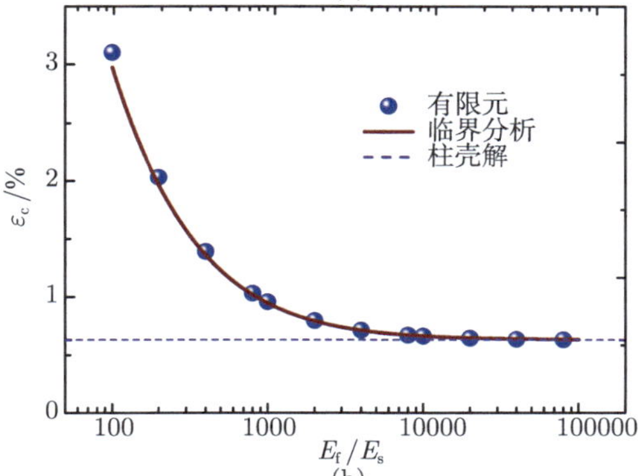

图 10.6 (a) 临界失稳波长和 (b) 临界失稳应变的理论解与有限元解

在有限元模型中，核壳结构外半径与膜厚度之比为 100，膜和核的泊松比均取为 0.4。图中柱壳解表示单一圆柱壳受单轴压缩时的临界失稳结果 [10,11]

10.3.2 后屈曲分析

本节探讨核壳结构在后屈曲过程中的表面形貌演化。对于轴对称失稳模式，薄膜的挠度为

$$w = hb_0 \cos(k_{1c}x) \tag{10-18}$$

将式 (10-18) 代入非线性 DMV 壳方程，可求得应力函数为

$$F = \frac{E_f h^2}{k_{1c}^2 R} b_0 \cos(k_{1c}x) + \frac{1}{2}a_1 y^2 + \frac{1}{2}a_2 x^2 \tag{10-19}$$

式中，a_1 和 a_2 分别表示失稳状态下 x 和 y 方向膜内平均面内应力的改变量；b_0 为初始后屈曲阶段失稳波幅；k_{1c} 为临界波数，由式 (10-15) 确定。

在后屈曲分析中，需要补充增量变形协调条件，即失稳状态下膜沿 x 和 y 方向的平均位移应与基态保持一致 [20,21]：

$$\int_0^{\ell} u_{,x} \mathrm{d}x = 0 \tag{10-20}$$

$$\int_0^{2\pi R} v_{,y} \mathrm{d}y = 0 \tag{10-21}$$

式中，u 和 v 分别为膜沿 x 和 y 方向相对于基态的位移增量。由本构关系，可得

$$u_{,x} = \frac{1}{E_f h}\left(F_{,yy} - \nu_f F_{,xx}\right) - \frac{1}{2}w_{,x}^2 \tag{10-22}$$

$$v_{,y} = \frac{1}{E_f h}\left(F_{,xx} - \nu_f F_{,yy}\right) - \frac{1}{2}w_{,y}^2 \tag{10-23}$$

将式 (10-22) 和式 (10-23) 代入式 (10-20) 和式 (10-21)，得

$$\int_0^{\ell} \frac{1}{E_f h}\left(F_{,yy} - \nu_f F_{,xx}\right) \mathrm{d}x = \int_0^{\ell} \frac{1}{2}w_{,x}^2 \mathrm{d}x \tag{10-24}$$

$$v_{,y} = \frac{1}{E_f h}\left(F_{,xx} - \nu_f F_{,yy}\right) - \frac{1}{2}w_{,y}^2 \tag{10-25}$$

联立式 (10-18)、式 (10-19)、式 (10-24) 和式 (10-25)，可解得

$$a_1 = \frac{1}{4}E_f^* h^3 k_{1c}^2 b_0^2, \quad a_2 = \frac{1}{4}\nu_f E_f^* h^3 k_{1c}^2 b_0^2 \tag{10-26}$$

将式 (10-18) 和式 (10-19) 代入如式 (10-27) 所示的系统势能表达式：

$$P[w, F] = \frac{1}{2}\iint \left\{ \frac{E_f h^3}{12(1-\nu_f^2)} \left[(1-\nu_f) w_{,\alpha\beta} w_{,\alpha\beta} + \nu_f w_{,\gamma\gamma}^2 \right] \right.$$

$$+\frac{1}{E_{\mathrm{f}}h}\left[(1+\nu_{\mathrm{f}})F_{,\alpha\beta}F_{,\alpha\beta}-\nu_{\mathrm{f}}F_{,\gamma\gamma}^{2}\right]-h\sigma w_{,x}^{2}-h\sigma_{y}w_{,y}^{2}+Kw^{2}\right\}\mathrm{d}x\mathrm{d}y \tag{10-27}$$

可得轴对称模式对应的系统势能为

$$P_{\mathrm{I}}[w,F]=\frac{1}{2}(\sigma_{\mathrm{c}}-\sigma)\pi h^{3}R\ell k_{1\mathrm{c}}^{2}b_{0}^{2}+\frac{1}{16}\pi E_{\mathrm{f}}^{*}h^{5}R\ell k_{1\mathrm{c}}^{4}b_{0}^{4} \tag{10-28}$$

若忽略 Kw^2，式 (10-27) 与 Hutchinson [22] 给出的圆柱壳受轴向压缩时的系统势能表达式一致。将势能 $P_{\mathrm{I}}[w,F]$ 对 b_0 求极值，即 $\partial P_{\mathrm{I}}[w,F]/\partial b_0=0$，可得轴对称模式的波幅演化方程

$$b_0=\frac{2}{hk_{1\mathrm{c}}}\sqrt{\frac{\sigma-\sigma_{\mathrm{c}}}{E_{\mathrm{f}}^{*}}} \tag{10-29}$$

图 10.7 给出了轴对称模式下薄膜的失稳形貌波幅演化的理论预测与有限元模拟结果的对比。可见，当压缩应变较小时，式 (10-29) 与有限元吻合较好。

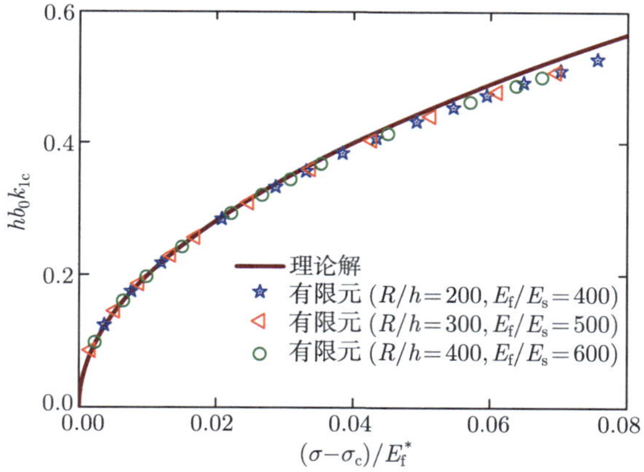

图 10.7 轴对称模式下薄膜的失稳形貌波幅随压缩应变的演化

曲线表示式 (10-29) 中的理论预测，数据点为有限元结果。在有限元模拟中硬膜与软核的泊松比均取为 0.5

下面考虑一个典型的非轴对称失稳模式。基于实验 (图 10.1(a)) 和有限元模拟 (图 10.3) 的结果，假设在后屈曲过程中非轴对称模式为

$$w=h\left[b_0\cos k_{1\mathrm{c}}x+c_{\mathrm{m}}\cos(\xi k_{1\mathrm{c}}x)\cos(\eta k_{1\mathrm{c}}y)\right] \tag{10-30}$$

式中，$c_{\mathrm{m}}\ll b_0$，表明该非轴对称模式接近于轴对称模式；ξ 和 η 为无量纲数。$N=\eta k_{1\mathrm{c}}R$ 表示非轴对称模式对应的环向失稳波数，N 为整数。当 $\xi=1/2$ 时，式 (10-30) 中的非轴对称项将与轴对称项产生非线性耦合。这也是 Koiter [10,23] 在分析圆柱壳受轴向压缩失稳问题时提出的一种临界模式。此时，式 (10-30) 中非轴对称模

式的形貌随 c_{m} 的演化如图 10.8 所示，可以看出结构将最终演化为与实验和有限元模拟结果相类似的非轴对称形貌，即钻石模式。

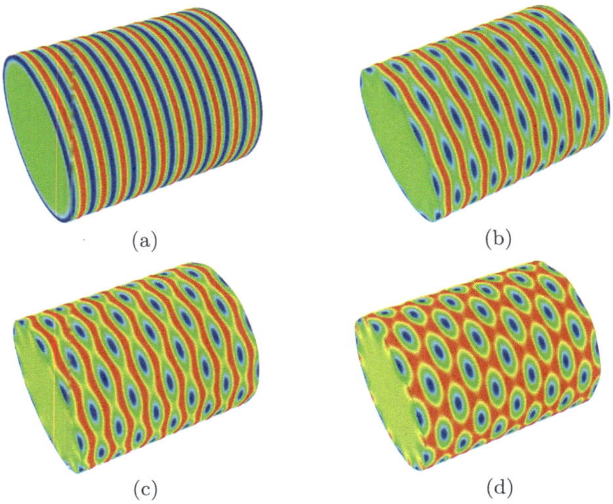

图 10.8　c_{m} 取不同值的情况下式 (10-30) 对应的非轴对称模式的形貌

(a) $c_{\mathrm{m}}=0$；(b) $c_{\mathrm{m}}=0.5b_0$；(c) $c_{\mathrm{m}}=b_0$；(d) $c_{\mathrm{m}}=2b_0$

首先考虑 $\xi=1/2$ 的情况。将式 (10-30) 代入非线性 DMV 壳方程，可解得应力函数：

$$\begin{aligned}F=&\frac{1}{2}a_3y^2+\frac{1}{2}a_4x^2+\frac{E_{\mathrm{f}}h^2}{Rk_{1\mathrm{c}}^2}b_0\cos k_{1\mathrm{c}}x+\frac{E_{\mathrm{f}}h^2}{4\left(1/4+\eta^2\right)^2Rk_{1\mathrm{c}}^2}c_{\mathrm{m}}\cos\frac{k_{1\mathrm{c}}x}{2}\cos(\eta k_{1\mathrm{c}}y)\\&-\frac{1}{2}\frac{\eta^2}{\left(1/4+\eta^2\right)^2}E_{\mathrm{f}}h^3b_0c_{\mathrm{m}}\cos\frac{k_{1\mathrm{c}}x}{2}\cos(\eta k_{1\mathrm{c}}y)\\&-\frac{1}{2}\frac{\eta^2}{\left(9/4+\eta^2\right)^2}E_{\mathrm{f}}h^3b_0c_{\mathrm{m}}\cos\frac{3k_{1\mathrm{c}}x}{2}\cos(\eta k_{1\mathrm{c}}y)\\&-\frac{1}{8}E_{\mathrm{f}}h^3\eta^2c_{\mathrm{m}}^2\cos k_{1\mathrm{c}}x-\frac{1}{128}\frac{E_{\mathrm{f}}h^3}{\eta^2}c_{\mathrm{m}}^2\cos(2\eta k_{1\mathrm{c}}y)\end{aligned}\tag{10-31}$$

联立式 (10-24)、式 (10-25)、式 (10-30) 和式 (10-31)，可解得 a_3 和 a_4 分别为

$$\begin{cases}a_3=\dfrac{E_{\mathrm{f}}^*h^3k_{1\mathrm{c}}^2}{4}\left(b_0^2+\dfrac{1}{8}c_{\mathrm{m}}^2\right)+\dfrac{\nu_{\mathrm{f}}E_{\mathrm{f}}^*h^3k_{1\mathrm{c}}^2}{8}\eta^2c_{\mathrm{m}}^2\\a_4=\dfrac{\nu_{\mathrm{f}}E_{\mathrm{f}}^*h^3k_{1\mathrm{c}}^2}{4}\left(b_0^2+\dfrac{1}{8}c_{\mathrm{m}}^2\right)+\dfrac{E_{\mathrm{f}}^*h^3k_{1\mathrm{c}}^2}{8}\eta^2c_{\mathrm{m}}^2\end{cases}\tag{10-32}$$

将式 (10-30) 和式 (10-31) 代入式 (10-27)，可得非轴对称模式下的系统势能为

$$P_{\mathrm{II}}=\frac{1}{2}\left(\sigma_{\mathrm{c}}-\sigma\right)\pi h^3R\ell k_{1\mathrm{c}}^2b_0^2+\frac{1}{16}\pi E_{\mathrm{f}}^*h^5R\ell k_{1\mathrm{c}}^4b_0^4$$

$$+\frac{1}{4}\pi h^3R\ell\left(\sigma_2-\sigma\right)\left(\frac{1}{4}+\rho\eta^2\right)k_{1\mathrm{c}}^2c_{\mathrm{m}}^2-\frac{1}{8}\pi E_{\mathrm{f}}h^4\ell k_{1\mathrm{c}}^2d_1b_0c_{\mathrm{m}}^2$$
$$+\frac{1}{16}\pi E_{\mathrm{f}}h^5R\ell\left(\frac{3}{4c^2}+d_2\right)k_{1\mathrm{c}}^4b_0^2c_{\mathrm{m}}^2 \tag{10-33}$$

式中，

$$\frac{\sigma_2}{E_{\mathrm{f}}}=\left[\frac{1}{16R^2k_{1\mathrm{c}}^2}\left(\frac{1}{4}+\eta^2\right)^{-2}+\frac{h^2}{4\vartheta^2}\left(\frac{1}{4}+\eta^2\right)^2k_{1\mathrm{c}}^2+\frac{3}{2\vartheta^2hk_{1\mathrm{c}}}\frac{E_{\mathrm{s}}^*}{E_{\mathrm{f}}^*}\sqrt{\frac{1}{4}+\eta^2}\right]$$
$$\times\left(\frac{1}{4}+\rho\eta^2\right)^{-1} \tag{10-34}$$

$$d_1=\eta^2+\frac{1}{2}\eta^2\left(\frac{1}{4}+\eta^2\right)^{-2} \tag{10-35}$$

$$d_2=\frac{3\nu_{\mathrm{f}}\eta^2}{\vartheta^2}+\eta^4\left[\left(\frac{1}{4}+\eta^2\right)^{-2}+\left(\frac{9}{4}+\eta^2\right)^{-2}\right] \tag{10-36}$$

由于 c_{m} 为小量，式 (10-33) 中忽略了 c_{m}^4 项。

由式 (10-28) 和式 (10-33)，可得系统轴对称模式和非轴对称模式之间的势能差

$$\begin{aligned}\Delta P=&P_{\mathrm{II}}-P_{\mathrm{I}}\\=&\left[\left(\frac{\sigma_2-\sigma}{E}\right)\left(1+4\rho\eta^2\right)-\frac{2h}{R}d_1b_0+h^2k_{1\mathrm{c}}^2\left(\frac{3}{4\vartheta^2}+d_2\right)b_0^2\right]\frac{\pi E_{\mathrm{f}}h^3R\ell}{16}k_{1\mathrm{c}}^2c_{\mathrm{m}}^2\end{aligned} \tag{10-37}$$

将式 (10-29) 代入式 (10-37)，得

$$\Delta P=\left[\left(\frac{\sigma_2-\sigma_{\mathrm{c}}}{E}\right)\left(1+4\rho\eta^2\right)-\frac{2h}{R}d_1b_0+h^2k_{1\mathrm{c}}^2\left(d_2-\frac{3\rho\eta^2}{\vartheta^2}\right)b_0^2\right]\frac{\pi E_{\mathrm{f}}h^3R\ell}{16}k_{1\mathrm{c}}^2c_{\mathrm{m}}^2 \tag{10-38}$$

$\Delta P>0$ 表示轴对称模式具有更低的系统势能；$\Delta P<0$ 表示非轴对称模式具有更低的系统势能；$\Delta P=0$ 代表系统由轴对称模式向非轴对称模式演化的临界状态。对于非零的 c_{m}，由 $\Delta P=0$ 得

$$\left(\frac{\sigma_2-\sigma_{\mathrm{c}}}{E_{\mathrm{f}}}\right)\left(1+4\rho\eta^2\right)-\frac{2h}{R}d_1b_0+h^2k_{1\mathrm{c}}^2\left(d_2-3\rho\eta^2/\vartheta^2\right)b_0^2=0 \tag{10-39}$$

式 (10-39) 为关于 b_0 的一元二次方程，若该方程存在实根，则需满足

$$\psi=d_1^2-\left(\frac{\sigma_2-\sigma_{\mathrm{c}}}{E_{\mathrm{f}}}\right)R^2k_{1\mathrm{c}}^2\left(1+4\rho\eta^2\right)\left(d_2-3\rho\eta^2/\vartheta^2\right)>0 \tag{10-40}$$

通过求解式 (10-39) 并利用式 (10-29)，可得

$$\frac{\sigma}{E_{\mathrm{f}}^{*}}=\frac{\sigma_{\mathrm{c}}}{E_{\mathrm{f}}^{*}}+\frac{1}{4\left(d_{2}-3\rho\eta^{2}/\vartheta^{2}\right)^{2}R^{2}k_{1\mathrm{c}}^{2}}\left(d_{1}-\sqrt{\psi}\right)^{2} \tag{10-41}$$

对式 (10-41) 给出的 σ 对 η 求极值，可得系统发生二次分岔时的平均压缩应力 σ_{b}、总体压缩应变 ε_{b} 以及环向失稳波数 N。

当 $\xi\neq1/2$ 时，由非线性 DMV 壳方程 (10-7) 和 (10-8) 解得应力函数

$$\begin{aligned}F=&\frac{1}{2}a_{5}y^{2}+\frac{1}{2}a_{6}x^{2}+\frac{E_{\mathrm{f}}h^{2}}{Rk_{1\mathrm{c}}^{2}}b_{0}\cos(k_{1\mathrm{c}}x)+\frac{E_{\mathrm{f}}h^{2}\xi^{2}}{\left(\xi^{2}+\eta^{2}\right)^{2}Rk_{1\mathrm{c}}^{2}}c_{\mathrm{m}}\cos(\xi k_{1\mathrm{c}}x)\cos(\eta k_{1\mathrm{c}}y)\\&-\frac{1}{2}\frac{\eta^{2}}{\left[(1-\xi)^{2}+\eta^{2}\right]^{2}}E_{\mathrm{f}}h^{3}b_{0}c_{\mathrm{m}}\cos[(1-\xi)k_{1\mathrm{c}}x]\cos(\eta k_{1\mathrm{c}}y)\\&-\frac{1}{2}\frac{\eta^{2}}{\left[(1+\xi)^{2}+\eta^{2}\right]^{2}}E_{\mathrm{f}}h^{3}b_{0}c_{\mathrm{m}}\cos[(1+\xi)k_{1\mathrm{c}}x]\cos(\eta k_{1\mathrm{c}}y)\\&-\frac{1}{32}\frac{E_{\mathrm{f}}h^{3}\eta^{2}}{\xi^{2}}c_{\mathrm{m}}^{2}\cos(2\xi k_{1\mathrm{c}}x)-\frac{1}{32}\frac{E_{\mathrm{f}}h^{3}\xi^{2}}{\eta^{2}}c_{\mathrm{m}}^{2}\cos(2\eta k_{1\mathrm{c}}y)\end{aligned} \tag{10-42}$$

通过求解协调性条件 (10-24) 和 (10-25)，求得

$$\left\{\begin{aligned}a_{5}&=\frac{E_{\mathrm{f}}^{*}h^{3}k_{1\mathrm{c}}^{2}}{4}\left(b_{0}^{2}+\frac{1}{2}\xi^{2}c_{\mathrm{m}}^{2}\right)+\frac{\nu_{\mathrm{f}}E_{\mathrm{f}}^{*}h^{3}k_{1\mathrm{c}}^{2}}{8}\eta^{2}c_{\mathrm{m}}^{2}\\a_{6}&=\frac{\nu_{\mathrm{f}}E_{\mathrm{f}}^{*}h^{3}k_{1\mathrm{c}}^{2}}{4}\left(b_{0}^{2}+\frac{1}{2}\xi^{2}c_{\mathrm{m}}^{2}\right)+\frac{E_{\mathrm{f}}^{*}h^{3}k_{1\mathrm{c}}^{2}}{8}\eta^{2}c_{\mathrm{m}}^{2}\end{aligned}\right. \tag{10-43}$$

当 $\xi\neq1/2$ 时，失稳模式 (10-30) 对应的非轴对称模式的系统势能为

$$\begin{aligned}P_{\mathrm{III}}=&\frac{1}{2}\left(\sigma_{\mathrm{c}}-\sigma\right)\pi h^{3}R\ell k_{1\mathrm{c}}^{2}b_{0}^{2}+\frac{1}{16}\pi E_{\mathrm{f}}h^{5}R\ell k_{1\mathrm{c}}^{2}b_{0}^{4}\\&+\frac{1}{4}\pi h^{3}R\ell\left(\sigma_{3}-\sigma\right)\left(\xi^{2}+\rho\eta^{2}\right)k_{1\mathrm{c}}^{2}c_{\mathrm{m}}^{2}\\&+\frac{1}{16}\pi E_{\mathrm{f}}h^{5}R\ell k_{1\mathrm{c}}^{4}\left(\frac{3\xi^{2}}{\vartheta^{2}}+\frac{3\nu_{\mathrm{f}}\eta^{2}}{\vartheta^{2}}+d_{3}\right)b_{0}^{2}c_{\mathrm{m}}^{2}\end{aligned} \tag{10-44}$$

式中，

$$\frac{\sigma_{3}}{E_{\mathrm{f}}}=\left[\frac{\xi^{4}}{(\xi^{2}+\eta^{2})^{2}R^{2}k_{1\mathrm{c}}^{2}}+\frac{h^{2}}{4\vartheta^{2}}(\xi^{2}+\eta^{2})^{2}k_{1\mathrm{c}}^{2}+\frac{3}{2\vartheta^{2}h}\frac{E_{\mathrm{s}}^{*}}{E_{\mathrm{f}}^{*}}\frac{\sqrt{\xi^{2}+\eta^{2}}}{k_{1\mathrm{c}}}\right]\left(\xi^{2}+\rho\eta^{2}\right)^{-1} \tag{10-45}$$

$$d_{3}=\eta^{4}\left[\left[\eta^{2}+(1+\xi)^{2}\right]^{-2}+\left[\eta^{2}+(1-\xi)^{2}\right]^{-2}\right] \tag{10-46}$$

势能 P_{III} 与轴对称模式的势能之差为

$$\Delta P=P_{\mathrm{III}}-P_{\mathrm{I}}=\left[4\left(\frac{\sigma_3-\sigma_{\mathrm{c}}}{E_{\mathrm{f}}}\right)(\xi^2+\eta^2)-h^2k_{1\mathrm{c}}^2d_4b_0^2\right]\frac{\pi E_{\mathrm{f}}h^3R\ell}{16}k_{1\mathrm{c}}^2c_{\mathrm{m}}^2 \tag{10-47}$$

式中，

$$d_4=\frac{3(\rho-\nu_{\mathrm{f}})\eta^2}{\vartheta^2}-d_3 \tag{10-48}$$

对于 $\nu_{\mathrm{s}}\geqslant\nu_{\mathrm{f}}$ 的情况，可以得到 $\rho\leqslant 0$，即 $d_4<0$，因此式 (10-47) 中的势能差 ΔP 恒为正。若 $\nu_{\mathrm{s}}<\nu_{\mathrm{f}}$，由式 (10-2) 和式 (10-3) 得

$$\rho=\frac{\sigma_y}{\sigma}=\frac{\nu_{\mathrm{f}}-\nu_{\mathrm{s}}}{\dfrac{h}{R}\dfrac{E_{\mathrm{f}}}{E_{\mathrm{s}}}(1+\nu_{\mathrm{s}})(1-2\nu_{\mathrm{s}})+1-\nu_{\mathrm{f}}\nu_{\mathrm{s}}}<\frac{\nu_{\mathrm{f}}-\nu_{\mathrm{s}}}{1-\nu_{\mathrm{f}}\nu_{\mathrm{s}}} \tag{10-49}$$

从而

$$\rho-\nu_{\mathrm{f}}<\frac{\nu_{\mathrm{f}}-\nu_{\mathrm{s}}}{1-\nu_{\mathrm{f}}\nu_{\mathrm{s}}}-\nu_{\mathrm{f}}=-\frac{1-\nu_{\mathrm{f}}^2}{1-\nu_{\mathrm{f}}\nu_{\mathrm{s}}}\nu_{\mathrm{s}}<0 \tag{10-50}$$

无论 $\nu_{\mathrm{s}}\geqslant\nu_{\mathrm{f}}$，还是 $\nu_{\mathrm{s}}<\nu_{\mathrm{f}}$，均有 $d_4<0$，即式 (10-47) 中的势能差 ΔP 恒正。因此，可以得出结论：$\xi\neq 1/2$ 对应的非轴对称模式的系统势能总是大于轴对称模式的系统势能，故在实际系统中不会出现。所以，以下将仅考虑 $\xi=1/2$ 的情况。

若给定系统的几何、物理参数，即 E_{f}、ν_{f}、E_{s}、ν_{s}、R 和 h，可以根据式 (10-41) 来确定系统是否会由轴对称模式演化为非轴对称模式，并由此确定演化为非轴对称模式时系统的压缩应变、环向失稳波数等参数。

10.4 结果与讨论

通过 10.3 节的理论分析，可以判断系统是否会发生二次分岔，并确定二次分岔的临界条件、环向失稳波数等。下面讨论 10.2 节和 10.3 节中两个系统的二次分岔。对于给定的材料模量比 $E_{\mathrm{f}}/E_{\mathrm{s}}$，可由式 (10-41) 确定二次分岔应变 ε_{b}，结果如图 10.9 所示。图 10.9 中第一个例子的几何参数与实验 (图 10.1(b)) 和数值模拟 (图 10.2) 相一致，即 $R/h=125$；第二个例子的几何参数与实验 (图 10.1(a)) 和数值模拟 (图 10.3) 一致，即 $R/h=200$。核和壳的泊松比分别取为 0.48 和 0.5。从图 10.9 中可以看出，在给定几何参数的情况下存在一个临界模量比，当结构的模量比 $E_{\mathrm{f}}/E_{\mathrm{s}}$ 大于该临界值，且外加应变达到分岔应变 ε_b 时，结构将由轴对称模式向非轴对称模式演化；而当 $E_{\mathrm{f}}/E_{\mathrm{s}}$ 小于该临界值时，不存在分岔应变 ε_b，因此结构失稳将不会发生非轴对称表面形貌。对于第一种几何参数情况，即 $R/h=125$，临界模量比大约为 1600，远大于实验中的值 80，因此系统的失稳形貌将保持轴对称模式；对于第二种情况，即 $R/h=200$，临界模量比大约为 3200，小于实验中的值

4000，系统将演化为非轴对称模式。可见，本章的理论模型可以较好地解释前述实验现象。

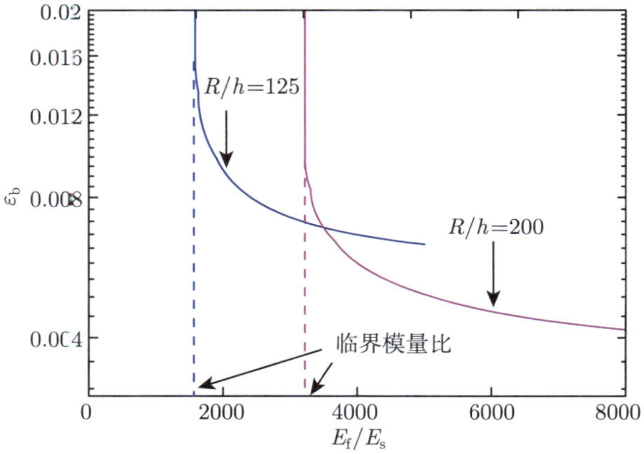

图 10.9　结构发生二次分岔时的压缩应变 ε_b

图中两种情况下的几何参数分别与对应实验中的参数相同

为了进一步检验理论分析的有效性，下面将理论结果与有限元模拟进行对比。对于 10.3 节有限元模拟的两种几何参数，即 $R/h = 125$ 和 $R/h = 200$，不同模量比情况下结构发生二次分岔时的环向波数和失稳形貌如图 10.10 所示，其中 $N = 0$ 表示轴对称失稳形貌，非零的 N 表示 “钻石” 形貌。图 10.10 也同时给出了实验结果以及理论预测。可以看出，理论分析可以很好地估计结构发生二次分岔时的环向波数。尽管有限元结果难以准确给出临界模量比的值，但是模拟结果表明，当模量比超过理论分析给出的临界模量比时，可以观察到稳定的 “钻石” 模式，否则结构将一直保持轴对称失稳模式。

理论分析还表明，若给定系统的模量比和泊松比，存在一个临界的等效曲率 $(h/R)_c$，当等效曲率大于该临界值时，圆柱状核–壳结构的失稳形貌将最终演化为钻石模式，否则将一直保持轴对称模式 (图 10.11)。为验证该结论，进一步开展有限元模拟与实验。有限元模型与 10.3 节基本一致，等效曲率半径 R/h 在 100 和 300 之间变化。在实验中，仍采用高密度聚乙烯薄膜和乳胶薄膜作为外壳，采用不同半径的 PDMS(1:50) 圆柱作为软核。数值模拟和实验结果如图 10.12 和图 10.13 所示。可知，理论分析可以很好地预测几何参数对结构失稳形貌演化的影响。并且对于给定的物理参数，的确存在一个临界的等效曲率或等效曲率半径。图 10.12 中理论预测的环向波数与实验值有一定的差别，这种差别可能来源于实验中结构的几何和物理参数的取值存在误差，如膜厚、圆柱半径、材料的弹性模量和泊松比的测量和表征过程中都可能存在误差。此外，在理论分析中，采用浅壳理论，并用非线性 DMV 壳方程来描述薄膜的变形行为，也可能带来误差，尤其是当结构曲率较大时。但是，理论结果与有限元模拟结果具有很好的一致性，因此理论分析中对模型的简化是基本合理的。

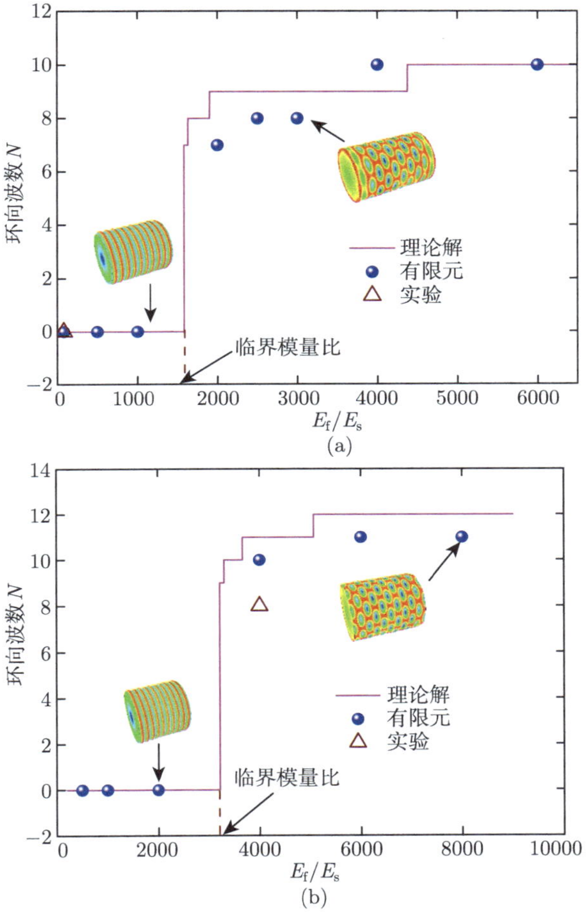

图 10.10 结构发生二次分岔时环向失稳波数的理论解、有限元与实验结果的对比

核和壳的泊松比分别取为 0.48 和 0.5。几何参数：(a) $R/h=125$；(b) $R/h=200$

由以上结果可知，材料的模量比 E_f/E_s 和等效曲率 h/R 在系统形貌演化过程中起着关键作用。理论分析表明，该结构存在一个临界模量比 $(E_f/E_s)_c$ 和临界等效曲率 $(h/R)_c$，当结构的模量比和等效曲率大于临界值时，结构最终会由轴对称模式演化为“钻石”模式，否则将保持轴对称失稳模式。为了证实这一点，基于理论分析建立了如图 10.14 所示的失稳相图，图中核和壳的泊松比分别取为 0.48 和 0.5，黄色下三角表示实验中观察到的轴对称失稳形貌，蓝色圆点表示有限元模拟

得到的轴对称形貌，橙色菱形表示实验中观察到的“钻石形貌”，红色正方形表示有限元模拟中的“钻石形貌”。实线代表临界的模量比 $(E_f/E_s)_c$ 或者临界的等效曲率半径 $(R/h)_c$。根据该图可以判断结构在后屈曲过程中表面形貌的演化规律。可以看出，所有的有限元模拟和实验结果都与该相图一致。因此，理论分析不仅揭示了实验现象背后的物理机制，还可以为表面形貌的制备提供理论指导。

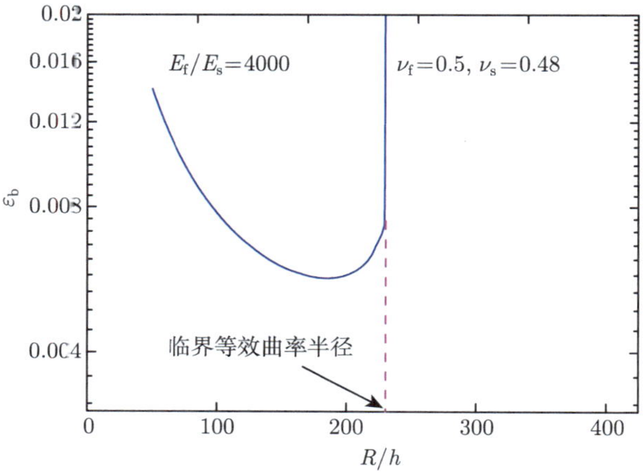

图 10.11　结构发生二次分岔时的压缩应变 ε_b

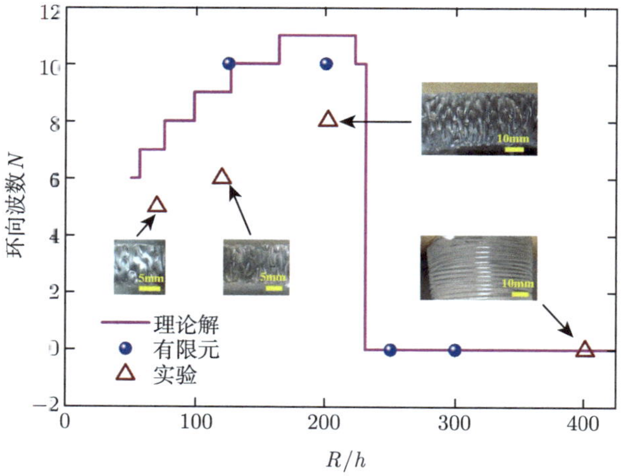

图 10.12　不同等效曲率半径 R/h 情况下，结构发生二次分岔时环向波数的理论预测、有限元模拟和实验结果的对比

模量比取 E_f/E_s=4000，核和壳的泊松比分别为 0.48 和 0.5

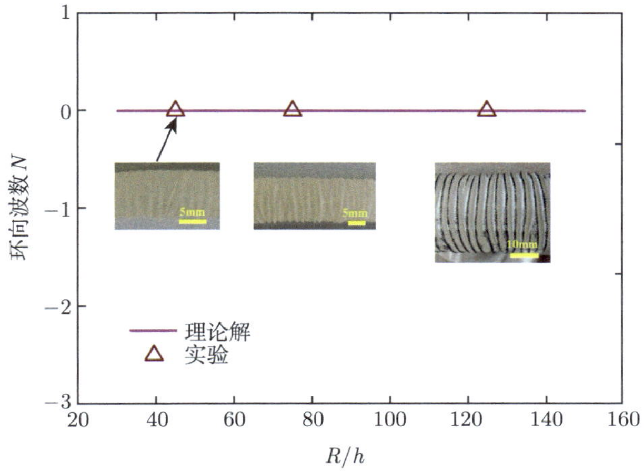

图 10.13 圆柱状核–壳结构的表面失稳形貌

模量比为 $E_{\mathrm{f}}/E_{\mathrm{s}}=80$，$\nu_{\mathrm{f}}=0.5$，$\nu_{\mathrm{s}}=0.48$

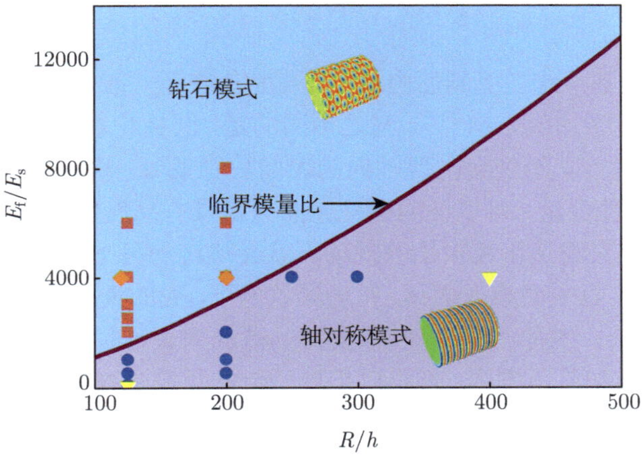

图 10.14 后屈曲阶段形貌演化的相图

理论分析表明，除了模量比和等效曲率之外，材料的泊松比对后屈曲形貌演化也有一定影响。壳和核的泊松比差异会影响壳在基态下的应力状态。当 $\nu_{\mathrm{f}}>\nu_{\mathrm{s}}$ 时，薄膜内会产生一个较大的环向压缩应力，这将促进非轴对称模式的出现。当 $\nu_{\mathrm{f}}<\nu_{\mathrm{s}}$ 时，结构的二次分岔现象将会受到一定程度的抑制，结果见图 10.15，其中取 $R/h=200$。对于给定的模量比 $E_{\mathrm{f}}/E_{\mathrm{s}}$，在 $\nu_{\mathrm{s}}=0.48$ 和 $\nu_{\mathrm{f}}=0.5$ 情况下结构的二次分岔临界应变小于 $\nu_{\mathrm{s}}=0.5$ 和 $\nu_{\mathrm{f}}=0.5$ 情况下的结果，而大于 $\nu_{\mathrm{s}}=0.4$ 和 $\nu_{\mathrm{f}}=0.5$ 情况下的结果。从这种趋势可以看出泊松比对失稳形貌的影响规律。

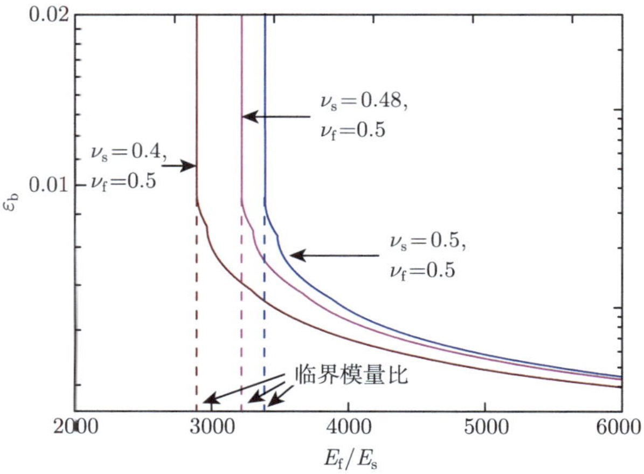

图 10.15　在不同泊松比情况下，核壳结构发生二次分岔时的临界压缩应变

10.5　本 章 小 结

平面硬膜–软基系统在受到面内单轴压缩时，表面一般会出现正弦状的失稳形貌，条纹方向垂直于加载方向 [19]。与之不同的是，圆柱状核–壳结构在受到轴向压缩时，由于曲率效应，不仅会出现轴向的表面失稳条纹，而且可能出现环向皱纹。利用 Koiter 稳定性理论，可以证明圆柱壳的失稳具有高度的不稳定性和缺陷敏感性 [11,22−24]，短波失稳形貌在很小的扰动下就会跳转到另一种坍塌状态，因而这种形貌在圆柱壳的实验中很难观察到。在坍塌状态下，壳的失稳波长将远大于临界失稳分析给出的波长。然而，对于有软核支撑的薄壳来说，本章的实验与有限元模拟都表明，在很大的加载范围内，都可以出现稳定的短波失稳形貌。软核为硬壳提供了支撑作用，使其变得更加稳定。圆柱状核壳结构的后屈曲形貌可能是轴对称的，也可能是非轴对称的，这取决于结构的几何和物理参数。为了揭示其物理机制，本章基于 Koiter 稳定性理论，对该问题进行了屈曲和后屈曲分析。临界屈曲分析表明，圆柱状核–壳结构的临界失稳模态一般为轴对称模式，这与圆柱壳的临界失稳模态有所不同。后屈曲分析可以帮助判断核–壳结构是否会演化为“钻石”模式，并给出环向失稳波数等参数。理论分析还表明，结构的等效曲率 h/R、模量比 E_f/E_s 和泊松比共同控制着结构在后屈曲过程中的表面形貌演化。对于给定的材料泊松比，存在着一个临界模量比 $(E_f/E_s)_c$ 和临界等效曲率 $(h/R)_c$，当结构的模量比和等效曲率大于上述临界值时，表面失稳形貌将由轴对称模式演化为“钻石”模式。在简单加载 (如单轴压缩) 情况下，核壳结构可能呈现双向失稳形貌，并且可以通过改变几何和物理参数来控制其临界失稳形貌及其演化。这些结论可为在曲面上

制备特定失稳形貌提供指导。另外，本章结果也可帮助理解自然界中一些曲面系统表面形貌的形成，比如非均匀生长诱导的表面失稳现象 [25–29]。

本章主要讨论了模量比和曲率诱导的圆柱状核–壳结构在轴向压缩载荷下的形貌演化问题，但是所采用的理论框架与分析方法可以推广到一般曲面系统的失稳问题。此外需要指出的是，本章理论分析只适用于初始过屈曲情况，当载荷远离临界分岔点时，失稳形貌演化会更加复杂，该问题有待进一步深入研究。

参 考 文 献

[1] Arani A G, Golabi S, Loghman A, Daneshi H. Investigating elastic stability of cylindrical shell with an elastic core under axial compression by energy method. Journal of Mechanical Science and Technology, 2007, 21: 983–996.

[2] Karam G, Gibson L. Elastic buckling of cylindrical shells with elastic cores—I. Analysis. International Journal of Solids and Structures, 1995, 32: 1259–1283.

[3] Myint T. Post buckling behavior of axially compressed core-filled cylinders. ZAMM-Journal of Applied Mathematics and Mechanics/Zeitschrift für Angewandte Mathematik und Mechanik, 1969, 49: 423–426.

[4] Wang L, Pai C L, Boyce M C, Rutledge G C. Wrinkled surface topographies of electrospun polymer fibers. Applied Physics Letters, 2009, 94: 151916.

[5] Wu J, Cheng Q, Liu B, Zhang Y, Lu W, Hwang K. Study on the axial compression buckling behaviors of concentric multi-walled cylindrical shells filled with soft materials. Journal of the Mechanics and Physics of Solids, 2012, 60: 803–826.

[6] Yao J. Buckling of axially compressed long cylindrical shell with elastic core. Journal of Applied Mechanics, 1962, 29: 329–334.

[7] Ye L, Lu G, Ong L. Buckling of a thin-walled cylindrical shell with foam core under axial compression. Thin-walled Structures, 2011, 49: 106–111.

[8] 赵岩. 软材料失稳的理论分析与实验研究. 北京: 清华大学博士学位论文, 2016.

[9] O'Neal A P. Preliminary results of compression test-sustainer motor case, DM-15. Memorandum A260-STRE-214, Missiles and Space Systems Engineering Douglas Aircraft Company, Santa Monico, CA, 1959.

[10] Koiter W T. The stability of elastic equilibrium; DTIC Document, 1945.

[11] van der Heijden A M. WT Koiter's elastic stability of solids and structures. Cambridge: Cambridge University Press, 2009.

[12] Horton W, Durham S. Imperfections, a main contributor to scatter in experimental values of buckling load. International Journal of Solids and Structures, 1965, 1: 59–62.

[13] Brau F, Vandeparre H, Sabbah A, Poulard C, Boudaoud A, Damman P. Multiple-length-scale elastic instability mimics parametric resonance of nonlinear oscillators. Nature

Physics, 2011, 7: 56–60.

[14] Cao Y P, Hutchinson J W. Wrinkling phenomena in neo-Hookean film/substrate bilayers. Journal of Applied Mechanics, 2012, 79: 031019.

[15] Cao Y P, Hutchinson J W. From wrinkles to creases in elastomers: the instability and imperfection-sensitivity of wrinkling. Proceedings of the Royal Society of London A: Mathematical, Physical and Engineering Sciences, 2012, 468: 94–115.

[16] Novozhilov V V. The Theory of Thin Shells. P. Noordhoff, 1959.

[17] 陆明万, 罗学富. 弹性理论基础. 北京: 清华大学出版社, 2001.

[18] Biot M A. Bending of an infinite beam on an elastic substrate. Journal of Applied Mechanics, 1937, 4: A1–A7.

[19] Allen H. Analysis and design of structural sandwich panels. Pergamon, 1969.

[20] Cai S, Breid D, Crosby A J, Suo Z, Hutchinson J W. Periodic patterns and energy states of buckled films on compliant substrates. Journal of the Mechanics and Physics of Solids, 2011, 59: 1094–1114.

[21] Chen X, Hutchinson J W. Herringbone buckling patterns of compressed thin films on compliant substrates. Journal of Applied Mechanics, 2004, 71: 597–603.

[22] Hutchinson J W. Knockdown factors for buckling of cylindrical and spherical shells subject to reduced biaxial membrane stress. International Journal of Solids and Structures, 2010, 47: 1443–1448.

[23] Koiter W. The effect of axisymmetric imperfections on the buckling of cylindrical shells under axial compression. Proceedings of the Koninklijke Nedertandse Akademie Van Westenschappen, 1963, 66: 265–279.

[24] Hutchinson J W. Imperfection sensitivity of externally pressurized spherical shells. Journal of Applied Mechanics, 1967, 34: 49–55.

[25] Ben Amar M, Goriely A. Growth and instability in elastic tissues. Journal of the Mechanics and Physics of Solids, 2005, 53: 2284–2319.

[26] Goriely A, Ben Amar M. Differential growth and instability in elastic shells. Physical Review Letters, 2005, 94: 198103.

[27] Li B, Cao Y P, Feng X Q, Gao H. Surface wrinkling of mucosa induced by volumetric growth: theory, simulation and experiment. Journal of the Mechanics and Physics of Solids, 2011, 59: 758–774.

[28] Li B, Cao Y P, Feng X Q, Gao H. Mechanics of morphological instabilities and surface wrinkling in soft materials: a review. Soft Matter, 2012, 8: 5728–5745.

[29] Menzel A, Kuhl E. Frontiers in growth and remodeling. Mechanics Research Communications, 2012, 42: 1–14.

第 11 章　基于失稳的表面形貌制备方法

表面失稳提供了一种制备表面形貌的方法，这些方法在柔性电子器件、可穿戴医疗设备、光学器件、超疏水表面、自组装模板等领域具有应用价值 [1−4]。本章讨论基于硬膜–软基系统失稳的表面形貌制备方法。如前所述，在面内压缩应变达到一定条件时，膜基系统会发生失稳，形成多种不同的、规则或不规则的表面形貌。因此，对膜基系统中应变场进行准确的设计与调控，是制备所需失稳形貌的一个关键。调控膜基系统的应变场一般有以下三种途径：其一是改变膜基系统的载荷形式(如不同方向的外力、电场) 和加/卸载方式 [5−8]；其二是改变膜基系统的边界条件(如表面与界面条件) [9−12]；其三是改变膜基系统的几何特征和材料性质 [3,13−15]。例如，通过在薄膜表面或膜基界面上引入一定尺寸的特征结构，或引入薄膜材料性质的周期性或梯度变化，可以制造丰富的表面形貌 [16−20]。此外，由于曲率在形貌演化过程中起着重要作用 [13,21,22]，通过改变膜基系统的几何曲率也可以调控表面失稳形貌 [23,24]。

基于膜基系统表面失稳，可以制造多种多样的形貌，其特征尺寸的范围也很宽，从宏观尺寸到微米，甚至纳米尺寸，而且这种方法易于实现，成本较低。由于微纳米表面形貌可以影响材料多方面的物理性质，如浸润、粘附、摩擦等，因此表面形貌失稳的方法也可以用来调控多方面的材料表面性能。

在本章，首先针对平面膜基系统，介绍制备表面形貌的两种方法，分别考虑了薄膜弹性性质呈周期性变化和系统具有周期性界面结构的情况 [25]；继而通过在膜基系统中引入表面曲率，提出一种制备多级表面形貌的方法 [24]，并通过实验研究了所制备的材料表面多级微纳结构对浸润性质的影响 [26]。

11.1　基于薄膜刚度周期性变化的表面形貌制备方法

本节介绍一种基于薄膜刚度周期性变化调控膜基系统表面失稳形貌的方法。首先，建立薄膜刚度周期性变化时膜基系统失稳的平面应变模型，通过量纲分析得到在该问题中起主导作用的两个无量纲参数，并以此指导表面形貌制备实验；进而简述这种失稳形貌的制备方法，分析实验得到的五种典型失稳形貌的形成机理；最后，通过有限元数值模拟，建立失稳形貌和系统的几何参数、材料参数之间的关系，给出相应的形貌相图。

11.1.1 理论模型

考虑如图 11.1(a) 所示的平面膜基系统。假设基底为半无限大体，基底与硬膜之间理想粘接。薄膜厚度为 h，硬膜的弹性模量呈现周期性变化，其中弹性模量较高的区域 (图 11.1 中紫色区域) 的宽度分别为 L_1，弹性模量较低的区域 (图 11.1 中绿色区域) 的宽度为 L_2。在系统其他参数保持不变的情况下，改变 $L_k(k=1,2)$ 的值，以达到调控系统失稳形貌的目的。

假设薄膜和基底的材料性质均满足不可压缩新胡克本构关系。基底的剪切模量为 μ_s，薄膜的较硬区域和较软区域的剪切模量分别为 μ_1 和 μ_2，这三者满足 $\mu_1>\mu_2\gg\mu_\mathrm{s}$。在平面应变条件下，这三种材料的应变能密度函数分别表示为

$$\begin{cases} W_{\mathrm{f}1}=\dfrac{\mu_1}{2}\left[(\alpha_{\mathrm{f}1}^{\mathrm{I}})^2+(\alpha_{\mathrm{f}1}^{\mathrm{II}})^2-2\right] \\ W_{\mathrm{f}2}=\dfrac{\mu_2}{2}\left[(\alpha_{\mathrm{f}2}^{\mathrm{I}})^2+(\alpha_{\mathrm{f}2}^{\mathrm{II}})^2-2\right] \\ W_{\mathrm{s}}=\dfrac{\mu_\mathrm{s}}{2}\left[(\alpha_{\mathrm{s}}^{\mathrm{I}})^2+(\alpha_{\mathrm{s}}^{\mathrm{II}})^2-2\right] \end{cases} \tag{11-1}$$

式中，α^{I} 和 α^{II} 分别表示材料在两个主方向上的拉伸比；下标 f1、f2 和 s 分别对应薄膜的较硬区域、较软区域和基底。

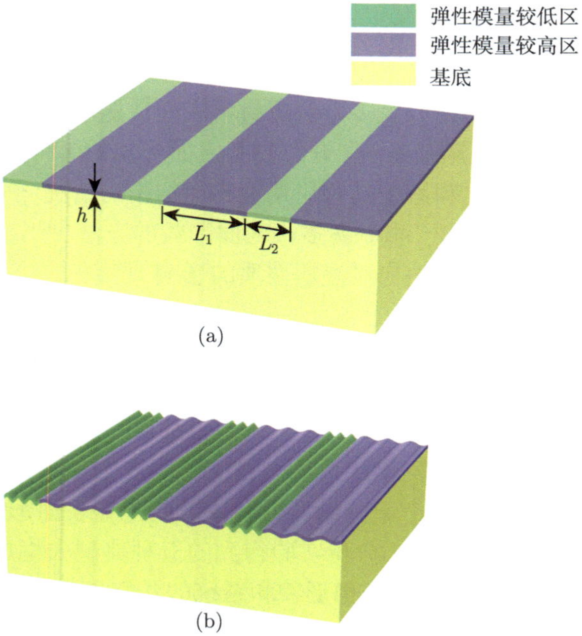

图 11.1 (a) 薄膜刚度周期性变化的平面膜基系统；(b) 系统失稳示意图

对该系统施加单向压缩载荷，当薄膜内的压缩应变超过临界失稳应变时，系统将发生失稳，如图 11.1 (b) 所示。系统的临界失稳形貌的几何特征 M 依赖于如下参数:

$$M = M(\mu_1, \mu_2, \mu_\mathrm{s}, L_1, L_2, h) \tag{11-2}$$

对于半无限大的平面膜基系统，如果薄膜性质均匀，其临界失稳波长为 [2,27]

$$\lambda_k^\mathrm{c} = 2\pi h \left[\frac{2\mu_k}{3(1+\xi^2)\mu_\mathrm{s}}\right]^{1/3} \tag{11-3}$$

式中，μ_k 和 μ_s 分别为薄膜和基底的剪切模量；λ_k^c 为临界失稳波长；ξ 为基底的伸长比。如果系统无预拉伸，则 $\xi = 1$。利用式 (11-3) 的 λ_k^c 对 L_1 和 L_2 进行无量纲化，即

$$\bar{L}_1 = L_1/\lambda_1^\mathrm{c}, \quad \bar{L}_2 = L_2/\lambda_2^\mathrm{c} \tag{11-4}$$

则式 (11-2) 中的系统参数可以表示为

$$M = \bar{M}\left(\frac{\mu_1}{\mu_\mathrm{s}}, \frac{\mu_2}{\mu_\mathrm{s}}, \bar{L}_1, \bar{L}_2\right) \tag{11-5}$$

在实验和工程中，通过稳定的材料表面硬化工艺，可以控制较硬区域和较软区域的模量比 μ_1/μ_2 为常数。另外，根据数值模拟，若薄膜的剪切模量远大于基底模量，即 $\mu_2 \gg \mu_\mathrm{s}$，失稳形貌特征对模量比 μ_1/μ_s 不敏感。此时，式 (11-5) 可简化为仅由两个无量纲长度描述的函数:

$$M \approx \tilde{M}(\bar{L}_1, \bar{L}_2) \tag{11-6}$$

以上述理论分析为指导，11.1.2 节和 11.1.3 节将进行实验和数值模拟，以获得无量纲参数 $\bar{L}_1$ 和 $\bar{L}_2$ 对失稳形貌的调控规律。

11.1.2 实验方法

实验中，基底采用 PDMS(聚二甲基硅氧烷)。其制备过程如下：首先，将基体和固化剂按照质量比 10:1 进行充分混合；通过抽真空，将混合物中的气泡消除；然后，将混合物放在烘箱内，在 60℃ 下加热 12h；取出后得到 PDMS 样品。在紫外和臭氧 (UVO) 的共同作用下，高分子材料 PDMS 表面会发生氧化反应，产生一层由硅的氧化物组成的多相硬化层。硬化层的表面弹性模量随 UVO 处理时间而增大。在试样的厚度方向上，硬化层的弹性模量呈梯度形式迅速衰减 [28,29]。为了简单起见，假设不同硬化时间的硬化层厚度大致相同，仅弹性模量有所差别。利用以上原理，可采用制备薄膜刚度周期性变化的膜基系统，且薄膜的刚度变化易于控制。实验过程如图 11.2(a) 所示，主要包括如下步骤:

(1) 取一块条状 PDMS 试样，试样的面内尺寸约为 1cm×2cm，厚度约为 0.5cm。采用自制加载设备，对试样施加一定比例的预拉伸；

(2) 取预先制备的格栅形金属遮光罩，如图 11.2 (b) 所示。将具有特定设计尺寸的遮光罩覆盖在 PDMS 试样表面，并置于紫外臭氧环境中，进行第一次表面处理，处理时间为 T_1；

(3) 取出 PDMS 试样，除下金属遮光罩，将 PDMS 试样重新置于紫外臭氧环境中，进行第二次表面处理，持续时间为 T_2；

(4) 释放试样的预拉伸。根据遮光罩格栅尺寸的差异，试样表面会出现不同的失稳形貌。

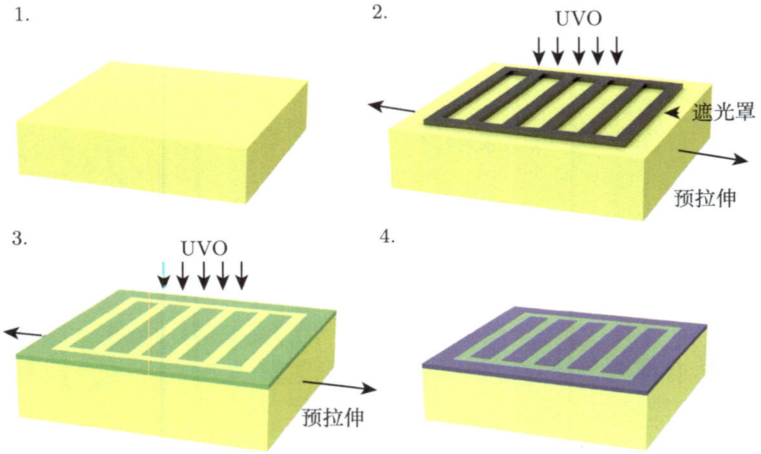

(a)

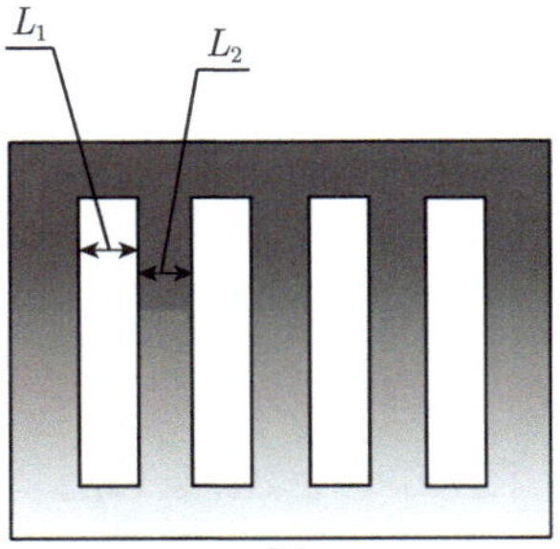

(b)

图 11.2 薄膜刚度周期性变化的膜基系统及失稳形貌的制备方法

(a) 制备流程示意图；(b) 格栅形遮光罩

本实验利用格栅形遮光罩制备了材料表面刚度变化的系统。在遮光罩的镂空区域，PDMS 试样受到了总时间为 T_1+T_2 的两次紫外臭氧处理，具有较高的弹性模量；而在遮光罩遮蔽的区域，PDMS 试样仅受到了时长为 T_2 的一次表面处理，因此具有较低的弹性模量。这两种区域交替排布，形成了薄膜刚度周期性变化的结构。

为了确保遮光罩覆盖的区域 (即实验中的有效区域) 近似处于平面应变状态，在操作中需要注意以下三点：其一，遮光罩格栅的长度方向应垂直于 PDMS 试样的预拉伸方向；其二，遮光罩应置于 PDMS 试样的中央位置；其三，相比于遮光罩，试样的尺寸应足够大，以避免夹持端附近的复杂应力状态对实验结果造成影响。

作为对照，首先考虑无格栅遮罩下所得均匀薄膜的系统。利用激光三维扫描成像系统 (VK-X100，KEYENCE)，测量系统在释放预拉伸应变后的表面失稳形貌。通过测量试样表面失稳形貌的弧线长度，可得式 (11-3) 中的临界失稳波长。当先后两次 UVO 照射时间分别是 $T_1 = T_2 = 10\,\mathrm{min}$ 时，对应的临界失稳特征波长分别为 $\lambda_1^c = 67\mu\mathrm{m}$ 和 $\lambda_2^c = 37\mu\mathrm{m}$。式 (11-3) 中的预拉伸值 ξ，可以通过弧线长度与拉伸前长度的比值得到。在实验中，预拉伸所导致的试验区域的硬膜压缩应变在 $3\% < \varepsilon < 15\%$，其中 $\varepsilon = (\xi - 1)/\xi$。

式 (11-6) 表明，系统的临界失稳形貌的几何特征 M 依赖于无量纲参数 $\bar{L}_1$ 和 $\bar{L}_2$，因此可通过改变 $\bar{L}_1$ 和 $\bar{L}_2$，对膜基系统表面失稳形貌进行调控。在 PDMS 的材料性质和硬化处理时间固定不变的前提下，通过控制金属遮光罩的格栅间距 L_1 和宽度 L_2，可以得到不同形貌的表面失稳形貌。一些典型的表面形貌如图 11.3 所示，图中第一列是光学显微镜下的失稳形貌照片，第二列是激光三维扫描得到的失稳形貌轮廓，色条表示表面形貌距离基准面的高度，第三列是对应的有限元数值模拟结果，对应的色条表示沿水平方向的拉格朗日应变。图 11.3 所显示的五种表面失稳形貌的几何特征和发生条件分别简述如下。

形貌 1：双波长正余弦条纹形貌。在格栅尺寸 L_k 显著大于对应的临界失稳特征波长 λ_k^c 的情况下，出现这种失稳形貌。此时，较硬和较软的薄膜区域均可以生成多个正余弦失稳条纹，失稳波长约等于临界失稳波长，即 $\lambda_k \approx \lambda_k^c$。单个区域内的波数约等于对应的无量纲薄膜长度，即 $N_k \approx \bar{L}_k$。典型的双波长正余弦条纹形貌如图 11.3 (a) 所示，无量纲数的取值为 $\bar{L}_1 = 6$，$\bar{L}_2 = 5.4$。对于这种形貌，在同一个 PDMS 试样上的不同区域，可制备出具有不同波长的正余弦条纹，每个区域的条纹波长可通过改变紫外臭氧处理时间 T_1 和 T_2 来调控，而且通过遮光罩的几何设计，可以对不同波长的正余弦条纹出现的位置进行精确控制。应该指出的是，由于不同区域薄膜刚度的差异，较软区域将承受较大的局部压缩应变，因此其中的正余弦条纹波幅大于较硬区域。

图 11.3 (a) 中硬膜的面内压缩应变 $\varepsilon \approx 5\%$。对于相同的 $\bar{L}_1$ 和 $\bar{L}_2$，增加预拉伸量至 $\varepsilon > 10\%$，双波长正余弦条纹形貌演化为折叠形貌，如图 11.3 (b) 所示。由于软、硬区域交界处的应变集中，该处将出现叠痕。若固定预拉伸量，较软区域内

的平均压缩应变将随着 $\bar{L}_1/\bar{L}_2$ 的增大而增大。折叠的深度可通过如下两种途径进行控制，其一是改变预拉伸量，增加或减少试样的压缩应变；其二是改变硬区与软区的长度比 $\bar{L}_1/\bar{L}_2$。与传统膜基系统制备折叠形貌的方法相比 [30,31]，利用膜基系统的表面刚度变化可以控制折叠产生的位置。同时，由于应变集中效应，对试样施加较小的压缩 (预拉伸) 应变就能产生稳定的折叠，如图 11.3 (b) 中硬膜的压缩应变 $\varepsilon \approx 10\%$。而对于刚度均匀的无限大薄膜，只有当平面压缩应变 $\varepsilon > 30\%$ 时，才可能产生折叠现象 [8,31,32]。

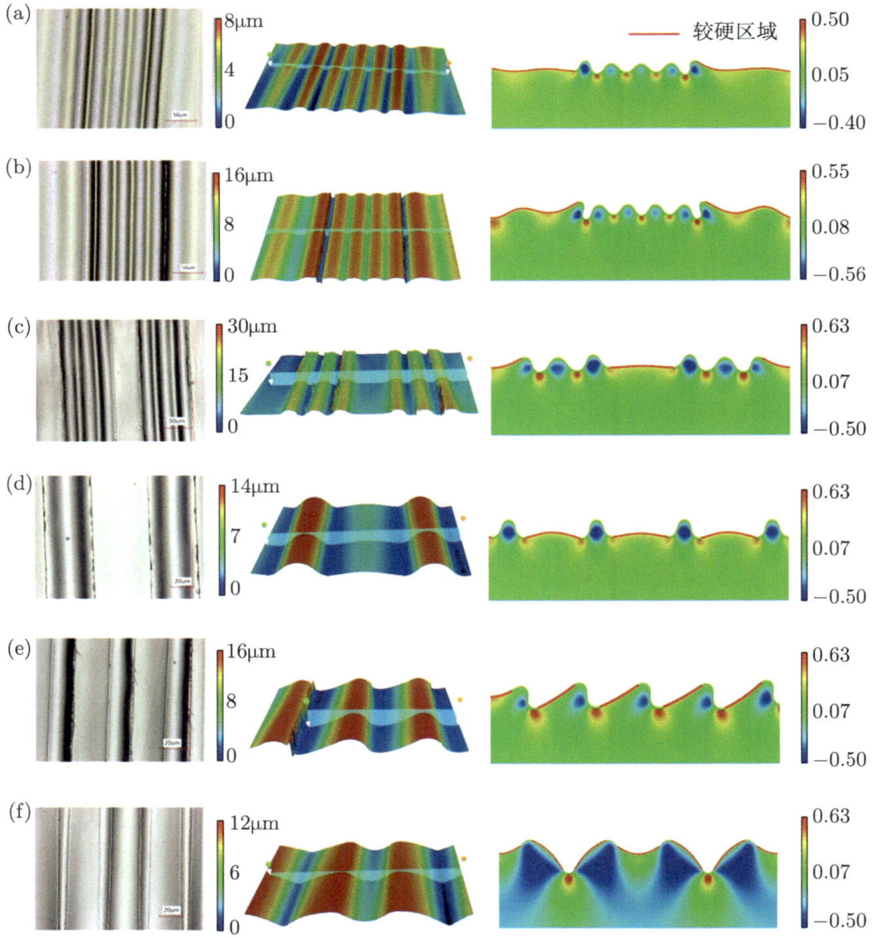

图 11.3　薄膜刚度周期性变化的膜基系统失稳形貌

(a) 双波长正余弦条纹形貌；(b) 折叠形貌；(c) 正余弦与弧形形貌；(d) 凸脊形貌；(e) 锯齿形貌；(f) 折痕形貌。颜色表示水平方向的拉格朗日应变形貌 2：正余弦和弧形失稳形貌。若减小硬区宽度 L_1，保持软区宽度不变，当 L_1 与其对应的特征失稳波长相当时，较硬区域将不再出现正余弦条纹。此时，硬区薄膜发生类似于欧拉失稳的正余弦形貌，即 $N_1 = 0.5$，可以近似看作弧形。如图 11.3(c) 所示，在系统发生临界失稳后，硬区薄膜向上弯曲，呈现出欧拉失稳，而软区仍然出现正余弦失稳形貌，波长 $\lambda_2 \approx \lambda_2^c$。在图 11.3 (c) 中，硬区和软区的长度分别为 $\bar{L}_1 = 0.7$ 和 $\bar{L}_2 = 2.7$。

形貌 3：脊形形貌。当软区宽度减小至 $1 < \bar{L}_2 < 2$ 时，形貌 2 将退化到如图 11.3 (d) 所示的凸脊形貌，图中硬区和软区的长度分别为 $\bar{L}_1 = 0.7$ 和 $\bar{L}_2 = 1.4$。由于软区长度 L_2 较小，已无法形成一个完整的正余弦波形，系统发生失稳时，软区薄膜会从相邻的两个硬区薄膜之间对称地凸出，释放系统中硬膜的部分弹性应变能，同时，硬区薄膜保持欧拉失稳模式。由于薄膜刚度的差异，软区薄膜承受较大的压缩应变，形成凸脊。与模量均匀的无限大薄膜产生凸脊的情况相比 [5,6,33]，利用本节的方法可以控制凸脊产生的位置。

形貌 4：锯齿形貌。如果硬区和软区薄膜的宽度均小于对应的临界失稳特征波长，即 $L_k < \lambda_k^c$，系统形貌的对称性将不复存在，转变为具有取向性的锯齿形失稳形貌。当无量纲长度 $\bar{L}_1$ 小于某一临界值时，硬区薄膜将发生刚性翻转，软区薄膜也将发生与之对应的反对称变形，以连接相邻的两个硬区薄膜，如图 11.3(e) 所示，其中 $\bar{L}_1 = 0.4$ 和 $\bar{L}_2 = 0.8$。在实际应用中，这种具有取向性的锯齿形貌可用于制备功能性表面，如闪耀光栅、实现液滴的定性输运、仿生鲨鱼皮表面等 [34−36]。

形貌 5：折痕形貌。若继续减小硬区和软区薄膜的长度至 $\bar{L}_1 < 0.5$ 且 $\bar{L}_2 < 0.5$，此时系统的表面可以看作由一系列宽度为 L_1 的硬薄片通过宽度为 L_2 的软铰链连接而成。在这种情况下，锯齿形貌将不再是能量最优的失稳模式，因为软区薄膜长度有限，不足以连接两端同向翻转的硬区薄膜。此时，使系统应变能最低的失稳状态是：相邻的硬区薄膜分别发生反向翻转，并在后屈曲演化过程中发生弯曲。因此，在这种情况下，相邻硬膜的反向翻转比同向翻转相比，所对应的系统势能更低。与之对应，软区薄膜起到连接硬区薄膜的铰链作用，在该处形成折痕，导致系统表面出现刚性转动与折痕相结合的形貌，见图 11.3 (f)，图中取 $\bar{L}_1 = 0.2$ 和 $\bar{L}_2 = 0.4$。

本节实验制备了具有不同几何特征的表面失稳形貌，给出了每一种失稳形貌对应的薄膜尺寸的大致范围。11.1.3 节将通过有限元数值模拟，进一步确定失稳形貌与薄膜尺寸参数之间的关系相图。

11.1.3 数值模拟

本节利用有限元软件 Abaqus 进行数值模拟，进一步确定不同失稳形貌发生的条件。

计算模型为如图 11.4(a) 所示的平面应变膜基系统，图中红色区域具有较高的弹性模量，表示硬区薄膜，而薄膜的其他区域弹性模量较低。基底的厚度远大于硬区和软区的薄膜尺度和厚度，因此可视为半无限大体。模型的网格划分通过收敛性测试，模型总单元数在 50000~200000 范围内。作为边界条件，基底下表面约束垂直方向的位移，薄膜的上表面应力自由，并假设基底和薄膜之间理想粘接，无相对位移。

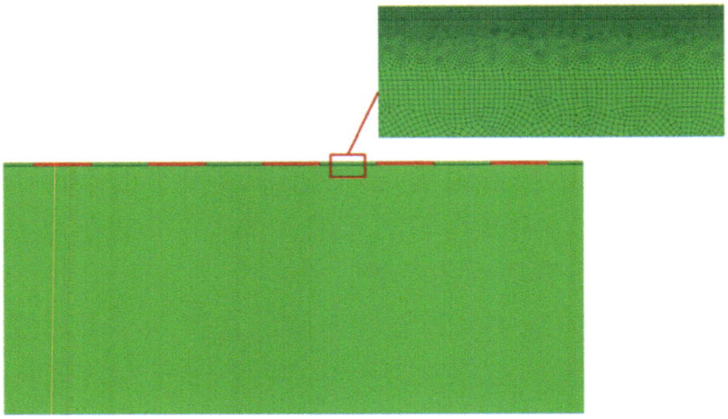
(a)

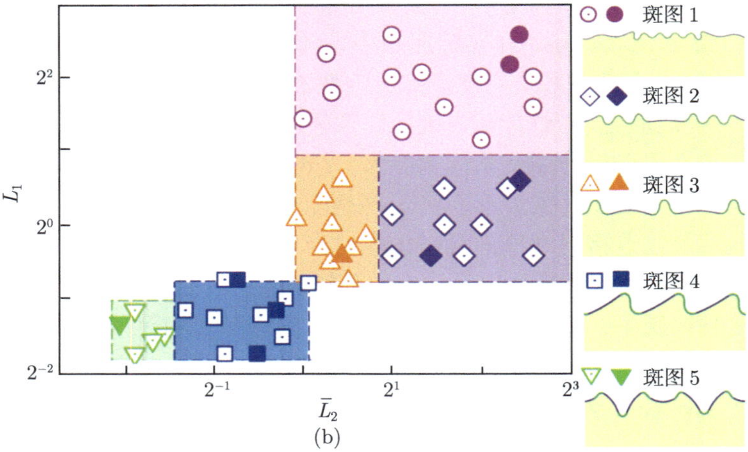

(b)

图 11.4　薄膜刚度周期性变化的平面应变膜基系统失稳的数值模拟

(a) 模型和网格划分; (b) 失稳形貌和系统参数相图

在实验中，基底受到预拉伸的作用，薄膜初始处于无应力状态，预拉伸释放后薄膜受到压缩应变。预拉伸会使基底的刚度发生变化 [37]，为了准确模拟系统的失稳形貌，需要考虑基底预拉伸对系统失稳形貌的影响。利用 Abaqus 生死单元技术 (model change method) 模拟基底的预拉伸过程。

利用生死单元技术，可以在模拟过程中增加或去除特定单元，因此在焊接、切削等涉及质量变化的力学过程模拟中有广泛应用 [37]。使用 REMOVE 函数可暂时移除特定单元，被移除的部分对模型剩余部分的作用力缓慢消失，在移除过程结束时衰减为零。使用 ADD 函数还可以重新激活被移除的单元，重新激活的单元处于无应力 (应变) 状态。模拟系统预拉伸的具体步骤如下 [37]：

(1) 在基底上表面引入背景网格。背景网格的节点坐标和薄膜的节点坐标相同，而背景网格的力学性质与基底相同；

(2) 激活背景网格，利用 REMOVE 命令移除薄膜网格，对膜基系统两侧施加预拉伸；

(3) 移除预拉伸载荷，保持系统位移不变。移除背景网格，重新激活薄膜网格，此时薄膜网格和背景网格的位移相同，但处于无应力状态；

(4) 对系统两侧施加压缩载荷，以模拟系统的失稳过程。

设置 $\bar{L}_k$ 的值与实验取值相同，数值模拟得到了与实验结果相似的失稳形貌，如图 11.3 第一列所示。

根据有限元模拟的结果，可得 $0 < \bar{L}_k < 8$ 的范围内五种典型失稳形貌与无量纲参数 $\bar{L}_k$ 之间关系的相图，如图 11.4(b) 所示。双波长正余弦形或折叠形貌的主要分布在 $\bar{L}_1 > 2$ 和 $\bar{L}_2 > 1$ 的范围内；正余弦和弧形形貌的分布范围大致为 $0.6 < \bar{L}_1 < 1.5$ 和 $\bar{L}_2 > 2$；凸脊形貌的无量纲参数取值范围为 $0.6 < \bar{L}_1 < 1.5$ 和 $1 < \bar{L}_2 < 2$；在 $0.3 < \bar{L}_1 < 0.6$ 和 $0.4 < \bar{L}_2 < 1$ 的情形下产生锯齿形貌；叠痕发生在相图的左下角，大致范围为 $0.3 < \bar{L}_1 < 0.5$，$0.2 < \bar{L}_2 < 0.4$。上述结果在模量比为 $100 < \mu_1/\mu_s < 1000$ 的范围内均成立，在此范围内，模量比 μ_1/μ_s 对失稳形貌的影响可以忽略不计，即失稳形貌主要取决于 $\bar{L}_k$。此外需要指出的是，图中还有一些区域 (白色区域)，由于实验中未观察这些区域或者失稳形貌较为复杂，因此未在该相图中给出对应的失稳形貌。

11.2 基于界面结构的表面形貌制备方法

作为 11.1 节方法的一种补充，本节介绍通过在界面处引入几何微结构，来实现膜基系统表面失稳形貌的制备与调控。在膜基系统的界面中引入周期结构，可使硬膜的厚度与刚度呈现周期变化，而其弹性模量均匀。通过与 11.1 节类似的量纲分析，可以得到影响系统临界失稳形貌的两个无量纲参数，进而通过有限元模拟得到失稳形貌和几何参数的相图。

一方面，通过引入薄膜的厚度和弹性模量的周期性变化，均可实现薄膜弯曲刚度 D 的周期性性质，因此 11.1 节和 11.2 节中的系统失稳问题具有相似性，在一定条件下这两种方法可以相互替代；另一方面，由于弯曲刚度 D 与弹性模量成正比，而与厚度的三次方成正比，因此通过厚度变化可以在更大范围内调控薄膜的弯曲刚度。下面进一步比较这两种方法。

11.2.1　理论模型

在所考虑的硬膜–软基系统中，在界面上引入周期性几何微结构，如图 11.5 所示。界面可以有各种几何形式，如正弦状、台阶状等。对于台阶形的界面结构，薄膜厚度存在阶跃函数式的非连续变化。假设基底和薄膜均为不可压缩新胡克材料，剪切模量分别为 μ_s 和 μ_f，其应变能密度函数分别表示为

$$\begin{cases} W_\mathrm{f} = \dfrac{\mu_\mathrm{f}}{2}\left(\alpha_{\mathrm{f}1}^2 + \alpha_{\mathrm{f}2}^2 - 2\right) \\ W_\mathrm{s} = \dfrac{\mu_\mathrm{s}}{2}\left(\alpha_{\mathrm{s}1}^2 + \alpha_{\mathrm{s}2}^2 - 2\right) \end{cases} \tag{11-7}$$

式中，α_1 和 α_2 分别表示两个主方向上的拉伸比。较厚区域和较薄区域的薄膜厚度分别为 h_1 和 h_2，沿侧向的长度分别为 L_1 和 L_2。在这种情况下，系统的临界失稳形貌依赖于如式 (11-8) 所示参数：

$$M = M(\mu_\mathrm{f}, \mu_\mathrm{s}, h_1, h_2, L_1, L_2) \tag{11-8}$$

这种具有界面结构的平面膜基系统可以通过多种方法制备。例如，可以利用 3D 打印技术制备，或利用光刻技术制备具有台阶形微结构的模具，通过两步固化形成薄膜和基底。

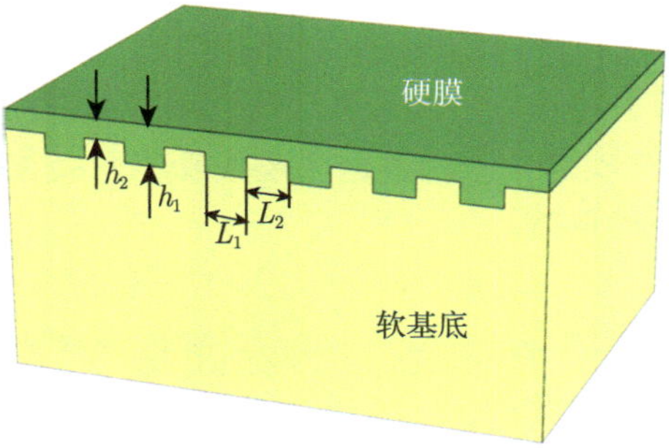

图 11.5　具有界面几何微结构的膜基系统模型

对于如图 11.5 所示的系统，在单轴压缩载荷作用下，由于界面周期结构的存在，薄膜内会产生非均匀的应变场。由于其厚度的周期性变化，薄膜中较薄区域内的压缩应变大于较厚区域，薄区域首先发生失稳。对于厚度 $h_k(k=1,2)$ 的无限大均匀薄膜，膜基系统的临界失稳波长为

$$\lambda_k^\mathrm{c} = 2\pi h_k \left(\frac{\mu_\mathrm{f}}{3\mu_\mathrm{s}}\right)^{1/3} \tag{11-9}$$

以 λ_k^{c} 作为特征波长，对式 (11-8) 进行无量纲化，得

$$\bar{L}_1=\frac{L_1}{\lambda_1^{\mathrm{c}}},\quad \bar{L}_2=\frac{L_2}{\lambda_2^{\mathrm{c}}},\quad \bar{t}_1=\frac{h_1}{\lambda_1^{\mathrm{c}}},\quad \bar{t}_2=\frac{h_2}{\lambda_2^{\mathrm{c}}} \tag{11-10}$$

为了简便起见，假设无量纲厚度 $\bar{t}_1$ 与 $\bar{t}_2$ 固定不变。由于 $\bar{t}_1\sim(\mu_{\mathrm{f}}/\mu_{\mathrm{s}})^{-1/3}$，$\bar{t}_1$ 和 $\bar{t}_2$ 为薄膜与基底的模量比的函数。根据 11.2.2 节的数值模拟结果可知，系统的失稳形貌对模量比不敏感。因此，临界失稳模态主要由两个无量纲长度 $\bar{L}_1$ 和 $\bar{L}_2$ 表示，即

$$M\approx\tilde{M}(\bar{L}_1,\bar{L}_2) \tag{11-11}$$

比较式 (11-8) 和式 (11-2) 可知，对于 11.1 节和本节所介绍的两种方法，在系统失稳过程中，其主导作用的参数无量纲均为 $\bar{L}_1$ 和 $\bar{L}_2$。在相同的加载模式下，这两种膜基系统的失稳过程大致相似，即无论是材料的弹性模量变化，还是薄膜的厚度变化，都将导致薄膜刚度的周期性变化以及薄膜内不均匀的应变场，刚度较低的薄膜区域承受较大的压缩应变，首先失稳。

11.2.2 数值模拟

本节利用软件 Abaqus 进行有限元模拟，以确定系统的失稳形貌与界面几何参数之间的关系。计算模型如图 11.6 所示，包含大约 20 万个八节点二次平面应变单元，网格划分已通过收敛性测试。基底的厚度远大于薄膜的厚度和界面的周期性几何参数，因而可视为半无限大体。薄膜的厚度呈周期性变化，计算中选取 $h_1/h_2=2$，如图 11.6 中红色部分所示。模型的边界条件如下：在基底的下表面，固定垂直方向的位移；基底的上表面和薄膜理想粘接，无相对滑移；薄膜的上表面应力自由；在系统的侧面，施加沿水平方向的压缩载荷，采用位移加载。为了考察薄膜和基底模量比 $\mu_{\mathrm{f}}/\mu_{\mathrm{s}}$ 对系统失稳形貌的影响，在模拟中，模量比变化范围取为 $100<\mu_{\mathrm{f}}/\mu_{\mathrm{s}}<1000$。

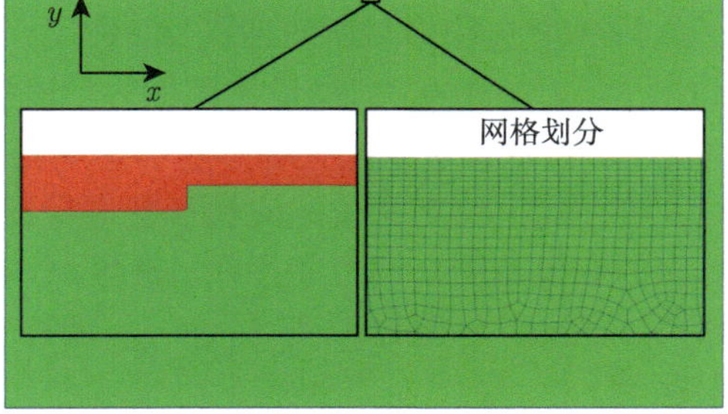

图 11.6 具有界面周期结构的膜基系统有限元模型

左侧插图是对应黑框中模型的放大图，右侧插图是该区域的网格划分

通过有限元 BUCKLE 分析求解系统失稳的特征模态，并将临界失稳模态乘以小量作为几何扰动，引入到后屈曲分析中。本节主要研究后屈曲演化初期的形貌。在模量比为 $100 < \mu_f/\mu_s < 1000$ 的范围内，改变无量纲宽度 $\bar{L}_1$ 和 $\bar{L}_2$，可以得到膜基系统的一系列失稳形貌，见图 11.7(a)～(f)，图中的色条表示沿水平方向的拉格朗日应变。

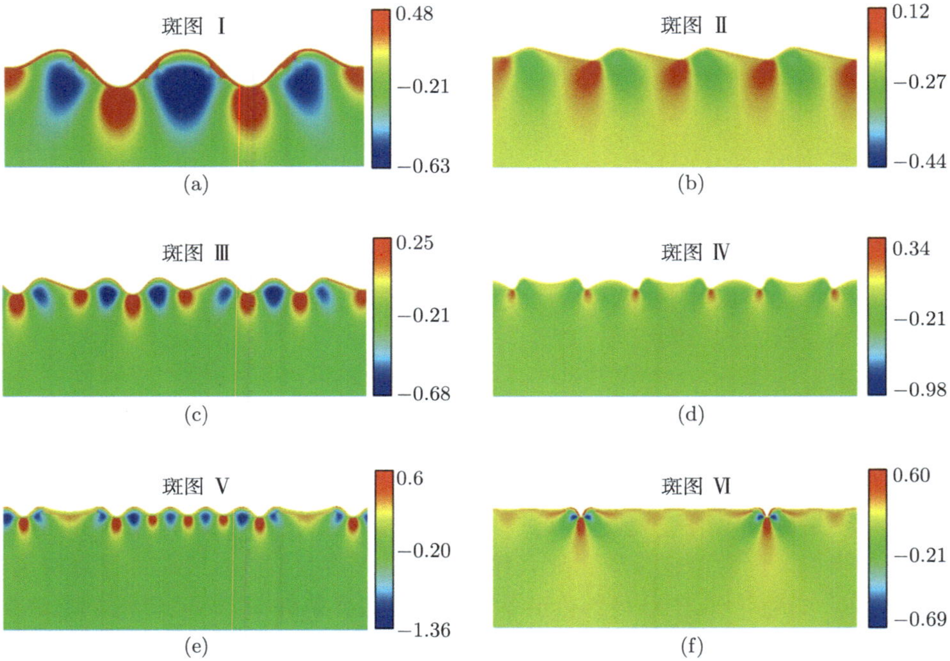

图 11.7 具有界面周期结构的膜基系统失稳的数值模拟

(a) 正余弦形貌；(b) 锯齿形貌；(c) 斜面与正余弦组合形貌；(d) 双向弧形形貌；(e) 弧形和正余弦组合形貌；(f) 双波长正余弦形貌。色条表示沿水平方向的拉格朗日应变

图 11.8(a) 给出了六种典型失稳形貌所对应的 $\bar{L}_1$ 和 $\bar{L}_2$ 的取值范围。通过有限元分析可见，在 $100 < \mu_f/\mu_s < 1000$ 的模量比范围内，该相图均成立。换言之，在给定 $\bar{L}_1$ 和 $\bar{L}_2$ 的情况下，模量比对系统失稳形貌的影响很小。根据相图中失稳形貌与界面结构参数之间的关系，可对系统的失稳形貌进行设计与调控。需要指出的是，两种相邻形貌对应的取值范围之间可能存在过渡区域，在过渡区域内会发生几种不同形貌共存的情况。因此，在通过改变 $\bar{L}_1$ 和 $\bar{L}_2$ 调控失稳形貌时，应使 $\bar{L}_1$ 和 $\bar{L}_2$ 的取值避开过渡区域。

对于六种典型的失稳形貌，下面逐一介绍其形成条件及其相应的参数取值范围，并与 11.1 节进行对比。

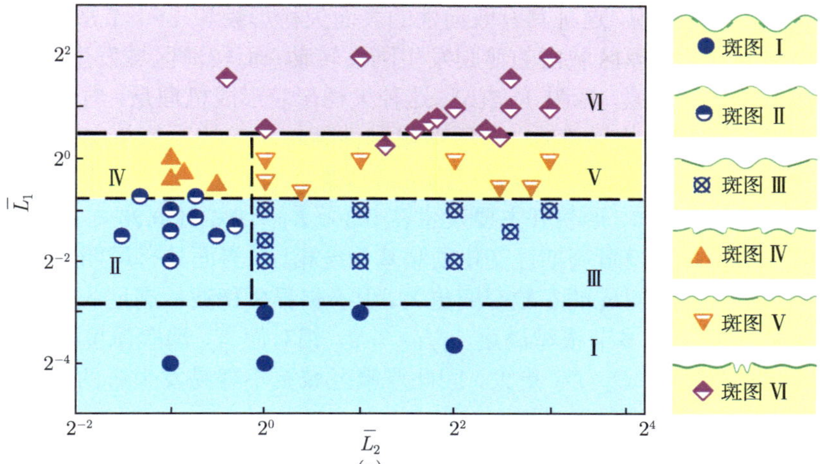

(a)

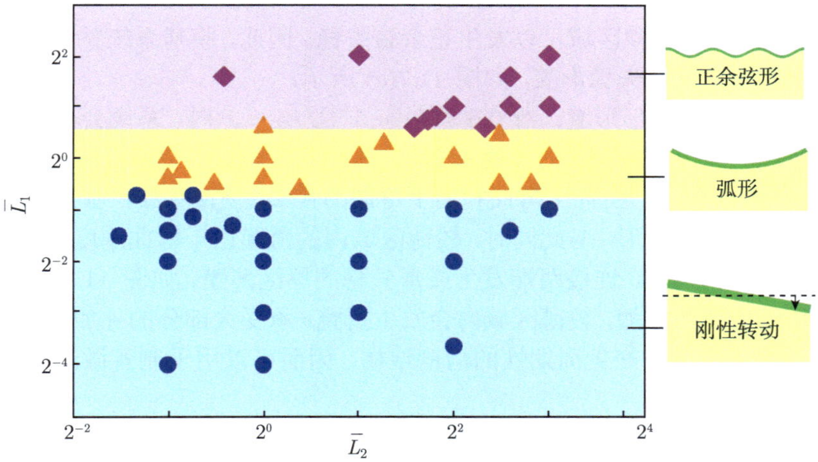

(b)

图 11.8 具有界面周期结构的膜基系统的失稳形貌与几何尺寸的关系相图

(a) 典型失稳形貌对应的 $\bar{L}_1$ 和 $\bar{L}_2$；(b) 刚性转动、欧拉失稳与正余弦形式的失稳所对应的 $\bar{L}_1$ 和 $\bar{L}_2$

形貌 I：正余弦形貌。当较厚区域薄膜的宽度 L_1 远小于特征波长 λ_1^c(如 $\bar{L}_1 < 0.1$) 且 $\bar{L}_2 > 0.5$ 时，界面结构对膜基系统失稳形貌的影响较小，系统仍然保持正余弦形的失稳模式，与平整薄膜构成的膜基系统平面失稳相类似，如图 11.7(a) 所示。在这种情况下，由于厚区薄膜很窄，失稳波长主要取决于薄区薄膜的厚度 h_2 以及模量比 μ_f/μ_s，即 $\lambda \approx 2\pi h_2 [\mu_f/(3\mu_s)]^{1/3}$。根据图 11.8(a)，在 $\bar{L}_1 < 0.1$ 和 $\bar{L}_2 > 0.5$ 的范围内，系统的失稳呈现形貌 I。如果薄区厚度减小至 $\bar{L}_2 < 0.5$，会产生不规则的失稳形貌，不在讨论之列。

形貌Ⅱ：锯齿形貌。这种具有取向性的表面失稳形貌和 11.1 节形貌 4 相同，其失稳变形特征是：较厚区域内的薄膜发生刚性转动，而较薄区域发生反对称变形，以协调相邻的厚区薄膜，见图 11.7(b)。这种失稳形貌形成机理是：当弯曲刚度较大的薄膜长度小于某一临界值时，厚区薄膜刚性翻转对应的系统总应变能小于发生正余弦模式下的应变能。11.3 节将详细求解该临界值。

由图 11.8(a) 可知，形貌Ⅱ主要发生在 $0.3 < \bar{L}_1 < 0.6$ 且 $0.25 < \bar{L}_2 < 1$ 的范围内，与 11.1 节中弹性模量周期性变化的膜基系统相比，界面具有周期结构的膜基系统发生锯齿形失稳所对应的参数空间更大。由于临界失稳波长满足 $\lambda_k^{\mathrm{c}} \propto D_k^{1/4}$，11.1 节中 $\lambda_1^{\mathrm{c}}/\lambda_2^{\mathrm{c}} \approx 1.8$，而本节模型满足 $h_1/h_2 = 2$，相对而言，薄膜厚度的周期性变化将导致弯曲刚度之比 D_1/D_2 更大，因此厚膜区域更不容易发生弯曲变形，转动失稳可以在 $\bar{L}_1$ 更小的情况下出现。

形貌Ⅲ：斜面和正余弦组合的形貌。若厚区薄膜的宽度较小，而薄区薄膜的宽度大于其本征波长，如 $\bar{L}_1 < 0.6$ 且 $\bar{L}_2 \geqslant 1$，厚区薄膜由于宽度有限，抑制了正余弦失稳的发生；而较薄区域可以发生正余弦失稳。因此，膜基系统整体呈现出斜面与正余弦交替出现的失稳形貌，如图 11.7(c) 所示。

形貌Ⅳ：双向弧形形貌。当 $0.6 \leqslant \bar{L}_1 < 1$ 且 $\bar{L}_2 < 1$ 时，系统会出现向上弯曲和向下弯曲的弧形交替出现的失稳形貌。当压缩载荷超过临界应变时，厚区薄膜会发生弧形失稳，依次产生向上弯曲和向下弯曲的弧形，使得基底在垂直方向上承受周期性拉伸与压缩变形。与此同时，较薄区域内的薄膜由于弯曲刚度较小，失稳后更容易发生弯曲变形，连接两端发生弧形失稳的厚区薄膜，如图 11.7(d) 所示。随着外加压缩应变的增加，较薄区域内会发生折叠，承受大部分的外加压缩应变。由于这种失稳模式可以产生周期性的沟槽结构，因而可以用于制备微流器件中的微纳米通道 [38]。

形貌Ⅴ：弧形与正余弦组合形貌。当 $0.6 \leqslant \bar{L}_1 < 1$ 且 $\bar{L}_2 \geqslant 1$ 时，系统会产生图 11.7(e) 的失稳形貌。厚区薄膜发生弧形失稳，而较薄区域发生正余弦失稳，其失稳波长为 $\lambda_2 \approx 2\pi h_2 \left[\mu_{\mathrm{f}}/(3\mu_{\mathrm{s}})\right]^{1/3}$。

形貌Ⅴ的产生机理、参数取值范围和形貌特征与 11.1 节中形貌 2 和 3 相类似。其不同之处在于，对于具有界面周期结构的系统，较厚薄膜在发生弧形失稳时倾向于向下弯曲，即在该薄膜的中心区域对基底施加法向压缩，而在其两端对基底施加拉伸，这与形貌 2 和 3 所不同。换言之，对于 11.1 节中弹性模量周期变化的膜基系统，硬区薄膜倾向于发生上凸的欧拉失稳；而对于本节讨论的具有界面周期结构的系统，在相同的参数取值范围内，厚区薄膜一般倾向于发生下凹的欧拉失稳。

形貌Ⅵ：双波长正余弦失稳形貌。图 11.7(e) 的形貌Ⅵ对应于 11.1 节的形貌 1。当较厚区域和较薄区域的薄膜长度均显著大于特征波长时，这两个区域均会发生正余弦形貌的失稳，波长分别为 $\lambda_1 \approx 2\pi h_1\left[\mu_{\rm f}/(3\mu_{\rm s})\right]^{1/3}$ 和 $\lambda_2 \approx 2\pi h_2\left[\mu_{\rm f}/(3\mu_{\rm s})\right]^{1/3}$。与形貌 1 类似，较薄区域发生失稳后，承载能力迅速降低，因此较薄区域会出现显著的折叠现象。在此过程中，较厚区域的薄膜压缩应变得到部分释放，因此，随着压缩载荷的增加，其失稳波幅反而减小。

当系统的界面几何参数满足 $\bar{L}_1 \geqslant 1$ 且 $\bar{L}_2 < 1$ 时，其失稳形貌类似于形貌Ⅵ。然而，由于薄区薄膜的宽度不足以产生正余弦形貌，薄区薄膜会发生不规则的变形。随着外加压缩载荷的继续增加，薄区薄膜会迅速演化为折叠态。

对于本节所研究的问题，厚区薄膜的变形特征对于整体的失稳模式尤为重要。根据厚区薄膜的失稳模式，可将以上六种失稳形貌分为三类，即正余弦失稳、近似为弧形的欧拉失稳、刚性转动。按照这一分类方法绘制的相图如图 11.8(b) 所示。可见，厚区薄膜的失稳模式主要依赖于其长度 $\bar{L}_1$。当 L_1 显著小于特征失稳波长 $\lambda_1^{\rm c}$ 时，厚区薄膜倾向于发生刚性转动；当 L_1 和 $\lambda_1^{\rm c}$ 相当时，厚区薄膜倾向于发生欧拉失稳；当 L_1 明显大于 $\lambda_1^{\rm c}$ 时，厚区薄膜会出现正余弦形失稳条纹。这样，可以较方便地预测系统的总体失稳模式。

11.3 具有周期结构的膜基系统的临界失稳分析

对于硬膜–软基系统，在失稳过程中，硬膜的弯曲应变能与基底的弹性应变能增加，而面内应变能得到释放。对于 11.1 节和 11.2 节所讨论的问题，薄膜或者具有周期性的弹性模量，或者具有周期性的厚度，归根到底，二者都引起了薄膜弯曲刚度的周期性变化。下面引入不同区域薄膜的弯曲刚度 D_k，进一步从理论上分析这类膜基系统的临界失稳特征。

由图 11.4 和图 11.8 的失稳形貌相图可知，系统的失稳形貌主要取决于弯曲刚度较大的薄膜。根据 11.1 节和 11.2 节的结果，弯曲刚度较大的薄膜主要有三种失稳模式，即正余弦失稳、近似弧形的欧拉失稳、刚性转动，如图 11.9 所示。弯曲刚度较小的薄膜在 $\bar{L}_2 \geqslant 1$ 的情况下会发生正余弦模式的失稳，而当 $\bar{L}_2 < 1$ 时，该区域的变形主要取决于刚度较大的相邻薄膜。因此，这类膜基系统的各种失稳形貌可以看成是上述三种基本变形模式的组合。为了进一步理解微结构对于失稳形貌的影响，下面从弯曲刚度较大的薄膜入手，借助理论分析和数值模拟，研究有限长度硬膜的失稳问题。本节忽略了相邻的、弯曲刚度较小的薄膜的影响。下面将通过对比理论分析、有限元模拟与实验结果，验证该近似的合理性。

考虑有限长度的膜基系统的失稳问题，失稳前的构型如图 11.10(a) 所示。系统宽度为 L_1，薄膜厚度为 h_1。由于在临界失稳阶段压缩应变很小，材料的非线性效应可以忽略不计。因此，在临界失稳分析中，假设薄膜和基底均为不可压缩线弹性材料，即泊松比均为 0.5，以 $E_{\rm f}^*$ 和 $E_{\rm s}^*$ 分别表示薄膜和基底的平面应变

弹性模量。线弹性基底的力学响应可以用 Biot 地基模型描述，等效地基刚度的定义为 [39]

$$U_{\mathrm{sub}}=\frac{1}{2}\int_{-L_1/2}^{L_1/2}Kw^2(x)\mathrm{d}x \tag{11-12}$$

式中，U_{sub} 为基底的弹性应变能；$w(x)$ 为硬膜的挠度。需要注意的是，Biot 模型的基底刚度 K 不是常数，而是依赖于失稳模态。为了确定不同失稳模态下的 K 值，建立如图 11.10(b) 所示的模型，对基底进行有限元模拟。该模型包含约 5 万个二次平面应变单元，底部在垂直方向上固定，在模型上表面引入与失稳位移模式相同的分布力，通过式 (11-12) 求解等效地基刚度。

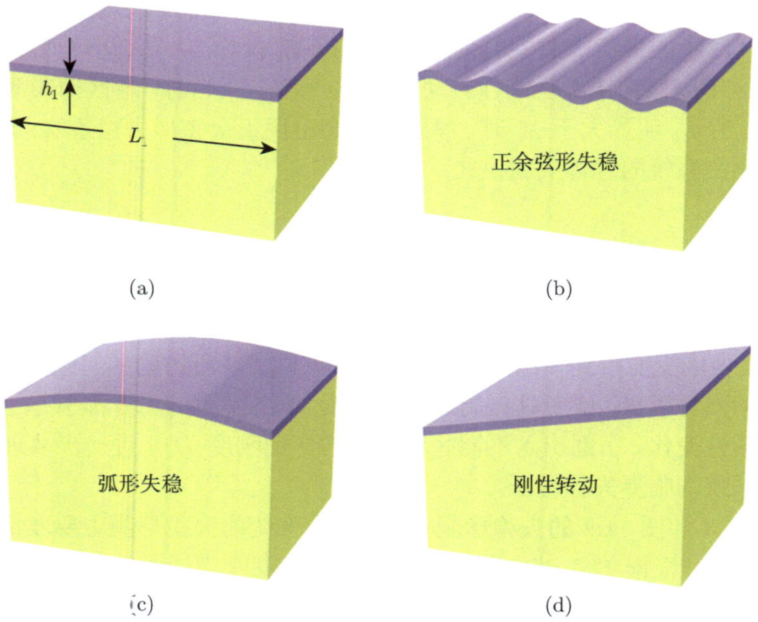

(a)　(b)　(c)　(d)

图 11.9　有限长度薄膜的典型失稳模式

(a) 失稳前的构型；(b) 正余弦形失稳；(c) 近似弧形的欧拉失稳；(d) 刚性转动失稳

根据 11.1 节和 11.2 节的结果，有限长度薄膜的失稳模态主要由无量纲长度 $\bar{L}_1$ 确定。若 L_1 显著大于失稳特征波长 λ_1^{c}，当压缩应变 δ 超过临界值时，系统将发生正余弦失稳，位移模式为

$$w(x)=A\cos(2\pi x/\lambda_1) \tag{11-13}$$

式中，λ_1 为正余弦失稳的波长；$w(x)$ 为挠度；A 为失稳波幅。在有限宽度的系统中，波数 N_1 一般为整数，有 $\lambda_1=L_1/N_1$。

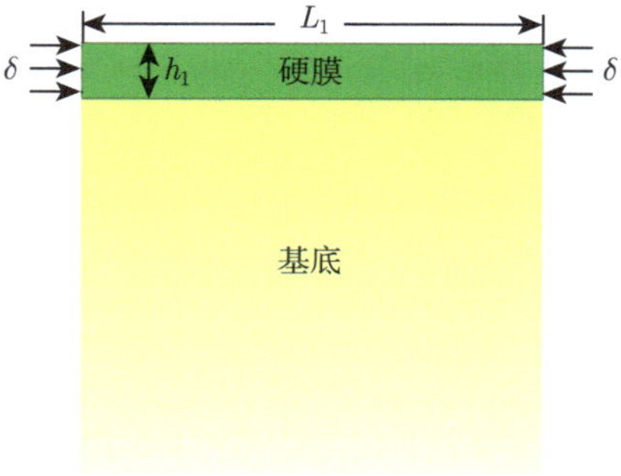

(a)

(b)

图 11.10 有限长度薄膜的失稳模型

(a) 理论模型；(b) 有限元模型

当上述膜基系统退化为半无限大平面系统，即 $\bar{L}_1 \to \infty$ 时，等效地基刚度和 Biot 地基刚度相同，表示为

$$K_{\mathrm{w}} = E_{\mathrm{s}}^{*}\frac{\pi}{\lambda_1} \tag{11-14}$$

式中，K_{w} 表示发生正余弦形失稳的地基刚度。将式 (11-14) 的等效地基刚度推广到图 11.10 (a) 所示的膜基系统。为了验证 K_{w} 在有限宽度系统中的准确性，通过有限元数值模拟可得 $L_1 = \lambda_1$ 时的地基刚度，并与式 (11-14) 进行对比。结果见图 11.11，数值模拟得到的地基刚度和式 (11-14) 基本一致，这说明推广后的 K_{w} 可以用来分析有限宽度膜基系统的正余弦形失稳。

用如式 (11-15) 所示的 von Kármán 板方程描述有限宽度薄膜的静力平衡：

$$E_{\mathrm{f}}^{*}I\frac{\mathrm{d}^4 w}{\mathrm{d}x^4} + F_{\mathrm{p}}\frac{\mathrm{d}^2 w}{\mathrm{d}x^2} + K_{\mathrm{w}}w = 0 \tag{11-15}$$

式中，$F_{\mathrm{p}} = E_{\mathrm{f}}^{*}h_1\varepsilon$，为面内压缩力；$I = h_1^3/12$ 为在单位宽度上薄膜横截面的惯性矩，ε 为面内压缩应变。系统的临界失稳应变由其几何与材料性质决定，与载荷情况无关。由式 (11-15)，可以得到不同波数对应的临界失稳应变为

$$\varepsilon_{\mathrm{c}}^{\sin} = \left(\frac{N_1^2}{12\bar{L}_1^2} + \frac{\bar{L}_1}{6N_1}\right)\left(\frac{3E_{\mathrm{s}}^{*}}{E_{\mathrm{f}}^{*}}\right)^{2/3} \tag{11-16}$$

当薄膜的面内压缩应变达到临界失稳应变 $\varepsilon_{\mathrm{c}}^{\sin}$ 后，系统将发生失稳。临界失稳应变的值与波数相关。在所有可能波数中，使 $\varepsilon_{\mathrm{c}}^{\sin}$ 取最小值者，是系统实际发生的失稳波数 N_1。对于不同长度 $\bar{L}_1$ 的取值，图 11.12 给出了不同失稳模式对应的临界失稳应变 ε_{c}。由 $\varepsilon_{\mathrm{c}}^{\sin}$ 取最小值的条件，在 $\bar{L}_1 > 1.44$ 时系统的失稳模式确定为 $N_1 = 2$；而 $\bar{L}_1 \leqslant 1.44$ 时失稳波数 $N_1 = 1$。实际上，当 $\bar{L}_1$ 持续减小时，系统会发生欧拉

失稳或刚性转动失稳。由图 11.12 可以看出，发生 $N_1 \geqslant 2$ 的正余弦失稳的临界条件为 $\bar{L}_1 \geqslant \bar{L}_{1c}^{\sin} = 1.77$。在弯曲刚度较大的区域发生正余弦失稳的情况下，如果弯曲刚度较小的区域 $\bar{L}_2 \geqslant 1$，将会出现两种波长的正余弦条纹交替出现的失稳形貌，如形貌VI和形貌 1。而当 $\bar{L}_2 < 1$ 时，弯曲刚度较小的区域将出现显著的应变集中，发生不规则的折叠变形。

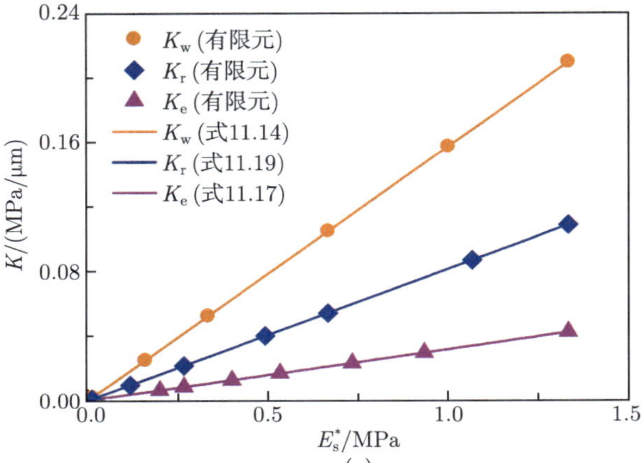

(a)

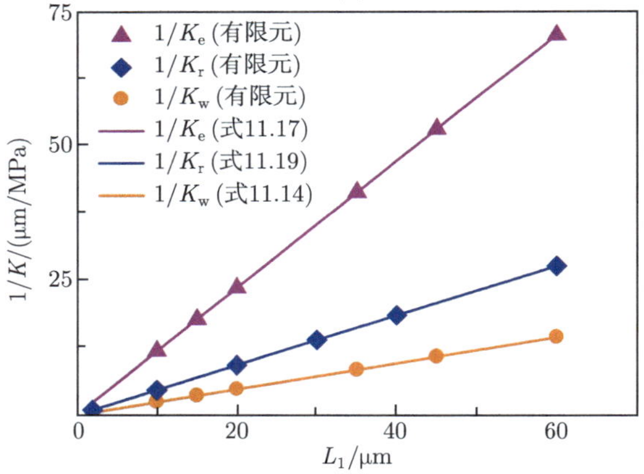

(b)

图 11.11 在不同失稳模式下的等效地基刚度 K

(a) K 与基底的平面应变弹性模量 E_s^* 的关系；(b) K 和系统长度 L_1 的关系

由于 L_1 为有限数值，且失稳波数一般为整数，实际失稳波长和式 (11-9) 存在一定偏差。通过比较不同波数下的临界失稳应变，可以确定真实的失稳波长和波数。通常情况下，$\bar{L}_1$ 越大，实际失稳波长 λ_1 就越接近半无限大膜基系统的解，即 $\lambda_1 \approx 2\pi h_1 \left[\mu_f/(3\mu_s)\right]^{1/3}$，波数 N_1 也越接近无量纲长度 $\bar{L}_1$。如图 11.12 所示，$N_1 = 1$

的正余弦形失稳并不会出现，因为 $N_1 = 1$ 对应的临界失稳应变在任意 $\bar{L}_1$ 长度下都不是最小值，这与 11.1 节和 11.2 节的实验结果吻合。

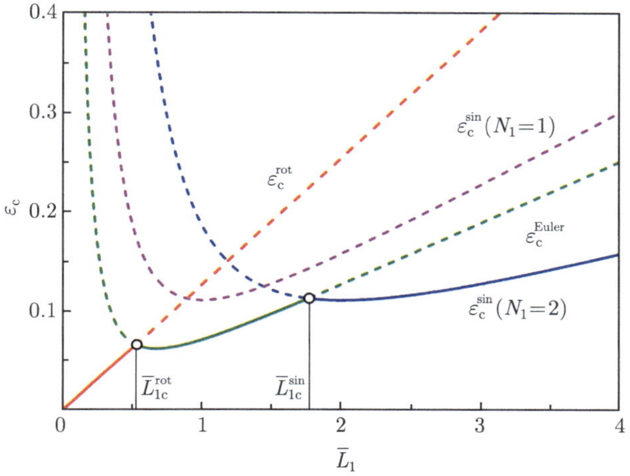

图 11.12 有限宽度薄膜的典型失稳模式所对应的失稳临界应变 ε_c 与其宽度 $\bar{L}_1$ 的关系

下面用类似方法分析类欧拉失稳和刚性转动失稳。通过 11.1 节和 11.2 节的研究可以发现，当有限尺寸薄膜的宽度 $\bar{L}_1$ 小于某一临界值时，将会发生类似于欧拉杆失稳的变形模式。在这种情况下，薄膜的失稳位移模式与两端简支的欧拉杆失稳类似，近似为半个正弦形状，为了简单、直观起见可以称其为“弧状”，如图 11.9(c) 所示。

对于这种失稳，仍近似假设欧拉失稳的变形模式，即法向位移 $w(x) = A\cos\left(\dfrac{\pi x}{L_1}\right)$，这里 $N_1 = 0.5$。通过对有限元模拟结果的线性拟合，得到基底的等效刚度 K_e 为

$$K_e = 0.64\frac{E_s^*}{L_1} \tag{11-17}$$

将式 (11-17) 代入平衡方程 (11-15)，得到这种失稳模式的临界应变为

$$\varepsilon_c^{\rm Euler} = \left(0.14\bar{L}_1 + \frac{1}{48\bar{L}_1^2}\right)\left(\frac{3E_s^*}{E_f^*}\right)^{2/3} \tag{11-18}$$

由此式可以预测在 $\bar{L}_1 < \bar{L}_{1c}^{\sin} = 1.77$ 范围内系统发生欧拉失稳的临界失稳应变。根据图 11.12，欧拉失稳所对应的 $\bar{L}_1$ 范围较窄，仅在 $\bar{L}_{1c}^{\rm rot} = 0.52 < \bar{L}_1 < \bar{L}_{1c}^{\sin} = 1.77$ 的范围内才会发生。在弯曲刚度较大的薄膜发生欧拉失稳的情况下，如果弯曲刚度较小的薄膜长度大于其临界失稳波长，即 $\bar{L}_2 \geqslant 1$，则系统将呈现正余弦和弧形交替的失稳形貌，如形貌 V 和形貌 2 所示。而当 $\bar{L}_2 < 1$ 时，弯曲刚度较小的薄膜无

法形成一个完整的正余弦形状，其变形依赖于相邻区域，最终会演化出不规则的变形，如形貌Ⅳ。

若 $\bar{L}_1$ 继续减小，系统的变形对称性将会被打破。弯曲刚度较大的薄膜将发生类似于刚体转动的位移模式，如图 11.9(d) 所示。此时，薄膜的失稳位移模式近似为 $w(x) = x\sin\alpha$，其中 α 为平均转角。通过有限元数值模拟，可得到这种变形模式所对应的等效地基刚度为

$$K_{\mathrm{r}}(E_{\mathrm{s}}^*, L_1){=}a\frac{E_{\mathrm{s}}^*}{L_1} \tag{11-19}$$

根据图 11.11，近似得到常数 $a \approx 1.63$。比较式 (11-17) 和式 (11-19)，可以发现薄膜整体转动所对应的地基刚度大于弧形失稳模式，这意味着在薄膜整体转动模式下基底的应变能较大。然而，由于薄膜的弯曲应变能很小，当 $\bar{L}_1 < \bar{L}_{1\mathrm{c}}^{\mathrm{rot}}$ 时，整体转动模式将使系统的总势能最低，因而是最可能的失稳模式。

在薄膜整体转动模式下，其法向的平衡方程为

$$F_{\mathrm{p}}L_1\sin\alpha - \int_{-L_1/2}^{L_1/2} K_{\mathrm{r}}w(x)\left(x + \frac{L_1}{2}\right)\mathrm{d}x = 0 \tag{11-20}$$

对应的临界失稳应变为

$$\varepsilon_{\mathrm{c}}^{\mathrm{rot}}{=}\frac{a\pi\bar{L}_1}{18}\left(\frac{3E_{\mathrm{s}}^*}{E_{\mathrm{f}}^*}\right)^{2/3} \tag{11-21}$$

此式表明，薄膜整体转动的临界失稳应变 $\varepsilon_{\mathrm{c}}^{\mathrm{rot}}$ 与 $\bar{L}_1$ 成正比。因此，这种失稳模式只能发生在 $\bar{L}_1$ 较小的情况下。比较 $\varepsilon_{\mathrm{c}}^{\mathrm{Euler}}$ 和 $\varepsilon_{\mathrm{c}}^{\mathrm{rot}}$，可得到薄膜整体转动失稳发生的几何条件为 $\bar{L}_1 \leqslant \bar{L}_{1\mathrm{c}}^{\mathrm{rot}} = 0.52$，如图 11.12 所示。

在有限宽度的薄膜发生整体转动失稳的情况下，如果相邻的弯曲刚度较小的薄膜尺寸 $\bar{L}_2 \geqslant 1$，则将出现斜坡和正余弦交替出现的失稳形貌，如形貌III所示。而当 $\bar{L}_2 < 1$ 时，弯曲刚度较小的薄膜则发生反对称的变形，以连接相邻的两个整体转动区域，从而形成锯齿形失稳形貌，如形貌II和形貌 4。需要注意的是，发生整体转动失稳的薄膜的弯曲变形很小，然而当 $\bar{L}_2 \ll 1$ 时，该薄膜也有明显的弯曲变形。数值模拟表明，这种弯曲模式的出现是相邻区域薄膜的弹性应变能以及基底应变能竞争的结果。由于软膜的尺寸 $\bar{L}_2$ 较小，其弹性应变能也相对较少。在后屈曲演化中，弯曲刚度较大的薄膜通过整体转动与弯曲这两种机制释放能量，薄膜和基底的应变能互相竞争，最终形成叠痕形貌。

综上所述，对于薄膜具有周期结构特征的膜基系统，失稳变形模式主要由无量纲尺寸 $\bar{L}_1$ 和 $\bar{L}_2$ 决定。在该系统中，当弯曲刚度较大的薄膜尺寸 $\bar{L}_1 \geqslant \bar{L}_{1\mathrm{c}}^{\sin} = 1.77$ 时，它倾向于正余弦失稳模式；当 $\bar{L}_{1\mathrm{c}}^{\mathrm{rot}} = 0.52 < \bar{L}_1 < \bar{L}_{1\mathrm{c}}^{\sin} = 1.77$ 时，它倾向于类欧拉杆的弯曲失稳；当 $\bar{L}_1 1\mathrm{c} \leqslant \bar{L}_{1\mathrm{c}}^{\mathrm{rot}} = 0.52$ 时，其失稳模式以整体转动为主。通过与图 11.4 和图 11.8 对比，可以看出本节临界分析与实验结果、模拟结果吻合较好。

利用图 11.9 的简化模型，可以理解典型失稳形貌的产生机制，并得到膜基系统的失稳形貌与薄膜周期结构特征之间的关系。

11.4 多级表面形貌制备方法

在曲面膜基系统的形貌演化过程中，模量比、曲率和过应力起着重要作用[13,21,22]。本节介绍一种在膜基系统表面制备多级形貌的方法。其基本原理是在单轴加载情况下，通过调控膜基系统表面的曲率得到多级失稳形貌。首先，给出制备方法，通过实验考察周期性曲率对系统失稳形貌的影响；然后，通过理论分析和数值模拟，研究实验中得到的多级形貌的形成机理，基于有限元模拟和理论分析给出失稳形貌相图；最后，考察了所制备的多级表面形貌对材料浸润性质的影响。

11.4.1 实验方法

在实验中，基底采用 PDMS，其制备过程见 11.1.2 节。通过对基底表面进行化学处理，以形成一层表面硬膜。实验中，采用了两种方法对 PDMS 表面进行处理。其一是将 PDMS 放在 UVO(紫外臭氧) 环境下放置一定时间，其二是将 PDMS 放在 OP(等离子体) 环境下进行处理。这两种方法都是通过化学手段将 PDMS 表面进行氧化，从而生成一层硬膜，分子结构中疏水的甲基被氧化成羟基，因此 PDMS 表面由疏水变为亲水。通过 UVO 处理的薄膜通常较厚，相应的膜基系统失稳后产生的形貌波长较大，一般在 10~200 μm 的范围，所得到的薄膜具有很好的酒精溶胀性，在酒精环境下可以吸收酒精而发生体积溶胀。与之相比，通过 OP 处理得到的薄膜较薄、较硬，对应的膜基系统失稳波长较小，波长变化范围为 1~20 μm。此外，该方法生成的薄膜在酒精环境下基本上不发生溶胀。

通过自制的单轴加载装置，在预拉伸状态下对 PDMS 进行表面处理。采用三维激光扫描显微镜观察 PDMS 表面的三维失稳形貌，并对其演化进行原位观察。

11.4.2 实验结果

多级形貌制备的实验方法如图 11.13 所示，主要包括如下步骤。其一，将 PDMS 长条进行预拉伸，预应变为 $\varepsilon_{\mathrm{pre}}^{(1)}$。其二，将预拉伸的 PDMS 长条在 UVO 或 OP 环境下进行表面处理，处理时间为 $t^{(1)}$，其表面将生成一层硬膜。当预应变释放后，PDMS 表面将形成规则的正弦失稳形貌。其三，将该 PDMS 作为模板，在上面浇筑新的 PDMS，加热烘干之后便可得到无应力的、具有正弦形貌的 PDMS 样

品。该样品表面具有一级形貌，其波长为

$$\lambda^{(1)} = 2\pi h^{(1)} \left(\frac{E_{\mathrm{f}}^{*(1)}}{3E_{\mathrm{s}}^{*}} \right)^{1/3} \tag{11-22}$$

式中，$h^{(1)}$ 为经过第一次表面处理后形成的氧化物薄膜厚度。上标 (1) 表示与一级形貌直接相关的物理量；$E^* = E/(1-\nu^2)$ 为平面应变模量，其中 E 和 ν 分别为弹性模量和泊松比；下标 f 和 s 分别表示薄膜与基底。一级形貌的波长可以通过控制表面处理的时间来调控。利用图 11.13 中的方法，得到的 PDMS 样品具有周期性的表面曲率。其表面形貌的表达式为

$$w^{(1)} = h^{(1)} A^{(1)} \cos(k^{(1)} y) \tag{11-23}$$

式中，$k^{(1)} = 2\pi/\lambda^{(1)}$ 为波数；$A^{(1)}$ 为波幅，表示为

$$A^{(1)} = \sqrt{\varepsilon_{\mathrm{pre}}^{(1)}/\varepsilon_{\mathrm{c}}^{(1)} - 1} \tag{11-24}$$

式中，$\varepsilon_{\mathrm{c}}^{(1)}$ 为第一次形貌失稳时的临界压缩应变，表示为

$$\varepsilon_{\mathrm{c}}^{(1)} = \frac{1}{4} \left(\frac{3E_{\mathrm{s}}^{*}}{E_{\mathrm{f}}^{*(1)}} \right)^{2/3} \tag{11-25}$$

由式 (11-23) 可得一级形貌的表面曲率为

$$\kappa = h^{(1)} A^{(1)} \left(k^{(1)} \right)^2 \cos(k^{(1)} y) \tag{11-26}$$

从式 (11-24) 和式 (11-26) 可以看出，样品表面曲率可以通过改变预应变 $\varepsilon^{(1)}$ 和表面处理时间 $t^{(1)}$ 来调控。

接下来，将具有一级正弦形貌的 PDMS 样品沿零曲率方向预拉伸，预应变为 $\varepsilon_{\mathrm{pre}}^{(2)}$。上标 (2) 表示与二级形貌直接相关的物理量。将预拉伸的 PDMS 样品进行 UVO 或 OP 表面处理，处理时间为 $t^{(2)}$，PDMS 表面将生成一层硬膜。当预应变释放时，膜内会产生压缩应变。当压缩应变达到临界值时，表面会失稳，形成二级形貌。在实验中，第二次处理时间 $t^{(2)}$ 应小于 $t^{(1)}$，以保证二级形貌的波长 $\lambda^{(2)}$ 小于一级形貌的波长 $\lambda^{(1)}$。为此，鉴于 UVO 和 OP 表面处理形成的氧化物薄膜的不同特点，本实验第一次表面处理采用 UVO，而第二次采用 OP。

在不同一级形貌的表面曲率情况下，图 11.14 给出了所制备的多级表面失稳形貌。需要指出的是，图中给出的曲率不是直接测量得到的，而是通过测量其表面高度，然后采用最小二乘法，用正弦函数对表面形貌进行拟合得到的。图中预应变水平保持一致，均为 $\varepsilon_{\mathrm{pre}}^{(1)} \approx 10\%$。预应变 $\varepsilon_{\mathrm{pre}}^{(2)}$ 的方向与一级形貌 (零曲率方

向) 平行。如前所述，对于平面膜基系统，在受到单轴压缩时，表面会出现与加载方向垂直的条纹形貌 (图 11.14(a)~(e))。当表面曲率比较小时，二级形貌仍然是条纹模式，表面呈现多级的条纹形貌 (图 11.14(f)~(j))。有趣的是，当表面最大的曲率达到一个临界值时，表面会同时出现条纹形貌和“钻石”形貌 (图 11.14(k)~(o) 和 (p)~(t))。“钻石”形貌出现在一级形貌为波峰和波谷等曲率绝对值比较大的区域，在曲率绝对值小的区域仍然是条纹形貌。在实验中，预应变水平 $\varepsilon_{\rm pre}^{(2)} \approx 10\%$，可以观察到，这些条纹形貌和“钻石”形貌均可稳定存在。另外，实验中 OP 处理条件和处理时间也保持一致，因此，经过 OP 处理得到的氧化物薄膜的模量和厚度可以认为基本一致。对于图 11.14 所示的四种情况，系统的物理参数 (如模量比) 也基本保持一致。在图 11.14(b)、(g)、(l) 和 (q) 这四种情形中，系统的表面曲率幅值逐渐增大。图 11.14 表明，当系统的物理参数和载荷给定时，结构的曲率控制着其形貌的产生。由于曲率的存在，单向载荷可以导致双向的皱纹。因此，可以通过改变结构的曲率来控制结构表面的失稳形貌。因此，图 11.13 和图 11.14 提供了一种通过利用表面曲率制备多级形貌的方法。

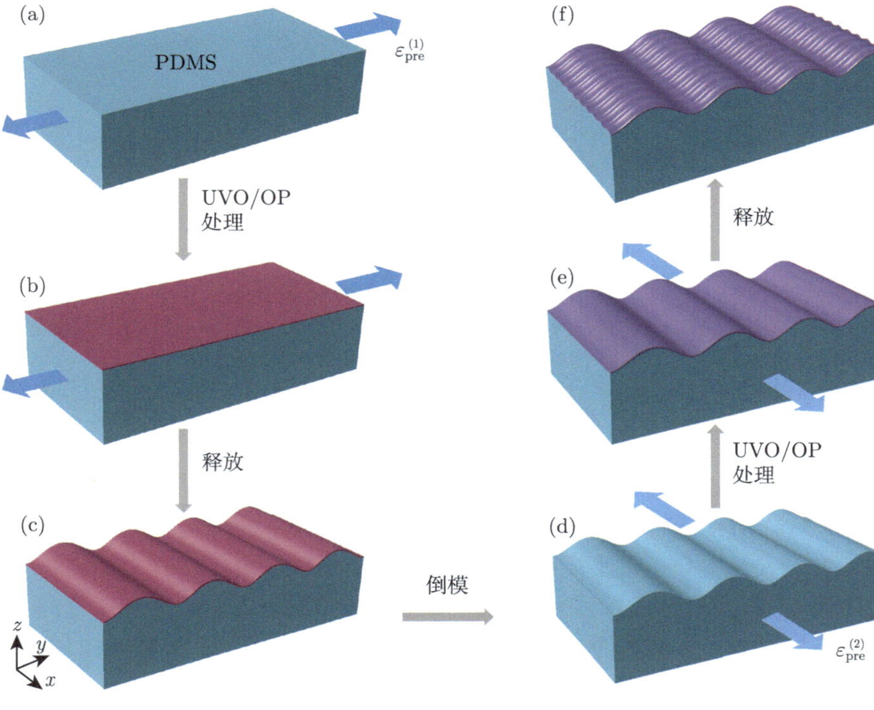

图 11.13 多级形貌制备的实验流程示意图

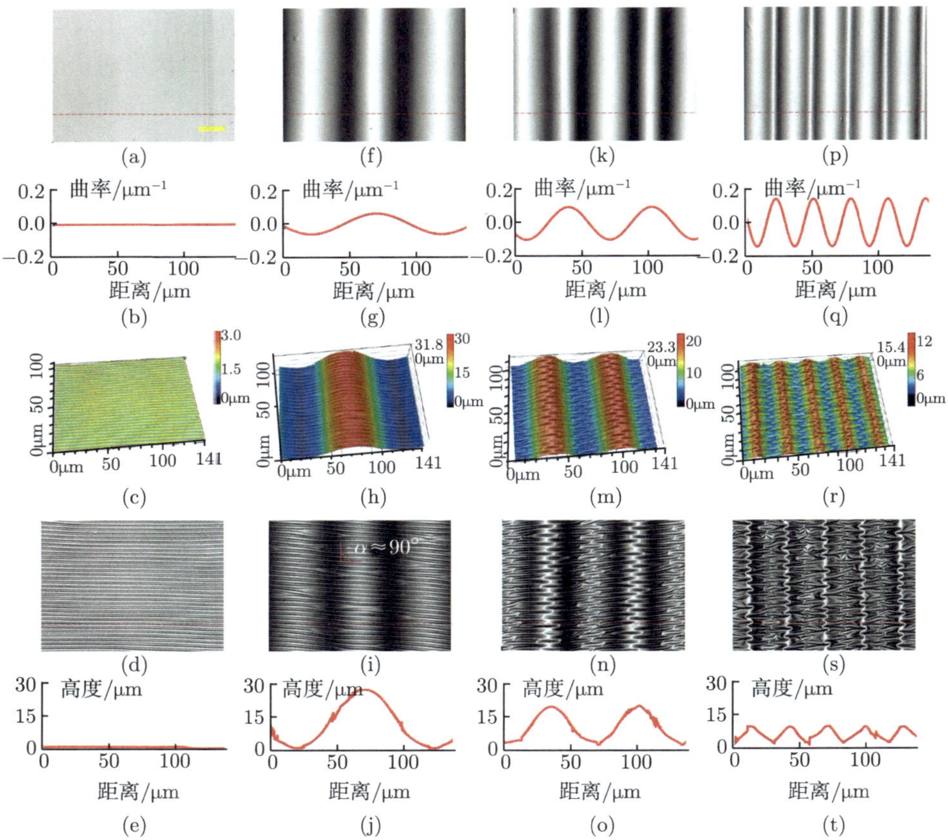

图 11.14　不同表面曲率情况下制备的多级表面失稳形貌

预压缩应变均为 $\varepsilon_{\mathrm{pre}}^{(2)} \approx 10\%$。(a)、(f)、(k) 和 (p) 为一级形貌，(b)、(g)、(l) 和 (q) 为对应上方图中红线位置的曲率。(c)、(h)、(m) 和 (r) 表示预应变释放后 PDMS 表面的三维失稳形貌。(d)、(i)、(n) 和 (s) 表示表面形貌的俯视图。(e)、(j)、(o) 和 (t) 表示对应图中红线位置的表面轮廓。由于预应变 $\varepsilon_{\mathrm{pre}}^{(2)}$ 的方向与零曲率方向一致，二级形貌的皱纹与加载方向垂直 (i)。刻度条为 20μm

对于平面膜基系统，当受到单向载荷时，条纹的方向始终与加载方向垂直，如图 11.14(a)~(e) 所示。对于本节所研究的具有周期性曲率的膜基系统，当加载方向与零曲率方向一致时，条纹方向与加载方向垂直 (图 11.14(f)~(j))。然而，当加载方向与零曲率方向不一致时，条纹的方向与加载方向不垂直 (图 11.15)。有趣的是，波峰和波谷的皱纹方向也是不一致的 (图 11.15(c))。一般来说，加载方向与零曲率方向夹角的余角介于波峰和波谷二级条纹与零曲率方向的夹角之间。从图 11.15(c) 可知，波谷处的夹角略大于波峰处的夹角。此外，如果加载方向与零曲率方向不一致，在与加载方向垂直的方向上表面曲率较小，这种情况下更倾向于出现条纹形貌。

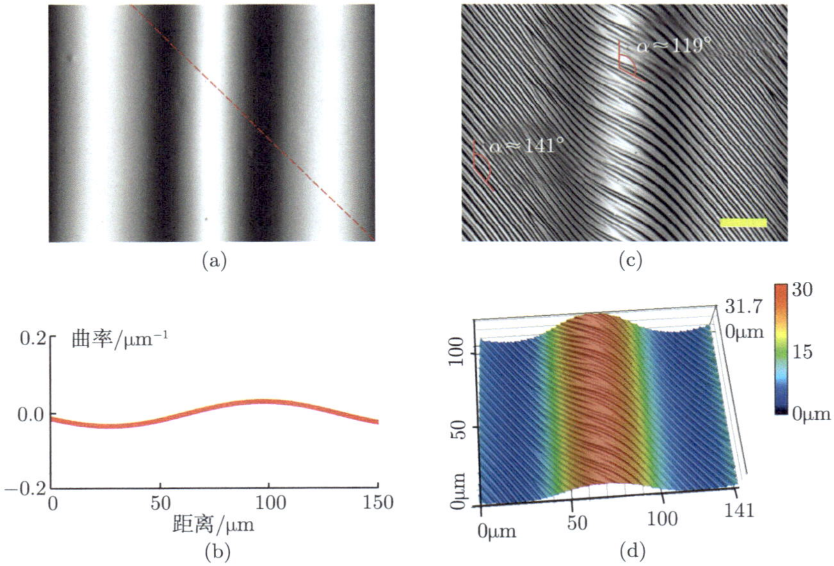

图 11.15 当加载方向与零曲率方向成 45° 时，PDMS 表面形成的多级形貌

(a) 为初始表面形貌；(b) 为 (a) 图虚线位置的曲率；(c) 和 (d) 分别为预应变释放后 PDMS 表面形貌的俯视图和三维视图。刻度条为 20μm

11.4.3 理论分析

为了进一步研究上述多级形貌的形成机理，并揭示曲率的影响规律，下面对非线性有限元模拟与理论进行分析。本节采用 Abaqus 进行模拟，单元类型采用二次 3D 杂交元 (C3D20RH)，单元数目约为 180000。基底采用不可压新胡克材料。假设薄膜为线弹性材料，泊松比取为 0.5。由于实验中薄膜与基底的模量比通常很大，薄膜内应变较小，因此线弹性假设是可以接受的 [22]。系统具有周期性的表面预形貌。为了模拟实验中的预应变释放过程，令薄膜沿零曲率方向发生单向膨胀，两端固定。在膨胀过程中，薄膜内产生压缩应变，当压缩应力达到临界值时，表面失稳，形成如图 11.16 所示的多级形貌。图 11.16 中六个系统的物理参数均一致，薄膜厚度也相同，只有表面曲率不同 (图 11.16(a)~(c) 和 (g)~(i))。当表面曲率为零 (图 11.16(a)，即平面系统) 或比较小 (图 11.16(b)) 时，表面形成条纹形貌，这与实验现象 (图 11.14(d) 和 (i)) 一致。随着表面曲率幅值的增大，在临界失稳附近，表面也出现条纹；但随着应力的增大，波峰和波谷处会迅速演化为“钻石” 形貌 (图 11.16(f)、(j)~(l))。有限元模拟较好地再现了实验中多级形貌的形成，结合理论分析，可以揭示曲率对表面形貌的影响规律。

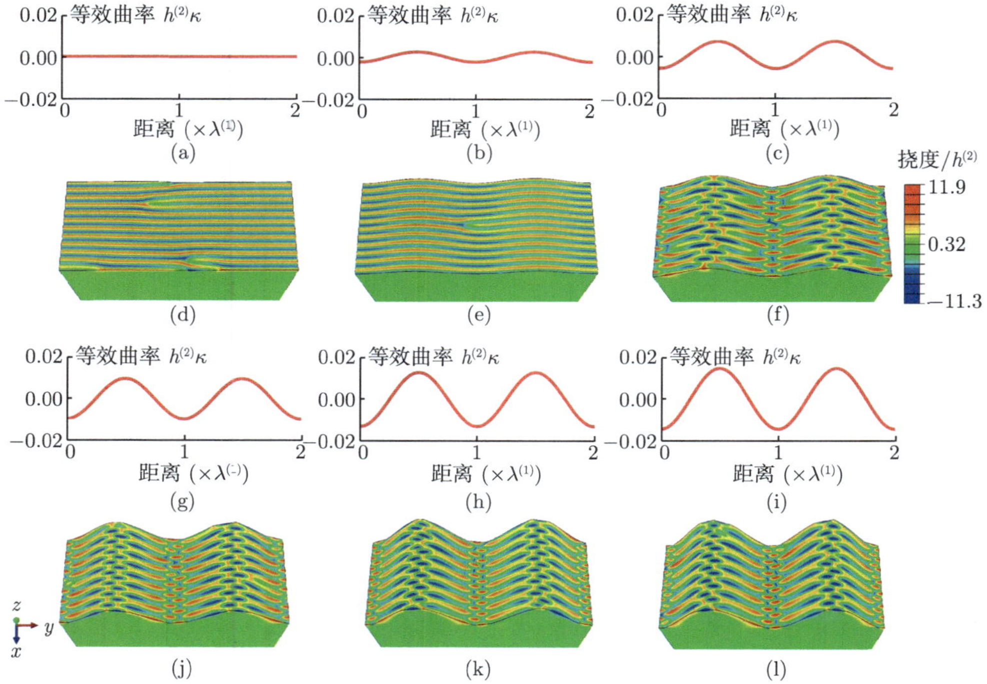

图 11.16　膜基系统形成二级表面形貌的有限元模拟结果

假设二级形貌的波长 $\lambda^{(2)}$ 远小于一级形貌的波长 $\lambda^{(1)}$。因此，在理论分析中可以采用浅壳理论。在单轴压缩下，薄膜在基态下的应力为

$$\begin{cases} N_{xx}^{(2)} = -\sigma^{(2)} h^{(2)} \\ N_{yy}^{(2)} = -\nu_{\mathrm{f}}^{(2)} \sigma^{(2)} h^{(2)} \\ N_{xy}^{(2)} = 0 \end{cases} \tag{11-27}$$

式中，$h^{(2)}$ 为二级形貌形成时的薄膜厚度；$\sigma^{(2)}$ 为薄膜内轴向压缩应力。

采用如式 (11-28) 和式 (11-29) 所示的非线性 Donnell-Mushtari-Vlassov(DMV) 壳方程描述具有周期性曲率的薄膜的变形 [22]：

$$\begin{aligned} \frac{1}{12} E_{\mathrm{f}}^{*(2)} \left(h^{(2)}\right)^3 \nabla^4 w^{(2)} = {} & \kappa F_{,xx} + F_{,xx} w_{,yy}^{(2)} + F_{,yy} w_{,xx}^{(2)} - 2F_{,xy} w_{,xy}^{(2)} \\ & - h^{(2)} \sigma^{(2)} \left[w_{,xx}^{(2)} + \nu_{\mathrm{f}}^{(2)} w_{,yy}^{(2)} \right] - K w^{(2)} \end{aligned} \tag{11-28}$$

$$\frac{1}{E_{\mathrm{f}}^{(2)} h^{(2)}} \nabla^4 F = -\kappa w_{,xx}^{(2)} + \left(w_{,xy}^{(2)}\right)^2 - w_{,xx}^{(2)} w_{,yy}^{(2)} \tag{11-29}$$

式中，$w^{(2)}$ 为二级形貌形成时薄膜的挠度；K 为地基刚度；F 为应力函数。薄膜应力相对于基态的增量可由应力函数表示为

$$N_{\alpha\beta}^{(2)} = F_{,\gamma\gamma}\delta_{\alpha\beta} - F_{,\alpha\beta} \tag{11-30}$$

式中，希腊字母表示的下标取值为 1 和 2；$\delta_{\alpha\beta}$ 为克罗内克张量。系统的总势能可写为 [22]

$$\begin{aligned} P[w^{(2)},F] =& \frac{1}{2}\iint\left\{\frac{1}{12}E_{\mathrm{f}}^{*(2)}\left(h^{(2)}\right)^2\left[(1-\nu_{\mathrm{f}}^{(2)})w_{,\alpha\beta}^{(2)}w_{,\alpha\beta}^{(2)}+\nu_{\mathrm{f}}^{(2)}\left(w_{,\gamma\gamma}^{(2)}\right)^2\right]\right.\\ &+\frac{1}{E_{\mathrm{f}}^{(2)}h^{(2)}}\left[(1+\nu_{\mathrm{f}}^{(2)})F_{,\alpha\beta}F_{,\alpha\beta}-\nu_{\mathrm{f}}^{(2)}\left(F_{,\gamma\gamma}\right)^2\right]\\ &\left.-h^{(2)}\sigma^{(2)}\left[\left(w_{,x}^{(2)}\right)^2+\nu_{\mathrm{f}}^{(2)}\left(w_{,y}^{(2)}\right)^2\right]+K\left(w^{(2)}\right)^2\right\}\mathrm{d}x\mathrm{d}y \end{aligned} \tag{11-31}$$

对于如式 (11-32) 所示的失稳模态:

$$w^{(2)} = h^{(2)}A^{(2)}\cos(k_1^{(2)}x)\cos(k_2^{(2)}y) \tag{11-32}$$

地基刚度可取为 [22]

$$K = \frac{1}{2}E_{\mathrm{s}}^{*}\sqrt{\left(k_1^{(2)}\right)^2+\left(k_2^{(2)}\right)^2} \tag{11-33}$$

式中，E_{s}^{*} 为基底的平面应变弹性模量。

通过比较条纹形貌和“钻石”形貌所对应的系统势能 [22]，可以得到图 11.17 所示的形貌相图。当薄膜表面初始曲率的幅值超过临界曲率时，波峰和波谷处均会形成实验中观察到的“钻石”形貌。对于给定的系统几何与材料参数，可以由该相图判断系统是否会形成“钻石”失稳形貌。需要指出的是，在理论分析中已假设二级形貌的特征波长远小于一级形貌的波长，因此在求解临界模量比和等效曲率时，可

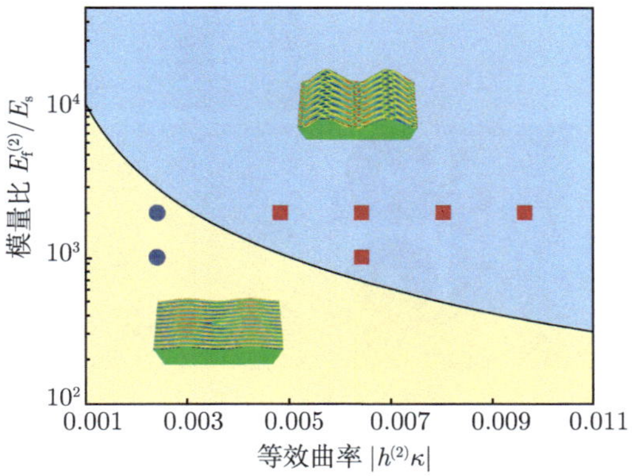

图 11.17 理论分析给出的形貌演化相图

蓝色圆点表示有限元模拟中出现的多级条纹形貌，红色方块表示有限元模拟中出现的条纹与“钻石”组合形貌

近似认为曲率保持不变。图 11.17 表明，理论分析得到的相图可以较好地预测具有初始周期曲率系统的失稳形貌演化。

11.4.4 表面浸润性质

生物材料 (如植物的叶、花、果实等，动物的羽毛、甲壳等) 的表面具有截然不同的浸润性质。材料的浸润性质不仅依赖于材料表面的化学性质，而且与其表面的微结构密切相关 [40]。本节通过控制曲率制备了可控的多级形貌，下面对其表面的浸润性质进行研究。

通过接触角测量仪测得表面失稳前后的接触角。由于经过 UVO 或 OP 处理之后，PDMS 表面被氧化，表面由疏水变为亲水。因此，首先需要对材料表面进行疏水化处理，具体过程为：首先，利用 Glaco 驱水剂对样品进行清洗；然后，放在 150℃ 环境下加热处理 20min；重复 3 次即可。在接触角的测量过程中，水滴体积为 3.5μL。PDMS 试样在失稳前 (平整表面)、失稳后 (有多级形貌) 的接触角如图 11.18 所示。PDMS 表面在失稳前呈现各向同性的浸润性质，接触角约为 137°，如图 11.18(a) 所示。当制备出各向异性的多级形貌后，其表面浸润性质也呈现各向异性特点 (图 11.18)。在平行和垂直于零曲率的方向上，三种多级形貌表面的接触角分别为 166° 与 164°(图 11.18(b))、144° 与 165°(图 11.18(c))、156° 与 167°(图 11.18(d))。因此，表面多级形貌的产生使接触角大约提高了 10°～20°，改善了表面的疏水性质。

图 11.18 表面多级形貌引起的接触角变化

$\theta_{||}$ 和 $\theta_{\perp}$ 分别为平行和垂直于零曲率方向测得的液滴接触角。(a) 光滑的 PDMS 表面，接触角 $\theta = 137°$；(b) $\theta_{||} = 166°$，$\theta_{\perp} = 164°$；(c) $\theta_{||} = 144°$，$\theta_{\perp} = 165°$；(d) $\theta_{||} = 156°$，$\theta_{\perp} = 167°$。刻度条为 20μm

11.5 本 章 小 结

本章结合理论分析、数值模拟与实验制备，研究了膜基系统表面形貌的三种制备方法，这三种方法分别在薄膜中引入弹性模量、厚度和表面曲率的周期性变化。对于前两种方法，薄膜均具有周期性的刚度分布，其失稳形貌主要由两个无量纲参数调控，即薄膜周期结构的无量纲尺寸 $\bar{L}_1$ 和 $\bar{L}_2$。通过改变 $\bar{L}_1$ 和 $\bar{L}_2$，可以形成锯齿、凸脊、双波长正余弦等多种失稳形貌。而在第三种方法中，薄膜具有初始的周期性表面曲率，可以制备出多级条纹形貌、条纹与“钻石”组合的多级形貌。当加载方向与初始形貌的主曲率方向不一致时，条纹方向可以偏离加载方向，而且在正、负曲率处的条纹方向有所不同，表明曲率对失稳行为有显著影响。

参 考 文 献

[1] Chen X, Yin J. Buckling patterns of thin films on curved compliant substrates with applications to morphogenesis and three-dimensional micro-fabrication. Soft Matter, 2010, 6: 5667–5680.

[2] Genzer J, Groenewold J. Soft matter with hard skin: From skin wrinkles to templating and material characterization. Soft Matter, 2006, 2: 310–323.

[3] Li B, Cao Y P, Feng X Q, Gao H. Mechanics of morphological instabilities and surface wrinkling in soft materials: a review. Soft Matter, 2012, 8: 5728–5745.

[4] Rogers J A, Someya T, Huang Y. Materials and mechanics for stretchable electronics. Science, 2010, 327: 1603–1607.

[5] Cao C, Chan H F, Zang J, Leong K W, Zhao X. Harnessing localized ridges for high-aspect-ratio hierarchical patterns with dynamic tunability and multifunctionality. Advanced Materials, 2014, 26: 1763–1770.

[6] Chen Y C, Crosby A J. High aspect ratio wrinkles via substrate prestretch. Advanced Materials, 2014, 26: 5626–5631.

[7] Huang Z, Hong W, Suo Z. Nonlinear analyses of wrinkles in a film bonded to a compliant substrate. Journal of the Mechanics and Physics of Solids, 2005, 53: 2101–2118.

[8] Zhao Y, Cao Y P, Hong W, Wadee M K, Feng X Q. Towards a quantitative understanding of period-doubling wrinkling patterns occurring in film/substrate bilayer systems. Proceedings of the Royal Society of London A, 2015, 471: 20140695.

[9] Zhao Y, Han X, Li G Y, Lu C H, Cao Y P, Feng X Q, Gao H. Effect of lateral dimension on the surface wrinkling of a thin film on compliant substrate induced by differential growth/swelling. Journal of the Mechanics and Physics of Solids, 2015, 83: 129–145.

[10] Yang Y, Han X, Ding W, Jiang S, Cao Y P, Lu C H. Controlled free edge effects in surface wrinkling via combination of external straining and selective O_2 plasma exposure.

Langmuir, 2013, 29: 7170–7177.
[11] Ding W, Yang Y, Zhao Y, Jiang S, Cao Y P, Lu C H. Well-defined orthogonal surface wrinkles directed by the wrinkled boundary. Soft Matter, 2013, 9: 3720–3726.
[12] Ebata Y, Crosby A J. Wrinkling membranes with compliant boundaries. Soft Matter, 2014, 10: 1963–1968.
[13] Breid D, Crosby A J. Curvature-controlled wrinkle morphologies. Soft Matter, 2013, 9: 3624–3630.
[14] Li B, Jia F, Cao Y P, Feng X Q, Gao H. Surface wrinkling patterns on a core-shell soft sphere. Physical Review Letters, 2011, 106: 234301.
[15] Stoop N, Lagrange R, Terwagne D, Reis P M, Dunkel J. Curvature-induced symmetry breaking determines elastic surface patterns. Nature Materials, 2015, 14: 337–342.
[16] Guo C F, Nayyar V, Zhang Z, Chen Y, Miao J, Huang R, Liu Q. Path-guided wrinkling of nanoscale metal films. Advanced Materials, 2012, 24: 3010–3014.
[17] Lee J H, Ro H W, Huang R, Lemaillet P, Germer T A, Soles C L, Stafford C M. Anisotropic, hierarchical surface patterns via surface wrinkling of nanopatterned polymer films. Nano Letters, 2012, 12: 5995–5999.
[18] Rodríguez-Hernández J, del Campo A. Fabrication of hierarchical wrinkled morphologies through sequential UVO treatments. Journal of Applied Polymer Science, 2015, 132, 41863
[19] Lin P C, Yang S. Mechanically switchable wetting on wrinkled elastomers with dual-scale roughness. Soft Matter, 2009, 5: 1011–1018.
[20] Kim J, Yoon J, Hayward R C. Dynamic display of biomolecular patterns through an elastic creasing instability of stimuli-responsive hydrogels. Nature Materials, 2010, 9: 159–164.
[21] Stoop N, Lagrange R, Terwagne D, Reis P M, Dunkel J. Curvature-induced symmetry breaking determines elastic surface patterns. Nature Materials, 2015, 14: 337–342.
[22] Zhao Y, Cao Y P, Feng X Q, Ma K. Axial compression-induced wrinkles on a core–shell soft cylinder: Theoretical analysis, simulations and experiments. Journal of the Mechanics and Physics of Solids, 2014, 73: 212–227.
[23] 李博. 软物质材料的表面失稳研究. 北京: 清华大学博士学位论文, 2011.
[24] 赵岩. 软材料失稳的理论分析与实验研究. 北京: 清华大学博士学位论文, 2016.
[25] 王嘉文. 膜–基系统表面失稳形貌调控. 北京: 清华大学博士学位论文, 2016.
[26] Shao Z C, Zhao Y, Zhang W, Cao Y P, Feng X Q. Curvature induced hierarchical wrinkling patterns in soft bilayers. Soft Matter, 2016, 12: 7977–7982.
[27] Cerda E, Mahadevan L. Geometry and physics of wrinkling. Physical Review Letters, 2003, 90: 074302.
[28] Efimenko K, Wallace W E, Genzer J. Surface modification of Sylgard-184 poly (dimethyl siloxane) networks by ultraviolet and ultraviolet/ozone treatment. Journal of Colloid

and Interface Science, 2002, 254: 306–315.

[29] Mills K, Zhu X, Takayama S, Thouless M. The mechanical properties of a surface-modified layer on polydimethylsiloxane. Journal of Materials Research, 2008, 23: 37–48.

[30] Sun J Y, Xia S, Moon M W, Oh K H, Kim K S. Folding wrinkles of a thin stiff layer on a soft substrate. Proceedings of the Royal Society of London A, 2012, 468: 932–953.

[31] Brau F, Damman P, Diamant H, Witten T A. Wrinkle to fold transition: influence of the substrate response. Soft Matter, 2013, 9: 8177–8186.

[32] Brau F, Vandeparre H, Sabbah A, Poulard C, Boudaoud A, Damman P. Multiple-length-scale elastic instability mimics parametric resonance of nonlinear oscillators. Nature Physics, 2011, 7: 56–60.

[33] Ebata Y, Croll A B, Crosby A J. Wrinkling and strain localizations in polymer thin films. Soft Matter, 2012, 8: 9086–9091.

[34] Bechert D, Bruse M, Hage W. Experiments with three-dimensional riblets as an idealized model of shark skin. Experiments in Fluids, 2000, 28: 403–412.

[35] Bormashenko E, Bormashenko Y, Stein T, Whyman G, Bormashenko E. Why do pigeon feathers repel water? Hydrophobicity of pennae, Cassie–Baxter wetting hypothesis and Cassie–Wenzel capillarity-induced wetting transition. Journal of Colloid and Interface Science, 2007, 311: 212–216.

[36] Xia Y, Kim E, Zhao X M, Rogers J A, Prentiss M, Whitesides G M. Complex optical surfaces formed by replica molding against elastomeric masters. Science, 1996, 273: 347–349.

[37] Cao Y P, Hutchinson J W. Wrinkling phenomena in neo-Hookean film/substrate bilayers. Journal of Applied Mechanics, 2012, 79: 031019.

[38] Mei Y, Kiravittaya S, Harazim S, Schmidt O G. Principles and applications of micro and nanoscale wrinkles. Materials Science and Engineering: R: Reports, 2010, 70: 209–224.

[39] Biot M. Bending of an infinite beam on an elastic foundation. Journal of Applied Mechanics, 1937, 4: A1–A7.

[40] Guo H Y, Li Q, Zhao H P, Zhou K, Feng X Q. Functional map of biological and biomimetic materials with hierarchical surface structures. RSC Advances, 2015, 5: 66901–66926.

第 12 章　表面折痕失稳

承受面内压缩载荷的软材料，当压缩应变达到一定阈值时，其表面便可能发生失稳。正如前言所述，失稳形貌及其演化有多种可能的形式，其中折痕是表面失稳形貌演化中常见的一种形式 [1]。折痕现象在自然界中亦很多见，如图 12.1 所示。例如，水凝胶吸收水分发生膨胀后，表面往往产生大量折痕 [2]，各种动物器官或生物组织表面上也能观察到折痕 [3]。在软材料的实际应用中，一般需要避免折痕的发生。例如，在内压不足时，轮胎侧面会因大的外载作用产生折痕失稳，反复的折痕会导致轮胎的疲劳开裂；在一些用于生物医药方面的无机材料表面，往往需要覆盖一层水凝胶涂层，折痕的出现会导致涂层的破坏和失效 [1]。当折痕形成之后，随着外载的增加，块体软材料表面会演化出复杂的三维形貌。除了均匀的块体材料表面会产生折痕外，不同软材料的界面在外载的作用下也可能产生折痕失稳。

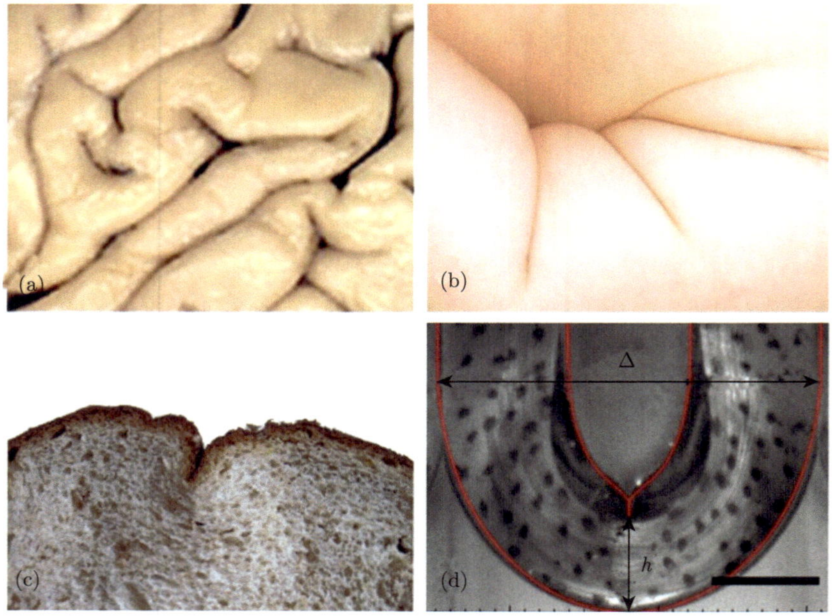

图 12.1　自然界中的一些折痕现象 [3]

(a) 哺乳动物的大脑；(b) 婴儿的手臂；(c) 切片面包在侧面受压形成的折痕；

(d)PDMS 厚片弯曲形成的折痕

关于折痕失稳现象的定量研究，可以追溯到 Biot 在 1963 年的工作。Biot 研究了平面应变的折痕问题，他的理论分析表明，当橡胶块体承受的压缩应变超过 $\varepsilon_{\mathrm{Biot}}=0.46$ 的临界值后，其表面会发生失稳 [4,5]。12.1 节将简要介绍 Biot 的理论工作。然而，之后的实验发现，实际的折痕失稳临界压缩应变值明显小于 Biot 的理论预测 [4,5]。为了解释 Biot 预测的临界应变偏离实验观测的原因，Hohlfeld 和 Mahadevan[3]、Hong 等 [1] 分别采用数值模拟方法对折痕失稳进行了进一步分析，得到的临界压缩应变约为 0.35，与实验结果更为接近。12.2节将简要介绍 Hong 等[1] 与 Jin 等 [6] 的理论工作。最近，Cao 和 Hutchinson 利用 Koiter 理论 [7,8]，探讨了折痕失稳的发生和演化，揭示了缺陷存在对折痕失稳产生的重要影响 [9]。12.3 节简要介绍这项工作。

12.1 Biot 折痕失稳分析方法

考虑半无限大的不可压缩 neo-Hooke 块体材料，受到水平方向的单向压缩。建立如图 12.2 所示的笛卡儿坐标系 (x_1,x_2,x_3)。x_i 表示在变形前物质点的坐标，其中 x_1 轴沿材料的上表面水平向右，x_2 垂直于上表面，x_3 垂直于纸面方向。材料的上表面 $(x_2=0)$ 水平、光滑，为自由表面。

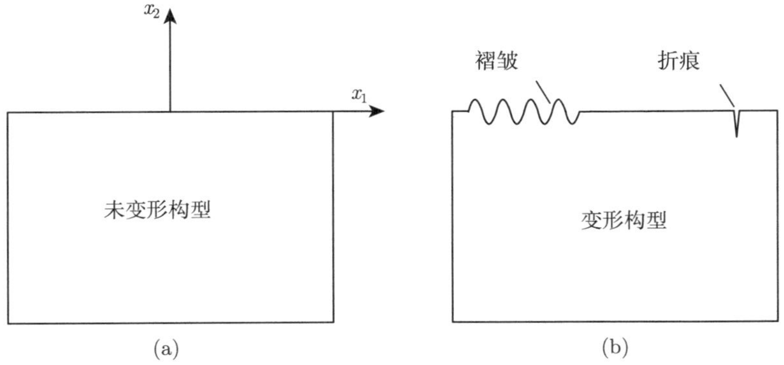

图 12.2 折痕失稳

(a) 失稳前的均匀变形状态；(b) 褶皱与折痕失稳形貌

令 $u_i(\boldsymbol{x})$ 表示物质点的位移，则 Lagrange 应变张量 η_{ij} 为 $\eta_{ij}=\left(u_{i,j}+u_{j,i}+u_{k,i}u_{k,j}\right)/2$。将均匀变形状态下的伸长比表示为 λ_i，则不可压缩条件可以表示为 $\lambda_1\lambda_2\lambda_3=1$。$\lambda_3$ 由 x_3 方向的约束条件确定，一般情况下可为任意值。在 x_1 方向上指定伸长比 $\lambda_1=\lambda$。根据不可压缩条件，x_2 方向上的伸长比可表示为 $\lambda_2=1/(\lambda\lambda_3)$。

假设分岔后出现的周期性褶皱变形在 (x_1,x_2) 平面内满足平面应变条件，设参考构型中的波长为 $l=2\pi/k$，其中 k 为波数。选取系统在未发生失稳前的均匀变形状态为参考状态。设 $\varphi(\boldsymbol{\eta})$ 为单位体积的应变能，μ 为初始剪切模量，则系统由参考状态到失稳构型的应变能增量可写为

$$\varPhi=\int_V\left[\varphi(\boldsymbol{\eta})-\varphi(\boldsymbol{\eta}^{(0)})\right]\mathrm{d}V=\int_0^l\mathrm{d}x_1\int_{-\infty}^0\mathrm{d}x_2\left[\varphi(\boldsymbol{\eta})-\varphi(\boldsymbol{\eta}^{(0)})\right] \tag{12-1}$$

式中，$\boldsymbol{\eta}^{(0)}$ 为参考状态的 Lagrange 应变，由拉伸比 λ 和 λ_3 决定。设 $u_i^{(0)}$ 为参考状态的位移，$u_i^{(0)}=(\lambda_i-1)x_i$ (不对 i 求和)，则系统在失稳构型下的总位移为

$$u_i=u_i^{(0)}(\lambda)+U_i(x_1,x_2) \tag{12-2}$$

式中，U_i $(i=1,2)$ 为失稳构型相对于参考状态的位移增量。U_i 需要满足相容条件，即在 x_1 方向的平均位移为零。对于 neo-Hooke 材料，有

$$\varphi(\boldsymbol{\eta})-\varphi(\boldsymbol{\eta}^{(0)})=\mu\left[\lambda_1U_{1,1}+\lambda_2U_{2,2}+\frac{1}{2}\left(U_{1,1}^2+U_{2,2}^2+U_{1,2}^2+U_{2,1}^2\right)\right] \tag{12-3}$$

不可压缩条件可表示为 $C(\lambda,U)=0$，其中，

$$C(\lambda,U)=\lambda_2U_{1,1}+\lambda_1U_{2,2}+U_{1,1}U_{2,2}-U_{1,2}U_{2,1} \tag{12-4}$$

为了将不可压缩约束条件式 (12-4) 引入式 (12-1)，可以采用 Lagrange 乘子法。引入 Lagrange 乘子 $q(x_1,x_2)$，将 $C(\lambda,U)=0$ 代入式 (12-1)，即可得到修正的能量泛函：

$$\hat{\varPhi}=\mu\int_V\left\{\left[\lambda_1U_{1,1}+\lambda_2U_{2,2}+\frac{1}{2}\left(U_{1,1}^2+U_{2,2}^2+U_{1,2}^2+U_{2,1}^2\right)\right]-q\,C(\lambda,U)\right\}\mathrm{d}V \tag{12-5}$$

为了消除能量泛函中位移 U_i 的线性项，令 $q=r+Q(x_1,x_2)$，式中 $r=\lambda_2/\lambda_1$，并且假设 $Q(x_1,x_2)$ 具有和 U_i 相同的周期性。此时能量泛函中关于位移的线性项可以省略，进而将式 (12-5) 写为

$$\hat{\varPhi}(\lambda,U,Q)=\mu\int_V(I(\lambda,U,Q))\,\mathrm{d}V \tag{12-6}$$

$$\begin{aligned}I(\lambda,U,Q)=&\frac{1}{2}\left(U_{1,1}^2+U_{2,2}^2+U_{1,2}^2+U_{2,1}^2\right)-Q\left(\lambda_2U_{1,1}+\lambda_1U_{2,2}\right)\\&-(r+Q)\left(U_{1,1}U_{2,2}-U_{1,2}U_{2,1}\right)\end{aligned} \tag{12-7}$$

通过修正的能量泛函 $\hat{\varPhi}$ 对 U_i 和 Q 进行一阶变分，可以得到平衡方程和不可压缩条件。U_i 和 Q 均需满足周期性的要求，并且需要在无穷远处 $(x_2\to-\infty)$ 衰减为 0。

注意到在式 (12-7) 中最低阶项为关于未知函数 U_i 和 Q 的二次项，若忽略式中的高阶项，将 $\hat{\Phi}$ 对 U_i 和 Q 取变分并求解得到方程，则可以得到临界伸长比。这就是经典的 Biot 失稳问题。下面简单介绍其求解过程。

忽略修正能量泛函式 (12-6) 中的高阶项，对 U_i 和 Q 取变分得到平衡方程和不可压缩条件：

$$\begin{cases} U_{1,11} + U_{1,22} - r\lambda_1 Q_{,1} = 0 \\ U_{2,22} + U_{2,11} - \lambda_1 Q_{,2} = 0 \\ rU_{1,1} + U_{2,2} = 0 \end{cases} \tag{12-8}$$

在自由边界 $x_2 = 0$ 上，边界条件为

$$\begin{cases} U_{1,2} + rU_{2,1} = 0 \\ 2rU_{1,1} + \lambda_1 Q = 0 \end{cases} \tag{12-9}$$

方程式 (12-8) 的解为

$$(U_1, U_2, \lambda_1 Q) = (f(kx_2)\sin(kx_1), g(kx_2)\cos(kx_1), kh(kx_2)\cos(kx_1)) \tag{12-10}$$

式中，$f(kx_2) = F\mathrm{e}^{ksx_2}$，$g(kx_2) = G\mathrm{e}^{ksx_2}$，$h(kx_2) = H\mathrm{e}^{ksx_2}$。当 $x_2 \to -\infty$ 时，f、g 和 h 均衰减为 0。s 有两个特征值 r 和 1。在 $s = r$ 时，对应 F 和 H 的解为 $F = -G$ 和 $H = Gr^{-1}(r^2 - 1)$；在 $s = 1$ 时，对应 F 和 H 的解为 $F = -Gr^{-1}$ 和 $H = 0$。将式 (12-10) 代入边界条件 (12-9)，得

$$r^3 - 3r^2 - r - 1 = 0 \tag{12-11}$$

和

$$\begin{cases} f(\zeta) = (1 - r^2)^{-1}\left[-(1 + r^2)\mathrm{e}^{r\zeta} + 2r\mathrm{e}^{\zeta}\right] \\ g(\zeta) = (1 - r^2)^{-1}\left[(1 + r^2)\mathrm{e}^{r\zeta} - 2r^2\mathrm{e}^{\zeta}\right] \\ h(\zeta) = -r^{-1}(1 + r^2)\mathrm{e}^{r\zeta} \end{cases} \tag{12-12}$$

式中，$g(0) = 1$。求解方程 (12-11)，可得

$$r = \lambda_2/\lambda_1 = 3.3830 \tag{12-13}$$

由式 (12-13) 和不可压缩条件，可得临界伸长比为

$$\lambda_1 = \lambda_{\mathrm{w}} = 0.5437/\sqrt{\lambda_3} \tag{12-14}$$

临界压缩应变为

$$\varepsilon_{\mathrm{w}} = 1 - \lambda_{\mathrm{w}} = 1 - \frac{0.5437}{\sqrt{\lambda_3}} \tag{12-15}$$

对于平面应变情况，$\lambda_3 = 1$，对应的临界应变值为 $\varepsilon_{\mathrm{w}} = 0.4563$。这就是 Biot 得到的折痕失稳临界压缩应变，记为 $\varepsilon_{\mathrm{Biot}}$。

在 Biot 问题中，假设失稳时表面的位移模式为周期性的褶皱，波数为 k。但是，需要指出的是，对于半空间弹性体表面而言，并不存在一个特征尺寸，因此式 (12-12) 和式 (12-13) 给出的解对任意的波数 k 都成立。

12.2 折痕失稳的临界应变

对于平面应变的折痕问题，实验表明，在压缩应变达到 Biot 预测的临界应变 $\varepsilon_{\mathrm{W}}=0.4563$ 之前，软材料表面就已经发生折痕失稳[10,11]。Hohlfeld和Mahadevan[12]、Hong 等 [1] 分别对这一折痕失稳进行了研究。对于给定的压缩应变，Hong 等比较了表面出现折痕与表面未失稳这两种情况时系统的弹性应变能。若前者高于后者，则认为系统是稳定的，不会发生失稳；反之，则认为系统将发生折痕失稳。将二者相等作为折痕产生的判据，将对应的压缩应变作为折痕失稳临界应变 ε_{c}[1,6]。Hong 等的计算表明 $\varepsilon_{\mathrm{c}} \approx 0.35$[1]。Hohlfeld 和 Mahadevan 的研究也发现，折痕临界应变 ε_{c} 总是小于 $\varepsilon_{\mathrm{Biot}}$，同样为 $\varepsilon_{\mathrm{c}} \approx 0.35$，对这部分工作感兴趣的读者，可以参考相关文献 [3]，[12]，[13]。下面仅简要介绍 Hong 等 [1] 的工作。

12.2.1 表面折痕

如图 12.2 所示的半无限大、均匀的软材料，上表面光滑，受到水平方向的压缩应变。Hong 等 [1] 的分析方法如图 12.3(a) 所示。取未变形的状态为参考状态，在软材料表面建立三个参考点 A'、O 和 A，A 和 A' 到 O 的距离均为 L。对其施加水平方向上的压缩应变 ε。随着 ε 从零逐渐增大，材料首先发生均匀变形 (图 12.3(b))；当 ε 足够大时可能产生折痕，如图 12.3(c) 所示。假设在 O 点处发生表面折痕失稳，则随着 ε 的增加，OA 和 OA' 会逐渐靠近，并最终发生接触。

Hong 等 [1] 利用有限元软件 Abaqus 模拟折痕的形成。假设软材料是各向同性的不可压缩 neo-Hooke 材料，剪切模量为 μ。λ_i 为主伸长比，则材料的不可压缩条件为 $\lambda_1\lambda_2\lambda_3 = 1$。

首先考虑平面应变情况，即 $\lambda_3 = 1$。由于该问题左右对称，故可只模拟右半部分。对水平的 OA 施加位移条件，使其旋转至竖直方向，如图 12.3(c) 所示，这样就能够模拟材料表面发生折痕的状态。OA 的竖直方向位移不是人为给定的，而需通过求解该边值问题得到。数值模拟表明 [1]，当模型尺寸大于 $50L \times 50L$ 时，即可比较准确地模拟半无限大体的折痕失稳。

由于初始缺陷的尺寸远小于块材尺寸，故 L 是该边值问题中唯一的特征尺寸。设 $\varPhi$ 为单位厚度系统在折痕状态与均匀变形状态之间的弹性应变能之差。通过量

纲分析，得

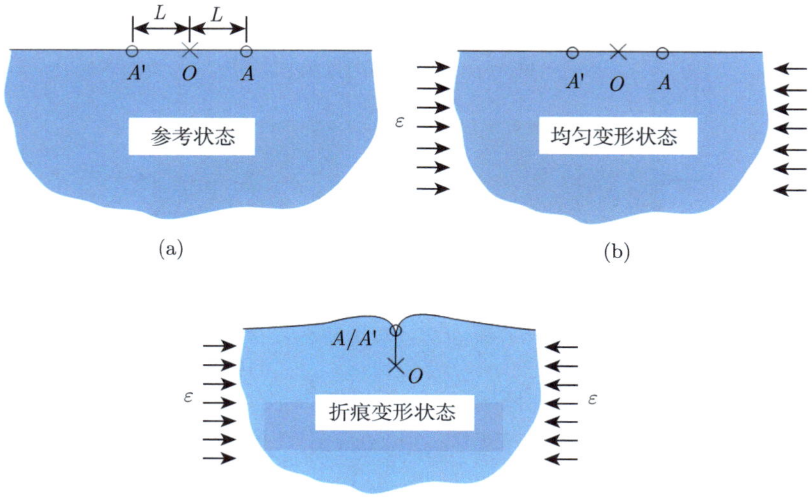

(a) (b) (c)

图 12.3 半无限大软物质受压后产生折痕的示意图 [1]

(a) 参考状态，即未受压缩时的状态；(b) 均匀变形状态；(c) 折痕变形状态

$$\Phi = \mu L^2 f(\varepsilon) \tag{12-16}$$

式中，$f(\varepsilon)$ 是关于压缩应变 ε 的无量纲函数。当外加应变 $\varepsilon = 0$ 时，材料处于均匀变形状态，弹性应变能为 0，但折痕状态的弹性应变能不为 0，故有 $f(0) > 0$。随着压缩应变 ε 的增加，$f(\varepsilon)$ 会随之减小，在达到临界应变 ε_c 时，折痕状态和均匀变形状态具有相同的应变能，即 $f = 0$。通过有限元模拟，可以得到的临界压缩应变 $\varepsilon_c \approx 0.35$，这与实验结果吻合较好 [10,11]。当 $\varepsilon > \varepsilon_c$ 时，折痕状态的应变能会小于均匀变形状态的应变能，折痕会继续发展。

12.2.2 界面折痕

能量比较法也可用于求解软材料界面的折痕问题，下面介绍 Jin 等 [6] 的研究工作。考虑弹性模量不同的两个半无限大软材料，理想粘接在一起。若二者的弹性模量有较大的差别，在受到与界面平行的压缩载荷时，在界面处也可以形成折痕。与表面折痕相似，软材料界面产生折痕的临界应变小于褶皱发生的临界应变 [6]，因此实验中更容易观察到界面的折痕失稳现象。

假设两种材料均服从 neo-Hooke 本构关系，剪切模量分别为 μ_{I} 和 μ_{II}，在界面处理想粘接。在两种材料两端施加相同的压缩应变 ε，如图 12.4 所示，折痕的长度为 L。L 的选取是任意的，但需远小于此边值问题中模型的特征长度。同样，将折痕状态与均匀变形状态之间单位厚度系统的弹性应变能之差记为 Φ。通过量纲分析，可得能量差 Φ 与外加应变 ε 的关系为

$$\Phi = \mu_{\mathrm{II}} L^2 f(\varepsilon, \mu_{\mathrm{II}}/\mu_{\mathrm{I}}) \tag{12-17}$$

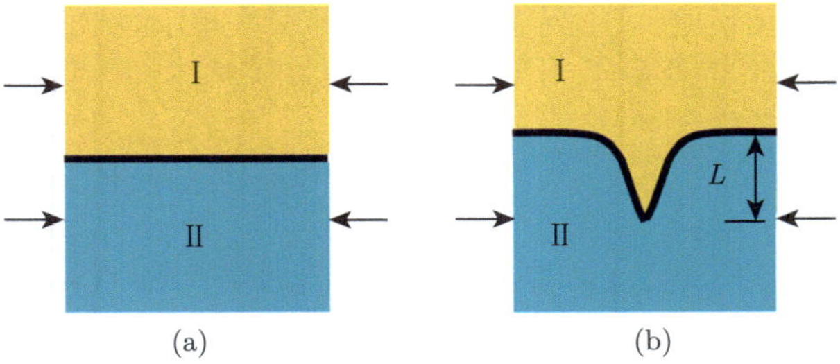

图 12.4　界面折痕 [6]

(a) 均匀变形状态；(b) 在界面产生折痕

在给定的压缩应变 ε 下，比较折痕状态和均匀变形状态的能量差。对于模量比为 $\mu_{\mathrm{II}}/\mu_{\mathrm{I}} = 5$ 的情况，当压缩应变 $\varepsilon < 0.512$ 时，折痕状态的能量高于均匀变形状态的能量；而当 $\varepsilon > 0.512$ 时，均匀变形状态的能量高于折痕状态的能量。因此，该界面产生折痕的临界应变为 $\varepsilon_{\mathrm{c}} = 0.512$。当 $\varepsilon > \varepsilon_{\mathrm{c}}$ 时，随着压缩应变的增加，折痕会继续发展。

采用有限元方法可以模拟界面折痕的演化。根据模型的对称性，如图 12.5 所示，只取右半部分进行模拟。块材 I 和 II 高度均为 H，宽度均为 W，且为简单起见，这里取 $W = H$。在模型的左侧界面上预制一个小缺陷。缺陷的尺寸远小于材料的

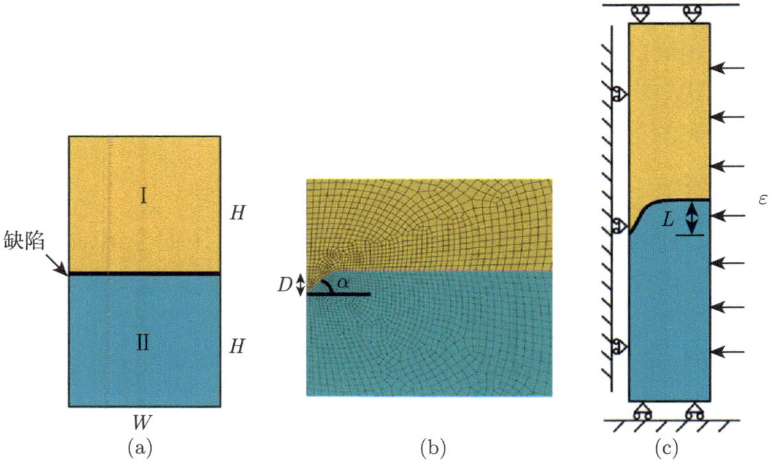

图 12.5　界面折痕失稳的有限元模型 [6]

(a) 参考状态，左侧界面上预制一个小缺陷；(b) 缺陷局部放大图；(c) 模型的边界条件

尺寸，但远大于缺陷周围网格的尺寸 (图 12.5(b))。缺陷的深度为 D，缺陷尖端界面与水平方向的夹角为 α。边界条件如图 12.5(c) 所示。

图 12.6 中结果表明，缺陷的几何对折痕的产生和发展影响较小。在折痕发生之前，L 变化很慢；当折痕产生之后，折痕长度 L 随着压缩载荷的增加而快速变大。将折痕长度开始快速增加时对应的压缩应变作为临界应变 ε_c。在 $\mu_{II}/\mu_I = 5$ 的条件下，通过 L 与压缩载荷 ε 的关系，可得界面折痕的临界应变 $\varepsilon_c \approx 0.512$，该结果和能量比较法得到的结果吻合较好。

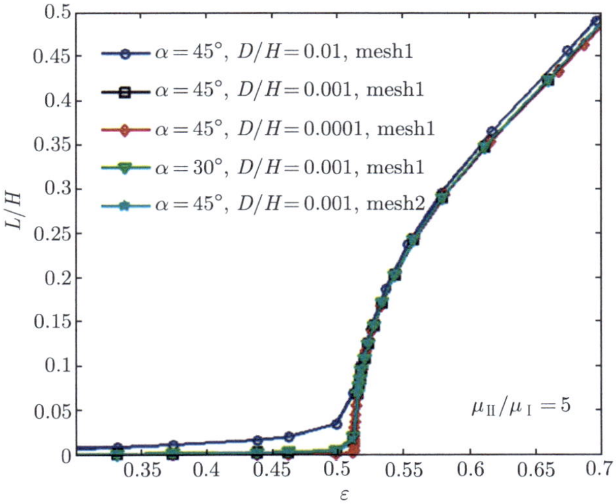

图 12.6 折痕的无量纲深度与压缩应变之间的关系 [6]

12.3 缺陷敏感性分析

针对实验中测量得到的折痕失稳临界应变小于 Biot 理论解这一问题，Cao 和 Hutchinson 采用 Koiter 理论 [7,8]，探讨了从褶皱失稳到折痕失稳的演化路径，并讨论了折痕失稳的缺陷敏感性问题 [9]。本节简要介绍这一工作。

12.3.1 初始后屈曲分析

针对 12.1 节中给出的模型，Biot 失稳临界应变的推导过程只需要考虑式 (12-10) 给出的一个特征模态。事实上，失稳状态可以是多个周期性特征模态的组合。将第 n 阶模态记为 $U_i = u_i^{(n)}$ 和 $Q = q^{(n)}$，

$$\left(u_1^{(n)}, u_2^{(n)}, \lambda_1 q^{(n)}\right) = l\left(f(nkx_2)\sin(nkx_1), g(nkx_2)\cos(nkx_1), nkh(nkx_2)\cos(nkx_1)\right) \tag{12-18}$$

式中，$n=1,2,3,\cdots$，$k=2\pi/l$。这里 l 是该问题中唯一的长度尺度。注意这里假设所有模式均关于 $x_1=0$ 对称。对式 (12-18) 进行正则化，以保证上表面法向位移 $u_2^{(n)}=l\cos(nkx_1)$，即 $g(0)=1$。

总位移可以展成如式 (12-19) 所示形式：

$$(u_i,q)=\left(u_i^0(\lambda),q^0(\lambda)\right)+\sum_{n=1}^{N}\xi_n\left(u_i^{(n)},q^{(n)}\right)+(\Delta u_i,\Delta q_i) \tag{12-19}$$

式中，$q^0(\lambda)=r$；ξ_n 为第 n 阶模态的无量纲波幅，其中高阶项记为 $(\Delta u_i,\Delta q_i)$。

为了导出分岔点附近系统能量改变表达式，需要已知系统总伸长比 λ 和后屈曲状态失稳波幅 ξ 之间的关系，假设这种关系具有如式 (12-20) 所示形式：

$$\lambda=\lambda_{\mathrm{w}}\left(1+a\xi+b\xi^2+\cdots\right) \tag{12-20}$$

式中，$\lambda_{\mathrm{w}}=0.5437/\sqrt{\lambda_3}$，由式 (12-14) 给出。在初始后屈曲分析中，建立系统相对于参考状态的势能改变量 $\hat{\Phi}(\lambda,\tilde{U})$ 为

$$\begin{aligned}\hat{\Phi}(\lambda,U)=&\frac{1}{2}\left[\frac{\partial^2\hat{\Phi}(\lambda_{\mathrm{w}},0)}{\partial^2\tilde{U}}+\frac{\partial^3\hat{\Phi}(\lambda_{\mathrm{w}},0)}{\partial\lambda\partial^2\tilde{U}}(\lambda-\lambda_{\mathrm{w}})+\cdots\right]\left[\xi U^{(1)}+\xi^2U^{(2)}+\cdots\right]^2\\&+\frac{1}{6}\left[\frac{\partial^3\hat{\Phi}(\lambda_{\mathrm{w}},0)}{\partial^3\tilde{U}}+\frac{\partial^4\hat{\Phi}(\lambda_{\mathrm{w}},0)}{\partial\lambda\partial^3\tilde{U}}(\lambda-\lambda_{\mathrm{w}})+\cdots\right]\left[\xi U^{(1)}+\xi^2U^{(2)}+\cdots\right]^3\\&+\cdots=0\end{aligned} \tag{12-21}$$

由于 $\hat{\Phi}(\lambda,0)=0$ 和 $\partial\hat{\Phi}(\lambda,0)/\partial\tilde{U}=0$，有

$$\frac{\partial\hat{\Phi}(\lambda,0)}{\partial\lambda}=0,\quad\frac{\partial^2\hat{\Phi}(\lambda,0)}{\partial\lambda\partial\tilde{U}}=0 \tag{12-22}$$

进而可以得到

$$\begin{aligned}\hat{\Phi}(\lambda,U)=&\frac{1}{2}(\lambda-\lambda_{\mathrm{w}})\xi^2\frac{\partial^3\hat{\Phi}(\lambda_{\mathrm{w}},0)}{\partial\lambda\partial^2\tilde{U}}U^{(1)2}+\frac{1}{6}\xi^3\frac{\partial^3\hat{\Phi}(\lambda_{\mathrm{w}},0)}{\partial^3\tilde{U}}U^{(1)3}\\&+O(\xi^4,(\lambda-\lambda_{\mathrm{w}})\xi^3)\end{aligned} \tag{12-23}$$

从式 (12-23) 可以得到方程 (12-6) 和式 (12-7) 中 U 的三次方项，即

$$\frac{1}{6}\frac{\partial^3\hat{\Phi}(\lambda_{\mathrm{w}},0)}{\partial^3\tilde{U}}U^3=\frac{\mu}{\lambda_1}\int_V I_3(\lambda,U,Q)\mathrm{d}V \tag{12-24}$$

式中，

$$I_3(\lambda,U,Q)=-(\lambda_1Q)\left(U_{1,1}U_{2,2}-U_{1,2}U_{2,1}\right)$$

基于式 (12-6) 中的二次项，并记 $\partial\lambda_2/\partial\lambda=-r$ 和 $\partial r/\partial\lambda=-2r/\lambda_1$，同样可得

$$\frac{1}{2}\frac{\partial^3\hat{\Phi}(\lambda_{\rm w},0)}{\partial\lambda\partial^2\tilde{U}}U^2=\frac{\mu}{\lambda_1}\int_V\{(\lambda_1 Q)(rU_{1,1}-U_{2,2})+2r(U_{1,1}U_{2,2}-U_{1,2}U_{2,1})\}\,{\rm d}V \tag{12-25}$$

在式 (12-24) 和式 (12-25) 中 λ_1 与 r 在 $\lambda_{\rm w}$ 处取值。针对如式 (12-26) 所示失稳模式：

$$\xi U^{(1)}=\sum_{n=1}^{N}\xi_n\left(u_1^{(n)},u_2^{(n)},\lambda_1 q^{(n)}\right) \tag{12-26}$$

可以得到如图 12.7 所示的表面失稳位移。可以看出，随着 N 的增加，表面形状越来越趋近于折痕的形状，但是由于折痕失稳的高度非线性特征，即使取 $N=10$，结果仍未收敛。

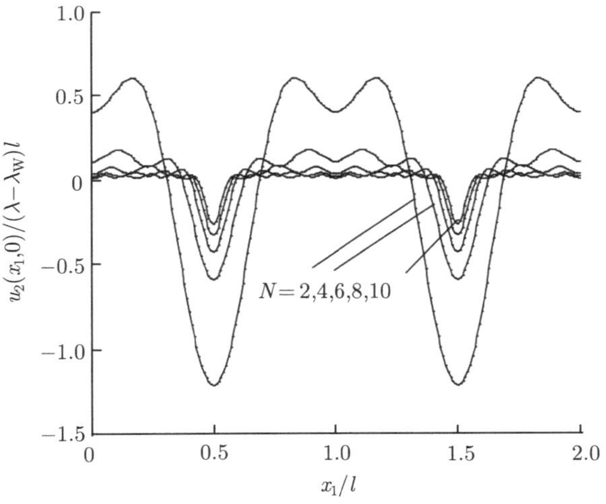

图 12.7 通过后屈曲分析得到的一系列近似表面失稳形貌

$N=2\sim10$

下面考虑几何缺陷对能量泛函的贡献。在半空间表面引入式 (12-27) 所示形式的几何缺陷：

$$x_2=\delta(x_1)=\sum_{n=1}^{N}\bar{\xi}_n l\cos(nkx_1) \tag{12-27}$$

式中，$\bar{\xi}_n$ 为几何缺陷中第 n 阶模态的波幅。

为了求得几何缺陷对系统在分岔点附近失稳行为影响的渐近解，尤其是缺陷对临界失稳的影响。这里仅考虑最低阶缺陷的影响，求解方法与 Koiter[7,8] 的方法类似。

对于有初始几何缺陷的系统，式 (12-1) 中的 Φ 可以写为

$$\Phi = \int_0^l \mathrm{d}x_1 \int_{-\infty}^0 \mathrm{d}x_2 \left(\varphi(\boldsymbol{\eta}) - \varphi(\boldsymbol{\eta}^{(0)})\right) + \int_0^l \mathrm{d}x_1 \int_0^{\delta(x_1)} \mathrm{d}x_2 \left(\varphi(\boldsymbol{\eta}) - \varphi(\boldsymbol{\eta}^{(0)})\right) \tag{12-28}$$

对于非常小的 $\delta(x_1)$，有

$$\int_0^{\delta(x_1)} \mathrm{d}x_2 \left(\varphi(\boldsymbol{\eta}) - \varphi(\boldsymbol{\eta}^{(0)})\right) \cong \delta(x_1) \left(\varphi(\boldsymbol{\eta}) - \varphi(\boldsymbol{\eta}^{(0)})\right)_{x_2=0}$$

因此，缺陷对能量泛函 $\hat{\Phi}$ 的贡献为

$$\Delta\Phi = \int_0^l \mathrm{d}x_1 \int_0^{\delta(x_1)} \mathrm{d}x_2 \left(\varphi(\boldsymbol{\eta}) - \varphi(\boldsymbol{\eta}^{(0)})\right) \cong \int_0^l \delta(x_1) \left(\varphi(\boldsymbol{\eta}) - \varphi(\boldsymbol{\eta}^{(0)})\right)_{x_2=0} \mathrm{d}x_1 \tag{12-29}$$

式中，

$$\left(\varphi(\boldsymbol{\eta}) - \varphi(\boldsymbol{\eta}^{(0)})\right)_{x_2=0} = \left(\frac{\partial \varphi(\boldsymbol{\eta}^{(0)})}{\partial \eta_{ij}} \Delta\eta_{ij} + \cdots\right)_{x_2=0} = \left(\tau_{ij}^0 \Delta\eta_{ij} + \cdots\right)_{x_2=0} \tag{12-30}$$

式中，$2\Delta\eta_{ij} = (U_{i,j} + U_{j,i}) + u_{k,i}^0 U_{k,j} + u_{k,j}^0 U_{k,i}$ 只包含 U_i 的低阶项；$\tau_{ij}^0(\lambda)$ 为参考状态下的 P-K 应力，并有 $\tau_{11}^0 = -\mu(r^2-1)$。这样，缺陷对能量泛函 $\hat{\Phi}$ 的贡献也可表示为

$$\Delta\Phi = -\mu\lambda_1 l(r-1)^2 \int_0^l \left(\delta(x_1) \sum_{n=1}^N \xi_n u_{1,1}^{(n)}(x_1, 0)\right) \mathrm{d}x_1 \tag{12-31}$$

对于存在缺陷的系统，当 $N = 2$ 时，可得到如式 (12-32) 所示的临界伸长比与缺陷之间的关系：

$$\lambda^* - \lambda_\mathrm{w} = \lambda_\mathrm{w} \sqrt{\frac{3\sqrt{3}\, b_{112} c \left|\bar{\xi}_1\right|}{4}} = 1.7534 \lambda_\mathrm{w} \sqrt{\left|\bar{\xi}_1\right|} \tag{12-32}$$

式中，λ^* 为有缺陷系统的临界伸长比。当 N 取其他值时，缺陷对临界伸长比的影响可以表示为

$$\lambda^* - \lambda_\mathrm{w} = \lambda_\mathrm{w} \sqrt{\frac{3\sqrt{3}\, b_{112} c \left|\bar{\xi}_1\right|}{4}} = c^* \lambda_\mathrm{w} \sqrt{\left|\bar{\xi}_1\right|} \tag{12-33}$$

表 12.1 给出了缺陷敏感性系数 c^* 随 N 的变化情况。图 12.8 给出了 $N = 2 \sim 6$ 时 λ^* 随缺陷大小的变化情况。对比 $N = 6$ 的结果，取 $N = 2$ 得到的结果明显低估了缺陷的影响。

表 12.1　缺陷敏感性系数 c^* 随 N 的变化情况

模态数目	$N=2$	$N=3$	$N=4$	$N=5$	$N=6$
c^*	1.754	2.077	2.226	2.305	2.358

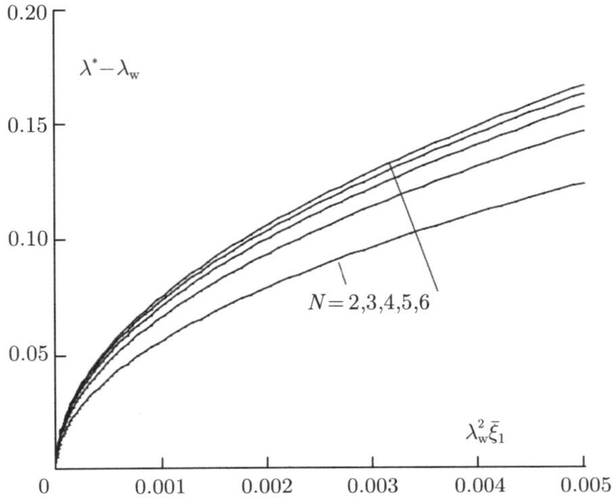

图 12.8 缺陷对临界伸长比的影响

12.3.2 数值模拟

下面通过有限元模拟来验证前面利用 Koiter 理论给出的结果。在模拟中，考虑两种形式的表面缺陷，其一是正弦形式的缺陷

$$\delta(x_1) = \bar{\xi}_1\, l \cos(2\pi x_1/l) \tag{12-34}$$

其二是周期排布、不发生相互作用且具有指数衰减形式的表面缺陷

$$\delta(x_1) = -4\bar{\xi} l\, \mathrm{e}^{-(x_1/l)^2} \tag{12-35}$$

首先考虑上表面具有正弦形式的微小缺陷。有限元模型在 (x_1, x_2) 平面内宽度为 L，高度为 $D = 10L$。模型上表面不承受载荷，下表面不承受剪切载荷并且固定 x_2 方向的位移，即令下表面 $u_2 = 0$。该模型中高度方向的尺寸足以保证底部的边界条件不会对上表面的失稳行为产生影响。对于正弦形式的缺陷，在两侧的竖直方向采用周期性的边界条件，令 $L = l$。对于指数形式的缺陷，同样在两侧采用周期性边界条件，缺陷位于模型的中间，并取宽度为 $L = 20l$，深度为 $D = 10l$，以确保底部的边界条件与周围邻近的缺陷之间不会产生相互影响。

有限元模拟中采用商业软件 Abaqus，只考虑平面应变情况，即 $\lambda_3 = 1$。由于缺陷设置的原因，失稳的发生以及起皱–折痕转变将发生在上表面的中心区域，因此在该区域采用非常精细的网格，l 与网格尺寸的比值约为 2000。在有限元模拟中，采用不可压缩的 neo-Hooke 超弹性本构模型。选用二阶杂交元 (CPE8RH) 离散所模拟的不可压缩超弹性块体。为了引入初始几何缺陷，首先进行如下计算，即在模型上表面分别施加法向正弦位移模式 (12-34) 和指数衰减位移模式 (12-35)、切向位移为零的几何缺陷。然后，利用 Abaqus 中的 *IMPERFECTION 命令将此分析步中得到的节点位移引入一个新的模型中，便可以得到具有初始缺陷的无应力的几何模型 [14]。这种做法与直接建立一个具有初始缺陷的几何模型是等价的，但是这种方法更简单，理论上可以生成具有任意表面缺陷的几何模型。通过引入上述几何缺陷可以进一步开展有限元模拟，以追踪在压缩载荷作用下局部失稳的发生和折痕的形成。在模拟过程中，在上表面定义自接触，从而可以避免出现折痕发生后的表面贯穿现象。当发生局部失稳时，系统的刚度矩阵是奇异的。在这种情况下求解失稳问题比较常用的弧长法一般不再适用。对于此类问题，模拟中可采用伪动力学方法。针对两种具有代表性的缺陷，下面介绍数值模拟的结果。

首先讨论正弦型缺陷。图 12.9 给出了系统失稳时总体压缩应变 $\varepsilon^* = 1 - \lambda^*$ 与缺陷幅值 $\bar{\xi}_1$ 之间的关系。图中同时给出了 A 点处的局部压缩应变 $\varepsilon_A = 1 - \lambda_A$ 随缺陷变化的情况。可以看出，当局部应变 ε_A 达到 Biot 应变 $\varepsilon_{\rm w}$ 时，系统发生表面失稳，迅速演化到折痕形貌，关于这一点下面还会进行详细讨论。图 12.9 给出的系统失稳临界压缩应变 ε^* 强烈依赖于缺陷的大小，这表明系统的稳定性对缺陷非常敏感。此外，图 12.9 中还对比了 $N = 6$ 时的理论解与数值模拟结果，二者吻合较好，从而验证了理论解和上述结论的可靠性。

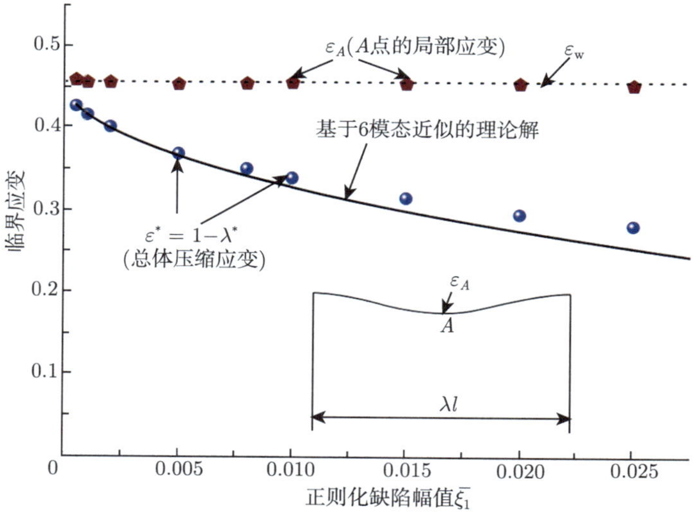

图 12.9　系统总体压缩应变和折痕形成处的局部应变与正弦缺陷幅值之间的关系

A 点表示波谷处最低点。实线表示理论分析得到的结果 ($N = 6$)。虚线表示 Biot 应变 $\varepsilon_{\rm w} = 0.456$。该图揭示了两个重要的结果：非常小的几何缺陷会导致系统在失稳时总体压缩应变产生明显下降；折痕的形成与 A 点的局部压缩应变相关，当 A 的应变达到 Biot 应变时系统发生失稳

图 12.10 和图 12.11 给出了表面失稳进一步演化的情况，结果对应的缺陷幅值为 $\bar{\xi}_1 = 0.005$。随着压缩应变的增大，表面最高点与最低点之间的高度差 Δu_2

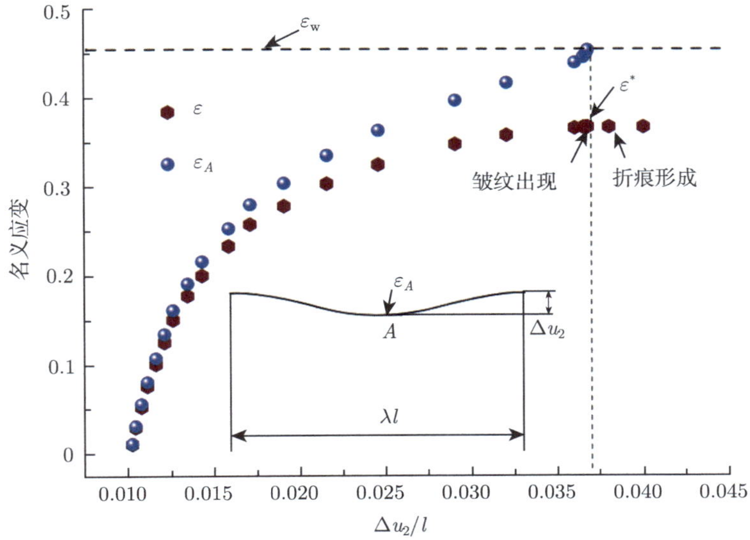

图 12.10 系统总压缩应变和 A 点处的局部应变随表面最高点与最低点高度差的演化关系

模拟过程中正弦缺陷的幅值取为$\bar{\xi} = 0.005$。可以看出在折痕出现时，$\varepsilon_A = \varepsilon_w$，总体压缩应变也同时达到最大值 ε^*

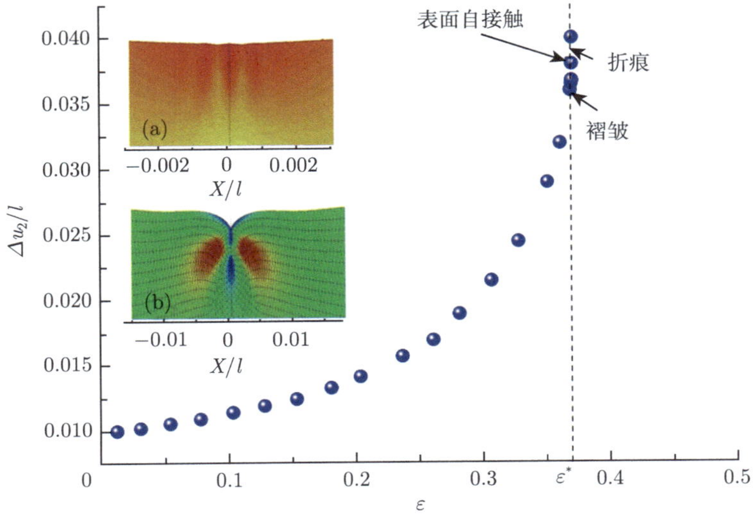

图 12.11 表面波峰和波谷高度差与系统总压缩应变之间的关系

正弦缺陷的幅值取为 $\bar{\xi}_1 = 0.005$。(a) 系统在折痕失稳出现之前表面会产生 Biot 失稳，此时系统的总压缩应变 ε^* 基本保持不变，Biot 失稳很不稳定，系统将迅速演化到折痕失稳 (b)

单调增加。图 12.10 给出了外加的总压缩应变 ε 和波谷 A 点处的压缩应变 ε_A 与 $\Delta u_2/l$ 之间的变化关系。在折痕出现时，$\varepsilon_A=\varepsilon_{\rm w}$，总体压缩应变也达到最大值 ε^*。图 12.11 所示的结果表明，在折痕形成之前 A 点所在的区域会发生 Biot 失稳 (图 12.11(a))。Biot 失稳模式会迅速发展为折痕失稳，这个过程中系统总压缩应变基本保持为 ε^*。折痕的形成会导致折痕周围区域的应变得到释放。

图 12.12 所示为折痕形成后的表面应变分布，从图 12.12 中可以明显看出折痕周围的应变得到很大程度的释放。比如，在距离折痕小于 $2.3\,l_{\rm c}$ 的范围内，表面的应变已经小于 $\varepsilon_{\rm c}=0.35$，在更远的地方表面应变不超过 Biot 应变 $\varepsilon_{\rm w}=0.456$。这里 $l_{\rm c}$ 指折痕的深度。图 12.12 中还包含了一个非常有趣的结果，即图中所示的特征点恰好是弹性体表面形状凸凹拐点，这里特征点处的应变为折痕应变 $\varepsilon_{\rm c}=0.35$。

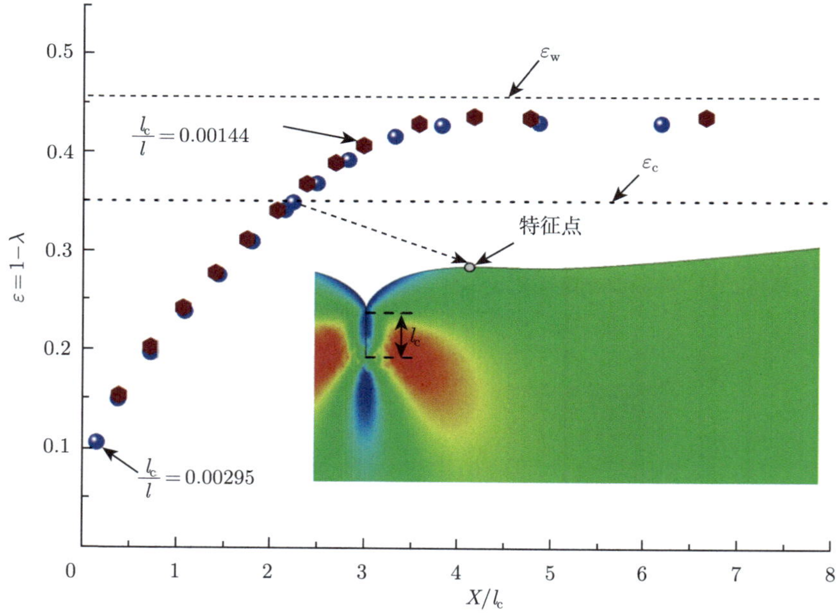

图 12.12　折痕失稳发生时弹性体表面各点处的压缩应变

两种情况下正弦缺陷的幅值为都为 $\bar{\xi}=0.005$。图中给出了两种不同折痕深度情况下的结果，$l_{\rm c}$ 表示折痕的深度。X 表示未变形状态下各点与折痕发生位置之间的水平距离。在距离折痕位置 $2.3l_{\rm c}$ 处，存在一个特征点，该点的压缩应变等于折痕应变 $\varepsilon_{\rm c}=0.35$，并且在该点处弹性体表面曲率发生凸凹转变。在距离小于 $2.3l_{\rm c}$ 范围内，表面应变小于折痕应变

下面讨论指数型缺陷的影响。图 12.13 所示为具有指数形式表面缺陷的模拟结果。缺陷的函数形式如式 (12-35) 所示。表面失稳发生和折痕形成的时刻，表面最低点处的局部应变也恰好达到 Biot 失稳对应的临界应变 $\varepsilon_{\rm w}$。从图 12.13 中也可以

看出，同基于正弦缺陷得到的模拟结果类似，折痕失稳发生时，临界压缩应变随着缺陷幅值增加而大幅度减小，同样说明该系统具有很高的缺陷敏感性。

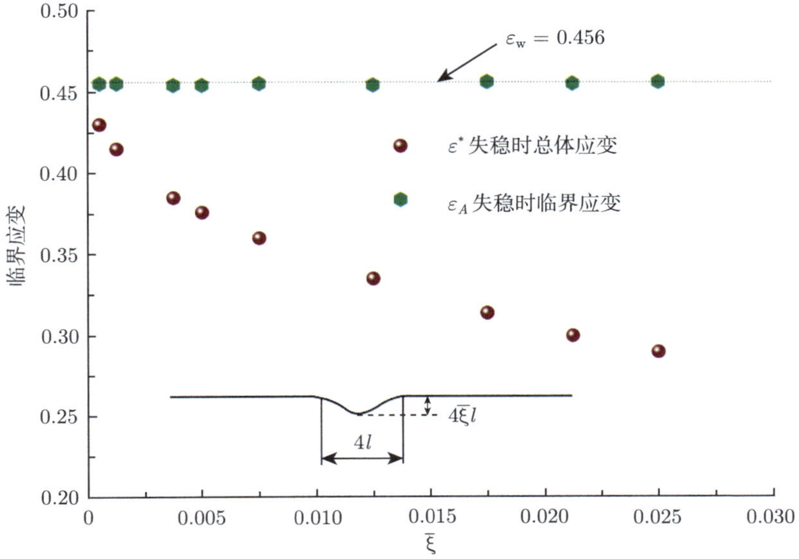

图 12.13 表面失稳发生时局部位置和总体压缩应变与指数缺陷幅值之间的变化关系

12.4 本 章 小 结

本章简要介绍了文献中对超弹性软材料表面失稳现象，例如折痕失稳现象的一些研究进展。Biot 最早对超弹性块体材料在压缩载荷作用下发生的表面失稳现象给出了定量研究。针对平面应变情况，Biot 的分析表明，当压缩应变超过临界值 0.456 时，表面将会发生失稳。但是后续大量实验中观察到的表面失稳对应的临界应变小于 Biot 的理论预测值。Hohlfeld 和 Mahadevan[3] 和 Hong 等 [1] 针对软材料表面折痕失稳问题的研究表明，折痕失稳发生时对应的压缩应变约为 0.35，能较好地解释一些实验结果。Cao 和 Hutchinson[9] 基于 Koiter 理论分析了 Biot 失稳模式的稳定性和缺陷敏感性，研究结果表明，Biot 失稳模式不稳定，其会向折痕失稳演化。该类系统的表面失稳对缺陷极为敏感，小的表面缺陷会导致临界压缩应变发生很大变化，该结论会帮助理解实验中观察到的失稳发生时对应的临界压缩应变与理论预报值出现较大偏差的原因。

参 考 文 献

[1] Hong W, Zhao X, Suo Z. Formation of creases on the surfaces of elastomers and gels.

Applied Physics Letters, 2009, 95: 111901.

[2] Tanaka T, Sun S T, Hirokawa Y, Katayama S, Kucera J, Hirose Y, Amiya T. Mechanical instability of gels at the phase transition. Nature, 1987, 325: 796–798.

[3] Hohlfeld E, Mahadevan L. Unfolding the sulcus. Physical Review Letters, 2011, 106: 105702.

[4] Biot M. Surface instability of rubber in compression. Applied Scientific Research, 1963, 12: 168–182.

[5] Biot M A. Mechanics of Incremental Deformations. Wiley, 1964.

[6] Jin L, Chen D, Hayward R C, Suo Z. Creases on the interface between two soft materials. Soft Matter, 2014, 10: 303–311.

[7] Koiter W T. On the Stability of Elastic Equilibrium. Amsterdam: Delft, H.J. Paris, 1945.

[8] van der Heijden A M. WT Koiter's elastic stability of solids and structures. Cambridge: Cambridge University Press, 2009.

[9] Cao Y P, Hutchinson J W. From wrinkles to creases in elastomers: the instability and imperfection-sensitivity of wrinkling. Proceedings of the Royal Society of London A, 2012, 468: 94–115.

[10] Gent A, Cho I. Surface instabilities in compressed or bent rubber blocks. Rubber Chemistry and Technology, 1999, 72: 253–262.

[11] Ghatak A, Das A L. Kink instability of a highly deformable elastic cylinder. Physical Review Letters, 2007, 99: 076101.

[12] Hohlfeld E, Mahadevan L. Scale and nature of sulcification patterns. Physical Review Letters, 2012, 109: 025701.

[13] Hohlfeld E. Creasing, Post-bifurcations, and the Spontaneous Breakdown of Scale Invariance. Cambridge: Harvard University, 2008.

[14] Euler L. Methodus Inveniendi Lineas Curvas Maximi Minimive Proprietate Gaudentes. Lausanne and Geneva: Marcum Michaelem Bousquet, 1744.

第 13 章　软膜的自发性失稳

在微纳米尺度下，范德瓦耳斯力和静电力等相互作用力，对软材料的变形行为有着重要影响。早在 1966 年，Vrij 就对自由液体薄膜 (如肥皂泡) 的自发性破坏进行了理论分析 [1]，其预测的液体薄膜自发性失稳的临界厚度大约为 10nm。随后，自由的或附着在固体基底上的液体薄膜 (例如，在玻璃态转化温度以上的聚合物软材料) 的稳定性问题受到了越来越多的关注，研究者们通过理论分析和实验测量研究薄膜的表面失稳条件和失稳形貌特征 [1−9]。此外，人们对在应力作用下外延固体弹性薄膜的表面失稳和形貌演化也进行了比较深入的研究 [1,9−20]。本章考虑的对象是附着于刚性基底表面的软材料弹性薄膜，重点讨论范德瓦耳斯相互作用力诱导的自发性表面失稳 [21,22]。

13.1　能 量 分 析

在工程应用中，薄膜的面内尺寸通常远大于其厚度。因此，在理论分析中一般考虑面内尺寸无限大的薄膜，忽略薄膜四周边界条件对失稳形貌的影响，着重考虑失稳形貌在面内的周期性特征，如失稳形貌的波长、幅值及其演化规律。对于本章所考虑的弹性软薄膜，基底弹性变形的影响一般可以忽略不计，因此假设基底为刚性。

首先考虑二维系统，薄膜–基底结构如图 13.1 所示，薄膜初始均匀厚度为 h，支撑在半无限大的刚性基底上。建立如图所示的笛卡儿坐标 (O-x_1x_2)，其中 x_1 轴沿着薄膜与基底的界面，x_2 轴垂直于界面，在与 (x_1, x_2) 平面垂直的 x_3 方向上满足平面应变假设。令 $\boldsymbol{u}(u_1, u_2)$ 表示薄膜失稳状态下的位移场，沿 x_1 和 x_2 轴方向的位移分量分别为 $u_1(x_1, x_2)$ 和 $u_2(x_1, x_2)$。

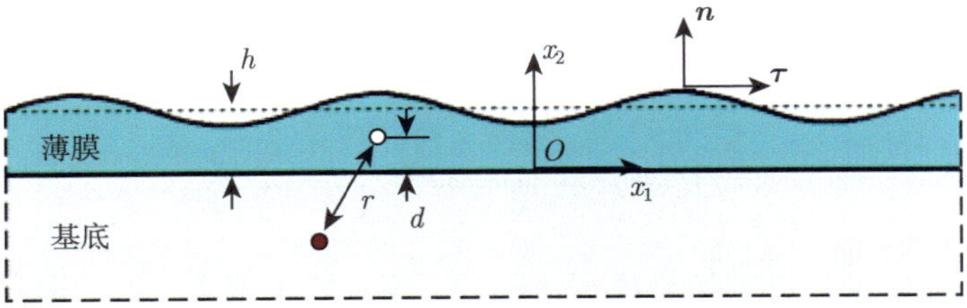

图 13.1　薄膜–基底结构示意图

在范德瓦耳斯相互作用势、弹性应变能和表面能的相互竞争作用下，微纳米软物质薄膜可能发生自发性失稳，并在其表面形成具有一定特征波长的起伏。系统的总自由能包括范德瓦耳斯相互作用势、弹性应变能和薄膜上表面的表面能，即

$$\Sigma = \int_S U_{\mathrm{vdW}} \mathrm{d}S + \int_V U_{\mathrm{E}} \mathrm{d}V + \int_S U_{\mathrm{s}} \mathrm{d}S \tag{13-1}$$

式中，U_{vdW} 表示单位面积上的范德瓦耳斯相互作用势；U_{E} 表示薄膜单位体积内的弹性应变能；U_{s} 表示薄膜单位面积上的表面能；S 和 V 分别表示变形后的薄膜上表面面积和薄膜体积。

13.1.1　范德瓦耳斯相互作用势

根据 Hamaker 微观连续介质理论 [23]，原子之间的范德瓦耳斯相互作用满足 Hamaker 假设，包括：①离散模型叠加性假设，即任意两个物体之间的相互作用势由构成这两个物体的所有原子对之间的作用势累加求和得到；②连续介质假设，即将物体视为由一系列微元连续构成；③均质材料假设，即任意物体在相互作用过程中，其密度和相互作用常数保持不变。假设薄膜内原子与基底原子之间的相互作用势满足著名的 Lennard–Jones 势函数 (即 “6-12” 势)，表示为 [24]

$$w_{\mathrm{vdW}} = -\frac{A_0}{r^6} + \frac{B_0}{r^{12}} \tag{13-2}$$

式中，r 表示任意两个原子之间的距离 (图 13.1)；A_0 和 B_0 是两个材料常数，其取值一般分别在 $10^{-77}\mathrm{J{\cdot}m^6}$ 和 $10^{-134}\mathrm{J{\cdot}m^{12}}$ 量级 [24]。通过积分，即可得到薄膜中某一原子与半无限大基底之间的相互作用势为

$$\begin{aligned} w_{\mathrm{vdW}}^{\mathrm{I}}(d) &= \int_{-\infty}^{0}\int_{0}^{\infty}\left\{\frac{-A_0}{[x_1^2+(d-x_2)^2]^3} + \frac{B_0}{[x_1^2+(d-x_2)^2]^6}\right\}\rho_1 2\pi x_1 \mathrm{d}x_1 \mathrm{d}x_2 \\ &= \pi\rho_1\left(-\frac{A_0}{6d^3} + \frac{B_0}{45d^9}\right) \end{aligned} \tag{13-3}$$

式中，ρ_1 为基底中单位体积中的原子个数；d 为薄膜内原子与界面之间的距离，如图 13.1 所示。再次积分，可以得到失稳状态下薄膜与半无限大基底之间的相互作用势为

$$\begin{aligned} U_{\mathrm{vdW}}(h) = \int_{d_0}^{d_0+h+u_{\mathrm{n}}} w_{\mathrm{vdW}}^{\mathrm{I}}(x_2)\rho_2 \mathrm{d}x_2 &= \left(-\frac{A}{12\pi d_0^2} + \frac{B}{360\pi d_0^8}\right) \\ &\quad - \left[-\frac{A}{12\pi(d_0+h+u_{\mathrm{n}})^2} + \frac{B}{360\pi(d_0+h+u_{\mathrm{n}})^8}\right] \end{aligned} \tag{13-4}$$

式中，$A = A_0\pi^2\rho_1\rho_2$ 和 $B = B_0\pi^2\rho_1\rho_2$ 为 Hamaker 常数 [23]，通常取值分别为 $10^{-19}\mathrm{J}$ 和 $10^{-76}\mathrm{J{\cdot}m^6}$，$\rho_2$ 为薄膜中单位体积的原子个数。参数 d_0 表示薄膜–基底界

面处的原子距离，可以通过界面原子平衡条件得到，一般为 0.2~0.3nm。上式等号右边第一个括号中的两项，表示两个半无限大体在距离 d_0 时的相互作用势；第二个括号中的两项，表示两个半无限大体在距离为 $d_0+h+u_{\rm n}$ 时的相互作用势，$u_{\rm n}$ 表示薄膜上表面的法向位移。$u_{\rm n}$ 与 h 相比为高阶小量，对上式进行泰勒展开，并取前三项，得 [25,26]

$$U_{\rm vdW}(u_{\rm n}) \approx -\left[U_{\rm vdW}^0 + Fu_{\rm n} + \frac{1}{2}Yu_{\rm n}^2\right] \tag{13-5}$$

式中，$U_{\rm vdW}^0$ 表示在无变形状态下单位面积上的范德瓦耳斯相互作用势；F 表示单位面积上的分离压；Y 表示单位面积上的相互作用刚度。其表达式分别为

$$\begin{cases} U_{\rm vdW}^0 = -U_{\rm vdW}(0) \\ F = -U'_{\rm vdW}(0) = \dfrac{A}{6\pi(d_0+h)^3} - \dfrac{B}{45\pi(d_0+h)^9} \\ Y = -U''_{\rm vdW}(0) = -\dfrac{A}{2\pi(d_0+h)^4} + \dfrac{B}{5\pi(d_0+h)^{10}} \end{cases} \tag{13-6}$$

13.1.2 弹性应变能

本小节重点分析软物质薄膜自发性失稳的临界条件，暂不考虑薄膜失稳以后的形貌演化。因此，薄膜的弹性变形采用了线性的几何关系和各向同性线弹性本构关系，即

$$\boldsymbol{\varepsilon} = \frac{1}{2}(\nabla\boldsymbol{u} + \boldsymbol{u}\nabla), \quad \boldsymbol{\sigma} = \frac{2\mu\nu}{1-2\nu}({\rm tr}\boldsymbol{\varepsilon})\mathbf{I} + 2\mu\boldsymbol{\varepsilon} \tag{13-7}$$

式中，μ 为薄膜材料的剪切模量，ν 为泊松比，$\boldsymbol{\varepsilon}$ 为应变张量，$\boldsymbol{\sigma}$ 为 Cauchy 应力张量，$\mathbf{I}$ 为单位张量。薄膜的弹性应变能密度用位移表示为 [27]

$$U_{\rm E}(\boldsymbol{u}) = \mu\left[\frac{1}{2}(\nabla\boldsymbol{u}:\nabla\boldsymbol{u} + \boldsymbol{u}\nabla:\nabla\boldsymbol{u}) + \frac{\nu}{1-2\nu}(\nabla\cdot\boldsymbol{u})^2\right] \tag{13-8}$$

13.1.3 表面能

薄膜通常有两种改变其表面面积的方式：一是通过薄膜内部原子向表面扩散形成新的表面 (或者其逆过程)，但表面的原子密度保持不变，这是液体薄膜改变表面面积的主要方式；二是通过表面拉伸或压缩弹性应变改变原子间距和结构，但表面的原子总数不变，这是固体薄膜在通常情况下改变表面积的主要方式。在高温等特殊条件下，固体薄膜也会通过第一种方式产生扩散或塑性变形。根据 Gibbs 表面热力学原理 [28]，固体薄膜的表面能包括两部分，分别对应着以上两种物理过程。一部分通常被称为剩余表面自由能 (excess surface free energy) γ，等于生成单位面积的新表面所需要的可逆功；另一部分表面能由表面的弹性变形产生，通常用表面应力 (surface stress) $\tau_{\alpha\beta}^{\rm s}$ 和表面应变 (surface strain) $\varepsilon_{\alpha\beta}^{\rm s}$ 表示。对于固体薄膜

而言，应该将剩余表面自由能 γ 和表面应力 $\tau^{\mathrm{s}}_{\alpha\beta}$ 这两个概念区分开来。从数值上讲，两者都等于作用在薄膜表面单位长度截线上的力，因此在有的文献中，将两者统一称为 “表面张力”(surface tension)。

在本章分析中，假设薄膜的表面应力是各向同性的 ($\tau^{\mathrm{s}}_{\alpha\beta}=\tau^{\mathrm{s}}\delta_{\alpha\beta}$)，且为正 ($\tau^{\mathrm{s}}>0$)。在小变形情况下，假设表面应力保持为常数。薄膜的表面原子扩散，影响着薄膜表面失稳以后的形貌演化，但对薄膜失稳的临界条件和特征波长等影响不大，这里不予考虑，而主要考察薄膜的弹性变形。因此，单位面积薄膜的表面能密度可以表示为 [29]

$$U_{\mathrm{s}}=\gamma+\tau^{\mathrm{s}}\delta_{\alpha\beta}\varepsilon^{\mathrm{s}}_{\alpha\beta} \tag{13-9}$$

式中，$\alpha,\beta=1,2$，重复的下标遵循爱因斯坦求和约定。上式也可以理解为薄膜表面能密度关于表面应变的 Taylor 展开，且只保留了线性项。

薄膜的表面应变与表面位移之间的几何关系为

$$\varepsilon^{\mathrm{s}}_{\alpha\beta}=\frac{1}{2}(u^{\mathrm{s}}_{\alpha,\beta}+u^{\mathrm{s}}_{\beta,\alpha}+u^{\mathrm{s}}_{2,\alpha}u^{\mathrm{s}}_{2,\beta}) \tag{13-10}$$

式中，u^{s}_{α} 代表薄膜上表面 ($x_2=h$) 的位移分量。式 (13-10) 及以后的各节中，逗号后面的下标表示对相应的坐标求偏导。式 (13-10) 与薄板变形的非线性几何关系类似，右边括号中的前两项表示面内位移产生的线性应变项，第三项表示面外位移产生的非线性应变项。

13.1.4　能量分析

下面分别对以上三部分能量进行量级上的估计，初步预测在什么情况下表面能和范德瓦耳斯相互作用势不可忽略。为简单起见，考察如图 13.2 所示的单向拉伸薄膜，薄膜弹性模量为 E，表面应力为 τ^{s}，厚度为 h，长宽均为单位长度。

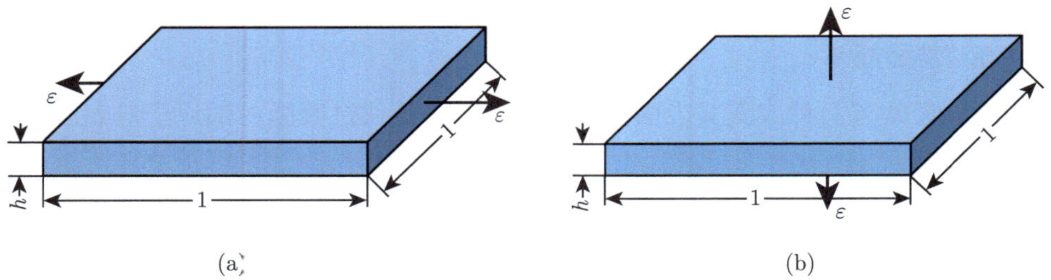

图 13.2　薄膜单向拉伸变形示意图

(a) 面内单向拉伸；(b) 面外单向拉伸

假设薄膜在面内有单向拉伸应变 ε，薄膜内的弹性应变能为 $U_{\mathrm{E}}=E\varepsilon^2h/2$，表面能的增量为 $U_{\mathrm{s}}=2\tau^{\mathrm{s}}\varepsilon$。若薄膜内的弹性应变能与表面能增量相当，即 $U_{\mathrm{E}}\approx U_{\mathrm{s}}$，

可得到 $h \approx 4\tau^{\mathrm{s}}/E\varepsilon$。对于高分子等软物质薄膜，其典型的材料常数取为弹性模量 $E = 1\mathrm{MPa}$，表面应力 $\tau^{\mathrm{s}} = 20\mathrm{mJ/m^2}$，若应变 $\varepsilon = 1\%$，可以得到 $h \approx 10\mu\mathrm{m}$。即当软物质薄膜厚度在大约 10μm 以下时，表面应力的影响是不可忽略的。

再假设薄膜在厚度方向有均匀的拉伸应变 ε，面内自由，则薄膜内的弹性应变能为 $U_{\mathrm{E}} = E\varepsilon^2 h/2$，范德瓦耳斯相互作用势的增量为 $U_{\mathrm{vdW}} = F\varepsilon h + Y(\varepsilon h)^2/2$。若薄膜内的弹性应变能与范德瓦耳斯相互作用势的增量相当，即 $U_{\mathrm{E}} \approx U_{\mathrm{vdW}}$，且相关参数与薄膜面内变形时相同，可得到 $h \approx 20\mathrm{nm}$。即当软物质薄膜厚度在大约 20nm 以下时，薄膜与基底之间的范德瓦耳斯相互作用力对薄膜变形有重要影响。

根据以上量级估计，本章重点分析厚度在 20nm 以内，弹性模量在 0.1MPa~100MPa 范围内的软物质薄膜自发性失稳行为。

13.2 二 维 分 析

本节对软物质薄膜在其与基底之间的范德瓦耳斯相互作用下的自发性表面失稳进行二维分析。首先，推导了软物质薄膜自发性失稳的控制方程，在薄膜–基底界面理想粘接和自由滑移两种极端边界条件下，得到了薄膜失稳临界条件的解析解，讨论了失稳特征波长与薄膜厚度、薄膜弹性、表面应力等参数之间的定量关系，得到了薄膜自发性失稳临界厚度随薄膜弹性变化的趋势。

13.2.1 失稳临界条件

根据最小势能原理，薄膜弹性变形的真实位移场将使得薄膜–基底系统的总势能取最小值。利用弹性力学变分原理，可以得到用位移表示薄膜内应力平衡条件，即 Navier 方程 [27]

$$(1-2\nu)\nabla^{2}\boldsymbol{u} + \nabla(\nabla\cdot\boldsymbol{u}) = \boldsymbol{0} \tag{13-11}$$

以及薄膜上表面 $(x_2 = h)$ 的应力边界条件

$$\boldsymbol{\sigma}\cdot\boldsymbol{n} = \tau^{\mathrm{s}} u_{2,11}\boldsymbol{n} + F\boldsymbol{n} + Y(\boldsymbol{u}\cdot\boldsymbol{n})\boldsymbol{n} \tag{13-12}$$

式中，$\boldsymbol{n}$ 表示薄膜自由表面的法向单位矢量，如图 13.1 所示。薄膜与基底之间的界面边界条件依赖于界面粘接情况，这里分别讨论理想粘接和自由滑移两种极端情况。

若薄膜与基底之间的界面为理想粘接，界面上 $(x_2 = 0)$ 位移边界条件可表示为

$$\boldsymbol{u}(x_1, 0) = \boldsymbol{0} \tag{13-13}$$

方程式 (13-11)~式 (13-13) 构成一个完整的边值问题。此边值问题存在一个均匀变

形的位移场 $\boldsymbol{u}^{\mathrm{h}}$，表示为

$$u_1^{\mathrm{h}}(x_1,x_2)=0,\quad u_2^{\mathrm{h}}(x_1,x_2)=\frac{F}{Y_{\mathrm{m}}-Y}\frac{x_2}{h} \tag{13-14}$$

式中，Y_{m} 表示薄膜在厚度方向均匀变形的等效弹性刚度

$$Y_{\mathrm{m}}=\frac{2(1-\nu)}{1-2\nu}\frac{\mu}{h} \tag{13-15}$$

均匀解 (13-14) 对应着薄膜在表面失稳前的均匀变形，满足所有的平衡方程和边界条件。从式 (13-14) 可以看出，范德瓦耳斯相互作用刚度 Y 起到了降低薄膜沿厚度方向均匀变形等效弹性刚度的作用。对于不可压缩薄膜 ($\nu\to 0.5$)，Y_{m} 趋于无穷大，而 F 和 Y 均为有限值，此时有 $u_2^{\mathrm{h}}\to 0$，薄膜无均匀变形。

除了均匀解以外，上述边值问题还存在可能的非均匀分岔解 $\boldsymbol{u}^{\mathrm{b}}=\boldsymbol{u}-\boldsymbol{u}^{\mathrm{h}}$。该分岔位移场 $\boldsymbol{u}^{\mathrm{b}}$ 同样满足平衡方程 (13-11)，即

$$(1-2\nu)\nabla^2\boldsymbol{u}^{\mathrm{b}}+\nabla(\nabla\cdot\boldsymbol{u}^{\mathrm{b}})=\mathbf{0} \tag{13-16}$$

以及界面位移边界条件 (13-13) 和薄膜上表面 ($x_2=h$) 的应力边界条件：

$$\boldsymbol{\sigma}\cdot\boldsymbol{n}=\tau^{\mathrm{s}}u_{2,11}\boldsymbol{n}+Y(\boldsymbol{u}\cdot\boldsymbol{n})\boldsymbol{n} \tag{13-17}$$

相关实验 [30] 表明，在一定条件下，软物质薄膜会自发性失稳，形成具有一定特征波长的周期性形貌。基于实验观察，可采用傅里叶级数描述薄膜的失稳形貌特征。根据失稳形貌实验结果的对称性和周期性，假设失稳形貌位移函数具有如式 (13-18) 所示形式：

$$\begin{cases} u_1^{\mathrm{b}}(x_1,x_2)=-\sin(kx_1)\tilde{u}_1(x_2)\\ u_2^{\mathrm{b}}(x_1,x_2)=\cos(kx_1)\tilde{u}_2(x_2)\end{cases} \tag{13-18}$$

式中，$\tilde{u}_\alpha(\alpha=1,2)$ 表示失稳形貌幅值函数；$k=2\pi/\lambda$ 表示沿 x_1 方向单位长度上的波数，λ 表示波长。将式 (13-18) 代入式 (13-16)，可以得到由失稳形貌幅值函数 $\tilde{u}_\alpha$ 表示的 Navier 方程

$$\begin{cases} 2(1-\nu)k^2\tilde{u}_1-k\tilde{u}_2'-(1-2\nu)\tilde{u}_1''=0\\ -(1-2\nu)k^2\tilde{u}_2-k\tilde{u}_1'+2(1-\nu)\tilde{u}_2''=0\end{cases} \tag{13-19}$$

式中，$(\ )'$ 表示对坐标 x_2 求导数。这样经过分离变量，得到了关于失稳形貌幅值函数的二元二阶常系数线性齐次常微分方程组。方程组 (13-19) 的非均匀解对应着薄膜形貌失稳的变形场，其通解为

$$\begin{cases} \tilde{u}_1(x_2)=(a_{10}+a_{11}x_2)\mathrm{e}^{-kx_2}+(b_{10}+b_{11}x_2)\mathrm{e}^{kx_2}\\ \tilde{u}_2(x_2)=(a_{20}+a_{21}x_2)\mathrm{e}^{-kx_2}+(b_{20}+b_{21}x_2)\mathrm{e}^{kx_2}\end{cases} \tag{13-20}$$

将非均匀解式 (13-20) 代入方程 (13-19)，并结合界面理想粘接边界条件式 (13-13)，可以得到各系数之间的关系：

$$\begin{cases} a_{10} = -b_{10} = (4\nu - 3)(a_{11} + b_{11})/2k \\ a_{20} = -b_{20} = (4\nu - 3)(a_{11} - b_{11})/2k \\ a_{21} = -a_{11} \\ b_{21} = b_{11} \end{cases} \tag{13-21}$$

至此，仅剩下 a_{11} 和 b_{11} 两个系数待定。同时，非均匀解 $\boldsymbol{u}^{\mathrm{b}}$ 还满足薄膜自由表面 $(x_2 = h)$ 的应力边界条件式 (13-17)，该式用失稳形貌幅值函数 $\tilde{u}_\alpha$ 表示为

$$\begin{cases} 2\mu \left[-\tilde{u}_2' + \dfrac{\nu}{1-2\nu}(k\tilde{u}_1 - \tilde{u}_2') \right] = \tau^{\mathrm{s}} k^2 \tilde{u}_2 - Y\tilde{u}_2 \\ \tilde{u}_1' + k\tilde{u}_2 = 0 \end{cases} \tag{13-22}$$

将通解式 (13-20) 和各系数关系式 (13-21) 代入上述边界条件，可以得到关于 a_{11} 和 b_{11} 的齐次线性代数方程组

$$\begin{pmatrix} B_{11} & B_{12} \\ B_{21} & B_{22} \end{pmatrix} \begin{pmatrix} a_{11} \\ b_{11} \end{pmatrix} = \begin{pmatrix} 0 \\ 0 \end{pmatrix} \tag{13-23}$$

式中，系数 $B_{\alpha\beta}$ 分别为

$$\begin{cases} B_{11} = (3-4\nu)\left(\dfrac{Y}{2k} - \dfrac{\tau^{\mathrm{s}} k}{2} - \mu\right)\mathrm{e}^{hk} \\ \qquad + \left\{[2hk + (3-4\nu)]\left(-\dfrac{Y}{2k} + \dfrac{\tau^{\mathrm{s}} k}{2}\right) - \mu(1+2hk)\right\}\mathrm{e}^{-hk} \\ B_{12} = (3-4\nu)\left(\dfrac{Y}{2k} - \dfrac{\tau^{\mathrm{s}} k}{2} + \mu\right)\mathrm{e}^{-hk} \\ \qquad + \left\{[2hk - (3-4\nu)]\left(\dfrac{Y}{2k} - \dfrac{\tau^{\mathrm{s}} k}{2}\right) + \mu(1-2hk)\right\}\mathrm{e}^{hk} \\ B_{21} = (1-2hk)\mathrm{e}^{-hk} + (3-4\nu)\mathrm{e}^{hk} \\ B_{22} = (3-4\nu)\mathrm{e}^{-hk} + (1+2hk)\mathrm{e}^{hk} \end{cases} \tag{13-24}$$

非均匀失稳形貌存在的条件是方程 (13-23) 中系数矩阵 $B_{\alpha\beta}$ 的行列式等于零。由此，可以得到界面理想粘接情况下软物质薄膜自发性失稳时，无量纲相互作用刚度的表达式为

$$\bar{Y} = \bar{\tau}^{\mathrm{s}}\bar{k}^2 + \frac{2(1-2\nu)^2 + 2\bar{k}^2 + (3-4\nu)(1+\cosh 2\bar{k})}{(1-\nu)[-2\bar{k} + (3-4\nu)\sinh 2\bar{k}]}\bar{k} \tag{13-25}$$

式中，$\bar{Y} = hY/\mu$，$\bar{k} = hk$，$\bar{\tau}^{\mathrm{s}} = \tau^{\mathrm{s}}/\mu h$。式 (13-25) 描述了在界面理想粘接情况下，所有可能的无量纲失稳波数 $\bar{k}$ 与其对应的无量纲相互作用刚度 $\bar{Y}$ 之间的关系，如

图 13.3 所示，也反映了无量纲表面应力对失稳临界条件的影响，如图 13.4 所示。当无量纲相互作用刚度 $\bar{Y}$ 取最小值时，对应着真实的失稳特征波数 $\bar{k}_c$，即在所有可能的失稳波数中，特征波数 $\bar{k}_c$ 对应的形貌最容易失稳。因此，通过 $\partial\bar{Y}/\partial\bar{k}=0$，可进一步得到特征波数 $\bar{k}_c$ 应该满足的表达式为

$$\bar{\tau}^s+\frac{(1-2\nu)^2+\bar{k}_c^2+(3-4\nu)[1+\cosh(2\bar{k}_c)]/2}{(1-\nu)[-2\bar{k}_c+(3-4\nu)\sinh(2\bar{k}_c)]\bar{k}_c}$$
$$-\frac{[4(1-\nu)(1-2\nu)+2\bar{k}_c^2][1+(3-4\nu)\cosh(2\bar{k}_c)]}{(1-\nu)[-2\bar{k}_c+(3-4\nu)\sinh(2\bar{k}_c)]^2}=0 \tag{13-26}$$

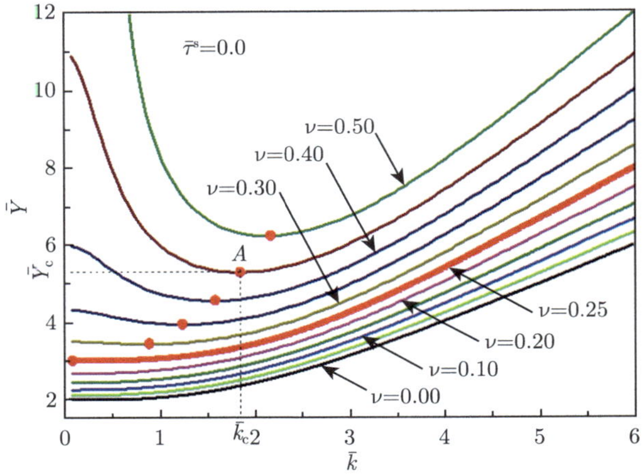

图 13.3　在界面理想粘接情况下，$\bar{Y}$ 随 $\bar{k}$ 的变化趋势 ($\bar{\tau}^s=0.0$)

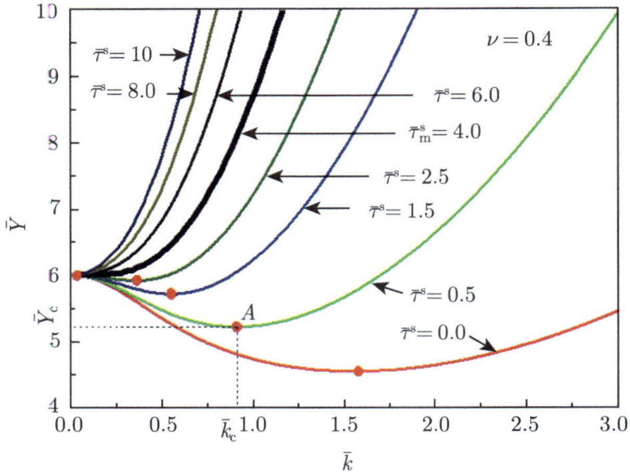

图 13.4　在界面理想粘接情况下，$\bar{\tau}^s\neq 0$ 时 $\bar{Y}$ 随 $\bar{k}$ 的变化趋势 ($\nu=0.4$)

可以看出，无量纲特征波数 $\bar{k}_c$ 是无量纲表面应力 $\bar{\tau}^s$ 和泊松比 ν 的函数，与无量纲相互作用刚度 $\bar{Y}$ 无关，即软物质薄膜自发性失稳的特征波数只与薄膜本身的弹性性质和表面应力有关，与薄膜 – 基底之间的相互作用性质无关。将式 (13-26) 中的 $\bar{k}_c$ 代入式 (13-25)，可以得到对应的临界相互作用刚度 $\bar{Y}_c$，再结合式 (13-6)，就能够进一步确定软物质薄膜自发性失稳的临界厚度。当薄膜的表面能与弹性应变能相比可以忽略 (即 $\bar{\tau}^s \to 0$) 时，无量纲失稳临界波数 $\bar{k}_c$ 只与泊松比 ν 有关，此时失稳特征波长 $\lambda_c = 2\pi h/\bar{k}_c$ 将与薄膜厚度成正比，而与范德瓦耳斯相互作用的性质无关。这是软物质薄膜失稳的一个特点，传统的简单流体薄膜和外延薄膜表面失稳时的特征波长往往依赖于外荷载的性质和强度。

若薄膜与基底之间界面自由滑移，界面 $(x_2 = 0)$ 混合边界条件为

$$\boldsymbol{\tau} \cdot \boldsymbol{\sigma}(x_1, 0) \cdot \boldsymbol{n} = 0, \quad u_2(x_1, 0) = 0 \tag{13-27}$$

式中，$\boldsymbol{\tau}$ 为切向单位矢量。方程 (13-11)、(13-12) 和 (13-27) 构成新的边值问题，其均匀解与式 (13-14) 相同。非均匀解还满足平衡方程 (13-16) 和薄膜上表面的应力边界条件式 (13-17)。同样设定式 (13-18) 所示的失稳形貌位移函数，失稳形貌幅值函数 $\tilde{u}_\alpha$ 表示的 Navier 方程 (13-19) 的通解仍由式 (13-20) 表示，其中各系数之间的关系变为

$$\begin{cases} b_{10} = a_{10} \\ a_{20} = -b_{20} = -a_{10} + (4\nu - 3)a_{11}/k \\ a_{21} = b_{11} = b_{21} = -a_{11} \end{cases} \tag{13-28}$$

这样仅剩下两个系数 a_{10} 和 a_{11} 待定。将通解式 (13-20) 和各系数关系式 (13-28) 代入自由表面的应力边界条件式 (13-17)，得到关于 a_{10} 和 a_{11} 的齐次线性代数方程组

$$\begin{pmatrix} B_{11} & B_{12} \\ B_{21} & B_{22} \end{pmatrix} \begin{pmatrix} a_{10} \\ a_{11} \end{pmatrix} = \begin{pmatrix} 0 \\ 0 \end{pmatrix} \tag{13-29}$$

式中，系数 $B_{\alpha\beta}$ 为

$$\begin{cases} B_{11} = -4k\mu\cosh(hk) + 2(Y - \tau^s k^2)\sinh(hk) \\ B_{12} = 2[-hY + \tau^s hk^2 - 4(1-\nu)\mu]\cosh(hk) \\ \qquad +2[(3-4\nu)Y - (3-4\nu)k^2\tau^s + 2hk^2\mu]\sinh(hk) \\ B_{21} = 4k\sinh(hk) \\ B_{22} = -4k\mu\cosh(hk) + 4(1-2\nu)\sinh(hk) \end{cases} \tag{13-30}$$

非均匀失稳形貌存在的条件是式 (13-29) 中系数矩阵 $B_{\alpha\beta}$ 的行列式等于零。由此得到在界面自由滑移情况下，软物质薄膜自发性失稳时，无量纲相互作用刚度为

$$\bar{Y} = \bar{\tau}^s \bar{k}^2 + \frac{\coth \bar{k} + k \operatorname{csch}^2 \bar{k}}{1 - \nu} \bar{k} \tag{13-31}$$

此式描述了在界面自由滑移情况下所有可能的无量纲失稳波数 $\bar{k}$ 与其对应的无量纲相互作用刚度 $\bar{Y}$ 之间的关系，如图 13.5 所示，也给出了无量纲表面应力对失稳临界条件的影响，如图13.6所示。为确定真实的特征波数 $\bar{k}_{\mathrm{c}}$，对式(13-31)求导，得

$$\partial\bar{Y}/\partial\bar{k}=2\bar{\tau}^{\mathrm{s}}\bar{k}+\frac{\bar{k}\,\mathrm{csch}^2\bar{k}+(1-2\bar{k}^2\,\mathrm{csch}^2\bar{k})\coth\bar{k}}{1-\nu} \tag{13-32}$$

对于 $\bar{k}>0$，式 (13-32) 始终大于零，且有

$$\lim_{\bar{k}\to 0}\left[2\bar{\tau}^{\mathrm{s}}\bar{k}+\frac{\bar{k}\,\mathrm{csch}^2\bar{k}+(1-2\bar{k}^2\,\mathrm{csch}^2\bar{k})\coth\bar{k}}{1-\nu}\right]=0 \tag{13-33}$$

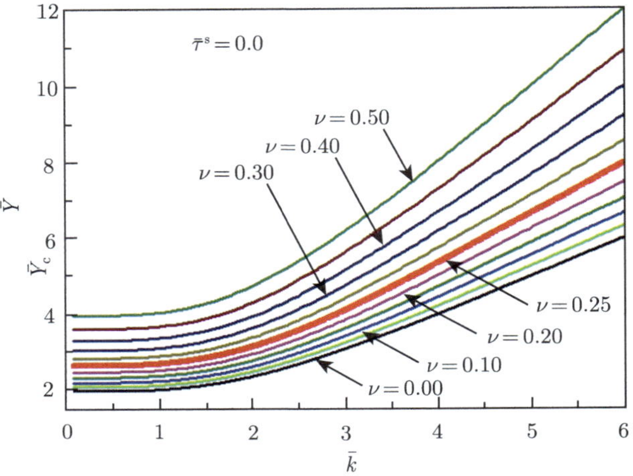

图 13.5　在界面自由滑移情况下，$\bar{Y}$ 随 $\bar{k}$ 的变化趋势 ($\bar{\tau}^{\mathrm{s}}=0$)

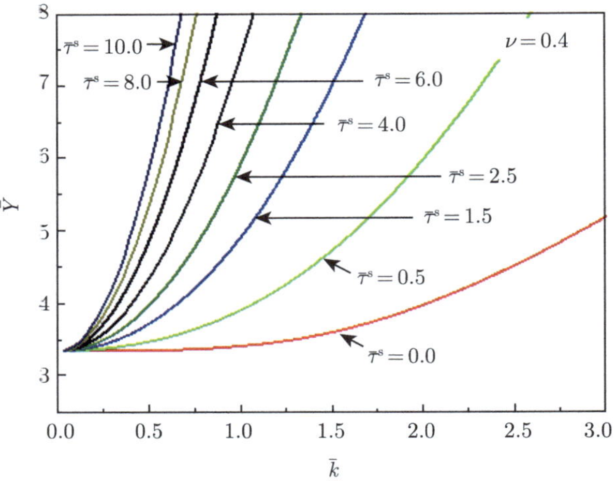

图 13.6　在界面自由滑移情况下，$\bar{\tau}^{\mathrm{s}}\neq 0$ 时 $\bar{Y}$ 随 $\bar{k}$ 的变化趋势 ($\nu=0.4$)

该式表明，在薄膜–基底界面自由滑移情况下，薄膜失稳的特征波数趋于零，即特征波长趋于无穷大，此时也就是均匀变形。换言之，当薄膜–基底界面自由滑移时，在均匀的面外范德瓦耳斯力作用下，薄膜只会均匀变形，而不会发生表面失稳。

13.2.2 失稳特征波数

基于前面对软物质薄膜自发性失稳的理论模型，下面讨论在失稳临界条件中各物理参量之间的定量关系。

首先讨论无量纲相互作用刚度 $\bar{Y}$ 随可能的无量纲失稳波数 $\bar{k}$ 的变化趋势。当表面应力 $\bar{\tau}^{\mathrm{s}}=0$ 时，根据式 (13-25)，在薄膜–基底界面理想粘接情况下，无量纲相互作用刚度 $\bar{Y}$ 随可能的无量纲失稳波数 $\bar{k}$ 的变化趋势如图 13.3 所示。当泊松比 $\nu>0.25$ 时，曲线在 $\bar{k}=\bar{k}_{\mathrm{c}}$ 处存在一个最小值 $\bar{Y}_{\mathrm{c}}$，如图 13.3 中 A 点所示，此时的 $\bar{k}_{\mathrm{c}}$ 即为真实的无量纲特征波数，而对应的 $\bar{Y}_{\mathrm{c}}$ 代表着无量纲临界相互作用刚度。当 $\bar{k}\to 0$ 时，无量纲相互作用刚度 $\bar{Y}$ 逐渐趋近于式 (13-15) 定义的薄膜厚度方向均匀变形刚度系数 $\bar{Y}_{\mathrm{m}}=hY_{\mathrm{m}}/\mu$。由图 13.3 还可以发现，特征波数 $\bar{k}_{\mathrm{c}}$ 和临界相互作用刚度 $\bar{Y}_{\mathrm{c}}$ 都随着泊松比 ν 的增加而增大。以上分析表明，薄膜泊松比越小 ($\nu<0.25$)，薄膜越倾向于发生均匀变形；泊松比越大 ($\nu\to 0.5$)，薄膜越容易发生形貌失稳。

根据式 (13-31)，在薄膜 – 基底界面自由滑移情况下，无量纲相互作用刚度 $\bar{Y}$ 随可能的无量纲失稳波数 $\bar{k}$ 的变化趋势如图 13.5 所示。所有曲线只在 $\bar{k}=0$ 处达到最低点，即失稳特征波数趋于零，失稳特征波长趋于无穷大。此时，薄膜只会均匀变形，一般不会发生表面失稳。

13.2.3 表面应力效应

从式 (13-25) 和式 (13-26) 可知，对于很软的薄膜，无量纲表面应力 $\bar{\tau}^{\mathrm{s}}$ 会对软物质薄膜自发性失稳的临界条件和失稳特征波数产生影响。在界面理想粘接情况下，相互作用刚度 $\bar{Y}$ 随可能的失稳波数 $\bar{k}$ 的变化趋势如图 13.4 所示。对于泊松比在 $0.25<\nu\leqslant 0.5$ 范围内的薄膜而言，失稳特征波数 $\bar{k}_{\mathrm{c}}$ 随着表面应力 $\bar{\tau}^{\mathrm{s}}$ 的增加而减小，临界相互作用刚度 $\bar{Y}_{\mathrm{c}}$ 随表面应力 $\bar{\tau}^{\mathrm{s}}$ 的增大而增大。这意味着表面应力越大，薄膜失稳后的表面形貌越平坦，自发性失稳越难发生。当表面应力超过某一临界值后，特征波数 $\bar{k}_{\mathrm{c}}$ 将趋于 0，临界相互作用刚度 $\bar{Y}_{\mathrm{c}}$ 趋于极限值 $\bar{Y}_{\mathrm{m}}$，此时薄膜将不会发生自发性失稳。在式 (13-25) 中，令 $\bar{k}_{\mathrm{c}}=0$ 和 $\bar{Y}_{\mathrm{c}}=\bar{Y}_{\mathrm{m}}$，可以得到无量纲表面应力的一个临界值 $\bar{\tau}_{\mathrm{m}}$，其表达式为

$$\bar{\tau}_{\mathrm{m}}^{\mathrm{s}}=\frac{2\nu(4\nu-1)}{3(1-2\nu)^{2}} \tag{13-34}$$

当 $\nu=0.4$ 时，对应的临界表面应力为 $\bar{\tau}_{\mathrm{m}}^{\mathrm{s}}=4.0$。在图 13.4 中，当 $\bar{\tau}^{\mathrm{s}}>\bar{\tau}_{\mathrm{m}}^{\mathrm{s}}$ 时，

曲线不存在分岔点，范德瓦耳斯相互作用力只会引起薄膜的均匀变形，而不会导致表面失稳。以上分析表明，表面应力对软物质薄膜的自发性失稳起着抑制作用。

在界面自由滑移情况下，当 $\bar{\tau}^{\mathrm{s}} \neq 0$ 时，无量纲相互作用刚度 $\bar{Y}$ 随可能的无量纲失稳波数 $\bar{k}$ 的变化趋势如图 13.6 所示。所有曲线只在 $\bar{k}=0$ 处取最小值，意味着薄膜只出现均匀变形，难以自发失稳。

13.2.4　失稳特征波长

软物质薄膜自发性失稳的特征波长 $\lambda_{\mathrm{c}} = 2\pi h/\bar{k}_{\mathrm{c}}$，可由式 (13-26) 计算得到特征波长随薄膜厚度的变化曲线，如图 13.7 所示，图中采用了双对数坐标。可见，特征波长 λ_{c} 与薄膜厚度之间满足指数关系 $\lambda_{\mathrm{c}} \propto h^n$，在本章的理论分析中，上述指数 n 受薄膜表面应力和剪切模量的影响，在 0.749 ~ 0.972 范围内变化。下面的分析发现，当表面应力与弹性应变能相比可以忽略时，失稳特征波长与薄膜厚度呈线性关系，即指数 $n=1.0$。这与 Wang 等的实验结果 [31]($n=0.8\sim1.0$) 基本吻合。

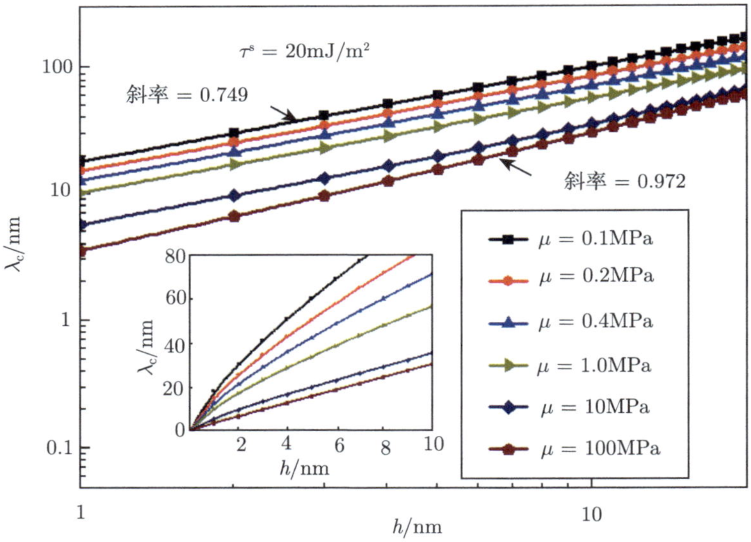

图 13.7　特征波长 λ_{c} 随薄膜厚度 h 的变化曲线

这里取 $\nu=0.5$

当表面应力与弹性应变能相比可以忽略 (即 $\bar{\tau}^{\mathrm{s}} \to 0$) 时，从式 (13-26) 不难发现，无量纲失稳特征波数 $\bar{k}_{\mathrm{c}}$ 只与薄膜材料的泊松比 ν 有关。当泊松比一定时，$\bar{k}_{\mathrm{c}}$ 为常数，失稳特征波长 $\lambda_{\mathrm{c}} = 2\pi h/\bar{k}_{\mathrm{c}}$ 将与薄膜厚度成正比，即 $\lambda_{\mathrm{c}} \propto h$(图 13.8)，而与范德瓦耳斯相互作用势的性质和强度无关。这一结论和薄膜与压头之间相互作用而发生失稳 [25,26] 的情况类似。

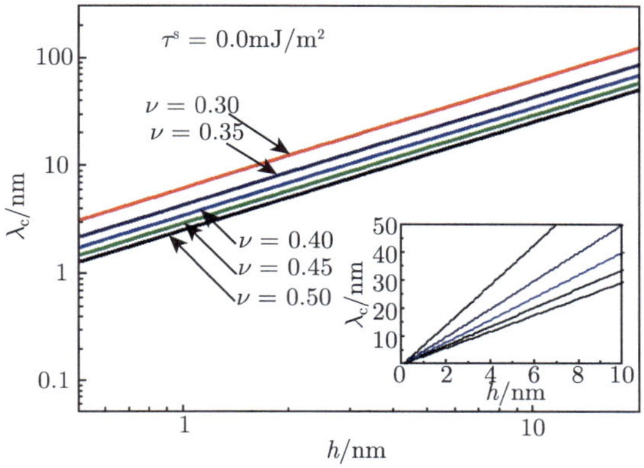

图 13.8 失稳特征波长 λ_c 随薄膜厚度 h 的变化趋势

这里取 $\nu = 0.5$

13.2.5 失稳相图

薄膜的平整度与稳定性，是薄膜应用的一个重要技术指标。薄膜越稳定，厚度越薄，能制备的微纳米器件和系统的特征尺寸越小。所以有必要对薄膜自发性失稳的临界厚度进行理论预测。

式 (13-4) 表明，薄膜与基底之间的范德瓦耳斯相互作用势随着薄膜厚度的减小而增大，当薄膜厚度小于 10nm 时，这种趋势更为显著。因此，薄膜厚度有可能存在一个临界值 h_c，当 $h < h_c$ 时，薄膜–基底之间固有的范德瓦耳斯相互作用将克服薄膜表面应力和内部弹性应变能的制约，导致薄膜的自发性失稳。对于不同剪切模量，在材料不可压缩 ($\nu = 0.5$) 情况下，图 13.9 给出了由式 (13-25) 和式 (13-26) 计算得出的薄膜自发性失稳临界范德瓦耳斯相互作用刚度 $\bar{Y}_c$ 随薄膜厚度

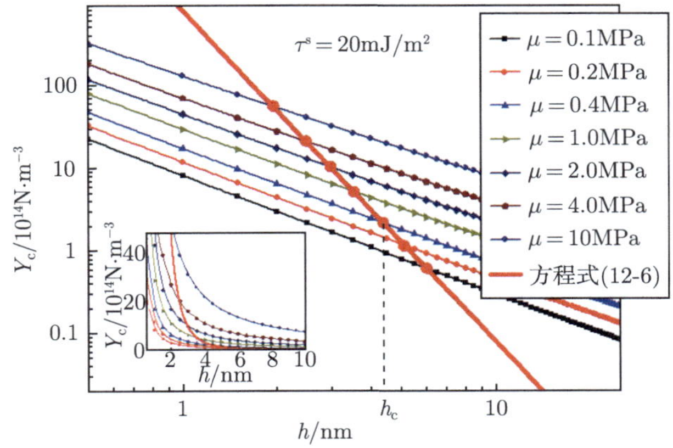

图 13.9 临界相互作用刚度 Y_c 随薄膜厚度 h 的变化趋势 ($\nu = 0.5$)

h 的变化趋势 (见图中带标记的曲线)。当薄膜的剪切模量给定时，薄膜的自发性失稳临界厚度 h_c 可以通过上述 $\bar{Y}_c$-h 曲线和由式 (13-6) 计算得到的 Y-h 曲线的交点来确定。图 13.9 表明，薄膜的临界厚度 h_c 随着薄膜剪切模量的减小而增大，换言之，薄膜越软，越容易发生自发性失稳。

薄膜自发性失稳的临界厚度 h_c 随剪切模量的变化趋势如图 13.10 所示，其中表面应力和泊松比分别取为 $\tau^s = 20\text{mJ/m}^2$，$\nu = 0.5$。图 13.10 也可以作为薄膜自发性失稳的相图。对于给定弹性性质和表面应力的薄膜，可以确定薄膜失稳的临界厚度，用于判断在器件或结构中薄膜的稳定性。

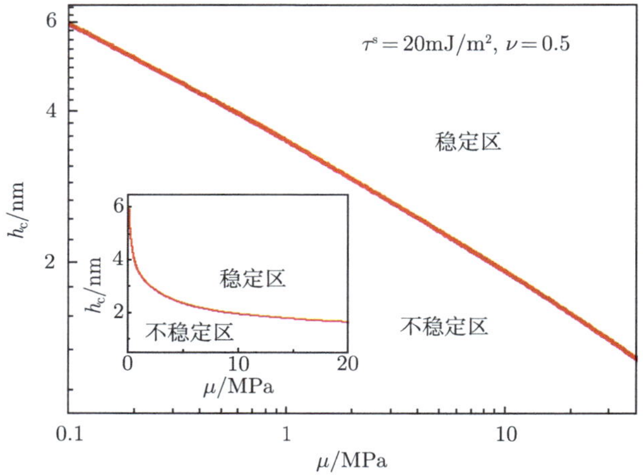

图 13.10　薄膜失稳相图 ($\nu = 0.5$)

13.3　三 维 分 析

如前文所述，薄膜的自发性失稳通常形成三维形貌，在不同条件下可能呈现四方、六方、迷宫、人字形等多种形貌，甚至出现多级结构，因此有必要将二维理论分析模型推广到三维情况，预测薄膜自发性失稳的实际形貌以及不同形貌之间的转换条件。本节主要建立在范德瓦耳斯力作用下软材料薄膜自发性表面失稳的三维理论模型，推导对应的控制方程，给出失稳的临界条件，并讨论在三维情况下，失稳特征波长与薄膜厚度、薄膜弹性、表面能等参数之间的关系，得到薄膜失稳的临界厚度与弹性模量之间的标度律关系。

13.3.1　失稳临界条件

薄膜–基底结构如图 13.11 所示，薄膜初始均匀厚度为 h，支撑在一个水平的刚性基底上面。建立如图 13.11 所示的笛卡儿坐标 (O-$x_1x_2x_3$)，其中 x_1 和 x_2 轴沿着薄膜与基底的界面，x_3 轴垂直于界面。令 $\boldsymbol{u}(u_1, u_2, u_3)$ 表示薄膜失稳状态下的位移场，在 x_1、x_2 和 x_3 轴上可以分解为 $u_1(x_1, x_2, x_3)$、$u_2(x_1, x_2, x_3)$ 和 $u_3(x_1, x_2, x_3)$ 三个分量。

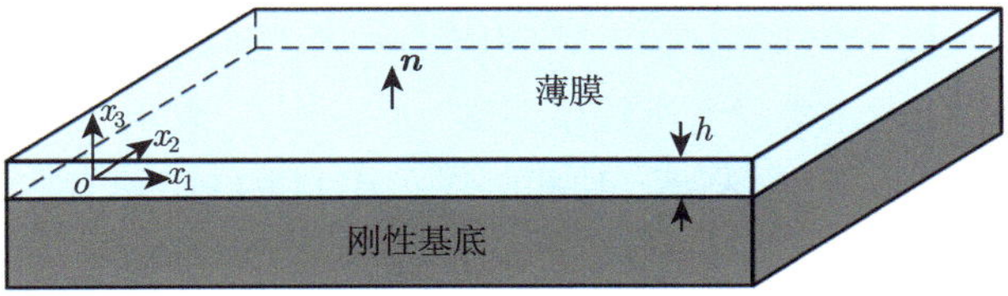

图 13.11　薄膜–基底结构示意图

系统的总自由能主要包括薄膜与基底之间的范德瓦耳斯相互作用势、薄膜弹性应变能及其表面能。根据最小势能原理，薄膜弹性变形的真实位移场将使得这个薄膜–基底系统的总自由能取最小值。用位移表示的平衡方程，即三维的 Navier 方程 [27]，见式 (13-11)。薄膜上表面 $(x_3 = h)$ 的应力边界条件为

$$\boldsymbol{\sigma} \cdot \boldsymbol{n} = \tau^{\mathrm{s}}(u_{3,11} + u_{3,22})\boldsymbol{n} + F\boldsymbol{n} + Y(\boldsymbol{u} \cdot \boldsymbol{n})\boldsymbol{n} \tag{13-35}$$

本节同样考虑界面理想粘接和自由滑移两种边界条件。

若薄膜与基底之间理想粘接，界面无滑移。界面上 $(x_3 = 0)$ 各个方向的位移都为零，位移边界条件为

$$\boldsymbol{u}(x_1, x_2, 0) = \boldsymbol{0} \tag{13-36}$$

式 (13-11)、式 (13-35) 和式 (13-36) 构成一个三维边值问题，其均匀解 $\boldsymbol{u}^{\mathrm{h}}$ 为

$$\begin{cases} u_1^{\mathrm{h}}(x_1, x_2, x_3) = 0 \\ u_2^{\mathrm{h}}(x_1, x_2, x_3) = 0 \\ u_3^{\mathrm{h}}(x_1, x_2, x_3) = \dfrac{F}{Y_{\mathrm{m}} - Y}\dfrac{x_3}{h} \end{cases} \tag{13-37}$$

式中，Y_{m} 表示薄膜在厚度方向均匀变形的弹性刚度，见式 (13-15)。

该边值问题还存在可能的非均匀分岔解，记为 $\boldsymbol{u}^{\mathrm{b}} = \boldsymbol{u} - \boldsymbol{u}^{\mathrm{h}}$。该分岔位移场 $\boldsymbol{u}^{\mathrm{b}}$ 同样满足平衡方程 (13-16)、界面位移边界条件式 (13-36) 和薄膜上表面 $(x_3 = h)$ 的应力边界条件：

$$\boldsymbol{\sigma} \cdot \boldsymbol{n} = \tau^{\mathrm{s}}(u_{3,11} + u_{3,22})\boldsymbol{n} + Y(\boldsymbol{u} \cdot \boldsymbol{n})\boldsymbol{n} \tag{13-38}$$

这里假设薄膜为各向同性材料，范德瓦耳斯相互作用力在面内两个方向上均匀分布，因此失稳形貌在 x_1 和 x_2 两个方向上的特征波长相等。根据薄膜失稳形

貌实验结果的对称性和周期性，假设其失稳形貌位移函数为

$$\begin{cases} u_1^{\mathrm{b}}(x_1,x_2,x_3) = -\sin(kx_1)\cos(kx_2)\tilde{u}_1(x_3) \\ u_2^{\mathrm{b}}(x_1,x_2,x_3) = -\cos(kx_1)\sin(kx_2)\tilde{u}_2(x_3) \\ u_3^{\mathrm{b}}(x_1,x_2,x_3) = +\cos(kx_1)\cos(kx_2)\tilde{u}_3(x_3) \end{cases} \tag{13-39}$$

式中，$\tilde{u}_i(i=1\sim 3)$ 表示失稳形貌幅值函数；$k=2\pi/\lambda$ 表示 x_1 和 x_2 方向上单位长度上的波数，λ 表示波长。将式 (13-39) 代入式 (13-11)，得到由失稳形貌幅值函数 $\tilde{u}_i$ 表示的三维 Navier 方程：

$$\begin{cases} (1-2\nu)\tilde{u}_1'' - (3-4\nu)k^2\tilde{u}_1 - k^2\tilde{u}_2 + k\tilde{u}_3' = 0 \\ (1-2\nu)\tilde{u}_2'' - (3-4\nu)k^2\tilde{u}_2 - k^2\tilde{u}_1 + k\tilde{u}_3' = 0 \\ 2(1-\nu)\tilde{u}_3'' - 2(1-2\nu)k^2\tilde{u}_3 - k\tilde{u}_1' - k\tilde{u}_2' = 0 \end{cases} \tag{13-40}$$

式中，$(\ )'$ 表示对坐标 x_3 求导数。式 (13-40) 的非均匀解对应着薄膜形貌失稳的三维变形场，其通解为

$$\begin{cases} \tilde{u}_1(x_3) = (a_{10}+a_{11}x_3+a_{12}x_3^2)\mathrm{e}^{-\sqrt{2}kx_3} + (b_{10}+b_{11}x_3+b_{12}x_3^2)\mathrm{e}^{\sqrt{2}kx_3} \\ \tilde{u}_2(x_3) = (a_{20}+a_{21}x_3+a_{22}x_3^2)\mathrm{e}^{-\sqrt{2}kx_3} + (b_{20}+b_{21}x_3+b_{22}x_3^2)\mathrm{e}^{\sqrt{2}kx_3} \\ \tilde{u}_3(x_3) = (a_{30}+a_{31}x_3+a_{32}x_3^2)\mathrm{e}^{-\sqrt{2}kx_3} + (b_{30}+b_{31}x_3+b_{32}x_3^2)\mathrm{e}^{\sqrt{2}kx_3} \end{cases} \tag{13-41}$$

将非均匀解式 (13-41) 代入式 (13-40)，并结合界面位移边界条件 (13-36)，得到各系数之间的关系为

$$\begin{cases} a_{11} = a_{21} = -\dfrac{1}{\sqrt{2}}a_{31} = \dfrac{k(a_{10}+a_{20}+\sqrt{2}a_{30})}{\sqrt{2}(4\nu-3)} \\ b_{11} = b_{21} = \dfrac{1}{\sqrt{2}}b_{31} = \dfrac{k(a_{10}+a_{20}-\sqrt{2}a_{30})}{\sqrt{2}(4\nu-3)} \\ a_{12} = a_{22} = a_{32} = 0, \quad b_{12} = b_{22} = b_{32} = 0 \\ b_{10} = -a_{10}, \quad b_{20} = -a_{20}, \quad b_{30} = -a_{30} \end{cases} \tag{13-42}$$

这样仅剩下 a_{10}、a_{20} 和 a_{30} 三个系数待定。同时，非均匀解 $\boldsymbol{u}^{\mathrm{b}}$ 还满足薄膜自由表面的应力边界条件式 (13-38)，用失稳形貌幅值函数表示为

$$\begin{cases} \tilde{u}_1' + k\tilde{u}_3 = 0, \quad \tilde{u}_2' + k\tilde{u}_3 = 0 \\ 2\mu\left[-\tilde{u}_3' + \dfrac{\nu}{1-2\nu}(k\tilde{u}_1 + k\tilde{u}_2 - \tilde{u}_3')\right] = 2\tau^{\mathrm{s}}k^2\tilde{u}_3 - Y\tilde{u}_3 \end{cases} \tag{13-43}$$

将通解式 (13-41) 和各系数关系 (13-42) 代入上述边界条件，得到关于 a_{10}、a_{20} 和 a_{30} 的齐次线性代数方程组

$$\frac{1}{-3+4\nu}\begin{bmatrix} B_{11} & B_{12} & B_{13} \\ B_{21} & B_{22} & B_{23} \\ B_{31} & B_{32} & B_{33} \end{bmatrix}\begin{pmatrix} a_{10} \\ a_{20} \\ a_{30} \end{pmatrix} = \begin{pmatrix} 0 \\ 0 \\ 0 \end{pmatrix} \tag{13-44}$$

式中，系数 B_{ij} 分别为

$$\begin{cases} B_{11}=B_{22}=k\left[\sqrt{2}(7-8\nu)\cosh(\sqrt{2}hk)+4hk\sinh(\sqrt{2}hk)\right] \\ B_{12}=B_{21}=k\left[\sqrt{2}\cosh(\sqrt{2}hk)+4hk\sinh(\sqrt{2}hk)\right] \\ B_{13}=B_{23}=4k\left[-\sqrt{2}hk\cosh(\sqrt{2}hk)+(1-2\nu)\sinh(\sqrt{2}hk)\right] \\ B_{31}=B_{32}=2k\left[-2\sqrt{2}hk\mu\cosh(\sqrt{2}hk)+(hY-2h\tau^{\mathrm{s}}k^2-2\mu+4\mu\nu)\sinh(\sqrt{2}hk)\right] \\ B_{33}=\left[-\sqrt{2}hk(Y-2\tau^{\mathrm{s}}k^2)-4\sqrt{2}(1-\nu)\mu k\right]\cosh(\sqrt{2}hk) \\ \qquad +\left[(3-4\nu)(Y-2\tau^{\mathrm{s}}k^2)+4h\mu k^2\right]\sinh(\sqrt{2}hk) \end{cases} \tag{13-45}$$

非均匀失稳形貌存在的条件是方程 (13-44) 中系数矩阵 B_{ij} 的行列式等于零。由此，可以得到在界面理想粘接情况下，在薄膜三维形貌自发性失稳时，无量纲相互作用刚度为

$$\bar{Y}=2\bar{\tau}^{\mathrm{s}}\bar{k}^2+\frac{2(1-2\nu)^2+4\bar{k}^2+(3-4\nu)\left[1+\cosh\left(2\sqrt{2}\bar{k}\right)\right]}{(1-\nu)\left[-2\sqrt{2}\bar{k}+(3-4\nu)\sinh\left(2\sqrt{2}\bar{k}\right)\right]}\sqrt{2}\bar{k} \tag{13-46}$$

式中，$\bar{Y}=hY/\mu$，$\bar{k}=hk$，$\bar{\tau}^{\mathrm{s}}=\tau^{\mathrm{s}}/\mu h$。式 (13-46) 描述了在界面理想粘接情况下，薄膜三维形貌失稳时所有可能的无量纲失稳波数 $\bar{k}$ 与其对应的无量纲相互作用刚度 $\bar{Y}$ 之间的关系。真实的失稳特征波数 $\bar{k}_{\mathrm{c}}$ 对应着最小的无量纲相互作用刚度 $\bar{Y}_{\mathrm{c}}$。令 $\partial\bar{Y}/\partial\bar{k}=0$，可知真实的特征波数 $\bar{k}_{\mathrm{c}}$ 应该满足如式 (13-47) 所示关系：

$$\begin{aligned}&\bar{\tau}^{\mathrm{s}}+\frac{(1-2\nu)^2+2\bar{k}_{\mathrm{c}}^2+(3-4\nu)\left[1+\cosh\left(2\sqrt{2}\bar{k}_{\mathrm{c}}\right)\right]/2}{(1-\nu)\left[-2\sqrt{2}\bar{k}_{\mathrm{c}}+(3-4\nu)\sinh\left(2\sqrt{2}\bar{k}_{\mathrm{c}}\right)\right]\sqrt{2}\bar{k}_{\mathrm{c}}}\\&-\frac{\left[4(1-\nu)(1-2\nu)+4\bar{k}_{\mathrm{c}}^2\right]\left[1+(3-4\nu)\cosh\left(2\sqrt{2}\bar{k}_{\mathrm{c}}\right)\right]}{(1-\nu)\left[-2\sqrt{2}\bar{k}_{\mathrm{c}}+(3-4\nu)\sinh\left(2\sqrt{2}\bar{k}_{\mathrm{c}}\right)\right]^2}=0\end{aligned} \tag{13-47}$$

从式 (13-46) 和式 (13-47) 可以看出，无量纲特征波数 $\bar{k}_{\mathrm{c}}$ 是无量纲表面应力 $\bar{\tau}^{\mathrm{s}}$ 和泊松比 ν 的函数，而与无量纲相互作用刚度 $\bar{Y}$ 无关，即软物质薄膜自发性失稳的特征波数，只与薄膜本身的表面应力和弹性性质有关，而与薄膜 – 基底之间的相互作用性质无关。将式 (13-46)、式 (13-47) 分别与式 (13-25)、式 (13-26) 进行比较发现，二维失稳特征波数 $\bar{k}_{\mathrm{c}}^{\mathrm{2D}}$ 是三维失稳特征波数 $\bar{k}_{\mathrm{c}}^{\mathrm{3D}}$ 的 $\sqrt{2}$ 倍，即三维失稳形貌更平坦，其特征波长是二维失稳形貌的 $\sqrt{2}$ 倍。这主要是因为三维失稳形貌中，表面应力在两个方向上起作用，对薄膜失稳的抑制作用更强。

如果薄膜与基底之间无摩擦，界面自由滑移。界面上 $(x_3=0)$ 混合边界条件为

$$\sigma_{13}(x_1,x_2,0)=0,\quad \sigma_{23}(x_1,x_2,0)=0,\quad u_3(x_1,x_2,0)=0 \tag{13-48}$$

在这种情况下，需求解式 (13-11)、式 (13-35) 和式 (13-48) 所构成的边值问题，其均匀解与式 (13-37) 相同。非均匀解满足平衡方程 (13-11) 和界面混合边界条件 (13-48)。对于式 (13-39) 所示的失稳形貌函数，由 Navier 方程 (13-40) 和界面混合边界

条件 (13-48)，可求得通解 (13-41) 中各系数之间的关系为

$$\begin{cases} a_{11}=a_{21}=-\dfrac{1}{\sqrt{2}}a_{31}=\dfrac{k(a_{10}+a_{20}+\sqrt{2}a_{30})}{\sqrt{2}(4\nu-3)} \\ b_{11}=b_{21}=\dfrac{1}{\sqrt{2}}b_{31}=\dfrac{k(a_{10}+a_{20}-\sqrt{2}a_{30})}{\sqrt{2}(4\nu-3)} \\ a_{12}=a_{22}=a_{32}=0, \quad b_{12}=b_{22}=b_{32}=0 \\ b_{10}=a_{10}, \quad b_{20}=a_{20}, \quad b_{30}=-a_{30} \end{cases} \tag{13-49}$$

式中，仅剩下 a_{10}、a_{20} 和 a_{30} 三个系数待定。将通解式 (13-41) 和各系数关系式 (13-49) 代入上表面边界条件 (13-43)，得到齐次线性代数方程组

$$\frac{1}{-3+4\nu}\begin{bmatrix} B_{11} & B_{12} & B_{13} \\ B_{21} & B_{22} & B_{23} \\ B_{31} & B_{32} & B_{33} \end{bmatrix}\begin{pmatrix} a_{10} \\ a_{20} \\ a_{30} \end{pmatrix}=\begin{pmatrix} 0 \\ 0 \\ 0 \end{pmatrix} \tag{13-50}$$

式中，

$$\begin{cases} B_{11}=B_{22}=-k[4hk\cosh(\sqrt{2}hk)+\sqrt{2}(7-8\nu)\sinh(\sqrt{2}hk)] \\ B_{12}=B_{21}=k[4hk\cosh(\sqrt{2}hk)+\sqrt{2}\sinh(\sqrt{2}hk)] \\ B_{13}=B_{23}=4k[-\sqrt{2}hk\cosh(\sqrt{2}hk)+(1-2\nu)\sinh(\sqrt{2}hk)] \\ B_{31}=B_{32}=2k[(-hY+2h\tau^{\mathrm{s}}k^2+2\mu-4\mu\nu)\cosh(\sqrt{2}hk)+2\sqrt{2}hk\mu\sinh(\sqrt{2}hk)] \\ B_{33}=-2\sqrt{2}[hk(Y-2\tau^{\mathrm{s}}k^2)+4(1-\nu)\mu k]\cosh(\sqrt{2}hk) \\ \qquad -2[(3-4\nu)(Y-2\tau^{\mathrm{s}}k^2)+4h\mu k^2]\sinh(\sqrt{2}hk) \end{cases} \tag{13-51}$$

由方程 (13-50) 中系数矩阵 B_{ij} 的行列式等于零的条件，可以得到在界面自由滑移情况下，薄膜自发性失稳时无量纲相互作用刚度的表达式为

$$\bar{Y}=2\bar{\tau}^{\mathrm{s}}\bar{k}^2+\frac{\sqrt{2}\coth(\sqrt{2}\bar{k})+2\bar{k}\mathrm{csch}^2(\sqrt{2}\bar{k})}{1-\nu}\bar{k} \tag{13-52}$$

该式描述了界面自由滑移情况下所有可能的无量纲失稳波数 $\bar{k}$ 与其对应的相互作用刚度 $\bar{Y}$ 之间的关系。为确定真实的特征波数 $\bar{k}_{\mathrm{c}}$，对式 (13-52) 求导可得

$$\partial\bar{Y}/\partial\bar{k}=4\bar{\tau}^{\mathrm{s}}\bar{k}+\frac{2\bar{k}\,\mathrm{csch}^2(\sqrt{2}\bar{k})+\sqrt{2}[1-4\bar{k}^2\,\mathrm{csch}^2(\sqrt{2}\bar{k})]\coth(\sqrt{2}\bar{k})}{1-\nu} \tag{13-53}$$

对于 $\bar{k}>0$，式 (13-53) 始终大于零，且有

$$\lim_{\bar{k}\to 0}\left\{4\bar{\tau}^{\mathrm{s}}\bar{k}+\frac{2\bar{k}\mathrm{csch}^2(\sqrt{2}\bar{k})+\sqrt{2}\coth(\sqrt{2}\bar{k})[1-4\bar{k}^2\,\mathrm{csch}^2(\sqrt{2}\bar{k})]}{1-\nu}\right\}=0 \tag{13-54}$$

该式表明，当薄膜–基底界面自由滑移时，薄膜失稳的特征波数趋于零，特征波长趋于无穷大，即材料倾向于发生均匀变形。换言之，当薄膜–基底界面自由滑移时，在面外范德瓦耳斯力作用下，薄膜一般不会发生表面失稳。这与二维分析结果一致。

13.3.2 失稳特征波数

利用上述三维理论分析模型，下面讨论失稳临界条件中各物理参量之间的关系。

首先讨论无量纲相互作用刚度 $\bar{Y}$ 随可能的无量纲失稳波数 $\bar{k}$ 的变化趋势。当表面应力 $\bar{\tau}^{\mathrm{s}}=0$ 时，由式 (13-46) 得到在薄膜–基底界面理想粘接情况下，相互作用刚度 $\bar{Y}$ 随失稳波数 $\bar{k}$ 的变化趋势，如图 13.12 所示。其中实线对应三维形貌失稳，虚线对应二维形貌失稳。可见，与二维形貌失稳类似，当泊松比 $\nu>0.25$，三维形貌失稳曲线在 $\bar{k}=\bar{k}_{\mathrm{c}}$ 处存在一个最小值 $\bar{Y}_{\mathrm{c}}$，对应于图 13.12 中 B 点，此时的 $\bar{k}_{\mathrm{c}}$ 即为真实的无量纲特征波数，而对应的 $\bar{Y}_{\mathrm{c}}$ 代表着无量纲临界相互作用刚度。当 $\bar{k}\to 0$ 时，相互作用刚度 $\bar{Y}$ 逐渐趋近于式 (13-15) 定义的薄膜厚度方向的均匀变形刚度系数 $\bar{Y}_{\mathrm{m}}=hY_{\mathrm{m}}/\mu$。从图 13.12 中还可以发现，特征波数 $\bar{k}_{\mathrm{c}}$ 和临界相互作用刚度 $\bar{Y}_{\mathrm{c}}$ 均随着泊松比 ν 的增加而增大。以上分析表明，薄膜泊松比越小 ($\nu<0.25$)，薄膜越倾向于发生均匀变形；泊松比越大 ($\nu\to 0.5$)，薄膜越倾向于发生不均匀的形貌失稳变形。

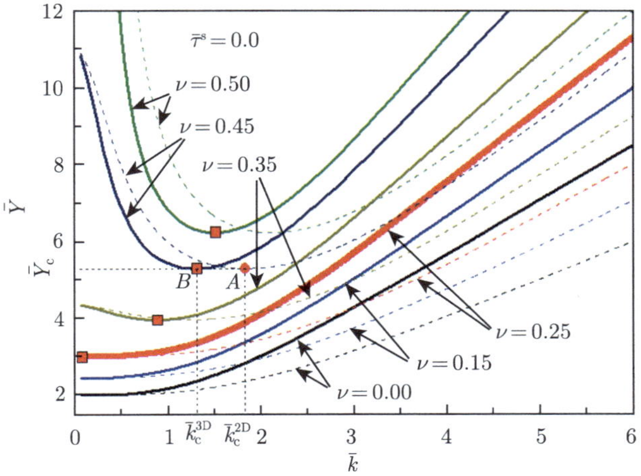

图 13.12 在界面理想粘接情况下，$\bar{Y}$ 随 $\bar{k}$ 的变化趋势 ($\bar{\tau}^{\mathrm{s}}=0$)

根据式 (13-52)，在薄膜–基底界面自由滑移情况下，无量纲相互作用刚度 $\bar{Y}$ 随无量纲失稳波数 $\bar{k}$ 的变化趋势如图 13.13 所示，其中实线对应三维形貌失稳，虚线对应二维形貌失稳。与二维形貌失稳类似，所有曲线只在 $\bar{k}=0$ 处达到最低点，即失稳特征波数趋于零，失稳特征波长趋于无穷大，薄膜不易发生表面失稳。

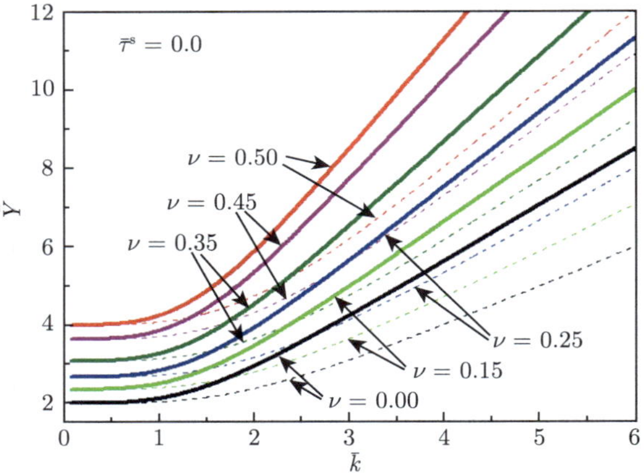

图 13.13　在界面自由滑移情况下，$\bar{Y}$ 随 $\bar{k}$ 的变化趋势 ($\bar{\tau}^s = 0$)

13.3.3　表面应力效应

从式 (13-52) 和式 (13-53) 可以看到，当无量纲表面应力 $\bar{\tau}^s \neq 0$ 时，它会对薄膜三维自发性失稳的临界条件和失稳特征波数产生影响。此时 $\bar{Y}$ 与 $\bar{k}$ 之间的关系如图 13.14 所示。对于泊松比在 $0.25 < \nu \leqslant 0.5$ 范围内的薄膜，特征失稳波数 $\bar{k}_c$ 随着表面应力 $\bar{\tau}^s$ 的增加而减小，临界相互作用刚度 $\bar{Y}_c$ 随着 $\bar{\tau}^s$ 的增加而增大。这意味着表面应力越大，薄膜失稳后的表面形貌越平坦，自发性失稳越难发生。当表面应力超过某一临界值时，特征波数 $\bar{k}_c$ 将趋于 0，临界相互作用刚度 $\bar{Y}_c$ 趋于极限值 $\bar{Y}_m$，此时薄膜将不会发生自发性失稳。令 $\bar{k}_c = 0$，$\bar{Y}_c = \bar{Y}_m$，由式 (13-46) 可以得到表面应力的临界值 $\bar{\tau}_m$，其表达式同式 (13-34)。

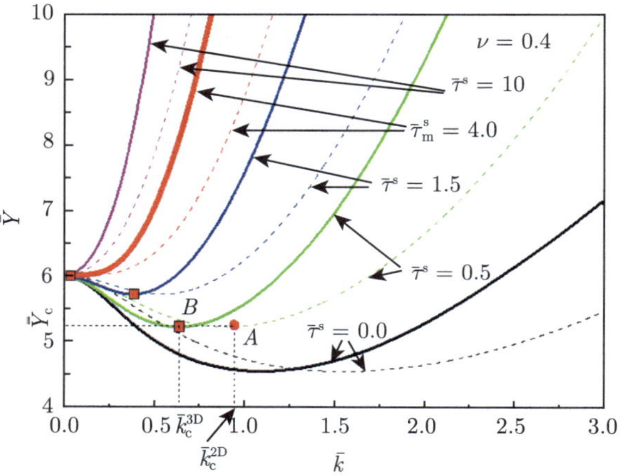

图 13.14　在 $\bar{\tau}^s \neq 0$ 情况下，$\bar{Y}$ 随 $\bar{k}$ 的变化趋势 ($\nu = 0.4$)

当 $\nu = 0.4$ 时，对应的临界表面应力为 $\bar{\tau}^{\mathrm{s}}_{\mathrm{m}} = 4.0$。在图 13.14 中，当 $\bar{\tau}^{\mathrm{s}} > \bar{\tau}^{\mathrm{s}}_{\mathrm{m}}$ 时，曲线不存在分岔点，范德瓦耳斯相互作用只会引起薄膜的均匀变形，而不会诱发表面失稳。因此，表面应力对薄膜的自发性失稳有抑制作用。

13.3.4 失稳特征波长

薄膜三维自发性失稳的特征波长 $\lambda_{\mathrm{c}} = 2\pi h/\bar{k}_{\mathrm{c}}$ 可由式 (13-47) 计算，特征波长随薄膜厚度的变化曲线如图 13.15 所示。该图采用双对数坐标，图中各参数的取值为 $A = 10^{-19}\mathrm{J}$，$B = 10^{-76}\mathrm{J{\cdot}m^6}$ 和 $\tau^{\mathrm{s}} = 20\mathrm{mJ/m^2}$。可以看出，三维形貌失稳与二维形貌失稳类似，特征波长 λ_{c} 与薄膜厚度之间满足指数关系 $\lambda_{\mathrm{c}} \propto h^n$。

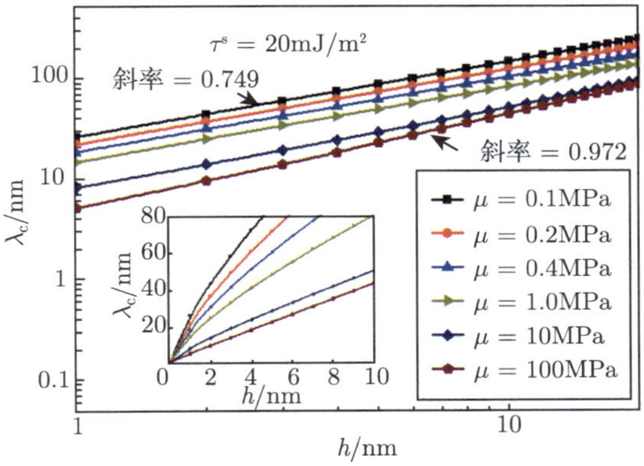

图 13.15 特征波长 λ_{c} 随薄膜厚度 h 的变化，图中取 $\nu = 0.5$

当表面应力与弹性应变能相比可以忽略 (即 $\bar{\tau}^{\mathrm{s}} \to 0$) 时，由式 (13-47) 可知，$\bar{k}_{\mathrm{c}}$ 只与泊松比 ν 有关。当泊松比一定时，无量纲特征波数为常数 $\bar{k}_{\mathrm{c}}$，失稳特征波长 $\lambda_{\mathrm{c}} = 2\pi h/\bar{k}_{\mathrm{c}}$ 将与薄膜厚度成正比，即 $\lambda_{\mathrm{c}} \propto h$(图 13.16)，而与范德瓦耳斯相互作用势的性质无关。

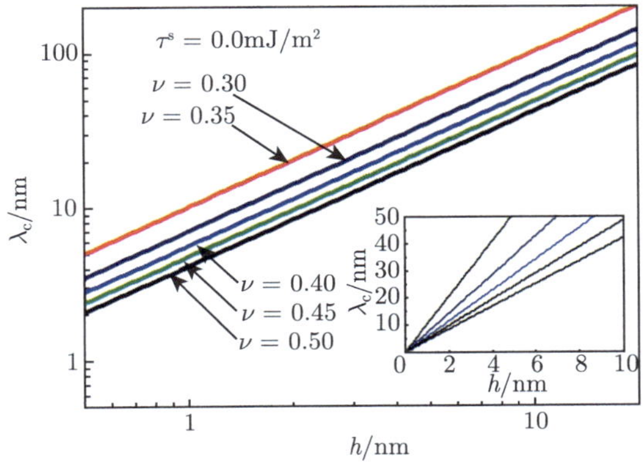

图 13.16 特征波长 λ_{c} 随薄膜厚度 h 的变化趋势

13.3.5 失稳相图

由式 (13-46) 和式 (13-47)，可以计算在不可压缩 ($\nu = 0.5$) 情况下，范德瓦耳斯相互作用的临界刚度 $\bar{Y}_c$ 随薄膜厚度 h 的变化曲线，如图 13.17 中带标记的曲线所示。对于给定的剪切模量，薄膜的自发性临界厚度 h_c，可以通过上述 $\bar{Y}_c$-h 曲线和由式 (13-6) 得到的 Y-h 曲线的交点来确定。图 13.17 表明，薄膜的临界厚度 h_c 随着剪切模量的减小而增大，即薄膜越软，越容易发生自发性失稳。比较图 13.17 和图 13.9 可知，当薄膜厚度和弹性性质以及表面应力相同时，三维理论分析模量预测的临界相互作用刚度 $\bar{Y}_c$ 略大于二维理论的结果。

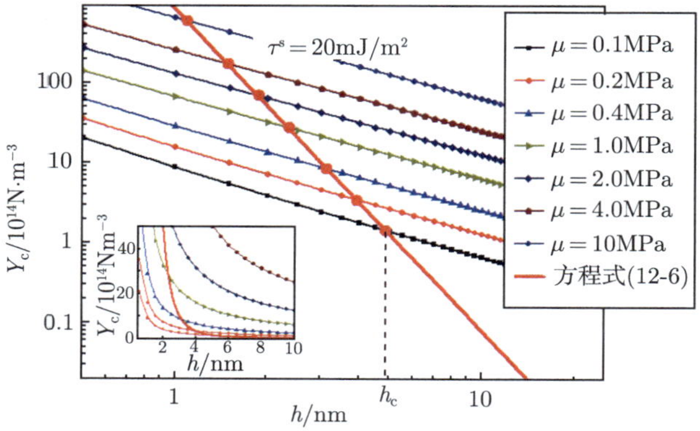

图 13.17 临界相互作用刚度 Y_c 随薄膜厚度 h 的变化趋势，图中取 $\nu = 0.5$

薄膜三维自发性失稳的临界厚度 h_c 随剪切模量的变化趋势如图 13.18 所示，其中取表面应力 $\tau^s = 20\text{mJ/m}^2$，泊松比 $\nu = 0.5$。比较图 13.18 和图 13.10 可知，当弹性性质和表面应力相同时，三维理论分析模型预测的失稳临界厚度更小，这主要是因为三维理论分析模型中，考虑了表面应力在两个方向上对薄膜自发性失稳的

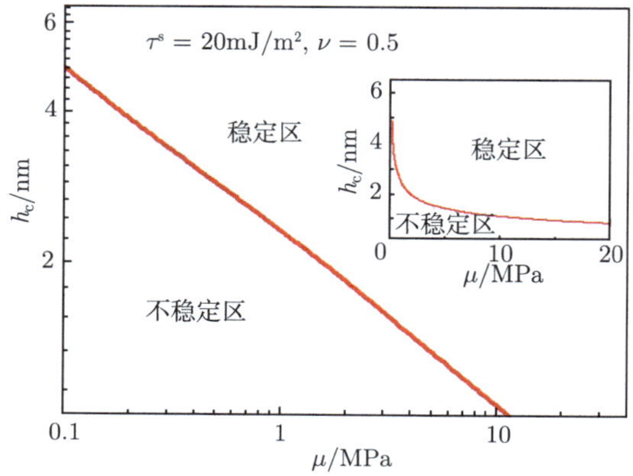

图 13.18 薄膜失稳相图 ($\nu = 0.5$)

抑制作用；而在二维理论模型中，由于采取了平面应变假设，表面应力只在一个方向上起作用，在另一个方向上，由于表面变形曲率为零，τ^{s} 没有影响。

13.2 节和 13.3 节对比了薄膜自发性失稳的二维模型与三维模型，可以看到，虽然所假设的失稳形貌不同，所预测的临界失稳条件等在定量上也有所差别，但是在定性上基本一致。

13.4　曲面软薄膜

13.2 节和 13.3 节对平面构型下弹性软薄膜的自发性失稳进行了分析，本节分析曲面构型的情况。首先，推导了适用于任意几何构型下软物质薄膜自发性失稳的控制方程和边界条件。作为例子，分别考虑圆柱和圆球构型。采用线性稳定性分析方法，推导了四种典型几何构型下三维形貌失稳的临界条件，并讨论了基底曲率、薄膜厚度、泊松比对失稳临界条件和形貌特征的影响 [32]。

13.4.1　理论模型

如图 13.19 所示，考虑粘接在刚性基底上的软薄膜，其初始厚度为 h。假设薄膜为各向同性线弹性材料。系统的总自由能 Σ 包括范德瓦耳斯相互作用势、弹性应变能和薄膜自由表面上的表面能，其表达式同式 (13-1)。对于各向同性线弹性材料，薄膜的应变能密度由式 (13-8) 表示，表面能由式 (13-10) 表示。

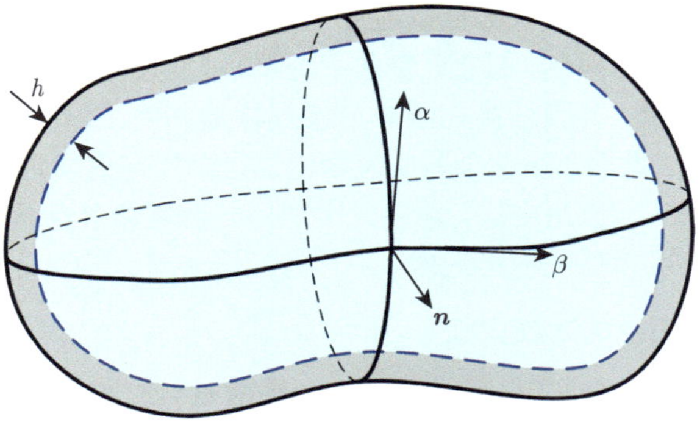

图 13.19　曲面基底上的软薄膜

首先，计算薄膜中任意一个原子与基底之间的相互作用势，表示为

$$w_{\mathrm{vdW}}^{\mathrm{D}} = \int_{\Omega} \rho_1 w_{\mathrm{vdW}} \mathrm{d}\Omega \tag{13-55}$$

式中，ρ_1 表示基底单位体积中的原子个数；Ω 为基底体积。总的相互作用势能由 $w_{\mathrm{vdW}}^{\mathrm{D}}$ 对整个薄膜积分得到。在小变形假设下，U_{vdW} 可以通过泰勒级数展开取前

三项近似得到 [26,33]，见式 (13-5)。

薄膜的平衡方程见式 (13-11)。在自由表面处的边界条件为

$$(\boldsymbol{\sigma}\cdot\boldsymbol{n})|_{\varPi_1}=[-\gamma\kappa_{\rm s}\boldsymbol{n}+F\boldsymbol{n}+Y(\boldsymbol{u}\cdot\boldsymbol{n})\boldsymbol{n}]|_{\varPi_1} \tag{13-56}$$

式中，$\varPi_1$ 表示自由表面；$\boldsymbol{n}$ 表示单位法向矢量；$\kappa_{\rm s}$ 为薄膜自由表面的平均曲率，可以由基底表面的平均曲率 $\kappa=C_1+C_2$，并考虑薄膜厚度而得到，C_1 和 C_2 表示基底表面的主曲率。

假设薄膜与基底间理想粘接，即

$$\boldsymbol{u}|_{\varPi_2}=\boldsymbol{0} \tag{13-57}$$

式中，$\varPi_2$ 表示薄膜与基底的界面。

边值问题式 (13-11)、式 (13-56)、式 (13-57) 的解由平凡解 $\boldsymbol{u}^{\rm h}$ 和分岔解 $\boldsymbol{u}^{\rm b}=\boldsymbol{u}-\boldsymbol{u}^{\rm h}$ 构成。分岔位移场 $\boldsymbol{u}^{\rm b}$ 也应满足平衡方程 (13-11) 和理想粘接边界条件式 (13-57)。对于分岔位移场，自由表面处的边界条件为

$$\left(\boldsymbol{\sigma}^{\rm b}\cdot\boldsymbol{n}\right)\big|_{\varPi_1}=\left[-\gamma\kappa_{\rm s}^{\rm b}\boldsymbol{n}+Y\left(\boldsymbol{u}^{\rm b}\cdot\boldsymbol{n}\right)\boldsymbol{n}\right]\big|_{\varPi_1} \tag{13-58}$$

考虑给定薄膜–基底系统的稳定性问题，需要判别分岔解的存在性，本节采用静力准则进行稳定性判定。具体方法与前文类似，这里从略。

因为任意基底的几何形状都可以通过主曲率 C_1 和 C_2 来表示，故原则上，上述理论不受几何构型的限制，且正、负曲率均可。下面分析几种特殊几何构型下薄膜的自发性失稳问题：薄膜粘接在圆球形或圆柱形基底上以及薄膜粘接在球腔或柱孔内壁上的情况。此时，在整个基底表面上，它们具有正或负的常曲率。这些几何构型在自然界和工业应用中广泛存在 [34−36]，一些复杂几何构型薄膜–基底系统的局部失稳问题可以用球或柱形近似。

13.4.2 圆柱形基底上的薄膜失稳

首先考虑粘着在半径为 R 的长圆柱上的软薄膜自发失稳。整个基底表面的主曲率均为常数，$C_1=1/R$ 和 $C_2=0$，平均曲率为 $\kappa=1/R$。建立如图 13.20 所示圆柱坐标系，z 轴沿圆柱的长度方向，$\boldsymbol{e}_r$、$\boldsymbol{e}_\theta$ 和 $\boldsymbol{e}_z$ 分别表示径向、环向和轴向的单位矢量。

先计算范德瓦耳斯相互作用势。在圆柱外任意位置 $D(OD=R_1)$ 处的单原子与圆柱之间的范德瓦耳斯相互作用势表示为

$$w_{\rm vdW}^{\rm D}=\rho_1\int_0^R\int_0^{2\pi}\int_{-\infty}^{+\infty}\left(-\frac{A_0}{d^6}+\frac{B_0}{d^{12}}\right)r{\rm d}z{\rm d}\theta{\rm d}r$$

$$= \frac{3\pi\rho_1}{64}\int_0^R \left(-32A_0E_5 + 21B_0E_{11}\right) r\mathrm{d}r \tag{13-59}$$

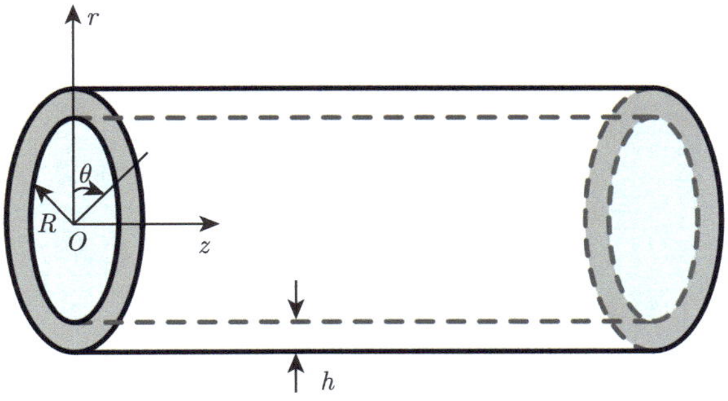

图 13.20 圆柱基底上的软薄膜

式中，$d^2 = R_1^2 + r^2 + z^2 - 2rR_1\cos\theta$，$E_5$ 和 E_{11} 为椭圆积分，其定义为

$$E_\upsilon = (R_1 + r)^{-\upsilon}\int_0^{\pi/2}\left[1 - k_1\cos^2\theta\right]^{-\upsilon/2}\mathrm{d}\theta \tag{13-60}$$

式中，$k_1 = 4rR_1/(R_1+r)^2$，υ 取值为 5 和 11。沿薄膜厚度对 $w_{\mathrm{vdW}}^{\mathrm{D}}$ 积分，可求得总的范德瓦耳斯相互作用势为

$$U_{\mathrm{vdW}} = \int_{d_0+R}^{d_0+R+h+u_n} \rho_2 w_{\mathrm{vdW}}^{\mathrm{D}}\mathrm{d}R_1 \tag{13-61}$$

式中，ρ_2 表示薄膜中原子密度；参数 d_0 表示薄膜–基底界面处的原子距离，可以通过界面原子平衡条件得到 [23]。

由边值问题式 (13-11)、式 (13-56) 和式 (13-57)，可求得圆柱形基底情况下的平凡解 $\boldsymbol{u}^{\mathrm{h}}$ 为

$$\begin{cases} u_r^{\mathrm{h}} = \dfrac{(1-2\nu)(R+h)\left[F(R+h)-\gamma\right]}{2\mu\left[2R^2(1-\nu)+2hR+h^2\right] - Yh(1-2\nu)\left(2R^2+3hR+h^2\right)}\left(r - \dfrac{R^2}{r}\right) \\ u_\theta^{\mathrm{h}} = 0 \\ u_z^{\mathrm{h}} = 0 \end{cases} \tag{13-62}$$

显然当 $\nu \to 0.5$ 时，有 $u_r^{\mathrm{h}} \to 0$。即当薄膜材料不可压缩时，范德瓦耳斯相互作用力难以引发薄膜的均匀变形。

对于长的圆柱表面，有两种可能的失稳模式，分别产生轴向和环向形貌。这两种模式可以分别单独发生，也可以同时出现，取决于载荷、薄膜厚度、初始曲率、材料的弹性常数等。两种模式同时出现会导致三维形貌。在 Fourier 空间，这种三

维形貌可以用三角函数表示，如图 13.21 所示。以 ω 表示轴向波数，n 表示环向模数。

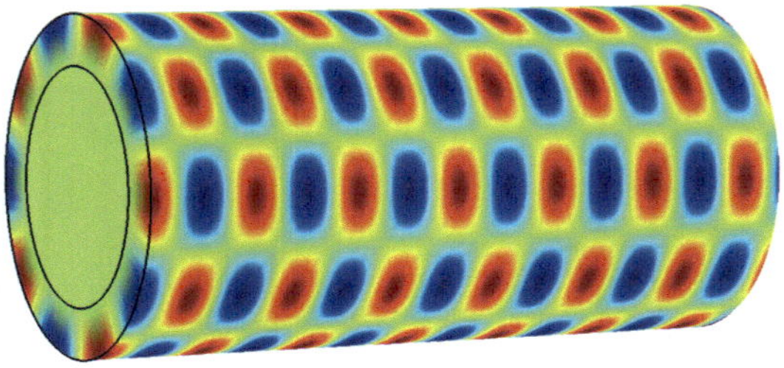

图 13.21 圆柱基底上的软薄膜失稳形貌示意图

为了求得分岔位移场 $\boldsymbol{u}^{\mathrm{b}}$，采用 Papkovich–Neuber 势方法。位移场可通过 Papkovich–Neuber 势 $\boldsymbol{\psi}$ 和 φ 表示为 [37]

$$\boldsymbol{u}^{\mathrm{b}} = 4(1-\nu)\boldsymbol{\psi} - \nabla(\boldsymbol{x}\cdot\boldsymbol{\psi}+\varphi) \tag{13-63}$$

式中，$\boldsymbol{\psi} = \psi_r\boldsymbol{e}_r + \psi_\theta\boldsymbol{e}_\theta + \psi_z\boldsymbol{e}_z$ 为矢量形式的势函数；φ 为标量形式的势函数，$\boldsymbol{x} = r\boldsymbol{e}_r + z\boldsymbol{e}_z$ 为位置矢量。为了满足平衡方程 (13-11)，$\boldsymbol{\psi}$ 和 φ 必须满足如式 (13-64) 所示 Laplace 方程：

$$\nabla^2\boldsymbol{\psi} = \boldsymbol{0}, \quad \nabla^2\varphi = 0 \tag{13-64}$$

对于如图 13.21 所示的失稳模式，$\boldsymbol{\psi}$ 和 φ 的通解为 [38]

$$\varphi = [a_1 I_n(\omega r) + a_2 K_n(\omega r)]\cos(\omega z)\cos(n\theta) \tag{13-65}$$

$$\psi_r = [a_3 I_{n+1}(\omega r) + a_4 I_{n-1}(\omega r) + a_5 K_{n+1}(\omega r) + a_6 K_{n-1}(\omega r)] \times \cos(\omega z)\cos(n\theta) \tag{13-66}$$

$$\psi_\theta = [a_3 I_{n+1}(\omega r) - a_4 I_{n-1}(\omega r) + a_5 K_{n+1}(\omega r) - a_6 K_{n-1}(\omega r)] \times \cos(\omega z)\sin(n\theta) \tag{13-67}$$

$$\psi_z = [a_7 I_n(\omega r) + a_8 K_n(\omega r)]\cos(\omega z)\cos(n\theta) \tag{13-68}$$

式中，$a_K(K = 1\sim 8)$ 为 8 个待定常数；$I_n(\omega r)$ 和 $K_n(\omega r)$ 分别为第一类和第二类 n 阶修正的 Bessel 函数。联合式 (13-63)，可以导出轴向分岔位移场为

$$u_z^{\mathrm{b}} = (3-4\nu)\psi_z - r\frac{\partial\psi_r}{\partial z} - \frac{\partial\varphi}{\partial z} - z\frac{\partial\psi_z}{\partial z} \tag{13-69}$$

从轴向位移式 (13-69) 可以看出，当 $\partial\psi_z/\partial z \neq 0$ 时，受方程右边最后一项 $z\partial\psi_z/\partial z$ 的影响，轴向形貌的周期性被打破。因此，为了保持轴向的周期性，ψ_z 必须为常数，代表轴向的刚性位移，不妨令其为零。则式 (13-63) 简化为

$$\left\{\begin{array}{l} u_r^{\mathrm{b}}=4(1-\nu)\,\psi_r-\dfrac{\partial}{\partial r}(r\psi_r+\varphi)\\ u_\theta^{\mathrm{b}}=4(1-\nu)\,\psi_\theta-\dfrac{1}{r}\dfrac{\partial}{\partial\theta}(r\psi_r+\varphi)\\ u_z^{\mathrm{b}}=-\dfrac{\partial}{\partial z}(r\psi_r+\varphi)\end{array}\right. \tag{13-70}$$

利用式 (13-7) 和式 (13-70)，应变分量可以通过 Papkovich-Neuber 势 $\boldsymbol{\psi}$ 和 φ 表示为

$$\left\{\begin{array}{l} \varepsilon_{rr}=(2-4\nu)\dfrac{\partial\psi_r}{\partial r}-r\dfrac{\partial^2\psi_r}{\partial r^2}-\dfrac{\partial^2\varphi}{\partial r^2}\\ \varepsilon_{\theta\theta}=(3-4\nu)\dfrac{\psi_r}{r}-\dfrac{\partial\psi_r}{\partial r}+4(1-\nu)\dfrac{1}{r}\dfrac{\partial\psi_\theta}{\partial\theta}-\dfrac{1}{r}\dfrac{\partial\varphi}{\partial r}-\dfrac{1}{r^2}\dfrac{\partial^2\varphi}{\partial\theta^2}-\dfrac{1}{r}\dfrac{\partial^2\psi_r}{\partial\theta^2}\\ \varepsilon_{zz}=-r\dfrac{\partial^2\psi_r}{\partial z^2}-\dfrac{\partial^2\varphi}{\partial z^2}\\ \varepsilon_{r\theta}=2(1-\nu)\left(\dfrac{1}{r}\dfrac{\partial\psi_r}{\partial\theta}+\dfrac{\partial\psi_\theta}{\partial r}-\dfrac{\psi_\theta}{r}\right)-\dfrac{1}{r}\dfrac{\partial^2\varphi}{\partial r\partial\theta}-\dfrac{\partial^2\psi_r}{\partial r\partial\theta}+\dfrac{1}{r^2}\dfrac{\partial\varphi}{\partial\theta}\\ \varepsilon_{rz}=(1-2\nu)\dfrac{\partial\psi_r}{\partial z}-\dfrac{\partial^2\varphi}{\partial r\partial z}-r\dfrac{\partial^2\psi_r}{\partial r\partial z}\\ \varepsilon_{\theta z}=2(1-\nu)\dfrac{\partial\psi_\theta}{\partial z}-\dfrac{1}{r}\dfrac{\partial^2\varphi}{\partial\theta\partial z}-\dfrac{\partial^2\psi_r}{\partial\theta\partial z}\end{array}\right. \tag{13-71}$$

通过本构关系易得应力分量。边界条件式 (13-57) 和式 (13-58) 变为

$$\left\{\begin{array}{l} u_r^{\mathrm{b}}\big|_{r=R}=0,\quad u_\theta^{\mathrm{b}}\big|_{r=R}=0,\quad u_z^{\mathrm{b}}\big|_{r=R}=0\\ \sigma_{r\theta}\big|_{r=R+h}=0,\quad \sigma_{rz}\big|_{r=R+h}=0\\ \sigma_{rr}\big|_{r=R+h}=-\gamma\left[\omega^2+\dfrac{n^2-1}{(R+h)^2}\right]u_r^{\mathrm{b}}\big|_{r=R+h}+Y\,u_r^{\mathrm{b}}\big|_{r=R+h}\end{array}\right. \tag{13-72}$$

将式 (13-70) 代入 (13-72)，得到一组关于 a_q 的齐次线性代数方程

$$B_{pq}a_q=0 \tag{13-73}$$

式中，系数 $B_{pq}(p,q=1\sim 6)$ 为

$$\begin{aligned}B_{11}=&\frac{1}{\delta^3\omega R^3}\left\{I_n(\delta\omega R)\left[2nG_1+\delta^2\omega^2R^2\left(2\mu(2n-2\nu+3)\delta R\right.\right.\right.\\&\left.\left.+Y\delta^2R^2-\gamma n(3n-8\nu+8)+\gamma\right)-\gamma\delta^4\omega^4R^4\right]-\delta\omega RI_{n-1}(\delta\omega R)\end{aligned}$$

$$\times \left[G_1 + \delta^2\omega^2R^2\left(2\mu\delta R - \gamma\left(n - 4\nu + 4\right)\right)\right]\}$$

$$B_{12} = \frac{1}{\delta^3\omega R^3}\left\{I_{n-2}\left(\delta\omega R\right)\left[\delta^2\omega^2R^2\left(\gamma\left(-3n^2 + 8n\nu - 16\nu + 9\right)\right.\right.\right.$$
$$\left.+2\mu\left(2n - 2\nu - 1\right)\delta R + Y\delta^2R^2\right) + 2\left(n-2\right)G_2 - \gamma\delta^4\omega^4R^4\Big]$$
$$\left.-\delta\omega R I_{n-3}\left(\delta\omega R\right)\left(G_2 - \gamma\delta^2\omega^2R^2 + 2\mu\delta^3\omega^2R^3\right)\right\}$$

$$B_{13} = \frac{1}{\delta^3R^3}\left\{I_n\left(\delta\omega R\right)\left[\gamma n\left(n^2 - 1\right) + \delta^2\omega^2R^2\left(n\gamma - 2\mu\delta R\right)\right.\right.$$
$$\left.-n\delta R\left(2\mu\left(n+1\right) + \delta RY\right)\right] + \delta\omega R I_{n-1}\left(\delta\omega R\right)$$
$$\left.\times\left[\gamma - \gamma n^2 + \delta^2R^2\left(Y - \gamma\omega^2\right) + 2\mu\delta R\right]\right\}$$

$$B_{14} = \frac{1}{\delta^3\omega R^3}\left\{-K_n\left(\delta\omega R\right)\left[2nG_1 + \delta^2\omega^2R^2\left(2\mu\left(2n - 2\nu + 3\right)\delta R\right.\right.\right.$$
$$\left.+Y\delta^2R^2 - \gamma n\left(3n - 8\nu + 8\right) + \gamma\right) - \gamma\delta^4\omega^4R^4\Big]$$
$$\left.-\delta\omega R K_{n-1}\left(\delta\omega R\right)\left[G_1 + \delta^2\omega^2R^2\left(2\mu\delta R - \gamma\left(n - 4\nu + 4\right)\right)\right]\right\}$$

$$B_{15} = \frac{1}{\delta^3\omega R^3}\left\{K_{n-2}\left(\delta\omega R\right)\left[\delta^2\omega^2R^2\left(\gamma\left(3n^2 - 8n\nu + 16\nu - 9\right)\right.\right.\right.$$
$$\left.-2\mu\left(2n - 2\nu - 1\right)\delta R - Y\delta^2R^2\right) + 2\left(n-2\right)G_2 + \gamma\delta^4\omega^4R^4\Big]$$
$$\left.-\delta\omega R K_{n-3}\left(\delta\omega R\right)\left(G_2 - \gamma\delta^2\omega^2R^2 + 2\mu\delta^3\omega^2R^3\right)\right\}$$

$$B_{16} = \frac{1}{\delta^4\omega R^4}\left\{K_{n-1}\left(\delta\omega R\right)\left[2n\left(1-n\right)\left(-\gamma n^2 + \gamma + 2\mu\left(n+1\right)\delta R + Y\delta^2R^2\right)\right.\right.$$
$$\left.-\delta^2\omega^2R^2\left(\delta R\left(4n\mu + \delta RY - 2\mu\right) + n\gamma\left(2 - 3n\right) + \gamma\right) + \gamma\delta^4\omega^4R^4\right]$$
$$-\delta\omega R K_{n-2}\left(\delta\omega R\right)\left[-\gamma n\left(n^2 - 1\right) + \delta^2\omega^2R^2\left(2\mu\delta R - \gamma n\right)\right.$$
$$\left.\left.+n\delta R\left(2\mu\left(n+1\right) + \delta RY\right)\right]\right\}$$

$$B_{21} = 2\mu\omega\left[\delta\omega R I_n\left(\delta\omega R\right) - \left(n - 2\nu + 2\right)I_{n+1}\left(\delta\omega R\right)\right]$$

$$B_{22} = 2\mu\omega\left[\delta\omega R I_{n-2}\left(\delta\omega R\right) - \left(n - 2\nu\right)I_{n-1}\left(\delta\omega R\right)\right]$$

$$B_{23} = \mu\omega^2\left[I_{n-1}\left(\delta\omega R\right) + I_{n+1}\left(\delta\omega R\right)\right]$$

$$B_{24} = -2\mu\omega\left[\left(n - 2\nu + 2\right)K_{n+1}\left(\delta\omega R\right) + \delta\omega R K_n\left(\delta\omega R\right)\right]$$

$$B_{25} = -2\mu\omega\left[\left(n - 2\nu\right)K_{n-1}\left(\delta\omega R\right) + \delta\omega R K_{n-2}\left(\delta\omega R\right)\right]$$

$$B_{26} = -\mu\omega^2\left[K_{n-1}\left(\delta\omega R\right) + K_{n+1}\left(\delta\omega R\right)\right]$$

$$B_{31} = 2\mu\omega\left(n - 2\nu + 2\right)I_n\left(\delta\omega R\right) - 2\mu\delta^{-1}R^{-1}\left(n+1\right)\left(n - 4\nu + 4\right)I_{n+1}\left(\delta\omega R\right)$$

$$B_{32} = 2\mu\omega\left(n + 2\nu - 2\right)I_{n-2}\left(\delta\omega R\right) - 2\mu\delta^{-1}R^{-1}\left(n-1\right)nI_{n-1}\left(\delta\omega R\right)$$

$$B_{33} = 2\mu n\delta^{-2}R^{-2}\left[\delta\omega R I_{n-1}(\delta\omega R) - (n+1) I_n(\delta\omega R)\right]$$

$$B_{34} = -2\mu\omega(n-2\nu+2) K_n(\delta\omega R) - 2\mu\delta^{-1}R^{-1}(n-4\nu+4) K_{n+1}(\delta\omega R)$$

$$B_{35} = -2\mu\omega(n+2\nu-2) K_{n-2}(\delta\omega R) - 2\mu n\delta^{-1}R^{-1}(n-1) K_{n-1}(\delta\omega R)$$

$$B_{36} = -2\mu n\delta^{-2}R^{-2}\left[\delta\omega R K_{n-1}(\delta\omega R) + (n+1) K_n(\delta\omega R)\right]$$

$$B_{41} = (n-4\nu+4) I_{n+1}(\omega R) - \omega R I_n(\omega R)$$

$$B_{42} = (n-4\nu+2) I_{n-1}(\omega R) - \omega R I_{n-2}(\omega R)$$

$$B_{43} = -\omega I_{n-1}(\omega R) + nR^{-1} I_n(\omega R)$$

$$B_{44} = (n-4\nu+4) K_{n+1}(\omega R) + \omega R K_n(\omega R)$$

$$B_{45} = (n-4\nu+2) K_{n-1}(\omega R) + \omega R K_{n-2}(\omega R)$$

$$B_{46} = \omega K_{n-1}(\omega R) + nR^{-1} K_n(\omega R)$$

$$B_{51} = (n-4\nu+4) I_{n+1}(\omega R), \quad B_{52} = (n+4\nu-4) I_{n-1}(\omega R)$$

$$B_{53} = nR^{-1} I_n(\omega R), \quad B_{54} = (n-4\nu+4) K_{n+1}(\omega R)$$

$$B_{55} = (n+4\nu-4) K_{n-1}(\omega R), \quad B_{56} = nR^{-1} K_n(\omega R)$$

$$B_{61} = \omega R I_{n+1}(\omega R), \quad B_{62} = \omega R I_{n-1}(\omega R), \quad B_{63} = \omega I_n(\omega R)$$

$$B_{64} = \omega R K_{n+1}(\omega R), \quad B_{65} = \omega R K_{n-1}(\omega R), \quad B_{66} = \omega K_n(\omega R)$$

式中，

$$G_1 = (n-4\nu+4)\left[\gamma - \gamma n^2 + 2\mu(n+1)\delta R + Y\delta^2 R^2\right]$$
$$G_2 = \delta R\left[2\mu\left(n^2+n-2\right) + \delta R Y(n-4\nu+2)\right] - \gamma\left(n^2-1\right)(n-4\nu+2)$$

由系数矩阵 B_{pq} 的行列式值为零的条件，可求得分岔可能发生的范德瓦耳斯相互刚度 Y_0。通过 Y_0 对轴向波数 ω 和环向模数 n 求导，并联立求解求导后的方程，可以获得 Y_0 的最小值，此即为失稳真正发生的临界相互作用刚度，所对应的波数和模数为特征形貌的参数。当 $n=0$ 时，相互作用刚度 $\bar{Y}_0$ 简化为

$$\begin{aligned}\bar{Y}_0(\bar{\omega}) = &\Xi^{-1}\left\{\delta^2\bar{\omega}^3 I_0^2(\delta\bar{\omega}) H_1 - 2\delta^2\bar{\omega}^3 I_0(\delta\bar{\omega}) K_0(\delta\bar{\omega}) H_2 - \bar{\omega}\left(\delta^2\bar{\omega}^2 - 2\nu + 2\right)\right.\\ &\times I_1(\delta\bar{\omega})\left[I_1(\delta\bar{\omega}) H_1 + 2K_1(\delta\bar{\omega}) H_2\right] + \bar{\omega} H_3\left[\delta^2\bar{\omega}^2\left(K_0^2(\delta\bar{\omega}) - K_1^2(\delta\bar{\omega})\right)\right.\\ &\left.\left.-2(1-\nu) K_1^2(\delta\bar{\omega})\right] + \bar{\omega}^2\left(1+\delta^2\right) - 2\nu(5-2\nu) + 6\right\} + \bar{\gamma}\left(\bar{\omega}^2 - \delta^{-2}\right)\end{aligned} \tag{13-74}$$

式中，$\bar{\omega}=\omega R$，

$$\begin{cases}\Xi=\delta\bar{\omega}(1-\nu)\left[I_1^2(\delta\bar{\omega})H_1+2I_1(\delta\bar{\omega})K_1(\delta\bar{\omega})H_2+K_1^2(\delta\bar{\omega})H_3\right]-\delta(1-\nu)\\ H_1=4(1-\nu)K_1(\bar{\omega})K_0(\bar{\omega})+\bar{\omega}K_0^2(\bar{\omega})-\bar{\omega}K_1^2(\bar{\omega})\\ H_2=I_0(\bar{\omega})\left[\bar{\omega}K_0(\bar{\omega})+2(1-\nu)K_1(\bar{\omega})\right]-I_1(\bar{\omega})\left[2(1-\nu)K_0(\bar{\omega})-\bar{\omega}K_1(\bar{\omega})\right]\\ H_3=\bar{\omega}I_0^2(\bar{\omega})-\bar{\omega}I_1^2(\bar{\omega})-4(1-\nu)I_1(\bar{\omega})I_0(\bar{\omega})\end{cases}\tag{13-75}$$

对于任意给定的一种失稳模式 $\bar{\omega}$，都可以得到对应的无量纲临界失稳刚度系数 $\bar{Y}_0(\bar{\omega})$。显然，在所有可能的分岔模式中，最小的 $\bar{Y}_0$ 将会首先达到，其对应着实际的特征模式 $\bar{\omega}_c$，此时所对应的形貌最容易发生。因此通过式 (13-74) 对波数求导，即 $\partial\bar{Y}_0/\partial\bar{\omega}=0$，可求得特征波数为 $\bar{\omega}_c$。将 $\bar{\omega}_c$ 代入式 (13-74) 得到相应的临界相互作用刚度 $\bar{Y}_{0c}$。当由式 (13-6) 计算得到的实际的范德瓦耳斯相互作用刚度 Y 达到临界相互作用刚度时，软薄膜才发生失稳。据此，可通过条件 $\bar{Y}_{0c}=\bar{Y}$ 获得临界薄膜厚度 h_c。

在工程和生物中的长圆柱系统，其性质除了与表面形貌有关，也会受到圆柱孔内壁性质的影响。例如，微纳米尺度孔表面的几何特征对其中的微流有显著影响 [36]。利用失稳方法，可以在孔的表面制备微纳米形貌，实现超疏水、自清洁等功能。考虑内壁表面覆盖有软薄膜的半径为 R 的长圆柱孔，同样引入圆柱坐标系 $(r,\ \theta,\ z)$，z 轴沿孔的中心轴线。利用 13.4.1 节中的理论框架，可以类似 13.4.2 节中对圆柱基底的处理。这里略去推导过程，经比较易知式 (13-62)、式 (13-73) 以及式 (13-74) 对于柱孔内壁上软薄膜的失稳仍然成立，仅需将 γ、$\bar{\gamma}$、h 以及 Y 或 Y_0 替换为相应的相反数即可。

13.4.3　球形基底上的薄膜失稳

考虑一层厚度为 h 的软物质薄膜，粘着在半径为 R 的刚性球上，建立如图 13.22 所示的球坐标系 $(r,\ \theta,\ \phi)$，坐标系原点固定在球心 O 处。

为了计算薄膜与球形基底之间的范德瓦耳斯相互作用势 U_{vdW}，先求出位于刚性球 Ω 外 $D(OD=R_1)$ 处的单个原子与球之间的相互作用，如图 13.23 所示。以 D 为球心，ξ 为半径作一个虚拟的球面，该球面与刚性球 Ω 交割，令交割面的表面积为 S_{ABC}，可求得

$$S_{ABC}(\xi)=\frac{\pi\xi}{R_1}\left[R^2-(R_1-\xi)^2\right]\tag{13-76}$$

在体元 $S_{ABC}(\xi)\,\mathrm{d}\xi$ 内的原子数目可以表示为 $\rho_1 S_{ABC}(\xi)\,\mathrm{d}\xi$，则在刚性球外 D 处的单原子与球的范德瓦耳斯相互作用势可表示为

$$w_{\mathrm{vdW}}^{\mathrm{D}}=\int_{R_1-R}^{R_1+R}\rho_1\left(-\frac{A_0}{\xi^6}+\frac{B_0}{\xi^{12}}\right)S_{ABC}(\xi)\,\mathrm{d}\xi$$

$$
= \frac{4\pi\rho_1 A_0 R^3}{3\left(R^2 - R_1^2\right)^3} - \frac{4\pi\rho_1 B_0 R^3\left(5R^6 + 45R^4R_1^2 + 63R^2R_1^4 + 15R_1^6\right)}{45\left(R^2 - R_1^2\right)^9} \quad (13\text{-}77)
$$

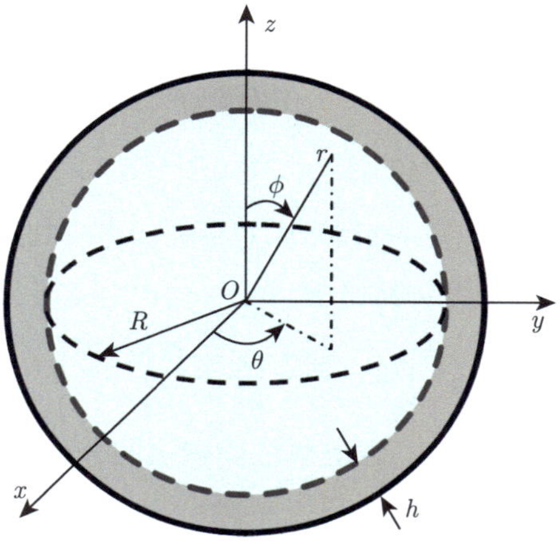

图 13.22 圆球基底上的软薄膜

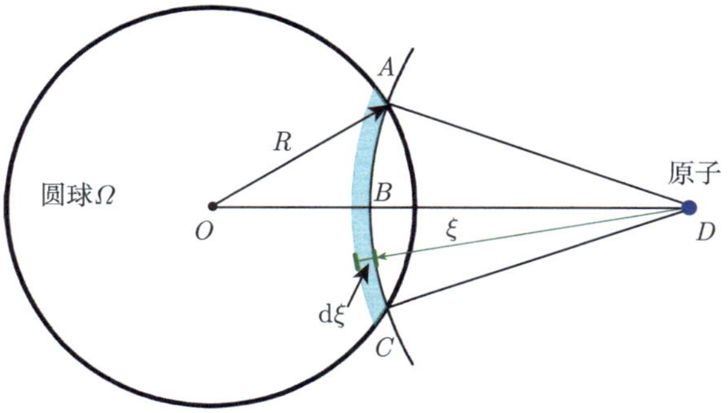

图 13.23 薄膜中单个原子与圆球基底之间范德瓦耳斯相互作用势的计算方法

对式 (13-77) 沿薄膜厚度积分，得到单位面积上薄膜与基底之间的范德瓦耳斯相互作用势，可求得

$$
\begin{aligned}
U_{\mathrm{vdW}} =& \int_{d_0+R}^{d_0+R+h+u_n} \rho_2 w_{\mathrm{vdW}}^{\mathrm{D}} \mathrm{d}R_1 \\
=& \frac{\bar{A}}{6\pi}\left\{ -\frac{5R^3R_2 - 3RR_2^3 + 3\left(R^2 - R_2^2\right)^2 \arctan\dfrac{R_2}{R}}{R^2\left(R^2 - R_2^2\right)^2} \right. \\
&\left. + \frac{R\left(R_3+u_n\right)\left[5R^2-3\left(R_3+u_n\right)^2\right]}{R^2\left[R^2-\left(R_3+u_n\right)^2\right]^2} + \frac{3\left[R^2-\left(R_3+u_n\right)^2\right]^2 \arctan\dfrac{R_3+u_n}{R}}{R^2\left[R^2-\left(R_3+u_n\right)^2\right]^2} \right\}
\end{aligned}
$$

$$
\begin{aligned}
&-\frac{4\bar{B}}{12600\pi R^8\left(R^2-R_2^2\right)^8}\left[-4970R^{15}R_2-6370R^{13}R_2^3+27146R^{11}R_2^5\right.\\
&-35218R^9R_2^7+30318R^7R_2^9-16086R^5R_2^{11}+4830R^3R_2^{13}-630RR_2^{15}\\
&\left.-315\left(R^2-R_2^2\right)^8\ln\frac{R_2-R}{R_2+R}\right]-\frac{4\bar{B}}{12600\pi R^8\left[\left(R_3+u_n\right)^2-R^2\right]^8}\\
&\times\left\{-2R\left(R_3+u_n\right)\left[-2485R^{14}+3185R^{12}\left(R_3+u_n\right)^2\right.\right.\\
&-13573R^{10}\left(R_3+u_n\right)^4+17609R^8\left(R_3+u_n\right)^6-15159R^6\left(R_3+u_n\right)^8\\
&\left.+8043R^4\left(R_3+u_n\right)^{10}-2415R^2\left(R_3+u_n\right)^{12}+315\left(R_3+u_n\right)^{14}\right]\\
&\left.-315\left[R^2-\left(R_3+u_n\right)^2\right]^8\ln\frac{R_3+u_n-R}{R_3+u_n+R}\right\}
\end{aligned}
\tag{13-78}
$$

将式 (13-78) 进行泰勒级数展开，导出单位面积上的分离压 F 和单位面积上的相互作用刚度 Y 为

$$
F=\frac{4\bar{A}R^3}{3\pi\left(R^2-R_3^2\right)^3}-\frac{4\bar{B}R^3\left(5R^6+45R^4R_3^2+63R^2R_3^4+15R_3^6\right)}{45\pi\left(R^2-R_3^2\right)^9}\tag{13-79}
$$

$$
Y=\frac{8\bar{A}R^3R_3}{\pi\left(R^2-R_3^2\right)^4}-\frac{16\bar{B}R^3\left(5R^6R_3+27R^4R_3^3+27R^2R_3^5+5R_3^7\right)}{5\pi\left(R^2-R_3^2\right)^{10}}\tag{13-80}
$$

式中，$R_2=R+d_0$，$R_3=R+d_0+h$，$\bar{A}=A_0\pi^2\rho_1\rho_2$ 为 Hamaker 常数，常数 $\bar{B}=B_0\pi^2\rho_1\rho_2$。

由式 (13-11)、式 (13-56) 和式 (13-57)，可求得平凡解 $\boldsymbol{u}^{\mathrm{h}}$ 为

$$
\left\{
\begin{aligned}
&u_r^{\mathrm{h}}=\frac{(1-2\nu)(R+h)[F(R+h)-2\gamma]}{2\mu[R(1-\nu)+2\nu h]-Yh(1-2\nu)(R+h)}\left(1-\frac{R}{r}\right)\\
&u_\theta^{\mathrm{h}}=0\\
&u_\phi^{\mathrm{h}}=0
\end{aligned}
\right.
\tag{13-81}
$$

与圆柱情况类似，当 $\nu\to0.5$ 时 $u_r^{\mathrm{h}}\to0$，即当薄膜材料不可压缩时，范德瓦耳斯相互作用力难以引起均匀变形。

对打破球对称性的一般性分岔，其特征函数可用 l 阶 m 次球谐函数 $Y_l^m(\theta,\ \phi)$ 表示，其中 m 满足 $-l\leqslant m\leqslant l$ [39]，如图 13.24 所示。通过线性稳定性分析，得到如式 (13-82) 所示形式的分岔解 [40,41]：

$$
\left\{
\begin{aligned}
&u_r^{\mathrm{b}}(r,\ \theta,\ \phi)=\tilde{u}_r(r)\,Y_l^m(\theta,\ \phi)\\
&u_\theta^{\mathrm{b}}(r,\ \theta,\ \phi)=\tilde{u}_\theta(r)\,\frac{\partial Y_l^m}{\partial\theta}(\theta,\ \phi)\\
&u_\phi^{\mathrm{b}}(r,\ \theta,\ \phi)=\frac{\tilde{u}_\theta(r)}{\sin\theta}\frac{\partial Y_l^m}{\partial\phi}(\theta,\ \phi)
\end{aligned}
\right.
\tag{13-82}
$$

式中，

$$\begin{cases} \tilde{u}_r(r) = c_1 r^{l-1} + c_2 r^{l+1} + c_3 r^{-l-2} + c_4 r^{-l} \\ \tilde{u}_\theta(r) = c_1 \dfrac{1}{l} r^{l-1} + c_2 \eta r^{l+1} - c_3 \dfrac{1}{l+1} r^{-l-2} + c_4 \zeta r^{-l} \end{cases} \tag{13-83}$$

$c_i(i=1\sim 4)$ 为待定常数，系数 η 和 ζ 为

$$\eta = \frac{l+5-4\nu}{(l+1)(l-2+4\nu)}, \quad \zeta = \frac{4-l-4\nu}{l(l+3-4\nu)} \tag{13-84}$$

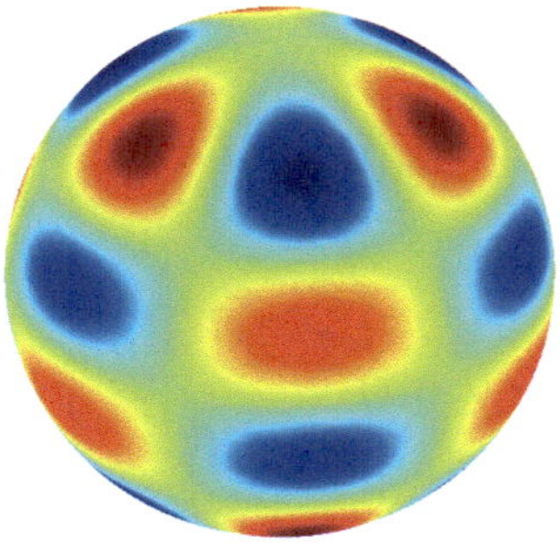

图 13.24 圆球基底上软薄膜失稳形貌示意图

利用式 (13-7) 和式 (13-82)，可求得应变场为

$$\begin{cases} \varepsilon_{rr} = \dfrac{\partial \tilde{u}_r}{\partial r} Y_l^m \\ \varepsilon_{\theta\theta} = \left[\dfrac{\tilde{u}_r}{r} + \dfrac{m^2}{\sin^2\theta}\dfrac{\tilde{u}_\theta}{r} - l(l+1)\dfrac{\tilde{u}_\theta}{r}\right] Y_l^m - \dfrac{\tilde{u}_\theta}{r\tan\theta}\dfrac{\partial Y_l^m}{\partial\theta} \\ \varepsilon_{\phi\phi} = \left(\dfrac{\tilde{u}_r}{r} - \dfrac{m^2}{\sin^2\theta}\dfrac{\tilde{u}_\theta}{r}\right) Y_l^m + \dfrac{\tilde{u}_\theta}{r\tan\theta}\dfrac{\partial Y_l^m}{\partial\theta} \\ \varepsilon_{r\theta} = \dfrac{1}{2}\left(\dfrac{\tilde{u}_r}{r} + \dfrac{\partial\tilde{u}_\theta}{\partial r} - \dfrac{\tilde{u}_\theta}{r}\right)\dfrac{\partial Y_l^m}{\partial\phi} \\ \varepsilon_{r\phi} = \dfrac{\mathrm{i}m}{2\sin\theta}\left(\dfrac{\tilde{u}_r}{r} + \dfrac{\partial\tilde{u}_\theta}{\partial r} - \dfrac{\tilde{u}_\theta}{r}\right) Y_l^m \\ \varepsilon_{\theta\phi} = -\dfrac{\mathrm{i}m}{\tan\theta\sin\theta}\dfrac{\tilde{u}_\theta}{r} Y_l^m + \dfrac{\mathrm{i}m}{\sin\theta}\dfrac{\tilde{u}_\theta}{r}\dfrac{\partial Y_l^m}{\partial\theta} \end{cases} \tag{13-85}$$

式中，$\mathrm{i}=\sqrt{-1}$ 为虚数单位。由本构关系，可以求得相应的应力分量。下面给出边界条件中需要用到的应力分量：

$$\begin{cases} \sigma_{rr} = \dfrac{2\mu\nu}{1-2\nu}\left[\dfrac{1-\nu}{\nu}\dfrac{\partial\tilde{u}_r}{\partial r} + \dfrac{2\tilde{u}_r}{r} - l(l+1)\dfrac{\tilde{u}_\theta}{r}\right] Y_l^m \\ \sigma_{r\theta} = \mu\left(\dfrac{\tilde{u}_r}{r} + \dfrac{\partial\tilde{u}_\theta}{\partial r} - \dfrac{\tilde{u}_\theta}{r}\right)\dfrac{\partial Y_l^m}{\partial\theta} \end{cases} \tag{13-86}$$

边界条件式 (13-57) 和式 (13-58) 要求

$$\left\{\begin{array}{l}\tilde{u}_r(R)=0,\quad \tilde{u}_\theta(R)=0,\quad \sigma^{\mathrm{b}}_{r\theta}\big|_{R+h}=0\\ \sigma^{\mathrm{b}}_{rr}\big|_{R+h}=-\gamma\dfrac{(l-1)(l+2)}{(R+h)^2}\tilde{u}_r(R+h)Y_l^m+Y\tilde{u}_r(R+h)Y_l^m\end{array}\right. \tag{13-87}$$

将式 (13-82) 代入 (13-87)，得线性代数方程组

$$M_{ij}c_j=0 \tag{13-88}$$

系数 $M_{ij}(i，j=1\sim4)$ 为

$$\begin{aligned}
&M_{11}=R^{l-1},\quad M_{12}=R^{l+1},\quad M_{13}=R^{-l-2},\quad M_{14}=R^{-l},\\
&M_{21}=\frac{1}{l}R^{l-1},\quad M_{22}=\eta R^{l+1},\quad M_{23}=-\frac{1}{l+1}R^{-l-2},\quad M_{24}=\zeta R^{-l},\\
&M_{31}=-(\delta R)^{l-3}\left[K\delta^2R^2-(l-1)(2\mu\delta R+2\gamma+l\gamma)\right],\\
&M_{32}=-\frac{(\delta R)^{l-1}}{1-2\nu}\left\{\delta R\left[-2(l+1)\mu+Y\delta R(1-2\nu)+2\nu\mu\left(l-1+l\eta+l^2\eta\right)\right]\right.\\
&\qquad\left.-(1-2\nu)\left(l^2+l-2\right)\gamma\right\},\\
&M_{33}=(\delta R)^{-l-4}\left[-Y\delta^2R^2-2\mu(l+2)\delta R+\gamma\left(l^2+l-2\right)\right],\\
&M_{34}=-\frac{(\delta R)^{-l-2}}{1-2\nu}\left\{\delta R\left[\delta RY(1-2\nu)+2\mu\left(l+\nu\left(-2-l+l\zeta+l^2\zeta\right)\right)\right]\right.\\
&\qquad\left.-(1-2\nu)\left(l^2+l-2\right)\gamma\right\},\\
&M_{41}=\frac{2(l-1)}{l}(\delta R)^{l-2},\quad M_{42}=(\delta R)^l(1+l\eta),\\
&M_{43}=\frac{2(l+2)}{l+1}(\delta R)^{-l-3},\quad M_{44}=(\delta R)^{-l-1}(1-\zeta-l\zeta)
\end{aligned}$$

由 $\det(M_{ij})=0$，求得引起薄膜失稳的无量纲范德瓦耳斯相互作用刚度为

$$\begin{aligned}
\bar{Y}_0(l)=&-\frac{2\delta^{2l+1}}{(1-2\nu)\varLambda}\Big(\bar{\delta}^{2l+3}(l-1)(l\zeta+\zeta+1)\left[l(l\eta+2\eta\nu-1)-2(1+\nu)\right]\\
&+\bar{\delta}^{-2l+1}(l+2)(l\eta-1)\left[-2(l+1)\zeta\nu+(l+2)l\zeta+l+\zeta-2\nu-1\right]\\
&+\bar{\delta}^4(2l+1)\{\nu l\left[(2l+1)\zeta(l\eta+\eta+1)-2l\eta-3\eta-2\right]-\nu\zeta\\
&+l\left[l\eta-\zeta(l+2)+2\right]-\zeta-\nu+1\}+4\bar{\delta}^2\nu\left\{-2l^2(l\zeta+\zeta-1)+\zeta l\right.\\
&+2l-\left[2l^2(l+2)+l-1\right]\eta(l\zeta-1)\big\}+\bar{\delta}^2l(l+1)\left[2l\zeta(l\eta+\eta+2)\right.\\
&-\zeta\eta+5\zeta-4l\eta+\eta-6]-\bar{\delta}^2(2\nu+3)-2\left(l^2+l-2\right)(2l+1)
\end{aligned}$$

$$\times(1-2\nu)(\zeta-\eta)\Big)+\bar{\gamma}\bar{\delta}^{2l}\mathit{\Lambda}^{-1}\Big(\left(l^2+l-2\right)\Big\{\bar{\delta}^{-2l+1}\left[(l+1)^2\zeta+l+3\right]$$
$$\times(l\eta-1)-\bar{\delta}^{2l+3}(l\zeta+\zeta+1)(l\eta-l+2)\Big\}+\left(l^2+l-2\right)$$
$$\times\left[\bar{\delta}^4(2l+1)(l\zeta+l\eta+\zeta)-\bar{\delta}^2\left(l^2\zeta(\eta+2)+l\zeta\eta+4l\zeta+2l^2\eta-2\eta-5\right)\right.$$
$$\left.+2(2l+1)(\zeta-\eta)\right]\Big) \tag{13-89}$$

式中，$\bar{Y}_0=Y_0R/\mu$，$\bar{\gamma}=\gamma/(\mu R)$，$\bar{\delta}=1+h/R$，

$$\mathit{\Lambda}=\bar{\delta}^3\left[(l+1)^2\zeta+l+3\right](l\eta-1)-\bar{\delta}^{4l+5}(l\zeta+\zeta+1)\left(l^2\eta-l+2\right)+\bar{\delta}^{2l+2}$$
$$\times\left[2(2l+1)(\zeta-\eta)+\bar{\delta}^4(2l+1)(\zeta+l\zeta+l\eta)\right]+\bar{\delta}^{2l+4}\left[2\eta+5-2l^2\eta\right.$$
$$\left.-l\zeta(\eta+4+2l+l\eta)\right] \tag{13-90}$$

式 (13-89) 给出了可能的屈曲模数 l 与相应的范德瓦耳斯相互作用刚度 $\bar{Y}_0(l)$ 之间的关系。需要指出的是，这种关系并不依赖于球谐函数的次数 m，这一点类似于球壳在外压下的分岔 [42] 以及球壳表面扩散所导致的演化问题 [40]。对于给定的 $\bar{\gamma}$，在所有可能的分岔模式中，最小的 $\bar{Y}_0$ 将会首先达到，它对应着实际的特征模数 l_c，此时形貌最容易失稳。因此，l_c 可通过 $\partial\bar{Y}_0/\partial l=0$ 求得。将 l_c 代入式 (13-89)，得到相应的临界相互作用刚度 $\bar{Y}_{0c}$。当式 (13-80) 得到的范德瓦耳斯相互作用刚度 Y 达到临界值 $\bar{Y}_{0c}$ 时，软薄膜发生失稳。据此，临界薄膜厚度 h_c 可通过条件 $\bar{Y}_{0c}=\bar{Y}$ 获得。

类似于 13.4.2 节的方法，可以分析软薄膜粘着在球腔内壁上的稳定性。仍然采用球坐标系 (r,θ,ϕ)，假设球腔内壁的半径为 R，主曲率为 $C_1=C_2=-1/R$。仿照前文方法，可以计算薄膜与基底之间的范德瓦耳斯相互作用势，通过泰勒级数展开，对应的 F 和 Y 为

$$F=-\frac{\bar{A}(3R-R_4)}{12\pi(R-R_4)^3R_4}+\frac{\bar{B}(9R-R_4)}{360\pi(R-R_4)^9R_4} \tag{13-91}$$

$$Y=\frac{\bar{A}\left(R^2-4RR_4+R_4^2\right)}{8\pi(R-R_4)^4R_4^2}-\frac{\bar{B}\left(R^2-10RR_4+R_4^2\right)}{80\pi(R-R_4)^{10}R_4^2} \tag{13-92}$$

式中，$R_4=R-d_0-h$。可以证明，该问题的平凡解仍由式 (13-81) 表示，范德瓦耳斯相互作用刚度 $\bar{Y}_0$ 同式 (13-89)，仅需要在参数 γ、$\bar{\gamma}$、h、Y 或 Y_0 前分别加上负号即可。

可以看出，这两种几何构型的差别在于基底的主曲率不同。圆球基底的主曲率为 $C_1=C_2=1/R$，平均曲率为 $\kappa=2/R$，它们都为正值；对于球腔，基底主曲率为 $C_1=C_2=-1/R$，平均曲率为 $\kappa=-2/R$，均为负值。在两种情况下基底曲率的影响将在 13.4.4 节讨论。

13.4.4 结果与讨论

在13.4.2节和13.4.3节，已考虑了四种几何构型，即在圆柱、柱孔、圆球和球腔基底上软薄膜的自发性失稳问题，推导了失稳的临界条件和特征波长。下面讨论自发性失稳的特征以及泊松比、表面能、薄膜厚度、基底曲率等因素对失稳的影响。

首先以正曲率为例，即软薄膜在刚性球或柱体上的情况，讨论泊松比对自发性失稳的影响。给定不同的泊松比 ν，对于柱状构型，图 13.25 画出了 $\bar{Y}_0$ 随轴向波数 $\bar{\omega}$ 的变化曲线；对于球状构型，可以类似画出无量纲化的范德瓦耳斯相互作用刚度 $\bar{Y}_0$ 随模数 l 的变化曲线。该图中，取参数 $h/R = 0.1$，并忽略表面能的影响，即 $\bar{\gamma} = 0$。

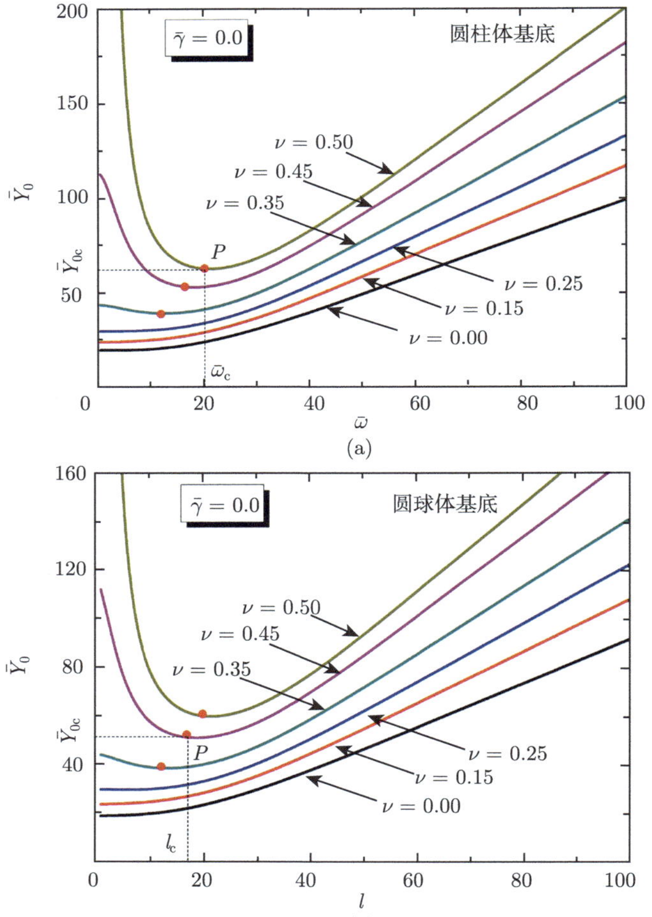

图 13.25　泊松比对临界范德瓦耳斯相互作用刚度的影响

(a) 圆柱体基底；(b) 圆球体基底

在所有可能的屈曲模态中，最小的 $\bar{Y}_0$ 值对应着最容易出现的模态，称为特征模态。当薄膜的泊松比小于一定值 (如 $\nu < 0.25$) 时，范德瓦耳斯相互作用刚度 $\bar{Y}_0$ 随 $\bar{\omega}$ 或 l 单调增加。对于球状和柱状基底，最小的 $\bar{Y}_0$ 分别出现在 $\bar{\omega} = 0$ 和 $l = 0$ 的位置，这表明当泊松比较小时，薄膜表面形貌对外界扰动不敏感，倾向于均匀变形。然而，当泊松比足够大时 (如 $\nu > 0.35$)，存在非零的特征值 $\bar{\omega}_c$ 或 l_c，例如图 13.25(a) 中 $\nu = 0.5$ 所对应的曲线上的 P 点，在该处 $\bar{Y}_0$ 具有最小值，定义为临界的范德瓦耳斯相互作用刚度 $\bar{Y}_{0c}$。换言之，当 $\bar{Y}_0$ 大于 $\bar{Y}_{0c}$ 时，薄膜将失去稳定性，表面发生屈曲。此外，图 13.25 表明，临界值 $\bar{Y}_{0c}$ 和特征参数 $\bar{\omega}_c$ 或 l_c 随泊松比的增加而变大。在薄膜与基底之间范德瓦耳斯相互作用的影响下，易于压缩的薄膜倾向于均匀变形，近似不可压缩的薄膜更容易起皱。这表明薄膜材料的压缩性可以被用来调控微尺度下颗粒或纤维的表面形貌。事实上，聚合物薄膜的泊松比一般在 $0.45 \sim 0.5$，易发生形貌失稳。

图 13.25 还表明，对于圆柱和圆球构型中的软薄膜自发失稳，泊松比具有相同的影响趋势。此结论与平面基底上自发失稳的结论一致 [43]。对于粘着在圆柱形基底上的薄膜，当范德瓦耳斯相互作用刚度超过临界刚度 $\bar{Y}_{0c}$ 时，薄膜表面将打破原有的轴对称性，产生环向失稳波纹。图 13.26 给出了对于不同的环向模数 n，$\bar{Y}_0$ 随 $\bar{\omega}$ 的变化。若不考虑表面能的影响，临界刚度几乎与环向的模数 n 无关。在多壁碳纳米管的轴向压缩失稳中也观察到类似现象 [44]。因此，在下面讨论圆柱形基底上的软薄膜自发性失稳时，将着重考虑 $n = 0$ 的情况。

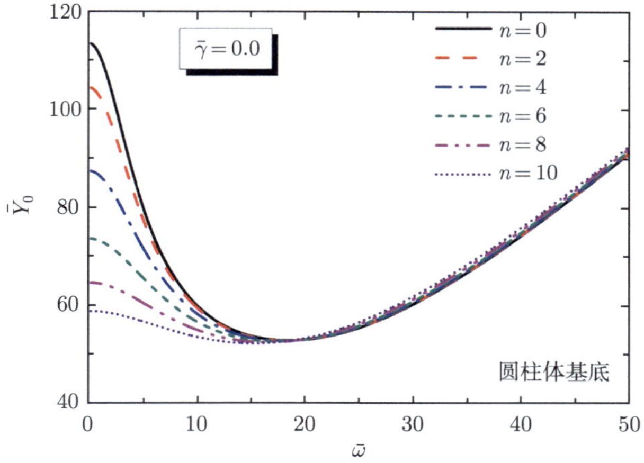

图 13.26 对于不同环向模数 n，范德瓦耳斯相互作用刚度随轴向波数的变化

下面讨论表面能对失稳的影响。在给定泊松比 $\nu = 0.45$ 的情况下，图 13.27 给出了无量纲化的范德瓦耳斯相互作用刚度 $\bar{Y}_0$ 随 $\bar{\omega}$ (圆柱构型) 或随 l (圆球构型) 变化的曲线。对于这两种构型，$\bar{Y}_{0c}$ 随表面能 $\bar{\gamma}$ 的增加的而增加，而临界参数 $\bar{\omega}_c$

和 l_c 随表面能的增加而减小。当 $\bar{\gamma}$ 达到相对较大的值时 (如 $\bar{\gamma}=3.0$)，仅在 $l=0$ 或 $\bar{\omega}=0$ 处出现最小的 $\bar{Y}_0$，意味着表面不会失稳。表面能越大，薄膜失稳越难发生，与平面基底上软薄膜自发性失稳有类似性质。从式 (13-74) 最后一项可以看出，当 $\bar{\omega}_c<\delta^{-1}\approx 1-h/R<1$ 时，表面能会促使软薄膜以较小的波数 $\bar{\omega}_c$ 失稳，然而范德瓦耳斯相互作用势引起失稳的波数通常较大，例如图 13.27 中 $\bar{\gamma}=0$ 的曲线显示，$\bar{\omega}_c\approx 18.5$。

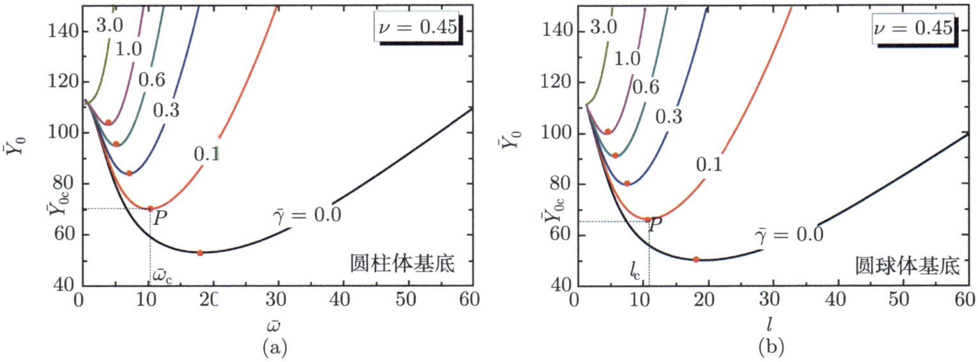

图 13.27 表面能对范德瓦耳斯相互作用刚度 $\bar{Y}_{0c}$ 的影响

(a) 圆柱体基底；(b) 圆球体基底

下面考虑薄膜厚度 h 的影响。固定基底半径，对于不同的薄膜厚度情况，图 13.28 描绘了可能导致失稳的相互作用刚度 $\bar{Y}_0$ 随波数 $\bar{\omega}$ 和模数 l 的变化，图中取 $\bar{\gamma}=0$ 和 $\nu=0.45$。随着薄膜厚度的减小，一方面，临界的相互作用刚度 $\bar{Y}_{0c}$ 以及对应的特征参数 $\bar{\omega}_c$(或 l_c) 增大，见曲线 $h/R=0.03$ 上的 P 点；另一方面，薄膜厚度的减小会导致实际的范德瓦耳斯相互作用刚度 Y 发生更大幅度的上升。如前

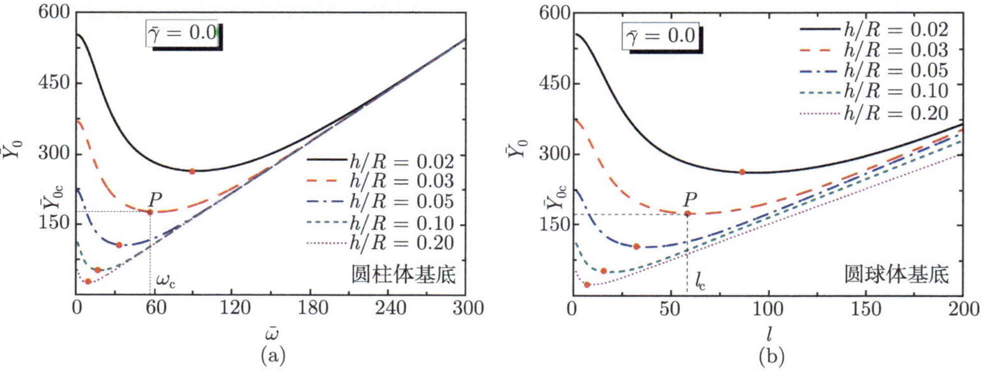

图 13.28 薄膜厚度对范德瓦耳斯相互作用刚度 $\bar{Y}_{0c}$ 的影响

(a) 圆柱体基底；(b) 圆球体基底

所述，当范德瓦耳斯相互作用势的变化超过弹性应变和表面能时，薄膜就会失稳。据此，可以通过 $Y = Y_0$ 确定临界薄膜厚度 h_c。

以粘着在球形基底上的软薄膜为例，确定薄膜失稳的临界厚度。Y(式 (13-80)) 和 Y_0(式 (13-89)) 随薄膜厚度 h 的变化趋势见图 13.29，参数取值为 $\gamma = 0$，$\nu = 0.45$，$\mu = 0.1\text{MPa}$，$\bar{A} = 10^{-19}\text{J}$，$\bar{B} = 10^{-76}\text{Jm}^6$，$d_0 = 0.1\text{nm}$ 和 $R = 100\text{nm}$。根据两条曲线的交点，可以确定临界薄膜厚度为 2.81nm。当薄膜的厚度小于临界值 h_c 时，范德瓦耳斯相互作用能的变化胜于弹性应变能和表面能，薄膜易发生失稳。

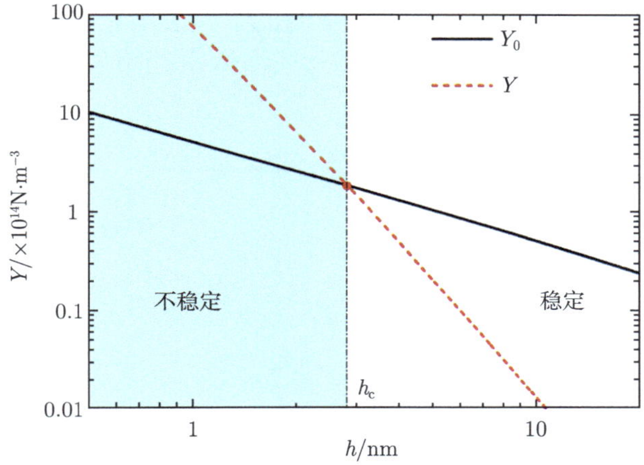

图 13.29 临界薄膜厚度的确定

Y_0 和 Y 分别由式 (13-89) 和 (13-80) 给出

式 (13-74) 和式 (13-89) 表明范德瓦耳斯相互作用刚度 $\bar{Y}_0$ 依赖于基底的曲率。为了明确基底形状的影响，图 13.30 给出了软薄膜失稳的临界特征 (包括模数 l_c、波数 $\bar{\omega}_c$ 和波长 $\bar{\lambda}_c$) 随 h/R 的变化。对于圆柱构型，无量纲化波长定义为 $\bar{\lambda}_c = 2\pi/\bar{\omega}_c$；

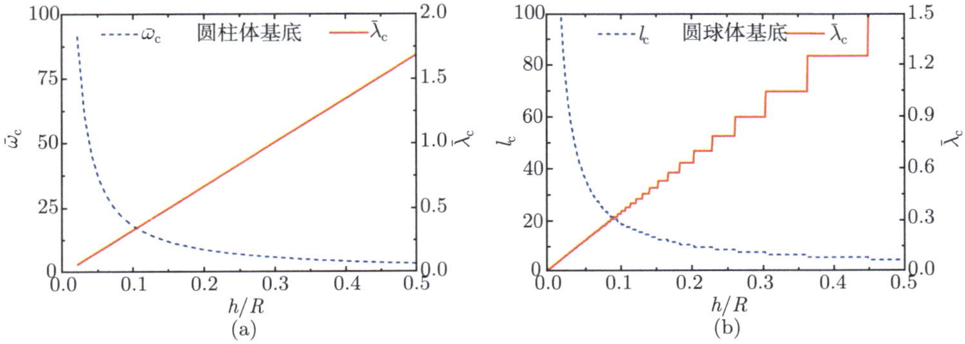

图 13.30 基底曲率对失稳形貌特征的影响

(a) 圆柱体基底；(b) 圆球体基底

对于圆球构型，将无量纲化的平均波长定义为 $\bar{\lambda}_c = 2\pi/l_c$[45]。图 13.30(b) 中 $\bar{\lambda}_c$ 呈阶梯状上升，这种跳跃性质源于模数 l_c 的整数约束。显然，基底曲率对特征波长有明显影响。随着基底曲率的增加，l_c 和 $\bar{\omega}_c$ 均减小，而波长 $\bar{\lambda}_c$ 增加。有趣的是，当忽略表面能 $\bar{\gamma}$ 的影响时，特征波长 $\bar{\lambda}_c$ 几乎为基底曲率的线性函数，这个规律对于圆柱构型更为明显。

现在考虑软薄膜在球腔或柱孔内壁的情况。在这两种情况中，基底的主曲率分别为 $C_1 = C_2 = -1/R$ 和 $C_1 = -1/R$，$C_2 = 0$。从图 13.31 可知，不管基底曲率为正还是为负，表面能均抑制薄膜失稳。球腔和柱孔几何形状所需临界相互作用刚度分别大于球体和柱体所需的临界相互作用刚度，这表明在范德瓦耳斯相互作用的驱动下，在相同的曲率半径下，粘着在球体或柱体外表面的薄膜比在孔洞内表面的薄膜更容易失稳。

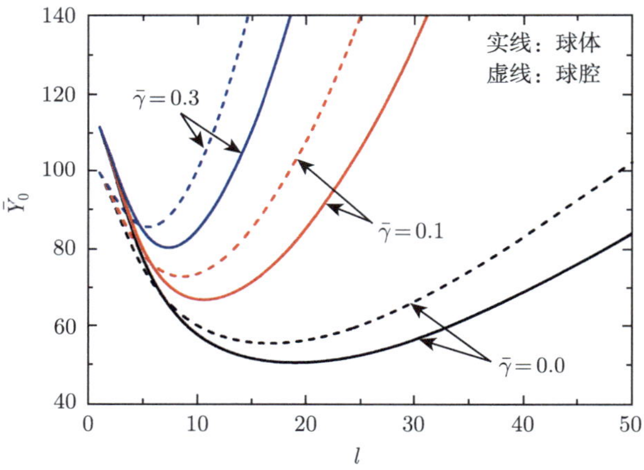

图 13.31　球体和球腔失稳特征的比较

为了清楚起见，表 13.1 对比了这四种几何构型的失稳参数，计算时取 $\nu = 0.45$。显然，临界相互作用刚度按球体、柱体、柱孔、球腔的顺序依次增大。可以看出，基

表 13.1　不同几何构型间的失稳特征比较

几何构型	平均曲率	$h/R = 0.05$				$h/R = 0.1$			
		$\bar{Y}_c$	l_c	$\bar{\omega}_c$	$\bar{\lambda}_c$	$\bar{Y}_c$	l_c	$\bar{\omega}_c$	$\bar{\lambda}_c$
球体	$2/R$	103.50	37	—	0.17	50.63	19	—	0.32
柱体	$1/R$	105.79	—	36.81	0.17	52.88	—	18.43	0.34
柱孔	$-1/R$	106.041	—	36.69	0.17	53.15	—	18.31	0.34
球腔	$-2/R$	108.43	35	—	0.18	55.60	17	—	0.36

底曲率越小，软薄膜越容易在范德瓦耳斯力作用下失去稳定性，因此通过改变基底曲率，可以调节薄膜表面失稳形貌。

最后，值得指出的是，所有失稳特征参数，包括临界条件、模数或波数、波长，都与基底–薄膜之间相互作用的性质 (即相互作用势的函数形式) 无关。换言之，上述结论既对范德瓦耳斯相互作用成立，也同样适用于其他性质类似的相互作用力，如静电力和电双层力。

13.5 本章小结

本章研究了在范德瓦耳斯相互作用力作用下，基底上软薄膜的自发性失稳。首先建立了软物质薄膜自发性失稳的二维理论模型，得到了薄膜失稳的临界条件、失稳特征波长、临界相互作用刚度与薄膜几何尺寸及弹性性质等物理参数之间的定量关系，获得了薄膜自发性失稳的临界厚度，给出了薄膜的自发性失稳相图。这种简化的二维模型，不仅推导简洁，而且为软物质薄膜自发性失稳提供了基本的物理理解，能反映该问题的一些基本规律。结果表明，弹性应变能和表面能对系统起稳定作用，而范德瓦耳斯相互作用势促使系统发生失稳。

实验观察表明，薄膜表面失稳呈现四方、六方、迷宫、人字形等三维形貌，因此，本章也将二维理论模型推广到三维，可以更加准确地预测失稳的临界条件和失稳特征参数。

此外，本章还给出了任意形状基底上软薄膜自发失稳的一般性理论框架，分析了几种典型几何构型下 (圆柱、圆球、柱孔、球腔) 薄膜的自发性失稳，列举了对应的失稳临界条件、特征模式与特征波长。

参考文献

[1] Vrij A. Possible mechanism for the spontaneous rupture of thin free liquid films. Discussions of the Faraday Society, 1966, 42: 23–33.

[2] Braun F N, Yokoyama H. Spinodal dewetting of a nematic liquid crystal film. Physical Review E, 2000, 62: 2974–2976.

[3] Herminghaus S, Jacobs K, Mecke K, Bischof J, Fery A, Ibn-Elhaj M, Schlagowski S. Spinodal dewetting in liquid crystal and liquid metal films. Science, 1998, 282: 916–919.

[4] Hung C I, Tsai J S. Rupture of thin micropolar liquid film. Acta Mechanica, 1997, 122: 217–223.

[5] Hwang C C, Lin C K, Uen W Y. A nonlinear three-dimensional rupture theory of thin liquid films. Journal of Colloid and Interface Science, 1997, 190: 250–252.

[6] Pease L F, Russel W B. Linear stability analysis of thin leaky dielectric films subjected to electric fields. Journal of Non-Newtonian Fluid Mechanics, 2002, 102: 233–250.
[7] Rauscher M, Munch A, Wagner B, Blossey R. A thin-film equation for viscoelastic liquids of Jeffreys type. European Physical Journal E, 2005, 17: 373–379.
[8] Sharma A, Mittal J. Instability of thin liquid films by density variations: A new mechanism that mimics spinodal dewetting. Physical Review Letters, 2002, 89: 4.
[9] Tomar G, Shankar V, Shukla S K, Sharma A, Biswas G. Instability and dynamics of thin viscoelastic liquid films. European Physical Journal E, 2006, 20: 185–200.
[10] Brochard-Wyart F, Daillant J. Drying of solids wetted by thin liquid films. Canadian Journal of Physics, 1990, 68: 1084–1088.
[11] Sharma A, Khanna R. Pattern formation in unstable thin liquid films. Physical Review Letters, 1998, 81: 3463–3466.
[12] Yerushalmi-Rozen R, Kerle T, Klein J. Alternative dewetting pathways of thin liquid films. Science, 1999, 285: 1254–1256.
[13] Chou K S, Kwong Y C. Finite time rupture for thin films under van der Waals forces. Nonlinearity, 2007, 20: 299–317.
[14] Suo Z G, Zhang Z Y. Epitaxial films stabilized by long-range forces. Physical Review B, 1998, 58: 5116–5120.
[15] Zhao Y P. Morphological stability of epitaxial thin elastic films by van der Waals force. Archive of Applied Mechanics, 2002, 72: 77–84.
[16] Zhang Y W. Surface stability and evolution of biaxially strained epitaxial thin films. Applied Physics Letters, 2005, 87: 3.
[17] Levine M S, Golovin A A, Davis S H, Voorhees P W. Self-assembly of quantum dots in a thin epitaxial film wetting an elastic substrate. Physical Review B, 2007, 75: 11.
[18] Green P F, Ganesan V. Dewetting of polymeric films: unresolved issues. European Physical Journal E, 2003, 12: 449–454.
[19] Thiele U. Open questions and promising new fields in dewetting. European Physical Journal E, 2003, 12: 409–414.
[20] Tsui O K C, Wang Y J, Zhao H, Du B. Some views about the controversial dewetting morphology of polystyrene films. European Physical Journal E, 2003, 12: 417–423.
[21] 黄世清. 软物质薄膜的表面失稳与斑图形成. 北京: 清华大学博士学位论文, 2007.
[22] 李博. 软物质材料的表面失稳研究. 北京: 清华大学博士学位论文, 2011.
[23] Hamaker H C. London-van der Waals attraction between spherical particles. Physica, 1937, 4: 1058–1072.
[24] Israelachvili J N. Intermolecular and Surface Forces. 2nd. ed. New York: Academic Press, 1992.
[25] Shenoy V, Sharma A. Pattern formation in a thin solid film with interactions. Physical Review Letters, 2001, 86: 119–122.

[26] Huang S Q, Li Q Y, Feng X Q, Yu S W. Pattern instability of a soft elastic thin film under van der Waals forces. Mechanics of Materials, 2006, 38: 88–99.
[27] Timoshenko S P, Goodier J N. Theory of Elasticity. 3rd ed. New York: McGraw-Hill , Inc., 2004.
[28] Gibbs J W. The Scientific Paper of J. Willard Gibbs. London: Longmans-Green., 1906.
[29] Cahn J W. Phase separation by spinodal decomposition in istropic systems. The Journal of Chemical Physics, 1965, 42: 93–99.
[30] Xie R, Karim A, Douglas J F, Han C C, Weiss R A. Spinodal dewetting of thin polymer films. Physical Review Letters, 1998, 81: 1251–1254.
[31] Wang J, Tolan M, Seeck O H, Sinha S K, Bahr O, Rafailovich M H, Sokolov J. Surfaces of strongly confined polymer thin films studied by X-ray scattering. Physical Review Letters, 1999, 83: 564–567.
[32] Li B, Zhao H P, Feng X Q. Spontaneous instability of soft thin films on curved substrates due to van der Waals interaction. Journal of the Mechanics and Physics of Solids, 2011, 59: 610–624.
[33] Shenoy V, Sharma A. Stability of a thin elastic film interacting with a contactor. Journal of the Mechanics and Physics of Solids, 2002, 50: 1155–1173.
[34] Mei Y, Kiravittaya S, Harazim S, Schmidt O G. Principles and applications of micro and nanoscale wrinkles. Materials Science and Engineering: Report, 2010, 70: 209–224.
[35] Park J O, Rey A D, Srinivasarao M. Non-classical scaling for forced wetting of a nematic fluid on a polymeric fiber. Soft Matter, 2009, 5: 2277–2280.
[36] Sbragaglia M, Benzi R, Biferale L, Succi S, Toschi F. Surface roughness-hydrophobicity coupling in microchannel and nanochannel flows. Physical Review Letters, 2006, 97: 204503.
[37] Little R W. Elasticity. New Jersey: Prentice-Hall, 1973.
[38] Schmidt V, McIntyre P, Gösele U. Morphological instability of misfit-strained core-shell nanowires. Physical Review B, 2008, 77: 235302.
[39] Matthews P C. Pattern formation on a sphere. Physical Review E, 2003, 67: 036206.
[40] Colin J. Morphological instability of two stressed spherical shells. International Journal of Solids and Structures, 2007, 44: 3218–3230.
[41] Leo P, Iwan J, Alexander D, Sekerka R. Elastic fields about a perturbed spherical inclusion. Acta Metallurgica, 1985, 33: 985–989.
[42] Wang A, Ertepinar A. Stability and vibrations of elastic thick-walled cylindrical and spherical shells subjected to pressure. International Journal of Non-Linear Mechanics, 1972, 7: 539–555.
[43] Huang S Q, Li B, Feng X Q. Three-dimensional analysis of spontaneous surface instability and pattern formation of thin soft films. Journal of Applied Physics, 2008, 103: 083501.

[44] He X, Kitipornchai S, Liew K. Buckling analysis of multi-walled carbon nanotubes: a continuum model accounting for van der Waals interaction. Journal of the Mechanics and Physics of Solids, 2005, 53: 303–326.
[45] Colin J. Morphological instability of stressed spherical particles growing by diffusion in a matrix. Physical Review B, 2005, 71: 165403.

第 14 章　外场作用下弹性软薄膜的失稳

由相对较软的粘弹性或粘性流体层支撑的固体薄膜 (solid-on-liquid, SOL) 结构，在自然界和工业领域都很常见。例如，动物和人类的皮肤就是由较软的真皮组织支撑着较硬的表皮层所构成的。沉积在软基底上的 SiO_2、Cu、Au 薄膜等 [1,2] 以及仿生皮肤越来越多地应用于柔性电子器件 [3]、可调光栅 [3,4]、细胞力波谱学 [5]、现代测量技术 [5] 等领域 [6−8]。动物和人类皮肤表面的褶皱是由真皮组织收缩产生的压应力引起的。而在人造皮肤中，压应力来自于异质外延薄膜与基底之间的晶格失配或热膨胀系数差异等。一种降低薄膜内压应力的办法是将薄膜置于低粘性层上，从而允许薄膜向平面外弯曲延展，这就是所谓的“柔性基底策略”[9]。在一些领域，失稳可导致结构表面变得粗糙，影响材料的光洁度，降低器件的使用性能，甚至会导致器件和系统的功能失效；而在另外一些情况下，表面失稳也可以被利用，用于可延展性连接 [10]、斑图模板 [6]、生物化验 [11] 等。因此，深入理解失稳现象的力学机理是优化设计 SOL 结构、提高其使用性能的关键。当固体薄膜或液体层的厚度减小到微纳米量级时，表面或界面之间的范德瓦耳斯力或静电力等长程相互作用对 SOL 薄膜结构的变形行为具有重要的影响，在分析中需要予以考虑。

在机械应力或热应力场作用下，弹性软薄膜或膜基系统会产生各种各样的表面失稳形貌，这一点在前面各章已有介绍。本章主要关注在范德瓦耳斯力、电场等作用下弹性软薄膜的失稳问题 [12]。14.1 节研究在平版印刷自组装过程中，弹性软薄膜在范德瓦耳斯力作用下的失稳问题，14.2 节研究在电场作用下弹性软薄膜的稳定性，14.3 节关注 SOL 薄膜结构在表界面力作用下的失稳。

14.1　LISA 工艺中薄膜失稳

1999 年，Chou 等 [13] 在研究纳米压印技术 (nanoimprint lithography，NIL) 的过程中发现，当平面压头与 PMMA 薄膜靠近时，压头与薄膜之间的范德瓦耳斯力可以引起薄膜的表面失稳，形成具有一定波长的规则形貌。他们由此提出了平版印刷自组装 (LISA) 的概念，现已成为薄膜表面斑图制备的一种常用方法。2000 年，Schäffer 等 [14] 通过实验研究了聚苯乙烯 (polystyrene，PS) 液体薄膜在外加均匀电场作用下的表面失稳和形貌演化，得到了规则排列的六方表面斑图，其特征波长在亚微米甚至纳米范围，而且实现了微纳米表面形貌快速高效的转移和复制。此外，在薄膜粘附的过程中也会出现类似的失稳现象，这类失稳对薄膜的粘附性能有着重要的影响。因此，深入探讨 LISA 过程中薄膜表面失稳现象的物理力学机制，将有利于制备具有更小特征尺度的微纳米表面结构以及提高薄膜的粘附性能。

Shenoy 和 Sharma[15,16] 曾对薄膜与压头之间由于范德瓦耳斯相互作用引起的薄膜表面失稳进行了二维理论分析，但其方法繁杂，而且实际的薄膜表面失稳形貌往往呈现出三维结构。因此，本节首先对薄膜与压头之间由于范德瓦耳斯相互作用所引起的表面失稳进行二维理论分析，并将其推广到三维情况，得到了较为简洁的解析解。此外，还进行了相应的有限元模拟，以验证理论分析的准确性。

14.1.1 二维模型

如图 14.1 所示，考虑弹性软薄膜 – 压头相互作用，薄膜具有均匀的初始厚度 h，支撑在半无限大的刚性基底上，半无限大压头与变形前薄膜上表面的距离为 H。建立笛卡儿坐标系 (o-x_1x_2)，其中 x_1 轴沿着薄膜与基底的界面，x_2 轴垂直于界面。令 $\boldsymbol{u}$ 表示薄膜失稳状态下的位移场。在 o-x_1x_2 平面上采用平面应变假设。

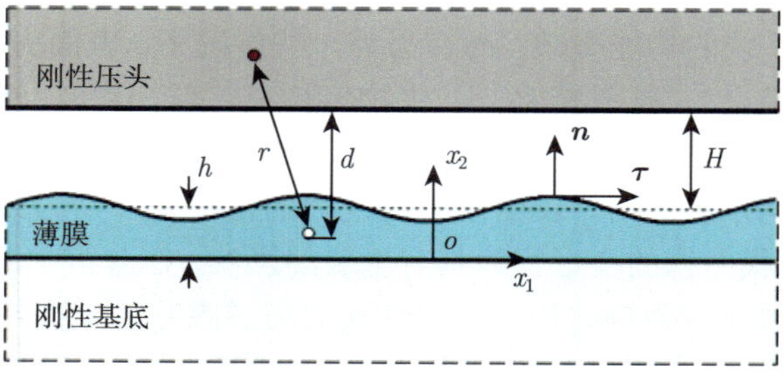

图 14.1 薄膜–压头相互作用示意图

1. 薄膜–压头系统的自由能

当压头与薄膜逐渐接近时，二者之间的范德瓦耳斯相互作用势、薄膜的弹性能以及薄膜的表面能相互竞争，在一定条件下，可能引起薄膜表面失稳，并在其表面形成具有一定特征波长的形貌。系统的总自由能可以表示为

$$\Pi = \int_S U_{\mathrm{vdW}} \mathrm{d}S + \int_V U_{\mathrm{E}} \mathrm{d}V + \int_S U_{\mathrm{s}} \mathrm{d}S \tag{14-1}$$

式中，U_{vdW} 表示单位面积上压头与薄膜之间的范德瓦耳斯相互作用势，U_{s} 表示单位面积上薄膜的表面能，U_{E} 表示单位体积内薄膜的弹性应变能，S 和 V 分别表示薄膜表面积和体积。基底和压头均假设为刚性材料，其弹性变形能忽略不计。

假设薄膜内原子与压头中原子之间的相互作用势满足 Lennard–Jones 势函数 (即 “6-12” 势)。为简单起见，这里假设薄膜与基底具有相同的原子密度。通过积

分，可以得到薄膜中任意原子与半无限大压头之间的相互作用势为

$$\begin{aligned}w_{\mathrm{vdW}}^{\mathrm{I}}(d)&=\int_{d}^{\infty}\int_{0}^{\infty}\left\{\frac{-A_0}{[x_1^2+(d-x_2)^2]^3}+\frac{B_0}{[x_1^2+(d-x_2)^2]^6}\right\}\rho_1 2\pi x_1\mathrm{d}x_1\mathrm{d}x_2\\&=\pi\rho_1\left(-\frac{A_0}{6d^3}+\frac{B_0}{45d^9}\right)\end{aligned}\tag{14-2}$$

式中，ρ_1 为压头材料在单位体积内的原子个数，d 为原子与压头之间的距离 (图 14.1)。再次积分，可以得到失稳状态下单位面积的薄膜与半无限大压头之间的相互作用势为

$$\begin{aligned}U_{\mathrm{vdW}}(H)&=\int_{H-u_{\mathrm{n}}}^{\infty}w_{\mathrm{vdW}}^{\mathrm{I}}(x_2)\rho_2\mathrm{d}x_2\\&=-\frac{A}{12\pi(H-u_{\mathrm{n}})^2}+\frac{B}{360\pi(H-u_{\mathrm{n}})^8}\end{aligned}\tag{14-3}$$

式中，$A=A_0\pi^2\rho_1\rho_2$ 和 $B=B_0\pi^2\rho_1\rho_2$ 为 Hamaker 常数 [17]，通常取值分别约为 $10^{-19}\mathrm{J}$ 和 $10^{-76}\mathrm{J}\cdot\mathrm{m}^6$ 的量级，ρ_2 为薄膜和基底中单位体积的原子个数。式 (14-3) 等号右边第一项表示两个半无限大体之间范德瓦耳斯相互作用中的吸引项，第二项表示排斥项。u_{n} 表示薄膜上表面的法向位移。当薄膜与压头之间的距离 H 远大于原子之间的平衡距离 d_0 时，排斥项可以忽略。将式 (14-3) 进行泰勒展开，并保留前三项，得 [15,18]

$$U_{\mathrm{vdW}}(u_{\mathrm{n}})\approx-U_{\mathrm{vdW}}^{0}-Fu_{\mathrm{n}}-\frac{1}{2}Yu_{\mathrm{n}}^2\tag{14-4}$$

式中，U_{vdW}^{0} 表示在无变形状态下单位面积上的相互作用能，F 表示压头对薄膜上表面产生的均布压力，Y 表示薄膜–压头之间的范德瓦耳斯相互作用刚度。其表达式分别为

$$\begin{aligned}U_{\mathrm{vdW}}^{0}&=-U_{\mathrm{vdW}}(0)\\F=-U_{\mathrm{vdW}}'(0)&=\frac{A}{6\pi H^3}\\Y=-U_{\mathrm{vdW}}''(0)&=\frac{A}{2\pi H^4}\end{aligned}\tag{14-5}$$

单位面积上的范德瓦耳斯相互作用势随薄膜与压头之间距离的变化趋势如图 14.2 所示。可以看出，当薄膜与压头之间的距离大于 0.5nm 左右时，排斥项已经可以忽略。

本节重点分析薄膜与压头相互作用引发失稳的临界条件，暂不考虑薄膜失稳以后的形貌演化，因此采用了线性位移–应变关系和各向同性线弹性本构关系。

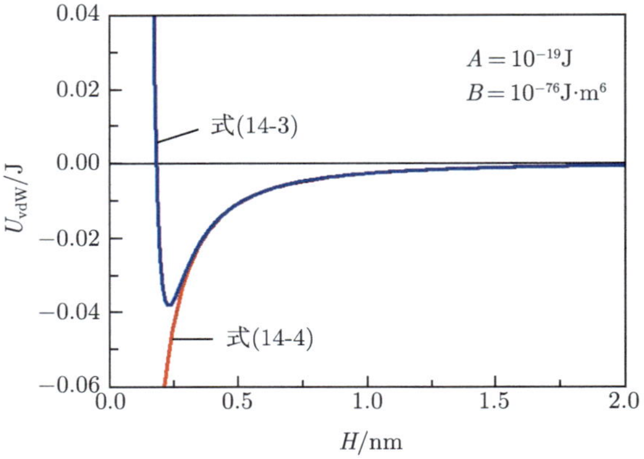

图 14.2 薄膜–压头之间的相互作用势

2. 薄膜失稳的临界条件

根据最小势能原理，薄膜弹性变形的真实位移场将使得薄膜–基底系统的总自由能取最小值。参考第 13 章，利用弹性变分原理，可以得到用位移表示的薄膜内应力平衡条件，即 Navier 方程 [19]：

$$(1-2\nu)\nabla^2\boldsymbol{u}+\nabla(\nabla\cdot\boldsymbol{u})=\boldsymbol{0} \tag{14-6}$$

以及薄膜上表面 ($x_2=h$) 的应力边界条件：

$$\boldsymbol{\sigma}\cdot\boldsymbol{n}=\tau^{\mathrm{s}}u_{2,11}\boldsymbol{n}+F\boldsymbol{n}+Y(\boldsymbol{u}\cdot\boldsymbol{n})\boldsymbol{n} \tag{14-7}$$

式中，$\boldsymbol{n}$ 和 $\boldsymbol{\tau}$ 分别表示薄膜自由表面的法向和切向单位矢量 (图 14.1)。薄膜与基底之间的界面边界条件依赖于界面粘接情况，这里讨论完好粘接和完全滑移两种极端情况。

若薄膜与基底之间完好粘接，界面上 ($x_2=0$) 位移边界条件可表示为

$$\boldsymbol{u}(x_1,0)=\boldsymbol{0} \tag{14-8}$$

式 (14-6)~ 式 (14-8) 构成一个完整的边值问题。该边值问题存在均匀位移解

$$u_1^{\mathrm{h}}(x_1,x_2)=0,\quad u_2^{\mathrm{h}}(x_1,x_2)=\frac{F}{Y_{\mathrm{m}}-Y}\frac{x_2}{h} \tag{14-9}$$

式中，Y_{m} 表示薄膜在厚度方向均匀变形的弹性刚度，

$$Y_{\mathrm{m}}=\frac{2(1-\nu)}{1-2\nu}\frac{\mu}{h} \tag{14-10}$$

将式 (14-5) 中 F 和 Y 的表达式代入式 (14-9)，可以得到均匀变形时薄膜上表面在 x_2 方向上的位移为

$$u_2^{\mathrm{h}}(x_1,h)=\frac{HY/3}{Y_{\mathrm{m}}-Y} \tag{14-11}$$

Shenoy 和 Sharma[15,16] 认为，只有当 $u_2^{\mathrm{h}}(x_1,h)=\infty$ 时，薄膜才会跳起与压头接触，事实上，当 $u_2^{\mathrm{h}}(x_1,h)\geqslant H$ 时，薄膜就已经与压头接触了，由此可得到

$$\bar{Y}\geqslant\frac{3}{4}\bar{Y}_{\mathrm{m}}=\frac{3(1-\nu)}{2(1-2\nu)} \tag{14-12}$$

式中，$\bar{Y}=hY/\mu$，$\bar{Y}_{\mathrm{m}}=hY_{\mathrm{m}}/\mu$。即只要范德瓦耳斯相互作用刚度 $\bar{Y}\geqslant 3\bar{Y}_{\mathrm{m}}/4$，薄膜就会与压头接触。

在界面完好粘接的情况下，与压头相互作用引发失稳时，对于任意一个 $\bar{k}$ 值，薄膜失稳的无量纲相互作用刚度达到如下值：

$$\bar{Y}=\bar{\tau}^{\mathrm{s}}\bar{k}^2+\frac{2(1-2\nu)^2+2\bar{k}^2+(3-4\nu)[1+\cosh(2\bar{k})]}{(1-\nu)[-2\bar{k}+(3-4\nu)\sinh(2\bar{k})]}\bar{k} \tag{14-13}$$

式中，$\bar{k}=hk$，$\bar{\tau}^{\mathrm{s}}=\tau^{\mathrm{s}}/\mu h$。式 (14-13) 描述了在界面完好粘接的情况下，所有可能的无量纲失稳波数 $\bar{k}$ 与其对应的相互作用刚度 $\bar{Y}$ 之间的关系，以及无量纲表面应力对临界失稳条件的影响。当相互作用刚度 $\bar{Y}$ 取得最小值时，对应着真实的失稳特征波数 $\bar{k}_{\mathrm{c}}$，在所有可能的失稳波数中，特征波数 $\bar{k}_{\mathrm{c}}$ 对应的形貌最容易失稳。因此，可以通过 $\partial\bar{Y}/\partial\bar{k}=0$ 得到真实的特征波数 $\bar{k}_{\mathrm{c}}$。它应该满足如下表达式：

$$\begin{aligned}&\bar{\tau}^{\mathrm{s}}+\frac{(1-2\nu)^2+\bar{k}_{\mathrm{c}}^2+(3-4\nu)[1+\cosh(2\bar{k}_{\mathrm{c}})]/2}{(1-\nu)[-2\bar{k}_{\mathrm{c}}+(3-4\nu)\sinh(2\bar{k}_{\mathrm{c}})]\bar{k}_{\mathrm{c}}}\\&-\frac{[4(1-\nu)(1-2\nu)+2\bar{k}_{\mathrm{c}}^2][1+(3-4\nu)\cosh(2\bar{k}_{\mathrm{c}})]}{(1-\nu)[-2\bar{k}_{\mathrm{c}}+(3-4\nu)\sinh(2\bar{k}_{\mathrm{c}})]^2}=0\end{aligned} \tag{14-14}$$

可以看出，特征波数 $\bar{k}_{\mathrm{c}}$ 是表面应力 $\bar{\tau}^{\mathrm{s}}$ 和泊松比 ν 的函数，而与相互作用刚度 $\bar{Y}$ 无关，即弹性软薄膜自发性失稳的特征波数只与薄膜本身的弹性性质和表面应力有关，而与薄膜–基底之间的相互作用性质无关。将由式 (14-14) 求得的 $\bar{k}_{\mathrm{c}}$ 代入式 (14-13)，可以得到对应的临界相互作用刚度 $\bar{Y}_{\mathrm{c}}$。若忽略表面应力 (即假设 $\bar{\tau}^{\mathrm{s}}=0.0$)，$\bar{Y}_{\mathrm{c}}$ 随薄膜泊松比 ν 的变化趋势如图 14.3 所示。根据薄膜的稳定特性，可以将参数空间分为三个区域：曲线 $3(1-\nu)/[2(1-2\nu)]$ 以上为 I 区，在该区内，压头与薄膜距离足够近，或相互作用刚度 $\bar{Y}$ 足够大，此时薄膜将均匀变形并与压头接触；曲线 $3(1-\nu)/[2(1-2\nu)]$ 与曲线 $\bar{Y}_{\mathrm{c}}$ 之间为 II 区，该区域对应着薄膜表面失稳；曲线 $3(1-\nu)/[2(1-2\nu)]$ 与曲线 $\bar{Y}_{\mathrm{c}}$ 以下的区域为III区，在此区域内，薄膜发生均匀变形，不会发生表面失稳，也不会与压头接触。图 14.3 给出的薄膜失稳区域比

Shenoy 和 Sharma[15,16] 的结果小。Ghatak 等 [20]、Monch 和 Herminghaus[21] 的实验数据均位于图 14.3 中 II 区内。

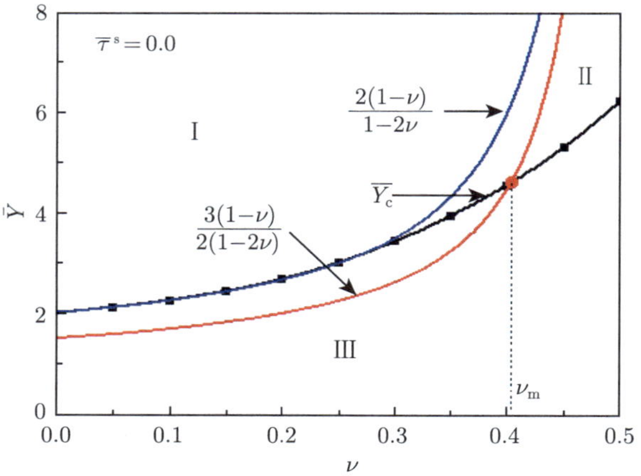

图 14.3　软物质薄膜在参数空间中的稳定相图 ($\bar{\tau}^s = 0$)

从图 14.3 还可以看出，若要利用软物质薄膜作为粘合剂，则需要选择泊松比较小的软材料，避免在粘接过程中粘合剂表面发生分岔失稳，影响粘接效果；若需要利用软物质薄膜表面失稳来制备微纳米表面结构，则需要尽量选择泊松比接近 $0.5(>\nu_m)$ 的材料，此时薄膜容易发生表面失稳。薄膜失稳的临界条件和特征波长及其与薄膜几何和物理参数之间的关系，将在后面与三维情况下的失稳一起讨论。

若薄膜与基底之间无摩擦，即薄膜可以在面内自由滑移，界面 $(x_2 = 0)$ 位移边界条件为

$$\boldsymbol{\tau} \cdot \boldsymbol{\sigma}(x_1, 0) \cdot \boldsymbol{n} = 0, \quad u_2(x_1, 0) = 0 \tag{14-15}$$

式中，$\boldsymbol{\tau}$ 为切向单位矢量。对于式 (14-6)、式 (14-7) 和式 (14-15) 所构成的边值问题，均匀解与式 (14-9) 相同。在界面自由滑移的情况下，当软物质薄膜失稳时，其与压头相互作用的无量纲刚度为

$$\bar{Y} = \bar{\tau}^s\bar{k}^2 + \frac{\coth\bar{k} + \bar{k}\mathrm{csch}^2\bar{k}}{1-\nu}\bar{k} \tag{14-16}$$

将此式对 $\bar{k}$ 求导，得

$$\partial\bar{Y}/\partial\bar{k} = 2\bar{\tau}^s\bar{k} + \frac{\bar{k}\mathrm{csch}^2\bar{k} + (1-2\bar{k}^2\mathrm{csch}^2\bar{k})\coth\bar{k}}{1-\nu} \tag{14-17}$$

若 $\bar{k} > 0$，式 (14-17) 始终大于零，且有

$$\lim_{\bar{k}\to 0}\left[2\bar{\tau}^s\bar{k} + \frac{\bar{k}\mathrm{csch}^2\bar{k} + (1-2\bar{k}^2\,\mathrm{csc\,h}^2\bar{k})\coth\bar{k}}{1-\nu}\right] = 0 \tag{14-18}$$

此式表明，当薄膜–基底界面完全滑移时，薄膜失稳的特征波数趋于零，即特征波长趋于无穷大。因此，在均匀分布的面外范德瓦耳斯力作用下，薄膜将趋于均匀变形，不会发生表面失稳。

14.1.2 三维模型

以上二维理论分析为软物质薄膜在与压头相互作用时的表面失稳提供了基本的理解，并反映出一些定量规律。但应该指出的是，根据实验观察，薄膜表面失稳往往形成三维形貌，并有可能呈现四方、六方、迷宫、鱼尾等多种形貌，甚至形成多级结构。因此，下面将上述二维模型推广到三维情况。

考虑如图 14.4 所示的薄膜 – 压头三维结构，薄膜具有均匀的初始厚度 h，支撑在半无限大的刚性基底上面，半无限大压头与变形前薄膜上表面的初始距离为 H。建立笛卡儿坐标系 $(o\text{-}x_1x_2x_3)$，其中 x_1 和 x_2 轴沿着薄膜与基底的界面，x_3 轴垂直于界面。以 $\boldsymbol{u}(u_1,u_2,u_3)$ 表示薄膜失稳状态下的位移场。

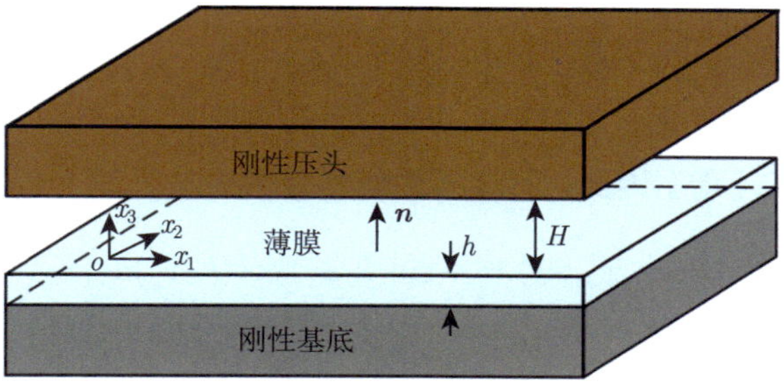

图 14.4 薄膜–基底结构示意图

系统的总自由能中包括了范德瓦耳斯相互作用势、弹性应变能和薄膜上表面的表面能。根据最小势能原理，可以得到用位移表示的平衡方程 (14-6) 以及薄膜上表面 $(x_3=h)$ 的应力边界条件：

$$\boldsymbol{\sigma}\cdot\boldsymbol{n}=(\tau_1^{\mathrm{s}}u_{3,11}+\tau_2^{\mathrm{s}}u_{3,22})\boldsymbol{n}+F\boldsymbol{n}+Y(\boldsymbol{u}\cdot\boldsymbol{n})\boldsymbol{n} \tag{14-19}$$

本章将考虑表面应力的各向异性，以 τ_1^{s} 和 τ_2^{s} 分别为 x_1 和 x_2 方向上的表面应力。以下考虑界面理想粘接和完全滑移两种界面边界条件。

1. 理想粘接界面边界条件

若薄膜与刚性基底之间理想粘接，界面无滑移。界面上 $(x_3=0)$ 各个方向的位移都为零，位移边界条件为

$$\boldsymbol{u}(x_1,x_2,0)=\boldsymbol{0} \tag{14-20}$$

式 (14-6)、式 (14-19)、式 (14-20) 构成一个完整的三维边值问题。此边值问题存在均匀解 $\boldsymbol{u}^{\mathrm{h}}$:

$$\begin{cases} u_1^{\mathrm{h}}(x_1,x_2,x_3)=0 \\ u_2^{\mathrm{h}}(x_1,x_2,x_3)=0 \\ u_3^{\mathrm{h}}(x_1,x_2,x_3)=\dfrac{F}{Y_{\mathrm{m}}-Y}\dfrac{x_3}{h} \end{cases} \tag{14-21}$$

式中，$Y_{\mathrm{m}}=\dfrac{2(1-\nu)}{1-2\nu}\dfrac{\mu}{h}$ 表示薄膜在厚度方向均匀变形的弹性刚度。

与二维分析类似，除了均匀解以外，上述边值问题还存在可能的非均匀分岔解，其满足平衡方程

$$(1-2\nu)\nabla^2\boldsymbol{u}^{\mathrm{b}}+\nabla(\nabla\cdot\boldsymbol{u}^{\mathrm{b}})=\boldsymbol{0} \tag{14-22}$$

以及界面位移边界条件 (14-20) 和薄膜上表面 ($x_3=h$) 的应力边界条件，即

$$\boldsymbol{\sigma}\cdot\boldsymbol{n}=(\tau_1^{\mathrm{s}}u_{3,11}+\tau_2^{\mathrm{s}}u_{3,22})\boldsymbol{n}+Y(\boldsymbol{u}\cdot\boldsymbol{n})\boldsymbol{n} \tag{14-23}$$

实验观察 [13,22] 表明，当软物质薄膜失稳时，往往形成具有一定特征波长的形貌，且具有很好的对称性和周期性。由于表面应力的各向异性，可能造成 x_1 和 x_2 两个方向上的波长不等。因此，假设其失稳形貌函数具有如下形式:

$$\begin{cases} u_1^{\mathrm{b}}(x_1,x_2,x_3)=-\sin(k_1x_1)\cos(k_2x_2)\tilde{u}_1(x_3) \\ u_2^{\mathrm{b}}(x_1,x_2,x_3)=-\cos(k_1x_1)\sin(k_2x_2)\tilde{u}_2(x_3) \\ u_3^{\mathrm{b}}(x_1,x_2,x_3)=+\cos(k_1x_1)\cos(k_2x_2)\tilde{u}_3(x_3) \end{cases} \tag{14-24}$$

式中，$\tilde{u}_\alpha(\alpha=1\sim3)$ 表示失稳形貌幅值函数，$k_1=2\pi\lambda_1$ 和 $k_2=2\pi\lambda_2$ 表示在 x_1 和 x_2 方向上单位长度内的波数，λ_1 和 λ_2 分别表示 x_1 和 x_2 方向上的失稳波长。当 $k_1=0$ 或 $k_2=0$ 时，上述形貌即退化到二维情况。将式 (14-24) 代入式 (14-22)，可以得到由失稳形貌幅值函数 $\tilde{u}_\alpha$ 表示的三维 Navier 方程:

$$\begin{cases} (1-2\nu)(-k_1^2\tilde{u}_1-k_2^2\tilde{u}_1+\tilde{u}_1'')-k_1^2\tilde{u}_1-k_1k_2\tilde{u}_2+k_1\tilde{u}_3'=0 \\ (1-2\nu)(-k_1^2\tilde{u}_2-k_2^2\tilde{u}_2+\tilde{u}_2'')-k_2^2\tilde{u}_2-k_1k_2\tilde{u}_1+k_2\tilde{u}_3'=0 \\ (1-2\nu)(-k_1^2\tilde{u}_3-k_2^2\tilde{u}_3+\tilde{u}_3'')-k_1\tilde{u}_1'-k_2\tilde{u}_2'+\tilde{u}_3''=0 \end{cases} \tag{14-25}$$

式中，$(\ )'$ 表示对坐标 x_3 求导数。方程 (14-25) 的非均匀解对应着薄膜分岔失稳的三维变形场，其通解为

$$\begin{cases} \tilde{u}_1(x_3)=(a_{10}+a_{11}x_3+a_{12}x_3^2)\mathrm{e}^{-\kappa x_3}+(b_{10}+b_{11}x_3+b_{12}x_3^2)\mathrm{e}^{\kappa x_3} \\ \tilde{u}_2(x_3)=(a_{20}+a_{21}x_3+a_{22}x_3^2)\mathrm{e}^{-\kappa x_3}+(b_{20}+b_{21}x_3+b_{22}x_3^2)\mathrm{e}^{\kappa x_3} \\ \tilde{u}_3(x_3)=(a_{30}+a_{31}x_3+a_{32}x_3^2)\mathrm{e}^{-\kappa x_3}+(b_{30}+b_{31}x_3+b_{32}x_3^2)\mathrm{e}^{\kappa x_3} \end{cases} \tag{14-26}$$

式中，$\kappa = \sqrt{k_1^2 + k_2^2}$。将非均匀解 (14-26) 代入方程 (14-25)，并结合界面无滑移边界条件 (14-20)，可以得到各系数之间的关系如下：

$$
\begin{cases}
a_{11} = \dfrac{k_2}{k_1} a_{21} = -\dfrac{k_1}{\kappa} a_{31} = \dfrac{k_1(k_1 a_{10} + k_2 a_{20} + \kappa a_{30})}{(4\nu - 3)\kappa} \\
b_{11} = \dfrac{k_2}{k_1} b_{21} = \dfrac{k_1}{\kappa} b_{31} = \dfrac{k_1(k_1 a_{10} + k_2 a_{20} - \kappa a_{30})}{(4\nu - 3)\kappa} \\
a_{12} = a_{22} = a_{32} = 0, \quad b_{12} = b_{22} = b_{32} = 0 \\
b_{10} = -a_{10}, \quad b_{20} = -a_{20}, \quad b_{30} = -a_{30}
\end{cases} \tag{14-27}
$$

这样仅剩下 a_{10}、a_{20} 和 a_{30} 三个系数待定。同时，非均匀解 $\boldsymbol{u}^{\mathrm{b}}$ 还满足薄膜上表面的应力边界条件 (14-23)，用位移形貌幅值函数表示为

$$
\begin{cases}
\tilde{u}_1' + k_1 \tilde{u}_3 = 0, \quad \tilde{u}_2' + k_2 \tilde{u}_3 = 0 \\
2\mu \left[-\tilde{u}_3' + \dfrac{\nu}{1 - 2\nu} (k_1 \tilde{u}_1 + k_2 \tilde{u}_2 - \tilde{u}_3') \right] = (\tau_1^{\mathrm{s}} k_1^2 + \tau_2^{\mathrm{s}} k_2^2) \tilde{u}_3 - Y \tilde{u}_3
\end{cases} \tag{14-28}
$$

将通解 (14-26) 和式 (14-27) 代入上述边界条件，可以得到关于 a_{10}、a_{20} 和 a_{30} 的齐次线性方程组：

$$
\frac{1}{-3 + 4\nu} \begin{bmatrix} B_{11} & B_{12} & B_{13} \\ B_{21} & B_{22} & B_{23} \\ B_{31} & B_{32} & B_{33} \end{bmatrix} \begin{pmatrix} a_{10} \\ a_{20} \\ a_{30} \end{pmatrix} = \begin{pmatrix} 0 \\ 0 \\ 0 \end{pmatrix} \tag{14-29}
$$

式中，系数 B_{ij} 为

$$
\begin{cases}
B_{11} = \left[(3 - 4\nu)\kappa + \dfrac{k_1^2}{\kappa} \right] \cosh(h\kappa) + 2hk_1^2 \sinh(h\kappa) \\
B_{12} = B_{21} = k_1 k_2 \left[\dfrac{\cosh(h\kappa)}{\kappa} + 2h \sinh(h\kappa) \right] \\
B_{22} = \left[(3 - 4\nu)\kappa + \dfrac{k_2^2}{\kappa} \right] \cosh(h\kappa) + 2hk_2^2 \sinh(h\kappa) \\
B_{13} = 2k_1 [-h\kappa \cosh(h\kappa) + (1 - 2\nu) \sinh(h\kappa)] \\
B_{23} = 2k_2 [-h\kappa \cosh(h\kappa) + (1 - 2\nu) \sinh(h\kappa)] \\
B_{31} = k_1 [-2h\kappa\mu \cosh(h\kappa) + (hY - h\tau_1^{\mathrm{s}} k_1^2 - h\tau_2^{\mathrm{s}} k_2^2 - 2\mu + 4\mu\nu) \sinh(h\kappa)] \\
B_{32} = k_2 [-2h\kappa\mu \cosh(h\kappa) + (hY - h\tau_1^{\mathrm{s}} k_1^2 + h\tau_2^{\mathrm{s}} k_2^2 - 2\mu + 4\mu\nu) \sinh(h\kappa)] \\
B_{33} = [-h\kappa(Y - \tau_1^{\mathrm{s}} k_1^2 - \tau_2^{\mathrm{s}} k_2^2) - 4(1 - \nu)\mu\kappa] \cosh(h\kappa) \\
\qquad + [(3 - 4\nu)(Y - \tau_1^{\mathrm{s}} k_1^2 - \tau_2^{\mathrm{s}} k_2^2) + 2h\mu\kappa^2] \sinh(h\kappa)
\end{cases} \tag{14-30}
$$

非均匀失稳形貌存在的条件是方程 (14-29) 中系数矩阵 B_{ij} 的行列式等于零。由此可以得到界面理想粘接情况下，薄膜三维结构在外压头作用下失稳时，无量纲相互作用刚度的表达式为

$$\bar{Y}=\bar{\tau}_1^{\mathrm{s}}\bar{k}_1^2+\bar{\tau}_2^{\mathrm{s}}\bar{k}_2^2+\frac{2(1-2\nu)^2+2\bar{\kappa}^2+(3-4\nu)[1+\cosh(2\bar{\kappa})]}{(1-\nu)[-2\bar{\kappa}+(3-4\nu)\sinh(2\bar{\kappa})]}\bar{\kappa} \tag{14-31}$$

式中，$\bar{Y}=hY/\mu$，$\bar{k}_1=hk_1$，$\bar{k}_2=hk_2$，$\bar{\kappa}=h\kappa$，$\bar{\tau}_1^{\mathrm{s}}=\tau_1^{\mathrm{s}}/\mu h$，$\bar{\tau}_2^{\mathrm{s}}=\tau_2^{\mathrm{s}}/\mu h$。当 $\tau_1^{\mathrm{s}}=\tau_2^{\mathrm{s}}=\tau^{\mathrm{s}}$ 时，上式简化为

$$\bar{Y}=\bar{\tau}^{\mathrm{s}}\bar{\kappa}^2+\frac{2(1-2\nu)^2+2\bar{\kappa}^2+(3-4\nu)[1+\cosh(2\bar{\kappa})]}{(1-\nu)[-2\bar{\kappa}+(3-4\nu)\sinh(2\bar{\kappa})]}\bar{\kappa} \tag{14-32}$$

此时有 $k_1=k_2=k=\kappa/\sqrt{2}$。方程 (14-32) 描述了在界面理想粘接的情况下，薄膜三维形貌失稳时可能的无量纲失稳波数 $\bar{\kappa}$ 与其对应的相互作用刚度 $\bar{Y}$ 之间的关系，也反映了表面应力对临界失稳条件的影响。真实的失稳特征波数 $\bar{\kappa}_{\mathrm{c}}$ 对应着最小的相互作用刚度 $\bar{Y}_{\mathrm{c}}$。令 $\partial\bar{Y}/\partial\bar{\kappa}=0$，可知真实的特征波数 $\bar{\kappa}_{\mathrm{c}}$ 应该满足的表达式为

$$\begin{aligned}&\bar{\tau}^{\mathrm{s}}+\frac{(1-2\nu)^2+\bar{\kappa}_{\mathrm{c}}^2+(3-4\nu)[1+\cosh(2\bar{\kappa}_{\mathrm{c}})]/2}{(1-\nu)[-2\bar{\kappa}_{\mathrm{c}}+(3-4\nu)\sinh(2\bar{\kappa}_{\mathrm{c}})]\bar{\kappa}_{\mathrm{c}}}\\&-\frac{[4(1-\nu)(1-2\nu)+2\bar{\kappa}_{\mathrm{c}}^2][1+(3-4\nu)\cosh(2\bar{\kappa}_{\mathrm{c}})]}{(1-\nu)[-2\bar{\kappa}_{\mathrm{c}}+(3-4\nu)\sinh(2\bar{\kappa}_{\mathrm{c}})]^2}=0\end{aligned} \tag{14-33}$$

由式 (14-32) 和式 (14-33)，可以求得薄膜失稳的临界无量纲相互作用刚度 $\bar{Y}_{\mathrm{c}}$。联合式 (14-33)和薄膜均匀变形解 (14-21)，可以得出与二维失稳相图 14.3 类似的结论。

2. 界面自由滑移条件

作为另一种特殊的边界条件，假设薄膜与基底之间界面完全滑移。此时界面 ($x_3=0$) 条件表示为

$$\boldsymbol{\tau}_1\cdot\boldsymbol{\sigma}(x_1,x_2,0)\cdot\boldsymbol{n}=0,\quad \boldsymbol{\tau}_2\cdot\boldsymbol{\sigma}(x_1,x_2,0)\cdot\boldsymbol{n}=0,\quad u_3(x_1,x_2,0)=0 \tag{14-34}$$

式中，$\boldsymbol{\tau}_1$ 和 $\boldsymbol{\tau}_2$ 分别为面内 x_1 和 x_2 方向的切向单位矢量。对于式 (14-22) 与式 (14-34) 所构成的边值问题，均匀解与式 (14-21) 相同。非均匀解满足平衡方程 (14-22) 和界面条件 (14-34)。同样设定式 (14-24) 中的三维失稳形貌函数，则位移函数 $\tilde{u}_\alpha$ 表示的三维 Navier 方程的通解 (14-26) 中各系数之间的关系为

$$\begin{cases}a_{11}=a_{21}=-\dfrac{1}{\sqrt{2}}a_{31}=\dfrac{k(a_{10}+a_{20}+\sqrt{2}a_{30})}{\sqrt{2}(4\nu-3)}\\ b_{11}=b_{21}=\dfrac{1}{\sqrt{2}}b_{31}=\dfrac{k(a_{10}+a_{20}-\sqrt{2}a_{30})}{\sqrt{2}(4\nu-3)}\\ a_{12}=a_{22}=a_{32}=0,\quad b_{12}=b_{22}=b_{32}=0\\ b_{10}=a_{10},\quad b_{20}=a_{20},\quad b_{30}=-a_{30}\end{cases} \tag{14-35}$$

式中，仅剩下 a_{10}、a_{20} 和 a_{30} 三个系数待定。将通解 (14-26) 和式 (14-35) 代入边界条件 (14-28)，得到关于 a_{10}、a_{20} 和 a_{30} 的如下齐次线性方程组：

$$\frac{1}{3-4\nu}\begin{bmatrix} B_{11} & B_{12} & B_{13} \\ B_{21} & B_{22} & B_{23} \\ B_{31} & B_{32} & B_{33} \end{bmatrix}\begin{pmatrix} a_{10} \\ a_{20} \\ a_{30} \end{pmatrix}=\begin{pmatrix} 0 \\ 0 \\ 0 \end{pmatrix} \tag{14-36}$$

式中，系数 B_{ij} 为

$$\begin{cases} B_{11}=2hk_1^2\cosh(h\kappa)+\left[(3-4\nu)\kappa+\dfrac{k_1^2}{\kappa}\right]\sinh(h\kappa) \\ B_{12}=B_{21}=k_1k_2\left[2h\cosh(h\kappa)+\dfrac{\sinh(h\kappa)}{\kappa}\right] \\ B_{22}=\left[(3-4\nu)\kappa+\dfrac{k_2^2}{\kappa}\right]\sinh(h\kappa)+2hk_2^2\cosh(h\kappa) \\ B_{13}=2k_1[h\kappa\cosh(h\kappa)-(1-2\nu)\sinh(h\kappa)] \\ B_{23}=2k_2[h\kappa\cosh(h\kappa)-(1-2\nu)\sinh(h\kappa)] \\ B_{31}=k_1[-2h\kappa\mu\sinh(h\kappa)+(hY-h\tau_1^{\mathrm{s}}k_1^2-h\tau_2^{\mathrm{s}}k_2^2-2\mu+4\mu\nu)\cosh(h\kappa)] \\ B_{32}=k_2[-2h\kappa\mu\sinh(h\kappa)+(hY-h\tau_1^{\mathrm{s}}k_1^2-h\tau_2^{\mathrm{s}}k_2^2-2\mu+4\mu\nu)\cosh(h\kappa)] \\ B_{33}=[h\kappa(Y-\tau_1^{\mathrm{s}}k_1^2-\tau_2^{\mathrm{s}}k_2^2)+4(1-\nu)\mu\kappa]\cosh(h\kappa) \\ \qquad -[(3-4\nu)(Y-\tau_1^{\mathrm{s}}k_1^2-\tau_2^{\mathrm{s}}k_2^2)+2h\mu\kappa^2]\sinh(h\kappa) \end{cases} \tag{14-37}$$

由系数矩阵 B_{ij} 的行列式等于零的条件，可以得到在界面完全滑移情况下，软物质薄膜在刚性压头作用下失稳时，无量纲相互作用刚度的表达式为

$$\bar{Y}=\bar{\tau}_1^{\mathrm{s}}\bar{k}_1^2+\bar{\tau}_2^{\mathrm{s}}\bar{k}_2^2+\frac{\coth\bar{\kappa}+\bar{\kappa}\mathrm{csch}^2\bar{\kappa}}{1-\nu}\bar{\kappa} \tag{14-38}$$

当 $\tau_1^{\mathrm{s}}=\tau_2^{\mathrm{s}}=\tau^{\mathrm{s}}$ 时，式 (14-38) 简化为

$$\bar{Y}=\bar{\tau}^{\mathrm{s}}\bar{\kappa}^2+\frac{\coth\bar{\kappa}+\bar{\kappa}\mathrm{csch}^2\bar{\kappa}}{1-\nu}\bar{\kappa} \tag{14-39}$$

此时有 $k_1=k_2=k=\kappa/\sqrt{2}$。方程 (14-39) 描述了在界面完全滑移的情况下，失稳波数 $\bar{\kappa}$ 与其对应的无量纲相互作用刚度 $\bar{Y}$ 之间的关系。为确定真实的特征波数 $\bar{\kappa}_{\mathrm{c}}$，对式 (14-39) 求导：

$$\partial\bar{Y}/\partial\bar{\kappa}=2\bar{\tau}^{\mathrm{s}}\bar{\kappa}+\frac{\bar{\kappa}\mathrm{csch}^2\bar{\kappa}+(1-2\bar{\kappa}^2\mathrm{csch}^2\bar{\kappa})\coth\bar{\kappa}}{1-\nu} \tag{14-40}$$

若 $\bar{\kappa}>0$，式 (14-40) 始终大于零，且

$$\lim_{\bar{\kappa}\to 0}\left[2\bar{\tau}^{\mathrm{s}}\bar{\kappa}+\frac{\bar{\kappa}\mathrm{csch}^2\bar{\kappa}+(1-2\bar{\kappa}^2\mathrm{csch}^2\bar{\kappa})\coth\bar{\kappa}}{1-\nu}\right]=0 \tag{14-41}$$

因此，当薄膜–基底界面完全滑移时，薄膜失稳的特征波数趋于零，即特征波长趋于无穷大。因此，在均匀分布的面外范德瓦耳斯力作用下，薄膜趋于均匀变形，不会发生表面失稳。

由式 (14-14) 和式 (14-33) 可以分别得出二维和三维形貌失稳时，特征波数随表面应力的变化趋势，如图 14.5 所示。其中二维失稳特征波数是三维特征波数的 $\sqrt{2}$ 倍，即 $\bar{k}_c^{2D}=\sqrt{2}\bar{k}_c^{3D}$。这主要是由于面内两个方向的表面应力对薄膜失稳的抑制作用，三维失稳形貌更平坦、特征波长更大。在 Ghatak 等 [20] 的实验中，薄膜厚度 $h=10\mu m$，剪切模量 $\mu=1MPa$，泊松比 $\nu=0.5$，表面应力 $\tau^s=0.1J/m^2$。实验测得 $\bar{k}_c=1.57$，与本章三维失稳分析的理论解 1.482 吻合较好。

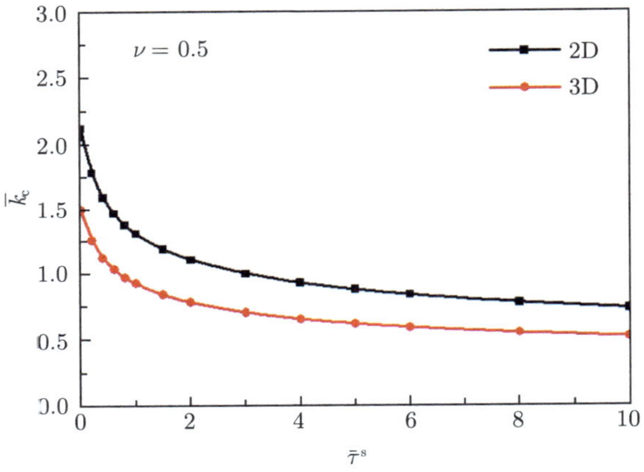

图 14.5 无量纲特征波数 $\bar{k}_c$ 随 $\bar{\tau}^s$ 的变化趋势

14.1.3 数值模拟

本节采用有限元方法模拟薄膜表面失稳，对 14.1.2 节的分析结果进行验证。在模拟中，采用分布的 COMBIN14 弹簧单元等效压头与薄膜之间的范德瓦耳斯相互作用，采用 SOLID45 单元对薄膜进行网格划分，为保证各 COMBIN14 单元参数一定，当薄膜网格划分时，保证面内网格密度均匀。薄膜与基底界面上各节点约束三个方向的位移；薄膜侧面对边上相应节点自由度耦合，以实现周期性边界条件；弹簧下端与薄膜表面节点连接，上端固定在压头位置。采用 Eigen Buckling 分析模块进行求解，变形前网格和失稳形貌如图 14.6 所示，为了更清楚地显示薄膜表面的失稳形貌，图中隐藏了弹簧单元。

当表面应力 $\bar{\tau}^s=0$ 时，根据式 (14-32)，在薄膜–基底界面理想粘接的情况下，无量纲相互作用刚度 $\bar{Y}$ 随无量纲失稳波数 $\bar{\kappa}$ 的变化趋势如图 14.7 所示。可以看出，有限元模拟与理论分析结果吻合较好，验证了理论分析的准确性。

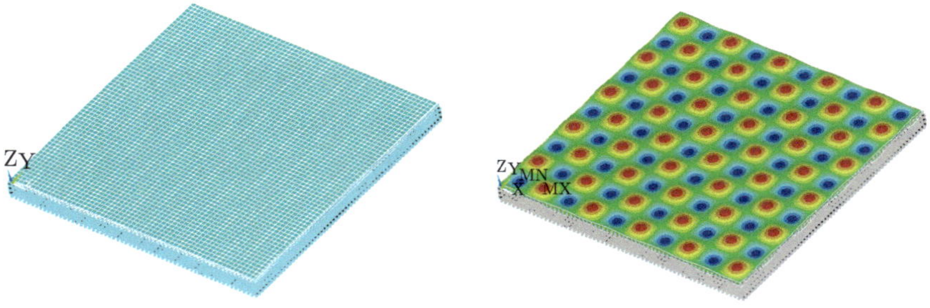

(a) (b)

图 14.6 薄膜表面失稳的有限元模拟

(a) 网格划分; (b) 失稳形貌

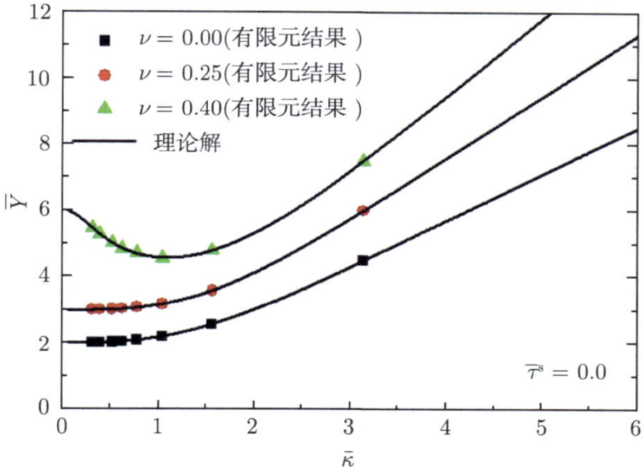

图 14.7 在界面理想粘接情况下，$\bar{Y}$ 随 $\bar{\kappa}$ 的变化趋势

这里取 $\bar{\tau}^{\mathrm{s}} = 0.0$，理论解由式 (14-32) 给出

14.2 电场作用下软物质薄膜的六方形貌失稳

在 14.1 节中已经提到，平版印刷自组装可以用来制备薄膜表面微纳米形貌。但是，范德瓦耳斯力相对较弱，而且难于人为控制，因此，Schäffer 等 [14] 提出了利用均匀电场来制备微纳米形貌，其特征尺寸可以小于 100 nm。

本节对软物质薄膜在均匀外电场作用下的六方形貌失稳问题进行了三维理论分析，得到了薄膜与电极接触的临界电压、薄膜表面失稳的临界条件以及薄膜表面应力对失稳条件的影响。

14.2.1 理论模型

考虑如图 14.8 所示的薄膜–电极相互作用问题，薄膜具有均匀的初始厚度 h，支撑在刚性基底上面，电极与变形前薄膜上表面的距离为 H。建立笛卡儿坐标系 $(O\text{-}x_1x_2x_3)$，其中 x_1 和 x_2 轴沿着薄膜与基底的界面，x_3 轴垂直于界面。$\boldsymbol{u}(u_1,u_2,u_3)$ 表示薄膜的位移场。

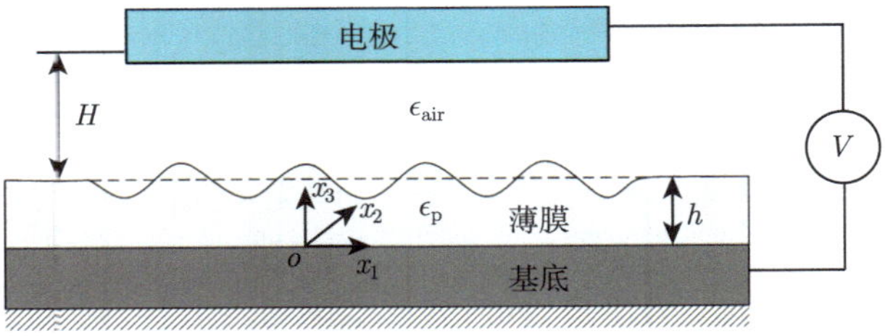

图 14.8 薄膜–电极相互作用示意图

1. 静电相互作用

对于如图 14.8 所示的薄膜–电极结构，通电时，在薄膜与电极之间会产生静电场。静电场促使薄膜极化，在薄膜表面生成等效电荷，最终在薄膜与电极表面形成相反电荷，并产生相互吸引。整个系统形成两个等效串联电容器，如图 14.9 所示，单位面积上储存的电势为

$$U_{\rm el}=U^0-\frac{1}{2}cV^2 \tag{14-42}$$

式中，U^0 表示无外加电场时系统的参考电势，c 表示单位面积的等效电容，V 表示外加电压。单位面积的等效电容可以由两个串联电容器求得

$$\frac{1}{c}=\frac{1}{c_{\rm p}}+\frac{1}{c_{\rm air}}=\frac{h+\boldsymbol{u}\cdot\boldsymbol{n}}{\epsilon_0\epsilon_{\rm p}}+\frac{H-\boldsymbol{u}\cdot\boldsymbol{n}}{\epsilon_0\epsilon_{\rm air}}=\frac{h+\epsilon_{\rm p}H-(\epsilon_{\rm p}-1)\boldsymbol{u}\cdot\boldsymbol{n}}{\epsilon_0\epsilon_{\rm p}} \tag{14-43}$$

式中，$c_{\rm p}$ 表示在单位面积上薄膜的电容，$c_{\rm air}$ 表示在单位面积上薄膜与电极之间的空气层的电容。ϵ_0 表示真空介电常数，$\epsilon_{\rm air}\approx 1$ 表示空气的相对介电常数，$\epsilon_{\rm p}$ 表示薄膜的相对介电常数。由式 (14-43)，可得到薄膜–电极系统的等效电容为

$$c=\frac{\epsilon_0\epsilon_{\rm p}}{h+\epsilon_{\rm p}H-(\epsilon_{\rm p}-1)\boldsymbol{u}\cdot\boldsymbol{n}} \tag{14-44}$$

将其代入式 (14-42)，得到系统的静电势为

$$U_{\rm el}=U_{\rm el}^0-\frac{1}{2}\frac{\epsilon_0\epsilon_{\rm p}V^2}{h+\epsilon_{\rm p}H-(\epsilon_{\rm p}-1)\boldsymbol{u}\cdot\boldsymbol{n}} \tag{14-45}$$

将式 (14-45) 作泰勒级数展开，并保留前三项，有

$$U_{\rm el}(\boldsymbol{u}\cdot\boldsymbol{n})=-\left[U_{\rm el}^0+F_{\rm el}\boldsymbol{u}\cdot\boldsymbol{n}+\frac{1}{2}Y_{\rm el}(\boldsymbol{u}\cdot\boldsymbol{n})^2\right] \tag{14-46}$$

式中，

$$U_{\mathrm{el}}^0=-U^0+\frac{\epsilon_0\epsilon_{\mathrm{p}}V^2}{2(h+H\epsilon_{\mathrm{p}})},\quad F_{\mathrm{el}}=-\frac{\epsilon_0\epsilon_{\mathrm{p}}(1-\epsilon_{\mathrm{p}})V^2}{2(h+H\epsilon_{\mathrm{p}})^2},\quad Y_{\mathrm{el}}=\frac{\epsilon_0\epsilon_{\mathrm{p}}(1-\epsilon_{\mathrm{p}})^2V^2}{(h+H\epsilon_{\mathrm{p}})^3} \tag{14-47}$$

U_{el}^0 表示薄膜表面无变形时的静电势，F_{el} 表示作用在薄膜表面的静电压力，Y_{el} 表示静电场的等效作用刚度。式 (14-46) 与 (14-4) 相同，因此 14.1 节的求解思路可以应用于本节。

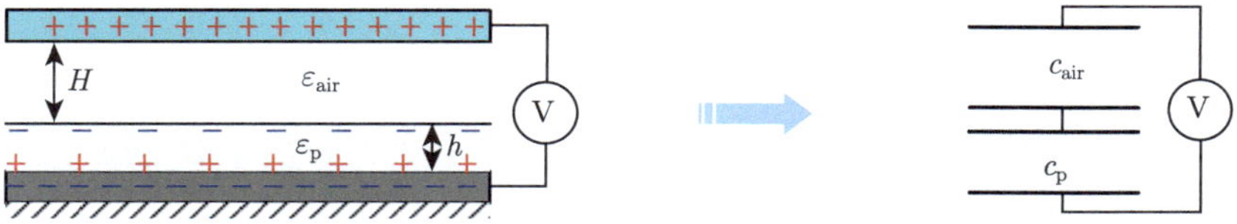

图 14.9 等效串联电容器示意图

2. 系统的总自由能

当电压逐渐增大时，静电相互作用势、弹性能和表面能相互竞争，在一定条件下薄膜可能发生表面失稳，在其表面形成具有一定特征波长的起伏。系统的总自由能 Σ 包括三部分，即

$$\Sigma=\int_S U_{\mathrm{el}}\,\mathrm{d}S+\int_V U_{\mathrm{E}}\,\mathrm{d}V+\int_S U_{\mathrm{s}}\,\mathrm{d}S \tag{14-48}$$

由于外加静电相互作用的强度一般远大于范德瓦耳斯相互作用，所以这里不考虑范德瓦耳斯相互作用。根据最小势能原理，可以得到系统的平衡方程和边界条件。

14.2.2 失稳临界条件

上述边值问题的均匀解 $\boldsymbol{u}^{\mathrm{h}}$ 为

$$u_1^{\mathrm{h}}(x_1,x_2,x_3)=0,\quad u_2^{\mathrm{h}}(x_1,x_2,x_3)=\frac{F_{\mathrm{el}}}{Y_{\mathrm{m}}-Y_{\mathrm{el}}}\frac{x_2}{h} \tag{14-49}$$

式中，$Y_{\mathrm{m}}=\dfrac{2(1-\nu)}{1-2\nu}\dfrac{\mu}{h}$ 表示薄膜在厚度方向均匀变形的弹性刚度。

类似于 14.1 节的分析，可以得到均匀变形时薄膜上表面在 x_2 方向上的位移为

$$u_2^{\mathrm{h}}(x_1,x_2,h)=\frac{Y_{\mathrm{el}}}{Y_{\mathrm{m}}-Y_{\mathrm{el}}}\frac{2(h+H\epsilon_{\mathrm{p}})}{1-\epsilon_{\mathrm{p}}} \tag{14-50}$$

当 $u_2^{\mathrm{h}}(x_1,x_2,h)\geqslant H$ 时，薄膜将与电极接触，由此可得

$$Y_{\mathrm{el}}\geqslant\frac{H(1-\epsilon_{\mathrm{p}})}{2h+H(1+\epsilon_{\mathrm{p}})}Y_{\mathrm{m}}=\frac{H(1-\epsilon_{\mathrm{p}})}{2h+H(1+\epsilon_{\mathrm{p}})}\frac{2(1-\nu)\mu}{(1-2\nu)h} \tag{14-51}$$

故薄膜与电极接触的临界电压为

$$V_{\mathrm{m}}=\left\{\frac{H(h+H\epsilon_{\mathrm{p}})^3}{\epsilon_0\epsilon_{\mathrm{p}}(1-\epsilon_{\mathrm{p}})[2h+H(1+\epsilon_{\mathrm{p}})]}\frac{2(1-\nu)\mu}{(1-2\nu)h}\right\}^{1/2} \tag{14-52}$$

在利用外加电场制备薄膜表面形貌时，所加电压不能超过上述临界值。

下面进行分岔分析。相关实验观察 [13,22] 表明，软物质薄膜在外加电场作用下可形成规则的六方形貌，如图 14.10(a) 所示，失稳形貌的顶部由于与电极接触而形成微柱。因此，假设其失稳形貌函数为

$$\left\{\begin{array}{l}u_1^{\mathrm{b}}(x_1,x_2,x_3)=-\sin(kx_1)[2\cos(kx_1)+\cos(\sqrt{3}kx_2)]\tilde{u}_1(x_3)\\ u_2^{\mathrm{b}}(x_1,x_2,x_3)=-\sqrt{3}\cos(kx_1)\sin(\sqrt{3}kx_2)\tilde{u}_2(x_3)\\ u_3^{\mathrm{b}}(x_1,x_2,x_3)=\dfrac{1}{2}\cos(kx_1)[\cos(kx_1)+\cos(\sqrt{3}kx_2)]\tilde{u}_3(x_3)\end{array}\right. \tag{14-53}$$

式中，$\tilde{u}_\alpha(\alpha=1\sim3)$ 表示失稳形貌函数，$k=2\pi/\lambda$ 表示单位长度上的波数，λ 表示失稳波长。式 (14-53) 表示的失稳形貌如图 14.10 所示，图 14.10(b) 表示失稳形貌的三维结构，图 14.10(c) 表示失稳形貌的等高线图，箭头表示面内位移矢量。可以看出，设定的失稳形貌函数 (14-53) 满足面内六方对称性，且面内位移和面外位移协调。将式 (14-53) 代入系统的总自由能表达式 (14-48)，在一个周期内积分后，再对失稳模态函数 $\tilde{u}_i$ 求变分，得

$$\left\{\begin{array}{l}a_{11}u_1''(x_3)+a_{12}ku_3'(x_3)+a_{13}k^2u_1(x_3)+a_{14}k^2u_2(x_3)=0\\ a_{21}u_1''(x_3)+a_{22}ku_3'(x_3)+a_{23}k^2u_1(x_3)+a_{24}k^2u_2(x_3)=0\\ a_{31}u_2''(x_3)+a_{32}ku_3'(x_3)+a_{33}k^2u_1(x_3)+a_{34}k^2u_2(x_3)=0\end{array}\right. \tag{14-54}$$

式中，$(\ )'$ 表示对坐标 x_3 求导数，系数 a_{ij} 的表达式为

$$\left\{\begin{array}{l}a_{11}=4\pi(-1+2\nu)\sin^2(\sqrt{3}\pi)\\ a_{12}=-2\pi\sin^2(\sqrt{3}\pi)\\ a_{13}=2\pi\left[5-8\nu+8(-1+\nu)\cos(2\sqrt{3}\pi)\right]+\sqrt{3}\sin(2\sqrt{3}\pi)\\ a_{14}=6\pi-\sqrt{3}\sin(2\sqrt{3}\pi)\\ a_{21}=-2(-1+2\nu)\left[2\sqrt{3}\pi-4\sin(\sqrt{3}\pi)+\sin(2\sqrt{3}\pi)\right]\\ a_{22}=2\sqrt{3}\pi-4\sin(\sqrt{3}\pi)+\sin(2\sqrt{3}\pi)\\ a_{23}=-\left[4\sqrt{3}\pi-8\sin(2\sqrt{3}\pi)\right]+2\sin(2\sqrt{3}\pi)\\ a_{24}=2(-7+8\nu)\left[2\sqrt{3}\pi-4\sin(\sqrt{3}\pi)+\sin(2\sqrt{3}\pi)\right]\\ a_{31}=-3(-1+\nu)\left[3\pi^2+\sin^2(\sqrt{3}\pi)+\sqrt{3}\pi\sin(2\sqrt{3}\pi)\right]\\ a_{32}=2\sqrt{3}\left[\sqrt{3}\sin^2(\sqrt{3}\pi)-6\pi\sin(2\sqrt{3}\pi)\right]\\ a_{33}=-18\sin^2(\sqrt{3}\pi)\\ a_{34}=6(-1+2\nu)\sin(\sqrt{3}\pi)\left[2\sqrt{3}\pi\cos(\sqrt{3}\pi)+\sin(\sqrt{3}\pi)\right]\end{array}\right. \tag{14-55}$$

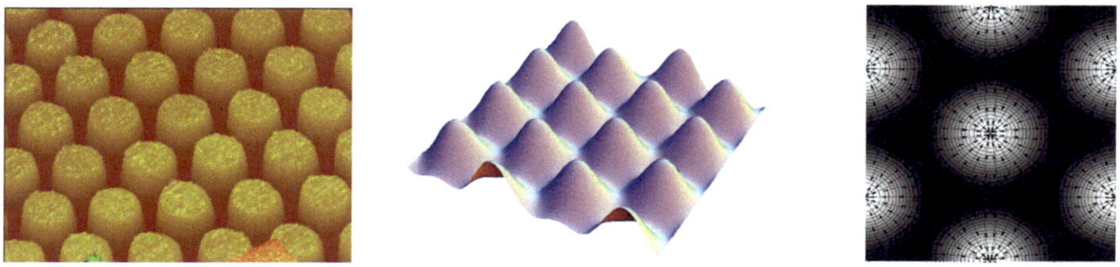

(a) (b) (c)

图 14.10 薄膜表面六方斑图失稳

(a) 实验观察结果 [13]；(b) 本章理论预测结果；(c) 各位移分量之间的协调

对分岔解的平衡方程 (14-22) 作拉普拉斯变换后再进行求解，将求得的解代入薄膜上、下表面的边界条件 (14-20) 与式 (14-23)，构成一个齐次线性代数方程组，再由系数矩阵行列式等于零，即可得到薄膜的临界失稳条件。由于不能得到简洁的解析解，下面主要采用数值求解，具体求解过程从略。

14.2.3 失稳特征形貌

当表面应力 $\bar{\tau}^{\rm s}=0$ 时，通过以上数值求解可以得到薄膜–基底界面完好粘接情况下，无量纲静电相互作用刚度 $\bar{Y}_{\rm el}$ 随无量纲失稳波数 $\bar{k}$ 的变化趋势，如图 14.11 所示。当泊松比 $\nu>0.25$ 时，曲线在 $\bar{k}=\bar{k}_{\rm c}$ 处存在一个最小值 $\bar{Y}_{\rm c}$，此时的 $\bar{k}_{\rm c}$ 即为真实的无量纲特征波数，这与范德瓦耳斯相互作用引起的表面失稳类似。由图 14.11 可以发现，特征波数 $\bar{k}_{\rm c}$ 和临界相互作用刚度 $\bar{Y}_{\rm c}$ 都随着泊松比 ν 的增加而增大。以上分析表明，薄膜的泊松比越小 ($\nu<0.25$)，越倾向于发生均匀变形；泊松比越大 ($\nu\to0.5$)，越倾向于发生不均匀的分岔失稳变形。若忽略表面应力的影响，薄膜失稳的特征波数只与薄膜的泊松比有关，而与外电场的强度无关。

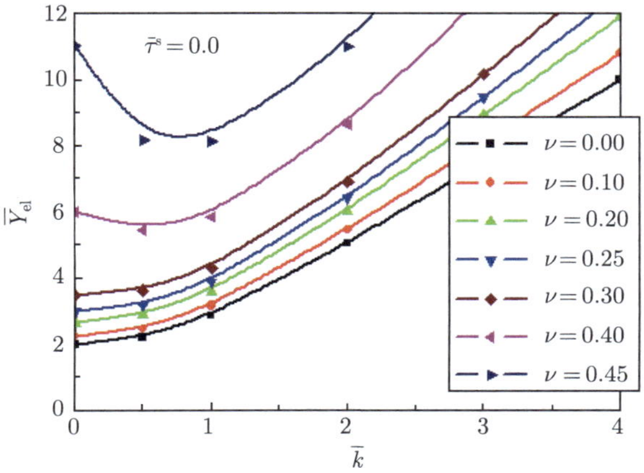

图 14.11 在界面完好粘接情况下，$\bar{Y}_{\rm el}$ 随 $\bar{k}$ 的变化趋势 ($\bar{\tau}^{\rm s}=0.0$)

若表面应力 $\bar{\tau}^{\mathrm{s}}$ 对软物质薄膜失稳的临界条件和特征波数有影响，相互作用刚度 $\bar{Y}_{el}$ 随失稳波数 $\bar{k}$ 的变化趋势如图 14.12 所示。失稳特征波数 $\bar{k}_{\mathrm{c}}$ 随着表面应力 $\bar{\tau}^{\mathrm{s}}$ 的增加而减小，临界相互作用刚度 $\bar{Y}_{\mathrm{c}}$ 随着表面应力 $\bar{\tau}^{\mathrm{s}}$ 的增加而增大。这意味着表面应力越大，薄膜失稳后的表面斑图越平坦，薄膜失稳越难发生，即表面应力对薄膜表面失稳有一定的抑制作用。

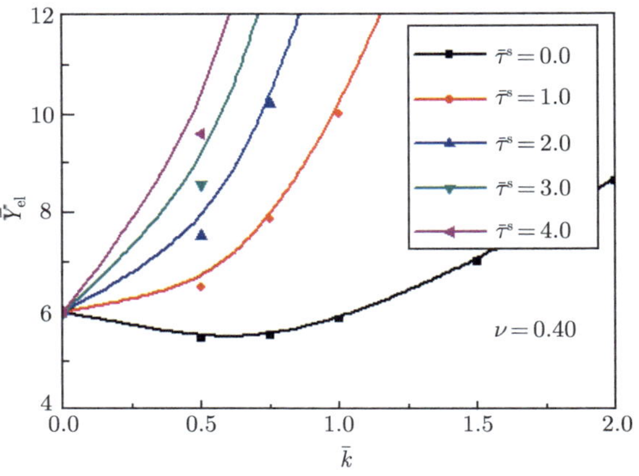

图 14.12　在 $\bar{\tau}^{\mathrm{s}} \neq 0$ 情况下，$\bar{Y}_{\mathrm{el}}$ 随 $\bar{k}$ 的变化趋势

14.3　SOL 薄膜结构的表面失稳

SOL 薄膜的表面失稳和斑图演化的研究在过去二十年中有较大发展，并引起越来越多的重视。承载能力不再是 SOL 薄膜结构的主要功能特征，而机械应力和热应力在很大程度上仍影响着它们的制备、性能和可靠性。因此，在机械应力和热应力作用下 SOL 薄膜结构的表面失稳问题已经引起广泛关注 [23−26]。Huang 和 Suo[26] 研究了固体薄膜的抗弯刚度、面内等效薄膜应力和界面相互作用等对 SOL 薄膜结构表面失稳的影响。上述对 SOL 结构的理论分析都限于二维情况，而在实验中所观察到的斑图往往呈现出复杂的三维结构，如四方斑图、迷宫斑图、鱼尾斑图等。虽然二维分析有助于对表面失稳加以理解，但不能描绘实际的表面三维斑图，也不能准确预测失稳的临界条件。因此，本节采用三维分析来预测 SOL 结构失稳的表面斑图，并给出其临界条件，推导出失稳形貌、临界压缩应力以及特征波长的解析表达式，进而讨论固体薄膜的弹性模量、固体和液体层厚度对特征波长和临界条件的影响。其他因素 (如液体层的粘性等) 对薄膜失稳的特征波长和失稳形貌影响不大，这里略去不计。

14.3.1 理论模型

考虑如图 14.13 所示的 SOL 结构，弹性薄膜厚度为 h，悬浮在厚度为 H 的液体层上，液体层由半无限大的刚性基底支撑。建立如图所示的笛卡儿坐标系 (o-$x_1x_2x_3$)，其中 x_1 和 x_2 轴位于弹性薄膜的中面内，x_3 轴垂直于中面。在范德瓦耳斯力、电双层相互作用力、弹性能和表面能的相互竞争作用下，SOL 薄膜结构可能发生失稳，并在其表面形成具有一定特征波长的起伏。令 $\boldsymbol{u}(x_1,x_2,x_3)$ 表示弹性薄膜中面内的位移场，$u_1(x_1,x_2)$、$u_2(x_1,x_2)$ 和 $u_3(x_1,x_2)$ 分别表示在 x_1、x_2 和 x_3 轴上的三个分量。

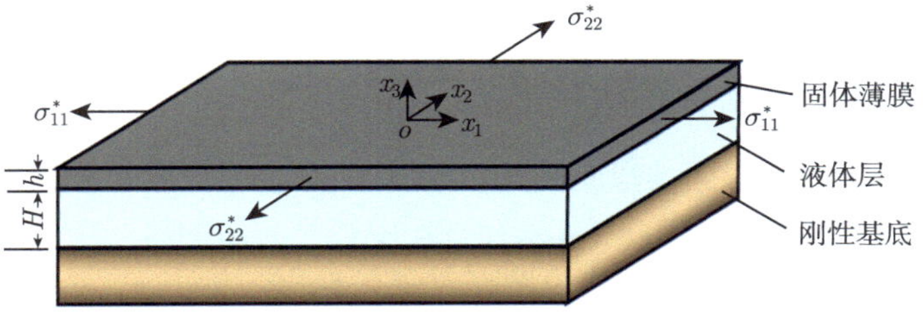

图 14.13 SOL 薄膜结构示意图

当固体薄膜或者液体层的厚度减小到微纳米量级时，表面或界面之间的范德瓦耳斯力或静电力等长程相互作用对 SOL 薄膜结构的变形行为产生重要的影响，此时，表面应力也不能忽略。在固体薄膜存在面内双向残余应力的情况下，SOL 薄膜结构的总自由能包括界面相互作用势、弹性应变能和薄膜上下表面的表面能，即

$$\Pi = \int_S \left(U_{\text{inter}} + U_{\text{E}} + U_{\text{s}}\right) \mathrm{d}S \tag{14-56}$$

式中，U_{E} 表示薄膜在单位面积内的弹性应变能，U_{inter} 表示在单位面积上的界面相互作用势，U_{s} 表示在薄膜单位面积上的表面能，S 表示固体薄膜的中面面积。

1. 固体薄膜的弹性应变能

实验发现，SOL 薄膜结构失稳形貌的特征波长一般都比固体薄膜的厚度大一个数量级以上，因此，可以作如下假设：对于 SOL 薄膜结构，其变形后的位移梯度 $\boldsymbol{g} = \nabla u_3$ 为无穷小量，且中面内的应变 $\varepsilon_{\alpha\beta}$ 具有 $O(\boldsymbol{g}^2)$ 阶次。采用 von Kármán 非线性板理论 [19]，固体薄膜在失稳时任一点的应变张量 $\boldsymbol{\varepsilon}$ 与位移场 $\boldsymbol{u}$ 之间满足下列非线性方程：

$$\varepsilon_{\alpha\beta} = \varepsilon_{\alpha\beta}^* + \frac{1}{2}(u_{\alpha,\beta} + u_{\beta,\alpha}) + \frac{1}{2}u_{3,\alpha}u_{3,\beta} - x_3 u_{3,\alpha\beta} \tag{14-57}$$

式中，$\alpha,\beta = 1,2$。式 (14-57) 等号右边第一项表示薄膜内的初始残余应变，第二项表示面内的线性应变，第三项表示固体薄膜失稳时面外位移分量贡献的非线性项，第四项表示应变沿薄膜厚度方向的线性分布规律。

假设固体薄膜为各向同性线弹性材料，杨氏模量为 E，泊松比 ν，则有 [19]

$$\sigma_{\alpha\beta}=\frac{E}{1-\nu^2}\left[(1-\nu)\varepsilon_{\alpha\beta}+\nu\varepsilon_{\kappa\kappa}\delta_{\alpha\beta}\right] \tag{14-58}$$

式中，$\delta_{\alpha\beta}$ 为克罗内克符号。当固体薄膜失稳时，单位面积内的弹性应变能为 [19]

$$U_{\mathrm{E}}^{\mathrm{I}}=\frac{1}{2}\int_{-h/2}^{h/2}\sigma_{\alpha\beta}\varepsilon_{\alpha\beta}\mathrm{d}x_3=\frac{1}{2}h\sigma_{\alpha\beta}^{*}\varepsilon_{\alpha\beta}^{*}+h\sigma_{\alpha\beta}^{*}\varepsilon_{\alpha\beta}^{0}+\frac{1}{2}D\cdot f(u_3) \tag{14-59}$$

式中，

$$\begin{cases}\varepsilon_{\alpha\beta}^{0}=\dfrac{1}{2}\left(u_{\alpha,\beta}+u_{\beta,\alpha}+u_{3,\alpha}u_{3,\beta}\right)\\ f(u_3)=(1-\nu)u_{3,\alpha\beta}u_{3,\alpha\beta}+\nu u_{3,\alpha\alpha}u_{3,\beta\beta}\end{cases} \tag{14-60}$$

$D=Eh^3/12(1-\nu^2)$ 表示固体薄膜的抗弯刚度，$\varepsilon_{\alpha\beta}^{0}$ 表示失稳引起固体薄膜的中面应变，残余应力 $\sigma_{\alpha\beta}^{*}$ 以拉伸为正。式 (14-59) 中等号右边的第一项表示与残余应力有关的应变能项，第二项表示与非线性膜应变有关的应变能项，第三项表示与线性弯曲有关的应变能项。

本节主要目的是推导 SOL 结构失稳的临界条件及其屈曲后斑图的特征波长。由于失稳所引起的薄膜的挠度很小，假设液体层中的压强 p ($p>0$ 表示压缩) 为常数。液体层中的外力势等于压强所做的功，可表示为

$$U_{\mathrm{E}}^{\mathrm{II}}=-p\Delta V=-pu_3 \tag{14-61}$$

式中，ΔV 表示液体层单位面积上的体积改变。总的单位面积弹性应变能 U_{E} 为 $U_{\mathrm{E}}^{\mathrm{I}}$ 和 $U_{\mathrm{E}}^{\mathrm{II}}$ 的和，即

$$U_{\mathrm{E}}=U_{\mathrm{E}}^{\mathrm{I}}+U_{\mathrm{E}}^{\mathrm{II}} \tag{14-62}$$

2. 固体薄膜的表面能

除了固体膜和液体膜中的弹性应变能外，表面应力也影响着固体膜的失稳。对于较厚的膜，体积应变能主导着膜的变形，而对于亚微米或纳米厚度的薄膜，由于表面积与体积比的增加，表面应力对于膜的变形也起着重要作用。假设薄膜在失稳过程中没有新的表面产生，当膜的失稳幅度较小时，表面应力 $\tau_{\alpha\beta}^{\mathrm{s}}$ 保持不变。所以，在参考状态下定义单位面积表面自由能为 [27]

$$U_{\mathrm{S}}=\gamma+\tau_{\alpha\beta}^{\mathrm{s}}\varepsilon_{\alpha\beta}^{\mathrm{s}} \tag{14-63}$$

式中，γ 表示参考状态下的表面能密度，$\tau_{\alpha\beta}^{\mathrm{s}}$ 为表面应力，$\varepsilon_{\alpha\beta}^{\mathrm{s}}$ 为薄膜的表面应变，可以通过令式 (14-57) 中 $x_3=\pm h/2$ 得到。表面应力 $\tau_{\alpha\beta}^{\mathrm{s}}$ 可由第一性原理计算得

到 [28−32]。在本章考虑的 SOL 薄膜结构中，固体薄膜失稳导致其上下表面的表面应变均有改变。因此，失稳状态下单位面积固体薄膜上下表面的表面能之和为

$$U_{\mathrm{S}} = 2\gamma + \hat{\tau}^{\mathrm{s}}_{\alpha\beta}\varepsilon^0_{\alpha\beta} - \frac{h}{2}\tilde{\tau}^{\mathrm{s}}_{\alpha\beta}u_{3,\alpha\beta} \tag{14-64}$$

式中，$\hat{\tau}^{\mathrm{s}}_{\alpha\beta}$ 为上下表面的表面应力之和，$\tilde{\tau}^{\mathrm{s}}_{\alpha\beta}$ 表示上下表面应力之差。式 (14-64) 中的第一项对应于未变形状态下的表面能密度，第二项对应于面内变形，第三项对应于弯曲。上下表面应力间的差异可通过悬臂梁弯曲法 [33,34] 或晶片弯曲技术 [35,36] 直接测定。

3. 界面相互作用势

在固体薄膜、液体层和刚性基底间存在多种可能的长程相互作用，如范德瓦耳斯力、Casimir 力、静电力、电子双层力等 [37,38]。本章仅考虑范德瓦耳斯力和电子双层力的作用，但本章建立的理论模型，也同样适用于其他长程相互作用。假设固体薄膜、液体层和基底中任意两个原子之间的相互作用满足 Lennard–Jones 势函数。根据叠加原理，积分系统中所有原子之间的范德瓦耳斯相互作用势，可得到在 SOL 薄膜结构失稳时单位面积上的范德瓦耳斯相互作用势为

$$\begin{aligned} U_{\mathrm{vdW}}(u_3) = &\left(-\frac{A_1}{12\pi d_0^2} + \frac{B_1}{360\pi d_0^8}\right) - \left[-\frac{A_1 - A_2}{12\pi(d_0 + H + u_3)^2} + \frac{B_1 - B_2}{360\pi(d_0 + H + u_3)^8}\right] \\ &- \left[-\frac{A_2}{12\pi(d_0 + H + h + u_3)^2} + \frac{B_2}{360\pi(d_0 + H + h + u_3)^8}\right] \end{aligned} \tag{14-65}$$

式中，$A_1 = A_0\pi^2\rho_1\rho_2$、$A_2 = A_0\pi^2\rho_1\rho_3$、$B_1 = B_0\pi^2\rho_1\rho_2$ 和 $B_2 = B_0\pi^2\rho_1\rho_3$ 为 Hamaker 常数 [17]，ρ_1、ρ_2 和 ρ_3 分别表示基底、液体层以及固体薄膜中的原子密度。参数 d_0 表示液体层下表面原子与基底上表面原子之间的平衡距离，可由界面上的平衡条件得出。将式 (14-65) 展开成 Taylor 级数 [15,18,39]，单位面积上的范德瓦耳斯相互作用势可取前面三项为

$$U_{\mathrm{vdW}} \approx U^0_{\mathrm{vdW}} + F_{\mathrm{vdW}} \cdot u_3 + \frac{1}{2}Y_{\mathrm{vdW}} \cdot u_3^2 \tag{14-66}$$

式中，U^0_{vdW} 表示未变形状态下的单位面积相互作用势，F_{vdW} 和 Y_{vdW} 分别表示由范德瓦耳斯力产生的分离压强和刚度系数，在 $d_0 \ll H$ 的情况下，有

$$\left\{\begin{aligned} &U^0_{\mathrm{vdW}} = U_{\mathrm{vdW}}(0) \\ &F_{\mathrm{vdW}} = U'_{\mathrm{vdW}}(0) = -\frac{A_1 - A_2}{6\pi H^3} + \frac{B_1 - B_2}{45\pi H^9} - \frac{A_2}{6\pi(H+h)^3} + \frac{B_2}{45\pi(H+h)^9} \\ &Y_{\mathrm{vdW}} = U''_{\mathrm{vdW}}(0) = \frac{A_1 - A_2}{2\pi H^4} - \frac{B_1 - B_2}{5\pi H^{10}} + \frac{A_2}{2\pi(H+h)^4} - \frac{B_2}{5\pi(H+h)^{10}} \end{aligned}\right. \tag{14-67}$$

在本节所考虑的尺度范围内，范德瓦耳斯力通常为吸引力。如果只存在范德瓦耳斯力作用，膜和基底将趋向于排开液体层而相互粘接在一起，类似情况也会发生在悬浮于液体中的所有膜泡和颗粒之间。但是由于电子双层力排斥作用的存在，介电常数较高的液体中都不同程度地存在有自由电荷。当固体薄膜表面与液体接触时，液体层中的电荷会发生重新分布，形成电双层排斥力阻止膜与基底粘接。液体层中的电荷浓度分布取决于补偿离子间的静电排斥力和混合熵 [38]。化学平衡导致液体层中的剩余电荷沿 x_3 方向呈 Boltzmann 分布，剩余电荷密度和静电势之间满足著名的 Poisson-Boltzmann 方程。根据压强和化学势之间的热力学关系，可近似推导出单位面积上的电双层相互作用势为 [38]

$$U_{\mathrm{EDL}}=\frac{2l_{\mathrm{D}}\sigma^2}{\epsilon\epsilon_0}\exp[-(H+u_3)/l_{\mathrm{D}}] \tag{14-68}$$

式中，ϵ_0 为真空中的介电常数，通常取值为 $8.854\times10^{-12}\mathrm{C}^2/(\mathrm{N}\cdot\mathrm{m}^2)$，$\epsilon$ 为液体层的相对介电常数，σ 为固体薄膜表面电荷密度。德拜长度 l_{D} 定义为

$$l_{\mathrm{D}}=\sqrt{\frac{\epsilon\epsilon_0 k_{\mathrm{B}}T}{\sum\limits_i n_i z_i^2 e^2}} \tag{14-69}$$

式中，k_{B} 为 Boltzmann 常数，T 表示绝对温度，n_i 表示第 i 种离子的浓度，z_i 表示第 i 种离子的化合价，e 为电子带电量，通常取值为 $1.602\times10^{-19}\mathrm{C}$。德拜长度通常被视为扩散电双层的特征“厚度”，其大小取决于液体的性质，而与固体薄膜表面的带电量和电势等无关。

采用与范德瓦耳斯相互作用势类似的处理方法，将失稳状态下单位面积上的电双层相互作用势，相对于参考状态作 Taylor 级数展开，并取前三项，即

$$U_{\mathrm{EDL}}\approx U_{\mathrm{EDL}}^0+F_{\mathrm{EDL}}u_3+\frac{1}{2}Y_{\mathrm{EDL}}u_3^2 \tag{14-70}$$

式中，

$$\begin{cases}U_{\mathrm{EDL}}^0=U_{\mathrm{EDL}}(0)=\dfrac{2l_{\mathrm{D}}\sigma^2}{\epsilon\epsilon_0}\exp\left(-\dfrac{H}{l_{\mathrm{D}}}\right)\\ F_{\mathrm{EDL}}=U_{\mathrm{EDL}}'(0)=-\dfrac{2\sigma^2}{\epsilon\epsilon_0}\exp\left(-\dfrac{H}{l_{\mathrm{D}}}\right)\\ Y_{\mathrm{EDL}}=U_{\mathrm{EDL}}''(0)=\dfrac{2\sigma^2}{\epsilon\epsilon_0 l_{\mathrm{D}}}\exp\left(-\dfrac{H}{l_{\mathrm{D}}}\right)\end{cases} \tag{14-71}$$

式中，U_{EDL}^0 表示参考状态下单位面积上的电双层力相互作用势，F_{EDL} 和 Y_{EDL} 分别表示分离压强和相互作用刚度系数。单位面积上的总界面相互作用势 U_{inter} 为范德瓦耳斯相互作用势 U_{vdW} 与电双层力势 U_{EDL} 的总和，即

$$F=F_{\mathrm{vdW}}+F_{\mathrm{EDL}} \tag{14-72}$$

$$Y = Y_{\mathrm{vdW}} + Y_{\mathrm{EDL}} \tag{14-73}$$

式中，F 表示在范德瓦耳斯力和电双层力共同作用下的分离压强，Y 表示对应的相互作用刚度系数。

各参数取值见表 14.1。根据式 (14-68)，不同德拜长度情况下界面相互作用势随液体层厚度的变化趋势如图 14.14 所示。可以看出，随着德拜长度的增加，U_{inter}-H 函数曲线的性质有所变化，当德拜长度较小时，曲线曲率始终小于零；而当德拜长度较大时，曲线曲率 Y_{EDL} 随着液体层厚度的变化，先为负后为正。这是由于当德拜长度与液体层厚度 H 较小时，SOL 薄膜结构中的界面相互作用势以范德瓦耳斯相互作用势为主；随着德拜长度和液体层厚度 H 的增加，逐渐过渡到以电双层相互作用为主。

表 14.1 各参数的典型取值表

符号	含义	典型取值
A_1	Hamaker 常数	10^{-20} J
A_2	Hamaker 常数	10^{-19} J
B_1	Hamaker 常数	10^{-77} J·m^6
B_2	Hamaker 常数	10^{-76} J·m^6
ϵ_0	真空介电常数	$8.854 \times 10^{-12}\mathrm{C}^2/(\mathrm{N}\cdot\mathrm{m}^2)$
ϵ	液体层相对介电常数	50
k_{B}	Boltzmann 常数	$1.381 \times 10^{-23}\mathrm{J}\cdot\mathrm{K}^{-1}$
T	绝对温度	298K
e	电子电量	$1.602 \times 10^{-19}\mathrm{C}$
E	杨氏模量	50MPa
σ	表面电荷密度	0.2C/m^2

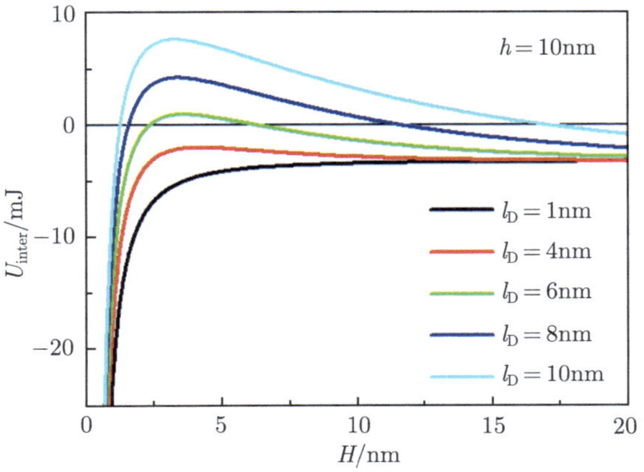

图 14.14 薄膜–基底之间的相互作用势

14.3.2　失稳临界条件

根据最小势能原理，实际位移场 $\boldsymbol{u}$ 应使系统的总自由能取最小值。假设残余应力和表面应力是各向同性的，在失稳过程中保持不变，即 $\sigma^*_{\alpha\beta} = \sigma^*\delta_{\alpha\beta}$ 和 $\tau^{\mathrm{s}}_{\alpha\beta} = \tau^{\mathrm{s}}\delta_{\alpha\beta}$。根据变分原理，薄膜的平衡方程可以表示为 [19]

$$\begin{cases} (h\sigma^*_{\alpha\beta} + \hat{\tau}^{\mathrm{s}}_{\alpha\beta})_{,\beta} = 0 \\ D\nabla^2\nabla^2 u_3 - (h\sigma^* + \hat{\tau}^{\mathrm{s}})(u_{3,11} + u_{3,22}) + Yu_3 + (F - p) = 0 \end{cases} \tag{14-74}$$

式中，$\alpha, \beta = 1, 2$；$F = F_{\mathrm{vdW}} + F_{\mathrm{EDL}}$，$Y = Y_{\mathrm{vdW}} + Y_{\mathrm{EDL}}$，前两个方程自动满足。SOL 薄膜结构失稳的周期性边界条件将在后面章节中进行讨论。式 (14-74) 的第二个方程有如下均匀解：

$$u_3 = 0 \tag{14-75}$$

且有 $F_{\mathrm{vdW}} + F_{\mathrm{EDL}} - p = 0$。附加的分岔位移场应满足如下齐次平衡方程：

$$D\nabla^2\nabla^2 u_3 - (h\sigma^* + \hat{\tau}^{\mathrm{s}})(u_{3,11} + u_{3,22}) + Y \cdot u_3 = 0 \tag{14-76}$$

不失一般性，令 SOL 结构失稳形貌为如图 14.15 所示的双周期形式，以揭示薄膜表面斑图的形成，以及失稳形貌、临界压应力和特征波长与表面应力、薄膜弹性、薄膜厚度和液体层厚度等因素之间的关系。图 14.15(a) 表示薄膜表面斑图的三维结构，图 14.15(b) 表示失稳形貌的等高线图，箭头表示面内位移矢量。假设失稳形貌位移函数具有如下形式：

(a)　　(b)

图 14.15　SOL 薄膜结构失稳形貌示意图

(a) 失稳形貌的三维结构；(b) 各位移分量之间的协调

$$\begin{cases} u_1(x_1, x_2) = -\sin(2kx_1)\cos(2kx_2)\tilde{u}_1 \\ u_2(x_1, x_2) = -\cos(2kx_1)\sin(2kx_2)\tilde{u}_2 \\ u_3(x_1, x_2) = \cos(kx_1)\cos(kx_2)\tilde{u}_3 \end{cases} \tag{14-77}$$

式中，$\tilde{u}_i (i = 1 \sim 3)$ 表示失稳幅值，k 表示沿 x_1 和 x_2 方向单位长度上失稳形貌的波数。$k = 0$ 对应于未失稳状态。所假设的位移场满足固体薄膜与基底间体积保持不变的条件，严格满足面内四方对称性和周期性，且面内位移和面外位移协调。

将式 (14-77) 代入式 (14-76)，得

$$4Dk^4 + 2(h\sigma^* + \hat{\tau}^{\mathrm{s}})k^2 + Y = 0 \tag{14-78}$$

由此，可求得薄膜屈曲时的无量纲临界荷载为

$$-(\bar{\sigma}^* + \bar{\hat{\tau}}^{\mathrm{s}}) = \frac{\bar{k}^2}{6(1-\nu^2)} + \frac{\bar{Y}}{2\bar{k}^2} \tag{14-79}$$

式中 $\bar{\sigma}^* = \sigma^*/E$, $\bar{\hat{\tau}}^{\mathrm{s}} = \hat{\tau}^{\mathrm{s}}/Eh$, $\bar{k} = hk$, $\bar{Y} = hY/E$。实际特征波长 k_{c} 对应于最小临界荷载。令临界荷载 $-(h\bar{\sigma}^* + \bar{\hat{\tau}}^{\mathrm{s}})$ 对 $\bar{k}$ 求偏导等于零，也即

$$\frac{\partial}{\partial \bar{k}}\left[-(\bar{\sigma}^* + \bar{\hat{\tau}}^{\mathrm{s}})\right] = \frac{\bar{k}}{3(1-\nu^2)} - \frac{\bar{Y}}{\bar{k}^3} = 0 \tag{14-80}$$

可得特征波数 $\bar{k}_{\mathrm{c}} = [3(1-\nu^2)\bar{Y}]^{1/4}$，对应的无量纲化的特征波长 $\lambda_{\mathrm{c}} = 2\pi h/\bar{k}_{\mathrm{c}}$ 为

$$\begin{aligned}\lambda_{\mathrm{c}} &= 2\pi\left[\frac{3(1-\nu^2)Y}{Eh^3}\right]^{-1/4} = 2\pi\left[\frac{Eh^3}{3(1-\nu^2)Y}\right]^{1/4} \\ &= 2\pi\left\{\frac{3(1-\nu^2)}{Eh^3}\left[\frac{A_1-A_2}{2\pi H^4} - \frac{B_1-B_2}{5\pi H^{10}}\right.\right. \\ &\quad \left.\left. + \frac{A_2}{2\pi(H+h)^4} - \frac{B_2}{5\pi(H+h)^{10}} + \frac{2\sigma^2}{\epsilon\epsilon_0 l_{\mathrm{D}}}\exp\left(-\frac{H}{l_{\mathrm{D}}}\right)\right]\right\}^{-1/4}\end{aligned} \tag{14-81}$$

将 $\bar{k}_{\mathrm{c}} = [3(1-\nu^2)\bar{Y}]^{1/4}$ 代入式 (14-79)，可得薄膜屈曲的临界荷载为

$$\begin{aligned}-(\sigma_{\mathrm{c}}^* + h^{-1}\hat{\tau}^{\mathrm{s}}) &= 2h^{-1}\sqrt{DY} = \left[\frac{EhY}{3(1-\nu^2)}\right]^{1/2} \\ &= \left\{\frac{Eh}{3(1-\nu^2)}\left[\frac{A_1-A_2}{2\pi H^4} - \frac{B_1-B_2}{5\pi H^{10}} + \frac{A_2}{2\pi(H+h)^4}\right.\right. \\ &\quad \left.\left. - \frac{B_2}{5\pi(H+h)^{10}} + \frac{2\sigma^2}{\epsilon\epsilon_0 l_{\mathrm{D}}}\exp\left(\frac{-H}{l_{\mathrm{D}}}\right)\right]\right\}^{1/2}\end{aligned} \tag{14-82}$$

14.3.3 失稳相图

由式 (14-79) 可知，在范德瓦耳斯力和电双层力共同作用下，固体薄膜内的无量纲等效薄膜应力 $-(\bar{\sigma}^* + \bar{\hat{\tau}}^{\mathrm{s}})$ 与失稳形貌的无量纲波数 $\bar{k}$ 之间的关系曲线如图 14.16 所示，其中无量纲等效相互作用刚度系数 $\bar{Y}$ 从 –40 到 40 变化，薄膜应力 $-(\bar{\sigma}^* + \bar{\hat{\tau}}^{\mathrm{s}})$ 为面内残余应力和表面应力之和。可以看出，当 $\bar{Y} > 0$ 时，曲线在 $\bar{k}_{\mathrm{c}}$

处取最小值 $-(\bar{\sigma}^*+\bar{\bar{\tau}}^{\rm s})_{\rm c}$，对应于实际的失稳模式，见图 14.16 中的 A 点；当 $\bar{Y}\leqslant 0$ 时，曲线随 $\bar{k}\to 0$ 趋于 $-\infty$，这意味着即使等效薄膜应力为拉伸，固体薄膜也会以无限小波数 (即无限大波长) 的形式发生屈曲。

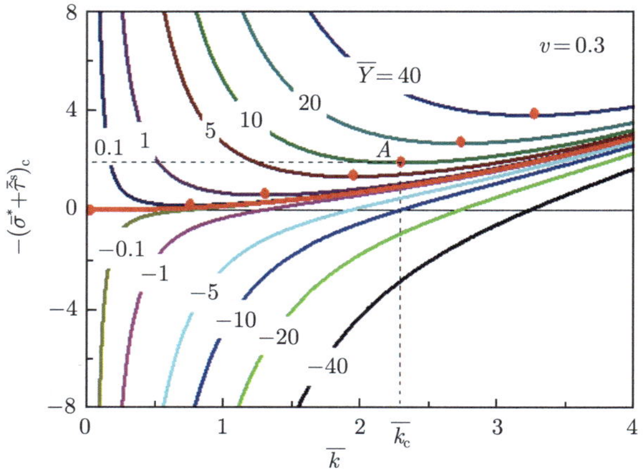

图 14.16　$-(\bar{\sigma}^*+\bar{\bar{\tau}}^{\rm s})$ 随 $\bar{k}$ 的变化趋势

在薄膜力 $-(\bar{\sigma}^*+\bar{\bar{\tau}}^{\rm s})=0$ 的特殊情况下，界面相互作用势和薄膜内的弹性应变能相互竞争，也可以导致薄膜自发失稳。由 (14-79) 可以得到关于薄膜厚度和液体层厚度的失稳相图，如图 14.17 所示。

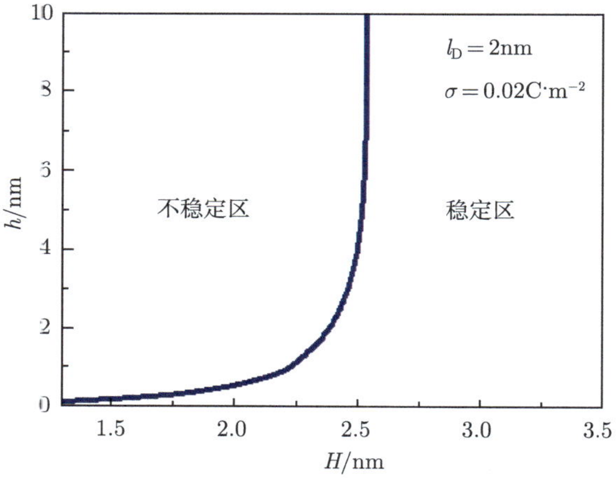

图 14.17　固体薄膜的稳定相图

14.3.4 失稳特征波长

由式 (14-81)，可得到 SOL 薄膜结构表面失稳形貌的特征波长 λ_c 随固体薄膜厚度 h 的变化趋势，见图 14.18，其中固体薄膜弹性模量 $E=50\text{MPa}$。可以看出，失稳特征波长 λ_c 与固体薄膜厚度近似成指数关系，$\lambda_c \propto h^{3/4}$。当 $H \gg h$ 时，电双层力将对膜与基底间的干涉起主导作用。图 14.19 描绘了 SOL 薄膜结构失稳时的特征波长 λ_c 随液体层厚度 H 的变化趋势。由式 (14-81) 可知，特征波长与液体层厚度近似于指数关系，$\lambda_c \propto \mathrm{e}^{H/4l_D}$。

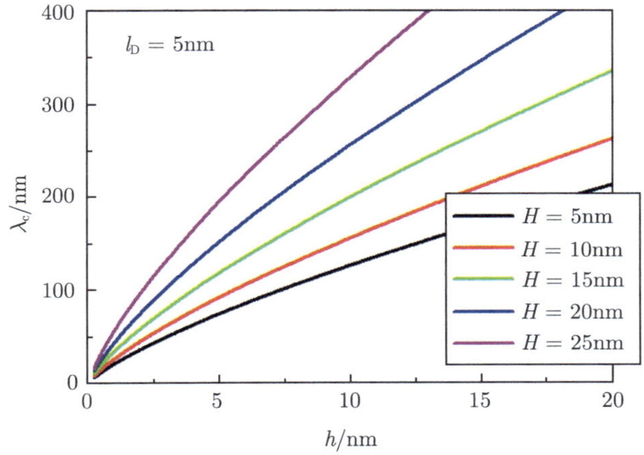

图 14.18 失稳特征波长随固体薄膜厚度的变化曲线

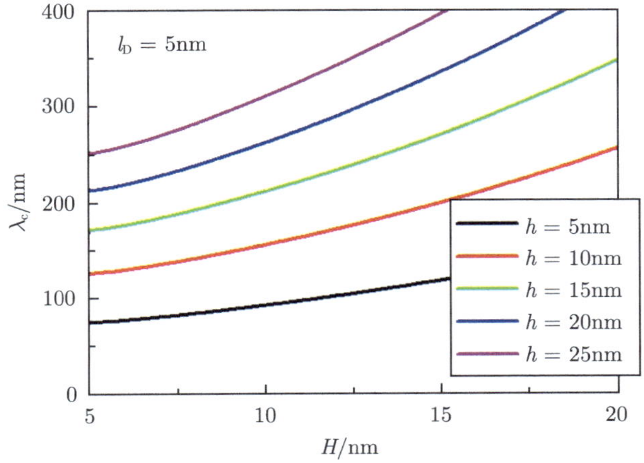

图 14.19 失稳特征波长随液体层厚度的变化曲线

14.3.5　临界薄膜应力

由式 (14-82) 可注意到临界等效薄膜应力 $-(\sigma_{\mathrm{c}}^{*}+h^{-1}\hat{\tau}^{\mathrm{s}})$(单位 MPa) 与固体薄膜厚度 h 近似满足关系 $-(\sigma_{\mathrm{c}}^{*}+h^{-1}\hat{\tau}^{\mathrm{s}})\propto h^{1/2}$，见图 14.20；而与液体层厚度 H 近似满足关系 $-(\sigma_{\mathrm{c}}^{*}+h^{-1}\hat{\tau}^{\mathrm{s}})\propto \exp(-H/2l_{\mathrm{D}})$，见图 14.21。

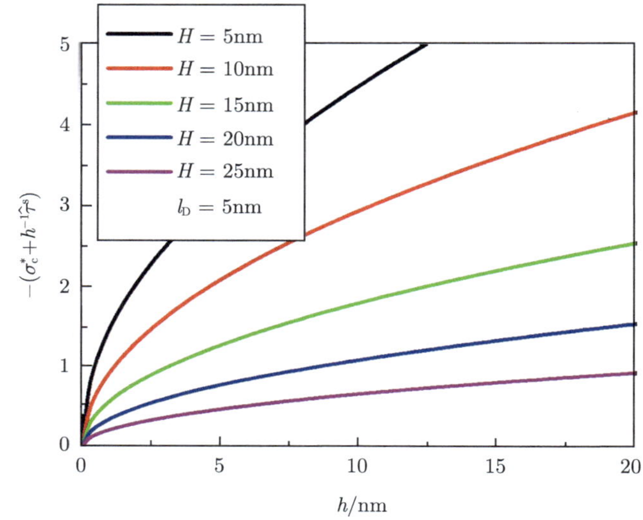

图 14.20　临界等效薄膜应力随固体薄膜厚度的变化曲线

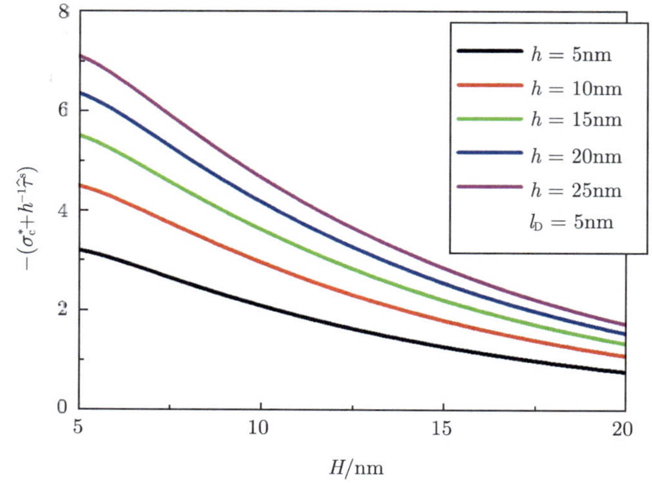

图 14.21　临界等效薄膜应力随薄膜厚度 h 的变化趋势

14.3.6 数值模拟

下面采用有限元软件模拟 SOL 薄膜结构的失稳，对理论结果进行验证。采用 COMBIN14 号弹簧单元等效薄膜与基底之间的范德瓦耳斯力和电双层力，采用 SHELL63 号单元对固体薄膜进行网格划分，施加周期性边界条件。采用 Eigen Buckling 分析模块进行求解，变形前网格和失稳形貌如图 14.22 所示。模拟结果与理论分析的比较见表 14.2。

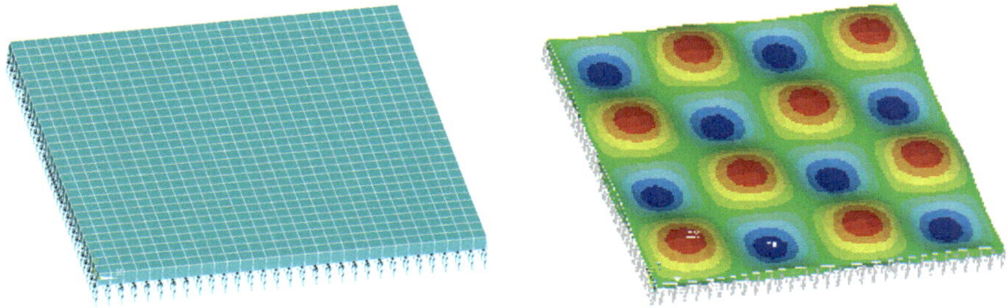

(a) (b)

图 14.22 SOL 薄膜结构表面失稳的有限元模拟

(a) 网格划分；(b) 失稳形貌

表 14.2 理论结果与有限元模拟的比较

符号	理论值	模拟值
特征波长 λ_c	256.3nm	248.6nm
临界等效薄膜应力 $-(\sigma_c^* + h^{-1}\hat{\tau}^s)$	1.10MPa	1.06MPa

在表 14.2 的有限元算例中，取 $h = 10$nm，$H = 20$nm。比较可知，理论值与有限元模拟结果吻合较好。模拟值比理论值略小，其可能原因是，在模拟过程中，只耦合了对边相应节点的位移，而转角并没有严格满足对称或反对称，因此比理论解的边界约束稍微放松一些，造成等效临界薄膜应力和特征波长均略小于理论值。

14.4 本 章 小 结

本章研究了在外场作用下弹性软薄膜的失稳问题，并基于连续介质弹性力学中的线性分岔理论，建立了软物质薄膜与压头相互作用失稳、电致失稳、电双层力作用失稳的理论分析模型，得到了软物质薄膜在参数空间中的稳定相平面图，揭示了特征波数随薄膜弹性和表面应力的变化趋势。此外，采用有限元模拟了薄膜在外场作用下的表面失稳，数值结果与理论分析吻合得较好。

参 考 文 献

[1] Lacour S P, Wagner S, Huang Z Y, Suo Z. Stretchable gold conductors on elastomeric substrates. Applied Physics Letters, 2003, 82: 2404–2406.

[2] Watanabe M. Wrinkles formed on a thin gold film deposited onto stretched elastic substrates. Polymers for Advanced Technologies, 2005, 16: 744–748.

[3] Lim J H, Lee K S, Kim J C, Lee B H. Tunable fiber gratings fabricated in photonic crystal fiber by use of mechanical pressure. Optics Letters, 2004, 29: 331–333.

[4] Chou K S, Kwong Y C. Finite time rupture for thin films under van der Waals forces. Nonlinearity, 2007, 20: 299–317.

[5] Stafford C M, Harrison C, Beers K L, Karim A, Amis E J, Vanlandingham M R, Kim H C, Volksen W, Miller R D, Simonyi E E. A buckling-based metrology for measuring the elastic moduli of polymeric thin films. Nature Materials, 2004, 3: 545–550.

[6] Bowden N, Brittain S, Evans A G, Hutchinson J W, Whitesides G M. Spontaneous formation of ordered structures in thin films of metals supported on an elastomeric polymer. Nature, 1998, 393: 146–149.

[7] Bowden N, Huck W T S, Paul K E, Whitesides G M. The controlled formation of ordered, sinusoidal structures by plasma oxidation of an elastomeric polymer. Applied Physics Letters, 1999, 75: 2557–2559.

[8] Huck W T S. Artificial skins-hierarchical wrinkling. Nature Materials, 2005, 4: 271–272.

[9] Hobart K D, Kub F J, Fatemi M, Twigg M E, Thompson P E, Kuan T S, Inoki C K. Compliant substrates: A comparative study of the relaxation mechanisms of strained films bonded to high and low viscosity oxides. Journal of Electronic Materials, 2000, 29: 897–900.

[10] Watanabe M, Shirai H, Hirai T. Wrinkled polypyrrole electrode for electroactive polymer actuators. Journal of Applied Physics, 2002, 92: 4631–4637.

[11] Huang J, Juszkiewicz M, de Jeu W H, Cerda E, Emrick T, Menon N, Russell T P. Capillary wrinkling of floating thin polymer films. Science, 2007, 317: 650–653.

[12] 黄世清. 软物质薄膜的表面失稳与斑图形成. 北京: 清华大学博士学位论文, 2007.

[13] Chou S Y, Zhuang L. Lithographically induced self-assembly of periodic polymer micropillar arrays. Journal of Vacuum Science & Technology B, 1999, 17: 3197–3202.

[14] Schäffer E, Thurn-Albrecht T, Russell T P, Steiner U. Electrically induced structure formation and pattern transfer. Nature, 2000, 403: 874–877.

[15] Shenoy V, Sharma A. Pattern formation in a thin solid film with interactions. Physical Review Letters, 2001, 86: 119–122.

[16] Shenoy V, Sharma A. Stability of a thin elastic film interacting with a contactor. Journal of the Mechanics and Physics of Solids, 2002, 50: 1155–1173.

[17] Hamaker H C. London-van der waals attraction between spherical particles. Physica, 1937, 4: 1058–1072.

[18] Huang S Q, Li Q Y, Feng X Q, Yu S W. Pattern instability of a soft elastic thin film under van der Waals forces. Mechanics of Materials, 2006, 38: 88–99.

[19] Timoshenko S P, Goodier J N. Theory of Elasticity. 3rd ed. New York: McGraw-Hill, 2004.

[20] Ghatak A, Chaudhury M K, Shenoy V, Sharma A. Meniscus instability in a thin elastic film. Physical Review Letters, 2000, 85: 4329–4332.

[21] Monch W, Herminghaus S. Elastic instability of rubber films between solid bodies. Europhysics Letters, 2001, 53: 525–531.

[22] Chou S Y, Zhuang L, Guo L J. Lithographically induced self-construction of polymer microstructures for resistless patterning. Applied Physics Letters, 1999, 75: 1004–1006.

[23] Sridhar N, Srolovitz D J, Suo Z. Kinetics of buckling of a compressed film on a viscous substrate. Applied Physics Letters, 2001, 78: 2482–2484.

[24] Huang R, Suo Z. Instability of a compressed elastic film on a viscous layer. International Journal of Solids and Structures, 2002, 39: 1791–1802.

[25] Sridhar N, Srolovitz D J, Cox B N. Buckling and post-buckling kinetics of compressed thin films on viscous substrates. Acta Materialia, 2002, 50: 2547–2557.

[26] Huang R, Suo Z. Very thin solid-on-liquid structures: the interplay of flexural rigidity, membrane force, and interfacial force. Thin Solid Films, 2003, 429: 273–281.

[27] Cahn J W. Surface stress and the chemical equilibrium of small crystals I. The case of the isotropic surface. Acta Metallurgica, 1980, 28: 1333–1338.

[28] Fiorentini V, Methfessel M, Scheffler M. Reconstruction mechanism of FCC transition-metal (001) surfaces. Physical Review Letters, 1993, 71: 1051–1054.

[29] Needs R J, Godfrey M J. Theory of surface stress and surface reconstruction. Surface Science, 1991, 242: 215–221.

[30] Needs R J, Mansfield M. Calculations of the surface stress tensor and surface-energy of the (111) surfaces of iridium, platinum and gold. Journal of Physics-Condensed Matter, 1989, 1: 7555–7563.

[31] Needs R J, Godfrey M J. Surface stress of aluminum and jellium. Physical Review B, 1990, 42: 10933–10939.

[32] Mansfield M, Needs R J. Surface energy and stress of lead (111) and (110) surfaces. Physical Review B, 1991, 43: 8829–8833.

[33] Koch R, Abermann R. On the influence of thermal effects on internal-stress measurements during and after deposition of silver, gold and copper-films. Thin Solid Films, 1985, 129: 63–70.

[34] Sander D, Enders A, Kirschner J. A Simple technique to measure stress in ultrathin films during growth. Review of Scientific Instruments, 1995, 66: 4734–4735.

[35] Martinez R E, Augustyniak W M, Golovchenko J A. Direct measurement of crystal surface stress. Physical Review Letters, 1990, 64: 1035–1038.

[36] Schell-Sorokin A J, Tromp R M. Mechanical stresses in (sub)monolayer epitaxial films. Physical Review Letters, 1990, 64: 1039–1042.

[37] Mahanty J, Ninham B W. Dispersion Forces. New York: Academic Press, 1976.

[38] Israelachvili J N. Intermolecular and Surface Forces. 2nd. ed. New York: Academic Press, 1992.

[39] Huang S Q, Feng X Q. Spinodal surface instability of soft elastic thin films. Acta Mechanica Sinica, 2008, 24: 289–296.

第 15 章　电场作用下软材料的表面失稳

在很多工程领域，需要对固体表面进行聚合物涂覆 (如保护膜、介电膜、润滑膜等)，以达到防氧化、绝缘、耐磨、降低摩擦力等目的。由于固体与流体之间的相互作用 (如范德瓦耳斯力) 等原因，涂层时常会出现鼓泡、孔洞、褶皱等缺陷。此外，研究流体薄膜的失稳机制，也可为微纳尺度上的表面形貌制备、实现一些表面功能提供理论依据。因此，固体表面上高分子薄膜、涂层的稳定性问题受到了平面印刷、有机电子、生物芯片等诸多领域的关注。Schäffer 等 [1] 的实验发现，当软薄膜处于流体状态时，表面形貌的特征依赖于外加电场的强度，当形貌形成后可以通过固化等手段将其固定，这为形貌调控提供了一种有效、快捷的方法 [2]。

随着温度的升高，高分子软材料的力学性质会发生明显变化。例如，一些固体软材料在室温下表现出良好的弹性性质，而在熔融态时则具有流体性质。因此，分析软物质薄膜的变形和稳定性，需要根据其所处的温度范围，采用相应的弹性固体、流体等不同的模型。

本章研究电场作用下高分子流体薄膜的表面失稳。首先，分析了在电场作用下平面构型流体薄膜失稳的基本特征；进而建立了在曲面结构上流体薄膜在电场中表面失稳的理论模型 [3]，提出了一种在圆柱、圆球表面上制备微纳米形貌的方法。之后，利用动力稳定性理论，推导了粘性软材料薄膜表面形貌随时间演化的方程。此外，还讨论了电场强度、表面曲率、表面张力对形貌特征的影响，探讨了在曲面上多级形貌的制备方法。

15.1　基 本 方 程

本章将熔融态的高分子软材料视为不可压缩牛顿流体，并忽略惯性效应。根据质量守恒，高分子流体表面演化的方程可以表示为 [4−6]

$$\frac{\partial h}{\partial t} = -\nabla \cdot \boldsymbol{j} \tag{15-1}$$

式中，∇ 表示梯度算子，h 为流体表面轮廓或边界，$\boldsymbol{j}$ 表示流动通量。式 (15-1) 的详细推导可参阅文献 [7]。忽略空气的粘度，$\boldsymbol{j}$ 与压强 p 之间的关系为

$$\boldsymbol{j} = -\frac{1}{3\mu_0} h^3 \nabla p \tag{15-2}$$

式中，μ_0 为流体粘度系数。压强 p 包含以下四部分:

$$p = p_0 + p_{\text{Lap}} + p_{\text{el}} + p_{\text{dis}} \tag{15-3}$$

式中，p_0 为大气压强，p_{Lap} 为拉普拉斯压强，p_{el} 为静电压强，p_{dis} 为分离压。拉普拉斯压强 p_{Lap} 来自于表面能，随着表面形状的改变而变化，其表达式为 $p_{\text{Lap}} = \gamma\kappa$，其中 γ 为表面张力，κ 为表面平均曲率。静电压强 p_{el} 来自于 Maxwell 应力，其表达式将在稍后给出。分离压 p_{dis} 源于流体与基底之间的范德瓦耳斯相互作用，可表示为 $p_{\text{dis}} = A_0/(6\pi h^3)$，其中 A_0 为 Hamaker 常数 [8]。

空气中的电场强度 $\boldsymbol{E}\,(E_r,\ E_\theta,\ E_z)$ 满足如下 Maxwell 方程:

$$\nabla\cdot(\epsilon_{\text{a}}\boldsymbol{E}) = \boldsymbol{0}, \quad \nabla\times\boldsymbol{E} = \boldsymbol{0} \tag{15-4}$$

式中，ϵ_{a} 为空气的介电常数。构造电位势函数 ψ，使其满足

$$\boldsymbol{E} = -\nabla\psi \tag{15-5}$$

则式 (15-4) 中第二个方程自动满足。对于定常介电常数 ϵ_{a}，由式 (15-4) 中第一个方程，可得空气中电位势的调和方程，即

$$\nabla^2\psi = 0 \tag{15-6}$$

在电场作用下，流体外表面上将产生 Maxwell 应力 σ_{M}，其表达式为

$$\sigma_{\text{M}} = \frac{1}{2}\epsilon_0\epsilon_{\text{a}}\boldsymbol{E}^2 \tag{15-7}$$

式中，ϵ_0 为真空中的介电常数。以上推导适用于导电流体，对于介电粘性流体，电场强度、电位势、Maxwell 应力的计算需考虑介电常数的影响，推导过程类似 [4]。

15.2 平面构型中粘性流体薄膜的电致失稳

考虑如图 15.1 所示系统，刚性基底上覆盖有处于熔融状态的导电高分子薄膜，薄膜处于外加电场中，厚度为 h，电极与薄膜表面之间的距离为 H，电极与基底间的电压为 U。建立如图 15.1 所示的直角坐标系。为了讨论薄膜表面的稳定性，对其施加微小扰动。下面先求解稳态的物理场。为了区别，本章统一用上横线表示稳态的物理量，用上波浪线表示扰动后的物理量。在稳态时，求解式 (15-4) 得

$$\bar{\psi} = c_1 y + c_2 \tag{15-8}$$

利用边界条件 $\bar{\psi}\big|_{y=h} = U$ 与 $\bar{\psi}\big|_{y=h+H} = 0$，可求得系数 c_1 和 c_2。将 c_1 和 c_2 代入式 (15-8)，得

$$\psi = -\frac{U}{H}y + \frac{H+h}{H}U \tag{15-9}$$

根据式 (15-5)，可得稳态时电场强度 $\bar{E}_x = U/H$，$\bar{E}_y = 0$。

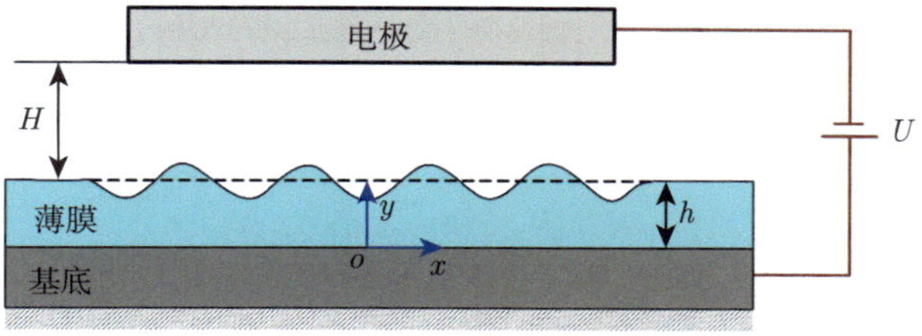

图 15.1 电场作用下流体薄膜表面失稳

根据式 (15-7)，薄膜表面的 Maxwell 应力 σ_{M} 为

$$\bar{\sigma}_{\mathrm{M}} = \frac{\epsilon_0\epsilon_{\mathrm{a}}U^2}{2H^2} \tag{15-10}$$

在薄膜表面上引入如下余弦函数形式的微小扰动:

$$\tilde{h}(x,\ t) = h + \delta(t)\cos(kx) \tag{15-11}$$

式中，$\delta(t)$ 为扰动的波幅，是一个小量，k 为波数。采用动力准则对薄膜表面进行线性稳定性分析，此时，所有的基本方程和边界条件可以线性化。在微小扰动 (15-11) 作用下，薄膜表面的平均曲率变为

$$\kappa = -\frac{\partial^2\tilde{h}}{\partial x^2} = \delta k^2\cos(kx) \tag{15-12}$$

电势 $\tilde{\psi}$ 具有类似外加扰动的周期性，可以表示为 $\tilde{\psi} = \tilde{\psi}(y)\cos(kx)$，代入式 (15-6)，得

$$\tilde{\psi}(y) = \tilde{c}\mathrm{e}^{ky} + \tilde{d}\mathrm{e}^{-ky} \tag{15-13}$$

施加扰动后，总电势可以表示为

$$\psi = \bar{\psi} + \tilde{\psi} \tag{15-14}$$

其边界条件为

$$\psi|_{y=\tilde{h}} = U, \quad \psi|_{y=h+H} = 0 \tag{15-15}$$

忽略关于 δ 的二次以上的项，只保留线性项，可以求得常数 $\tilde{c}$ 和 $\tilde{d}$ 为

$$\left\{\begin{aligned} \tilde{c} &= \frac{\delta U\mathrm{e}^{-hk}}{H\left(1-\mathrm{e}^{2Hk}\right)} \\ \tilde{d} &= \frac{\delta U\mathrm{e}^{(h+2H)k}\left[\coth(Hk)-1\right]}{2H} \end{aligned}\right. \tag{15-16}$$

由式 (15-5)，得扰动电场为

$$\begin{cases} \tilde{E}_x = \dfrac{\delta U k}{2H}\left[\coth(Hk)-1\right]\left[\mathrm{e}^{(h+2H-y)k}-\mathrm{e}^{(y-h)k}\right]\sin(kx) \\ \tilde{E}_y = \dfrac{\delta U k}{2H}\left[\coth(Hk)-1\right]\left[\mathrm{e}^{(h+2H-y)k}-\mathrm{e}^{(y-h)k}\right]\cos(kx) \end{cases} \tag{15-17}$$

扰动后薄膜表面总的 Maxwell 应力 σ_{M} 为

$$\sigma_{\mathrm{M}} = \frac{\epsilon_0\epsilon_{\mathrm{a}}U^2}{2H^2} + \frac{\epsilon_0\epsilon_{\mathrm{a}}U^2 k\delta\coth(kH)}{H^2}\cos(kx) \tag{15-18}$$

薄膜外表面的静电压强 $p_{\mathrm{el}} = -\sigma_{\mathrm{M}}$。根据式 (15-3)，作用在薄膜表面的总压强 p 为

$$\begin{aligned} p = p_0 &- \frac{\epsilon_0\epsilon_{\mathrm{a}}U^2}{2H^2} + \frac{A_0}{6\pi h^3} \\ &+ \left[\gamma k^2 - \frac{\epsilon_0\epsilon_{\mathrm{a}}U^2 k\coth(kH)}{H^2} - \frac{A_0}{2\pi h^4}\right]\delta\cos(kx) \end{aligned} \tag{15-19}$$

将式 (15-19) 代入式 (15-1)，并应用 (15-2)，可得

$$\frac{\mathrm{d}\delta}{\mathrm{d}t} = \tau\delta \tag{15-20}$$

式中，

$$\tau = \frac{h^3}{3\mu_0}\left[-\gamma k^4 + \frac{\epsilon_0\epsilon_{\mathrm{a}}U^2 k^3\delta\coth(kH)}{H^2} + \frac{A_0 k^2}{2\pi h^4}\right] \tag{15-21}$$

对式 (15-20) 积分，可求得薄膜表面的演化方程为

$$\delta(t) = \delta_0\exp(\tau t) \tag{15-22}$$

式中 δ_0 表示在 $t=0$ 时表面失稳形貌的波幅。从式 (15-22) 可以看出，τ 刻画失稳波幅随时间变化的快慢，因此通常称作生长率。当 $\tau<0$ 时，外加扰动的波幅随时间推移呈指数规律衰减，表明薄膜对于外界扰动是稳定的；当 $\tau>0$ 时，外界扰动波幅会随时间推移呈指数规律增大，薄膜不稳定，最大生长率所对应的波数最易出现，所对应的形貌称为特征形貌，具有特征波数 k_{m}，特征波长为 $\lambda = 2\pi/k_{\mathrm{m}}$。换言之，$k_{\mathrm{m}}$ 可以通过对式 (15-21) 求极大值而确定。

15.3　圆柱基底上粘性流体薄膜的表面失稳

考虑覆盖在刚性圆柱上的粘性导电流体薄膜，圆柱和薄膜处于管状电极中，如图 15.2 所示。在圆柱和管状电极之间施加电压 U，产生垂直于薄膜表面的电场。建

立圆柱坐标系 (r,θ,z)，其中 z 轴沿圆柱的纵向。令 r_0 表示圆柱 (正极) 的半径，h_0 为薄膜失稳前的厚度，R 为负极的内半径，则薄膜的外半径为 $b=r_0+h_0$，电极与薄膜外表面之间的距离为 $R-b$。

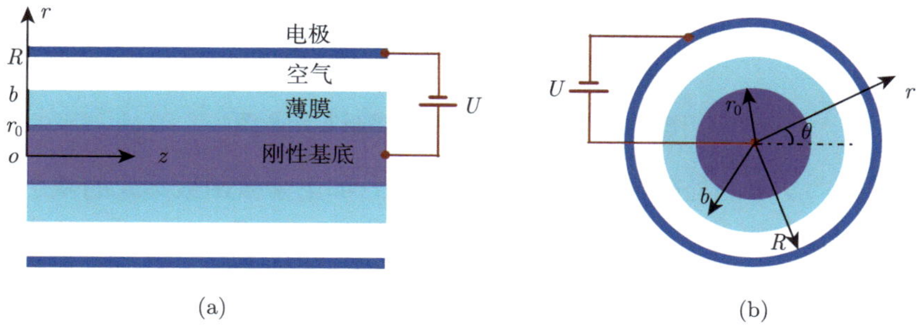

图 15.2　处于电场中的圆柱形薄膜

(a) 正视图；(b) 侧视图

15.3.1　稳态物理场求解

类似于平面构型下薄膜的失稳分析，为讨论薄膜表面的稳定性，需对其施加微小扰动。在扰动前，电势 $\bar{\psi}$ 满足式 (15-6) 和轴对称条件，通过求解微分方程，可得

$$\bar{\psi}=\bar{c}\ln r+\bar{d} \tag{15-23}$$

式中，$\bar{c}$ 和 $\bar{d}$ 为常数，需要通过如下边界条件来确定：

$$\bar{\psi}|_{r=b}=U,\quad \bar{\psi}|_{r=R}=0 \tag{15-24}$$

则空气中的电势为

$$\bar{\psi}=\frac{U}{\ln{(R/b)}}\ln\frac{R}{r} \tag{15-25}$$

由式 (15-5)，可以导出电场分量为

$$\bar{E}_r=\frac{U}{r\ln(R/b)} \tag{15-26}$$

15.3.2　线性稳定性分析

在薄膜的外表面引入一个小扰动，对于长圆柱形的表面，存在两种失稳模态，即轴向失稳和环向失稳，它们可以独立发生，也可以同时出现，取决于载荷情况、薄膜厚度 h_0、圆柱半径 r_0、薄膜的力学性质等。两种模式同时出现会导致三维形貌，如图 15.3 所示。下面推导表面失稳的临界条件和三维失稳的特征参数。

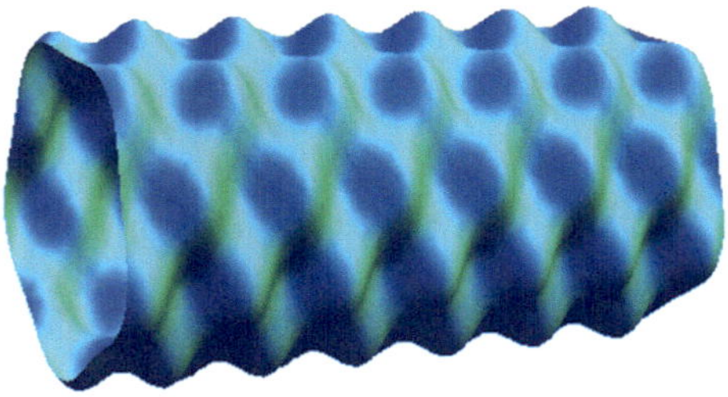

图 15.3 薄膜表面三维失稳形貌示意图

类似于 15.2 节的处理，在薄膜外表面上引入如下余弦函数形式的微小扰动 [9]

$$\tilde{b}(\theta,\ z,\ t) = b + \delta(t)\cos(n\theta)\cos(\omega z) \tag{15-27}$$

式中，$\delta(t)$ 为扰动的波幅，是一个小量。n 为环向模数，ω 为轴向波数，波浪号表示在扰动状态下的物理量。在微小扰动 (15-27) 作用下，薄膜表面的平均曲率变为

$$\kappa = \frac{1}{b} + \left(\frac{n^2-1}{b^2} + \omega^2\right)\delta\cos(n\theta)\cos(\omega z) \tag{15-28}$$

电势 $\tilde{\psi}$ 具有类似的周期性，可以表示为 $\tilde{\psi} = \tilde{\psi}_r(r)\cos(n\theta)\cos(\omega z)$，代入式 (15-6)，可求得

$$\tilde{\psi} = \left[\tilde{c}I_n(\omega r) + \tilde{d}K_n(\omega r)\right]\cos(n\theta)\cos(\omega z) \tag{15-29}$$

式中，$\tilde{c}$ 和 $\tilde{d}$ 为常数，$I_n(\omega r)$ 和 $K_n(\omega r)$ 分别为第一类和第二类 n 阶修正的 Bessel 函数。总电势可以表示为

$$\psi = \bar{\psi} + \tilde{\psi} \tag{15-30}$$

ψ 边界条件为

$$\psi|_{r=\tilde{b}} = U, \quad \psi|_{r=R} = 0 \tag{15-31}$$

利用式 (15-30) 和式 (15-31)，忽略关于 δ 的二次以上的项，只保留线性项，可以求得常数 $\tilde{c}$ 和 $\tilde{d}$ 为

$$\left\{\begin{aligned} \tilde{c} &= -\frac{U\delta K_n(\omega R)}{b\ln(R/b)\left[I_n(\omega R)K_n(\omega b) - I_n(\omega b)K_n(\omega R)\right]} \\ \tilde{d} &= \frac{U\delta I_n(\omega R)}{b\ln(R/b)\left[I_n(\omega R)K_n(\omega b) - I_n(\omega b)K_n(\omega R)\right]} \end{aligned}\right. \tag{15-32}$$

则由扰动所导致的电势变化为

$$\tilde{\psi} = -\frac{U\delta}{b\ln(R/b)}\frac{K_n(\omega R)I_n(\omega r) - I_n(\omega R)K_n(\omega r)}{I_n(\omega R)K_n(\omega b) - I_n(\omega b)K_n(\omega R)}\cos(n\theta)\cos(\omega z) \tag{15-33}$$

由式 (15-5)、式 (15-30) 和式 (15-33) 可求得空气中的电场分布，进而利用式 (15-7)，可求得 Maxwell 应力 (δ 取一阶近似) 为

$$\sigma_{\mathrm{M}}=\frac{\epsilon_0\epsilon_{\mathrm{a}}U^2}{2b^2\left[\ln(R/b)\right]^2}\left\{1+\frac{2\omega\delta\left[K_n\left(\omega R\right)I_n'\left(\omega b\right)-I_n\left(\omega R\right)K_n'\left(\omega b\right)\right]}{I_n\left(\omega R\right)K_n\left(\omega b\right)-I_n\left(\omega b\right)K_n\left(\omega R\right)}\cos\left(n\theta\right)\cos\left(\omega z\right)\right\} \tag{15-34}$$

式中，上标撇号表示对坐标 r 的导数。作用在薄膜外表面的静电压 $p_{\mathrm{el}}=-\sigma_{\mathrm{M}}$，则式 (15-3) 中的总压强 p 为

$$p=\bar{p}_0+\left[\gamma\left(\frac{n^2-1}{b^2}+\omega^2\right)-\sigma_{\mathrm{M0}}-\frac{A_0}{2\pi h_0^4}\right]\delta\cos\left(n\theta\right)\cos\left(\omega z\right) \tag{15-35}$$

式中，

$$\bar{p}_0=p_0+\frac{\gamma}{b}-\frac{\epsilon_0\epsilon_{\mathrm{a}}U^2}{2b^2\left[\ln(R/b)\right]^2}+\frac{A_0}{6\pi h_0^3} \tag{15-36}$$

$$\sigma_{\mathrm{M0}}=\frac{\epsilon_0\epsilon_{\mathrm{a}}U^2\omega}{b^2\left[\ln(R/b)\right]^2}\frac{K_n\left(\omega R\right)I_n'\left(\omega b\right)-I_n\left(\omega R\right)K_n'\left(\omega b\right)}{I_n\left(\omega R\right)K_n\left(\omega b\right)-I_n\left(\omega b\right)K_n\left(\omega R\right)} \tag{15-37}$$

$\bar{p}_0$ 表示薄膜起皱前的初始总压强，故独立于环向模数 n 和轴向波数 ω。由式 (15-36) 可以看出，在初始状态，表面张力对薄膜产生类似于压强 (γ/b) 的效应，而静电力和范德瓦耳斯力 $(A_0<0)$ 在薄膜表面产生负压效应，沿径向往外拉伸薄膜。式 (15-35) 等号右边的第二项表示由扰动引起的总压强。将式 (15-35) 代入式 (15-1)，并应用式 (15-2) 和式 (15-28)，可得扰动波幅的控制微分方程，见式 (15-20)，其解由式 (15-22) 给出。生长率 τ 为

$$\tau=\frac{\gamma h_0^3}{3\mu_0}\left(\frac{n^2}{b^2}+\omega^2\right)\left[\frac{1-n^2}{b^2}-\omega^2+\frac{\sigma_{\mathrm{M0}}}{\gamma}+\frac{A_0}{2\pi\gamma h_0^4}\right] \tag{15-38}$$

令 $\tau=0$ 可以得到薄膜失稳的临界状态，定义对应的临界环向模数为 n_{c}，轴向波数为 ω_{c}。对于 $\tau>0$，由于拉普拉斯压强、静电力和分离压不平衡，表面起伏以特定的环向模数和纵向波数放大，导致产生表面形貌。最大生长率所对应的波数最易出现，所对应的特征形貌具有特征模数 n_{m} 和波数 ω_{m}。n_{m} 和 ω_{m} 可以通过下面求极值的办法来确定：

$$\frac{\partial\tau}{\partial\omega}=0,\quad\frac{\partial\tau}{\partial n}=0,\quad\frac{\partial^2\tau}{\partial\omega^2}<0,\quad\frac{\partial^4\tau}{\partial\omega^2\partial n^2}-\left(\frac{\partial^2\tau}{\partial\omega\partial n}\right)^2>0 \tag{15-39}$$

沿环向和轴向的特征波长可以分别定义为 $\lambda_{\mathrm{Cm}} = 2\pi b/n_{\mathrm{m}}$ 和 $\lambda_{\mathrm{Lm}} = 2\pi/\omega_{\mathrm{m}}$。一般来说，很难通过式 (15-39) 解析求得特征模数 n_{m} 和波数 ω_{m}，需要通过数值方法求解。

首先考虑仅发生轴向失稳的特殊情况下，此时，$n = 0$，生长率 τ_{L} 可以通过式 (15-38) 求得。如果没有电场作用，轴向的特征波长 λ_{Lm} 表示为

$$\lambda_{\mathrm{Lm}} = \frac{4\pi b h_0^2 \sqrt{\pi\gamma}}{\sqrt{2\pi\gamma h_0^4 + A_0 b^2}} \tag{15-40}$$

式 (15-40) 给出了薄膜表面仅沿轴向自发性失稳时的特征波长。对于本节考虑的情况 $A_0 < 0$，范德瓦耳斯力将部分抵消表面张力的影响，从而使波长变大。这种曲面上的自发性失稳与平面上的情况有所不同。对于在平面基底上的薄膜，表面张力总是起稳定作用，抑制失稳发生，而在本节所考虑的情况中，由于圆柱表面初始曲率的影响，表面张力将驱使薄膜失稳。因此，基底曲率对薄膜表面失稳具有很大的影响。如果忽略范德瓦耳斯力的影响，对应最大生长率处的特征波长退化为 $\lambda_{\mathrm{Lm}} = 2\sqrt{2}\pi b$，这与经典的 Rayleigh 失稳结果完全一致 [10]。以上分析表明，可以通过自发性失稳来制备薄膜形貌，所得形貌的特征取决于薄膜本身的物理性质。然而，通过电场的作用可以使得形貌制备更容易更快捷，更重要的是，可以通过改变电场强度等来调控薄膜的形貌特征。

在只有环向模态出现的特殊情况下，可以在式 (15-38) 中令 $\omega \to 0$，求极限得到生长率为

$$\tau_{\mathrm{C}} = \frac{\gamma h_0^3 n^2}{3\mu_0 b^2}\left[\frac{n\epsilon_0\epsilon_{\mathrm{a}} U^2\left(R^{2n} + b^{2n}\right)}{\gamma b^3\left[\ln(R/b)\right]^2\left(R^{2n} - b^{2n}\right)} + \frac{A_0}{2\pi\gamma h_0^4} - \frac{n^2-1}{b^2}\right] \tag{15-41}$$

方括号中的第一项来自于外加电场的影响，促使薄膜发生失稳。值得指出的是，只有当电压 U 大于某一临界值时才会发生单独的环向失稳 ($\tau_{\mathrm{C}} > 0$)，因为式 (15-41) 中的模数 n 必须大于 1，因为 $n = 1$ 表示薄膜表面仅发生简单的相对转动。换言之，外加电场主导环向失稳，在无外加电场的情况下，对于表面可浸润圆柱 ($A_0 < 0$)，生长率 τ_{C} 总为负值，不会自发性地发生环向失稳。另外，当 $R \gg b$ 或者环向模数 n 很大时，可求得特征波长的解析表达式为

$$\lambda_{\mathrm{Cm}} = \frac{16\gamma b^2 h_0^2 \pi^{3/2}\left[\ln(R/b)\right]^2}{3\sqrt{\pi} h_0^2 \epsilon_0\epsilon_{\mathrm{a}} U^2 + \sqrt{9\pi h_0^4 \epsilon_0^2 \epsilon_{\mathrm{a}}^2 U^4 + 16\gamma b^2\left(2\pi\gamma h_0^4 + A_0 b^2\right)\left[\ln(R/b)\right]^4}} \tag{15-42}$$

式 (15-41) 和式 (15-42) 表明，提高电压可以加快表面形貌的演化速度，同时减短失稳的特征波长 λ_{Cm}。

15.3.3 结果与讨论

以上推导了在电场作用下粘性薄膜在刚性圆柱上的表面演化方程。下面通过数值算例来考察薄膜环向和轴向失稳的特征。

将生长率 τ 无量纲化为 $\tau_0 = 3\mu_0 b^4\tau/\left(\gamma h_0^3\right)$。式 (15-38) 表明无量纲生长率 τ_0 是环向模数和轴向波数的函数，如图 15.4 所示。可以看出临界值 $\tau_0 = 0$ 对应着由 (n_c, ω_c) 构成的曲线，其上生长率为零。当 $\omega \in (0, \omega_c)$ 且 $n \in (0, n_c)$ 时，薄膜表面不稳定，即在临界面 $\tau_0 = 0$ 上方。电场为表面失稳的主要驱动力。由于扰动，薄膜表面的静电压分布不均匀，其梯度使得粘性流体从波谷底部流向波峰顶部，增大波幅。另一方面，薄膜与圆柱基底之间的范德瓦耳斯相互作用驱动物质从波峰流向波谷，起稳定作用。此外，表面张力通过表面曲率对薄膜演化起作用，驱使薄膜向类似 Rayleigh 失稳的方向发展。

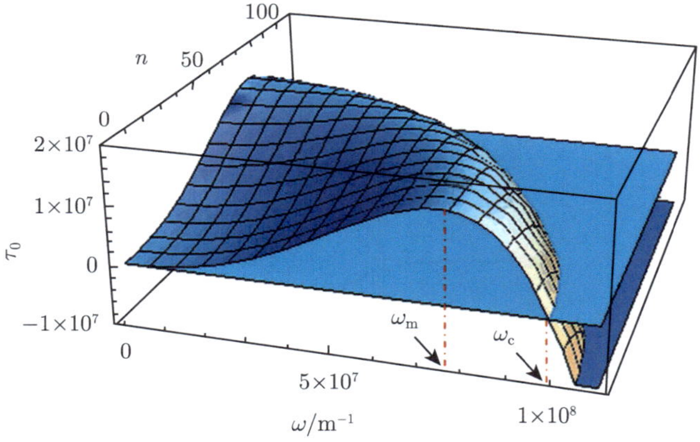

图 15.4 τ_0 随 ω 和 n 变化的三维图

在所有可能的失稳模式中，实际的失稳将选择最容易发生的模式 (n_m, ω_m)，此时薄膜表面形貌演化速度最快。因此，电场力、表面张力以及范德瓦耳斯力之间的竞争将导致薄膜表面形成特定的形貌。图 15.5(a) 和 (b) 给出了在给定环向模数 n 的情况下，生长率 τ_0 随轴向波数 ω 的变化，其他参数的取值为 $\gamma = 0.015\text{N/m}$，$r_0 = 1\mu\text{m}$，$h_0 = 100\text{nm}$，$d = 50\text{nm}$。可以看出，当 $n = 0$ 时，$\omega \to 0$ 则生长率 τ_0 趋近于零。$U = 0$ 的曲线代表薄膜表面自发性失稳，参见图 15.5(a) 中的小插图。自发性失稳的临界波数 ω_c 和最可能发生失稳的波数 ω_m 分别为 $0.90\mu\text{m}^{-1}$ 和 $0.64\mu\text{m}^{-1}$。当外加电压增大时，电场力逐渐压倒表面张力和范德瓦耳斯力，最终主导表面形貌的生成。同时，图 15.5(a) 也反映出，增大施加电压后，对于不同电压值，生长率将增加到最大正值接着减小，当 ω 大于 ω_c 后，生长率变为负值。临界值波数 ω_c 和最可能发生波数 ω_m 均随电压的增大而增大。

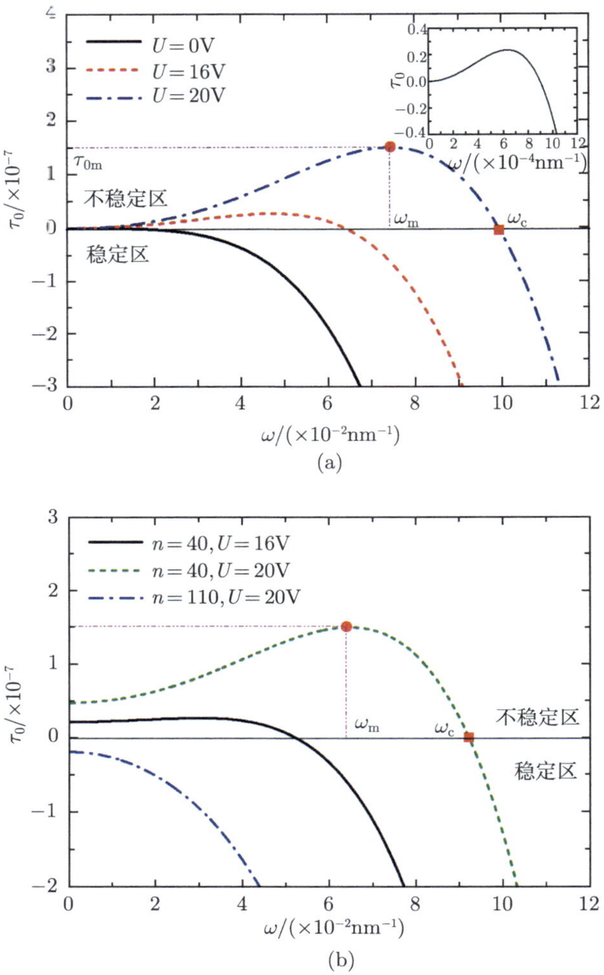

图 15.5　τ_0 随 ω 的变化

(a) 轴向失稳；(b) 三维失稳

图 15.5(b) 给出了环向失稳的影响。对于给定的环向模数 n，电压越高，则最快生长率越大，最可能发生波数越大。例如，对于 $n=40$，电压 $U=16\text{V}$ 和 20V 分别导致 $\omega_m=30\mu m^{-1}$，$\tau_{0m}=2.69\times10^6$ 和 $\omega_m=64.7\mu m^{-1}$，$\tau_{0m}=1.5\times10^7$。另外，当给定电压时，足够大环向模数 n 的扰动对薄膜表面几乎没有影响，参见 $n=40$ 和 110 所对应的曲线。因此，较大波数和模数的失稳形貌只能通过增大电压获得。

为了进一步阐明电场和材料性质对表面形貌的影响，分别讨论单独发生轴向失稳 $(n=0)$ 和单独发生环向失稳 $(\omega=0)$ 的情况。对于给定的薄膜厚度 h_0，特征波长 λ_{Lm} 和 λ_{Cm} 随电压增加的变化如图 15.6 所示。显然，增加电压可以明显减短波长。尽管表面张力自发性地驱使薄膜表面向 Rayleigh 失稳发展，以及范德瓦耳斯力增大失稳的波长，表面形貌的特征主要由外加电场控制。这个性质为制备可控的表面形貌提供了可能途径。而且，电场越强，轴向波长 λ_{Lm} 与环向波长 λ_{Cm} 越吻合。但当电压较小时，二者有明显的差别。这是因为当电压较小时，主要发生轴向失稳，表面张力主导了薄膜的表面形貌。有趣的是，在双对数坐标下，λ_{Lm} 和 λ_{Cm} 几乎线性地依赖于外加电压。这与 Schäffer 等 [1] 的实验结果类似，他们发现在双对数坐标下，平面薄膜在电场作用下失稳时，随外加电场强度的增大，波长线性变小。

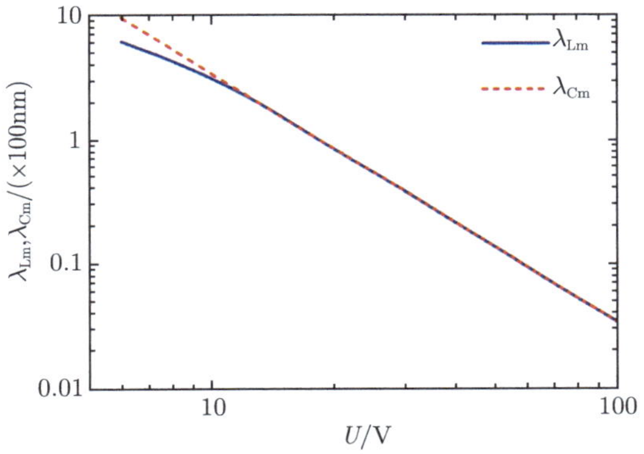

图 15.6 表面失稳波长随电压的变化

图 15.7 给出了轴向波长 λ_{Lm} 与环向波长 λ_{Cm} 随薄膜厚度变化规律，所取参数为 $\gamma = 0.015\text{N/m}$，$r_0 = 1\mu\text{m}$，$d = 50\text{nm}$。随薄膜厚度增加，λ_{Lm} 和 λ_{Cm} 逐渐下降，最终趋于常值。当电压较高时，薄膜厚度对波长的影响几乎可以忽略不计。

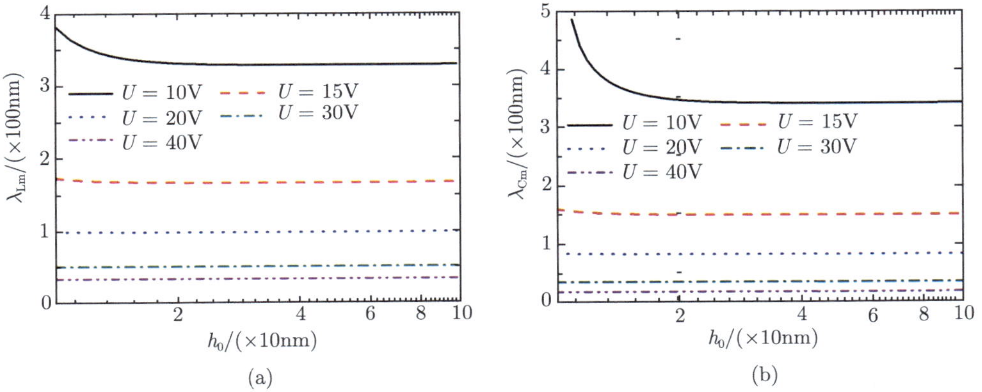

图 15.7 不同电压下波长随薄膜厚度的变化

(a) 轴向失稳；(b) 环向失稳

当圆柱尺寸较小时 (如 1μm 以下)，薄膜表面起皱行为依赖于圆柱的曲率半径，如图 15.8 所示。可以看出，在给定电压的情况下，圆柱半径越小，失稳波长越短，特别是当圆柱半径小于 1μm 时。同时，曲率效应可被较强的外加电场抑制，当外加电压足够高时，如 $U = 40$ V，电场作用优于表面张力和范德瓦耳斯力，主导表面形貌演化，故对于较高电压，薄膜厚度和纤维曲率半径对表面形貌的影响可以被忽略，退化到平面基底上薄膜演化的情况。

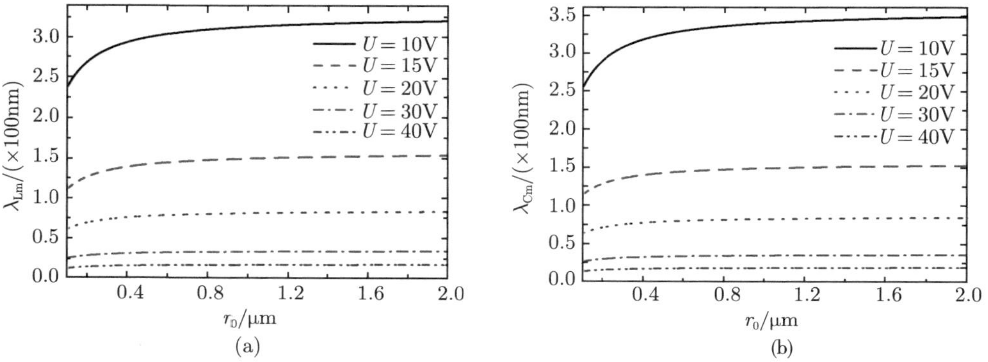

图 15.8 不同电压下，波长随基底半径的变化

(a) 轴向失稳；(b) 环向失稳

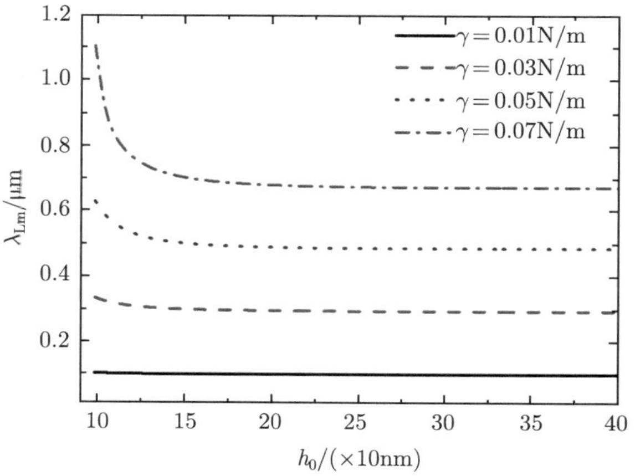

图 15.9 不同表面张力下，环向失稳波长随薄膜厚度的变化

下面以环向失稳为例来考察表面张力对薄膜失稳的影响。图 15.9 揭示表面张力会增大表面失稳的波长。值得指出的是，表面张力对平面薄膜的失稳起抑制作用，而对于半径很小的圆柱构型，表面张力可以对薄膜自发性的轴向失稳起到推动

作用。表面张力能够促使圆柱基底上的软薄膜以类似 Rayleigh 失稳的形式发生失稳，朝特征波长 $2\sqrt{2}\pi b$ 的方向演化，而电场削减该波长。换言之，电场驱使薄膜失稳的效应被表面张力部分抵消了，由于它们之间的竞争，最终的失稳波长小于 Rayleigh 失稳的波长。

15.3.4　多级形貌制备

材料表面的可浸润性不仅依赖于材料的化学性质，而且与材料的表面形貌有关。当材料表面的微结构减小到微纳米尺度时，会出现许多有趣的现象和不同寻常的表面性质。例如，荷叶表面的超疏水性质源于上面的多级结构。在水黾 [11,12] 和蚊子 [13] 腿上也观察到了类似的多级结构，这些微结构使得水黾和蚊子能够在水面上快速运动。多级结构不仅对于生物体有着重要的意义，而且得到了许多工程应用，例如，易清洁的玻璃和交通灯、抗雪花粘着的天线和防污的纺织品、能增加浮力而降低阻力的水下微型机器人和潜艇外壳等。因此，如何制备多级微纳米尺度表面吸引了众多的研究。目前主要有两种方法制备多级结构，自上而下 (如平版印刷等) 和自下而上 (如分子自组装等) 的途径。例如，Shi 等 [14] 利用后者制造了仿生水黾腿。

上面的理论分析表明，可以通过施加电场在圆柱上制备可控的形貌，相关研究组已采用该方法在实验中成功制备了曲面形貌 [15,16]。另外，这种办法也可以用来在圆柱上制备多级结构，例如类似于水黾腿的结构。具体可以通过两步实现多级结构的制备，见图 15.10。首先，对圆纤维以粘性聚合物进行涂层，然后在一定温度下通过电场使其失稳，制备第一级形貌。待形貌固化后，再进行第二次较薄的涂层，如直接浸入粘性聚合物溶液中后取出，再通过调节电场大小，制备下一级形貌。另外一种办法是，先将纤维进行微加工，制备一定的形貌，然后再在上面覆盖薄膜，通过电场制备具有特征尺寸的下一级形貌。

(a)　　(b)

图 15.10　多级形貌制备示意图

15.4 纤维状粘性流体的表面失稳

聚合物纤维在工程领域有着广泛的应用，特别是聚合物纳米纤维，其具有大的表面积–体积比，显示出许多独特的性质，在医学、生物技术、纳米电子器件和系统中不可或缺。在众多制备纳米聚合物纤维的技术中，通过施加外加电场，由聚合物溶液或熔融态制备纤维的电纺丝法已被证明是一种切实可行和高效的方法 [17]，这种非机械、静电场的方法要求通过超高电压的电场施加于聚合物液滴，使其形成直径在 100 nm 左右的射流，以较快的速度穿过设计好的喷嘴，从而形成纳米纤维 [18]。

然而，实验发现，通过电纺丝制备的纤维表面极易发生失稳，形成非光滑的表面形貌。一方面，表面失稳会引起纤维的损伤甚至破裂，限制纤维的工程应用 [17]；另一方面，这些具有特征尺度的表面形貌也具有一些潜在的应用，例如，通过引入表面微结构可以制备具有超疏水性质的纤维。本节研究带电纤维的表面失稳问题，该问题除了在电纺丝技术方面的应用背景外，在表面科学、生物物理等领域也有意义 [19]。

15.4.1 理论分析

考虑均匀分布表面电荷的软聚合物纤维的形貌失稳问题，将材料处理成不可压缩的粘性流体。参考圆柱坐标系 (r,θ,z)，其原点位于纤维的中心轴上，纤维的半径为 R，如图 15.11 所示。

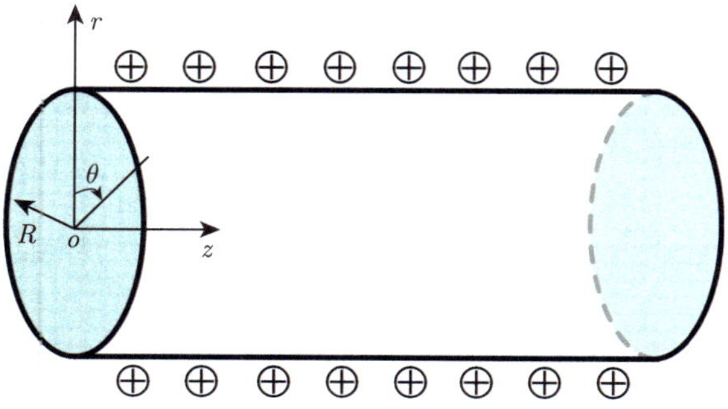

图 15.11 表面带电圆柱形软纤维

令 ρ 表示表面电荷密度，并假设纤维足够长以忽略端部效应。类似上节对圆柱基底上薄膜的失稳分析，采用线性稳定性方法分析纤维表面的失稳行为，考虑如图 15.3 所示的三维失稳形式，类似式 (15-27)，引入如下周期变化的小扰动:

$$r(\theta,\ z,\ t) = R + \delta(t)\cos(n\theta)\cos(\omega z) \tag{15-43}$$

式中，$\delta(t)$ 为扰动的波幅，满足 $\delta(t)/R \ll 1$。纤维表面演化的方程可以表示为

$$\partial r/\partial t = -\nabla \cdot \boldsymbol{j} \tag{15-44}$$

式中，$\boldsymbol{j}$ 为流体通量。$\boldsymbol{j}$ 与压强 p 之间的关系为

$$\boldsymbol{j} = -r^3 \nabla p/(3\mu_0) \tag{15-45}$$

式中，μ_0 为小球的粘度。压强 p 包含三部分，即

$$p = p_0 + p_{\text{Lap}} + p_{\text{el}} \tag{15-46}$$

这里各量的定义与式 (15-3) 中相同。由于表面扰动的影响，表面曲率 κ 和外法向矢量 $\boldsymbol{n}$ 分别变为

$$\kappa(\theta, z) = \frac{1}{R} + \left(\frac{n^2-1}{R^2} + \omega^2\right)\delta\cos(n\theta)\cos(\omega z) \tag{15-47}$$

$$\boldsymbol{n} = \boldsymbol{e}_r + \delta\frac{n}{R}\sin(n\theta)\cos(\omega z)\,\boldsymbol{e}_\theta + \delta\omega\cos(n\theta)\sin(\omega z)\,\boldsymbol{e}_z \tag{15-48}$$

式中，$\boldsymbol{e}_r$、$\boldsymbol{e}_\theta$ 和 $\boldsymbol{e}_z$ 分别表示径向、环向和轴向的单位矢量。

纤维外的电场强度 $\boldsymbol{E}$ 和电势 ψ 分别满足式 (15-5) 和式 (15-6)。电场强度包含初始状态和表面扰动引起的两部分，即 $\boldsymbol{E} = \bar{\boldsymbol{E}} + \tilde{\boldsymbol{E}}$。在扰动前的初始状态中，可求得

$$\bar{\boldsymbol{E}} = \frac{E_0 R}{r}\boldsymbol{e}_r \tag{15-49}$$

式中，$E_0 = \rho/\epsilon$，ϵ 表示纤维外围空气或其他流体的介电常数。则由扰动所导致的电场变化如式 (15-29) 所示。边界条件要求在纤维的表面上 $(r = R)$ 满足 $\boldsymbol{n} \times \boldsymbol{E} = \boldsymbol{0}$，在无穷远处满足 $\boldsymbol{E} \to \boldsymbol{0}$。据此可求得

$$\tilde{c} = 0, \quad \tilde{d} = \frac{\delta E_0}{K_n(\omega R)} \tag{15-50}$$

由表面扰动所导致的电场可由 $\tilde{\boldsymbol{E}} = -\nabla\tilde{\psi}$ 求得。保留到扰动波幅 δ 的一阶，求得静电压 p_{el} 为

$$\begin{aligned} p_{\text{el}} &= -\frac{1}{2}\epsilon\boldsymbol{E}^2 \\ &= -\frac{\epsilon E_0^2}{2}\left\{1 + \frac{\delta\omega\left[K_{n-1}(\omega R) + K_{n+1}(\omega R)\right]}{K_n(\omega R)}\cos(n\theta)\cos(\omega z)\right\} \end{aligned} \tag{15-51}$$

由式 (15-46)，纤维内的总压强为 p 为

$$p = \left(p_0 + \frac{\gamma}{R} - \frac{\epsilon E_0^2}{2}\right)$$

$$
+\left\{\gamma\left(\frac{n^2-1}{R^2}+\omega^2\right)-\frac{\epsilon E_0^2}{2}\frac{\omega\left[K_{n-1}(\omega R)+K_{n+1}(\omega R)\right]}{K_n(\omega R)}\right\}
\times\delta\cos(n\theta)\cos(\omega z) \tag{15-52}
$$

将式 (15-52) 代入式 (15-46)，并利用式 (15-45) 和式 (15-44)，可以求得表面扰动随时间的演化方程，见式 (15-22)。纤维表面演化的生长率 τ 为

$$
\tau=\frac{R^3}{3\mu_0}\left(\frac{n^2}{R^2}+\omega^2\right)\left\{-\gamma\left(\frac{n^2-1}{R^2}+\omega^2\right)+\frac{\epsilon E_0^2}{2}\frac{\omega\left[K_{n-1}(\omega R)+K_{n+1}(\omega R)\right]}{K_n(\omega R)}\right\} \tag{15-53}
$$

当 $\tau<0$ 时，初始扰动的波幅随时间呈指数规律衰减，意味着对于外界扰动是稳定的；当 $\tau>0$ 时，纤维表面不稳定，外界扰动波幅会随时间呈指数规律增大。由式 (15-53) 可以看出，静电力总是驱使纤维发生失稳，因为对于任意非零的 ω，$K_n(\omega r)>0$。

在式 (15-53) 中令 $\tau=0$，可得到表面形貌演化的临界条件，从而获得临界的模式 (n_c,ω_c)，其中临界环向模数为 n_c，轴向波数为 ω_c。当纤维的半径 R 一定时，可求得纤维可能发生失稳的临界电荷密度 ρ_c 为

$$
\rho_c=\sqrt{\frac{2\epsilon\gamma K_n(\omega R)\left[n^2-1+(\omega R)^2\right]}{\omega R^2\left[K_{n-1}(\omega R)+K_{n+1}(\omega R)\right]}} \tag{15-54}
$$

当表面电荷密度 ρ 超过临界值 ρ_c 时，所产生的静电力将导致纤维表面发生失稳，形成特定的形貌。在所有可能的扰动模式中，最大生长率对应的模式最容易发生，可由式 (15-39) 确定。同样，定义对应的沿环向和轴向的特征波长为 $2\pi R/n_m$ 和 $2\pi/\omega_m$。

15.4.2　结果与讨论

为了方便分析，引入如下无量纲参数 $\tau_0=3\mu_0\tau/\gamma$，$\omega_0=\omega R$，$\lambda_0=2\pi/\omega_0$ 和 $\chi=\rho^2R/(2\epsilon\gamma)$。图 15.12 描绘了无量纲化的生长率 τ_0 随轴向波数 ω_0 和环向模数 n 的变化，其中取参数 $\chi=0.5$。可以看出临界值 $\tau_0=0$ 对应着由 (n_c,ω_{0c}) 构成的曲线，对应的生长率为零。当 $\omega\in(0,\omega_{0c})$ 且 $n\in(0,n_c)$ 时，纤维表面不稳定，也即处于在临界面 $\tau_0=0$ 上方。电场力为表面失稳的主要驱动力。由于扰动，纤维表面的静电压分布不均匀，其梯度使得粘性流体从波谷底部流向波峰顶部，增大波幅。值得注意的是，最快生长率 τ_{0m} 总是出现在 $n=0$ 的情况，如图 15.13 所示。也就是说，圆纤维倾向于发生轴对称失稳，因此下面将主要考虑这种失稳情况。

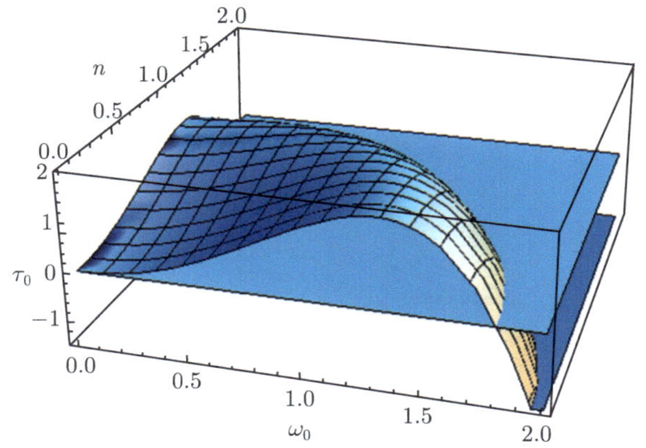

图 15.12 τ_0 随 ω_0 和 n 变化的三维图

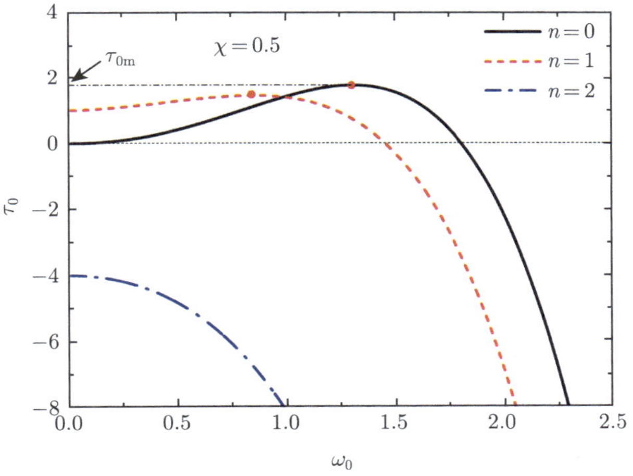

图 15.13 对于不同环向模数 n，τ_0 随 ω_0 的变化

图 15.14 和图 15.15 分别给出了表面电荷密度和纤维半径对轴对称失稳特征的影响。可以看出，表面电荷密度越大，最快生长率越大，临界波数和最可能出现波数均随纤维半径 R 和表面电荷密度的平方 ρ^2 的增大而增加，而随 γ 递减。相反，无量纲化的波长 λ_{0c} 和 λ_{0m} 随 ρ^2 和 R 的增大而变小，而随 γ 递增。当 $\chi=0$ 时，即无表面电荷的情况，纤维表面仍存在由表面张力所驱动的 Rayleigh 失稳。Rayleigh 失稳时，特征波长为 $2\sqrt{2}\pi R$，而表面电荷使得波长变得更短。两种机制之间的竞争导致最终的失稳形貌及其转换。此外，无论是正电荷还是负电荷，均会促使纤维表面发生失稳。

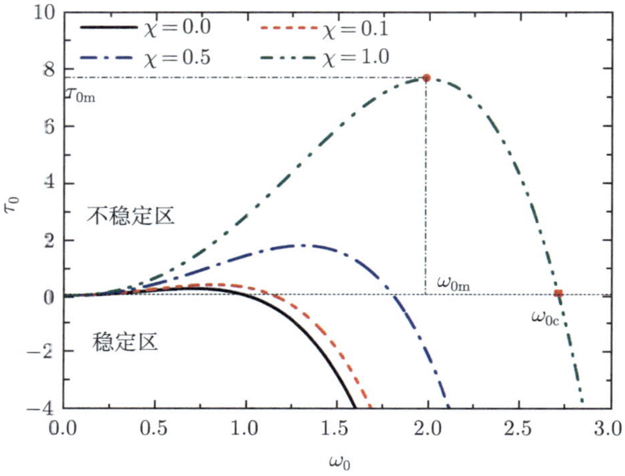

图 15.14 对于不同参数 χ，τ_0 随 ω_0 的变化

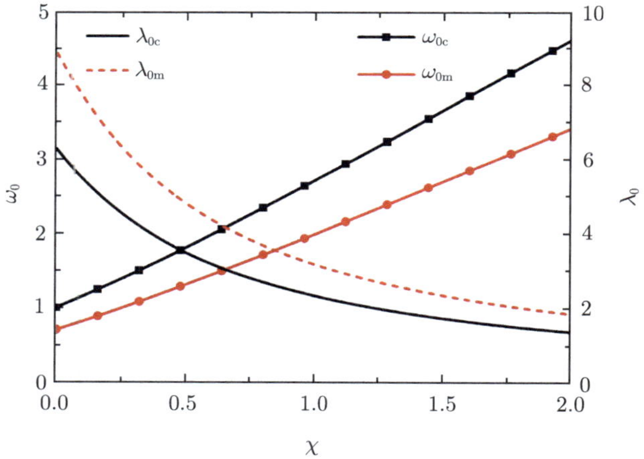

图 15.15 表面电荷密度对失稳特征的影响

15.5 带电软球的表面失稳

本节研究导电软胶粒或聚合物软球在表面电荷作用下的形貌失稳。类似于前文方法，将软粒子处理成不可压缩粘性流体球。建立如图 15.16 所示的球坐标系 (r,θ,ϕ)，坐标原点位于小球的中心，并假设球的初始半径为 R。令 ρ 表示表面电荷的密度。

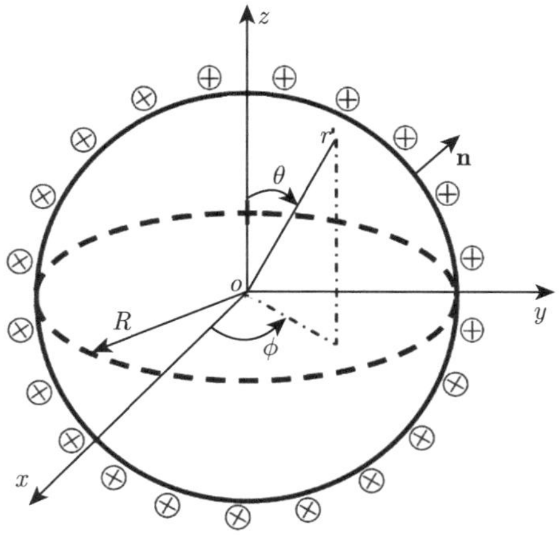

图 15.16 表面带电软胶体球

15.5.1 理论分析

采用线性稳定性方法来考察软球的表面稳定性，在软球表面上引入球谐函数形式的小扰动

$$R^*(\theta,\phi,t) = R + \delta(t)\,Y_l^m(\theta,\phi) \tag{15-55}$$

式中，$Y_l^m(\theta,\varphi)$ 为 l 阶 m 次球谐函数。

对于本节所考虑的问题，软球的演化仍由式 (15-44)~(15-46) 形式的控制方程。由于表面扰动的影响，表面曲率 κ 和外法向矢量 $\boldsymbol{n}$ 分别变为

$$\kappa(\theta,\ \phi) = \frac{2}{R} + \frac{(l-1)(l+2)}{R^2}\delta Y_l^m(\theta,\ \phi) \tag{15-56}$$

$$\boldsymbol{n} = \boldsymbol{e}_r - \frac{\delta}{R}\frac{\partial Y_l^m}{\partial\theta}\boldsymbol{e}_\theta - \frac{\delta}{R\sin\theta}\frac{\partial Y_l^m}{\partial\phi}\boldsymbol{e}_\phi \tag{15-57}$$

式中，$\boldsymbol{e}_r$、$\boldsymbol{e}_\theta$ 和 $\boldsymbol{e}_\phi$ 分别表示半径方向、经度方向和纬度方向的单位矢量。

小球外的电场强度 $\boldsymbol{E}$ 和电势 ψ 分别满足式 (15-4) 和式 (15-6)。电场强度包含两部分，即 $\boldsymbol{E} = \bar{\boldsymbol{E}} + \tilde{\boldsymbol{E}}$，式中上横线和波浪线分别表示在稳态和扰动后状态中的物理量。在稳态中，可求得

$$\bar{\boldsymbol{E}} = \frac{E_0 R^2}{r^2}\boldsymbol{e}_r \tag{15-58}$$

式中，$E_0 = \rho/\epsilon$，ϵ 表示颗粒外围空气或流体的介电常数。在球谐函数形式的扰动下，电势具有如下形式 $\tilde{\psi} = \tilde{\psi}_r(r)\,Y_l^m$，式中

$$\tilde{\psi}_r(r) = \tilde{c}r^l + \tilde{d}r^{-l-1} \tag{15-59}$$

式中，$\tilde{c}$ 和 $\tilde{d}$ 为待定常数。由边界条件，在小球的表面上 $(r=R)$ 满足 $\boldsymbol{n}\times\boldsymbol{E}=\boldsymbol{0}$，在无穷远处满足 $\boldsymbol{E}\to\boldsymbol{0}$。据此可以得到 $\tilde{c}=0$ 和 $\tilde{d}=\delta E_0R^{l+1}$，则由扰动所导致的电场为

$$\tilde{\boldsymbol{E}}=\frac{\delta E_0R^{l+1}}{r^{l+2}}\left[(l+1)\,Y_l^m\boldsymbol{e}_r-\frac{\partial Y_l^m}{\partial\theta}\boldsymbol{e}_\theta-\frac{1}{\sin\theta}\frac{\partial Y_l^m}{\partial\phi}\boldsymbol{e}_\phi\right]\tag{15-60}$$

保留到扰动波幅 δ 的一阶，求得静电压 p_{el} 为

$$p_{\mathrm{el}}=-\frac{1}{2}\epsilon\boldsymbol{E}^2=-\frac{\epsilon E_0^2}{2}\left[1+2\frac{\delta}{R}(l+1)\,Y_l^m\right]\tag{15-61}$$

由式 (15-46)，小球内的总压强为 p 为

$$p=\left(p_0+\frac{2\gamma}{R}-\frac{\epsilon E_0^2}{2}\right)+\left[\frac{\gamma\,(l-1)\,(l+2)}{R^2}-\frac{\epsilon E_0^2\,(l+1)}{R}\right]\delta Y_l^m\tag{15-62}$$

将式 (15-45) 代入式 (15-44) 并进行线性化处理，可得软球的演化方程为

$$\frac{\partial r}{\partial t}=\frac{r^3}{3\mu_0}\nabla^2p\tag{15-63}$$

由式 (15-62)，可知在软球表面上有

$$\nabla^2p=\left[\frac{\gamma\,(l-1)\,(l+2)}{R^2}-\frac{\epsilon E_0^2\,(l+1)}{R}\right]\delta\frac{1}{R^2}\left(\frac{\partial^2Y_l^m}{\partial\theta^2}+\cot\theta\frac{\partial Y_l^m}{\partial\theta}+\frac{1}{\sin^2\theta}\frac{\partial^2Y_l^m}{\partial\phi^2}\right)\tag{15-64}$$

球谐函数满足如下恒等式:

$$\left(\frac{\partial^2Y_l^m}{\partial\theta^2}+\cot\theta\frac{\partial Y_l^m}{\partial\theta}+\frac{1}{\sin^2\theta}\frac{\partial^2Y_l^m}{\partial\phi^2}\right)=-l\,(l+1)\,Y_l^m\tag{15-65}$$

将式 (15-65) 和式 (15-64) 代入式 (15-63)，线性化处理后，软球表面处小扰动的演化方程为

$$\frac{\mathrm{d}\delta}{\delta}=\frac{\gamma}{3\mu_0}l\,(l+1)\left[-\frac{(l-1)\,(l+2)}{R}+\frac{\epsilon E_0^2\,(l+1)}{\gamma}\right]\mathrm{d}t\tag{15-66}$$

积分式 (15-66) 求得 $\delta(t)=\delta_0\exp(\tau t)$，式中，

$$\tau=\frac{\gamma}{3\mu_0}l\,(l+1)\left[-\frac{(l-1)\,(l+2)}{R}+\frac{\epsilon E_0^2\,(l+1)}{\gamma}\right]\tag{15-67}$$

当 $\tau < 0$ 时，初始扰动的波幅随时间呈指数规律衰减，软球表面稳定；当 $\tau > 0$ 时，软球表面不稳定，外界扰动波幅会随时间呈指数规律增大。对于后者，静电压大于表面张力，促使小球发生表面失稳。由式 (15-67) 可知，表面张力对小球表面起稳定作用，而电场扮演相反的角色。

由式 (15-67) 也可以看出，生长率 τ 独立于 m。令 $\tau = 0$，可以得到表面形貌失稳的临界条件，所对应的临界扰动模数为定义为 l_{c}，相应的平均波长可以定义为 $\lambda_{\mathrm{c}} = 2\pi R/l_{\mathrm{c}}$。

对于 $l = 0$，小球表面不发生扭曲，$l = 1$ 时小球仅发生转动，不会丧失对称性。因此，第一个打破小球对称性的模态应为 Y_2^m，对应于 $l = 2$。因此由 $\tau = 0$ 和 $l = 2$，可以得到给定表面电荷密度 ρ 时，小球的临界半径为 $R_{\mathrm{c}}(2) = 4\epsilon\gamma/(3\rho^2)$，大于此半径，球面将发生失稳。显然，$R_{\mathrm{c}}(2)$ 正比于表面能 γ 而反比于电荷密度的平方 ρ^2。应该指出，对于大的颗粒，在表面电荷的作用下，会发生更高阶次的失稳。对于第 l 阶的球函数扰动 $Y_l^m(l \geqslant 2)$，临界半径可通过 $\tau = 0$ 求得

$$R_{\mathrm{c}}(l) = \frac{\epsilon\gamma(l-1)(l+2)}{\rho^2(l+1)} \tag{15-68}$$

类似地，当小球半径 R 给定时，发生第 l 阶失稳时的临界电荷密度为

$$\rho_{\mathrm{c}}(l) = \sqrt{\frac{\epsilon\gamma(l-1)(l+2)}{R(l+1)}} \tag{15-69}$$

对于特殊情况 $l = 2$ 时，可以求得

$$\rho_{\mathrm{c}}(2) = 2\sqrt{\frac{\epsilon\gamma}{3R}} \tag{15-70}$$

式 (15-68)~ 式 (15-70) 表明通过改变 R 或 ρ，可以获得不同的表面形貌。

15.5.2 结果与讨论

当表面电荷密度 ρ 超过临界值 ρ_{c} 时，所产生的静电压将导致球面发生失稳，形成特定形貌。特征形貌的模数定义为 l_{m}，可通过 $\partial\tau/\partial l = 0$ 求得，特征波长为 $\lambda_{\mathrm{m}} = 2\pi R/l_{\mathrm{m}}$。图 15.17 给出了临界和特征模数 ($l_{\mathrm{c}}$ 和 l_{m}) 以及波长 (λ_{c} 和 λ_{m}) 随无量纲参数 $\rho^2R/(\epsilon\gamma)$ 的变化。可以看出，临界模数和最可能发生的模数均随 ρ^2 和 R 单调增大，而随 γ 递减。相反，无量纲化的波长 λ_{c}/R 和 λ_{m}/R 随 ρ^2 和 R 的增大而变小，而随 γ 递增。另外，随着表面电荷密度的增加，波长 λ_{c}/R 和 λ_{m}/R 迅速减小，然后趋近于常值。

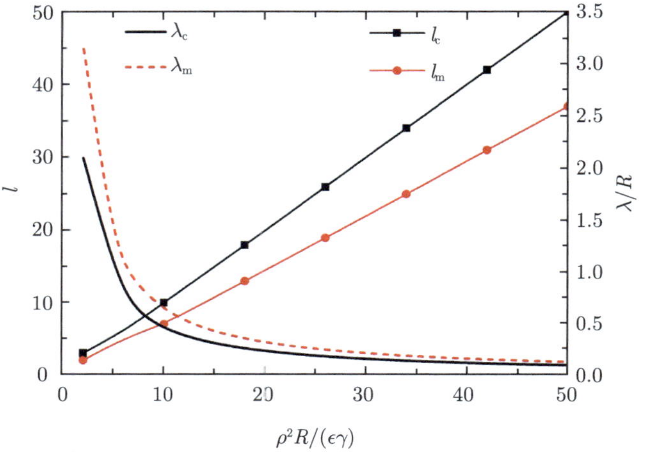

图 15.17　参数 $\rho^2R/(\epsilon\gamma)$ 对临界失稳和最可能出现的形貌特征的影响

球粒子在表面电荷作用下的稳定性相图如图 15.18 所示，图中 I 和 II 分别表示稳定和不稳定区域。稳定区域 I 位于实线下方，实线的斜率约为 1.7，在这个区域中，对于任何扰动，小球表面总是保持球对称性不变。然而，在区域 II 中，小球表面发生屈曲，形成特定形貌。特别地，当表面张力、表面电荷密度以及小球半径的组合位于实线与虚线之间的子区域 II ($l_m=2$) 中时，球面上将出现 $l_m=2$ 的特征形貌。对于给定表面张力、表面电荷密度以及半径的小球，可以根据稳定性相图判定小球是否稳定以及表面将会出现何种形貌。

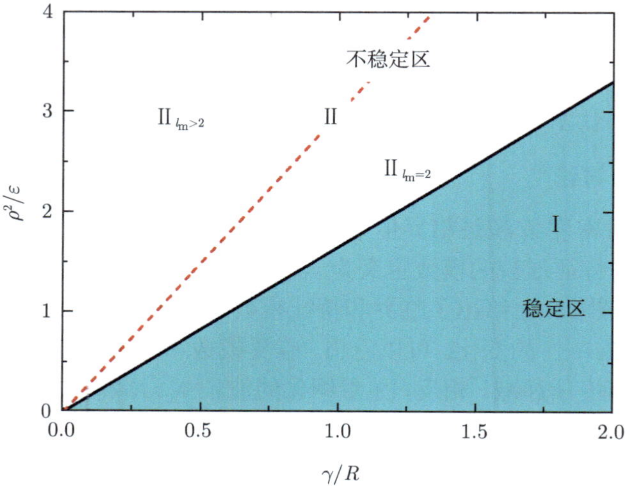

图 15.18　稳定性相图

图 15.19 描绘了小球表面的形貌转换，图中球谐函数的次数取定为 $l/2$。最底行最后一个小球所对应的形貌为 $l=1$，也就是说，小球表面是稳定的。当电荷密度、半径和表面张力三参数的特定组合位于实线以下时，小球将保持对称性不变。然而，在实线上方区域，可以通过改变表面电荷密度来实现形貌转换。在施加小扰动的情况下，作用在小球表面的静电压将变得不均匀，它的梯度使得粘性流体从波谷底部流向波峰顶部，增大波幅。另一方面，薄膜与圆柱基底之间的范德瓦耳斯相互作用驱动物质从波峰流向波谷，起稳定作用。两种机制间的竞争控制着形貌的形成和转换。此外，无论是正电荷还是负电荷，均促使球面发生失稳。从图 15.19 可以看出，球面上的特征波长随着电场的增大而增大，随着表面能增大而减小。

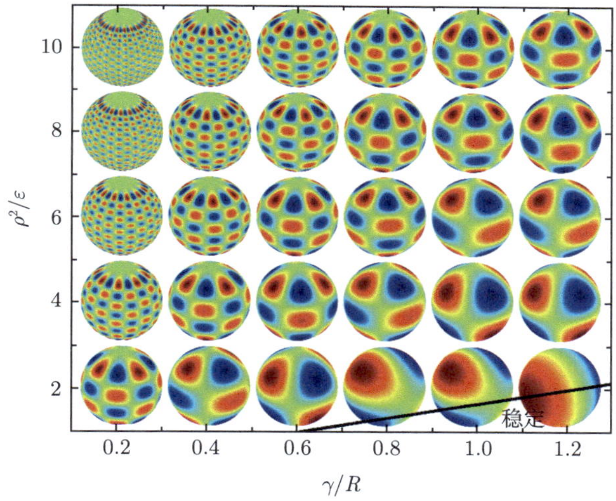

图 15.19 失稳形貌相图

15.6 本 章 小 结

本章首先分析了在电场作用下平面基底上粘性流体薄膜的稳定性，进而考虑了刚性圆柱上的粘性流体薄膜的稳定性，推导了薄膜表面形貌的演化方程和失稳的临界条件。结果表明，特征波长随外加电压的增加而减小。当外加电压较小时，特征形貌依赖于薄膜厚度和圆柱基底的曲率半径，而当电压足够大时，薄膜厚度和基底的曲率半径对表面形貌几乎没有影响。通过改变电场强度的大小，可以调节曲面基底上软薄膜失稳的表面形貌。

此外，本章对粘性圆柱纤维和圆球在表面电荷作用下的失稳进行了初步探讨，得到了表面失稳的临界电荷密度和对应的形貌特征。研究表明，表面形貌依赖于纤维的曲率半径。当曲率半径较小时，表面张力驱使纤维发生 Rayleigh 失稳，而表面电荷压缩 Rayleigh 失稳的波长，二者达到平衡后形成中间态的形貌特征。但对于圆球，表面张力抑制表面电荷导致的失稳，为了说明二者的竞争，建立了表面失稳和形貌转换的相图，据此可以方便地判断软球的稳定性与失稳形貌。上述结果表明，调节表面电荷可作为调控软纤维或软球上表面形貌的一种可能途径。

参 考 文 献

[1] Schäffer E, Thurn-Albrecht T, Russell T P, Steiner U. Electrically induced structure formation and pattern transfer. Nature, 2000, 403: 874-877.

[2] Basu S K, Scriven L E, Francis L F, McCormick A V. Mechanism of wrinkle formation in curing coatings. Progress in Organic Coatings, 2005, 53: 1-16.

[3] 李博. 软物质材料的表面失稳研究. 北京: 清华大学博士学位论文, 2011.

[4] Verma R, Sharma A, Kargupta K, Bhaumik J. Electric field induced instability and pattern formation in thin liquid films. Langmuir, 2005, 21: 3710-3721.

[5] Wu N, Russel W B. Dynamics of the formation of polymeric microstructures induced by electrohydrodynamic instability. Applied Physics Letters, 2005, 86: 241912.

[6] Mukherjee R, Sharma A. Instability, self-organization and pattern formation in thin soft films. Soft Matter, 2015, 11: 8717-8740.

[7] Bandyopadhyay D, Sharma A. Electric field induced instabilities in thin confined bilayers. Journal of Colloid and Interface Science, 2007, 311: 595-608.

[8] Chen J L, Hwang C C. Nonlinear rupture theory of a thin liquid film on a cylinder. Journal of Colloid and Interface Science, 1996, 182: 564-569.

[9] Schmidt V, McIntyre P, G sele U. Morphological instability of misfit-strained core-shell nanowires. Physical Review B, 2008, 77: 235302.

[10] Rayleigh L. On the instability of jets. Proceedings of the London Mathematical Society, 1878, 1: 4-12.

[11] Feng X Q, Gao X, Wu Z, Jiang L, Zheng Q S. Superior water repellency of water strider legs with hierarchical structures: experiments and analysis. Langmuir, 2007, 23: 4892-4896.

[12] Gao X, Jiang L. Biophysics: water-repellent legs of water striders. Nature, 2004, 432: 36.

[13] Wu C W, Kong X Q, Wu D. Micronanostructures of the scales on a mosquito's legs and their role in weight support. Physical Review E, 2007, 76: 017301.

[14] Shi F, Niu J, Liu J, Liu F, Wang Z, Feng X Q, Zhang X. Towards understanding why a superhydrophobic coating is needed by water striders. Advanced Materials, 2007, 19: 2257-2261.

[15] Kishore V A, Bandyopadhyay D. Electric field induced patterning of thin coatings on fiber surfaces. Journal of Physical Chemistry C, 2012, 116: 6215-6221.

[16] Li H, Yu W, Wang T, Zhang H, Niu W, Abraham E, Desmulliez M P Y. Fabrication of micro-optical elements on curved substrates by electrostatic induced lithography. RSC Advances, 2014, 4: 38379-38383.

[17] Chronakis I S, Grapenson S, Jakob A. Conductive polypyrrole nanofibers via electrospinning: Electrical and morphological properties. Polymer, 2006, 47: 1597-1603.

[18] Fong H, Chun I, Reneker D H. Beaded nanofibers formed during electrospinning. Polymer, 1999, 40: 4585-4592.

[19] Banchio A J, McPhie M G, N gele G. Hydrodynamic and electrokinetic effects on the dynamics of charged colloids and macromolecules. Journal of Physics: Condensed Matter, 2008, 20: 404213.

第 16 章　生物软组织的表面失稳

生物组织的生长是复杂的、涉及多个不同的空间和时间尺度的化学和生物学过程，并伴随着活组织的正常发育和病理变化。组织生长主要有以下四种主要机制：①细胞分裂或增殖；②细胞生长或增大；③细胞外基质的合成；④内外表面的材料沉积。例如，上皮组织、肿瘤主要通过细胞分裂的方式生长，骨骼肌、心肌等通过细胞增大的方式生长，结缔组织主要通过合成新的细胞外基质生长，而骨则通过矿物沉积的方式生长。一般来说，为了实现不同的生物学功能，生长主要表现为三种不同的方式，即顶端生长、表面生长和体生长。顶端生长常常出现在根毛、菌丝和花粉管等组织中，细胞聚集成细长杆状结构，在杆的端部形成扁平的圆盖帽，生长主要发生在圆盖帽上 [1]；表面生长主要指质量增加发生在物体的表面上，如贝壳、角等的生长 [2]；而大多数软组织，如动脉、气管、心脏、肌肉和肿瘤等的发育是以体生长的方式进行的 [3,4]。

本章主要关注软组织的体生长。生物体内不同区域的组织具有不同的生长速度，即生长具有非均匀性。这种非均匀生长通常会使组织内产生残余应力。残余应力会影响生物组织的力学性质，当该应力足够大时，可能会影响软组织的正常生理功能，也可以引起组织形貌的变化，如塑性变形、开裂、形貌失稳等 [5]。理解这类组织形貌的形成与演化机理，了解组织形貌与几何、材料参数以及生理功能之间的关联，是一个有趣的话题。

本章首先给出软组织体生长与表面失稳的力学理论，作为一个简明实例，利用该理论考察平面软组织层的生长与稳定性。之后，拓展到曲面构型，重点考虑动物体内管腔结构中内表面粘膜和粘膜下层的体生长，介绍粘膜表面失稳的分析方法，并以食道、气管、胃等动物器官为例进行了分析与讨论 [6]。对应于理论分析，进行了一系列有限元模拟，以进一步研究粘膜屈曲和后屈曲的基本特征，并将理论分析、数值模拟的结果与实验观察进行比较。此外，还利用双层圆柱管腔结构模型研究了气管、食道、小肠、血管等内部的粘膜层在生长发育过程中产生的不同形式的表面失稳，分析了内压和表面张力对失稳形貌的影响。最后，利用体生长模型和增量变形理论，研究了双层圆柱管腔结构的三维生长失稳 [7]。

16.1　体生长理论

已有许多研究致力于发展软组织生长的理论模型，现有的生长模型主要分为三类，即扩散模型 [8]、弹性模型 [9] 和混合模型 [4]。这里主要考虑常见的基于连续介质的弹性模型，从宏观的角度研究软组织的生长演化。组织生长弹性模型的出发点之一在于变形梯度的分解 [3,9,10]，文献中有乘法分解和加法分解两种方法。

16.1.1 乘法分解

考虑一个生物软组织的有限体生长。取软组织在生长前的无应力状态为参考构型 (或初始构型)，生长之后的变形状态为当前构型。在参考构型中的初始点 $\boldsymbol{X}$，在当前构型中移动到了 $\boldsymbol{x}$，则从初构型到当前构型的变形梯度张量为

$$\boldsymbol{F}=\frac{\partial \boldsymbol{x}}{\partial \boldsymbol{X}} \tag{16-1}$$

根据体生长理论 [11]，变形梯度可以分解为

$$\boldsymbol{F}=\boldsymbol{A}\cdot\boldsymbol{G} \tag{16-2}$$

式中，$\boldsymbol{A}$ 表示弹性变形张量，$\boldsymbol{G}$ 为体生长张量。这种乘法分解的物理解释如图 16.1 所示，假设软组织从无应力的初始状态自由地生长到另外一个无应力的中间构型，该生长过程由生长张量 $\boldsymbol{G}$ 描述。在此过程中不同部位软组织的生长可能不相容，即如果没有相互约束，软组织中将可能产生孔洞、裂纹以及重叠等非连续的变形状态，将此状态视为中间构型。因此，为保证相容性，对中间状态施加力场，从而得到最终的相容、完整的构型，即当前构型，该过程由弹性变形张量 $\boldsymbol{A}$ 描述。一般来说，生长张量取决于应力和应变状态、空间位置、营养分布以及生物化学因素。为了简单起见，这里直接设定生长张量的空间分布，以重点考察生长对于粘膜等软组织形貌的影响规律。在实际生物体中，应力会改变营养等的分布从而影响生长，即应力对生长具有调控作用 [12]。为近似处理，本章假设生长由生物体本身基因或外界条件控制，而不受应力和应变的影响。

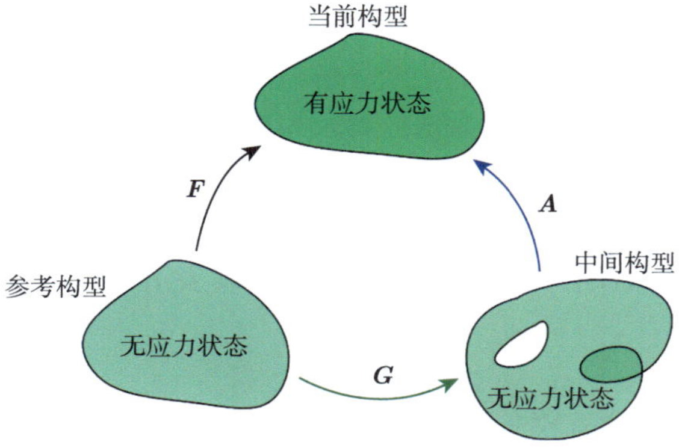

图 16.1 变形梯度 $\boldsymbol{F}$ 分解为生长部分 $\boldsymbol{G}$ 和弹性部分 $\boldsymbol{A}$

16.1.2　加法分解

传统热弹性理论研究热膨胀问题时，通常将应变分解为热应变和弹性应变两部分。受此启发，Mahadevan 等 [13−16] 将生长过程中软组织的格林应变 $\boldsymbol{E}$ 分解为生长应变和弹性应变两部分之和，即

$$\boldsymbol{E} = \boldsymbol{E}_{\mathrm{e}} + \boldsymbol{E}_{\mathrm{g}} \tag{16-3}$$

式中，$\boldsymbol{E}_{\mathrm{e}}$ 表示弹性应变，$\boldsymbol{E}_{\mathrm{g}}$ 表示生长应变。

由式 (16-2) 可得 $\boldsymbol{A} = \boldsymbol{F} \cdot \boldsymbol{G}^{-1}$，因此组织内的弹性应变为

$$\boldsymbol{E}_{\mathrm{e}} = \frac{1}{2}\left(\boldsymbol{A}^{\mathrm{T}} \cdot \boldsymbol{A} - \mathbf{I}\right) \tag{16-4}$$

弹性应变可以进一步写为

$$\boldsymbol{E}_{\mathrm{e}} = \frac{1}{2}\left(\boldsymbol{G}^{-\mathrm{T}} \cdot \boldsymbol{F}^{\mathrm{T}} \cdot \boldsymbol{F} \cdot \boldsymbol{G}^{-1} - \mathbf{I}\right) \tag{16-5}$$

生长应变有如下形式:

$$\boldsymbol{E}_{\mathrm{g}} = \frac{1}{2}\left(\boldsymbol{G}^{\mathrm{T}} \cdot \boldsymbol{G} - \mathbf{I}\right) \tag{16-6}$$

而总应变为

$$\boldsymbol{E} = \frac{1}{2}\left(\boldsymbol{F}^{\mathrm{T}} \cdot \boldsymbol{F} - \mathbf{I}\right) \tag{16-7}$$

结合式 (16-5)~ 式 (16-7)，得

$$\boldsymbol{E} = \boldsymbol{G}^{\mathrm{T}} \cdot \boldsymbol{E}_{\mathrm{e}} \cdot \boldsymbol{G} + \boldsymbol{E}_{\mathrm{g}} \tag{16-8}$$

当组织发生小变形时，可假设 $\boldsymbol{G} = \mathbf{I} + \boldsymbol{\Delta}$，其中 $\boldsymbol{\Delta}$ 为小量。代入式 (16-8)，得

$$\boldsymbol{E} = \boldsymbol{E}_{\mathrm{e}} + \boldsymbol{E}_{\mathrm{g}} + \boldsymbol{E}_{\mathrm{e}} \cdot \boldsymbol{\Delta} + \boldsymbol{\Delta}^{\mathrm{T}} \cdot \boldsymbol{E}_{\mathrm{e}} + \boldsymbol{\Delta}^{\mathrm{T}} \cdot \boldsymbol{E}_{\mathrm{e}} \cdot \boldsymbol{\Delta} \tag{16-9}$$

式中，$\boldsymbol{E}_{\mathrm{e}} \cdot \boldsymbol{\Delta}$、$\boldsymbol{\Delta}^{\mathrm{T}} \cdot \boldsymbol{E}_{\mathrm{e}}$ 和 $\boldsymbol{\Delta}^{\mathrm{T}} \cdot \boldsymbol{E}_{\mathrm{e}} \cdot \boldsymbol{\Delta}$ 均为高阶小量，此时式 (16-9) 可退化为加法分解的式 (16-3)，因此在小变形时加法分解与乘法分解等价。而当组织发生大变形时，加法分解不准确，需要采用乘法分解。由于生物软组织的生长过程一般都涉及大变形，所以本书主要采用乘法分解。

16.2　应力分析与增量变形理论

16.2.1　应力分析

由于软组织一般含有较多水和其他液体，可压缩性很小，本章采用不可压缩超弹性本构关系模拟软组织的力学响应。设材料的应变能函数为 $W(\boldsymbol{A})$，弹性不可压

缩条件要求 $\det(\boldsymbol{A})=1$，即体积变化仅由组织生长产生。名义应力 $\boldsymbol{S}$ 定义为 [9,17]

$$\boldsymbol{S}=J_{\mathrm{G}}\boldsymbol{G}^{-1}\cdot\left(\frac{\partial W}{\partial\boldsymbol{A}}-p\boldsymbol{A}^{-1}\right) \tag{16-10}$$

式中，$J_{\mathrm{G}}=\det(\boldsymbol{G})$ 表示组织生长所引起的相对体积变化，p 为表示不可压缩性的 Lagrange 乘子。Cauchy 应力 $\boldsymbol{\sigma}$ 与名义应力 $\boldsymbol{S}$ 之间的关系为

$$\boldsymbol{\sigma}\equiv J^{-1}\boldsymbol{F}\cdot\boldsymbol{S}=\boldsymbol{A}\cdot\frac{\partial W}{\partial\boldsymbol{A}}-p\mathbf{I} \tag{16-11}$$

式中，$J=\det(\boldsymbol{F})$，$\mathbf{I}$ 为二阶单位张量。

在无体力的情况下，应力平衡方程为 [18]

$$\mathrm{Div}(\boldsymbol{S})=\mathbf{0}\quad\text{或}\quad\mathrm{div}(\boldsymbol{\sigma})=\mathbf{0} \tag{16-12}$$

式中，Div 和 div 分别代表在参考构型和当前构型下求散度。在自由边界 (内边界) 上，应力满足

$$\boldsymbol{S}^{\mathrm{T}}\cdot\boldsymbol{N}=\mathbf{0}\quad\text{或}\quad\boldsymbol{\sigma}\cdot\boldsymbol{n}=\mathbf{0} \tag{16-13}$$

在固定边界 (外边界) 处，变形满足

$$\boldsymbol{x}-\boldsymbol{X}=\mathbf{0} \tag{16-14}$$

若软组织由两种或两种以上的材料构成，则界面还需满足连接条件：

$$\langle\boldsymbol{x}\rangle=\mathbf{0},\quad\left\langle\boldsymbol{S}^{\mathrm{T}}\right\rangle\cdot\boldsymbol{N}=\mathbf{0}\quad\text{或}\quad\langle\boldsymbol{\sigma}\rangle\cdot\boldsymbol{n}=\mathbf{0} \tag{16-15}$$

式中，$\boldsymbol{N}$ 和 $\boldsymbol{n}$ 分别表示参考构型和当前构型中的单位法向矢量，$\langle\cdot\rangle$ 表示物理量在界面处的间断量。由式 (16-12)~ 式 (16-15) 可以确定软组织生长所产生的应力、变形场。

16.2.2 增量变形理论

增量变形理论经常用来分析材料、结构的稳定性，详见 Biot 的著作 [19]。Ben Amar 和 Goriely[9] 给出了考虑体生长效应的增量变形理论，然而其推导较为复杂，本章采用另外一种简明的方法给出增量变形方程 [18]，并用以处理形貌失稳问题。

由于生长和变形，参考构型中的线元 $\mathrm{d}\boldsymbol{X}$ 变为当前构型中的 $\mathrm{d}\boldsymbol{x}$，二者的关系为 $\mathrm{d}\boldsymbol{x}=\boldsymbol{F}\cdot\mathrm{d}\boldsymbol{X}$，则其增量形式为 $(\mathrm{d}\boldsymbol{x})^{\cdot}=\dot{\boldsymbol{F}}\cdot\mathrm{d}\boldsymbol{X}$。采用导数链式法则，此式可以改写为 $(\mathrm{d}\boldsymbol{x})^{\cdot}=\dot{\boldsymbol{F}}_0\cdot\mathrm{d}\boldsymbol{x}$，式中 $\dot{\boldsymbol{F}}_0=\mathrm{grad}(\dot{\boldsymbol{x}})$，表示 $\dot{\boldsymbol{x}}$ 关于当前构型的梯度。于是，有

$$\dot{\boldsymbol{F}}=\dot{\boldsymbol{F}}_0\cdot\boldsymbol{F} \tag{16-16}$$

则由式 (16-2)，可得

$$\dot{\boldsymbol{F}} = \dot{\boldsymbol{A}} \cdot \boldsymbol{G} \tag{16-17}$$

由式 (16-16) 和式 (16-17)，可得 $\dot{\boldsymbol{A}} = \dot{\boldsymbol{F}}_0 \cdot \boldsymbol{A}$。由弹性不可压缩条件的增量形式 $[\det(\boldsymbol{A})]^{\cdot} = 0$，可知

$$\mathrm{tr}\left(\dot{\boldsymbol{F}}_0\right) = 0 \tag{16-18}$$

名义应力的增量形式为

$$\dot{\boldsymbol{S}} = J_{\mathrm{G}} \boldsymbol{G}^{-1} \cdot \left(\boldsymbol{D} \cdot \cdot \dot{\boldsymbol{A}} - \dot{p} \boldsymbol{A}^{-1} + p \boldsymbol{A}^{-1} \cdot \dot{\boldsymbol{A}} \cdot \boldsymbol{A}^{-1}\right) \tag{16-19}$$

式中，$\boldsymbol{D}$ 为弹性刚度张量，其定义为

$$\boldsymbol{D} = \frac{\partial^2 W}{\partial \boldsymbol{A} \partial \boldsymbol{A}} \tag{16-20}$$

将式 (16-19) 中增量形式的本构关系“前推”到当前构型，即 $\dot{\boldsymbol{S}}_0 = J^{-1} \boldsymbol{F} \cdot \dot{\boldsymbol{S}}$，则

$$\dot{\boldsymbol{S}}_0 = \boldsymbol{K} \cdot \cdot \dot{\boldsymbol{F}}_0 + p \dot{\boldsymbol{F}}_0 - \dot{p} \mathbf{I} \tag{16-21}$$

式中，$\boldsymbol{K}$ 为定义在当前构型中的四阶瞬时弹性模量。$\boldsymbol{K}$ 与 $\boldsymbol{D}$ 的关系为

$$\boldsymbol{K} \cdot \cdot \dot{\boldsymbol{F}}_0 = \boldsymbol{A} \cdot \boldsymbol{D} \cdot \cdot \left(\dot{\boldsymbol{F}}_0 \cdot \boldsymbol{A}\right) \tag{16-22}$$

令 α_i 表示弹性变形张量 $\boldsymbol{A}$ 的主值，则对于各向同性超弹性材料，$\boldsymbol{K}$ 在当前构型中沿主轴方向的非零分量为 [18]

$$\begin{cases} K_{iijj} = \alpha_i \alpha_j \dfrac{\partial^2 W}{\partial \alpha_i \partial \alpha_j} \\ K_{ijij} = \left(\alpha_i \dfrac{\partial W}{\partial \alpha_i} - \alpha_j \dfrac{\partial W}{\partial \alpha_j}\right) \dfrac{\alpha_i^2}{\alpha_i^2 - \alpha_j^2}, \quad (i \neq j) \\ K_{ijji} = K_{jiij} = K_{ijij} - \alpha_i \dfrac{\partial W}{\partial \alpha_i}, \quad (i \neq j) \end{cases} \tag{16-23}$$

当 $\alpha_i = \alpha_j$ 且 $i \neq j$ 时，有如下关系:

$$K_{ijij} = \frac{1}{2}\left(K_{iiii} - K_{iijj} + \alpha_i \frac{\partial W}{\partial \alpha_i}\right) \tag{16-24}$$

在式 (16-23) 和式 (16-24) 中，指标 i 和 j 取值范围为 1~3，且重复指标不求和。

在当前构型中，增量形式的平衡方程为

$$\mathrm{div}\left(\dot{\boldsymbol{S}}_0\right)=\boldsymbol{0} \tag{16-25}$$

边界条件 (16-13) 和式 (16-14) 分别变为

$$\dot{\boldsymbol{S}}_0^{\mathrm{T}}\cdot\boldsymbol{n}=\boldsymbol{0},\quad \dot{\boldsymbol{x}}=\boldsymbol{0} \tag{16-26}$$

界面连续性条件式 (16-15) 变为

$$\langle\dot{\boldsymbol{x}}\rangle=\boldsymbol{0},\quad \left\langle\dot{\boldsymbol{S}}_0^{\mathrm{T}}\right\rangle\cdot\boldsymbol{N}=\boldsymbol{0} \tag{16-27}$$

当式 (16-25)~ 式 (16-27) 具有非零解时，软组织将达到形貌失稳的临界条件。以上给出了软组织生长变形及失稳分析的一般性理论框架。该方法采用的是静力法稳定性判定准则，适用于各种几何形状的软组织。下面采用该理论框架分析软组织生长及其引起的形貌失稳、形貌演化的基本特点。

16.3 平面构型中的失稳分析

Ben Amar 和 Ciarletta[20] 采用复变函数等方法考虑了单位厚度的平面软组织的生长与失稳。本章将根据 16.2 节的理论方法分析软组织的生长与形貌失稳。建立直角坐标系，初始构型中的物质点的坐标为 $\boldsymbol{X}=(X,Y,Z)$，则有 $-\infty<X<+\infty$，$0<Y<1$,$-\infty<Z<+\infty$。物质点在生长之后变位到当前构型的位置 $\boldsymbol{x}=(x,y,z)$ 处。本节分析仅考虑平面应变的情况，即不考虑 Z 轴方向的变化。软组织层底面固定在刚性基底上，上表面自由 (即 $Y=1$)。

16.3.1 变形分析

在生长过程中，软组织层只能在厚度 (即 Y 轴方向) 发生变化，则有 $x=X$，$y=y(Y)$。变形梯度张量为

$$\boldsymbol{F}=\mathrm{diag}\left(\lambda_1,\ \lambda_2\right) \tag{16-28}$$

式中，λ_i 为主伸长，其下标 $i=1$，2，分别代表 X 轴和 Y 轴方向。$\lambda_1=\partial x/\partial X=1$，$\lambda_2=\partial y/\partial Y$。考虑各向同性生长，则生长张量具有如下形式:

$$\boldsymbol{G}=\mathrm{diag}\left(g,\ g\right) \tag{16-29}$$

式中，g 表示生长比，当 $g>1$ 时表示生长，当 $0<g<1$ 时表示萎缩。

由式 (16-2) 可知弹性变形张量为

$$\boldsymbol{A}=\mathrm{diag}\left(\alpha_1,\ \alpha_2\right) \tag{16-30}$$

式中，$\alpha_1 = g^{-1}$，$\alpha_2 = g^{-1}\partial y/\partial Y$。弹性不可压缩性条件要求 $\det(\boldsymbol{F}) = \det(\boldsymbol{G})$，可知

$$\frac{\partial y}{\partial Y} = g^2 \tag{16-31}$$

对式 (16-31) 积分，得

$$y = g^2 Y \tag{16-32}$$

在该式的推导中，利用了固定边界条件 $y(0) = 0$。式 (16-32) 给出了软组织中由于生长所导致的非均匀变形。由式 (16-10) 和式 (16-11) 以及给定的应变能函数 $W(\boldsymbol{A})$ 可以给出应力场的表达式，本节中采用各向同性的 neo-Hooke 本构关系模拟软组织的非线性变形行为，其应变能函数为

$$W = \frac{\mu}{2}\left(\alpha_1^2 + \alpha_2^2 + \alpha_3^2 - 3\right) \tag{16-33}$$

式中，μ 为剪切模量。对于平面应变情况，$\alpha_3 = 1$。

16.3.2 稳定性分析

下面利用增量变形方程分析平面软组织膜的稳定性。取增量位移场为

$$\dot{\boldsymbol{x}}(x, y) = u(x, y)\,\boldsymbol{e}_x + v(x, y)\,\boldsymbol{e}_y \tag{16-34}$$

式中，u 和 v 为增量位移，$\boldsymbol{e}_x$ 和 $\boldsymbol{e}_y$ 分别为径向和环向的单位基矢量，则增量变形梯度张量 $\dot{\boldsymbol{F}}_0$ 为

$$\dot{\boldsymbol{F}}_0 = \frac{\partial u}{\partial x}\boldsymbol{e}_x\boldsymbol{e}_x + \frac{\partial u}{\partial y}\boldsymbol{e}_x\boldsymbol{e}_y + \frac{\partial v}{\partial x}\boldsymbol{e}_y\boldsymbol{e}_x + \frac{\partial v}{\partial y}\boldsymbol{e}_y\boldsymbol{e}_y \tag{16-35}$$

由弹性不可压缩条件式 (16-18)，得

$$\frac{\partial u}{\partial x} + \frac{\partial v}{\partial y} = 0 \tag{16-36}$$

将式 (16-21) 和式 (16-35) 代入式 (16-25)，可得增量形式的平衡方程为

$$\begin{cases} \mu g^{-2}\dfrac{\partial^2 u}{\partial x^2} + \mu g^2\dfrac{\partial^2 u}{\partial y^2} - \dfrac{\partial \dot{p}}{\partial x} = 0 \\ \mu g^{-2}\dfrac{\partial^2 v}{\partial x^2} + \mu g^2\dfrac{\partial^2 v}{\partial y^2} - \dfrac{\partial \dot{p}}{\partial y} = 0 \end{cases} \tag{16-37}$$

在自由边界 $y=g^2$ 处的增量形式边界条件为

$$\frac{\partial u}{\partial y}+\frac{\partial v}{\partial x}=0 \tag{16-38}$$

$$2\mu g^2\frac{\partial v}{\partial y}-\dot{p}=0 \tag{16-39}$$

在固定边界 $y=0$ 处，有

$$u=0,\quad v=0 \tag{16-40}$$

表面失稳的临界条件为式 (16-36)~ 式 (16-40) 存在非平凡解。为了得到表面失稳的临界条件，考察该方程系统的正弦形式失稳的存在性。假设

$$\begin{cases} u=\tilde{u}\left(y\right)\sin(kx) \\ v=\tilde{v}\left(y\right)\cos(kx) \\ \dot{p}=\tilde{\dot{p}}\left(y\right)\cos(kx) \end{cases} \tag{16-41}$$

式中，k 为模数，$\tilde{u}$、$\tilde{v}$、$\tilde{\dot{p}}$ 为变量 y 的函数。利用式 (16-36) 和式 (16-41)，并考虑到式 (16-23) 和式 (16-24)，可以将平衡方程化简，在消去函数 $\tilde{u}$ 和 $\tilde{\dot{p}}$ 之后得到四阶常微分方程

$$g^4\tilde{v}''''-\left(g^4+1\right)k^2\tilde{v}''+k^4\tilde{v}=0 \tag{16-42}$$

上标撇号表示对变量 y 求导。类似地处理式 (16-38)~ 式 (16-40) 中的边界条件，在自由边界处

$$\tilde{v}''+k^2\tilde{v}=0 \tag{16-43}$$

$$\left(2g^4-1\right)k^2\tilde{v}'-g^4\tilde{v}'''=0 \tag{16-44}$$

在固定边界处

$$\tilde{v}'=0,\quad \tilde{v}=0 \tag{16-45}$$

16.3.3　结果与讨论

当式 (16-42)~ 式 (16-45) 具有非零解时，软组织将会发生表面失稳。求解式 (16-42)，并考虑固定边界条件式 (16-45)，可得

$$\tilde{v}=\delta\left\{\tau\left[\cosh(g^{-2}ky)-\cosh(ky)\right]+\sinh(g^{-2}ky)-g^{-2}\sinh(ky)\right\} \tag{16-46}$$

式中，δ 代表无限小的失稳幅值，τ 为待定常数。由自由边界条件 (16-43)，可得

$$\tau=-\frac{2g^2\sinh(g^2k)-(g^4+1)\sinh k}{2g^2\cosh(g^2k)-(g^4+1)\cosh k} \tag{16-47}$$

再利用自由边界条件 (16-44)，可得临界失稳的控制方程

$$Q\cosh(k+g^2k)-M\cosh(k-g^2k)+1=0 \tag{16-48}$$

式中，

$$Q=\frac{g^2\left(1+6g^4+g^8\right)-\left(1+2g^4+5g^8\right)}{8g^4\left(1+g^4\right)} \tag{16-49}$$

$$M=\frac{g^2\left(1+6g^4+g^8\right)+\left(1+2g^4+5g^8\right)}{8g^4\left(1+g^4\right)} \tag{16-50}$$

由上述控制方程，可求得临界生长比

$$g_{\mathrm{c}}=\frac{1}{3}+\frac{1}{3}\left(19-3\sqrt{33}\right)^{1/3}+\frac{1}{3}\left(19+3\sqrt{33}\right)^{1/3}\approx 1.84 \tag{16-51}$$

此时对应的临界屈曲模数 $k_{\mathrm{c}}\to\infty$。由式 (16-51) 可以计算出名义弹性压缩应变为 45.6%，与 Biot[21] 在研究橡胶的二维压缩问题时得到的结果一致。

16.4　圆柱形单层组织的失稳分析

下面重点考虑动物体内管腔结构内表面粘膜的生长与形貌失稳。管腔结构是动物体内最常见的一种组织形态，在物质输运、存储等方面具有几何优势，在生命系统中发挥着重要的作用。例如，气管承担着输运气体的功能，血管则负责血液运输。脊椎动物的呼吸、消化和生殖系统等管腔器官如食道、肺气管、咽鼓管、肠道、胃的内壁表面通常覆盖有一层粘膜。这类管腔结构器官从外向内一般由肌肉层、粘膜下层和粘膜层构成。肌肉层支撑着整个器官，决定了器官的宏观形态，其弹性模量比粘膜下层高几个量级；粘膜下层主要由疏松的结缔组织构成，位于肌肉层与粘膜层之间，起着连接肌肉层和粘膜层的作用；粘膜层一般包含上皮下胶原蛋白层、基底膜、上皮组织等。粘膜直接与外部物质接触，是动物免疫系统的第一道防线，具有保护软组织、调节管腔内物质运动等多方面的生理功能。

由于特定生理功能的需要，粘膜层通常具有不同的形貌，如肠道内壁具有环向的褶皱，小肠的空肠部位内壁具有轴对称的褶皱形貌 [22−25]。粘膜皱褶对于生物组织具有重要的生理意义，例如食道粘膜上的褶皱有助于食物下咽。此外，临床观察发现，一些疾病 (如哮喘、炎症、水肿、淋巴瘤等) 可以改变褶皱形貌 [25−27]，因此粘膜层形貌的异常可以作为疾病诊断的依据。图 16.2(a) 所示为牛的食道，图 16.2(b) 所示为猪的气管，由内至外顺序为粘膜层、粘膜下层和肌肉层。Lu 和 Gregersen[28]、Yang 等 [22] 的测量表明在正常食道粘膜中存在残余应力。粘膜层的

体生长 (正常生理生长或病态生长) 将会使粘膜层本身变厚，同时由于外层肌肉的约束，粘膜层内出现残余应力，甚至可能引起表面起皱等非均匀变形。当残余应力超过某一临界值时，组织表面将屈曲成规则或不规则的形状。

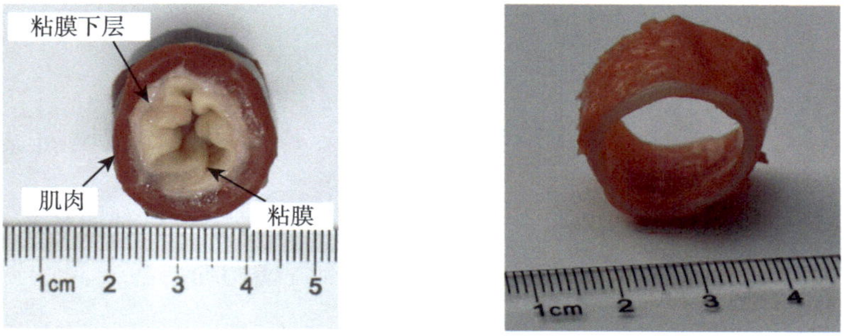

(a)　　　　(b)

图 16.2　动物体内管状器官内壁上的粘膜

(a) 牛的食道；(b) 猪的气管

如图 16.2 所示的管状器官，主要由内部的粘膜、粘膜下层和外部的肌肉层构成。本节将粘膜与粘膜下层的组合体作为一个整体视为“粘膜管”或“粘膜层”[29,30]，简称为粘膜或粘膜层，而外部的肌肉层约束作为对粘膜层提供的固定边界条件，在应力分析中视为刚体，故力学模型退化为弹性软管在受限圆柱空间内的生长，采用不可压缩超弹性本构关系来描述粘膜层。

16.4.1　应力分析

粘膜在圆柱空间中的受限生长将会产生残余应力。考虑圆管形粘膜，初始内、外半径分别为 A 和 B，如图 16.3 所示。建立圆柱坐标系，初始构型中坐标 $\boldsymbol{X} = (R, \Theta, Z)$ 处的物质点在生长之后移到当前构型的位置 $\boldsymbol{x} = (r,\ \theta,\ z)$ 处。考虑轴对称的生长模式，则有 $r = r(R)$。在生长之后，内、外半径分别变为为 $a = r(A)$ 和 $b = r(B)$。变形梯度张量可表示为

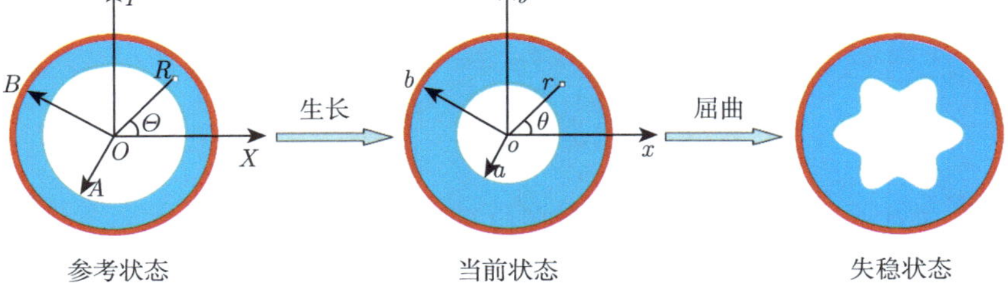

图 16.3　粘膜生长及失稳示意图

$$\boldsymbol{F} = \mathrm{diag}\,(\lambda_1,\ \lambda_2,\ \lambda_3) \tag{16-52}$$

式中 $\lambda_i(i=1\sim3)$ 分别为径向、环向和轴向主伸长。$\lambda_1=\partial r/\partial R$，$\lambda_2=r/R$，$\lambda_3$ 将在下文中给出。假设生长张量具有如下形式:

$$\boldsymbol{G} = \mathrm{diag}\,(g_1,\ g_2,\ g_3) \tag{16-53}$$

式中，g_i 表示生长比，$g_i>1$ 表示生长，$0<g_i<1$ 表示萎缩。假设 g_i 为常数，即在粘膜层均匀分布。

本节仅考虑平面应变的情况，假设粘膜和粘膜下层不发生轴向的生长和变形，即 $\lambda_3=1$ 和 $g_3=1$。若 $g_1=g_2$，则材料在圆管横切面内各向同性生长。由式 (16-2)，弹性变形张量为

$$\boldsymbol{A} = \mathrm{diag}\,(\alpha_1,\ \alpha_2,\ \alpha_3) \tag{16-54}$$

式中，$\alpha_1=g_1^{-1}\partial r/\partial R$，$\alpha_2=g_2^{-1}r/R$，$\alpha_3=1$。令 $\alpha=\alpha_2$，则由 $\det(\boldsymbol{A})=1$ 导出 $\alpha_1=\alpha^{-1}$。弹性不可压缩性条件也要求 $\det(\boldsymbol{F})=\det(\boldsymbol{G})$，由此得

$$\frac{r}{R}\frac{\partial r}{\partial R} = g_1 g_2 \tag{16-55}$$

对此式积分，并利用固定边界条件 $r(B)=B$，得

$$r^2 = B^2 - g_1 g_2 \left(B^2 - R^2\right) \tag{16-56}$$

该式给出了粘膜层中由于生长所导致的非均匀变形。参数 α 满足

$$\alpha^2 = \frac{B^2}{g_2^2 R^2} - \frac{g_1}{g_2}\left(\frac{B^2}{R^2} - 1\right) \tag{16-57}$$

定义 $\alpha_b=\alpha(B)=g_2^{-1}$，$\alpha_a=\alpha(A)$，则

$$\alpha_a^2 = \frac{B^2}{g_2^2 A^2} - \frac{g_1}{g_2}\left(\frac{B^2}{A^2} - 1\right) \tag{16-58}$$

因为 α 一定满足 $\alpha^2\geqslant 0$，则下式必然成立:

$$g_1 g_2 \leqslant \frac{B^2}{B^2 - A^2} \tag{16-59}$$

此式表明，在生长变形之前，沿轴向每单位长度上的粘膜体积为 $V_0=\pi\left(B^2-A^2\right)$，在生长变形之后该体积最大可达到 $\bar{V}_0=\pi B^2$。由弹性变形不可压缩性可知，$J_{\mathrm{G}}\leqslant \bar{V}_0/V_0$，也即式 (16-59)。

由式 (16-10) 和式 (16-11) 以及给定的应变能函数 $W(\boldsymbol{A})$，可以给出应力场的表达式，本节中采用各向同性的 neo-Hooke 本构关系模拟粘膜的超弹性行为，见式 (16-33)。

由式 (16-11) 和式 (16-54)，可求出 Cauchy 应力分量为

$$\sigma_{rr} = \mu\alpha^{-2} - p, \quad \sigma_{\theta\theta} = \mu\alpha^2 - p \tag{16-60}$$

在轴对称条件下，用 Cauchy 应力表示的平衡方程式 (16-12) 在当前构型中退化为

$$\frac{\partial \sigma_{rr}}{\partial r} + \frac{\sigma_{rr} - \sigma_{\theta\theta}}{r} = 0 \tag{16-61}$$

利用式 (16-60)，并将变量 r 换为 α，式 (16-61) 化为

$$\frac{\partial \sigma_{rr}}{\partial \alpha} = \frac{\mu\left(\alpha^2 - \alpha^{-2}\right)}{\alpha - \Gamma\alpha^3} \tag{16-62}$$

式中，$\Gamma = g_2/g_1$。利用自由边界条件 (16-13)，可求出由生长而产生的残余应力场为

$$\begin{cases} \sigma_{rr} = \dfrac{\mu}{2\Gamma}\left[\Gamma\left(\alpha^{-2} - \alpha_a^{-2}\right) + \left(\Gamma^2 - 1\right)\ln\left(\dfrac{\Gamma\alpha^2 - 1}{\Gamma\alpha_a^2 - 1}\right) + \Gamma^2\ln\left(\dfrac{\alpha_a^2}{\alpha^2}\right)\right] \\ \sigma_{\theta\theta} = \sigma_{rr} + \mu\left(\alpha^2 - \alpha^{-2}\right) \end{cases} \tag{16-63}$$

若无环向生长，即 $g_2 = 1$ 时，$\alpha_b = g_2^{-1}$，则在 $r = b$ 处总满足 $\sigma_{rr} = \sigma_{\theta\theta}$。

16.4.2 稳定性分析

下面利用 16.2.2 节中提出的增量变形方程分析粘膜在圆柱内腔里的稳定性。取增量位移场为

$$\dot{\boldsymbol{x}}(r,\theta) = u(r,\theta)\,\boldsymbol{e}_r + v(r,\theta)\,\boldsymbol{e}_\theta \tag{16-64}$$

式中，u 和 v 为增量位移，$\boldsymbol{e}_r$ 和 $\boldsymbol{e}_\theta$ 分别为径向和环向的单位基矢量，则增量变形梯度张量 $\dot{\boldsymbol{F}}_0$ 为

$$\dot{\boldsymbol{F}}_0 = \frac{\partial u}{\partial r}\boldsymbol{e}_r\boldsymbol{e}_r + \frac{1}{r}\left(\frac{\partial u}{\partial \theta} - v\right)\boldsymbol{e}_r\boldsymbol{e}_\theta + \frac{\partial v}{\partial r}\boldsymbol{e}_\theta\boldsymbol{e}_r + \frac{1}{r}\left(\frac{\partial v}{\partial \theta} + u\right)\boldsymbol{e}_\theta\boldsymbol{e}_\theta \tag{16-65}$$

由弹性不可压缩条件式 (16-18)，得

$$\frac{\partial u}{\partial r} + \frac{1}{r}\left(\frac{\partial v}{\partial \theta} + u\right) = 0 \tag{16-66}$$

将式 (16-21) 和式 (16-65) 代入式 (16-25)，可得增量形式的平衡方程

$$\begin{cases} K_{1111}\dfrac{\partial^2 u}{\partial r^2}+\left(\dfrac{\mathrm{d}K_{1111}}{\mathrm{d}r}+\dfrac{K_{1111}}{r}+\dfrac{\mathrm{d}p}{\mathrm{d}r}\right)\dfrac{\partial u}{\partial r}+K_{2121}\dfrac{1}{r^2}\dfrac{\partial^2 u}{\partial \theta^2}+\dfrac{1}{r^2}\left(r\dfrac{\mathrm{d}K_{1122}}{\mathrm{d}r}-K_{2222}\right)u \\ +\dfrac{1}{r}\left(K_{1122}+K_{1221}\right)\dfrac{\partial^2 v}{\partial r\partial\theta}+\dfrac{1}{r^2}\left(r\dfrac{\mathrm{d}K_{1122}}{\mathrm{d}r}-K_{2121}-K_{2222}\right)\dfrac{\partial v}{\partial\theta}-\dfrac{\partial\dot{p}}{\partial r}=0 \\ K_{1212}\dfrac{\partial^2 v}{\partial r^2}+K_{2222}\dfrac{1}{r^2}\dfrac{\partial^2 v}{\partial\theta^2}+\left(\dfrac{\mathrm{d}K_{1212}}{\mathrm{d}r}+\dfrac{K_{1212}}{r}\right)\dfrac{\partial v}{\partial r}-\left(\dfrac{\mathrm{d}K_{1221}}{\mathrm{d}r}+\dfrac{K_{2121}}{r}+\dfrac{\mathrm{d}p}{\mathrm{d}r}\right)\dfrac{v}{r} \\ +\dfrac{1}{r}\left(K_{1122}+K_{1221}\right)\dfrac{\partial^2 u}{\partial r\partial\theta}+\dfrac{1}{r^2}\left(r\dfrac{\mathrm{d}K_{1221}}{\mathrm{d}r}+K_{2121}+K_{2222}+r\dfrac{\mathrm{d}p}{\mathrm{d}r}\right)\dfrac{\partial u}{\partial\theta}-\dfrac{1}{r}\dfrac{\partial\dot{p}}{\partial\theta}=0 \end{cases} \tag{16-67}$$

在无体生长的情况下，式 (16-67) 退化为厚壁圆管在轴向外载下的失稳控制方程 [31]。

在自由边界 $r=a$ 处，增量形式的边界条件为

$$\begin{cases} \left(K_{1111}-K_{1122}+\alpha_1\dfrac{\partial W}{\partial\alpha_1}\right)\dfrac{\partial u}{\partial r}-\dot{p}=0 \\ \dfrac{\partial v}{\partial r}+\dfrac{1}{r}\left(\dfrac{\partial u}{\partial\theta}-v\right)=0 \end{cases} \tag{16-68}$$

在固定边界 $r=b$ 处，有

$$u=0,\quad v=0 \tag{16-69}$$

式 (16-66)~ 式 (16-69) 对于任意不可压缩超弹性软组织都适用，表面失稳的临界条件为该系统存在不同于 16.3.1 节中的非平凡解。为了得到表面失稳的临界条件，引入如下扰动:

$$\begin{cases} u=\tilde{u}(r)\cos(n\theta) \\ v=\tilde{v}(r)\sin(n\theta) \\ \dot{p}=\tilde{\dot{p}}(r)\cos(n\theta) \end{cases} \tag{16-70}$$

式中，n 为环向模数，$\tilde{u}$、$\tilde{v}$ 和 $\tilde{\dot{p}}$ 为变量 r 的函数。利用式 (16-66) 和式 (16-70)，并考虑到式 (16-23) 和式 (16-24)，可以将平衡方程 (16-67) 进行化简，在消去函数 $\tilde{v}$ 和 $\tilde{\dot{p}}$ 之后得到四阶常微分方程:

$$\begin{aligned} &\tilde{u}^{(4)}+\frac{2+4\Gamma\alpha^2}{r}\tilde{u}'''-\frac{3+n^2-8\Gamma\alpha^2+n^2\alpha^4}{r^2}\tilde{u}'' \\ &+\frac{3+n^2-2\Gamma\left(n^2+2\right)\alpha^2-3n^2\alpha^4+2\Gamma n^2\alpha^6}{r^3}\tilde{u}' \\ &+\frac{\left(n^2-1\right)\left(3-4\Gamma\alpha^2+n^2\alpha^4\right)}{r^4}\tilde{u}=0 \end{aligned} \tag{16-71}$$

式中，上标撇号表示对变量 r 求导。类似处理式 (16-68) 和式 (16-69) 中的边界条件，在 $r=a$ 处

$$\begin{cases} \tilde{u}''' + \dfrac{2+2\Gamma\alpha^2}{r}\tilde{u}'' - \dfrac{1+2n^2-2\Gamma\alpha^2+n^2\alpha^4}{r^2}\tilde{u}' - \dfrac{\left(n^2-1\right)\left(1-2\Gamma\alpha^2\right)}{r^3}\tilde{u} = 0 \\ r^2\tilde{u}'' + r\tilde{u}' + \left(n^2-1\right)\tilde{u} = 0 \end{cases} \tag{16-72}$$

在 $r=b$ 处

$$\tilde{u}=0, \quad \tilde{u}'=0 \tag{16-73}$$

16.4.3 结果与讨论

粘膜的正常生理生长或病变生长会导致非均匀变形和残余应力。基于 16.4.1 节的理论结果，可以分析粘膜由于生长所产生的残余应力的大小与分布。取参数为 $A=0.6$ 和 $B=1$，图 16.4 给出了相对伸长比与 Cauchy 应力沿径向的分布，其中，无量纲化的 Cauchy 应力分量为 $\bar{\sigma}_{rr}=\sigma_{rr}/\mu$ 和 $\bar{\sigma}_{\theta\theta}=\sigma_{\theta\theta}/\mu$。由图 16.4(a) 可以看出，尽管假设粘膜生长是各向同性的，其变形仍表现出各向异性特点：在同一位置径向伸长 ($\lambda_1>1$)，而在该位置环向缩短 ($\lambda_2<1$)。λ_1 和 λ_2 均沿半径向外减小。在 $R=B$ 的地方，由于刚性约束，环向伸长为 1。图 16.4(b) 显示，径向应力沿半径向外增加，而环向应力相应减小。$R=A$ 处，$\bar{\sigma}_{rr}$ 减小到零，满足无应力的自由边界条件。在各向同性生长的情况下，生长比越大，则变形和残余应力越大。环向应力的最大值出现在空腔的表面附近，而径向应力的最大值发生在粘膜和肌肉 $g_2>1$ 层的界面处。

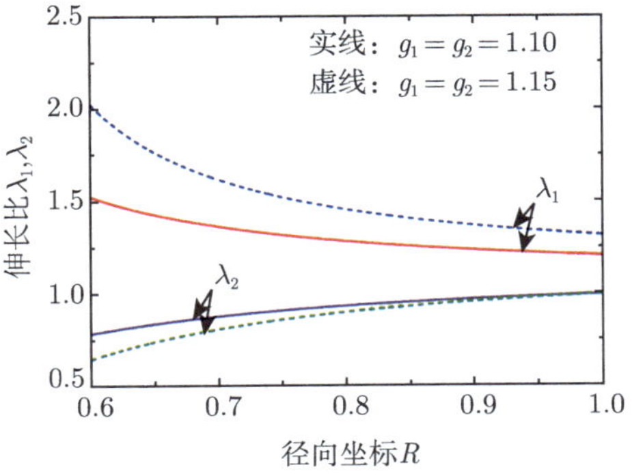

(a)

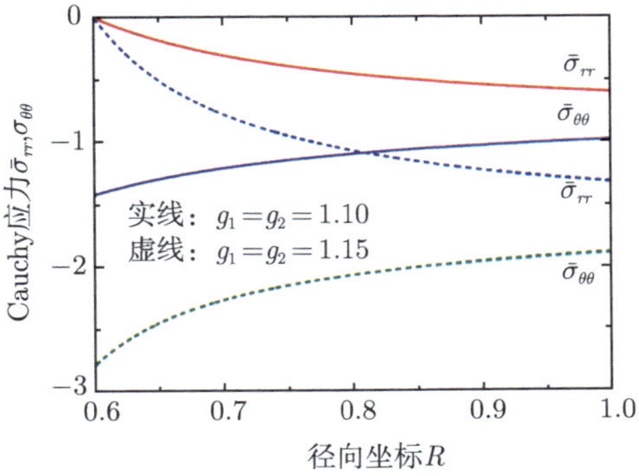

(b)

图 16.4 各向同性生长导致的变形和应力分布

(a) 伸长比；(b) Cauchy 应力

若生长为各向异性，即 $g_1\neq g_2$，变形会呈现一些不同的特征。如图 16.5 所示，仍取参数 $A=0.6$ 和 $B=1$。尽管相对生长体积 $J_G=g_1g_2$ 具有相同的取值，环向

生长 ($g_1 = 1$) 所产生的残余应力要高于径向生长 ($g_1 > 1$，$g_2 = 1$) 所产生的残余应力。当环向生长比 $g_2 = 1$ 时，径向和环向应力在粘膜与肌肉层的界面处具有相同值。

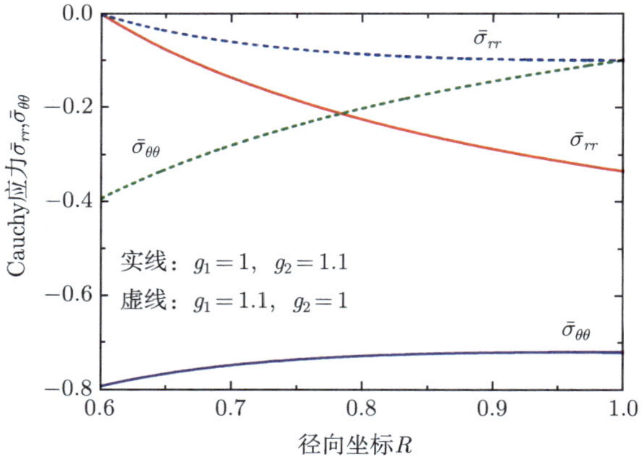

图 16.5　各向异性生长导致的应力分布

下面分析粘膜表面在残余应力作用下的稳定性。当组织生长所导致的残余应力足够大时，粘膜内表面将会发生失稳，产生周期褶皱，如图 16.3 所示。从环向的均匀变形过渡到表面起皱会部分释放系统的弹性应变能。在所有可能的失稳模态中，系统将选择一种特定的临界失稳模数，定义为 n_c，即在所有可能的模数 n 中，n_c 使系统的弹性应变能释放最多。例如，图 16.6 显示在各向同性生长 ($g_1 = g_2 = g$) 和半径比 $A/B = 0.6$ 的情况下，失稳模态为 $n_c = 9$，此时所对应的生长比定义为临界生长比 g_c，定义类似于弹性壳体在外压下屈曲失稳的临界载荷 [32]。

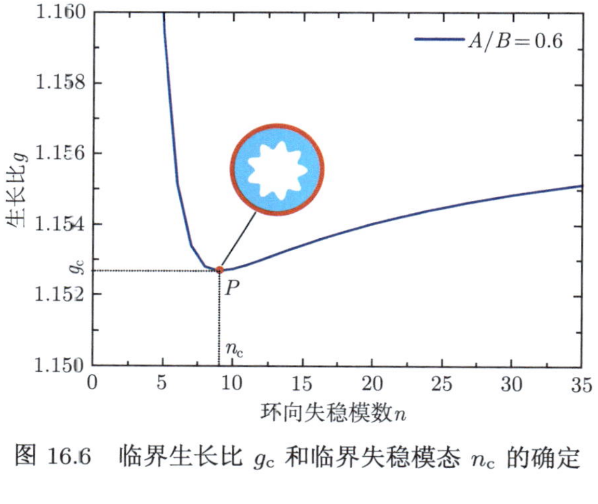

图 16.6　临界生长比 g_c 和临界失稳模态 n_c 的确定

在各向同性生长的情况下，临界生长比 g_c 和临界失稳模数 n_c 随半径比 A/B 的变化而变化，如图 16.7 所示。可以看出，粘膜的初始厚度对皱褶形貌有很大的影响：粘膜越薄，临界模数 n_c 越大，临界生长比 g_c 也越高；当粘膜无限薄时 (即 $A/B \to 1$)，由于粘膜外表面的刚性固定边界条件的影响，粘膜将难以失稳。表 16.1 比较了各向异性生长与各向同性生长情况下粘膜失稳的特征。考虑两种各向异性生长情况：①环向生长 $g_1 = 1$ 和 $g_2 = g$；②径向生长 $g_1 = g$ 和 $g_2 = 1$。因为环向生长将产生更大的残余应力 (图 16.5)，环向生长失稳的临界生长体积比 J_G^c 要小于径向生长的临界体积比。

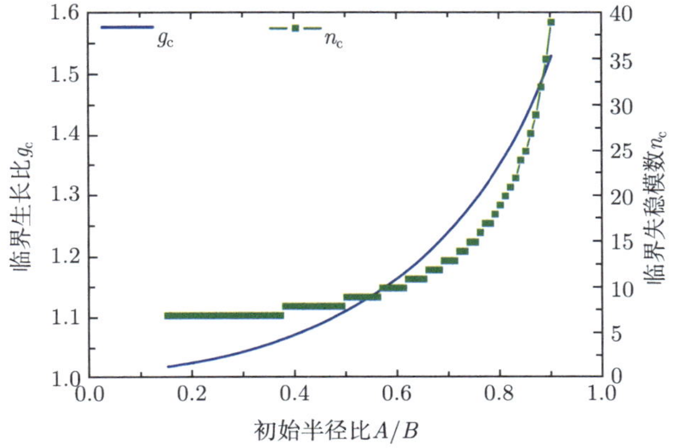

图 16.7 粘膜的初始半径比 A/B 对临界特征的影响

表 16.1 各向异性生长与各向同性生长的失稳特征比较

A/B	$g_1 = g_2 = g$			$g_1 = 1$，$g_2 = g$			$g_1 = g$，$g_2 = 1$		
	g_c	J_G^c	n_c	g_c	J_G^c	n_c	g_c	J_G^c	n_c
0.20	1.014	1.028	6	1.028	1.028	6	1.029	1.029	6
0.25	1.022	1.045	6	1.044	1.044	6	1.046	1.046	7
0.30	1.032	1.066	6	1.064	1.064	6	1.068	1.068	7
0.35	1.045	1.092	6	1.088	1.088	6	1.096	1.096	7
0.40	1.060	1.123	7	1.116	1.116	6	1.131	1.131	7

16.4.4 讨论

粘膜受限生长不仅会产生残余应力，还会影响其自身的力学性质和生理功能 [27,33]。本节试图从表面失稳的角度考察生物软组织表面褶皱形貌与非均匀生长之间的关系。上述分析表明，对于各向同性和各向异性生长，最大环向压应力都出现在粘膜的内表面附近，而最大径向压应力出现在粘膜层与肌肉层的界面处。当生长导致的残余压应力足够大时，粘膜表面将会产生皱褶。皱褶形貌取决于粘膜的

初始厚度 $B-A$。基于对牛食道实验观察的粘膜厚度等数据，采用本文的理论计算预测皱褶数约为 6，而实验观察显示，皱褶数的范围为 5~7(图 16.8)，表明理论预测与实际情况吻合较好。粘膜层越薄，生成的褶皱数越多，肺气管表面常见较多数目的环向皱褶数，其原因主要在于肺气管中粘膜的厚度较薄。图 16.9 所示为猪的气管的照片，其上的皱褶数大约为 30。

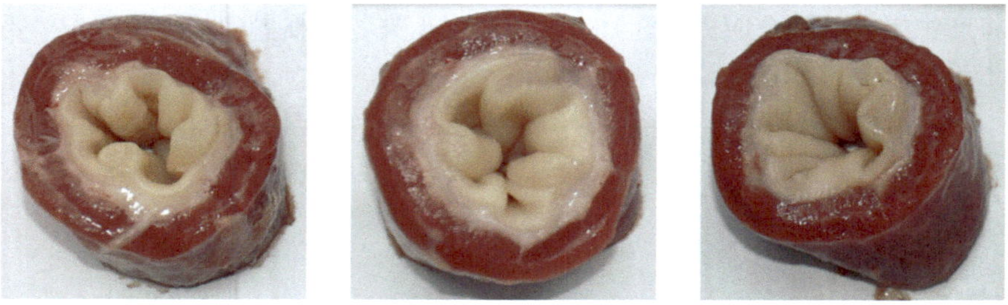

图 16.8　牛的食道粘膜屈曲的皱褶

粘膜厚化是一些疾病 (如发炎、水肿、淋巴瘤、哮喘) 的病理特征 [24,25,27,33,34]。人们已经认识到这些厚化现象来自于粘膜的病态生长，然而，这种病态生长对粘膜褶皱形貌的影响尚不清楚。本节通过线性稳定性分析讨论了粘膜的生长失稳问题，结果表明，病态生长可以改变组织内残余应力场的分布，进而影响粘膜的表面形貌。最近，Noble 等 [23] 通过激光共聚焦显微技术观察到松弛的气管里仍存在粘膜褶皱，采用以往的肌肉层收缩模型难以解释这种现象，而本节介绍的生物力学模型可以从非均匀组织生长的角度给出一种较为合理的解释。

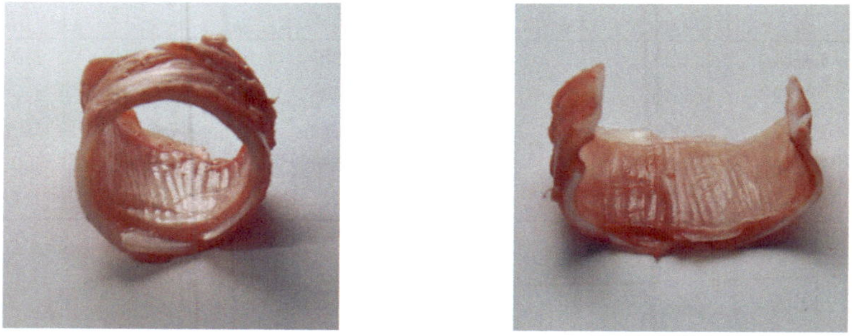

图 16.9　猪的肺气管粘膜屈曲皱褶

作为例子，本节介绍的生物力学模型采用了平面应变假设。事实上，粘膜的轴向生长也会改变轴向和环向的残余应力分布，并对粘膜起皱形貌产生影响。理论上，轴向和环向屈曲可以同时发生，形成复杂的三维形貌。然而，对于食道、肺气管等长管道状器官，实验观察表明，粘膜表面上的皱褶大多是沿长度方向形成波峰和波谷，这表明轴向生长的影响相对较弱。因此，平面应变假设在很多情况下是一个可接受的选择，而且该假设可以使数学运算大大简化。此外，本节的另一个近似是将粘膜和粘膜下层视为一个整体，作为一个复合的“粘膜层”进行考虑。这种简化的模型也易于给出一些更简洁的结论。单层膜模型可以简化计算，但不能解释粘膜在病变过程中力学性质发生变化的现象以及其对失稳特征的影响。多层结构模型将与实际情况更符合，而且便于考察材料的力学性质对失稳的影响。

16.5 圆柱状管腔粘膜失稳的三层模型

为了更真实地描述粘膜失稳、非均匀生长和后屈曲行为，本节建立双层膜模型。考虑典型的三层结构，即包括最外围的肌肉层、中间的粘膜下层和内表面的粘膜层。肌肉层的弹性模量远高于另外两层，它限制着粘膜下层和粘膜层的变形，对粘膜下层起固定边界的作用。

16.5.1 应力分析

考虑圆柱形的双层管道，其初始内半径为 A，界面半径为 B，外半径为 C，如图 16.10 所示，则粘膜和粘膜下层的初始厚度分别为 $H_{\mathrm{m}} = B - A$ 和 $H_{\mathrm{s}} = C - B$。建立圆柱坐标系，初始构型中坐标 $\boldsymbol{X} = (R, \Theta, Z)$ 处的物质点在生长之后变到当前构型的位置 $\boldsymbol{x} = (r, \theta, z)$ 处。考虑轴对称的生长模式，则有 $r = r(R)$。在生长之后，内半径、界面半径和外半径分别变为 $a = r(A)$、$b = r(B)$ 和 $c = r(C)$。相应的变形梯度张量、生长张量和弹性变形张量仍可分别以式 (16-52)~式 (16-54) 表示。在本节分析中，仍假设生长比 g_i 为常数，但在粘膜和粘膜下层中可以取不同的值，且仅考虑平面应变的情况，即粘膜和粘膜下层不发生轴向生长和变形。

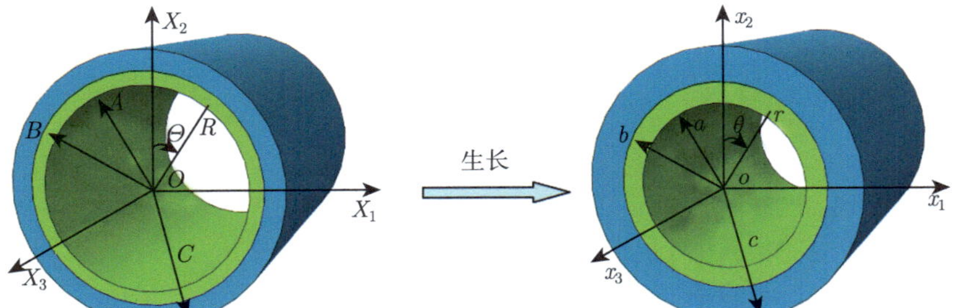

图 16.10 粘膜和粘膜下层生长模型

对式 (16-55) 进行分区积分，并利用固定边界条件 $r(C)=C$，得

$$r^2-a^2=g_{1\mathrm{m}}g_{2\mathrm{m}}\left(R^2-A^2\right)\quad(A\leqslant R\leqslant B)\tag{16-74}$$

$$r^2-C^2=g_{1\mathrm{s}}g_{2\mathrm{s}}\left(R^2-C^2\right)\quad(B\leqslant R\leqslant C)\tag{16-75}$$

在本节中，下标 m 和 s 分别标记定义在粘膜和粘膜下层中的物理量、几何量。界面连接条件 (16-15) 中的第一式变为

$$r(B)|_{\mathrm{m}}=r(B)|_{\mathrm{s}}\tag{16-76}$$

由此求得

$$a=\left[C^2-g_{1\mathrm{s}}g_{2\mathrm{s}}\left(C^2-B^2\right)-g_{1\mathrm{m}}g_{2\mathrm{m}}\left(B^2-A^2\right)\right]^{1/2}\tag{16-77}$$

式 (16-74)、式 (16-75) 和式 (16-77) 显式地给出了生长所导致的变形场，参数 α 满足

$$\alpha_{\mathrm{m}}=\left[\frac{a^2}{g_{2\mathrm{m}}^2R^2}+\frac{g_{1\mathrm{m}}}{g_{2\mathrm{m}}}\left(1-\frac{A^2}{R^2}\right)\right]^{1/2}\quad(A\leqslant R\leqslant B)\tag{16-78}$$

$$\alpha_{\mathrm{s}}=\left[\frac{C^2}{g_{2\mathrm{s}}^2R^2}+\frac{g_{1\mathrm{s}}}{g_{2\mathrm{s}}}\left(1-\frac{C^2}{R^2}\right)\right]^{1/2}\quad(B\leqslant R\leqslant C)\tag{16-79}$$

若采用各向同性的 neo-Hooke 本构关系模拟粘膜和粘膜下层的力学响应，则应力表达式和平衡方程与式 (16-60) 和式 (16-62) 相同，可求得

$$\left\{\begin{aligned}&\sigma_{rr\mathrm{m}}=\frac{\mu_{\mathrm{m}}}{2\mathit{\Gamma}_{\mathrm{m}}}\left[\mathit{\Gamma}_{\mathrm{m}}\left(\alpha_{\mathrm{m}}^{-2}-\alpha_{a\mathrm{m}}^{-2}\right)+\left(\mathit{\Gamma}_{\mathrm{m}}^2-1\right)\ln\frac{\mathit{\Gamma}_{\mathrm{m}}\alpha_{\mathrm{m}}^2-1}{\mathit{\Gamma}_{\mathrm{m}}\alpha_{a\mathrm{m}}^2-1}+\mathit{\Gamma}_{\mathrm{m}}^2\ln\frac{\alpha_{a\mathrm{m}}^2}{\alpha_{\mathrm{m}}^2}\right]\\&\sigma_{\theta\theta\mathrm{m}}=\sigma_{rr\mathrm{m}}+\mu_{\mathrm{m}}\left(\alpha_{\mathrm{m}}^2-\alpha_{\mathrm{m}}^{-2}\right)\quad(A\leqslant R\leqslant B)\end{aligned}\right.\tag{16-80}$$

$$\left\{\begin{aligned}&\sigma_{rr\mathrm{s}}=\sigma_{rr\mathrm{m}}|_{\alpha_{\mathrm{m}}=\alpha_{b\mathrm{m}}}+\frac{\mu_{\mathrm{s}}}{2\mathit{\Gamma}_{\mathrm{s}}}\left[\mathit{\Gamma}_{\mathrm{s}}\left(\alpha_{\mathrm{s}}^{-2}-\alpha_{b\mathrm{s}}^{-2}\right)+\left(\mathit{\Gamma}_{\mathrm{s}}^2-1\right)\ln\frac{\mathit{\Gamma}_{\mathrm{s}}\alpha_{\mathrm{s}}^2-1}{\mathit{\Gamma}_{\mathrm{s}}\alpha_{b\mathrm{s}}^2-1}+\mathit{\Gamma}_{\mathrm{s}}^2\ln\frac{\alpha_{b\mathrm{s}}^2}{\alpha_{\mathrm{s}}^2}\right]\\&\sigma_{\theta\theta\mathrm{s}}=\sigma_{rr\mathrm{s}}+\mu_{\mathrm{s}}\left(\alpha_{\mathrm{s}}^2-\alpha_{\mathrm{s}}^{-2}\right)\quad(B\leqslant R\leqslant C)\end{aligned}\right.\tag{16-81}$$

式中，$\mathit{\Gamma}_{\mathrm{m}}=g_{2\mathrm{m}}/g_{1\mathrm{m}}$，$\mathit{\Gamma}_{\mathrm{s}}=g_{2\mathrm{s}}/g_{1\mathrm{s}}$，

$$\left\{\begin{aligned}&\alpha_{a\mathrm{m}}\equiv\frac{a}{g_{2\mathrm{m}}A}=\left[\frac{C^2}{g_{2\mathrm{m}}^2A^2}-\frac{g_{1\mathrm{s}}g_{2\mathrm{s}}}{g_{2\mathrm{m}}^2A^2}\left(C^2-B^2\right)-\frac{g_{1\mathrm{m}}}{g_{2\mathrm{m}}}\left(\frac{B^2}{A^2}-1\right)\right]^{1/2}\\&\alpha_{b\mathrm{m}}\equiv\frac{b}{g_{2\mathrm{m}}B}=\left[\frac{C^2}{g_{2\mathrm{m}}^2B^2}-\frac{g_{1\mathrm{s}}g_{2\mathrm{s}}}{g_{2\mathrm{m}}^2}\left(\frac{C^2}{B^2}-1\right)\right]^{1/2}\\&\alpha_{b\mathrm{s}}\equiv\frac{b}{g_{2\mathrm{s}}B}=\left[\frac{C^2}{g_{2\mathrm{s}}^2B^2}-\frac{g_{1\mathrm{s}}}{g_{2\mathrm{s}}}\left(\frac{C^2}{B^2}-1\right)\right]^{1/2}\end{aligned}\right.\tag{16-82}$$

如果 $\mu_s \ll \mu_m$，粘膜下层表现为类似流体的性质，相当于粘膜层的变形受管腔内流体的约束，Hill 等 [35]、Heil 和 White[30] 分别研究了这种流–固相互作用的模型，并以此来模拟气管内粘膜的稳定性，但他们并没有考虑生长效应。

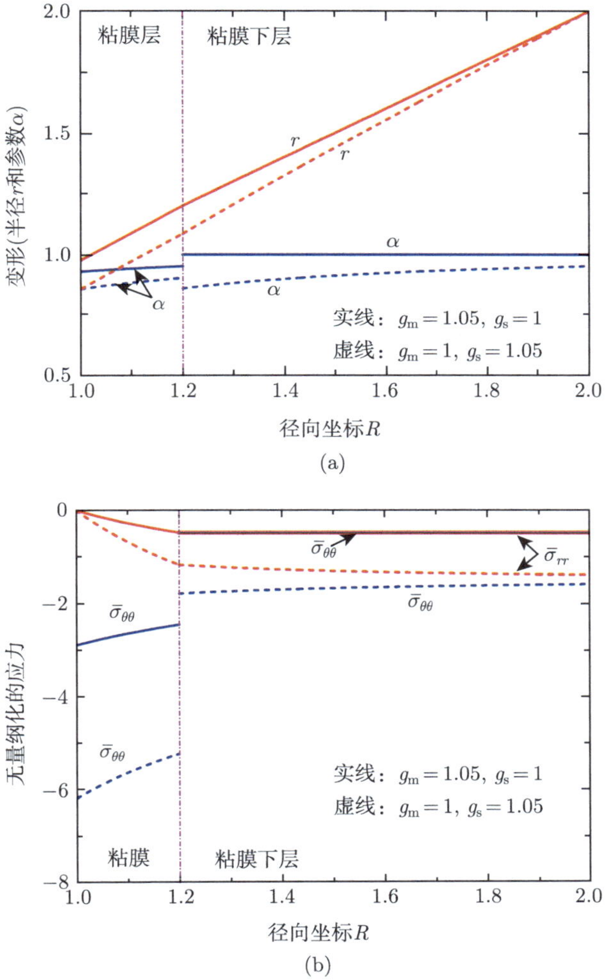

图 16.11 生长产生的变形和应力分布

(a) 变形；(b) 应力

图 16.11 给出了由粘膜和粘膜下层各向同性生长所产生的变形和无量纲化后的应力沿半径的分布，图中取参数为 $A = 1$，$B = 1.2$，$C = 2$，$\mu_m/\mu_s = 10$，记 $\bar{\sigma}_{rr} = \sigma_{rr}/\mu_s$ 和 $\bar{\sigma}_{\theta\theta} = \sigma_{\theta\theta}/\mu_s$。对于生长比 $g_s = 1$ 和 $g_m > 1$ 的情况，α_s 退化为常数，因此粘膜下层中的应力场分布与半径无关，这一点也可从式 (16-79) 和式

(16-81) 看出。换言之，若粘膜下层不生长，其内部应力场是均匀的。生长将使粘膜层变厚，从而提高系统的稳定性。另外，不管是粘膜层生长 ($g_m > 1$)，还是粘膜下层生长 ($g_s > 1$)，均会导致两层膜中出现压应力，最大的环向压应力出现在粘膜内表面附近。环向压应力促使粘膜失去稳定性，当环向压应力达到临界值后将导致表面失稳。

16.5.2　稳定性分析

下面利用 16.2 节中所推导的增量变形方程分析双层膜在圆柱内腔粘膜生长的稳定性。取增量位移场为

$$\dot{\boldsymbol{x}}(r,\theta) = u(r,\theta)\,\boldsymbol{e}_r + v(r,\theta)\,\boldsymbol{e}_\theta \tag{16-83}$$

式中，u 和 v 为增量位移，$\boldsymbol{e}_r$ 和 $\boldsymbol{e}_\theta$ 分别为径向和环向的单位基矢量。增量变形梯度张量 $\dot{\boldsymbol{F}}_0$、弹性不可压缩条件和平衡方程分别由式 (16-65)~ 式 (16-67) 给出。

在自由边界 $r = c$ 处的增量形式边界条件为

$$\begin{cases} \left(K_{1111} - K_{1122} + \alpha_1 \dfrac{\partial W}{\partial \alpha_1}\right) \dfrac{\partial u}{\partial r} - \dot{p} = 0 \\ \dfrac{\partial v}{\partial r} + \dfrac{1}{r}\left(\dfrac{\partial u}{\partial \theta} - v\right) = 0 \end{cases} \tag{16-84}$$

在固定边界 $r = c$ 处有

$$u = 0, \quad v = 0 \tag{16-85}$$

在界面 $r = b$ 处的连接条件为

$$\begin{cases} \langle u \rangle = 0 \\ \langle v \rangle = 0 \\ \left\langle \left(K_{1111} - K_{1122} + \alpha_1 \dfrac{\partial W}{\partial \alpha_1}\right) \dfrac{\partial u}{\partial r} - \dot{p} \right\rangle = 0 \\ \left\langle K_{1212}\left[\dfrac{\partial v}{\partial r} + \dfrac{1}{r}\left(\dfrac{\partial u}{\partial \theta} - v\right)\right] \right\rangle = 0 \end{cases} \tag{16-86}$$

同样采用如式 (16-70) 中的三角函数形式的位移扰动，并利用弹性不可压缩条件式 (16-66)，可得增量形式的平衡方程式 (16-71)。

类似处理式 (16-84)~ 式 (16-86) 中的边界条件和连接条件，可得在 $r = a$ 处

$$\begin{cases} \tilde{u}''' + \dfrac{2+2\Gamma\alpha^2}{r}\tilde{u}'' - \dfrac{1+2n^2-2\Gamma\alpha^2+n^2\alpha^4}{r^2}\tilde{u}' - \dfrac{\left(n^2-1\right)\left(1-2\Gamma\alpha^2\right)}{r^3}\tilde{u} = 0 \\ r^2\tilde{u}'' + r\tilde{u}' + \left(n^2-1\right)\tilde{u} = 0 \end{cases} \tag{16-87}$$

在 $r=c$ 处

$$\tilde{u}=0, \quad \tilde{u}'=0 \tag{16-88}$$

在 $r=b$ 处的连续性条件为

$$\begin{cases} \langle \tilde{u} \rangle = 0 \\ \langle \tilde{u}' \rangle = 0 \\ \left\langle \dfrac{\mu}{\alpha^2}\left[r^3\tilde{u}''' + 2r^2\left(1+\Gamma\alpha^2\right)\tilde{u}'' - r\left(1+2n^2-2\Gamma\alpha^2+n^2\alpha^4\right)\tilde{u}' \right.\right. \\ \left.\left. -\left(n^2-1\right)\left(1-2\Gamma\alpha^2\right)\tilde{u}\right]\right\rangle = 0 \\ \left\langle \dfrac{\mu}{\alpha^2}\left[r^2\tilde{u}'' + r\tilde{u}' + \left(n^2-1\right)\tilde{u}\right]\right\rangle = 0 \end{cases} \tag{16-89}$$

粘膜表面失稳的临界条件是以上微分方程系统存在非平凡解，故转化为特征值问题。由于该特征值问题难以得到解析解，下面采用行列式法对其进行数值求解 [31,36,37]，以得到粘膜失稳的临界条件和失稳特征。

当生长所产生的残余应力足够大时，粘膜表面会发生失稳，产生周期皱褶，部分释放系统内的残余应力。作为例子，这里考虑粘膜或粘膜下层发生各向同性生长的情况，即 $g_{1\mathrm{m}}=g_{2\mathrm{m}}=g$ 或 $g_{1\mathrm{s}}=g_{2\mathrm{s}}=g$。对于各向异性生长也可类似考虑。图 16.12 给出了在不同粘膜厚度情况下可能导致粘膜失稳的生长比 g 随环向失稳模数 n 的变化规律，图中参数取值为 $\mu_\mathrm{m}/\mu_\mathrm{s}=10$，$H_\mathrm{s}/C=0.5$。对于给定的 H_m/C 值，曲线 g–n 有一个极小值点，说明在所有可能的屈曲形貌中，将存在一种最可能出现的模式，此时系统的弹性应变能最小，即这种失效模式将释放最高的弹性应变能。将此时的 n 定义为临界模数 n_c，例如，当 $H_\mathrm{m}/C=0.04$，临界模数 $n_\mathrm{c}=7$。临界模数对应的生长比定义为临界生长比 g_c。

疾病可以导致粘膜的病态生长，也会改变粘膜的力学性质 (如弹性模量)。这将在一定程度上影响粘膜形貌。图 16.13 给出了临界生长比 g_c 随弹性模量比 $\mu_\mathrm{m}/\mu_\mathrm{s}$ 的变化，图中其他参数的取值为 $H_\mathrm{m}/C=0.02$，$H_\mathrm{s}/C=0.2$。当弹性模量比 $\mu_\mathrm{m}/\mu_\mathrm{s}<20$ 时，临界生长比随模量比的增加急剧下降，表明此时粘膜的硬化对系统稳定性有明显影响。

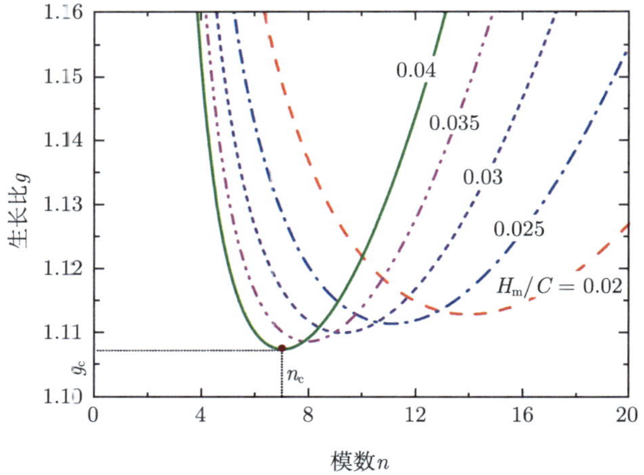

图 16.12　临界生长比 g_c 与环向临界失稳模数 n_c 的确定

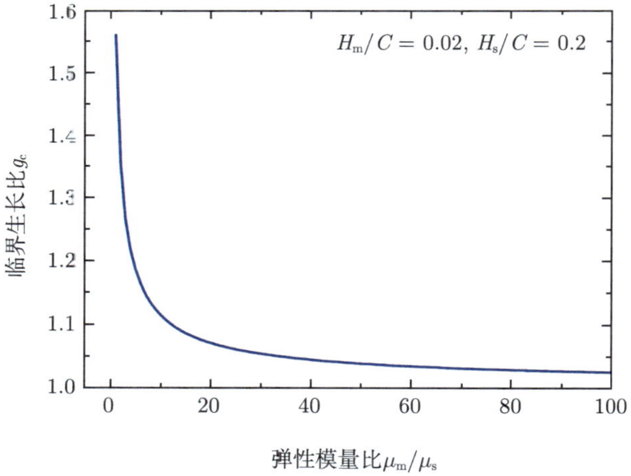

图 16.13　临界生长比随模量比的变化

16.5.3　有限元模拟

下面通过非线性有限元模拟进一步阐明粘膜和粘膜下层的几何参数和力学性质对表面起皱以及形貌的后屈曲演化的影响，并考虑局部生长或非均匀生长的影响。

采用有限元软件 Abaqus 模拟粘膜生长失稳问题。粘膜和粘膜下层均采用八节点平面应变杂交单元 (CPE8RH)。对每一组几何参数和材料参数，通过加密网格进行收敛性分析。系统的节点数为 1.5 万左右，网格布局如图 16.14(a) 所示。计算结果表明这样的网格可以保证计算精度。粘膜生长的初始阶段，粘膜厚度均匀地增加，由于外层粘膜下层和肌肉层的约束，残余压缩应力逐步变大。当环向压应力达到临界值时，变形不再稳定，粘膜屈曲成波状形貌。图 16.14(b) 示意性地给出了系统屈曲的形貌特征。下面讨论粘膜起皱的一些特点，考虑粘膜厚度、粘膜下层厚度以及弹性模量比对表面形貌的影响，并将有限元结果与理论进行比较。

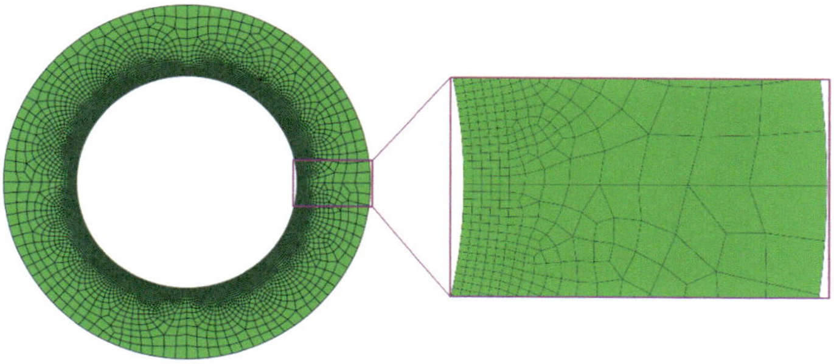

(a)

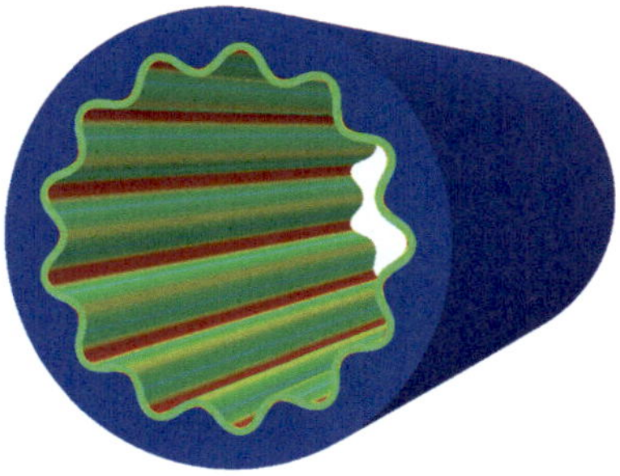

(b)

图 16.14 有限元模拟

(a) 网格划分；(b) 粘膜表面屈曲失稳示意图

首先考虑粘膜的初始厚度 H_{m}/C 对表面起皱的影响。取定参数 $H_{\mathrm{s}}/C=0.5$ 和 $\mu_{\mathrm{m}}/\mu_{\mathrm{s}}=10$，图 16.15 给出了临界模数 n_{c} 随 H_{m}/C 的变化曲线。图中曲线呈阶梯形状，这是因为 n_{c} 只能取整数。粘膜厚度的增加会降低临界褶皱数 (或环向失稳模数)。对于较薄的粘膜 (如 $H_{\mathrm{m}}/C<0.05$)，临界模数的减少比较剧烈，表明粘膜厚度的微小变化将会导致表面形貌的明显变化。

在哮喘病和慢性障碍性肺病患者的气管中，粘膜下层将会变厚 [38]。因此，下面讨论粘膜下层厚度 H_{s}/C 变化对粘膜失稳临界模数 n_{c} 的影响，如图 16.16 所示，其中参数取值为 $H_{\mathrm{m}}/C=0.05$ 和 $\mu_{\mathrm{m}}/\mu_{\mathrm{s}}=10$。可以看出，粘膜下层的厚化可以减少临界波数，这与实验观测相吻合。临床发现对于粘膜下层变厚的哮喘患者，环向褶皱数会减少 [24]，这一现象可用本节结果解释。

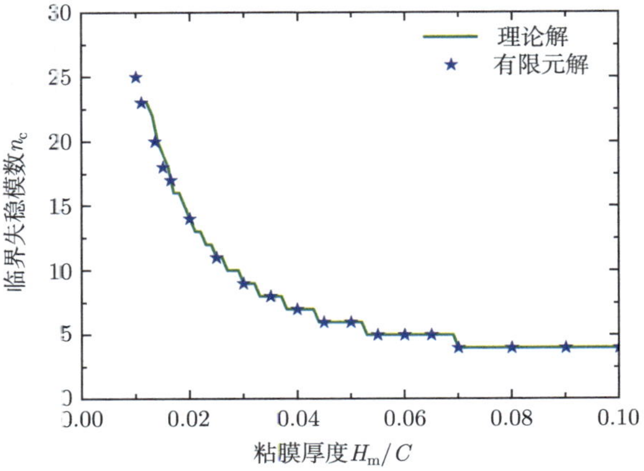

图 16.15　粘膜层厚度对临界失稳模数的影响

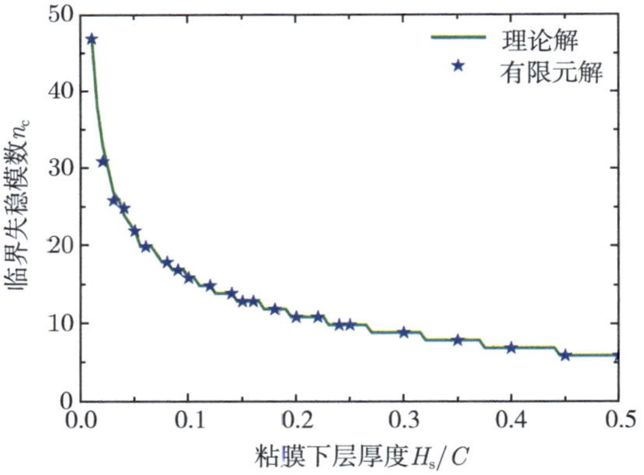

图 16.16　粘膜下层厚度对临界失稳模数的影响

图 16.17 给出了环向失稳临界模数 n_c 随粘膜 – 粘膜下层的弹性模量比 μ_m/μ_s 的变化曲线，参数取值为 $H_m/C = 0.02$ 和 $H_s/C = 0.2$。可见，临界失稳模数随弹性模量比的增加而减小。当粘膜比粘膜下层硬得多时 (如 $\mu_m/\mu_s > 50$)，弹性模量比对表面褶皱的影响很小，几乎可以忽略不计。这些结果为生物软组织由于发炎等疾病而导致粘膜变硬，从而表面皱褶形貌发生改变提供了一种力学解释。

由图 16.15～ 图 16.17 可知，有限元模拟结果与理论预测吻合。粘膜厚度与弹性模量比对粘膜起皱形貌的影响进一步总结在图 16.18 中，当粘膜下层的厚度一定时，无量纲参数 H_m/C 和 μ_m/μ_s 控制表面形貌的变化。

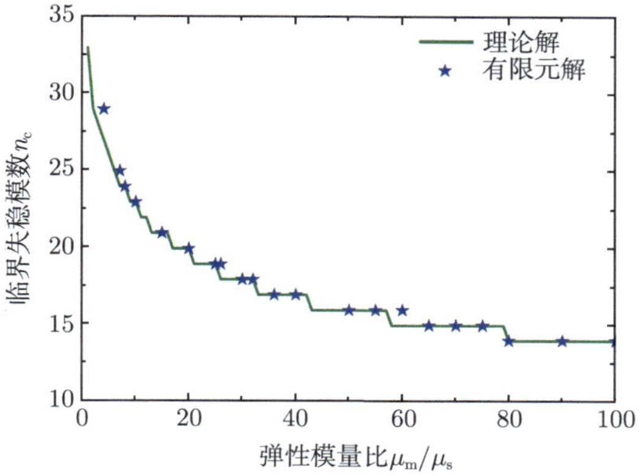

图 16.17 弹性模量比对临界失稳模数的影响

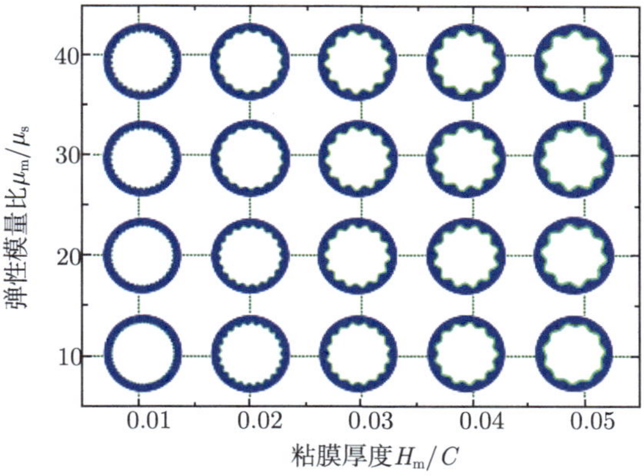

图 16.18 形貌分布相图

16.5.4 非均匀生长

上面的理论计算和模拟都假设体生长是均匀的。事实上，在一定情况下生物体可以发生非均匀的或局部的生长，局部生长会对粘膜表面的失稳形式产生影响。如图 16.19(a) 所示为猪气管内表面上的局部起皱。尽管局部或非均匀生长可以采用 16.2 节的理论框架进行分析，但难以获得该问题的解析解，故采用有限元模拟方法考察非均匀生长所导致的表面失稳。

图 16.19(b) 给出了圆柱形粘膜在给定局部生长下所产生的表面形貌。在此例中，粘膜层被分成 I 和 II 两个区域，在 I 区域中粘膜不生长，在 II 区域中粘膜发生均匀生长，当压缩应力超过临界值时，粘膜会发生失稳，局部起皱。

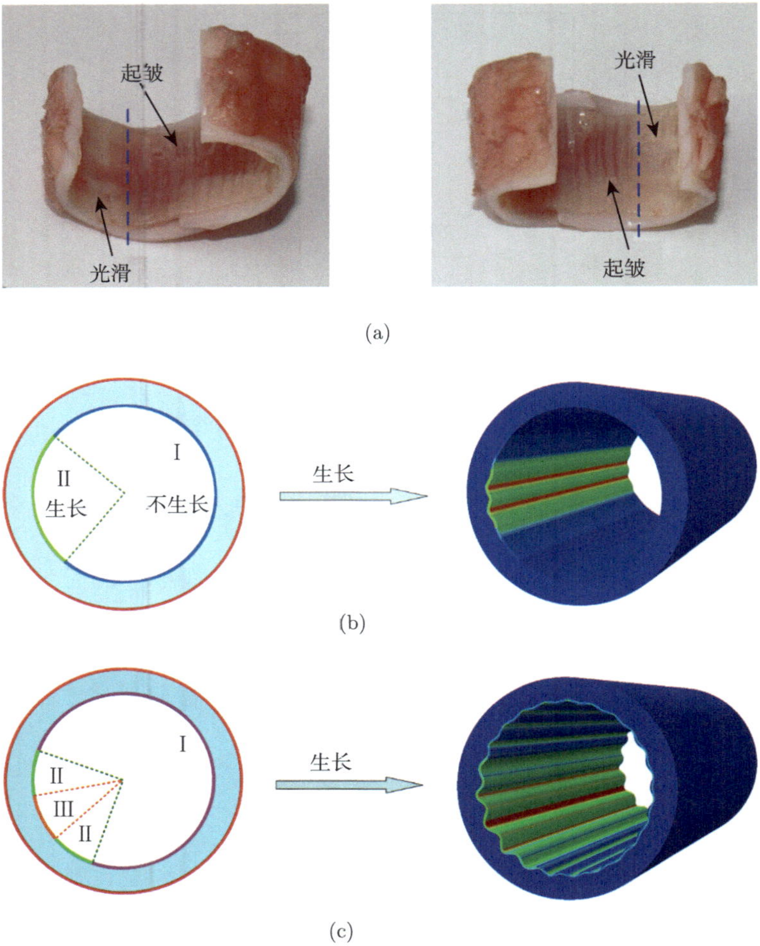

图 16.19　非均匀屈曲

(a) 猪气管的实验观察；(b) 局部生长；(c) 非均匀生长

图 16.19(c) 给出了空间非均匀生长的模拟结果，在本例中，粘膜分成 I、II、III 三个区域，其中的粘膜分别以不同的生长比生长，并假设由于病变原因，这三个区域的弹性模量满足 $\mu_{\mathrm{m(I)}} < \mu_{\mathrm{m(II)}} < \mu_{\mathrm{m(III)}}$。结果表明，三个区域中的粘膜失稳后的波幅、波长等均有明显差别。

16.5.5　后屈曲演化

本节采用伪动力学的方法，通过非线性有限元模拟粘膜和粘膜下层的后屈曲行为。为了验证此方法的可靠性，先对面内受压平面薄膜在软基底上的后屈曲演化进行模拟。当面内压缩达到临界值时，薄膜发生失稳，形成正余弦函数形式的规则形貌，如图 16.20(a) 所示。有趣的是，压缩继续增大会诱发表面失稳的第二次分岔，即在某些褶皱的波幅增大的同时，与之所邻的褶皱的波幅反而变小，形成双周期的规则形貌，如图 16.20(b) 所示。而且，模拟表明，进一步增大压缩应变会导致第三次分岔，薄膜形成四周期形式的失稳斑图 (图 16.20(c))。以上模拟结果与 Brau 等 [39] 最近的实验观察相吻合。在他们的实验中，较硬的 PDMS 薄膜粘接在软的 PDMS 基底上，然后对硬膜进行面内压缩，其实验观察见图 16.20(d) 和 (e)。可见，所采用的数值方法可以较好地再现其后屈曲的多次分岔实验观察。下面用这种方法模拟粘膜–粘膜下层系统的生长后屈曲演化。

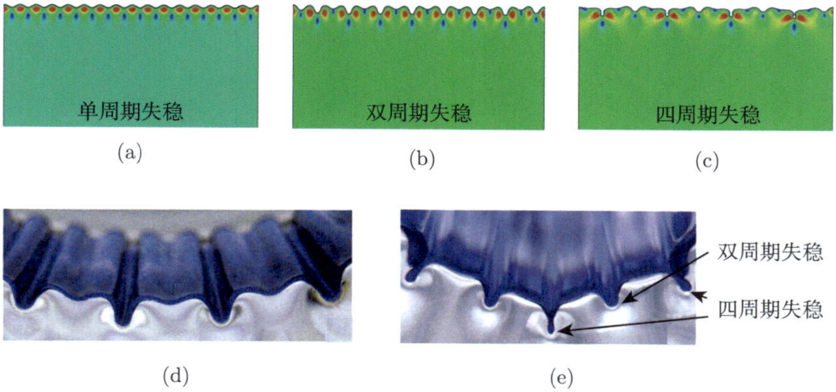

图 16.20 平面薄膜基底系统在面内单轴压缩下后屈曲演化的数值模拟与实验结果

(a) 单周期失稳形貌；(b) 双周期失稳形貌；(c) 四周期失稳形貌；(d) 双周期失稳的实验结果 [39]；(e) 四周期失稳的实验结果 [39]

取模拟参数为 $A = 90$，$B = 91$，$C = 160$ 和 $\mu_{\mathrm{m}}/\mu_{\mathrm{s}} = 200$，图 16.21(a)~(f) 给出了粘膜生长的形貌演化过程。图 16.21(a) 为初始均匀生长的基础上引入微小扰动，该扰动的模式由屈曲分析得到。随着粘膜的逐渐生长，环向压应力越来越大，粘膜表面屈曲成波浪状形貌。系统会选择最优的波长失稳，以使系统的总能量达到最低 (图 16.21(b) 和 (c))。在临界生长附近的表面形貌与理论预测一致，但不同于所引入的初始几何小扰动 (图 16.21(a))，即数值模拟结果表明表面形貌与初始扰动的形式无关。随着粘膜的继续生长，波浪状条纹越来越深，演化成指形斑图，如图 16.21(d) 所示。在这个折痕过程中，形貌的模数仍然保持不变。当粘膜进一步生长，会引发第二次分岔，某些凹槽变深，而其相邻的凹槽变浅，演化成干草叉式的形貌，如图 16.21(e) 和 (f) 所示，该类失稳常被称为折叠 (folding)[40]。类似形貌可以在牛的食道粘膜中观察到，见图 16.22。

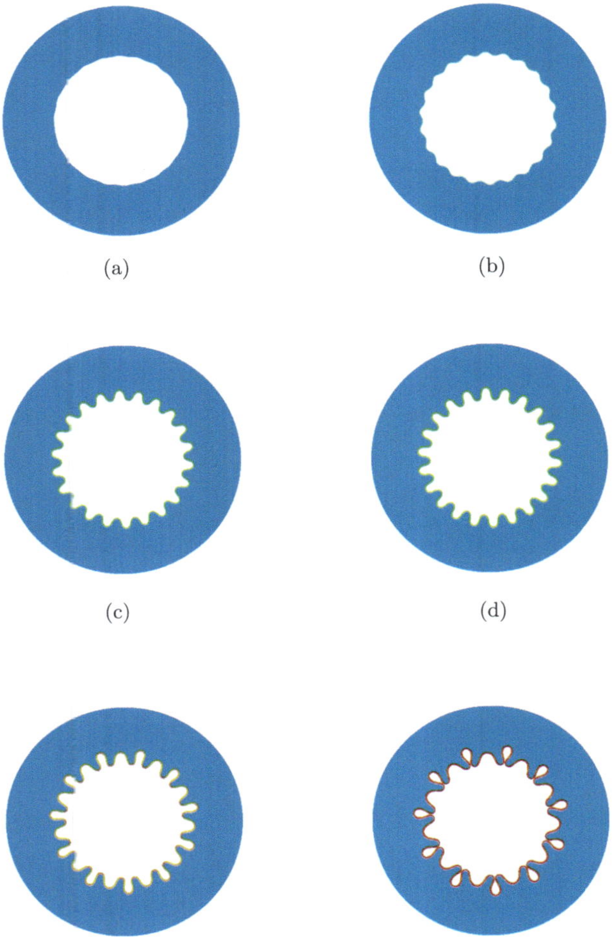

(a)　(b)　(c)　(d)　(e)　(f)

图 16.21　粘膜生长导致干草叉式后屈曲演化

(a) 初始几何扰动；(b) 发生屈曲；(c) 波幅增加；(d) 指形形貌；(e) 发生双周期失稳；(f) 干草叉式形貌

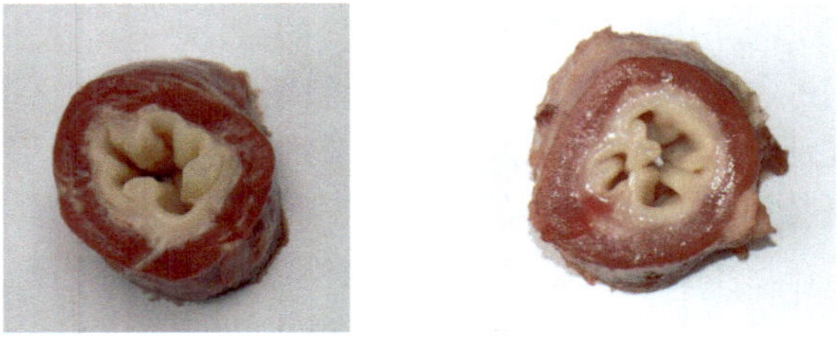

图 16.22　牛食道的双周期状形貌

在粘膜下层的生长演化中，可观察到另一种有趣的形貌转换现象，如图 16.23 (a)~(f) 所示，其中模拟参数取为 $A = 140$，$B = 142$，$C = 200$，$\mu_{\rm m}/\mu_{\rm s} = 100$。图 16.23(a) 为双层膜的初始状态，由于肌肉层的约束作用，粘膜下层的生长会往圆心推动粘膜层，使粘膜层承受环向压力并使管腔中空部分面积变小。类似于粘膜生长引发的后屈曲演化，粘膜下层的生长也会诱发两次典型的分岔过程。当产生的压缩应力达到临界条件时，第一次分岔发生，在内部形成正余弦函数式的周期斑图 (图 16.23(b))，斑图的波幅随着生长而逐渐增大 (图 16.23(c))。当粘膜下层的生长达到第二次分岔的临界点时，形貌发生由屈曲向折痕的转变，两两相邻的波峰开始融合成一个更大的波峰，形成双周期形貌，如图 16.23(d) 和 (e) 所示。此后，

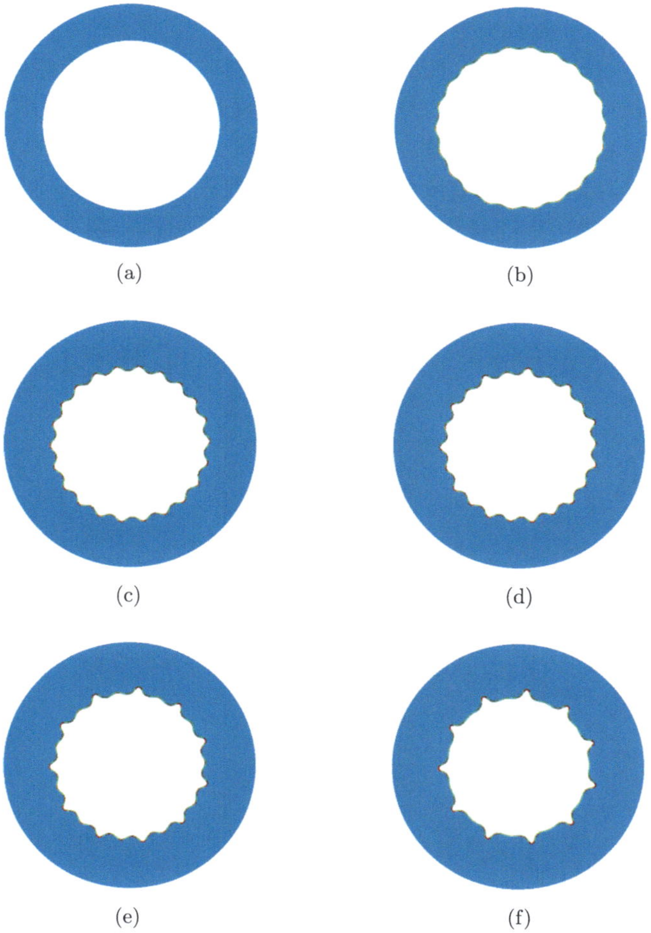

图 16.23 粘膜下层生长导致裂纹状后屈曲演化

(a) 初始形状；(b) 发生屈曲；(c) 波幅增加；(d) 第二次分岔；(e) 双周期失稳；(f) 裂纹状形貌

大波峰之间的沟槽下沉，形成类似于半裂纹的形状，而大波峰顶部的沟槽越来越浅，趋于消失 (图 16.23(f))。有限元模拟表明折痕失稳一般出现在 μ_m/μ_s 较小的情况。与图 16.21(f) 相比较，可知图 16.23(f) 实际上兼有干草叉式的折叠失稳与折痕 (creasing) 失稳的特征。严格的折痕失稳一般出现在单一材料的系统，如平面刚性基底上的水凝胶层受限膨胀 [41,42]、软弹性体中孔洞的坍塌 [43] 等，关于折痕失稳的讨论，详见第 12 章。

以上后屈曲模拟结果明确显示，在生长过程中，线性失稳分析所预测的临界斑图能够演化成多种其他形貌。尽管这些有趣的形貌在自然界和工程中广泛存在，其背后的物理机制还不够清晰，需要作进一步的理论和实验研究。

16.5.6 结果与讨论

临界屈曲分析给出了体生长所致粘膜起皱的临界条件和形貌特征。粘膜和粘膜下层由于生长而厚化，所产生的残余应力会促使系统失稳，几何效应和力学效应的竞争决定了粘膜的表面形貌。当环向压缩应力达到临界值时，粘膜层屈曲成波浪状皱纹，其环向屈曲模数依赖于无量纲参数厚度比 H_m/C、H_s/C 以及模量比 μ_m/μ_s。实验测量了牛的食道的几何参数，其粘膜层和粘膜下层的厚度范围分别为 0.4~1.2 mm 和 3.0~5.0 mm，粘膜下层的外半径变化范围为 16~24 mm。对于代表

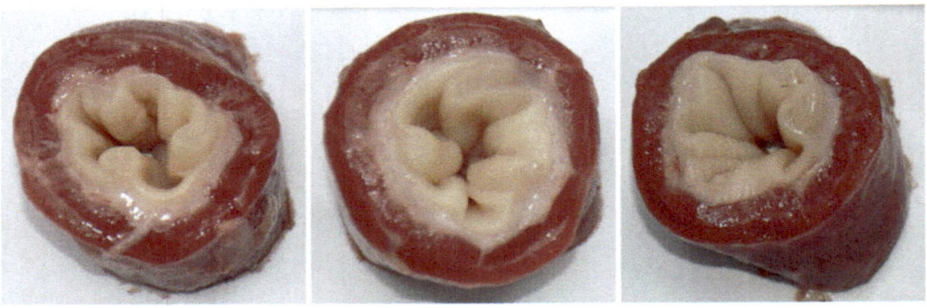

(a)

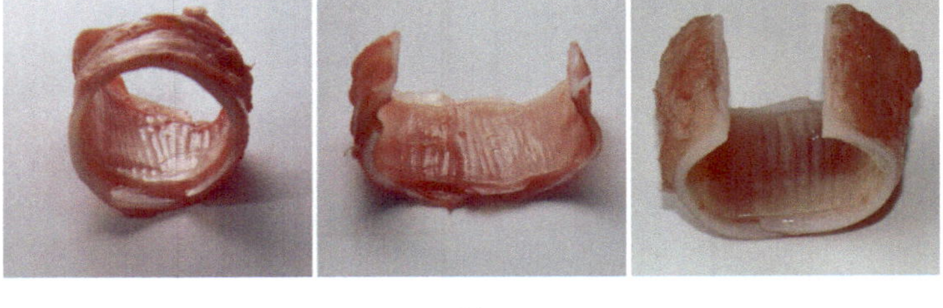

(b)

图 16.24 动物软组织粘膜失稳的实验观察

(a) 牛的食道；(b) 猪的气管

性的几何和本构参数，例如 $H_{\mathrm{m}}/C=0.04$，$H_{\mathrm{s}}/C=0.5$，$\mu_{\mathrm{m}}/\mu_{\mathrm{s}}$ 取值为 10~20，理论分析预测失稳环向模数的范围为 5~7，与对牛食道粘膜的实验观察图 16.24(a) 以及文献中报道的猪食道粘膜失稳的模数 [22] 吻合较好。理论分析预测，对于更薄的粘膜层 (如 $H_{\mathrm{m}}/C<0.01$) 或粘膜下层 (如 $H_{\mathrm{s}}/C<0.05$)，或者更低粘膜 - 粘膜下层弹性模量比 (如 $\mu_{\mathrm{m}}/\mu_{\mathrm{s}}<20$)，失稳模数将会更大 (如 $n_{\mathrm{c}}>20$)。在对哮喘病患者肺气管的临床观察中发现，粘膜 (上皮下胶原层) 的硬化会导致失稳模数的减小，从而改变其中的气体流动特性 [27]。本章结果可以部分解释这一现象。尽管数目较大的皱褶 (波长短) 很少出现在食道粘膜中，但在呼吸道气管中却很常见，如图 16.24(b) 所示猪的气管。另外，以上结果也为测量软组织的力学性质提供了一条可能的途径：通过对形貌特征的观察以及粘膜和粘膜下层几何参数的测量，可以估计软组织的弹性模量。

有限元结果表明，随着软组织的连续性生长，粘膜表面将演化成干草叉或裂纹状形貌，其皱褶形貌与实验观察吻合。此外，生物软组织的生长和聚合物胶体的膨胀都来自于材料 (物质) 增加，因而两者具有相似性，所以该研究结果为受限空间中 (如圆管道) 在聚合物胶体表面制备可控形貌提供了一种可能的途径，可通过改变管道内壁上的粘附和摩擦性质来调控柔性管腔的流体运输性质 [43−45]。

16.6 圆柱管腔结构的三维失稳

前文已经探讨了圆柱结构软组织的二维失稳，在生物组织中，三维失稳形貌亦很常见。软组织的粘膜层可能出现不同的形貌，例如人体内空肠内壁产生的轴对称形貌 [46](图 16.25(a))，鸡的小肠绒毛中观察到的六方形貌 [47](图 16.25(b))，猫的食道内壁的环向和轴向耦合的形貌 [46](图 16.25(c))，人体食道内部产生的环向褶皱 [46](图 16.25(d)) 等。这些形貌的形成不仅与生物的基因调控相关，也与系统的物理参数相关。

本节通过体生长理论和增量变形理论，研究圆柱管腔结构由于内层轴向生长引起的三维表面失稳形貌，讨论系统的几何和物理参数对临界失稳形貌的影响，给出不同失稳形貌的相图，并利用有限元方法模拟不同失稳形貌的后屈曲演化过程。

16.6.1 理论模型

考虑圆柱双层管腔结构，如图 16.26(a) 所示。内层为较硬的薄膜，外层为软基底。采用柱坐标系，初始构型 $\boldsymbol{X}(R,\Theta,Z)$ 中的初始内径 A、界面半径 B 和外径 C，在生长后分别变形到当前构型 $\boldsymbol{x}(r,\theta,z)$ 中的 a、b 和 c。圆柱的长度为 L，假设长度 L 在变形前后不发生变化，即约束圆柱两个端面 z 方向的位移。

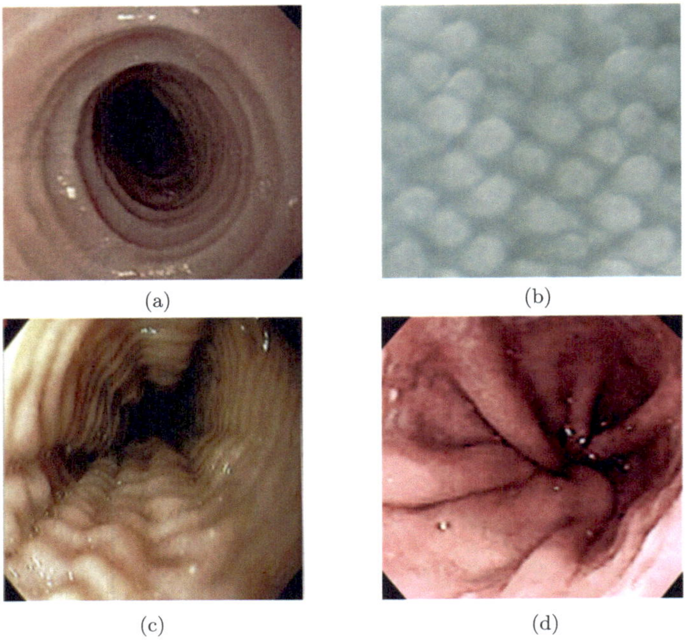

图 16.25　动物体内的肠道粘膜形貌

(a) 人体空肠内壁 [46]；(b) 鸡的小肠内壁 [47]；(c) 猫的食道 [46]；(d) 人体食道内壁 [46]

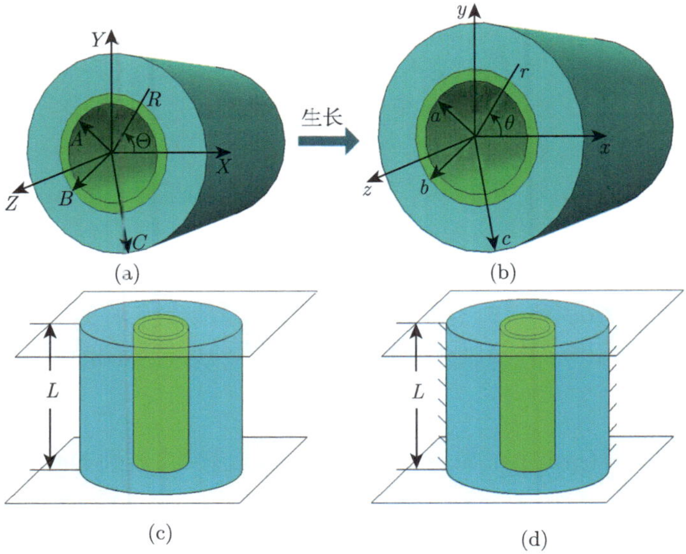

图 16.26　圆柱双层管腔结构示意图

(a) 初始构型；(b) 当前构型；(c) 圆柱外表面自由的边界条件示意图；(d) 圆柱外表面固定的边界条件示意图

本节考虑两种典型的边界条件，一是圆柱外表面自由，如图 16-26(c) 所示；二是圆柱外表面固支，如图 16.26(d) 所示。在血管、肠道和气管等生物组织中，圆柱内层的弹性模量大于外层的弹性模量，因此，在模型中假设 $\mu_{\mathrm{m}} > \mu_{\mathrm{s}}$。

如前所述，生物体内由于组织的非均匀生长，系统中会产生残余应力。对于消化道等结构，通常外层的生长比内层慢，导致产生较大的残余应力。不失一般性，考虑内层生长而外层无生长的情况。

在未发生失稳时，系统产生轴对称变形，即 $r = r(R)$，此时变形梯度张量 $\boldsymbol{F}$ 可由式 (16-52) 表示。由于约束了圆柱两个端面的 z 方向位移，$\boldsymbol{F}$ 对角线上 z 方向的分量 $\lambda_3 = 1$。本节研究双层圆柱的三维失稳，因此生长张量 $\boldsymbol{G}$ 具有三个方向分量，其形式由式 (16-53) 给出，由体生长理论的乘法分解 $\boldsymbol{F} = \boldsymbol{A} \cdot \boldsymbol{G}$，可知弹性变形张量的形式为式 (16-54)，此时式中 $\alpha_1 = g_1^{-1} \partial r / \partial R$，$\alpha_2 = g_2^{-1} r/R$ 及 $\alpha_3 = g_3^{-1}$。令 $\alpha_2 = \alpha$，则 $\alpha_1 = g_3 \alpha^{-1}$，$\alpha = r/(g_2 R)$。

忽略体力，应力平衡方程为式 (16-12)，在柱坐标系下表示为

$$\begin{cases} \dfrac{\partial \sigma_{rr}}{\partial r} + \dfrac{1}{r}(\sigma_{rr} - \sigma_{\theta\theta}) = 0 \\ \dfrac{1}{r}\dfrac{\partial \sigma_{\theta\theta}}{\partial \theta} = 0 \\ \dfrac{\partial \sigma_{zz}}{\partial z} = 0 \end{cases} \tag{16-90}$$

本构关系满足式 (16-11)。联立应变能函数表达式 (16-33)，可得

$$\begin{cases} \sigma_{rr} = \mu g_3^2 \alpha^{-2} - p \\ \sigma_{\theta\theta} = \mu \alpha^2 - p \\ \sigma_{zz} = \mu g_3^{-2} - p \end{cases} \tag{16-91}$$

式中 p 为拉格朗日乘子，以满足弹性不可压缩条件。

假设增量形式位移场为

$$\dot{\boldsymbol{x}} = u(r,\ \theta,\ z)\,\boldsymbol{e}_r + v(r,\ \theta,\ z)\,\boldsymbol{e}_\theta + w(r,\ \theta,\ z)\,\boldsymbol{e}_z \tag{16-92}$$

式中，u、v 和 w 为增量位移，$\boldsymbol{e}_r$、$\boldsymbol{e}_\theta$ 和 $\boldsymbol{e}_z$ 分别为径向、环向和轴向的单位基矢量。在柱坐标系中，增量形式的变形梯度张量为

$$\dot{\boldsymbol{F}}_0 = \begin{bmatrix} \dfrac{\partial u}{\partial r} & \dfrac{1}{r}\left(\dfrac{\partial u}{\partial \theta} - v\right) & \dfrac{\partial u}{\partial z} \\ \dfrac{\partial v}{\partial r} & \dfrac{1}{r}\left(\dfrac{\partial v}{\partial \theta} + u\right) & \dfrac{\partial v}{\partial z} \\ \dfrac{\partial w}{\partial r} & \dfrac{1}{r}\dfrac{\partial w}{\partial \theta} & \dfrac{\partial w}{\partial z} \end{bmatrix} \tag{16-93}$$

由不可压缩条件 $\mathrm{tr}\left(\dot{\boldsymbol{F}}_0\right)=0$，得

$$\frac{\partial u}{\partial r}+\frac{1}{r}\left(\frac{\partial v}{\partial \theta}+u\right)+\frac{\partial w}{\partial z}=0 \tag{16-94}$$

对于双层圆柱的三维失稳，系统可能产生沿环向和轴向的三维形貌，因此假设其增量位移具有如下形式:

$$\left\{\begin{array}{l}
u(r,\theta,z)=\tilde{u}(r)\cos(m\theta)\cos\left(\dfrac{n\pi z}{L}\right)\\
v(r,\theta,z)=\tilde{v}(r)\sin(m\theta)\cos\left(\dfrac{n\pi z}{L}\right)\\
w(r,\theta,z)=\tilde{w}(r)\cos(m\theta)\cos\left(\dfrac{n\pi z}{L}\right)\\
\dot{p}(r,\theta,z)=\tilde{\dot{p}}(r)\cos(m\theta)\cos\left(\dfrac{n\pi z}{L}\right)
\end{array}\right. \tag{16-95}$$

式中，m 和 n 为非负整数。为方便起见，假设 $N=\pi n/L$。式 (16-95) 的位移模式包括了常见的临界失稳形貌：当 m=0，$n\neq$0 时，为轴对称的失稳形貌；当 $m\neq$0，n=0 时，为环向失稳形貌；当 m=1，n=1 时，为欧拉失稳形貌；当 $m>1$，$n>1$ 时，为四方失稳形貌。

增量形式基本方程为式 (16-25)~ 式 (16-27)，在柱坐标系中，将位移模式 (16-95) 代入平衡方程和边界条件中，联立不可压缩条件式 (16-94)，化简后可得平衡方程的微分形式为

$$c_1\tilde{u}''+c_2\tilde{u}'+c_3\tilde{u}+c_4\tilde{w}'''+c_5\tilde{w}''+c_6\tilde{w}'+c_7\tilde{w}=0 \tag{16-96}$$

$$b_1\tilde{u}'''+b_2\tilde{u}''+b_3\tilde{u}'+b_4\tilde{u}+b_5\tilde{w}''+b_6\tilde{w}'+b_7\tilde{w}=0 \tag{16-97}$$

式中，

$$c_1=N,\quad c_2=\frac{N\left(-g_3^2+2g_3\Gamma\alpha^2+2\alpha^4\right)}{g_3^2 r},$$

$$c_3=-\frac{N\left[3g_3^4+\left(N^2r^2-4g_3^3\Gamma\right)\alpha^2+g_3^2\left(-2+m^2\right)\alpha^4+2g_3\Gamma\alpha^6\right]}{g_3^4r^2},$$

$$c_4=1,\quad c_5=\frac{-3g_3+4\alpha^2}{g_3 r},\quad c_6=\frac{3g_3^4-\left(N^2r^2+4g_3^3\Gamma\right)\alpha^2-g_3^2m^2\alpha^4}{g_3^4r^2},$$

$$c_7=\frac{2\alpha^4\left(g_3N^2r^2+m^2\Gamma\alpha^2\right)}{g_3^3r^3},\quad b_1=1,\quad b_2=\frac{2\left(g_3+\Gamma\alpha^2\right)}{g_3r},$$

$$b_3=-\frac{g_3^4+\left(N^2r^2-2g_3^3\Gamma\right)\alpha^2+g_3^2m^2\alpha^4}{g_3^4r^2},$$

$$b_4=\frac{g_3^4-\left(N^2r^2+2g_3^3\Gamma\right)\alpha^2+g_3^2m^2\alpha^4}{g_3^4r^3},$$

$$b_5=N+\frac{m^2}{Nr^2},\quad b_6=\frac{g_3\left(-m^2+N^2r^2\right)+2\left(m^2+N^2r^2\right)\Gamma\alpha^2}{g_3Nr^3},$$

$$b_7=-\frac{\left(m^2+N^2r^2\right)\alpha^2\left(N^2r^2+g_3^2m^2\alpha^2\right)}{g_3^4Nr^4},\quad \Gamma=g_2/g_1$$

自由边界条件为

$$d_1\tilde{u}'+d_2\tilde{u}+d_3\tilde{w}''+d_4\tilde{w}'+d_5\tilde{w}=0 \tag{16-98}$$

$$e_1\tilde{u}''+e_2\tilde{u}'+e_3\tilde{u}+e_4\tilde{w}'=0 \tag{16-99}$$

$$\frac{\mu g_3^2\left(-N\tilde{u}+\tilde{w}'\right)}{\alpha^2}=0 \tag{16-100}$$

式中

$$d_1=\frac{2N\mu g_3^2}{\alpha^2},\quad d_2=\frac{N\mu\left(g_3^2-2g_3\Gamma\alpha^2+\alpha^4\right)}{r\alpha^2},\quad d_3=\frac{\mu g_3^2}{\alpha^2},$$

$$d_4=-\frac{\mu g_3\left(g_3-2\Gamma\alpha^2\right)}{r\alpha^2},\quad d_5=-\frac{\mu N^2}{g_3^2}-\frac{\mu m^2\alpha^2}{r^2},$$

$$e_1=-\frac{\mu g_3^2r}{\alpha^2},\quad e_2=-\frac{\mu g_3^2}{\alpha^2},\quad e_3=\frac{\mu g_3^2\left(1-m^2\right)}{r\alpha^2},\quad e_4=-\frac{\mu rNg_3^2}{\alpha^2}$$

固定边界条件为

$$\tilde{u}=0,\quad \tilde{u}'=0;\quad \tilde{w}=0 \tag{16-101}$$

界面处连接条件为

$$\begin{cases}\langle\tilde{u}\rangle=0,\quad\langle\tilde{u}'\rangle=0,\quad\langle\tilde{w}\rangle=0\\ \langle d_1\tilde{u}'+d_2\tilde{u}+d_3\tilde{w}''+d_4\tilde{w}'+d_5\tilde{w}\rangle=0\\ \langle e_1\tilde{u}''+e_2\tilde{u}'+e_3\tilde{u}+e_4\tilde{w}'\rangle=0\\ \left\langle\dfrac{\mu g_3^2\left(-N\tilde{u}+\tilde{w}'\right)}{\alpha^2}\right\rangle=0\end{cases} \tag{16-102}$$

联立平衡方程 (16-96) 和式 (16-97)、边界条件 (16-98)~ 式 (16-100) 以及界面处连接条件 (16-102)，可将平衡方程转化为特征值问题，从而可以求解得到临界失稳的条件。下面分别针对圆柱外表面自由和固定两种边界条件，求解生长产生的应力场及其临界失稳的条件。

16.6.2　外表面自由圆柱

由材料不可压缩条件，可得 $\det(\boldsymbol{A})=1$，即 $\alpha_1\alpha_2\alpha_3=1$。令 $J=\det(\boldsymbol{F})=\det(\boldsymbol{G})$，则 $r\partial r/\partial R=J$，积分后得

$$r^2-a^2=J_{\mathrm{m}}\left(R^2-A^2\right)\quad(A\leqslant R\leqslant B)\tag{16-103}$$

$$r^2-c^2=J_{\mathrm{s}}\left(R^2-C^2\right)\quad(B\leqslant R\leqslant C)\tag{16-104}$$

式中，$J_{\mathrm{m}}=g_{1\mathrm{m}}g_{2\mathrm{m}}g_{3\mathrm{m}}$，$J_{\mathrm{s}}=g_{1\mathrm{s}}g_{2\mathrm{s}}g_{3\mathrm{s}}$。由于圆柱的内外边界条件均为自由边界条件，所以需先求解得到应力场，才能得到 a 和 c 的值。

利用式 (16-103) 和式 (16-104)，将平衡方程 (16-90) 化为以 α 表示的形式

$$\frac{\partial\sigma_{rr}}{\partial\alpha}=\frac{\mu\left(\alpha^2-g_3^2\alpha^{-2}\right)}{\alpha-\alpha^3g_2g_1^{-1}g_3^{-1}}\tag{16-105}$$

双层圆柱的内外边界自由，即为 $\boldsymbol{\sigma}\cdot\boldsymbol{n}=\boldsymbol{0}$，将其化为以 α 表示的形式，即 $r=a$ 和 $r=c$ 处的边界条件为

$$\sigma_{rr}(\alpha)=0,\qquad \alpha_{\mathrm{m}}=\alpha_{a\mathrm{m}}\quad 或\quad \alpha_{\mathrm{s}}=\alpha_{c\mathrm{s}}\tag{16-106}$$

式中，$\alpha_{a\mathrm{m}}=a/\left(g_{2\mathrm{m}}A\right)$，$\alpha_{c\mathrm{s}}=c/\left(g_{2\mathrm{s}}C\right)$。

在两层圆柱界面处的法向应力和位移连续。因此，当 $\alpha_{\mathrm{m}}=\alpha_{b\mathrm{m}}$ 和 $\alpha_{\mathrm{s}}=\alpha_{b\mathrm{s}}$ 时，法向应力连续的条件为

$$\sigma_{rr\mathrm{m}}=\sigma_{rr\mathrm{s}}\tag{16-107}$$

联立式 (16-105)~ 式 (16-107)，可求解生长产生的应力场。当外边界自由时，无法得到解析的应力场表达式，因此通过数值方法求解。

参数选取为 $A/C=0.45$，$B/C=0.5$，$L/C=2$ 和 $\mu_{\mathrm{m}}/\mu_{\mathrm{s}}=20$，假设圆柱内层发生轴向生长，外层不发生生长，即 $g_{1\mathrm{m}}=g_{2\mathrm{m}}=g_{1\mathrm{s}}=g_{2\mathrm{s}}=g_{3\mathrm{s}}=1$，$g_{3\mathrm{m}}=1.05$，得到的应力场如图 16.27 所示。可以看出，在内层和外层的界面 $R=B$ 处，法向应力 σ_{rr} 连续，但是 $\sigma_{\theta\theta}$ 和 σ_{zz} 出现突跳、不连续的现象，这是由内层和外层的材料参数不同导致的。当圆柱内层生长时，内层在 z 方向和 θ 方向产生了较大的压应力，这表明当内层轴向生长时，可能会产生沿着 z 方向和 θ 方向的失稳形貌。

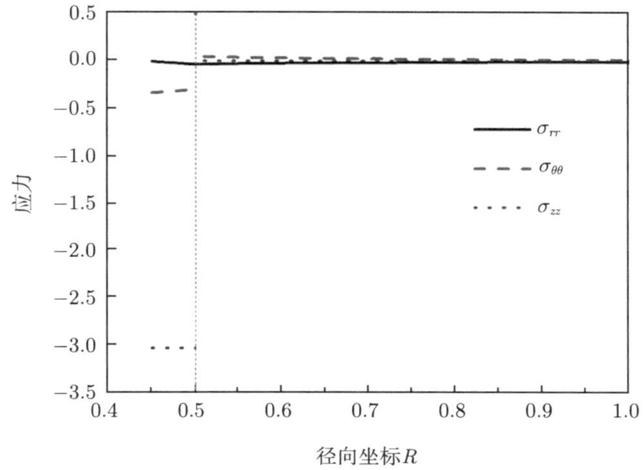

图 16.27 圆柱外边界自由时，轴向生长产生的应力

外边界自由的双层圆柱增量形式的平衡方程为式 (16-96) 和式 (16-97)。$r = a$ 和 $r = c$ 处为自由边界条件，表达式为式 (16-98)~ 式 (16-100)，$r = b$ 处的位移和法向应力连续，表达式为式 (16-102)。联立以上平衡方程、边界条件和界面连续条件，可将平衡方程转化为特征值问题求解，从而可求解临界失稳的生长比和波数。具体求解方法为：对于每个 (m, n) 组合，利用打靶法得到对应的生长比 g，找到使得生长比 g 达到最小值的 (m, n) 组合，此时系统的总势能最小，对应于临界失稳状态。得到的 m 和 n 即为临界波数，生长比即为临界生长比 g_{c}。假设圆柱内层发生轴向生长，即生长张量 $\boldsymbol{G}= \mathrm{diag}(1, 1, g)$，而外层的基底不发生生长，即 $g_{1\mathrm{m}} = g_{2\mathrm{m}} = g_{1\mathrm{s}} = g_{2\mathrm{s}} = g_{3\mathrm{s}} = 1$，$g_{3\mathrm{m}} > 1$。

由 16.5 节的讨论中可知，薄膜和基底的模量比对圆柱二维失稳有较大影响，接下来讨论模量比 $\mu_{\mathrm{m}}/\mu_{\mathrm{s}}$ 对圆柱三维失稳的影响。系统参数选取为 A/C =0.45，$B/C = 0.5$。图 16.28 给出了在不同长度 L/C 时，临界生长比和随着模量比 $\mu_{\mathrm{m}}/\mu_{\mathrm{s}}$ 的变化曲线。固定圆柱长度 L/C，可以看出随着 $\mu_{\mathrm{m}}/\mu_{\mathrm{s}}$ 的增大，g_{c} 减小，这与二维分析的结果一致。

图 16.29 给出了临界生长比 g_{c} 随圆柱长度 L/C 的变化曲线，其中参数取定为 $A/C = 0.45$，$B/C = 0.5$ 和 $\mu_{\mathrm{m}}/\mu_{\mathrm{s}} = 50$。当长度 L/C 增大时，g_{c} 首先随着 L/C 增大而减小，但当 L/C 处于中间某一范围时 (如 $L/C = 1$ 或 2)，g_{c} 没有发生变化，继续增大 L/C 时 ($L/C > 4$)，g_{c} 减小。理论分析表明，当 L/C 变化时，临界失稳形貌也会发生变化。当圆柱长度较短时 (如 $L/C = 0.3$)，临界失稳形貌为四方形貌，即 $m > 1$、$n > 1$。当圆柱长度在适中的范围时 (如 L/C= 1 和 2)，临界失稳形貌为轴对称形貌，即 m=0、$n \geqslant$1，此时临界生长比 g_{c} 不随长度变化。在这两种

情况下，出现膜在基底表面失稳的模式。当长度继续变长时 (如 $L/C = 5$)，膜和基底作为一个整体结构发生欧拉失稳，即 $m= 1$、$n= 1$。这表明圆柱长度 L/C 对临界失稳的条件和形貌都有影响。

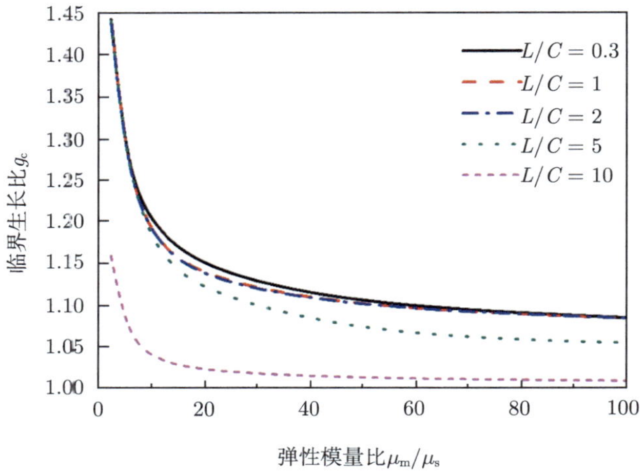

图 16.28　膜和基底的模量比 μ_m/μ_s 对临界生长比 g_c 的影响

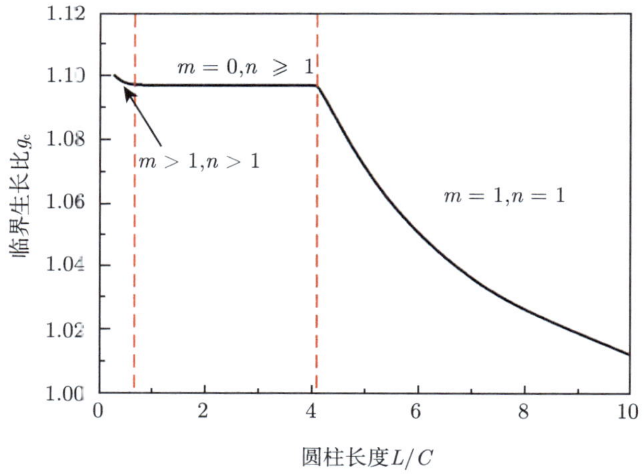

图 16.29　临界生长比 g_c 随着圆柱长度 L/C 的变化

生物系统内管腔组织的粘膜层发生病变时，可能导致粘膜层厚度的变化，进而影响表面失稳形貌，产生与健康组织不同的形态。因此，下面讨论内层的厚度 $H_m/C(H_m = B - A)$ 对失稳的影响。参数取值为 $B/C = 0.5$ 和 $\mu_m/\mu_s = 100$。改变 H_m/C 的值，结果如图 16.30 所示。临界生长比 g_c 随内层厚度 H_m/C 的增大而增大，但在图中可以观察到在 $H_m/C=0.065$ 处，曲线出现拐点。该拐点对应了失稳形貌的转变，当内层较薄时，临界失稳形貌为 $m=0$、$n\geqslant 1$ 的轴对称失稳形貌；而当内层较厚时，出现 $m>1$、$n>1$ 的四方失稳形貌。

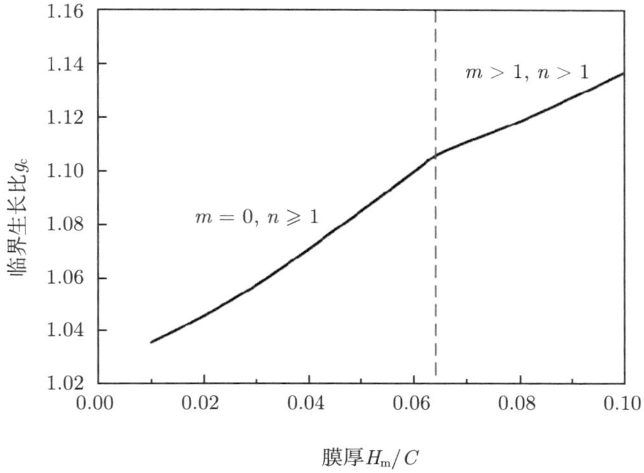

图 16.30 临界生长比 g_c 随膜厚 H_m/C 的变化

以上理论分析得到了三种临界失稳形貌，即分别对应于欧拉失稳、轴对称失稳和四方失稳。下面进一步结合有限元模拟对不同模量比 μ_m/μ_s 和长度 L/C 下的临界失稳进行分析，并给出三种失稳形貌的示意图。采用 Abaqus 中的热膨胀来比拟生长，在临界失稳模拟中，内层采用线弹性材料，外层采用超弹性材料。值得一提的是，当组织发生临界失稳时，处于小应变状态，此时超弹性材料可以简化为线弹性材料，因此将内层设置为线弹性材料。采用三维二阶单元 (C3D20RH) 划分双层圆柱管腔系统。有限元分析中参数取值为 $A/C=0.45$，$B/C=0.5$。

图 16.31 给出了有限元临界分析得到的内层临界失稳形貌。可以看出，模量比 μ_m/μ_s 和长度 L/C 对双层圆柱管腔结构的临界失稳形貌有显著影响，系统出现三种不同形式的失稳，即欧拉失稳、轴对称和四方形貌失稳，这和理论分析的结果一致。同时，还可以观察到，当 $L/C=2$ 时，随着模量比 μ_m/μ_s 的增大，轴对称形貌临界失稳的波数减小，波长增大。

为了更清楚地显示 μ_m/μ_s 和 L/C 对临界失稳形貌的影响，通过理论求解可得三种形貌出现的相图，如图 16.32 所示，参数取值为 $A/C=0.45$，$B/C=0.5$。可以看出，对于本节研究的圆柱外边界自由的情况，改变 μ_m/μ_s 和 L/C，主要发生欧拉失稳和轴对称失稳，在小部分参数下会出现四方失稳。这是因为当外边界自由时，系统的环向约束相对较弱，因此轴向生长不容易产生较大的环向应力，此时四方形貌不容易出现。

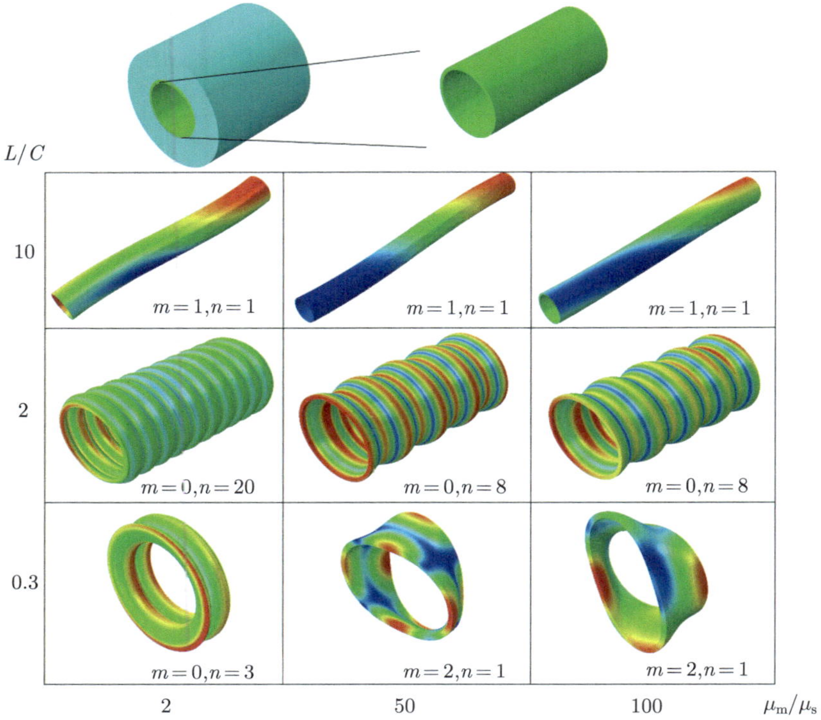

图 16.31　有限元计算得到的临界失稳形貌图

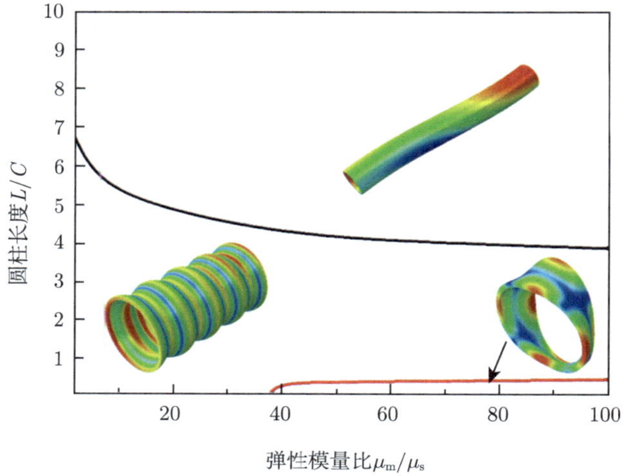

图 16.32　临界失稳形貌相图

当 $\mu_{\mathrm{m}}/\mu_{\mathrm{s}}$ 较小时 (如 $\mu_{\mathrm{m}}/\mu_{\mathrm{s}} < 40$)，$L/C$ 由小变大，使系统的临界失稳形貌出现从轴对称形貌到欧拉失稳形貌的转变。当 $\mu_{\mathrm{m}}/\mu_{\mathrm{s}}$ 较大时 ($40 < \mu_{\mathrm{m}}/\mu_{\mathrm{s}} < 100$)，在 L/C 特别小的情况 (如 L/C=0.3)，临界失稳形貌为四方形貌。随着 L/C 逐渐增大，开始出现轴对称形貌。继续增大 L/C，系统将发生欧拉失稳。

固定 L/C，改变 $\mu_{\mathrm{m}}/\mu_{\mathrm{s}}$ 也可能会导致形貌转变。当 L/C 在一定范围内变化时 (如 $3 < L/C < 7$)，$\mu_{\mathrm{m}}/\mu_{\mathrm{s}}$ 的增大将导致临界失稳从轴对称失稳转变为欧拉失稳。

通过该相图还可以看出，内层和外层的模量比和圆柱长度变化对临界失稳的影响，有助于理解图 16.25 中生物组织出现的各种形貌。另外，该相图还可以对表面形貌的制备提供一定的指导。

以上结果表明，改变几何和物理参数，可能出现轴对称、四方和欧拉失稳三种不同形式的失稳，下面采用有限元方法分别分析这三种情况的后屈曲行为。采用伪动力学方法对后屈曲演化进行模拟，将临界失稳分析得到的节点位移乘以较小的系数后作为初始扰动，引入构型中。在模拟中，内层设置为线弹性近似不可压缩材料 (泊松比 ν=0.49)，外层设置为超弹性不可压缩材料，采用二阶杂交单元 (C3D20RH) 划分网格。假设内层发生轴向生长，外层不生长。约束圆柱两端的轴向位移，圆柱内外表面均为自由边界条件。

在计算中，参数选取为 $A = 0.45$，$B = 0.5$，$C = 1$，$L = 0.3$ 和 $\mu_{\mathrm{m}}/\mu_{\mathrm{s}} = 100$，有限元模拟的结果显示临界失稳产生四方形貌，这验证了理论的结果。其后屈曲演化如图 16.33 所示，随着生长量的增加，四方形貌波幅不断增大，如图 16.33(b) 和 (c) 所示。由于此时圆柱的长度较短，无法很清楚地观察到四方形貌的演化。在 16.6.3 节中对外边界固定的双层圆柱的分析中，将对此进行进一步讨论。

轴对称形貌在后屈曲演化中将打破原有的对称性。选取参数 $A = 0.45$，$B = 0.5$，$C = 1$，$L= 1.5$，$\mu_{\mathrm{m}}/\mu_{\mathrm{s}} = 100$。后屈曲演化过程如图 16.34 所示。系统首先屈曲为轴对称形貌，随着生长，轴对称形貌的波幅增大，如图 16.34(c) 所示。继续增大生长比，轴对称性被打破，演化成六方形貌。虽然该算例中的生长方式为内层轴向生长，但是由于外层的约束，除了轴向应力之外，也产生了环向压应力。当环向压应力较大时，将产生环向失稳，失稳形式由轴对称形貌转化为环向和轴向耦合的六方形貌。

下面研究欧拉失稳形貌的后屈曲演化。参数选取为 $A = 0.45$，$B = 0.5$，$C = 8$，$L = 1.5$，$\mu_{\mathrm{m}}/\mu_{\mathrm{s}} = 60$。当生长比超过临界生长比时，出现欧拉失稳，如图 16.35(b) 所示。随着生长，欧拉失稳的波幅不断增大，如图 16.35(c) 所示。继续增大生长比，由于局部应力集中的原因，可能在端部周围产生波长较小的局部失稳，形成多级形貌，如图 16.35(d) 和 (e) 所示。图 16.35(f) 显示了外层的变化模式，可见在欧拉失稳中，外层和内层会一起发生变形。

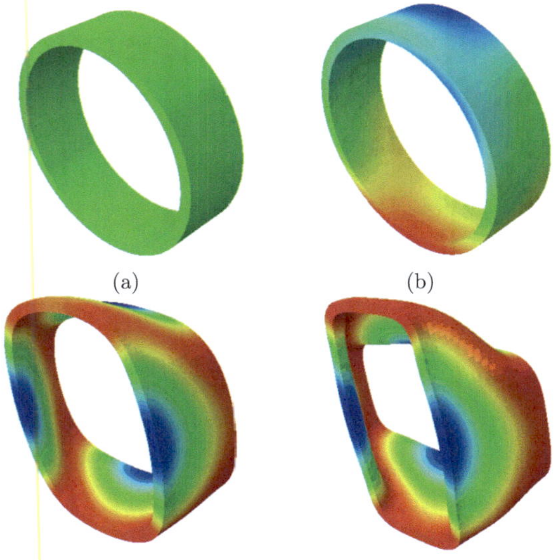

(a)　(b)　(c)　(d)

图 16.33　四方形貌的后屈曲演化

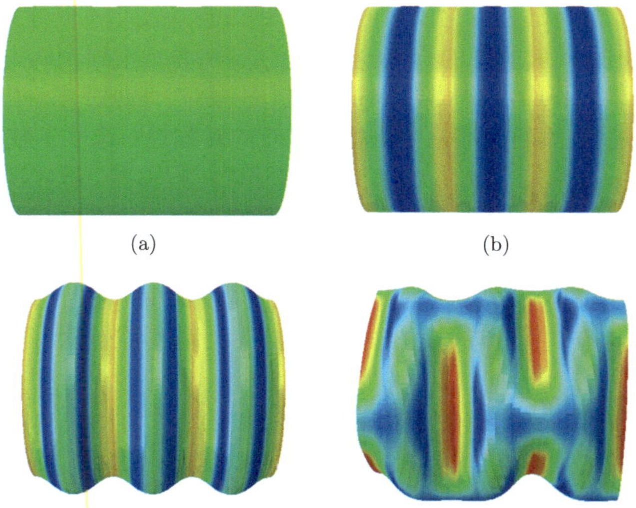

(a)　(b)　(c)　(d)

图 16.34　轴对称形貌的后屈曲演化

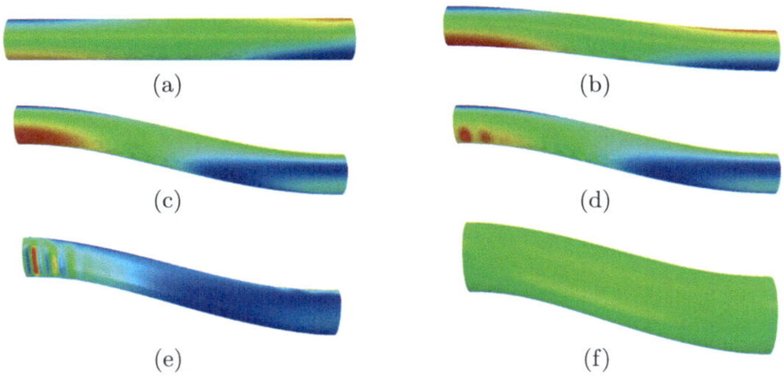

图 16.35 欧拉失稳形貌的后屈曲演化

16.6.3 外表面固支圆柱

当圆柱外表面固支时，$r=c$ 处边界条件由式 (16-85) 给出。内层和外层的变形场分别为由式 (16-103) 和式 (16-104) 给出。由 $r=b$ 处位移连续，得

$$a^2 = C^2 + J_{\mathrm{s}}\left(B^2 - C^2\right) - J_{\mathrm{m}}\left(B^2 - A^2\right) \tag{16-108}$$

通过平衡方程 (16-90)、$r=c$ 处边界条件和 $r=a$ 处自由边界条件 $\boldsymbol{\sigma}\cdot\boldsymbol{n}=\mathbf{0}$，可得内层的应力场为

$$\left\{\begin{aligned}\sigma_{rr\mathrm{m}} &= \frac{\mu_{\mathrm{m}}g_{3\mathrm{m}}}{2g_{1\mathrm{m}}}\left[g_{1\mathrm{m}}g_{3\mathrm{m}}\left(\frac{1}{\alpha_{\mathrm{m}}^2}-\frac{1}{\alpha_{a\mathrm{m}}^2}\right)+2g_{2\mathrm{m}}\ln\left(\frac{\alpha_{a\mathrm{m}}}{\alpha_{\mathrm{m}}}\right)\right.\\ &\quad\left.+\left(-\frac{g_{1\mathrm{m}}^2}{g_{2\mathrm{m}}}+g_{2\mathrm{m}}\right)\ln\left(\frac{g_{1\mathrm{m}}g_{3\mathrm{m}}-g_{2\mathrm{m}}\alpha_{\mathrm{m}}^2}{g_{1\mathrm{m}}g_{3\mathrm{m}}-g_{2\mathrm{m}}\alpha_{a\mathrm{m}}^2}\right)\right]\\ \sigma_{\theta\theta\mathrm{m}} &= \mu_{\mathrm{m}}\alpha_{\mathrm{m}}^2-\mu_{\mathrm{m}}g_{3\mathrm{m}}^2\alpha_{\mathrm{m}}^{-2}+\sigma_{rr\mathrm{m}}\\ \sigma_{zz\mathrm{m}} &= \mu_{\mathrm{m}}g_{3\mathrm{m}}^{-2}-\mu_{\mathrm{m}}g_{3\mathrm{m}}^2\alpha_{\mathrm{m}}^{-2}+\sigma_{rr\mathrm{m}}\end{aligned}\right. \tag{16-109}$$

式中，$\alpha_{a\mathrm{m}}=\dfrac{a}{Ag_{2\mathrm{m}}}$，$\alpha_{\mathrm{m}}^2=\dfrac{J_{\mathrm{m}}\left(R^2-A^2\right)+a^2}{R^2g_{2\mathrm{m}}^2}$，$a$ 的表达式见式 (16-108)。

外层的应力场为

$$\left\{\begin{aligned}\sigma_{rr\mathrm{s}} &= \sigma_{rr\mathrm{m}}|_{\alpha_{\mathrm{m}}=\alpha_{b\mathrm{m}}}+\frac{\mu_{\mathrm{s}}g_{3\mathrm{s}}}{2g_{1\mathrm{s}}}\left[g_{1\mathrm{s}}g_{3\mathrm{s}}\left(\frac{1}{\alpha_{\mathrm{s}}^2}-\frac{1}{\alpha_{b\mathrm{s}}^2}\right)+2g_{2\mathrm{s}}\ln\left(\frac{\alpha_{b\mathrm{s}}}{\alpha_{\mathrm{s}}}\right)\right.\\ &\quad\left.+\left(-\frac{g_{1\mathrm{s}}^2}{g_{2\mathrm{s}}}+g_{2\mathrm{s}}\right)\ln\left(\frac{g_{1\mathrm{s}}g_{3\mathrm{s}}-g_{2\mathrm{s}}\alpha_{\mathrm{s}}^2}{g_{1\mathrm{s}}g_{3\mathrm{s}}-g_{2\mathrm{s}}\alpha_{b\mathrm{s}}^2}\right)\right]\\ \sigma_{\theta\theta\mathrm{s}} &= \mu_{\mathrm{s}}\alpha_{\mathrm{s}}^2-\mu_{\mathrm{s}}g_{3\mathrm{s}}^2\alpha_{\mathrm{s}}^{-2}+\sigma_{rr\mathrm{s}}\\ \sigma_{zz\mathrm{s}} &= \mu_{\mathrm{s}}g_{3\mathrm{s}}^{-2}-\mu_{\mathrm{s}}g_{3\mathrm{s}}^2\alpha_{\mathrm{s}}^{-2}+\sigma_{rr\mathrm{s}}\end{aligned}\right. \tag{16-110}$$

式中，$\alpha_{bs}=\dfrac{b}{Bg_{2s}}$，$\alpha_{bm}=\dfrac{b}{Bg_{2m}}$，$\alpha_s^2=\dfrac{J_s\left(R^2-A^2\right)+C^2}{R^2g_{2s}^2}$，$b$ 的表达式可通过式 (16-103) 和式 (16-104) 求出。

外边界固支的双层圆柱的增量形式平衡方程见式 (16-96) 和式 (16-97)。边界条件分别为：$r=a$ 处的自由边界条件式 (16-98)~ 式 (16-100)，$r=c$ 处的固定边界条件式 (16-101) 和 $r=b$ 处的界面连续条件式 (16-102)。求解上述方程所构成的特征值问题，可得到失稳的临界生长比和临界波数。

假设圆柱内层发生轴向生长，而外层不生长，即 $g_{1m}=g_{2m}=g_{1s}=g_{2s}=g_{3s}=1$，$g_{3m}>1$，下面讨论材料参数和几何参数对临界生长比和临界形貌的影响。

首先研究临界生长比 g_c 随着内层和外层的模量比 μ_m/μ_s 的变化规律，结果如图 16.36 所示，参数选取 $A/C=0.45$，$B/C=0.5$ 和 $L/C=2$。结果表明，临界生长比 g_c 随着模量比 μ_m/μ_s 的增大而减小。此外，当 $\mu_m/\mu_s<17$ 时，临界失稳的模态为 $m=0$，$n\geqslant 1$ 的轴对称形貌，当 $\mu_m/\mu_s\geqslant 17$ 时，出现的临界失稳模态为 $m>1$、$n>1$ 的四方形貌。

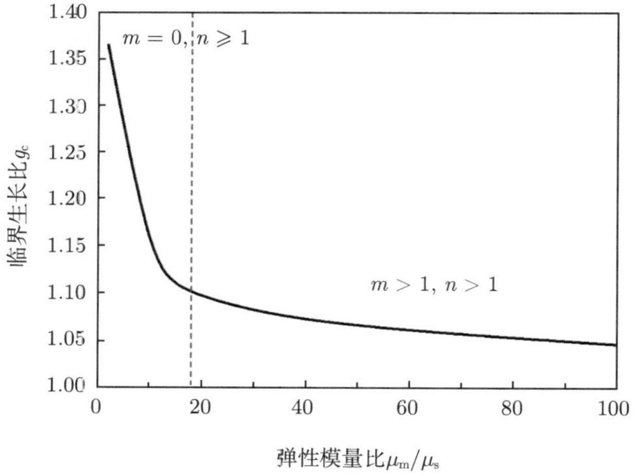

图 16.36　临界生长比 g_c 随模量比 μ_m/μ_s 的变化

内层厚度 H_m/C 对临界失稳结果也有较大的影响。参数选取为 $B/C=0.5$、$L/C=2$ 和 $\mu_m/\mu_s=20$，临界生长比 g_c 随 H_m/C 的变化曲线如图 16.37 所示。可见，临界生长比 g_c 随着内层厚度 H_m/C 的增大而增大。在曲线中的 $H_m/C=0.057$ 处存在拐点，该拐点为临界失稳形貌的转变点。当 $H_m/C<0.057$ 时，临界失稳为轴对称形貌；当 $H_m/C\geqslant 0.057$ 时，临界失稳为四方失稳形貌。

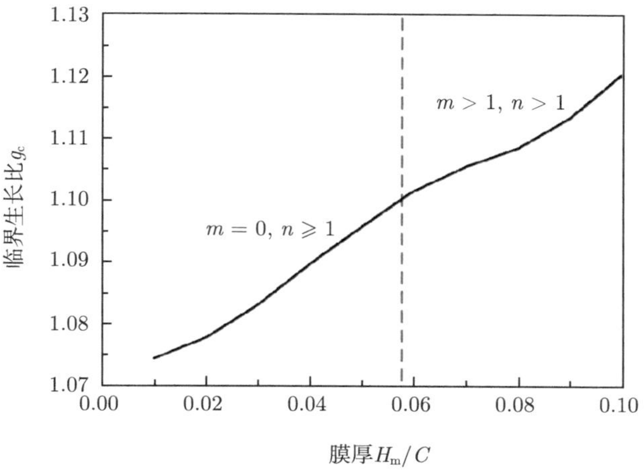

图 16.37 临界生长比 g_c 随内层厚度 H_m/C 的变化

在数值计算中，还观察到以下现象：由于约束了圆柱外边界，圆柱的长度 L/C 对临界生长比和临界失稳形貌几乎无影响。因此，本节不讨论圆柱长度 L/C 的影响，仅讨论模量比 μ_m/μ_s 和内层厚度 H_m/C 的影响。通过理论求解可以得到二者对临界失稳形貌影响的相图，如图 16.38 所示，参数选取为 $B/C = 0.5$ 和 $L/C = 2$。从相图可知，当内层厚度厚度 H_m/C 较小时，临界失稳为轴对称形貌；而当 H_m/C 较大时，随着模量比 μ_m/μ_s 的增大，临界失稳由轴对称形貌转变为四方形貌。μ_m/μ_s 较小时，临界失稳为轴对称形貌；而当 μ_m/μ_s 较大时，随着 H_m/C 的变化，轴对称形貌向四方形貌转变。以上结果表明，当模量比 μ_m/μ_s 由小到大，或者内层厚度 H_m/C 变大时，可以实现临界失稳形貌由轴对称形貌到四方形貌的转变。这对于形貌制备有一定的参考价值，并有助于理解生物管腔组织中出现的丰富形貌。

对比外边界自由时的相图 16.32 和外边界固定时的相图 16.38，可以看出，当外边界自由时，临界失稳一般出现轴对称和欧拉失稳形貌，而在外边界固定时，临界失稳出现轴对称和四方形貌。相比外边界自由的情形，外边界固定时四方失稳形貌可以在较大的参数范围内出现，如图 16.38 所示。产生该差异的主要原因是外边界的约束作用。当外边界自由时，轴向生长产生的应力主要为轴向应力，因此容易出现轴对称形貌和欧拉形貌；当外边界固定时，由于外边界的约束效应，轴向生长除了产生轴向应力外，还会产生较大的环向应力，因而形成环向失稳和轴向失稳耦合的四方失稳形貌。

采用有限元软件 Abaqus 对轴向失稳形貌和四方失稳形貌的后屈曲演化进行模拟。设内层材料为线弹性近似不可压缩材料 (取泊松比 ν 为 0.49)，外层的材料为超弹性不可压缩材料，采用二阶杂交单元 (C3D20RH)。约束圆柱两个端面的轴向位移和外表面的位移。假设内层发生轴向生长，外层不生长。

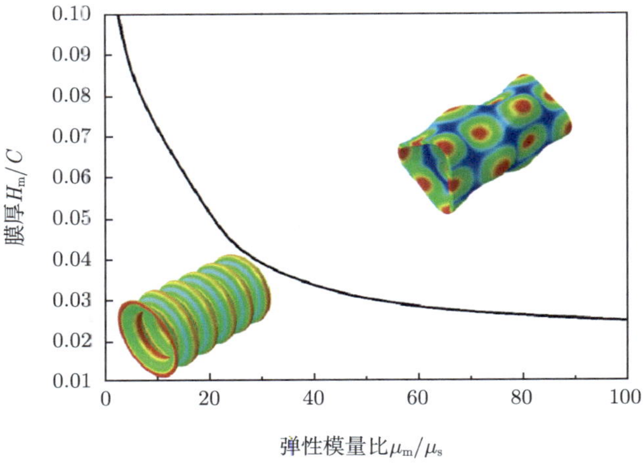

图 16.38　临界失稳形貌的相图

参数取值为 $A = 0.45$、$B= 0.5$、$C= 1$、$L= 2$ 和 $\mu_m/\mu_s = 100$，四方形貌的演化如图 16.39 所示。当生长比达到临界值时，系统出现四方形貌，如图 16.39(b) 所示。随着生长比的增大，四方形貌会很快演化成六方形貌，如图 16.39(c) 所示。继续增大生长比，六方形貌变得不规则，如图 16.39(d) 所示。在带曲率的表面上，六方形貌的总势能低于四方形貌 [48]，因此在后屈曲演化中圆柱表面的四方形貌难以稳定存在，很快演化成六方形貌。

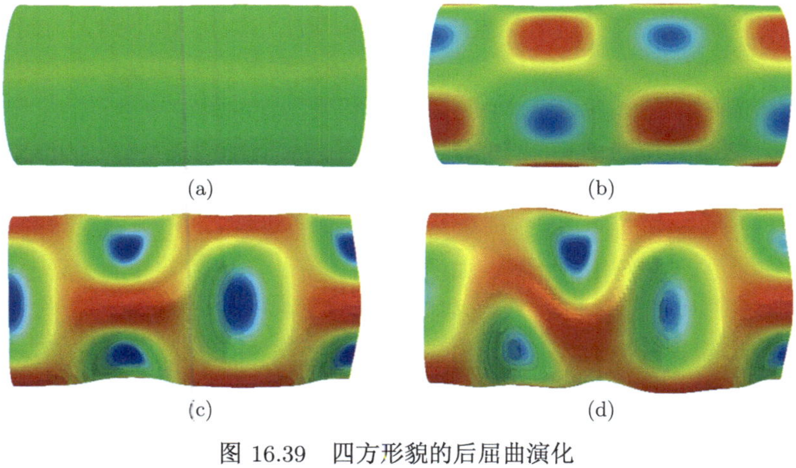

图 16.39　四方形貌的后屈曲演化

轴对称形貌的后屈曲演化如图 16.40 所示，参数取值 $A = 0.48$、$B= 0.5$、$C= 1$、$L= 2$ 和 $\mu_m/\mu_s = 70$。临界失稳为轴对称形貌，如图 16.40(b) 所示，随着生长比的增加，轴对称形貌的波幅增大 (图 16.40(c))。继续增大生长比后，轴对称性被打破，如图 16.40(d) 和 (e) 所示。随着生长比进一步增大，六方形貌逐渐变得混乱、不规则，如图 16.40(f) 所示。这种由轴对称形貌向六方形貌的演化，主要是由于外边界约束，内层产生了较大的环向应力，环向应力累积到一定程度后，会产生环向和轴向的耦合，演化为六方形貌。

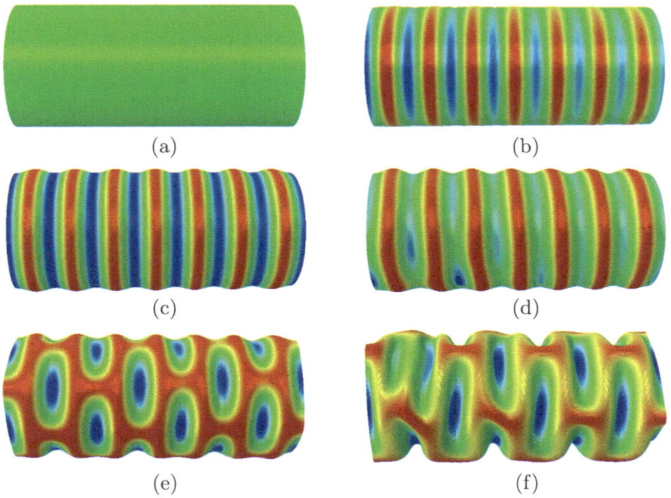

图 16.40 轴对称形貌的后屈曲演化

16.7 球腔内壁粘膜的失稳分析

脊椎动物的胃具有不同的形状，大多类似于球腔。例如，人的胃像一个梨形的口袋。本节考虑球腔结构软组织的生长与失稳，以此近似动物胃壁上粘膜的生长与起皱行为。这种近似可以简化数学推导，并能反映胃的三维几何约束的基本特征。类似于前文的模型，将胃壁分为三层，从外到里分别为肌肉层、粘膜下层和粘膜层。假设肌肉层对粘膜下层起固定边界的作用，则系统简化为由粘膜和粘膜下层构成的双层膜系统。

16.7.1 应力分析

对当前考虑的系统，采用球坐标系。取粘膜和粘膜下层在生长前的无应力状态为初始构型，生长之后的变形状态为当前构型。在初始构型和当前构型中的物质点的位置分别用 $\boldsymbol{X}$ 和 $\boldsymbol{x}$ 表示，则 $\boldsymbol{X}=(R,\Theta,\Phi)$，$\boldsymbol{x}=(r,\theta,\phi)$，如图 16.41 所示。系统的初始内半径为 A，界面半径为 B，外半径为 C，则粘膜和粘膜下层的初始厚度分别为 $H_{\mathrm{m}}=B-A$ 和 $H_{\mathrm{s}}=C-B$。

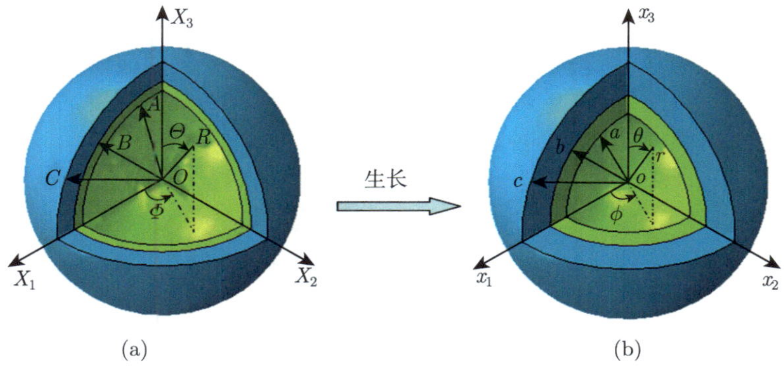

图 16.41　(a) 初始构型；(b) 当前构型

考虑球对称的生长模式，即 $r = r(R)$。在生长之后，粘膜内半径、粘膜与粘膜下层的界面半径和粘膜下层外半径分别变为 $a = r(A)$、$b = r(B)$ 和 $c = r(C)$。相应的变形梯度张量为

$$\boldsymbol{F} = \frac{\partial \boldsymbol{x}}{\partial \boldsymbol{X}} = \operatorname{diag}\left(\frac{\partial r}{\partial R}, \frac{r}{R}, \frac{r}{R}\right) \tag{16-111}$$

假设生长张量具有如下形式：

$$\boldsymbol{G} = \operatorname{diag}(g_1, g_2, g_3) \tag{16-112}$$

且满足球对称性，即 $g_2 = g_3$。根据变形梯度分解和球对称性，弹性张量为

$$\boldsymbol{A} = \operatorname{diag}(\alpha_1, \alpha_2, \alpha_3) \tag{16-113}$$

式中，$\alpha_1 = g_1^{-1}\partial r/\partial R$，$\alpha_2 = \alpha_3 = \alpha = g_2^{-1} r/R$。仍以不可压缩的各向同性 neo-Hooke 本构关系模拟粘膜和粘膜下层。由弹性不可压缩条件 $\det(\boldsymbol{A}) = 1$，则有 $\alpha_1 = \alpha^{-2}$。另由 $\det(\boldsymbol{F}) = \det(\boldsymbol{G})$，可得 $R^{-2}r^2\partial r/\partial R = g_1 g_2^2$，对此式积分可得粘膜和粘膜下层由于生长所发生的变形：

$$\begin{cases} r^3 - a^3 = g_{1\mathrm{m}} g_{2\mathrm{m}}^2 (R^3 - A^3) & (A \leqslant R \leqslant B) \\ r^3 - C^3 = g_{1\mathrm{s}} g_{2\mathrm{s}}^2 (R^3 - C^3) & (B \leqslant R \leqslant C) \end{cases} \tag{16-114}$$

式中，

$$a = \left[C^3 - g_{1\mathrm{s}} g_{2\mathrm{s}}^2 (C^3 - B^3) - g_{1\mathrm{m}} g_{2\mathrm{m}}^2 (B^3 - A^3)\right]^{1/3} \tag{16-115}$$

式中，下标 m 和 s 分别表示在粘膜和粘膜下层中的参量。

Cauchy 应力的分量形式为

$$\sigma_{rr} = \mu\alpha^{-4} - p, \quad \sigma_{\theta\theta} = \mu\alpha^2 - p \tag{16-116}$$

在无体力情况下，Cauchy 应力表示的平衡方程 $\operatorname{div}(\boldsymbol{\sigma})=\mathbf{0}$ 退化为

$$\frac{\partial \sigma_{rr}}{\partial r}+\frac{2}{r}\left(\sigma_{rr}-\sigma_{\theta\theta}\right)=0 \tag{16-117}$$

将式 (16-116) 代入式 (16-117)，并将 r 替换为 α，得到

$$\frac{\partial \sigma_{rr}}{\partial \alpha}=\frac{2\mu\left(\alpha^{2}-\alpha^{-4}\right)}{\alpha-\Gamma\alpha^{4}} \tag{16-118}$$

由式 (16-118) 和理想粘接界面条件式 (16-15)，可以求出应力场的解析解为

$$\left\{\begin{aligned}
\sigma_{rr\mathrm{m}}=&\frac{\mu_{\mathrm{m}}}{2}\left(\frac{1}{\alpha_{\mathrm{m}}^{4}}+\frac{4\Gamma_{\mathrm{m}}}{\alpha_{\mathrm{m}}}-\frac{1+4\Gamma_{\mathrm{m}}\alpha_{a\mathrm{m}}^{3}}{\alpha_{a\mathrm{m}}^{4}}\right)\\
&+\frac{\mu_{\mathrm{m}}\left(\Gamma_{\mathrm{m}}^{2}-1\right)}{3\Gamma_{\mathrm{m}}^{2/3}}\left[2\sqrt{3}\arctan\frac{\sqrt{3}\left(\alpha_{\mathrm{m}}-\alpha_{a\mathrm{m}}\right)\Gamma_{\mathrm{m}}^{1/3}}{2+\left(\alpha_{\mathrm{m}}+\alpha_{a\mathrm{m}}\right)\Gamma_{\mathrm{m}}^{1/3}+2\alpha_{\mathrm{m}}\alpha_{a\mathrm{m}}\Gamma_{\mathrm{m}}^{2/3}}\right.\\
&\left.+\ln\left(\frac{\alpha_{\mathrm{m}}\Gamma_{\mathrm{m}}^{1/3}-1}{\alpha_{a\mathrm{m}}\Gamma_{\mathrm{m}}^{1/3}-1}\right)^{2}-\ln\frac{1+\alpha_{\mathrm{m}}\Gamma_{\mathrm{m}}^{1/3}+\alpha_{\mathrm{m}}^{2}\Gamma_{\mathrm{m}}^{2/3}}{1+\alpha_{a\mathrm{m}}\Gamma_{\mathrm{m}}^{1/3}+\alpha_{a\mathrm{m}}^{2}\Gamma_{\mathrm{m}}^{2/3}}\right]\\
\sigma_{\theta\theta\mathrm{m}}=&\sigma_{rr\mathrm{m}}+\mu_{\mathrm{m}}\left(\alpha_{\mathrm{m}}^{2}-\alpha_{\mathrm{m}}^{-4}\right)\quad(A\leqslant R\leqslant B)
\end{aligned}\right. \tag{16-119}$$

$$\left\{\begin{aligned}
\sigma_{rr\mathrm{s}}=&\left.\sigma_{rr\mathrm{m}}\right|_{\alpha_{\mathrm{m}}=\alpha_{b\mathrm{m}}}+\frac{\mu_{\mathrm{s}}}{2}\left(\frac{1}{\alpha_{\mathrm{s}}^{4}}+\frac{4\Gamma_{\mathrm{s}}}{\alpha_{\mathrm{s}}}-\frac{1+4\Gamma_{\mathrm{s}}\alpha_{b\mathrm{s}}^{3}}{\alpha_{b\mathrm{s}}^{4}}\right)+\frac{\mu_{\mathrm{s}}\left(\Gamma_{\mathrm{s}}^{2}-1\right)}{3\Gamma_{\mathrm{s}}^{2/3}}\\
&\times\left[2\sqrt{3}\arctan\frac{\sqrt{3}\left(\alpha_{\mathrm{s}}-\alpha_{b\mathrm{s}}\right)\Gamma_{\mathrm{s}}^{1/3}}{2+\left(\alpha_{\mathrm{s}}+\alpha_{b\mathrm{s}}\right)\Gamma_{\mathrm{s}}^{1/3}}+2\alpha_{\mathrm{s}}\alpha_{b\mathrm{s}}\Gamma_{\mathrm{s}}^{2/3}\right.\\
&\left.+\ln\left(\frac{\alpha_{\mathrm{s}}\Gamma_{\mathrm{s}}^{1/3}-1}{\alpha_{b\mathrm{s}}\Gamma_{\mathrm{s}}^{1/3}-1}\right)^{2}-\ln\frac{1+\alpha_{\mathrm{s}}\Gamma_{\mathrm{s}}^{1/3}+\alpha_{\mathrm{s}}^{2}\Gamma_{\mathrm{s}}^{2/3}}{1+\alpha_{b\mathrm{s}}\Gamma_{\mathrm{s}}^{1/3}+\alpha_{b\mathrm{s}}^{2}\Gamma_{\mathrm{s}}^{2/3}}\right]\\
\sigma_{\theta\theta\mathrm{s}}=&\sigma_{rr\mathrm{s}}+\mu_{\mathrm{s}}\left(\alpha_{\mathrm{s}}^{2}-\alpha_{\mathrm{s}}^{-4}\right)\quad(B\leqslant R\leqslant C)
\end{aligned}\right. \tag{16-120}$$

式中，$\Gamma_{\mathrm{m}}=g_{2\mathrm{m}}/g_{1\mathrm{m}}$，$\Gamma_{\mathrm{s}}=g_{2\mathrm{s}}/g_{1\mathrm{s}}$，

$$\left\{\begin{aligned}
\alpha_{a\mathrm{m}}&\equiv\frac{a}{g_{2\mathrm{m}}A}=\left[\frac{C^{3}}{g_{2\mathrm{m}}^{3}A^{3}}-\frac{g_{1\mathrm{s}}g_{2\mathrm{s}}^{2}}{g_{2\mathrm{m}}^{3}A^{3}}\left(C^{3}-B^{3}\right)-\frac{g_{1\mathrm{m}}}{g_{2\mathrm{m}}}\left(\frac{B^{3}}{A^{3}}-1\right)\right]^{1/3}\\
\alpha_{b\mathrm{m}}&\equiv\frac{b}{g_{2\mathrm{m}}B}=\left[\frac{C^{3}}{g_{2\mathrm{m}}^{3}B^{3}}-\frac{g_{1\mathrm{s}}g_{2\mathrm{s}}^{2}}{g_{2\mathrm{m}}^{3}}\left(\frac{C^{3}}{B^{3}}-1\right)\right]^{1/3}\\
\alpha_{b\mathrm{s}}&\equiv\frac{b}{g_{2\mathrm{s}}B}=\left[\frac{C^{3}}{g_{2\mathrm{s}}^{3}B^{3}}-\frac{g_{1\mathrm{s}}}{g_{2\mathrm{s}}}\left(\frac{C^{3}}{B^{3}}-1\right)\right]^{1/3}
\end{aligned}\right. \tag{16-121}$$

通过以上解析解，可以分析几何参数、本构参数对粘膜、粘膜下层变形及应力场对失稳的影响。图 16.42 给出了双层膜在球腔中的受限生长，图中取参数 $A=1$，$B=1.2$，$C=2$，$\mu_{\mathrm{m}}/\mu_{\mathrm{s}}=10$。对于生长比 $g_{\mathrm{s}}=1$ 和 $g_{\mathrm{m}}>1$ 的情况，α_{s} 退化为

常数，因此粘膜下层中的应力场分布与半径无关，这与圆柱构型中双层膜生长失稳的规律类似。对于各向异性生长 (图 16.43)，粘膜环向生长比径向生长所产生的压应力大，表明环向生长更容易导致粘膜失稳。

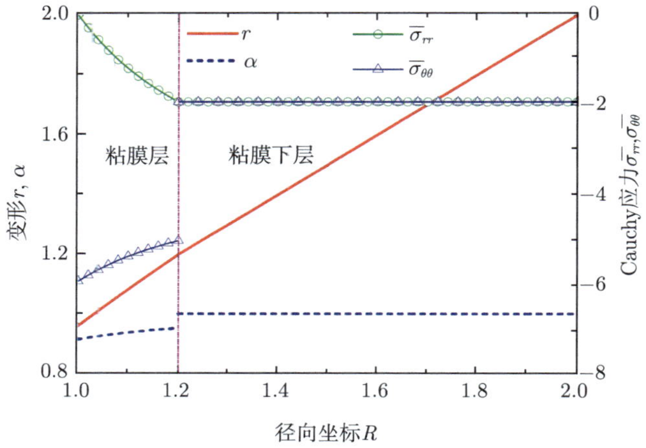

图 16.42　各向同性生长产生的变形与应力

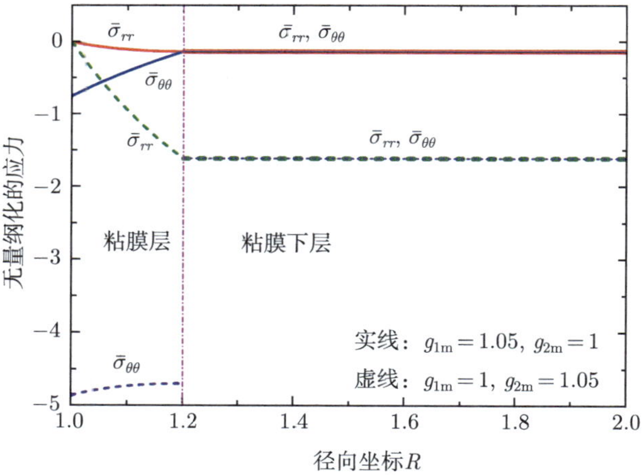

图 16.43　各向异性生长产生的应力

16.7.2　稳定性分析

下面采用 16.2 节中所给出的理论框架进行稳定性分析。设增量位移场为

$$\dot{\boldsymbol{x}}(r,\theta,\phi)=u(r,\theta,\phi)\,\boldsymbol{e}_r+v(r,\theta,\phi)\,\boldsymbol{e}_\theta+w(r,\theta,\phi)\,\boldsymbol{e}_\phi \tag{16-122}$$

式中，u、v 和 w 为增量位移，$\boldsymbol{e}_r$、$\boldsymbol{e}_\theta$ 和 $\boldsymbol{e}_\phi$ 分别为径向、经向和纬向的单位基矢量，则增量变形梯度张量 $\dot{\boldsymbol{F}}_0$ 为

$$\begin{aligned}\dot{\boldsymbol{F}}_0 =& \frac{\partial u}{\partial r}\boldsymbol{e}_r\boldsymbol{e}_r + \frac{1}{r}\left(\frac{\partial u}{\partial \theta} - v\right)\boldsymbol{e}_r\boldsymbol{e}_\theta + \frac{1}{r}\left(\frac{1}{\sin\theta}\frac{\partial u}{\partial \phi} - w\right)\boldsymbol{e}_r\boldsymbol{e}_\phi + \frac{\partial v}{\partial r}\boldsymbol{e}_\theta\boldsymbol{e}_r \\ &+ \frac{1}{r}\left(\frac{\partial v}{\partial \theta} + u\right)\boldsymbol{e}_\theta\boldsymbol{e}_\theta + \frac{1}{r}\left(\frac{1}{\sin\theta}\frac{\partial v}{\partial \phi} - w\cot\theta\right)\boldsymbol{e}_\theta\boldsymbol{e}_\phi + \frac{\partial w}{\partial r}\boldsymbol{e}_\phi\boldsymbol{e}_r + \frac{1}{r}\frac{\partial w}{\partial \theta}\boldsymbol{e}_\phi\boldsymbol{e}_\theta \\ &+ \frac{1}{r}\left(\frac{1}{\sin\theta}\frac{\partial w}{\partial \phi} + u + v\cot\theta\right)\boldsymbol{e}_\phi\boldsymbol{e}_\phi\end{aligned} \tag{16-123}$$

由弹性不可压缩性条件式 (16-18)，有

$$\frac{\partial u}{\partial r} + \frac{2}{r}u + \frac{1}{r}\frac{\partial v}{\partial \theta} + \frac{1}{r}v\cot\theta + \frac{1}{r}\frac{1}{\sin\theta}\frac{\partial w}{\partial \phi} = 0 \tag{16-124}$$

平衡方程 (16-25) 变为

$$\begin{aligned}&\left(K_{1111} - K_{1122} - K_{1212} + \alpha_1\frac{\partial W}{\partial \alpha_1}\right)\frac{\partial^2 u}{\partial r^2} + K_{2121}\frac{1}{r^2}\left(\frac{\partial^2 u}{\partial \theta^2} + \frac{\partial u}{\partial \theta}\cot\theta + \frac{1}{\sin^2\theta}\frac{\partial^2 u}{\partial \varphi^2} + 2u\right) \\ &+ \left[r\frac{\partial}{\partial r}\left(K_{1111} - K_{1122} + \alpha_1\frac{\partial W}{\partial \alpha_1}\right) + 2K_{1111} - 4K_{1122} - 2K_{1212} + K_{2222} + K_{2233}\right. \\ &\left.+ 4\alpha_1\frac{\partial W}{\partial \alpha_1} - \alpha_2\frac{\partial W}{\partial \alpha_2}\right]\frac{1}{r}\frac{\partial u}{\partial r} - \frac{\partial \dot{p}}{\partial r} = 0\end{aligned}$$

$$\begin{aligned}&K_{1212}\frac{\partial^2 v}{\partial r^2} + \left(r\frac{\mathrm{d}K_{1212}}{\mathrm{d}r} + 2K_{1212}\right)\frac{1}{r}\frac{\partial v}{\partial r} + \left(K_{1212} + K_{1122} - K_{2222} - \alpha_1\frac{\partial W}{\partial \alpha_1}\right)\frac{1}{r}\frac{\partial^2 u}{\partial r\partial \theta} \\ &+ \left(r\frac{\mathrm{d}K_{1212}}{\mathrm{d}r} + 2K_{1212} - K_{2222} + K_{2233} - \alpha_2\frac{\partial W}{\partial \alpha_2}\right)\frac{1}{r^2}\left(\frac{\partial u}{\partial \theta} - v\right) \\ &+ \left(K_{2233} - K_{2222} - \alpha_2\frac{\partial W}{\partial \alpha_2}\right)\frac{1}{2r^2\sin\theta}\left(\frac{\partial^2 w}{\partial \theta\partial \phi} - \frac{1}{\sin\theta}\frac{\partial^2 v}{\partial \phi^2} + \frac{\partial w}{\partial \phi}\cot\theta\right) - \frac{1}{r}\frac{\partial \dot{p}}{\partial \theta} = 0\end{aligned}$$

$$\begin{aligned}&K_{1212}\frac{\partial^2 w}{\partial r^2} + \left(r\frac{\mathrm{d}K_{1212}}{\mathrm{d}r} + 2K_{1212}\right)\frac{1}{r}\frac{\partial w}{\partial r} \\ &+ \left(K_{1212} + K_{1122} - K_{2222} - \alpha_1\frac{\partial W}{\partial \alpha_1}\right)\frac{1}{r\sin\theta}\frac{\partial^2 u}{\partial r\partial \phi} \\ &+ \left(r\frac{\mathrm{d}K_{1212}}{\mathrm{d}r} + 2K_{1212} - K_{2222} + K_{2233} - \alpha_2\frac{\partial W}{\partial \alpha_2}\right)\frac{1}{r^2}\left(\frac{1}{\sin\theta}\frac{\partial u}{\partial \phi} - w\right)\end{aligned}$$

$$
-\frac{1}{2r^2}\left(K_{2233}-K_{2222}-\alpha_2\frac{\partial W}{\partial \alpha_2}\right)\left(\frac{\partial^2 w}{\partial \theta^2}+\frac{\partial w}{\partial \theta}\cot\theta-w\csc^2\theta-\frac{1}{\sin\theta}\frac{\partial^2 v}{\partial\theta\partial\phi}\right.
$$

$$
\left.+\frac{\cot\theta}{\sin\theta}\frac{\partial v}{\partial\phi}\right)-\frac{1}{r\sin\theta}\frac{\partial \dot{p}}{\partial\phi}=0 \tag{16-125}
$$

在自由边界 $r=a$ 处的增量形式边界条件为

$$
\begin{cases}
\left(K_{1111}-K_{1122}+\alpha_1\dfrac{\partial W}{\partial \alpha_1}\right)\dfrac{\partial u}{\partial r}-\dot{p}=0\\
\dfrac{\partial v}{\partial r}+\dfrac{1}{r}\left(\dfrac{\partial u}{\partial \theta}-v\right)=0\\
\dfrac{\partial w}{\partial r}+\dfrac{1}{r}\left(\dfrac{1}{\sin\theta}\dfrac{\partial u}{\partial \phi}-w\right)=0
\end{cases} \tag{16-126}
$$

在固定边界 $r=c$ 处有

$$
u=0,\quad v=0,\quad w=0 \tag{16-127}
$$

在界面 $r=b$ 处的连接条件为

$$
\begin{cases}
\langle u\rangle=0,\quad \langle v\rangle=0,\quad \langle w\rangle=0\\
\left\langle \dot{S}_{0rr}\right\rangle=0,\quad \left\langle \dot{S}_{0r\theta}\right\rangle=0,\quad \left\langle \dot{S}_{0r\phi}\right\rangle=0
\end{cases} \tag{16-128}
$$

为了求解表面失稳的临界条件，考察式 (16-124)~ 式 (16-128) 的球谐函数形式解的存在性，设

$$
\begin{cases}
u(r,\theta,\phi)=\tilde{u}(r)\,Y_l^m(\theta,\phi)\\
v(r,\theta,\phi)=\tilde{v}(r)\,\dfrac{\partial}{\partial\theta}Y_l^m(\theta,\phi)\\
w(r,\theta,\phi)=\tilde{v}(r)\,\dfrac{1}{\sin\theta}\dfrac{\partial}{\partial\phi}Y_l^m(\theta,\phi)
\end{cases} \tag{16-129}
$$

并设 $\dot{p}=\tilde{p}(r)\,Y_l^m(\theta,\phi)$。利用增量位移式 (16-129) 和不可压缩条件 (16-124)，式 (16-125) 可化为一个四阶常微分方程

$$
\tilde{u}''''+C_1\tilde{u}'''+C_2\tilde{u}''+C_3\tilde{u}'+C_4\tilde{u}=0 \tag{16-130}
$$

式中，

$$
\begin{cases}
C_1 = \dfrac{8\varGamma\alpha^3}{r} \\
C_2 = -\dfrac{l^2+l+10-16\varGamma\alpha^3+\left(l^2+l-4\varGamma^2-2\right)\alpha^6}{r^2} \\
C_3 = \dfrac{2\left(l^2+l+10\right)-4\varGamma\left(l^2+l+8\right)\alpha^3-4\left(l^2+l-2\varGamma^2-2\right)\alpha^6+2\varGamma\left(l^2+l-2\right)\alpha^9}{r^3} \\
C_4 = \dfrac{\left(l^2+l-2\right)\left[10-16\varGamma\alpha^3+\left(l^2+l+4\varGamma^2-2\right)\alpha^6+4\varGamma\alpha^9\right]}{r^4}
\end{cases}
\tag{16-131}
$$

类似化简边界条件，在 $r=a$ 处

$$
\begin{cases}
\tilde{u}'''+\dfrac{2+4\varGamma\alpha^3}{r}\tilde{u}''+\dfrac{8\varGamma\alpha^3-2\left(l^2+l+2\right)-\left(l^2+l-2\right)\alpha^6}{r^2}\tilde{u}' \\
+\dfrac{2\left(l^2+l-2\right)\left(2\varGamma\alpha^3-\alpha^6-1\right)}{r^3}\tilde{u}=0 \\
\tilde{u}''+\dfrac{2}{r}\tilde{u}'+\dfrac{l^2+l-2}{r^2}\tilde{u}=0
\end{cases}
\tag{16-132}
$$

在 $r=c$ 处有

$$
\tilde{u}=0, \quad \tilde{u}'=0 \tag{16-133}
$$

在 $r=b$ 处的连续性条件为

$$
\begin{cases}
\langle\tilde{u}\rangle=0 \\
\langle\tilde{u}'\rangle=0 \\
\left\langle\dfrac{\mu r^2}{\alpha^4}\tilde{u}'''+\dfrac{2\mu r\left(1+2\varGamma\alpha^3\right)}{\alpha^4}\tilde{u}''+\dfrac{\mu\left[8\varGamma\alpha^3-2\left(l^2+l+2\right)-\left(l^2+l-2\right)\alpha^6\right]}{\alpha^4}\tilde{u}'\right. \\
\left.+\dfrac{2\mu\left(l^2+l-2\right)\left(2\varGamma\alpha^3-\alpha^6-1\right)}{r\alpha^4}\tilde{u}\right\rangle=0 \\
\left\langle\dfrac{\mu r}{\alpha^4}\tilde{u}''+\dfrac{2\mu}{\alpha^4}\tilde{u}'+\dfrac{\mu\left(l^2+l-2\right)}{r\alpha^4}\tilde{u}\right\rangle=0
\end{cases}
\tag{16-134}
$$

由式 (16-130)~ 式 (16-134) 可以看出，微分方程组独立于参数 m(或 ϕ)，即退化为轴对称问题。粘膜表面屈曲的临界条件完全取决于 l，类似于球壳在内或外压下的分岔 [49,50] 以及球壳表面扩散所导致的演化 [51]。

这里采用行列式法 [36,37] 求解上述特征值问题。当生长所产生的残余应力足够大时，粘膜会发生表面失稳，形成周期的皱褶，这一过程将释放系统内的部分弹性应变能。下面将以粘膜的各向同性生长为例考察系统失稳的临界特征，即 $g_{1\mathrm{m}}=g_{2\mathrm{m}}=g>1$ 和 $g_{1\mathrm{s}}=g_{2\mathrm{s}}=1$。如图 16.44 所示，在几种不同粘膜厚度的情况下，可能导致

粘膜失稳的生长比 g 随模数 l 的变化规律，其中取参数 $\mu_{\rm m}/\mu_{\rm s}=10$，$H_{\rm s}/C=0.5$。在所有可能的屈曲形貌中，存在一种最可能的失稳模式，失稳的临界模数 $l_{\rm c}$，临界模数对应的生长比定义为临界生长比 $g_{\rm c}$。例如，当 $H_{\rm m}/C=0.04$ 时，临界模数 $l_{\rm c}=7$，临界生长比 $g_{c}=1.07065$。

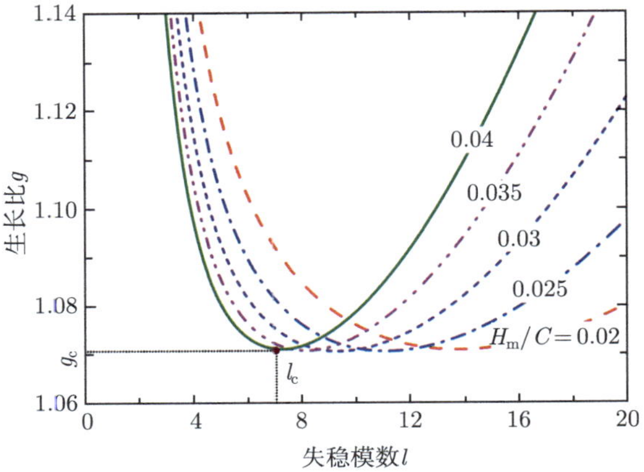

图 16.44　临界生长比 $g_{\rm c}$ 和临界失稳模数 $l_{\rm c}$ 的确定

图 16.45 中给出了临界生长比 $g_{\rm c}$ 随弹性模量比 $\mu_{\rm m}/\mu_{\rm s}$ 的变化规律，图中取 $H_{\rm m}/C=0.02$，$H_{\rm s}/C=0.2$。当弹性模量比 $\mu_{\rm m}/\mu_{\rm s}<20$ 时，临界生长比 $g_{\rm c}$ 随模量比的增加而急剧下降，表明此时粘膜的模量变化对系统稳定性有明显影响。此外，在相同参数情况下，图 16.45 表明球腔内壁上粘膜失稳的临界生长比比圆柱孔内的小，这是因为在球腔内，经度方向和纬度方向同时约束了粘膜的生长。系统几何、物理参数对临界失稳模数 $l_{\rm c}$ 的影响将在下文结合有限元模拟结果进行分析。

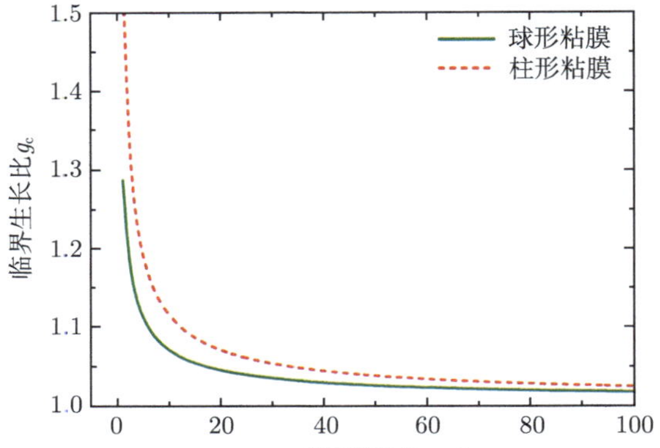

图 16.45　临界生长比随模量比的变化

16.7.3 有限元模拟

类似于 16.4.3 节，采用有限元软件 Abaqus 模拟球形粘膜的生长失稳问题，粘膜和粘膜下层均采用八节点轴对称单元 (CAX8RH)。对每一组几何参数和材料参数，通过加密网格进行收敛性分析。为了保证精度，系统的节点数约为 15000 左右，网格布局如图 16.46(a) 所示。粘膜生长的初始阶段，粘膜厚度均匀增加，当环向压应力达到临界值时，粘膜发生屈曲，图 16.46(b) 为粘膜表面屈曲的示意图。

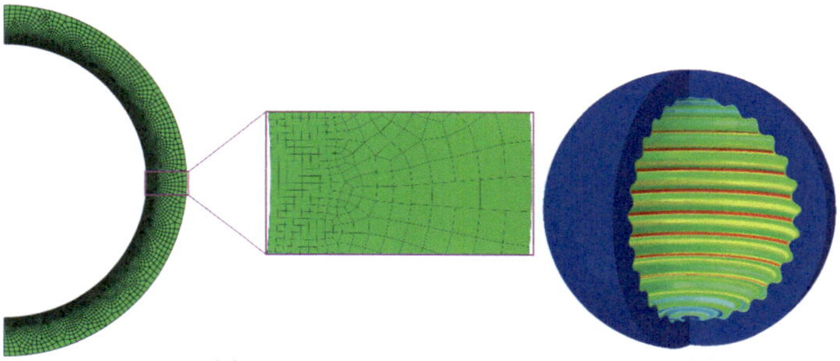

(a) (b)

图 16.46 有限元模拟

(a) 网格划分；(b) 粘膜表面屈曲示意图

以 $H_s/C = 0.5$ 和 $\mu_m/\mu_s = 10$ 为例，图 16.47 给出了粘膜的初始厚度 H_m/C 对表面临界模数 l_c 的影响。由于 l_c 必须取整数，所以其变化规律呈阶梯状。可以看出，l_c 随粘膜厚度的增加而减少。对于较薄的粘膜 (如 $H_m/C < 0.05$)，临界模数的减少比较剧烈，表明粘膜厚度的微小变化将会导致表面形貌的明显变化。

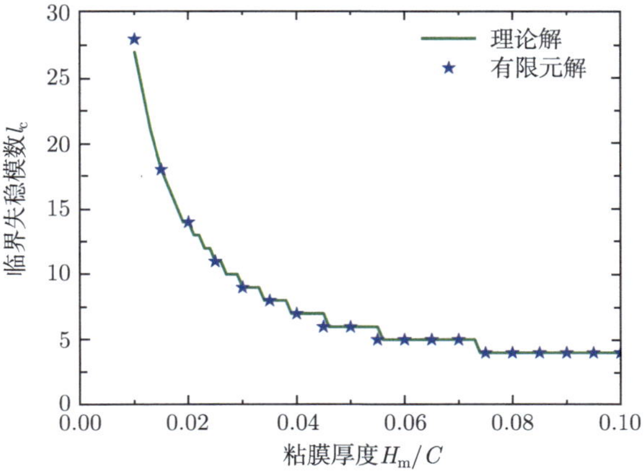

图 16.47 临界失稳模数 l_c 随粘膜厚度 H_m/C 的变化

在给定参数 $H_m/C = 0.05$ 和 $\mu_m/\mu_s = 10$ 的情况下，如图 16.48 所示，给出了 l_c 随粘膜下层 H_s/C 的变化。粘膜下层厚度增加，临界模数减少。图 16.49 给出了临界模数随粘膜–粘膜下层弹性模量比的变化曲线，其中参数取值为 $H_m/C = 0.02$ 和 $H_s/C = 0.2$。以上分析有助于理解在嗜酸性胃炎患者中，胃部粘膜增厚，且发生褶皱扩张和粗化的现象 [52,53]。此外，以上模型也可以用来分析生物组织由于炎症等疾病引起的粘膜变硬，从而为表面皱褶形貌发生改变提供了物理解释。

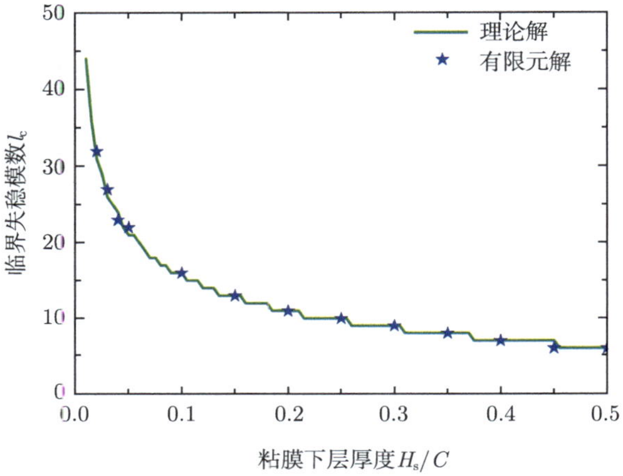

图 16.48　临界失稳模数随粘膜下层厚度的变化

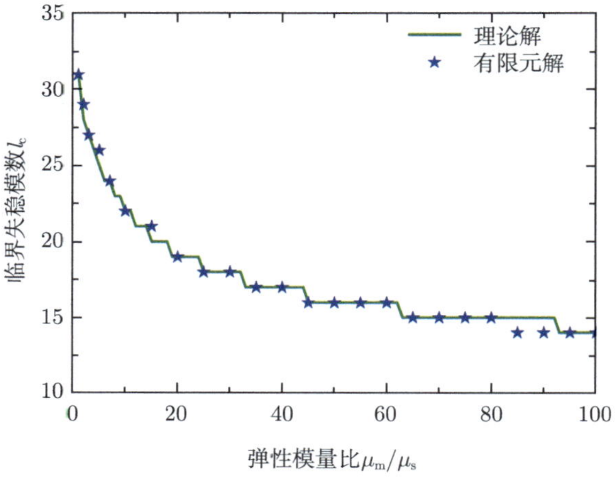

图 16.49　临界屈曲模数随弹性模量比的变化

由图 16.47～ 图 16.49 可知，有限元模拟结果与理论预测吻合很好。粘膜厚度与弹性模量比对粘膜起皱形貌的影响进一步总结在图 16.50(a) 中，当粘膜下层的厚度一定时，无量纲参数 H_{m}/C 和 $\mu_{\mathrm{m}}/\mu_{\mathrm{s}}$ 控制表面形貌的变化。需要指出的是，轴对称解能够预测粘膜临界失稳发生的条件与形貌的变化趋势，反映出粘膜经度方向失稳模式，但不能给出纬度方向的形貌特征。在后屈曲演化过程中，轴对称性将会被打破，出现三维形貌。根据轴对称解所预测的临界模数 l_{c}，图 16.50(b) 中给出了一种可能的对称性打破形式。

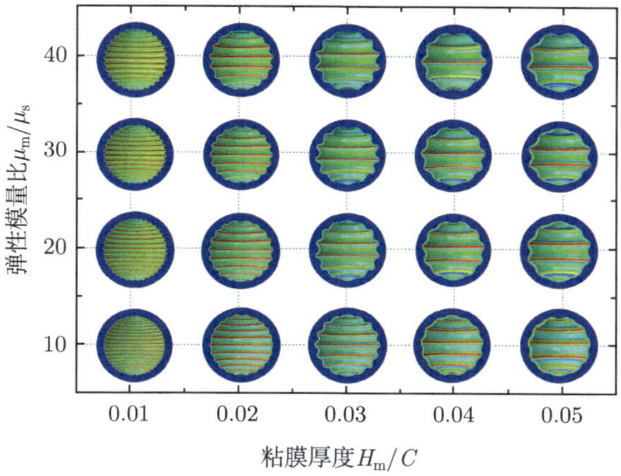

(a)

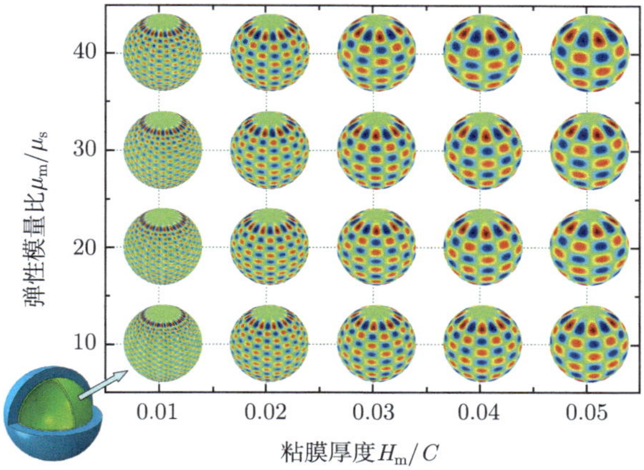

(b)

图 16.50 粘膜失稳形貌相图

(a) 轴对称失稳；(b) 轴对称性打破

16.8 本章小结

在生物软组织中，粘膜和粘膜下层的生长不仅能产生非均匀变形和残余应力，而且能够影响生物组织的表面形貌和生物功能。本章给出了考虑粘膜和粘膜下层体积生长和表面失稳的一般性理论框架，据此以食道、气管、胃等动物器官为实例进行了分析和讨论，并进行了一系列有限元模拟来研究粘膜屈曲和后屈曲的基本特征，理论、数值与实验的结果吻合较好。本章的研究有助于理解生物组织中一些表面形貌的形成机理。

参考文献

[1] Goriely A, Tabor M. Biomechanical models of hyphal growth in actinomycetes. Journal of Theoretical Biology, 2003, 222: 211–218.

[2] Garikipati K. The kinematics of biological growth. Applied Mechanics Reviews, 2009, 62: 030801.

[3] Ambrosi D, Mollica F. On the mechanics of a growing tumor. International Journal of Engineering Science, 2002, 40: 1297–1316.

[4] Humphrey J. Continuum biomechanics of soft biological tissues. Proceedings of the Royal Society of London Series A: Mathematical, Physical and Engineering Sciences, 2003, 459: 3–46.

[5] Goriely A, Destrade M, Ben Amar M. Instabilities in elastomers and in soft tissues. The Quarterly Journal of Mechanics and Applied Mathematics, 2006, 59: 615–630.

[6] 李博. 软物质材料的表面失稳研究. 北京: 清华大学博士学位论文, 2011.

[7] 谢伟华. 生物软组织形貌失稳与演化的力学研究. 北京: 清华大学博士学位论文, 2015.

[8] Anderson A R A, Weaver A M, Cummings P T, Quaranta V. Tumor morphology and phenotypic evolution driven by selective pressure from the microenvironment. Cell, 2006, 127: 905–915.

[9] Ben Amar M, Goriely A. Growth and instability in elastic tissues. Journal of the Mechanics and Physics of Solids, 2005, 53: 2284–2319.

[10] Lubarda V, Hoger A. On the mechanics of solids with a growing mass. International Journal of Solids and Structures, 2002, 39: 4627–4664.

[11] Rodriguez E K, Hoger A, McCulloch A D. Stress-dependent finite growth in soft elastic tissues. Journal of Biomechanics, 1994, 27: 455–467.

[12] Taber L A. Biomechanics of growth, remodeling, and morphogenesis. Applied Mechanics Reviews, 1995, 48: 487–545.

[13] Liang H, Mahadevan L. The shape of a long leaf. Proceedings of the National Academy of Sciences USA, 2009, 106: 22049–22054.

[14] Liang H, Mahadevan L. Growth, geometry, and mechanics of a blooming lily. Proceedings of the National Academy of Sciences USA, 2011, 108: 5516–5521.

[15] Lewicka M, Mahadevan L, Pakzad M R. The Föppl-von Kármán equations for plates with incompatible strains. Proceedings of the Royal Society A, 2011, 467: 402–426.

[16] Lewicka M, Mahadevan L, Pakzad M R. Models for elastic shells with incompatible strains. Proceedings of the Royal Society A, 2014, 470: 20130604.

[17] Ciarletta P, Foret L, Ben Amar M. The radial growth phase of malignant melanoma: multi-phase modelling, numerical simulations and linear stability analysis. Journal of the Royal Society Interface, 2011, 8: 345–368.

[18] Ogden R W. Non-linear Elastic Deformations. New York: Courier Dover Publications, 1997.

[19] Biot M A. Mechanics of Incremental Deformations. New York: Wiley, 1965.

[20] Ben Amar M, Ciarletta P. Swelling instability of surface-attached gels as a model of soft tissue growth under geometric constraints. Journal of the Mechanics and Physics of Solids, 2010, 58: 935–954.

[21] Biot M A. Surface instability of rubber in compression. Applied Science Research, 1963, 12: 168–182.

[22] Yang W, Fung T, Chian K, Chong C. Instability of the two-layered thick-walled esophageal model under the external pressure and circular outer boundary condition. Journal of Biomechanics, 2007, 40: 481–490.

[23] Noble P B, West A R, McLaughlin R A, Armstrong J J, Becker S, McFawn P K, Williamson J P, Eastwood P R, Hillman D R, Sampson D D. Airway narrowing assessed by anatomical optical coherence tomography in vitro: dynamic airway wall morphology and function. Journal of Applied Physiology, 2010, 108: 401–411.

[24] Seow C Y, Wang L, Pare P D. Airway narrowing and internal structural constraints. Journal of Applied Physiology, 2000, 88: 527–533.

[25] Stiennon O A. The Longitudinal Muscle in Esophageal Disease. Wisconsin: WRS Press, 1995.

[26] Hogg J C. The pathology of asthma. Acta Pathologica Microbiologica et Immunologica Scandinavica, 1997, 105: 735–745.

[27] Wiggs B R, Hrousis C A, Drazen J M, Kamm R D. On the mechanism of mucosal folding in normal and asthmatic airways. Journal of Applied Physiology, 1997, 83: 1814–1821.

[28] Lu X, Gregersen H. Regional distribution of axial strain and circumferential residual strain in the layered rabbit oesophagus. Journal of Biomechanics, 2001, 34: 225–233.

[29] Hazel A L, Heil M. Surface-tension-induced buckling of liquid-lined elastic tubes: a model for pulmonary airway closure. Proceedings of the Royal Society A, 2005, 461: 1841–1868.

[30] Heil M, White J P. Airway closure: surface-tension-driven non-axisymmetric instabilities of liquid-lined elastic rings. Journal of Fluid Mechanics, 2002, 462: 79–109.

[31] Haughton D, Ogden R. Bifurcation of inflated circular cylinders of elastic material under axial loading-II. exact theory for thick-walled tubes. Journal of the Mechanics and Physics of Solids, 1979, 27: 489–512.

[32] Timoshenko S. Theory of Elastic Stability. New York: McGraw-Hill Book Co., Inc., 1936.

[33] Hrousis C A, Wiggs B J R, Drazen J M, Parks D M, Kamm R D. Mucosal folding in biologic vessels. ASME Journal of Biomechanical Engineering, 2002, 124: 334–341.

[34] Carroll N G, Perry S, Karkhanis A, Harji S, Butt J, James A L, Green F H Y. The airway longitudinal elastic fiber network and mucosal folding in patients with asthma. American Journal of Respiratory and Critical Care Medicine, 2000, 161: 244–248.

[35] Hill M J, Wilson T A, Lambert R K. Effects of surface tension and intraluminal fluid on mechanics of small airways. Journal of Applied Physiology, 1997, 82: 233–239.

[36] Vandiver R, Goriely A. Differential growth and residual stress in cylindrical elastic structures. Philosophical Transactions of the Royal Society A: Mathematical, Physical and Engineering Sciences, 2009, 367: 3607–3630.

[37] Zhu Y, Luo X, Ogden R. Asymmetric bifurcations of thick-walled circular cylindrical elastic tubes under axial loading and external pressure. International Journal of Solids and Structures, 2008, 45: 3410–3429.

[38] Kuwano K, Bosken C, Pare P, Bai T, Wiggs B, Hogg J. Small airways dimensions in asthma and in chronic obstructive pulmonary disease. The American Review of Respiratory Disease, 1993, 148: 1220–1225.

[39] Brau F, Vandeparre H, Sabbah A, Poulard C, Boudaoud A, Damman P. Multiple-length-scale elastic instability mimics parametric resonance of nonlinear oscillators. Nature Physics, 2011, 7: 56–60.

[40] Li B, Cao Y P, Feng X Q, Gao H. Mechanics of morphological instabilities and surface wrinkling in soft materials: a review. Soft Matter, 2012, 8: 5728–5745.

[41] Kim D H, Viventi J, Amsden J J, Xiao J, Vigeland L, Kim Y S, Blanco J A, Panilaitis B, Frechette E S, Contreras D. Dissolvable films of silk fibroin for ultrathin conformal bio-integrated electronics. Nature Materials, 2010, 9: 511–517.

[42] Kang M K, Huang R. Swell induced surface instability of confined hydrogel layers on substrates. Journal of the Mechanics and Physics of Solids, 2010, 58: 1582–1598.

[43] Cai S, Bertoldi K, Wangab H, Suo Z. Osmotic collapse of a void in an elastomer: breathing, buckling and creasing. Soft Matter, 2010, 6: 5770–5777.

[44] Mei Y, Kiravittaya S, Harazim S, Schmidt O G. Principles and applications of micro and nanoscale wrinkles. Materials Science and Engineering R: Reports, 2010, 70: 209–224.

[45] Sbragaglia M, Benzi R, Biferale L, Succi S, Toschi F. Surface roughness-hydrophobicity coupling in microchannel and nanochannel flows. Physical Review Letters, 2006, 97: 204503.

[46] Balbi V, Kuhl E, Ciarletta P. Morphoelastic control of gastro-intestinal organogenesis: Theoretical predictions and numerical insights. Journal of the Mechanics and Physics of Solids, 2015, 78: 493–510.

[47] Balbi V, Ciarletta P. Morpho-elasticity of intestinal villi. Journal of The Royal Society Interface, 2013, 10: 20130109.

[48] Cai S, Breid D, Crosby A J, Suo Z, Hutchinson J W. Periodic patterns and energy states of buckled films on compliant substrates. Journal of the Mechanics and Physics of Solids, 2011, 59: 1094–1114.

[49] Haughton D, Ogden R. On the incremental equations in non-linear elasticity-II. bifurcation of pressurized spherical shells. Journal of the Mechanics and Physics of Solids, 1978, 26: 111–138.

[50] Wang A, Ertepinar A. Stability and vibrations of elastic thick-walled cylindrical and spherical shells subjected to pressure. International Journal of Non-Linear Mechanics, 1972, 7: 539–555.

[51] Colin J. Morphological instability of two stressed spherical shells. International Journal of Solids and Structures, 2007, 44: 3218–3230.

[52] MacCarty R L, Talley N J. Barium studies in diffuse eosinophilic gastroenteritis. Gastrointestinal Radiology, 1990, 15: 183–187.

[53] Talley N J, Shorter R G, Phillips S F, Zinsmeister A R. Eosinophilic gastroenteritis: a clinicopathological study of patients with disease of the mucosa, muscle layer, and subserosal tissues. Gut, 1990, 31: 54–58.

第 17 章　核壳结构的生长失稳分析

在外力、温度、pH 值、湿度等的作用下，橡胶、聚合物胶体等软材料能发生大幅度的变形[1]。由于其独特的性能，软材料在光传感、制动、生物医学工程等领域有着广泛应用。为了发展性能更好、功能更多、变形控制更方便的软材料，研究者们开始从结构上对软材料进行复合，一类常见的复合软材料为核壳结构颗粒或纤维。其中，具有核壳结构的水凝胶颗粒便是一个重要例子[2]。具有核壳结构的软颗粒 (如胶体) 在药物输运、酶载体、生物传感等方面有着很好的应用前景。

近年来，软材料膨胀 (生长) 或收缩 (萎缩) 的变形行为吸引了众多学者的关注[1]。在具有核壳结构的复合体中，由于材料在物理和化学性质上的失配，往往会存在非均匀的膨胀或收缩，产生较大的失配应力，甚至诱使结构发生各种形貌失稳[3−5]。在自然界中，复合结构表面形貌失稳的现象随处可见，如缩水的苹果、葡萄干、豌豆、西红柿等。

以往研究对于平面薄膜在软基底上的屈曲和后屈曲行为、液体表面漂浮的平面圆薄膜的失稳问题等进行了探讨[6−9]。由于拓扑约束效应，曲面与平面结构的失稳行为存在明显不同，非平面系统的后屈曲行为的力学机制尚不明确。在第 16 章给出了组织生长模型以及管腔结构的稳定性分析的基础上，本章主要研究具有核壳结构的软材料的表面屈曲和形貌演化问题[10,11]。该结构可以用来模拟具有类似结构特征的水凝胶颗粒、肿瘤生长、植物果实等。本章采用基于有限变形弹性理论的体生长模型刻画软物质的膨胀或萎缩，对圆柱状和球状的核壳结构软物质的临界屈曲、后屈曲演化等进行理论分析和数值模拟，并对球状结构的形貌演化进行了实验观察，讨论几何、物理参数等对失稳的影响以及发生多次形貌分岔的物理机制。最后，研究可压缩核壳结构软物质的极值点失稳以及屈曲行为，讨论极值点失稳的几何构型相关性及特征。

17.1　圆柱核壳结构的二维分析

本节分析圆柱形核壳结构由于失水干燥、降温等外界化学、物理环境改变所导致的萎缩及失稳问题，并对其表面屈曲和后屈曲演化行为进行数值模拟。

17.1.1　应力分析

建立如图 17.1 所示圆柱坐标系，在初始构型和当前构型中的物质点的位置分

别用坐标 $\boldsymbol{X}=(R,\Theta,Z)$ 和 $\boldsymbol{x}=(r,\theta,z)$ 表示，则变形梯度张量为 $\boldsymbol{F}=\partial\boldsymbol{x}/\partial\boldsymbol{X}$，根据体生长模型，变形梯度张量可以分解为 $\boldsymbol{F}=\boldsymbol{A}\cdot\boldsymbol{G}$，式中 $\boldsymbol{A}$ 表示弹性变形张量，$\boldsymbol{G}$ 为生长张量，描述结构的萎缩或膨胀行为。

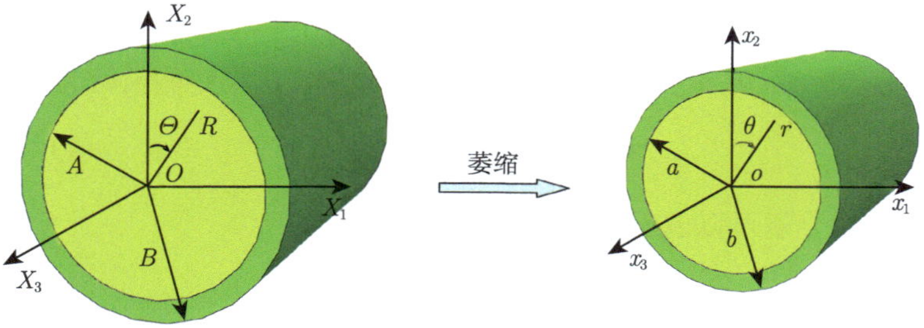

图 17.1 圆柱形核壳结构的萎缩

设初始界面半径为 A，壳外半径为 B，如图 17.1 所示，则壳的初始厚度为 $H=B-A$。考虑轴对称的生长模式，则有 $r=r(R)$，并采用平面应变假设。在生长之后，界面半径和壳外半径分别变为 $a=r(A)$ 和 $b=r(B)$。相应的变形梯度张量为

$$\boldsymbol{F}=\operatorname{diag}\left(\frac{\partial r}{\partial R},\frac{r}{R},1\right) \tag{17-1}$$

假设生长张量具有如下形式：

$$\boldsymbol{G}=\operatorname{diag}(g_1,g_2,1) \tag{17-2}$$

式中，g_1 和 g_2 表示径向和环向的生长比，在核和壳中可以取不同的值。若 $g_1=g_2$，则材料进行各向同性膨胀或萎缩。由变形梯度分解，可求得

$$\boldsymbol{A}=\operatorname{diag}(\alpha_1,\alpha_2,\alpha_3) \tag{17-3}$$

式中，$\alpha_1=g_1^{-1}\partial r/\partial R$，$\alpha_2=g_2^{-1}r/R$，$\alpha_3=1$。令 $\alpha=\alpha_2$，则由 $\det(\boldsymbol{A})=1$，导出 $\alpha_1=\alpha^{-1}$。假设材料满足弹性不可压缩条件，故有 $\det(\boldsymbol{F})=\det(\boldsymbol{G})$，可知

$$\frac{r}{R}\frac{\partial r}{\partial R}=g_1g_2 \tag{17-4}$$

积分式 (17-4)，可得

$$\begin{cases} r^2=g_{1\mathrm{c}}g_{2\mathrm{c}}R^2 & (0\leqslant R\leqslant A) \\ r^2=g_{1\mathrm{s}}g_{2\mathrm{s}}\left(R^2-A^2\right)+g_{1\mathrm{c}}g_{2\mathrm{c}}A^2 & (A\leqslant R\leqslant B) \end{cases} \tag{17-5}$$

在式 (17-5) 的推导中，采用了 $r(0)=0$ 的圆心条件和核壳界面变形连续条件。在本章中，统一采用下标 c 和 s 分别标记定义在核和壳中的物理量、几何量。参数 α

满足

$$\begin{cases} \alpha_{\rm c} = \left(\dfrac{g_{1\rm c}}{g_{2\rm c}}\right)^{1/2} & (0 \leqslant R \leqslant A) \\ \alpha_{\rm s} = \left[\dfrac{g_{1\rm s}}{g_{2\rm s}}\left(1 - \dfrac{A^2}{R^2}\right) + \dfrac{g_{1\rm c}g_{2\rm c}}{g_{2\rm s}^2}\dfrac{A^2}{R^2}\right]^{1/2} & (A \leqslant R \leqslant B) \end{cases} \tag{17-6}$$

采用 neo-Hooke 本构关系模拟材料的力学响应，其应变能函数为

$$W = \frac{\mu}{2}\left(\alpha_1^2 + \alpha_2^2 + \alpha_3^2 - 3\right) \tag{17-7}$$

则 Cauchy 应力分量可以表示为

$$\begin{cases} \sigma_{rr} = \mu\alpha^{-2} - p \\ \sigma_{\theta\theta} = \mu\alpha^2 - p \end{cases} \tag{17-8}$$

式中，p 为 Lagrange 乘子。

在轴对称情况下，当前构型中平衡方程 $\operatorname{div}(\boldsymbol{\sigma}) = \boldsymbol{0}$ 的形式为

$$\frac{\partial\sigma_{rr}}{\partial r} + \frac{\sigma_{rr} - \sigma_{\theta\theta}}{r} = 0 \tag{17-9}$$

积分式 (17-9)，并利用壳外表面自由边界条件

$$\boldsymbol{\sigma} \cdot \boldsymbol{n} = \boldsymbol{0} \tag{17-10}$$

以及核壳界面法向 Cauchy 应力连续条件

$$\langle\boldsymbol{\sigma}\rangle \cdot \boldsymbol{n} = \boldsymbol{0} \tag{17-11}$$

式中，$\langle\ \rangle$ 表示物理量越过界面时的跳跃值，可求得应力场为

$$\begin{cases} \sigma_{rr\rm s} = \dfrac{\mu_{\rm s}}{2\varGamma_{\rm s}}\left[\varGamma_{\rm s}\left(\alpha_{\rm s}^{-2} - \alpha_{b\rm s}^{-2}\right) + \left(\varGamma_{\rm s}^2 - 1\right)\ln\dfrac{\varGamma_{\rm s}\alpha_{\rm s}^2 - 1}{\varGamma_{\rm s}\alpha_{b\rm s}^2 - 1} + \varGamma_{\rm s}^2\ln\dfrac{\alpha_{b\rm s}^2}{\alpha_{\rm s}^2}\right] \\ \sigma_{\theta\theta\rm s} = \sigma_{rr\rm s} + \mu_{\rm s}\left(\alpha_{\rm s}^2 - \alpha_{\rm s}^{-2}\right) \quad (A \leqslant R \leqslant B) \end{cases} \tag{17-12}$$

$$\begin{cases} \sigma_{rr\rm c} = \dfrac{\mu_{\rm s}}{2\varGamma_{\rm s}}\left[\varGamma_{\rm s}\left(\alpha_{a\rm s}^{-2} - \alpha_{b\rm s}^{-2}\right) + \left(\varGamma_{\rm s}^2 - 1\right)\ln\dfrac{\varGamma_{\rm s}\alpha_{a\rm s}^2 - 1}{\varGamma_{\rm s}\alpha_{b\rm s}^2 - 1} + \varGamma_{\rm s}^2\ln\dfrac{\alpha_{b\rm s}^2}{\alpha_{a\rm s}^2}\right] \\ \sigma_{\theta\theta\rm c} = \sigma_{rr\rm c} + \mu_{\rm c}\left(\alpha_{\rm c}^2 - \alpha_{\rm c}^{-2}\right) \quad (0 \leqslant R \leqslant A) \end{cases} \tag{17-13}$$

式中，$\varGamma_{\rm s} = g_{2\rm s}/g_{1\rm s}$，$\varGamma_{\rm c} = g_{2\rm c}/g_{1\rm c}$，

$$\begin{cases} \alpha_{a\rm s} = \dfrac{a}{g_{2\rm s}A} = \left(\dfrac{g_{1\rm c}g_{2\rm c}}{g_{2\rm s}^2}\right)^{1/2} \\ \alpha_{b\rm s} = \dfrac{b}{g_{2\rm s}B} = \left[\dfrac{g_{1\rm s}}{g_{2\rm s}}\left(1 - \dfrac{A^2}{B^2}\right) + \dfrac{g_{1\rm c}g_{2\rm c}}{g_{2\rm s}^2}\dfrac{A^2}{B^2}\right]^{1/2} \end{cases} \tag{17-14}$$

17.1.2 稳定性分析

采用考虑生长效应的增量变形理论对核壳结构圆柱进行稳定性分析，详见第 14 章。增量形式的名义应力张量为

$$\dot{\boldsymbol{S}}_0=\boldsymbol{K}\cdot\cdot\dot{\boldsymbol{F}}_0+p\dot{\boldsymbol{F}}_0-\dot{p}\mathbf{I} \tag{17-15}$$

式中，$\boldsymbol{K}$ 为当前构型中的四阶瞬时弹性模量，$\dot{\boldsymbol{F}}_0$ 为几何变形增量，$\mathbf{I}$ 为二阶单位张量。这里符号上的圆点表示增量，下标 0 表示物理或几何量的表征取当前构型为参考构型。增量形式的平衡方程为

$$\operatorname{div}\left(\dot{\boldsymbol{S}}_0\right)=\mathbf{0} \tag{17-16}$$

设增量位移场为

$$\dot{\boldsymbol{x}}(r,\theta)=u(r,\theta)\,\boldsymbol{e}_r+v(r,\theta)\,\boldsymbol{e}_\theta \tag{17-17}$$

式中，u 和 v 为增量位移，$\boldsymbol{e}_r$ 和 $\boldsymbol{e}_\theta$ 分别为径向和环向的单位基矢量，则增量变形梯度张量 $\dot{\boldsymbol{F}}_0$ 为

$$\dot{\boldsymbol{F}}_0=\frac{\partial u}{\partial r}\boldsymbol{e}_r\boldsymbol{e}_r+\frac{1}{r}\left(\frac{\partial u}{\partial\theta}-v\right)\boldsymbol{e}_r\boldsymbol{e}_\theta+\frac{\partial v}{\partial r}\boldsymbol{e}_\theta\boldsymbol{e}_r+\frac{1}{r}\left(\frac{\partial v}{\partial\theta}+u\right)\boldsymbol{e}_\theta\boldsymbol{e}_\theta \tag{17-18}$$

不可压缩条件 $\operatorname{tr}\left(\dot{\boldsymbol{F}}_0\right)=0$ 要求

$$\frac{\partial u}{\partial r}+\frac{1}{r}\left(\frac{\partial v}{\partial\theta}+u\right)=0 \tag{17-19}$$

与前面分析类似，假设平衡方程系统具有如下三角函数形式的解：

$$\begin{cases}u=\tilde{u}(r)\cos(n\theta)\\ v=\tilde{v}(r)\sin(n\theta)\\ \dot{p}=\tilde{\dot{p}}(r)\cos(n\theta)\end{cases} \tag{17-20}$$

则利用式 (17-19) 得到如前面章节所示四阶常微分方程。在 $r=0$ 处的边界条件为

$$\tilde{u}=0,\quad \tilde{u}'=0 \tag{17-21}$$

在 $r=b$ 处，有

$$\begin{cases}\tilde{u}'''+\dfrac{2+2\Gamma\alpha^2}{r}\tilde{u}''-\dfrac{1+2n^2-2\Gamma\alpha^2+n^2\alpha^4}{r^2}\tilde{u}'-\dfrac{\left(n^2-1\right)\left(1-2\Gamma\alpha^2\right)}{r^3}\tilde{u}=0\\ r^2\tilde{u}''+r\tilde{u}'+\left(n^2-1\right)\tilde{u}=0\end{cases} \tag{17-22}$$

在 $r=a$ 处的界面连续条件要求

$$\begin{cases}\langle\tilde{u}\rangle=0\\ \langle\tilde{u}'\rangle=0\\ \left\langle\dfrac{\mu}{\alpha^2}\left[r^3\tilde{u}'''+2r^2\left(1+\Gamma\alpha^2\right)\tilde{u}''-r\left(1+2n^2-2\Gamma\alpha^2+n^2\alpha^4\right)\tilde{u}'\right.\right.\\ \quad\left.\left.-\left(n^2-1\right)\left(1-2\Gamma\alpha^2\right)\tilde{u}\right]\right\rangle=0\\ \left\langle\dfrac{\mu}{\alpha^2}\left[r^2\tilde{u}''+r\tilde{u}'+\left(n^2-1\right)\tilde{u}\right]\right\rangle=0\end{cases}\tag{17-23}$$

求解上述特征值问题，可获得系统失稳的临界条件和特征形貌。

17.1.3　失稳临界条件

本节主要考虑核的各向同性萎缩，即 $0<g_{1\mathrm{c}}=g_{2\mathrm{c}}=g<1$，$g_{1\mathrm{s}}=g_{2\mathrm{s}}=1$，对于壳的萎缩或生长可以作类似处理。为了便于比较萎缩量的大小，定义萎缩量为 $\bar{g}=1-g$，类似于第 16 章定义的临界的萎缩量 $\bar{g}_{\mathrm{crit}}$ 和屈曲模数 n_{crit}。采用行列式法[12,13] 数值求解上述特征值问题，下面略去求解细节，直接给出计算结果。

当核萎缩导致壳内的压缩应力足够大时，系统将会失去稳定性，发生表面屈曲，形成特征形貌。图 17.2 给出了临界萎缩量 $\bar{g}_{\mathrm{crit}}$ 随壳和核的弹性模量比 $\mu_{\mathrm{s}}/\mu_{\mathrm{c}}$ 的变化，参数取值为 $H/A=0.05$。由图可知，$\bar{g}_{\mathrm{crit}}$ 随模量比的增大而减小，反映出壳体越硬，使其发生表面屈曲的萎缩量越小。当模量比较小时，如 $\mu_{\mathrm{s}}/\mu_{\mathrm{c}}<10$，模量比的轻微变化都将导致临界萎缩量大幅减小；而当模量比达到较大值时，如 $\mu_{\mathrm{s}}/\mu_{\mathrm{c}}>30$ 时，模量比的改变对临界萎缩量的影响较小。图 17.3 给出了临界萎缩量 $\bar{g}_{\mathrm{crit}}$ 随壳和核的厚度比 H/A 的变化，参数取值为 $\mu_{\mathrm{s}}/\mu_{\mathrm{c}}=10$。由图可知，壳体

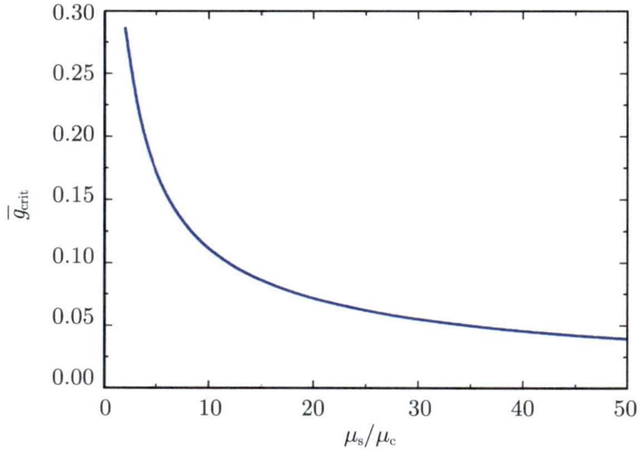

图 17.2　临界萎缩量随弹性模量比的变化

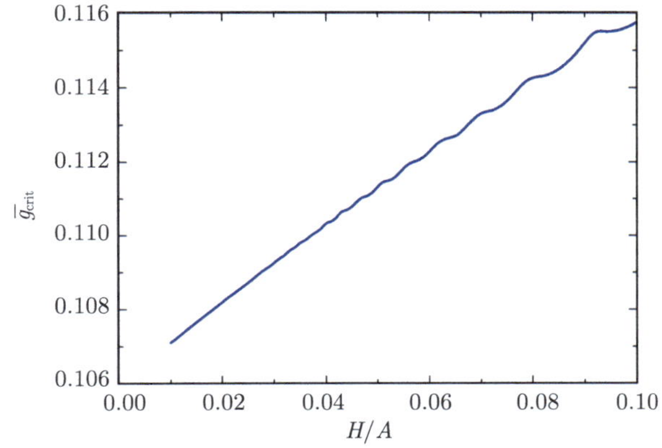

图 17.3 临界萎缩量随壳等效厚度的变化

越厚，$\bar{g}_{\mathrm{crit}}$ 越大，系统越难失稳。$\bar{g}_{\mathrm{crit}}$ 随 H/A 近似呈线性变化。

以上给出了临界萎缩量随系统的物理、几何参数的变化，为了便于对比，表面屈曲所对应的特征形貌将在下节中连同有限元结果一起给出。

17.1.4 有限元模拟

采用大型商业有限元软件 Abaqus(版本 6.9.1) 模拟核壳系统萎缩屈曲的过程。对于核和壳，均采用 8 节点平面应变杂交单元 (CPE8RH)。对每一组几何参数和材料参数，通过加密网格进行收敛性分析。在保证精度的情况下，系统的节点数为 2 万左右。图 17.4 所示为系统失稳的模拟结果示意图。

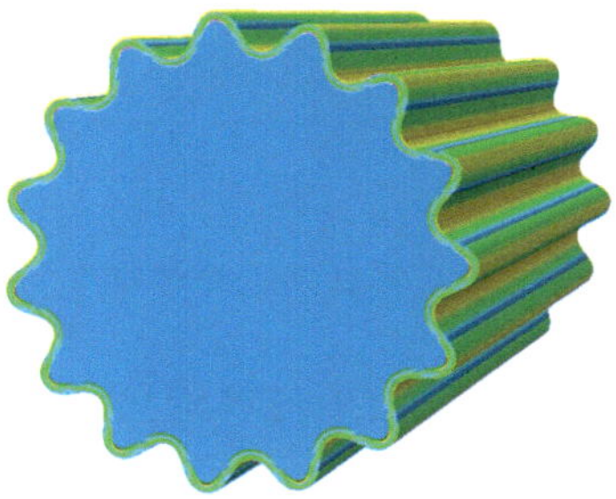

图 17.4 有限元模拟失稳形貌示意图

图 17.5 给出了临界屈曲模数 n_{crit} 随模量比 $\mu_{\mathrm{s}}/\mu_{\mathrm{c}}$ 的变化规律，计算中取厚度比 $H/A=0.05$。图中反映出，临界屈曲模数随弹性模量比的增加而减小。当壳越来越硬时，临界屈曲模数的降幅越来越小。图 17.6 给出了壳和核的厚度比 H/A 对临界屈曲模数 n_{crit} 的影响，计算中取定 $\mu_{\mathrm{s}}/\mu_{\mathrm{c}}=10$。由图可知，类似于模量比 $\mu_{\mathrm{s}}/\mu_{\mathrm{c}}$ 的影响，临界屈曲模数随厚度比 H/A 的增加而减小，也就是说，壳体越厚，失稳

所产生的模数越少，波长越长。

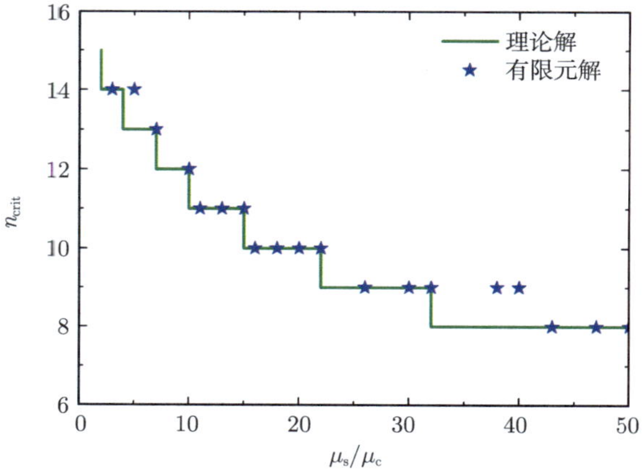

图 17.5　临界模数随弹性模量比的变化

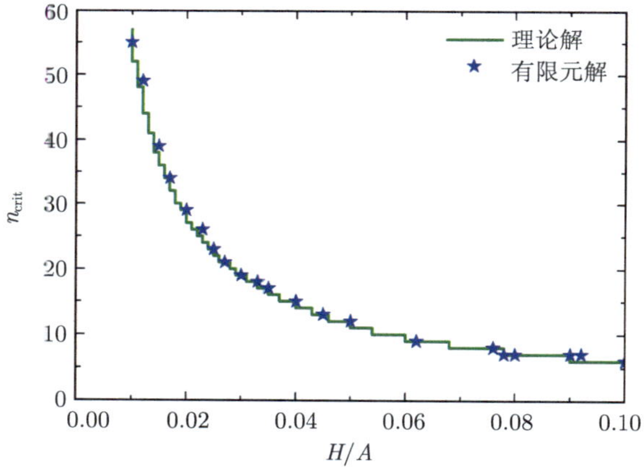

图 17.6　临界模数随壳等效厚度的变化

由图 17.5 和图 17.6 可见有限元结果与理论预测吻合，这为下面的后屈曲分析提供了依据。对于当前系统，无量纲参数 μ_s/μ_c 和 H/A 完全主导了表面屈曲的形貌，图 17.7 进一步总结了这两个无量纲参数对表面屈曲形貌的影响。

17.1.5　后屈曲演化

下面采用伪动力学方法模拟表面的后屈曲演化。结果表明，当模量比 μ_s/μ_c 很大时，如 $\mu_s/\mu_c > 100$ 时会发生两次分岔的现象；而对模量比较小的情况，后屈曲演化过程中，随着萎缩量的增加，屈曲形貌保持原有的余弦形式形貌特性，而仅增大波幅。以下主要讨论前者，观察后屈曲第二次分岔的形貌特征。

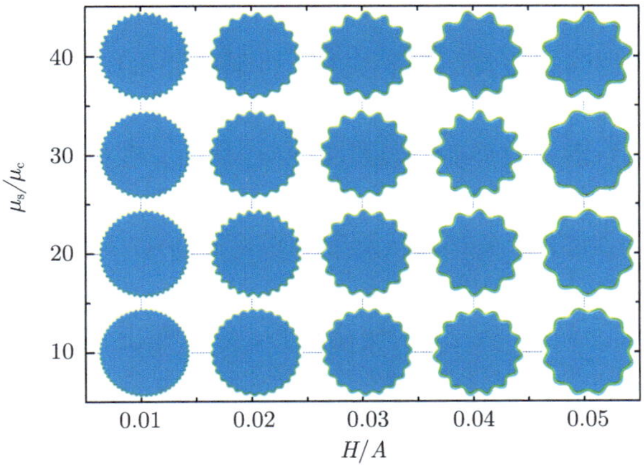

图 17.7 屈曲形貌分布相图

图 17.8 给出了系统形貌的演化过程，模拟参数为 $A = 100$，$B = 101$，$\mu_s/\mu_c = 200$。图 17.8(a) 给出了系统的初始状态。随着核的萎缩量增加，壳中的环向压应

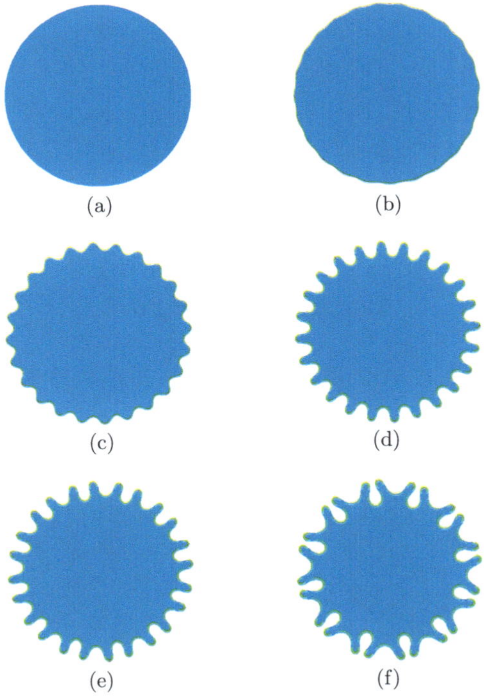

图 17.8 核萎缩导致干草叉式后屈曲演化

(a) 初始形状；(b) 发生屈曲；(c) 波幅增加；(d) 指形形貌；(e) 发生双周期失稳；(f) 干草叉式形貌

力越来越大，当超过临界值后，第一次分岔发生，壳表面发生屈曲，形成余弦函数式的周期斑图。系统选择最优的波长失稳，以最小化系统的总能量 (图 17.8(b) 和 (c))。在临界生长附近的表面形貌与理论预测完全一致。随着萎缩进一步增加，波幅越来越大，形成手指状的形貌，如图 17.8(d) 所示。在此皱折过程中，形貌的模数仍然保持不变。当核进一步萎缩时，会引发第二次分岔，某些凹槽变深，而其相邻的凹槽变浅，演化成干草叉式的双周期形貌，如图 17.8(e) 和 (f) 所示。第 16 章的研究表明，粘膜的生长也会导致类似的形貌。

图 17.9 为相邻波幅 $\bar{\delta}_1$ 和 $\bar{\delta}_2$ 的演化趋势，可以看出，在第二次分岔前，$\bar{\delta}_1$ 和 $\bar{\delta}_2$ 的变化趋势相同；当萎缩量超过第二次分岔的临界值后，形貌发生分岔，$\bar{\delta}_1$ 和 $\bar{\delta}_2$ 以不同的方式演化。图中所取参数与图 17.8 相同，$\bar{\delta}_1=\delta_1/\lambda_1$，$\bar{\delta}_2=\delta_2/\lambda_1$，其中 λ_1 为第一次分岔的波长。

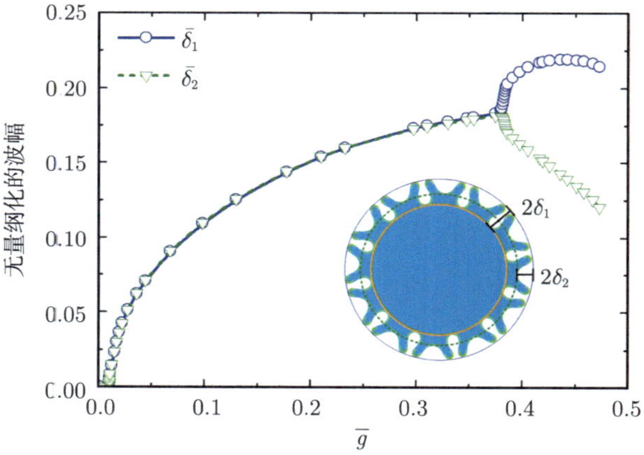

图 17.9　形貌随萎缩量增加发生分岔

观察褶皱的顶部 (图 17.10)，可以明显看出在折痕幅度最大处出现应力局部化，

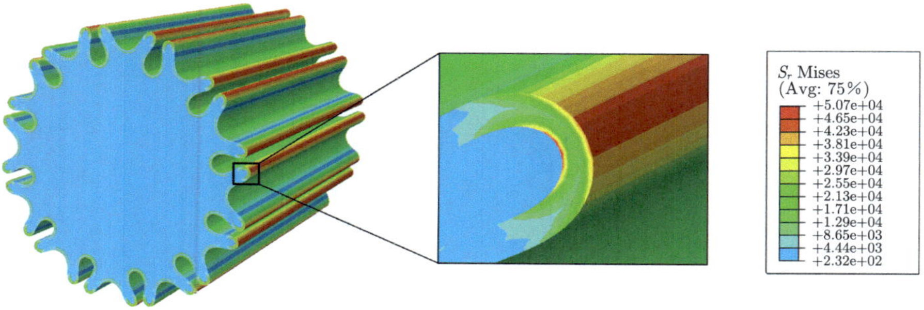

图 17.10　应力局部化

从而系统能量也相应发生局部化，以使系统能量最小化。图 17.11 给出了弹性模量比 μ_s/μ_c 对后屈曲形貌的影响，几何参数取值为 $A=100$，$B=101$。可以看出，在后屈曲演化过程中，后屈曲初始阶段形成的余弦形貌在萎缩量达到一定的幅度后总是趋向于两两合并。此外，模拟结果显示，若初始阶段形成的模数为奇数，则最终会出现孤立的波峰。

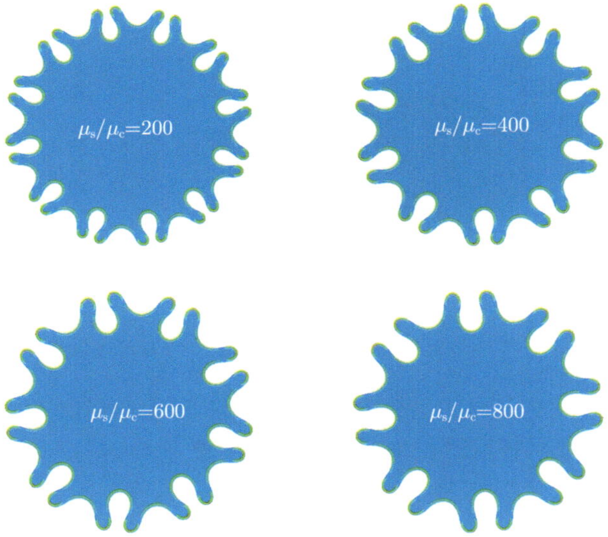

图 17.11 弹性模量比对后屈曲形貌的影响

17.2 圆柱核壳结构的三维分析

考虑如图 17.12 所示的三维圆柱核壳结构模型，其中内部为软芯，外面包裹一层硬外壳。限制模型前后端面沿轴向的位移，其余边界均自由。采用柱坐标系进行分析，其中 $\boldsymbol{X}(R,\Theta,Z)$ 表示物质点在初始构型中的位置，$\boldsymbol{x}(r,\theta,z)$ 则表示即时构型中的位置。与 17.1 节类似，采用不可压 neo-Hooke 本构模型模拟材料的力学响应。

采用第 16 章中的生物组织体生长弹性模型来研究这一问题。柱坐标系下的形式为生长张量 $\boldsymbol{G}=\mathrm{diag}(g_1,g_2,g_3)$。不失一般性，假设生长仅仅发生在外壳中；对于更一般的核壳均发生生长的情况，同样可以等效为仅仅壳发生生长。由于软芯的约束，壳的生长会导致系统内部产生残余应力。当残余应力足够大并满足一定条件时，系统会发生失稳从而降低系统总的应变能。

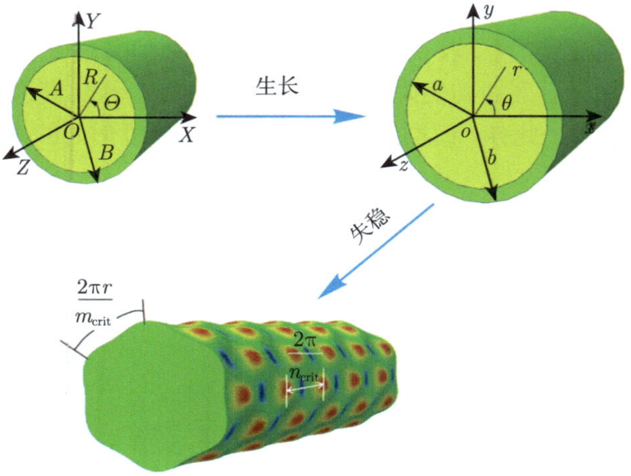

图 17.12　圆柱核壳结构示意图

17.2.1　应力分析

首先分析未发生失稳时的系统内部的应力场。考虑变形前后，圆柱仅沿半径方向产生位移，此时变形梯度张量 $\boldsymbol{F}$ 同式 (17-1)。由 $\boldsymbol{F}=\boldsymbol{A}\cdot\boldsymbol{G}$，可得弹性变形张量为

$$\boldsymbol{A}=\operatorname{diag}(\alpha_1,\alpha_2,\alpha_3) \tag{17-24}$$

式中，$\alpha_1=g_1^{-1}\partial r/\partial R$，$\alpha_2=\alpha=g_2^{-1}r/R$，$\alpha_3=g_3^{-1}$。由材料的不可压缩条件，即 $\alpha_1\alpha_2\alpha_3=1$，得到 $\alpha_1=g_3/\alpha_2$。令 $J=\det(\boldsymbol{F})$，又 $\det(\boldsymbol{F})=\det(\boldsymbol{G})=g_1g_2g_3$，可得

$$r\,\partial r/\left(R\,\partial R\right)=J \tag{17-25}$$

求解该微分方程，得

$$\begin{aligned} r^2&=J_{\mathrm{c}}R^2+C_1\quad(0\leqslant R\leqslant A)\\ r^2&=J_{\mathrm{s}}R^2+C_2\quad(A\leqslant R\leqslant B)\end{aligned} \tag{17-26}$$

式中，$J_{\mathrm{c}}=g_{1\mathrm{c}}g_{2\mathrm{c}}g_{3\mathrm{c}}$，$J_{\mathrm{s}}=g_{1\mathrm{s}}g_{2\mathrm{s}}g_{3\mathrm{s}}$。由于实心软芯为不可压缩材料，$C_1=0$。利用核壳界面连接处径向位移相等，得

$$C_2=\left(J_{\mathrm{c}}-J_{\mathrm{s}}\right)A^2 \tag{17-27}$$

系统的总应变能为

$$\mathrm{U_p}=\int_{\Omega}\det(\boldsymbol{F})\left[W-p\left(\det(\boldsymbol{A})-1\right)\right]\mathrm{d}\Omega \tag{17-28}$$

式中，p 为 Lagrange 乘子，Ω 为初始构型中的体积。对式 (17-28) 进行变分，得到系统的平衡方程为

$$\mathrm{Div}\,(\boldsymbol{S})=\mathbf{0} \quad \text{或者} \quad \mathrm{div}\,(\boldsymbol{\sigma})=\mathbf{0} \tag{17-29}$$

式中，$\boldsymbol{S}$ 为名义应力

$$\boldsymbol{S}=J\boldsymbol{G}^{-1}\cdot\frac{\partial W}{\partial \boldsymbol{A}}-pJ\boldsymbol{G}^{-1}\cdot\boldsymbol{A}^{-1} \tag{17-30}$$

$\boldsymbol{\sigma}$ 为 Cauchy 应力

$$\boldsymbol{\sigma}=J^{-1}\boldsymbol{F}\cdot\boldsymbol{S}=\mu\boldsymbol{A}\cdot\boldsymbol{A}^{\mathrm{T}}-p\mathbf{I} \tag{17-31}$$

而 "Div" 和 "div" 分别代表初始构型和即时构型中的散度，p 为静水压力。自由边界 $R=B$ 处的边界条件为

$$\boldsymbol{S}^{\mathrm{T}}\cdot\boldsymbol{N}=\mathbf{0} \quad \text{或者} \quad \boldsymbol{\sigma}\cdot\boldsymbol{n}=\mathbf{0} \tag{17-32}$$

式中，$\boldsymbol{N}$ 和 $\boldsymbol{n}$ 分别为初始构型和即时构型中外表面单位法向向量。假设核壳界面为理想粘接 (没有侵入、脱粘或相对滑动)，则

$$\langle\boldsymbol{x}\rangle=\mathbf{0},\quad \left\langle\boldsymbol{S}^{\mathrm{T}}\right\rangle\cdot\boldsymbol{N}=\mathbf{0} \ \text{或} \ \langle\boldsymbol{\sigma}\rangle\cdot\boldsymbol{n}=\mathbf{0} \tag{17-33}$$

圆柱轴心处的边界条件为

$$\boldsymbol{x}=\mathbf{0} \tag{17-34}$$

通过求解系统的平衡方程和边界条件，可以得到系统中的应力场。其中，壳内 $(A\leqslant R\leqslant B)$ 的应力为

$$\begin{cases}\sigma_{rr}^{\mathrm{s}}=\mu_{\mathrm{s}}g_{3\mathrm{s}}^{2}\alpha^{-2}-p_{\mathrm{s}}\\ \sigma_{\theta\theta}^{\mathrm{s}}=\mu_{\mathrm{s}}\alpha^{2}-p_{\mathrm{s}}\\ \sigma_{zz}^{\mathrm{s}}=\mu_{\mathrm{s}}g_{3\mathrm{s}}^{-2}-p_{\mathrm{s}}\end{cases} \tag{17-35}$$

式中，

$$\begin{cases}p_{\mathrm{s}}=p_{\mathrm{o}}+C_{3}\\ p_{\mathrm{o}}=\dfrac{J_{\mathrm{s}}\mu_{\mathrm{s}}}{2}\left[-\dfrac{C_{2}}{g_{1\mathrm{s}}^{2}r^{2}}+\dfrac{2\ln(r)}{g_{1\mathrm{s}}^{2}}-\dfrac{\ln\left(r^{2}-C_{2}\right)}{g_{2\mathrm{s}}^{2}}\right]\\ C_{3}=\left(\mu_{\mathrm{s}}g_{3\mathrm{s}}^{2}\alpha^{-2}-p_{\mathrm{o}}\right)|_{R=B}\end{cases} \tag{17-36}$$

软核 $(0\leqslant R\leqslant A)$ 中的应力为

$$\begin{cases}\sigma_{rr}^{\mathrm{c}}=\mu_{\mathrm{c}}g_{3\mathrm{c}}^{2}\alpha^{-2}-p_{\mathrm{c}}\\ \sigma_{\theta\theta}^{\mathrm{c}}=\mu_{\mathrm{c}}\alpha^{2}-p_{\mathrm{c}}\\ \sigma_{zz}^{\mathrm{c}}=\mu_{\mathrm{c}}g_{3\mathrm{c}}^{-2}-p_{\mathrm{c}}\end{cases} \tag{17-37}$$

式中，

$$\begin{cases} p_{\mathrm{c}} = p_{\mathrm{in}} + C_4 \\ p_{\mathrm{in}} = \dfrac{J_{\mathrm{c}}\mu_{\mathrm{c}}}{2}\left[-\dfrac{C_1}{g_{1\mathrm{c}}^2 r^2} + \dfrac{2\ln(r)}{g_{1\mathrm{c}}^2} - \dfrac{\ln(r^2 - C_1)}{g_{2\mathrm{c}}^2}\right] \\ C_4 = \left(\mu_{\mathrm{c}} g_{3\mathrm{c}}^2 \alpha^{-2} - p_{\mathrm{in}} - \sigma_{rr}^{\mathrm{s}}\right)|_{R=A} \end{cases} \tag{17-38}$$

17.2.2　增量变形理论

类似第 16 章的分析，假设增量位移场的形式为

$$\dot{\boldsymbol{x}} = u(r,\theta,z)\,\boldsymbol{e}_r + v(r,\theta,z)\,\boldsymbol{e}_\theta + w(r,\theta,z)\,\boldsymbol{e}_z \tag{17-39}$$

式中，u、v 和 w 为增量位移，$\boldsymbol{e}_r$、$\boldsymbol{e}_\theta$ 和 $\boldsymbol{e}_z$ 分别为径向、环向和轴向的单位基矢量。则增量变形梯度张量 $\dot{\boldsymbol{F}}_0$ 为

$$\dot{\boldsymbol{F}}_0 = \begin{bmatrix} u_{,r} & \dfrac{u_{,\theta} - v}{r} & u_{,z} \\ v_{,r} & \dfrac{v_{,\theta} + u}{r} & v_{,z} \\ w_{,r} & \dfrac{w_{,\theta}}{r} & w_{,z} \end{bmatrix} \tag{17-40}$$

式中，逗号表示求偏导。材料的不可压缩条件要求 $\mathrm{tr}\left(\dot{\boldsymbol{F}}_0\right) = 0$，可以进一步表示为

$$\frac{\partial u}{\partial r} + \frac{1}{r}\left(\frac{\partial v}{\partial \theta} + u\right) + \frac{\partial w}{\partial z} = 0 \tag{17-41}$$

以名义应力 $\boldsymbol{S}$ 表示的平衡方程 (17-29) 的增量形式为[14]

$$\mathrm{div}\left(\dot{\boldsymbol{S}}_0\right) = \boldsymbol{0} \tag{17-42}$$

在自由边界处 $(R = B)$，增量形式的边界条件为 $\dot{\boldsymbol{S}}_0^{\mathrm{T}} \cdot \boldsymbol{n} = \boldsymbol{0}$。核壳界面处 $(R = A)$ 的边界条件为 $\langle \dot{\boldsymbol{x}} \rangle = \boldsymbol{0}$ 和 $\langle \dot{\boldsymbol{S}}_0^{\mathrm{T}} \rangle \cdot \boldsymbol{n} = \boldsymbol{0}$。随着生长，圆柱核壳结构表面可能会同时产生环向和轴向的失稳。因此，假设如下形式的增量位移场 $\dot{\boldsymbol{x}}$ 和增量静水压 $\dot{p}$：

$$\begin{cases} u(r,\theta,z) = \tilde{u}(r)\cos(m\theta)\cos(nz) \\ v(r,\theta,z) = \tilde{v}(r)\sin(m\theta)\cos(nz) \\ w(r,\theta,z) = \tilde{w}(r)\cos(m\theta)\sin(nz) \\ \dot{p}(r,\theta,z) = \tilde{\dot{p}}(r)\cos(m\theta)\cos(nz) \end{cases} \tag{17-43}$$

式中，m 和 n 为环向和轴向波数，如图 17.12 所示。当 $n \equiv 0$，式 (17-43) 退化到二维平面应变的环向失稳模式，这也是 Cao 等[15] 研究的问题，详见 17.1 节。当

$m\equiv 0$ 时，式 (17-43) 退化到二维轴对称失稳模式，即 Vandiver 和 Goriely[12] 关注的问题。

将增量位移场 (17-43) 代入式 (17-41) 和式 (17-42) 中得到

$$\begin{aligned}&g_3^2 r\left[\left(g_1 r p'+2g_2g_3\mu\right)\alpha^2\tilde{u}'-g_1 r\alpha^2\tilde{p}'+g_1g_3^2\mu\left(r\tilde{u}''-\tilde{u}'\right)\right]\\&+g_1g_3^2p\alpha^2\left(mr\tilde{v}'+nr^2\tilde{w}'+r^2\tilde{u}''+r\tilde{u}'-m\tilde{v}\right)-2g_1g_3^2\mu m\alpha^4\tilde{v}\\&-g_1\alpha^2\left[\mu g_3^2\left(m^2+1\right)\alpha^2+\mu n^2r^2+g_3^2p\right]\tilde{u}=0\end{aligned}\tag{17-44}$$

$$\begin{aligned}&g_1g_3^4\mu r\left(\tilde{v}'-r\tilde{v}''\right)+g_1g_3^2\mu m^2\alpha^4\tilde{v}+g_1g_3^2mr\alpha^2\left(p'\tilde{u}-\tilde{p}\right)\\&+2g_1g_3^2\mu m\alpha^4\tilde{u}+g_1g_3^2r\alpha^2p'\tilde{v}+g_1g_3^2\mu\alpha^4\tilde{v}+g_1\mu n^2r^2\alpha^2\tilde{v}\\&-2g_2g_3^3\mu r\alpha^2\tilde{v}'+g_1g_3^2mp\alpha^2\left(m\tilde{v}+nr\tilde{w}+r\tilde{u}'+\tilde{u}\right)=0\end{aligned}\tag{17-45}$$

$$\begin{aligned}&g_1g_3^4\mu r\left(\tilde{w}'-r\tilde{w}''\right)+g_1g_3^2\mu m^2\alpha^4\tilde{w}+g_1g_3^2nr^2\alpha^2p'\tilde{u}\\&-g_1g_3^2nr^2\alpha^2\tilde{p}+g_1\mu n^2r^2\alpha^2\tilde{w}-2g_2g_3^3\mu r\alpha^2\tilde{w}'\\&+g_1g_3^2nrp\alpha^2\left(m\tilde{v}+nr\tilde{w}+r\tilde{u}'+\tilde{u}\right)=0\end{aligned}\tag{17-46}$$

$$\tilde{u}+r\tilde{u}'+m\tilde{v}+nr\tilde{w}=0\tag{17-47}$$

式中，撇号表示对 r 求导。通过消除变量 W 和 P，微分方程组 (17-44)～式 (17-47) 简化为二元三阶常微分方程组，

$$\left\{\begin{aligned}&D_{u12}r^2\tilde{u}''+D_{u11}r\tilde{u}'+D_{u10}\tilde{u}+D_{v13}r^3\tilde{v}'''+D_{v12}r^2\tilde{v}''+D_{v11}r\tilde{v}'+D_{v10}\tilde{v}=0\\&D_{u23}r^3\tilde{u}'''+D_{u22}r^2\tilde{u}''+D_{u21}r\tilde{u}'+D_{u20}\tilde{u}+D_{v22}r^2\tilde{v}''+D_{v21}r\tilde{v}'+D_{v20}\tilde{v}=0\end{aligned}\right.\tag{17-48}$$

式中，

$$D_{u12}=m,\quad D_{u11}=\frac{m}{g_1g_3^2}\left[2g_2g_3\alpha^2-g_1(g_3^2+2\alpha^4)\right],$$

$$D_{u10}=-\frac{m}{g_1g_3^4}\left\{-2g_2g_3\alpha^2(2g_3^2+\alpha^4)+g_1\left[3g_3^4+n^2r^2\alpha^2+g_3^2(2+m^2)\alpha^4\right]\right\},$$

$$D_{v13}=1,\quad D_{v12}=\frac{4g_2\alpha^2}{g_1g_3}-2,$$

$$D_{v11}=3-\frac{\alpha^2}{g_1g_3^4}(4g_2g_3^3+g_1n^2r^2+g_1g_3^2m^2\alpha^2),$$

$$D_{v10}=-3-\frac{\alpha^2}{g_1g_3^4}\left[-4g_2g_3^3+g_1n^2r^2+g_3m^2\alpha^2(3g_1g_3-2g_2\alpha^2)\right],$$

$$D_{u23}=1,\quad D_{u22}=\frac{2g_2\alpha^2}{g_1g_3},$$

$$
\begin{aligned}
D_{u21} &= -3 - \frac{\alpha^2}{g_1 g_3^4}(-2g_2 g_3^3 + g_1 n^2 r^2 + g_1 g_3^2 m^2 \alpha^2),\\
D_{u20} &= 3 - \frac{\alpha^2}{g_1 g_3^4}(2g_2 g_3^3 + g_1 n^2 r^2) - \frac{\alpha^4}{g_3^2}(m^2 + 2n^2 r^2),\\
D_{v22} &= m + \frac{n^2 r^2}{m}, \quad D_{v21} = -\frac{(3m^2 + n^2 r^2)}{m} + \frac{2g_2\alpha^2}{g_1 g_3 m}(m^2 + n^2 r^2),\\
D_{v20} &= \frac{(3m^2 + n^2 r^2)}{m} - \frac{\alpha^2}{g_1 g_3^4 m}(m^2 + n^2 r^2)(2g_2 g_3^3 + g_1 n^2 r^2 + g_1 g_3^2 m^2 \alpha^2)
\end{aligned}
$$

$R=0$ 处的边界条件为

$$
\tilde{u} = 0, \quad \tilde{u}' = 0, \quad \tilde{v} = 0 \tag{17-49}
$$

$R=B$ 处的边界条件为

$$
\left\{
\begin{array}{l}
D_{31} r\tilde{u}' + D_{32}\tilde{u} + D_{33} r^2 \tilde{v}'' + D_{34} r\tilde{v}' + D_{35}\tilde{v} = 0\\
m\tilde{u} + \tilde{v} - r\tilde{v}' = 0\\
r^2\tilde{u}'' + r\tilde{u}' + \left(n^2 r^2 - 1\right)\tilde{u} + mr\tilde{v}' - m\tilde{v} = 0
\end{array}
\right. \tag{17-50}
$$

式中,

$$
\left\{
\begin{array}{l}
D_{31} = 2m, \quad D_{32} = \dfrac{m}{g_1 g_3^2}(g_1 g_3^2 - 2g_2 g_3 \alpha^2 - g_1 \alpha^4)\\
D_{33} = 1, \quad D_{34} = \dfrac{2g_2\alpha^2}{g_1 g_3} - 1\\
D_{35} = 1 - \dfrac{\alpha^2}{g_1 g_3^4}(2g_2 g_3^3 + g_1 n^2 r^2 + g_1 g_3^2 m^2 \alpha^2)
\end{array}
\right. \tag{17-51}
$$

界面 $R=A$ 处的连续条件为

$$
\left\{
\begin{array}{l}
\langle\tilde{u}\rangle = 0, \quad \langle\tilde{u}'\rangle = 0, \quad \langle\tilde{v}\rangle = 0\\
\left\langle \dfrac{g_3^2\mu}{mr\alpha^2}\left(D_{31} r\tilde{u}' + D_{32}\tilde{u} + D_{33} r^2\tilde{v}'' + D_{34} r\tilde{v}' + D_{35}\tilde{v}\right)\right\rangle = 0\\
\left\langle \dfrac{g_3^2\mu}{r\alpha^2}\left(m\tilde{u} + \tilde{v} - r\tilde{v}'\right)\right\rangle = 0\\
\left\langle -\dfrac{g_3^2\mu}{nr^2\alpha^2}\left[r^2\tilde{u}'' + r\tilde{u}' + \left(n^2 r^2 - 1\right)\tilde{u} + mr\tilde{v}' - m\tilde{v}\right]\right\rangle = 0
\end{array}
\right. \tag{17-52}
$$

当方程组 (17-48)$\sim$ 式 (17-52) 存在非平凡解时，圆柱核壳结构表面可能出现失稳。由于方程组形式比较复杂，很难得到其解析解，所以可采用数值计算得到系统表面失稳的临界条件。

17.2.3 失稳临界条件

本节将通过三种不同形式的生长张量来逐一讨论。第一种形式 (I) 的生长张量表示为 $\boldsymbol{G}=\mathrm{diag}\,(1,g,g)$，称为表面生长。第二种形式 (II) 的生长张量为 $\boldsymbol{G}=g\mathbf{I}$，称为均匀生长。第三种形式 (III) 为正交异性生长，形式为 $\boldsymbol{G}=\mathrm{diag}\,(1,1+\bar{g},1+\beta\bar{g})$，式中 $\bar{g}=g-1$，β 为轴向与环向生长增量间的比值，且 $\beta\geqslant 0$。

系统表面失稳的临界条件的确定方法：首先寻找使得方程组 (17-48)~(17-52) 存在非平凡解的 (m,n,g) 组合；在以上组合内搜索使得生长量 g 取最小值的组合，则此最小值即为临界生长量 g_{crit}，对应的 m，n 即为临界波数 m_{crit}，n_{crit}。图 17.13 给出了具体寻找临界波数 m_{crit}，n_{crit} 和临界生长量 g_{crit} 的例子。选取系统参数为：模量比 $\mu_{\mathrm{s}}/\mu_{\mathrm{c}}=20$，壳厚度与外径 $H/B=0.05$，外径为 $B=20$。外壳的生长形式为均匀生长。从图中可以看出，圆点处的生长量最小，$\bar{g}_{\mathrm{crit}}=g_{\mathrm{crit}}-1=0.0493$，临界波数为 $m_{\mathrm{crit}}=10$，$n_{\mathrm{crit}}=0.210$。对于同样的参数取值，采用有限元方法进行屈曲分析，得到的临界值为 $\bar{g}_{\mathrm{crit}}=0.0523, m_{\mathrm{crit}}=10$ 和 $n_{\mathrm{crit}}=0.224$。可以发现理论预测结果和数值模拟结果相吻合。

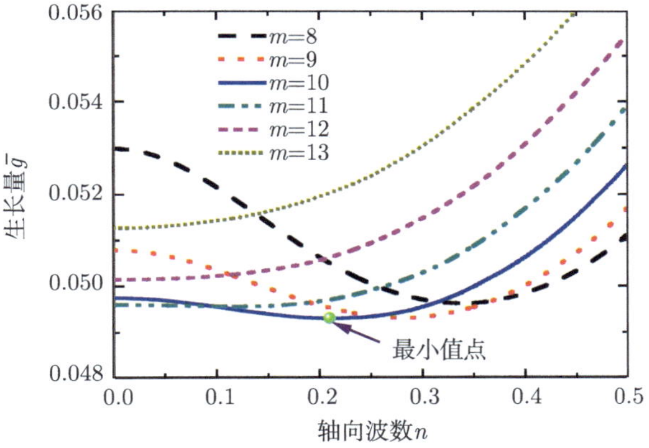

图 17.13 临界生长量的确定

图 17.14 给出了均匀生长和表面生长情况下的临界生长量随硬壳与软芯模量比 $\mu_{\mathrm{s}}/\mu_{\mathrm{c}}$ 的变化。系统参数为：$H/B=0.05$，$B=20$。从图 17.14 中可以发现，径向生长对于临界生长量 $\bar{g}_{\mathrm{crit}}$ 的影响很小。这一现象与平面系统类似，平面膜–基系统的临界应变主要取决于面内应变，而受膜法线方向的应变影响较小。此外，临界生长量随着模量比的增加单调递减。图中的圆点为均匀生长情况下的有限元分析结果，与理论分析结果 (实线) 吻合。

理论分析可以给出模量比 $\mu_{\mathrm{s}}/\mu_{\mathrm{c}}$ 对临界失稳模态 $(m_{\mathrm{crit}},n_{\mathrm{crit}})$ 的影响。仍然以 $H/B=0.05$，$B=20$ 的系统为例，分析结果表明，当模量比 $\mu_{\mathrm{s}}/\mu_{\mathrm{c}}$ 小于 5

时，$m_{\text{crit}}=0$，说明没有沿环向的失稳。当模量比超过 5 时，失稳模态为四方形式 $(m_{\text{crit}}\neq 0, n_{\text{crit}}\neq 0)$。而当模量比超过 1000 时，$n_{\text{crit}}$ 变得非常小。在这种情况下，轴向失稳波长超过环向失稳波长的 10 倍。由于圆柱的长度是有限的，这里可近似认为仅发生环向失稳 $(n_{\text{crit}}=0)$。

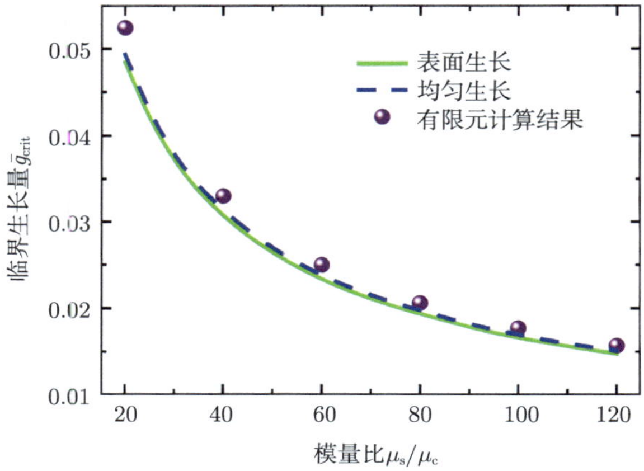

图 17.14　临界生长量随模量比变化的曲线

为了进一步理解模量比对失稳模态的影响，考虑两种特殊情况：轴向失稳 $(m_{\text{crit}}\equiv 0)$ 和环向失稳 $(n_{\text{crit}}=0)$。此时，只需在原有满足临界失稳的 (m,n,g) 组合中加入限制条件，$m_{\text{crit}}\equiv 0$ 或 $n_{\text{crit}}=0$，再搜索生长量的最小值。图 17.15 给出了两种失稳模式下临界生长量随模量比的变化。当模量比 μ_s/μ_c 比较小时，轴向失稳对应的临界生长量较小，随着模量比的增加，环向失稳对应的临界生长量递减

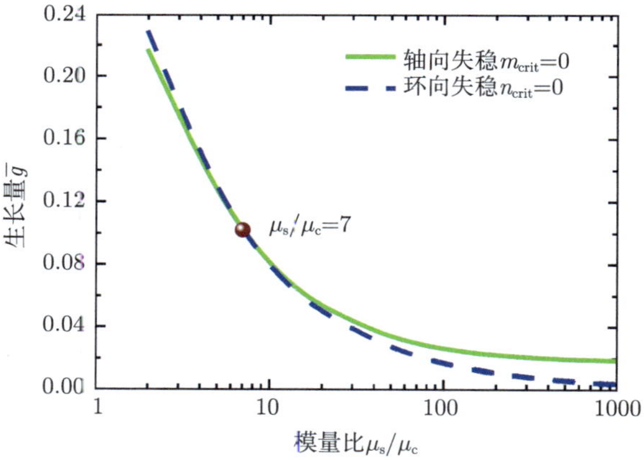

图 17.15　生长量随模量比的变化

得很快。当 μ_s/μ_c 超过 7 时，环向失稳模式的临界生长量较小。这可以很好地解释模量比对失稳模式的影响。值得注意的是：当模量比 $\mu_s/\mu_c = 7$ 时，两种失稳模式的临界生长量相等。通过三维理论分析发现，在这一模量比下，三维失稳形貌的环向和轴向的临界失稳波长相等。后面后屈曲分析显示在此模量比情况下，会得到比较规则的六方失稳形貌。

此外，理论模型可以揭示各向异性生长对失稳模态的影响。取系统参数为：$H/B = 0.05$，$B = 20$，$\mu_s/\mu_c = 20$。生长张量形式为 $\boldsymbol{G} = \mathrm{diag}\,(1, 1+\bar{g}, 1+\beta\bar{g})$，当 β 取值小于 1 时，环向生长速度快于轴向；而当 β 取值大于 1 时，轴向生长速度较快。分析结果表明，当 $\beta < 0.8$ 时，环向失稳出现 $(n_{\mathrm{crit}} = 0, m_{\mathrm{crit}} \neq 0)$；当 $0.8 \leqslant \beta \leqslant 2$ 时，失稳模态为四方形式；当 $\beta > 2$ 时，轴向失稳出现 $(n_{\mathrm{crit}} \neq 0, m_{\mathrm{crit}} = 0)$。各向异性生长在自然界中还是很常见的，例如植物沿着阳光充足的方向会生长得较快。以上的结果也许可以帮助理解自然界中类似几何和物理参数情况下观察到的各种形式的表面失稳形貌。

17.2.4 有限元模拟

建立图 17.12 所示的三维圆柱，壳的厚度与外径比为 $H/B = 0.05$，$B = 20\mathrm{mm}$，圆柱的长度为 $L = 200\mathrm{mm}$。采用柱坐标系 (R, Θ, Z)，R、Θ 和 Z 分别沿着圆柱的径向、环向和轴向。选取的边界条件为：两端限制沿 Z 方向的位移，其余边界均自由。系统的材料为近似不可压 neo-Hooke 材料，且 $\mu_s/\mu_c = 20$。在确保计算收敛性的基础上，使用近 40000 个二阶单元 (C3D20R) 来模拟圆柱核壳系统。仅外壳发生生长，其生长张量为 $\boldsymbol{G} = g\mathbf{I}$。首先利用 Abaqus 分析得到系统临界失稳模态，然后将临界模态乘以一个较小的系数作为初始缺陷引入到模型中，再采用伪动力学方法进行分析。数值模拟过程中发现，临界模态为四方形貌，这与上节中的理论分析中假设的失稳形式一致。

17.2.5 结果与讨论

图 17.16 给出了圆柱表面形貌后屈曲过程。左侧为圆柱表面径向位移随生长量的变化；右侧为应变能密度随生长量的变化。初始阶段，生长量为零，圆柱表面不发生失稳，表面位移和应变能密度均为零，如图 17.16(a) 和 (e) 所示。随着生长量增加到接近临界生长量时，表面出现失稳。由于引入的初始缺陷为四方形貌，系统表面的初始失稳也为四方形貌。生长量稍微超过临界生长量时，四方形貌很快演化为六方形貌，如图 17.16(b) 所示。相应地，圆柱表面的能量密度也呈现出六方规律分布。当生长量继续增加时，规则的六方形貌开始在圆柱面内发生扭转、变形 (图 17.16(c))，并与周围的六边形发生融合，最终演化为杂乱无章的迷宫状折叠 (图 17.16(d))。

为了更好地理解图 17.16 中的形貌演化过程，下面对整个失稳过程中系统的应变能变化进行分析。图 17.17 给出了无量纲化的总应变能 $\bar{U}$ ($\bar{U} = \mathrm{U_p}/\mu_c LB^2$) 随着生长量 $\bar{g}$ ($\bar{g} = g - 1$) 变化的曲线。实线为实际失稳过程中，有限元分析得到的应变能的变化趋势；红色虚线为假定系统不发生失稳情况下，理论分析得到的应变能的变化趋势。当生长量比较小时，系统未发生失稳 (区域 I)，此时理论值和有限元值一致。当发生六方失稳 (区域 II) 时，有限元分析得到的能量比不发生失稳的理论能量要小。当生长量进一步增加，迷宫状的失稳发生 (区域 III)，这与球上发现的失稳形貌类似。可以看到区域 III 中，迷宫状形貌比六方形貌释放了更多的能量。

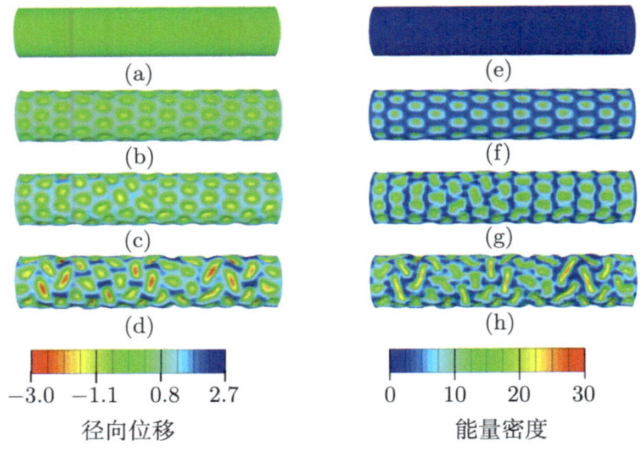

图 17.16　柱形核壳结构表面形貌演化的有限元模拟结果

(a)~(d) 表面位移分布；(e)~(h) 表面应变能密度分布

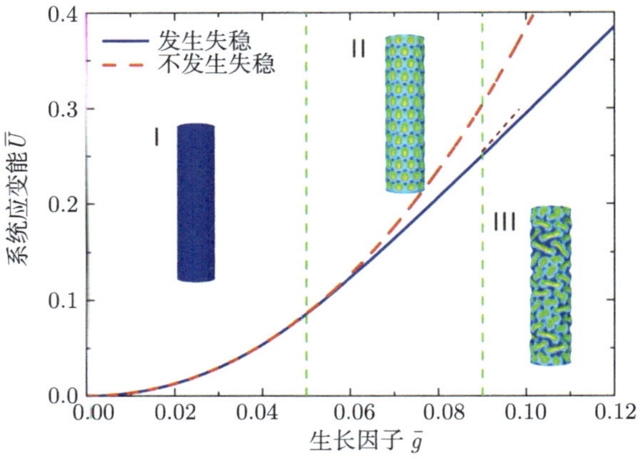

图 17.17　圆柱核壳结构应变能 $\bar{U}$ 随生长量 $\bar{g}$ 的变化

此外，临界失稳分析得到的临界模态为四方形貌，但是后屈曲演化过程表明，即使将四方形貌作为初始缺陷引入，这一形貌也不能稳定存在，而是最终演化成了比较规则的六方形貌。从有限元分析得到的四方到六方演化结果如图 17.18 所示。图 17.18(a) 为圆柱表面初始失稳四方形貌，其中红色为凹坑，绿色为凸棱。随着生长量增加，凹坑沿环向扩张，导致凸棱被挤压变长，如图 17.18(b) 所示。进一步，凸棱从一个波峰被挤压成两个分离的波峰，原来的波峰则变为波谷，如图 17.18(c) 所示。当新形成的两个波峰分离到一定程度便形成了稳定的六方结构 (图 17.18(d))。从以上演化过程可以发现，要形成比较好的六方形貌的条件是：临界四方失稳的环向波长和轴向波长相差不大。在上一节理论分析表明，使得环向模态和轴向模态临界应变相等的模量比可以满足这一条件。因此，可以利用这一准则，为圆柱面规则六方形貌的制备提供理论依据。

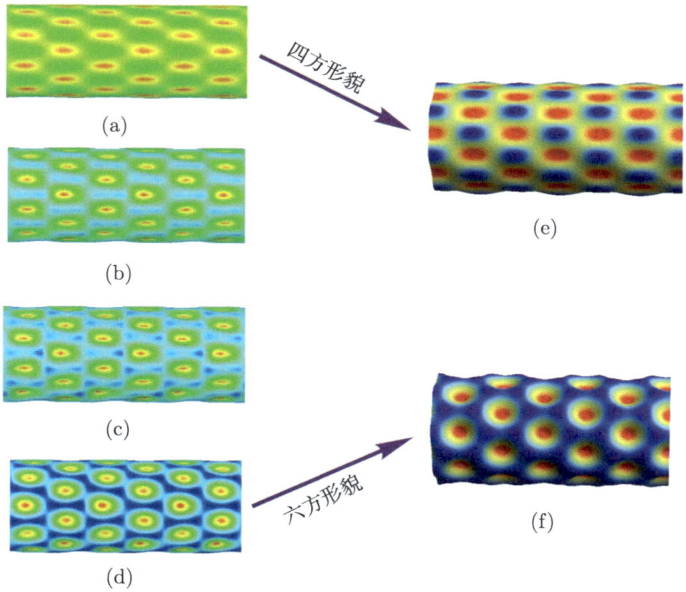

图 17.18　圆柱表面四方到六方形貌的演化过程

(a)～(d) 有限元模拟结果；(e) 和 (f) 分别为四方形貌和六方形貌的示意图

值得一提的是，Cai 等[8] 在平面膜–基系统的等轴压缩实验中观察到了类似的形貌演化。图 17.19 显示了六方形貌向迷宫状形貌演化的过程。他们的理论分析表明，棋盘状 (四方) 形貌将优先于六方形貌发生。但是，实验只观察到六方失稳。他们解释这一差异是由于压缩过程中膜表面并不是一个理想平面，而是有一定的曲率。他们采用浅壳理论解释了这一实验现象。本节进一步研究圆柱面上四方、六方等形貌发生的条件与演化特征。

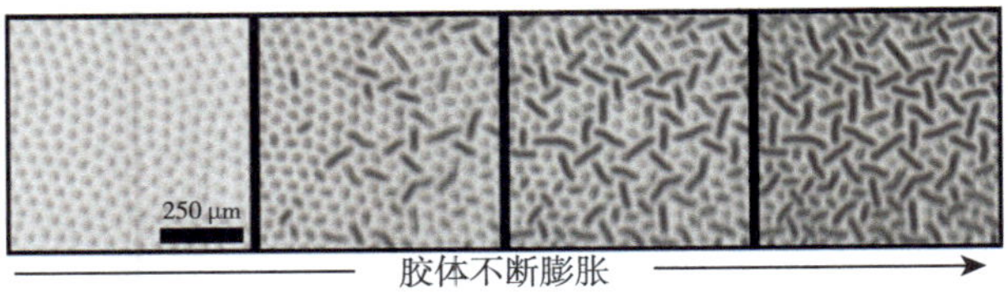

图 17.19　平面膜–基系统表面形貌的演化实验结果[8]

17.3　球形核壳结构

本节研究组织生长或萎缩情况下球状核壳结构的失稳和表面形貌动态演化，该结构可以模拟生长的肿瘤、水凝胶颗粒以及一些具有类似结构特征的植物果实等。

17.3.1　应力分析

建立如图 17.20 所示球坐标系，在初始构型和当前构型中的物质点的位置分别用坐标 $\boldsymbol{X} = (R, \varTheta, \varPhi)$ 和 $\boldsymbol{x} = (r, \theta, \phi)$ 表示。

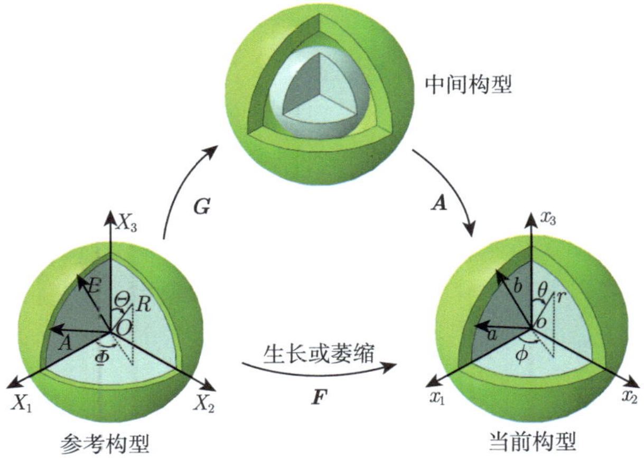

图 17.20　核壳结构球的生长或萎缩示意图

首先，假设软球从初始的无应力构型生长到一个中间构型，该过程由 $\boldsymbol{G}$ 表征，是一个纯生长过程，表示材料的增加或减少，但并不产生应力，如图 17.20 所示。中间构型可能不相容，变形也可不连续。为了保证系统变形的相容性和连续性，需要在中间构型上施加弹性变形 $\boldsymbol{A}$ 以得到当前构型，在该弹性变形过程中产生应力。

设初始界面半径为 A，壳外半径为 B，则壳的初始厚度为 $H = B - A$。考虑球对称的生长模式，则有 $r = r(R)$。在生长之后，界面半径和壳外半径分别变为

$a=r(A)$ 和 $b=r(B)$。相应的变形梯度张量为

$$\boldsymbol{F}=\operatorname{diag}\left(\partial r/\partial R,\quad r/R,\quad r/R\right) \tag{17-53}$$

采用与 16.2 节相同的生长张量模式，但在核和壳中可以取不同的值。若 $g_1=g_2=g_3$，则材料进行各向同性生长。由变形梯度分解可求得

$$\boldsymbol{A}=\operatorname{diag}(\alpha_1,\quad \alpha_2,\quad \alpha_3) \tag{17-54}$$

式中 $\alpha_1=g_1^{-1}\partial r/\partial R$，$\alpha_2=\alpha_3=g_2^{-1}r/R$ 表示弹性变形的主伸长比。假设材料满足弹性不可压缩约束，即 $\det(\boldsymbol{A})=1$，则有 $\alpha_1\alpha_2^2=1$。令 $\alpha_2=\alpha$，可求出 $\alpha_1=\alpha^{-2}$。由 $\det(\boldsymbol{F})=\det(\boldsymbol{G})$ 知 $R^{-2}r^2\partial r/\partial R=g^3$，积分得

$$\begin{cases} r^3=g_{1\mathrm{c}}g_{2\mathrm{c}}^2R^3 & (0\leqslant R\leqslant A)\\ r^3=g_{1\mathrm{s}}g_{2\mathrm{s}}^2\left(R^3-A^3\right)+g_{1\mathrm{c}}g_{2\mathrm{c}}^2A^3 & (A\leqslant R\leqslant B)\end{cases} \tag{17-55}$$

则参数 α 满足

$$\begin{cases} \alpha_{\mathrm{c}}=\left(\dfrac{g_{1\mathrm{c}}}{g_{2\mathrm{c}}}\right)^{1/3} & (0\leqslant R\leqslant A)\\ \alpha_{\mathrm{s}}=\left[\dfrac{g_{1\mathrm{s}}}{g_{2\mathrm{s}}}\left(1-\dfrac{A^3}{R^3}\right)+\dfrac{g_{1\mathrm{c}}g_{2\mathrm{c}}^2}{g_{2\mathrm{s}}^3}\dfrac{A^3}{R^3}\right]^{1/3} & (A\leqslant R\leqslant B)\end{cases} \tag{17-56}$$

系统的总势能表示为[12]

$$U=\int_{\Omega}\det(\boldsymbol{F})\left[W-p\left(\det(\boldsymbol{A})-1\right)\right]\mathrm{d}\Omega \tag{17-57}$$

式中，p 为 Lagrange 乘子，Ω 为系统的初始体积，W 为应变能函数。采用 neo-Hooke 本构关系模拟材料的力学响应，其应变能函数如式 (17-7) 所示。对式 (17-57) 求变分可得

$$\operatorname{div}(\boldsymbol{\sigma})=\mathbf{0} \tag{17-58}$$

式中，$\boldsymbol{\sigma}=\boldsymbol{A}\cdot\partial W/\partial\boldsymbol{A}-p\mathbf{I}$ 为 Cauchy 应力张量[13]，在球对称的条件下，应力分量形式为

$$\sigma_{rr}=\mu\alpha^{-4}-p,\quad \sigma_{\theta\theta}=\mu\alpha^2-p \tag{17-59}$$

平衡方程 (17-58) 退化为

$$\frac{\partial\sigma_{rr}}{\partial r}+\frac{2}{r}\left(\sigma_{rr}-\sigma_{\theta\theta}\right)=0 \tag{17-60}$$

利用如式 (17-10) 和式 (17-11) 所示边界条件和连续条件，可以求得应力场为

$$\begin{aligned}\sigma_{rrs} &= \frac{\mu_s}{2}\left(\frac{1}{\alpha_s^4}+\frac{4\Gamma_s}{\alpha_s}-\frac{1+4\Gamma_s\alpha_{bs}^3}{\alpha_{bs}^4}\right)+\frac{\mu_s\left(\Gamma_s^2-1\right)}{3\Gamma_s^{2/3}}\\&\times\left[2\sqrt{3}\arctan\frac{\sqrt{3}\left(\alpha_s-\alpha_{bs}\right)\Gamma_s^{1/3}}{2+\left(\alpha_s+\alpha_{bs}\right)\Gamma_s^{1/3}+2\alpha_s\alpha_{bs}\Gamma_s^{2/3}}\right.\\&\left.+\ln\left(\frac{\alpha_s\Gamma_s^{1/3}-1}{\alpha_{bs}\Gamma_s^{1/3}-1}\right)^2-\ln\frac{1+\alpha_s\Gamma_s^{1/3}+\alpha_s^2\Gamma_s^{2/3}}{1+\alpha_{bs}\Gamma_s^{1/3}+\alpha_{bs}^2\Gamma_s^{2/3}}\right]\\\sigma_{\theta\theta s} &= \sigma_{rrs}+\mu_s\left(\alpha_s^2-\alpha_s^{-4}\right)\quad(A\leqslant R\leqslant B)\end{aligned}\tag{17-61}$$

$$\begin{aligned}\sigma_{rrc} &= \frac{\mu_s}{2}\left(\frac{1}{\alpha_{as}^4}+\frac{4\Gamma_s}{\alpha_{as}}-\frac{1+4\Gamma_s\alpha_{bs}^3}{\alpha_{bs}^4}\right)+\frac{\mu_s\left(\Gamma_s^2-1\right)}{3\Gamma_s^{2/3}}\\&\times\left[2\sqrt{3}\arctan\frac{\sqrt{3}\left(\alpha_{as}-\alpha_{bs}\right)\Gamma_s^{1/3}}{2+\left(\alpha_{as}+\alpha_{bs}\right)\Gamma_s^{1/3}+2\alpha_{as}\alpha_{bs}\Gamma_s^{2/3}}\right.\\&\left.+\ln\left(\frac{\alpha_{as}\Gamma_s^{1/3}-1}{\alpha_{bs}\Gamma_s^{1/3}-1}\right)^2-\ln\frac{1+\alpha_{as}\Gamma_s^{1/3}+\alpha_{as}^2\Gamma_s^{2/3}}{1+\alpha_{bs}\Gamma_s^{1/3}+\alpha_{bs}^2\Gamma_s^{2/3}}\right]\\\sigma_{\theta\theta c} &= \sigma_{rrc}+\mu_c\left(\alpha_c^2-\alpha_c^{-4}\right)\quad(0\leqslant R\leqslant A)\end{aligned}\tag{17-62}$$

式中，$\Gamma_s=g_{2s}/g_{1s}$，$\Gamma_c=g_{2c}/g_{1c}$，

$$\left\{\begin{aligned}\alpha_{as}&\equiv\frac{a}{g_{2s}A}=\left(\frac{g_{1c}g_{2c}^2}{g_{2s}^3}\right)^{1/3}\\\alpha_{bs}&\equiv\frac{b}{g_{2s}B}=\left[\frac{g_{1s}}{g_{2s}}\left(1-\frac{A^3}{B^3}\right)+\frac{g_{1c}g_{2c}^2}{g_{2s}^3}\frac{A^3}{B^3}\right]^{1/3}\end{aligned}\right.\tag{17-63}$$

如果生长为各向同性，则 $g_{1c}=g_{2c}=g_c$，$g_{1s}=g_{2s}=g_s$，应力场简化为

$$\sigma_{rrs}=\frac{\mu_s}{2}\left(\frac{1}{\alpha_s^4}+\frac{4}{\alpha_s}-\frac{1+4\alpha_{bs}^3}{\alpha_{bs}^4}\right)\tag{17-64}$$

$$\left\{\begin{aligned}&\sigma_{\theta\theta s}=\sigma_{rrs}+\mu_s\left(\alpha_s^2-\alpha_s^{-4}\right)&&(A\leqslant R\leqslant B)\\&\sigma_{\theta\theta c}=\sigma_{rrc}=\sigma_{rrs}|_{\alpha_s=\alpha_{as}}&&(0\leqslant R\leqslant B)\end{aligned}\right.\tag{17-65}$$

在这种情况下，核处于均匀应力状态，其大小由界面 $R=A$ 处的法向应力决定，如式 (17-65) 所示。

将 Cauchy 应力无量纲化为 $\bar{\sigma}_{rr}=\sigma_{rr}/\mu_c$ 和 $\bar{\sigma}_{\theta\theta}=\sigma_{\theta\theta}/\mu_c$。图 17.21 给出了各向同性生长或萎缩下，系统中的弹性伸长比和应力分布。径向和环向的应力均在核

壳界面处达到最大，而在壳外表面处最小。图中显示，无论是核萎缩还是壳生长，都会导致壳内产生环向压缩应力，该应力将驱使壳发生屈曲。

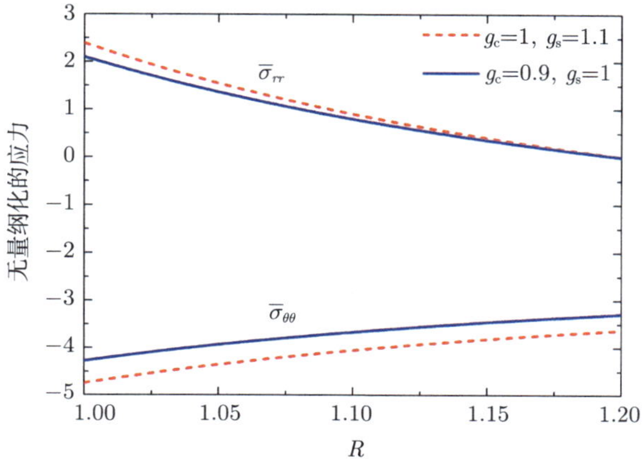

图 17.21 壳中的应力分布

实线表示核萎缩导致的应力，虚线表示壳生长导致的应力

17.3.2 稳定性分析

设增量位移场为

$$\dot{\boldsymbol{x}}(r,\theta,\phi)=u(r,\theta,\phi)\,\boldsymbol{e}_r+v(r,\theta,\phi)\,\boldsymbol{e}_\theta+w(r,\theta,\phi)\,\boldsymbol{e}_\phi \tag{17-66}$$

式中，u、v 和 w 为增量位移，$\boldsymbol{e}_r$、$\boldsymbol{e}_\theta$ 和 $\boldsymbol{e}_\phi$ 分别为径向、经向和纬向的单位基矢量，则增量变形梯度张量 $\dot{\boldsymbol{F}}_0$ 为

$$\begin{aligned}\dot{\boldsymbol{F}}_0=&\frac{\partial u}{\partial r}\boldsymbol{e}_r\boldsymbol{e}_r+\frac{1}{r}\left(\frac{\partial u}{\partial \theta}-v\right)\boldsymbol{e}_r\boldsymbol{e}_\theta+\frac{1}{r}\left(\frac{1}{\sin\theta}\frac{\partial u}{\partial \phi}-w\right)\boldsymbol{e}_r\boldsymbol{e}_\phi+\frac{\partial v}{\partial r}\boldsymbol{e}_\theta\boldsymbol{e}_r\\&+\frac{1}{r}\left(\frac{\partial v}{\partial \theta}+u\right)\boldsymbol{e}_\theta\boldsymbol{e}_\theta+\frac{1}{r}\left(\frac{1}{\sin\theta}\frac{\partial v}{\partial \phi}-w\cot\theta\right)\boldsymbol{e}_\theta\boldsymbol{e}_\phi+\frac{\partial w}{\partial r}\boldsymbol{e}_\phi\boldsymbol{e}_r+\frac{1}{r}\frac{\partial w}{\partial \theta}\boldsymbol{e}_\phi\boldsymbol{e}_\theta\\&+\frac{1}{r}\left(\frac{1}{\sin\theta}\frac{\partial w}{\partial \phi}+u+v\cot\theta\right)\boldsymbol{e}_\phi\boldsymbol{e}_\phi\end{aligned} \tag{17-67}$$

弹性不可压缩条件要求 $\operatorname{tr}\left(\dot{\boldsymbol{F}}_0\right)=0$，即

$$\frac{\partial u}{\partial r}+\frac{2}{r}u+\frac{1}{r}\frac{\partial v}{\partial \theta}+\frac{1}{r}v\cot\theta+\frac{1}{r}\frac{1}{\sin\theta}\frac{\partial w}{\partial \phi}=0 \tag{17-68}$$

由式 (17-15) 和式 (17-16) 可得平衡方程的分量形式。

在 $r=b$ 处，给出用当前构型中的名义应力表示的边界条件为 $\dot{\boldsymbol{S}}_0^{\mathrm{T}}\cdot\boldsymbol{n}=\boldsymbol{0}$，其分量形式为

$$\begin{cases}\left(K_{1111}-K_{1122}+\alpha_1\dfrac{\partial W}{\partial\alpha_1}\right)\dfrac{\partial u}{\partial r}-\dot{p}=0\\ \dfrac{\partial v}{\partial r}+\dfrac{1}{r}\left(\dfrac{\partial u}{\partial\theta}-v\right)=0\\ \dfrac{\partial w}{\partial r}+\dfrac{1}{r}\left(\dfrac{1}{\sin\theta}\dfrac{\partial u}{\partial\phi}-w\right)=0\end{cases}\tag{17-69}$$

在球心 $r=0$ 处，取 $\dot{\boldsymbol{x}}=\boldsymbol{0}$，则有

$$u=0,\quad v=0,\quad w=0\tag{17-70}$$

在界面 $r=a$ 处无穿透和相对滑移，则有

$$\begin{cases}\langle u\rangle=0,\quad\langle v\rangle=0,\quad\langle w\rangle=0\\ \left\langle\dot{S}_{0rr}\right\rangle=0,\quad\left\langle\dot{S}_{0r\theta}\right\rangle=0,\quad\left\langle\dot{S}_{0r\phi}\right\rangle=0\end{cases}\tag{17-71}$$

为了得到表面失稳的临界条件，考察微分方程系统球谐函数形式解的存在性，设

$$\begin{cases}u(r,\theta,\phi)=\tilde{u}(r)Y_l^m(\theta,\phi)\\ v(r,\theta,\phi)=\tilde{v}(r)\dfrac{\partial}{\partial\theta}Y_l^m(\theta,\phi)\\ w(r,\theta,\phi)=\tilde{v}(r)\dfrac{1}{\sin\theta}\dfrac{\partial}{\partial\phi}Y_l^m(\theta,\phi)\\ \dot{p}=\tilde{\dot{p}}(r)Y_l^m(\theta,\phi)\end{cases}\tag{17-72}$$

如第 16 章中关于球腔内壁粘膜生长失稳的处理，可获得与式 (16-125) 形式相同的平衡方程，边界条件在 $r=b$ 处有

$$\begin{cases}\tilde{u}'''+\dfrac{2+4\varGamma\alpha^3}{r}\tilde{u}''+\dfrac{8\varGamma\alpha^3-2\left(l^2+l+2\right)-\left(l^2+l-2\right)\alpha^6}{r^2}\tilde{u}'\\ +\dfrac{2\left(l^2+l-2\right)\left(2\varGamma\alpha^3-\alpha^6-1\right)}{r^3}\tilde{u}=0\\ \tilde{u}''+\dfrac{2}{r}\tilde{u}'+\dfrac{l^2+l-2}{r^2}\tilde{u}=0\end{cases}\tag{17-73}$$

在 $r=0$ 处有

$$\tilde{u}=0,\quad\tilde{u}'=0\tag{17-74}$$

界面连续条件为

$$\begin{cases} \langle \tilde{u} \rangle = 0 \\ \langle \tilde{u}' \rangle = 0 \\ \left\langle \dfrac{\mu r^2}{\alpha^4}\tilde{u}''' + \dfrac{2\mu r\left(1+2\Gamma\alpha^3\right)}{\alpha^4}\tilde{u}'' + \dfrac{\mu\left[8\Gamma\alpha^3 - 2\left(l^2+l+2\right) - \left(l^2+l-2\right)\alpha^6\right]}{\alpha^4}\tilde{u}' \right. \\ \left. + \dfrac{2\mu\left(l^2+l-2\right)\left(2\Gamma\alpha^3-\alpha^6-1\right)}{r\alpha^4}\tilde{u} \right\rangle = 0 \\ \left\langle \dfrac{\mu r}{\alpha^4}\tilde{u}'' + \dfrac{2\mu}{\alpha^4}\tilde{u}' + \dfrac{\mu\left(l^2+l-2\right)}{r\alpha^4}\tilde{u} \right\rangle = 0 \end{cases} \tag{17-75}$$

可以看出，与 16.7 节中的问题类似，微分方程系统独立于 m(或 ϕ)，退化为轴对称问题，表面屈曲的临界条件完全取决于 l。

考虑两种各向同性的非均匀生长模式：(i) 生长发生在壳中 (如肿瘤的生长) 和 (ii) 萎缩发生在核中 (如豌豆的脱水)。如前所述，这两种生长模式都将导致壳内产生环向压缩应力。

当壳内的压缩应力足够大时，系统将会失去稳定，发生表面屈曲，形成特征形貌。定义表面屈曲发生时的临界生长比为 g_k^{crit}，$k=\text{c}$ 和 s 分别代表核的萎缩和壳的生长两种不同的生长模式。对应于临界生长比的模数定义为临界模数 l_{crit}，出现此模数时，系统能量最小。为了方便比较，定义临界生长量，对于核萎缩，临界生长量 $\bar{g}_{\text{c}}^{\text{crit}} = 1 - g_{\text{c}}^{\text{crit}}$；对于壳生长，临界生长量 $\bar{g}_{\text{s}}^{\text{crit}} = g_{\text{s}}^{\text{crit}} - 1$。

图 17.22 给出了两种生长模式下临界生长量 $\bar{g}_{\text{c}}^{\text{crit}}$ 和 $\bar{g}_{\text{s}}^{\text{crit}}$ 随壳与核的弹性模量比 $\mu_{\text{s}}/\mu_{\text{c}}$ 的变化规律。由图可知，随 $\mu_{\text{s}}/\mu_{\text{c}}$ 的增加，临界生长量减小。图 17.22 表明两种生长模式下临界生长比随弹性模量比的变化规律是一致的：壳越软，发生屈曲所需的临界生长量越大，反之亦然。而且，这两种生长模式所对应的临界生长量差别较小。图 17.23 画出了临界生长量 $\bar{g}_{\text{c}}^{\text{crit}}$ 和 $\bar{g}_{\text{s}}^{\text{crit}}$ 随壳的厚度 H/A 的变化曲线，可以看出随着壳体变厚，临界生长量都变大，换言之，壳越厚，越难发生生长失稳。根据 Föppl–von Kármán 数的定义[16] 可知，本问题中的 Föppl–von Kármán 数为 $\eta_0 \approx (A/H)^2$，该数描述了系统中面内拉伸刚度与面外弯曲刚度的相对重要性。可以看出，临界生长量随着 η_0 增加而降低。尽管两种生长模式发生临界屈曲所需的生长比不同，但它们所产生的临界失稳模数几乎完全相同，如表 17.1 所示，本表数据计算中取弹性模量比为 $\mu_{\text{s}}/\mu_{\text{c}} = 10$。这表明特征形貌取决于系统的几何、力学性质，而与生长模式无关。下面讨论系统失稳特征与力学、几何参数之间的关系。

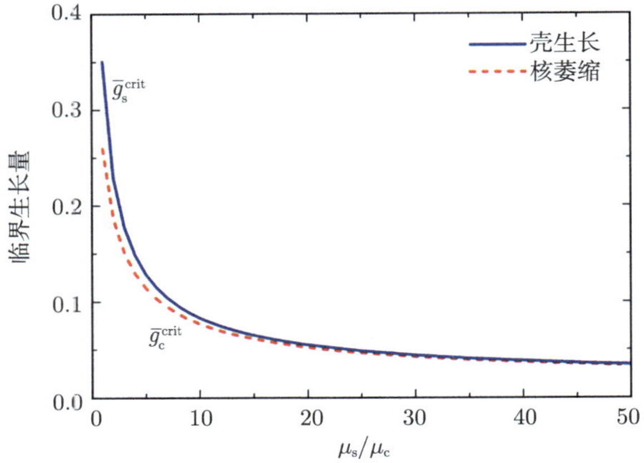

图 17.22　临界生长量随弹性模量比的变化

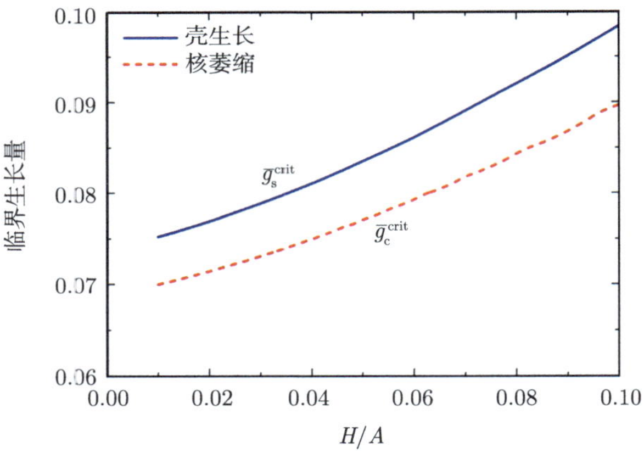

图 17.23　临界生长量随壳的等效厚度的变化

表 17.1　壳生长与核萎缩导致失稳的临界特征比较

H/A	核萎缩失稳		壳生长失稳	
	$1-g_c^{crit}$	l_{crit}	$g_s^{crit}-1$	l_{crit}
0.02	0.07144	28	0.07694	28
0.04	0.07498	14	0.08106	14
0.06	0.07926	10	0.08608	10
0.08	0.08431	8	0.09207	8
0.10	0.08967	6	0.09850	6

17.3.3 有限元模拟

为了验证模型的可靠性，采用商业软件 Abaqus 对模型进行有限元模拟。理论分析表明，失稳的临界条件仅取决于轴对称失稳模式，因此，本节采用轴对称单元 (CAX8RH) 进行模拟，三维单元模拟将在后文中进行分析。对每一组几何参数和材料参数，通过加密网格进行收敛性分析。在保证精度的情况下，系统的节点数为 4 万左右。

如上文的理论分析，临界失稳形貌特征与生长模式无关，对一种生长模式分析即可获得屈曲形貌的特征，下面考虑核发生萎缩导致失稳的情况。壳与核的弹性模量比 μ_s/μ_c 的增加会减少临界屈曲模数 l_{crit}，如图 17.24(a) 所示，当壳比核硬很多

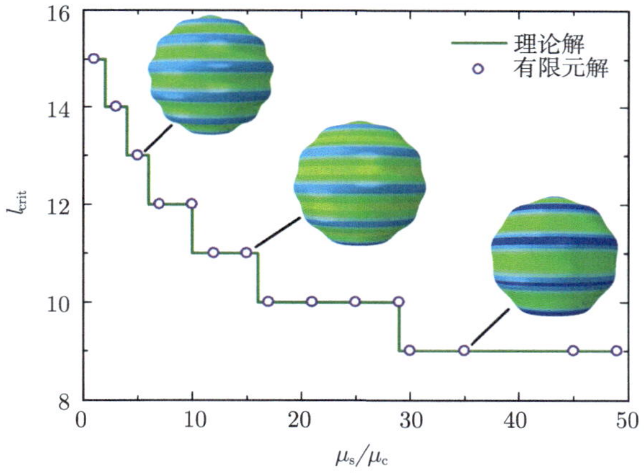

(a)

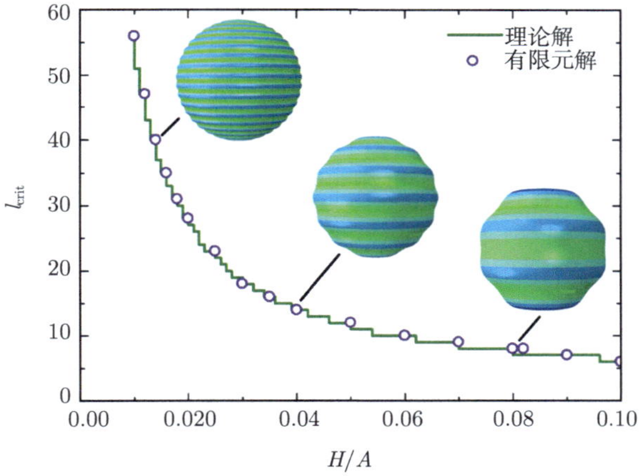

(b)

图 17.24 系统参数对临界模数的影响

(a) 弹性模量比的影响；(b) 壳厚度的影响

时，如 $\mu_s/\mu_c > 30$，弹性模量比的变化对屈曲模数的影响很小。壳体厚度的增加也会导致屈曲模数减少，见图 17.24(b)。相应地，临界模数随 Föppl-von Kármán 数的增加而增加。对于薄壳 (如 $H/A < 0.03$)，屈曲模数随 H/A 增大而急剧下降，表明此时薄壳厚度的轻微变化都将对形貌特征产生剧烈影响。因此，几何参数 (厚度) 和力学性质 (剪切模量) 决定着核壳球的形貌特征。从图 17.24 可以看出，有限元模拟结果与理论分析吻合很好。壳厚度 H/A 与模量比 μ_s/μ_c 对失稳形貌的影响进一步总结在图 17.25 中。尽管假设核的萎缩或壳的生长是均匀的，当残余应力达到临界值时，结构的球对称性仍会被打破。

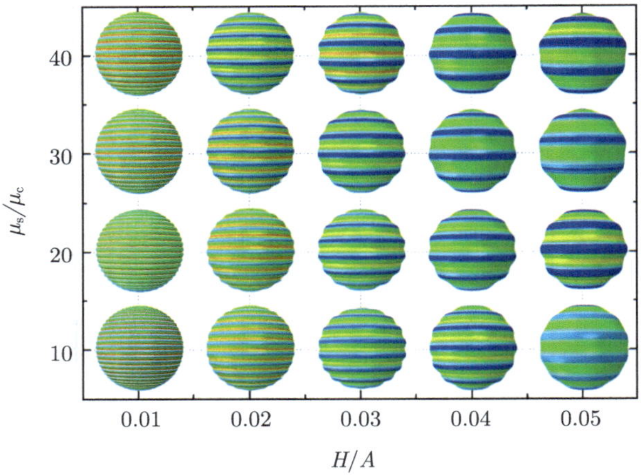

图 17.25 表面屈曲形貌分布图

17.3.4 轴对称形貌演化

以上分析讨论了核壳球结构失稳的临界特征和屈曲形貌，而未涉及失稳后形貌演化，事实上在以往的文献中，也很少进行类似研究，因此下面对后屈曲形貌演化进行分析。为了捕捉到系统的后屈曲演化行为，采用伪动力学的方法进行有限元模拟，该方法曾被成功运用于模拟平直薄膜的各向异性生长及后屈曲演化[17]。仍以核的萎缩为例进行分析和模拟。

图 17.26(a)~(f) 给出了核的萎缩所导致的形貌演化，模拟中，取参数 $A = 100$，$B = 105$，$\mu_s/\mu_c = 30$。初始时，核的萎缩导致壳内产生环向压缩应力，当压应力达到临界值时，壳发生屈曲，系统的球对称性被打破，产生轴对称形貌，临界特征模数为 $l_{crit} = 9$，如图 17.26(a) 所示。萎缩继续增加，球上部的峰顶逐步下沉，直至发生突然的翻转 (snap-through)：由外凸的峰顶变为内凹的谷底，见图 17.26(b) 和 (c)，第二次分岔发生，形成了具有上下对称性的形貌。进一步的萎缩使球越来

越短粗，壳体发生折叠现象，但仍保持上下对称性不变 (图 17.26(d))。在粘膜生长失稳 (见第 14 章的分析) 以及凝胶的受限膨胀[17−19] 的研究中，也观察到类似的现象。核仍继续萎缩，诱发第三次分岔，球底部的两外凸峰顶开始融合而顶部的凹面开始上抬，上下对称性被打破，如图 17.26(e) 所示。最终，球演化成类似于环向加肋的圆柱形状 (图 17.26(f))。以上模拟结果说明，形貌在后屈曲演化过程中会发生多次对称性打破，所产生的形貌周期与波幅完全不同于初始失稳，随着核的萎缩量的增加而发生明显改变。同时也说明，临界失稳分析只能预测失稳发生初期的特征，而不能捕捉屈曲后的形貌演化。

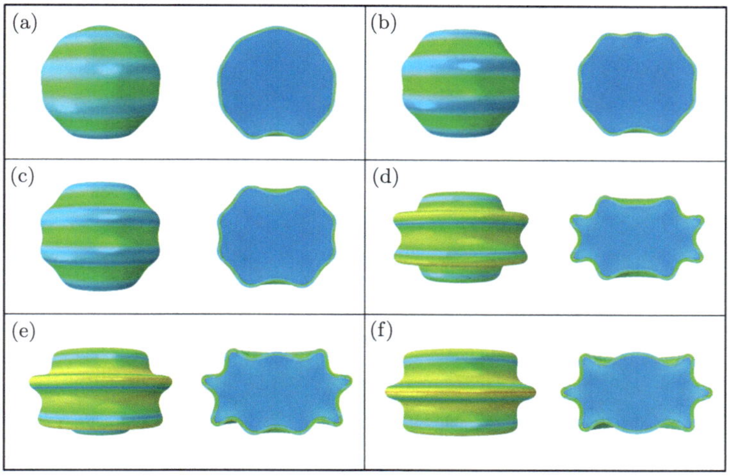

图 17.26 轴对称形貌演化

17.3.5 三维形貌演化

上面的数值模拟均采用了轴对称假设，然而随着变形的增加，轴对称也会被打破。为了观察无轴对称约束下的空间形貌演化规律，下面对系统进行三维模拟。整个系统都采用三维单元，假设核壳界面完整粘接，模拟中仍然采用伪动力学方法。将看到，这种方法能够捕捉到三维系统大变形情况下的初始各向同性变形、屈曲和后屈曲行为。采用 8 节点三维单元 (C3D8RH) 进行模拟，在保证精度的情况下，系统的节点数为 17 万左右。

取模型参数为 $A = 100$，$B = 104$ 和 $\mu_s/\mu_c = 10$，图 17.27(a)~(e) 和图 17.27(f)~(j) 分别给出了壳体表面位移场和弹性应变能密度的分布。开始时，球以各向同性的方式萎缩，能量密度分布均匀，如图 17.27(a) 和 (f) 所示。当萎缩量达到临界值时，球表面突然分岔为周期的酒窝状形貌，如图 17.27(b) 所示。相应地，能量分布也具有离散和周期性 (图 17.27(g))。为了揭示表面屈曲的物理机制，图 17.28 给出了无量纲化的系统总势能 $\bar{U}=U/(\mu_{\mathrm{c}}A^3)$ 随萎缩量 $\bar{g}$ 的变化，图中绿色虚线为由式 (17-57) 所得的理论计算结果，实线表示有限元模拟结果，理论计算和数值模拟中所取参数相同。区域 I 为临界屈曲前的状态，在该区域中，有限元模拟结果与理论计算完全一致，当核的萎缩达到临界值 $\bar{g}_{\mathrm{c}}^{\mathrm{crit}}$ 时，为了使系统能量最小化，球表面发生屈曲，系统进入区域 II。随着萎缩增加，球表面上出现由正五边形和正六边形组成的形貌，满足凸多面体的 Euler 定理，如图 17.27(c) 和图 17.29(a) 所示，数值模拟结果证明这种形貌是能量最优的。该形貌与 C_{60}(图 17.29(b)) 结构非常类似，将其称为巴基球 (buckyball) 形貌。随着萎缩量增加，巴基球形貌的脊和顶点的幅度变大。

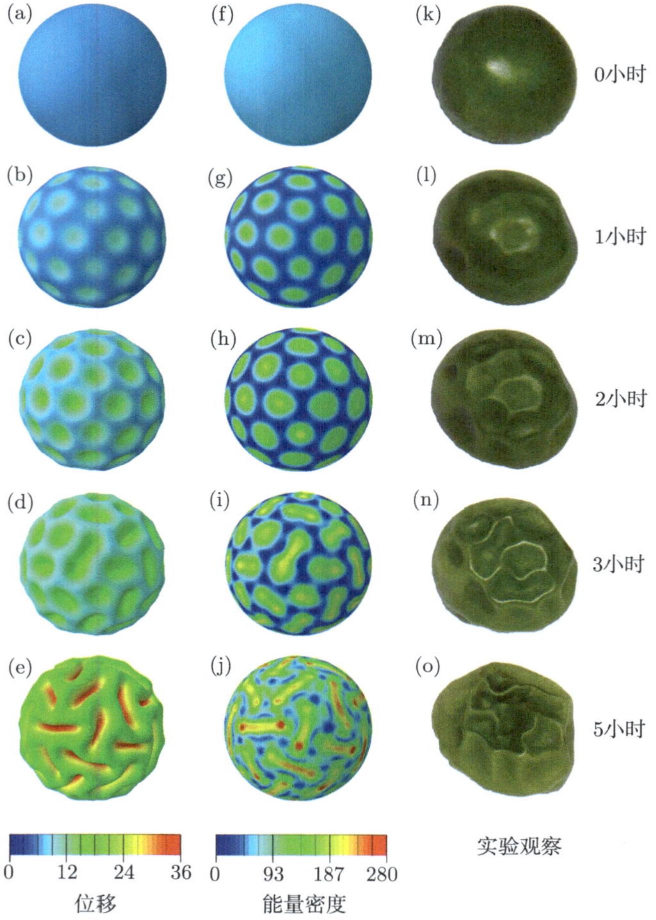

图 17.27　三维形貌演化

(a)~(e) 表面位移分布；(f)~(j) 表面应变能密度分布；(k)~(o) 豌豆失水的实验观察

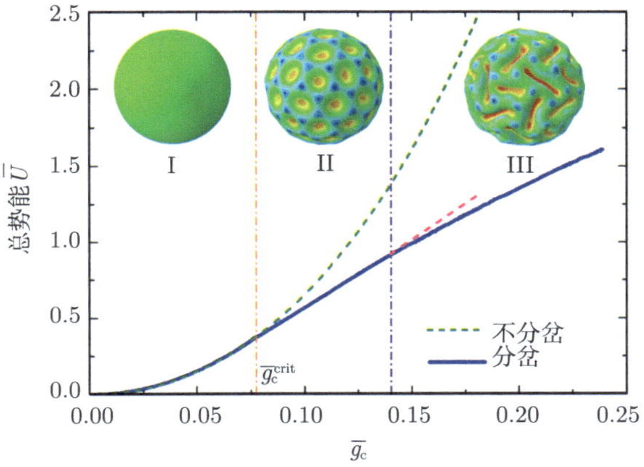

图 17.28 总势能随核的萎缩量的变化

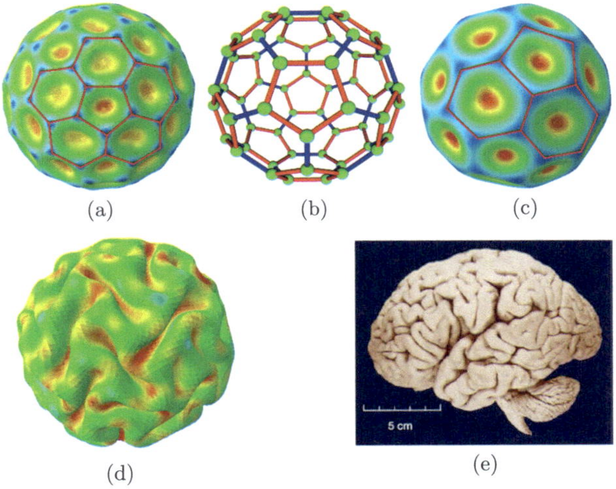

图 17.29 失稳形貌及比较

(a) 正多边形形貌；(b) 巴基球；(c) 壳体厚度增大时的正多边形形貌；(d) 迷宫型形貌；(e) 动物脑沟回[22]

当萎缩进一步增加时，系统将发生第二次分岔，进入图 17.28 中的区域 III。红色虚线表示随着萎缩量的增加，若系统不发生第二次分岔时总能量的变化曲线。第一次分岔所出现的巴基球形貌开始发生折叠：一些多边形被挤压成沟槽，而另一些与周边的多边形发生融合，如图 17.27(d) 所示。相应地，能量的周期分布也被打破 (图 17.27(i))，在后屈曲演化过程中，沟槽越来越深，而脊越来越尖锐，导致屈曲向折叠的转化。与巴基球形貌相比，折叠形貌能释放更多的弹性应变能，如图 17.28 所示，实线所表示的系统总能量低于未发生二次分岔时的系统总能量 (红色虚线)。

在表面形貌演化过程中，脊会发生旋转和平移，与富勒烯 (fullerene) 中缺陷形成时键的演化类似。最终，球表面演化成迷宫型的形貌 (图 17.27(e) 和图 17.29(d))，对应的能量分布出现局部化聚集 (图 17.27(j))。在一定程度上，这些褶皱形貌与人脑的沟回相似[20,21](图 17.29(e))。另外，图 17.29(c) 给出了壳厚度增大的情况下，结构失稳的形貌，参数取值为 $A = 100$，$B = 106$ 和 $\mu_s/\mu_c = 10$；图 17.30 给出了不同模量比情况下形貌的后屈曲演化。结果表明，增加壳体的厚度和模量比 μ_s/μ_c 将使三维屈曲的波数减少或波长增加。

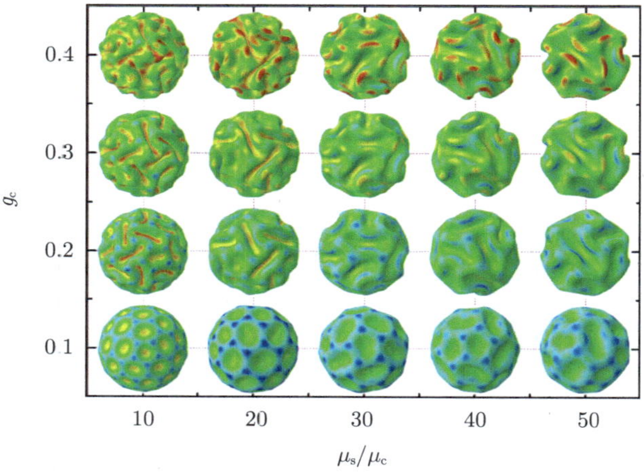

图 17.30　弹性模量比对后屈曲形貌演化的影响

为了验证以上的理论分析和数值模拟结果的可靠性，对新鲜豌豆的干燥过程进行实验观察。豌豆的构成为内部种子与外部种皮，与本文模型中所描述的核壳球结构基本一致。初始时，鲜豌豆含有较高的水分和光滑的表皮 (图 17.27(k))，将其置于干燥的环境中进行脱水，用数码相机记录豌豆的变形历史。由于水分主要含在核中，种子比种皮具有更大的萎缩量，从而导致在种皮 (壳) 中产生环向压应力。图 17.27 中 (l)~(o) 给出了豌豆失水屈曲的代表性例子，以与理论分析对照。的确可以看到，非均匀的萎缩过程将导致豌豆出现多次对称性打破，在曲面上产生三维形貌。更具体地说，豌豆首先发生各向同性萎缩，然后出现巴基球式的屈曲，而最终发生折叠。以上实验观察证实了理论预测。

以上的三维后屈曲分析都只考虑核萎缩的情况，是否如临界屈曲一样，壳的生长也会发生类似的现象？为此，对壳的生长进行类似模拟，并与核的萎缩屈曲演化进行对比，如图 17.31 所示，所取参数为 $A = 100$，$B = 104$，$\mu_s/\mu_c = 10$。结果显示，两种生长模式所产生的形貌几何几乎完全一样。这说明表面形貌的特征主要取决于系统固有的几何、物理参数，而生长或萎缩量的变化主导其演化。

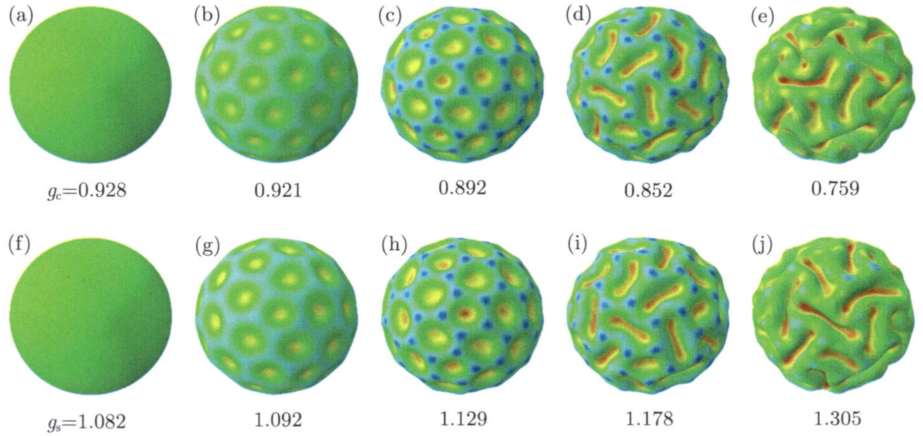

图 17.31 核萎缩与壳生长失稳形貌比较

(a)~(e) 核萎缩；(f)~(j) 壳生长

17.3.6 结果与讨论

核壳结构软球的生长失稳对于理解肿瘤的发育与入侵过程也有一定的理论意义。肿瘤球一般由哺乳动物的细胞聚集而成[23]，在肿瘤的早期发育阶段 (无血管阶段)，其生长主要由细胞外基质中的营养物质和氧的扩散所支持，然而肿瘤细胞对营养物质和氧的消耗意味着后者分布必然沿肿瘤外围向中心递减，随着肿瘤尺寸逐渐变大，中心区域的营养物质和氧的浓度越来越低。当中心区域的浓度低于维持细胞生命的临界量，区域内细胞开始死亡，形成中心坏死球域 (necrotic core)，球外包围着具有不同活性的细胞层。因此，肿瘤一般由中心坏死球、中间过渡区 (不增生的静止细胞) 以及外围的活跃增生层构成[24]。因此无血管肿瘤球的发育可以模拟成生长的壳体包含不生长的核[24]。不可避免地，这种非均匀生长将会导致残余应力甚至表面失稳。在医学上，肿瘤从球对称生长到形貌失稳的演化过程被认为是进入有血管生长阶段，标志肿瘤入侵开始[24−27]。根据本节的分析，肿瘤扩散的临界特征与肿瘤细胞的力学性质、生长层的厚度密切相关。增加增生细胞层的厚度以及降低该层的硬度，可以抑制肿瘤扩散的发生。本节的后屈曲分析也为临床观察中发现肿瘤扩散时表面呈现出无规则的复杂形貌提供了一定的物理解释。尽管肿瘤的入侵过程包含了众多复杂的生物化学过程，但本节研究表明生物化学过程中需与力学效应耦合起来，为肿瘤的发育和演化提供更精确的描述。此外，本文研究结果也为一些植物水果、脂肪颗粒 (如牛奶粉末) 等在脱水过程中的表面形貌演化提供了物理解释。

尽管最近已开始有关于平面结构中发生屈曲折叠现象和形貌演化的报道，但至今仍未见关于曲面的相关研究。如本节研究所表明，在曲面上的折叠和形貌演化与平面上沟槽型折叠有着明显的差异[28,29]。本节所提出的方法可以用来处理和分析许多相关的物理现象，包括生物组织生长或萎缩、热膨胀以及干燥脱水等。理解软球的非线性屈曲和形貌转化不仅有利于其在生物医学工程中的应用，也为制备多功能表面开辟了新途径。

17.4　可压缩核壳软物质的极值点失稳

前面的分析中都采用了材料不可压缩假设，对于生物软组织和水凝胶材料等，由于其具有很高的含水量，弹性不可压假设具有很好的近似性。但对于另外一些聚合物网络材料或多孔材料的膨胀变形，由于弹性变形过程中体积会发生较大改变，需要放弃不可压缩假设。下面采用体生长模型研究可压缩材料的膨胀变形及极值点失稳问题。

17.4.1　基本公式

与前面的分析类似，在初始构型和当前构型中的物质点的位置分别用坐标 $\boldsymbol{X}$ 和 $\boldsymbol{x}$ 表示。为了方便与小变形理论进行比较，在本节中用 $\boldsymbol{u}=\boldsymbol{x}-\boldsymbol{X}$ 表示位移矢量，$\boldsymbol{F}=\partial\boldsymbol{x}/\partial\boldsymbol{X}$ 表示几何变形梯度张量。根据体生长理论，变形梯度可以分解为 $\boldsymbol{F}=\boldsymbol{A}\cdot\boldsymbol{G}$。在本节中，采用 $\boldsymbol{G}=\operatorname{diag}(g_1,g_2,g_3)$，式中 $g_i(i=1，2，3)$ 表示生长比，当 $g_i>1$ 时表示膨胀，当 $0<g_i<1$ 时表示萎缩。

假设胶体具有超弹性的本构关系，其变形行为可由应变能函数 $W(\boldsymbol{A})$ 描述，作为例子，在本节中采用如下形式的应变能函数[9]：

$$W(\boldsymbol{A})=\frac{\mu}{2}\left(I_{\mathrm{A}}-3-2\ln J_{\mathrm{A}}\right) \tag{17-76}$$

式中，$I_{\mathrm{A}}=\operatorname{tr}\left(\boldsymbol{A}^{\mathrm{T}}\cdot\boldsymbol{A}\right)$ 表示第二类张量 $\boldsymbol{A}^{\mathrm{T}}\cdot\boldsymbol{A}$ 的第一不变量，$J_{\mathrm{A}}=\det(\boldsymbol{A})$ 表示弹性变形所导致的体积变化，μ 为剪切模量，可压缩性的熵源包含在式中的对数项中。需要指出，对于本节的理论模型，并不限于式 (17-76) 所示应变能函数，对于其他的可压缩超弹性本构关系仍然适用。

根据非线性弹性变形理论[30]，名义应力 $\boldsymbol{S}$ 可以定义为 $\boldsymbol{S}=\partial W/\partial\boldsymbol{F}$。本节中，定义 $\boldsymbol{S}=J_{\mathrm{G}}\partial W/\partial\boldsymbol{F}$，式中 $J_{\mathrm{G}}=\det(\boldsymbol{G})$ 表示相对体积变化。这里多引入了因子 J_{G}，是因为弹性变形是基于生长后无应力的中间 (虚) 构型计算，而不是基于传统的参考构型[25]。故名义应力张量可以表示为

$$\boldsymbol{S}=J_{\mathrm{G}}\boldsymbol{G}^{-1}\cdot\frac{\partial W}{\partial\boldsymbol{A}} \tag{17-77}$$

Cauchy 应力张量为

$$\boldsymbol{\sigma} \equiv J^{-1}\boldsymbol{F}\cdot\boldsymbol{S} = J_{\mathrm{A}}^{-1}\boldsymbol{A}\cdot\frac{\partial W}{\partial \boldsymbol{A}} \tag{17-78}$$

式中, $J=\det(\boldsymbol{F})=J_{\mathrm{A}}J_{\mathrm{G}}$。在无体力的情况下，平衡方程为

$$\mathrm{Div}\,(\boldsymbol{S})=\mathbf{0} \quad 或 \quad \mathrm{div}\,(\boldsymbol{\sigma})=\mathbf{0} \tag{17-79}$$

利用式 (17-79) 以及相应的边界条件和连续条件，可以求得软物质膨胀的应力场。原则上，上述理论可用来描述任意几何构型的软物质膨胀或萎缩过程。下面考虑两种典型的核壳结构胶体 (球形颗粒和柱形纤维)，如图 6.12 所示，这两种结构具有广泛的实际应用意义。

17.4.2 球形颗粒

如图 17.20 所示，分别在参考构型和当前构型中建立球坐标系 $\boldsymbol{X}=(R,\Theta,\Phi)$ 和 $\boldsymbol{x}=(r,\theta,\phi)$。核和壳的初始半径分别设为 A 和 B，则壳的初始厚度为 $H=B-A$。在膨胀变形之后，上述半径分别变为 a 和 b。根据球对称性，胶粒的位移矢量可以表示为 $\boldsymbol{u}=u(R)\,\boldsymbol{e}_r$，式中 $\boldsymbol{e}_r$ 为径向外法线矢量。则可求得几何变形张量为

$$\boldsymbol{F}=\mathrm{diag}\,(\lambda_r,\quad \lambda_\theta,\quad \lambda_\theta) \tag{17-80}$$

式中, $\lambda_r=1+\partial u/\partial R$ 表示径向伸长比，$\lambda_\theta=1+u/R$ 表示环向伸长比。

为了简便，假设胶粒的膨胀满足各向同性，则生长张量可以表示为 $\boldsymbol{G}=g\mathbf{I}$，$g$ 为生长 (膨胀) 因子，$\mathbf{I}$ 为二阶单位张量。其他复杂形式的生长张量可以通过考虑物质扩散和梯度膨胀等获得[31]。根据变形梯度的乘法分解，弹性张量为 $\boldsymbol{A}=\boldsymbol{F}/g$。在球对称的情况下，平衡方程 (17-79) 退化为

$$\frac{\partial S_{Rr}}{\partial R}+\frac{2}{R}\left(S_{Rr}-S_{\Theta\theta}\right)=0 \tag{17-81}$$

式中，S_{Rr} 和 $S_{\Theta\theta}$ 分别代表名义应力 $\boldsymbol{S}$ 的径向和环向分量。将式 (17-76) 和式 (17-77) 代入式 (17-81)，可得二阶非线性微分方程：

$$\left[1+\frac{g^2}{\left(1+u'\right)^2}\right]u''+2g^2\left(\frac{1}{R+u}-\frac{1}{R+Ru'}\right)+\frac{2\left(Ru'-u\right)}{R^2}=0 \tag{17-82}$$

式中, 撇号是表示对 R 求导数。考虑边界条件

$$u|_{R=0}=0,\quad S_{Rr}|_{R=B}=0 \tag{17-83}$$

和核壳界面上的连续条件，可以由式 (17-82) 求出位移函数 $u(R)$。

为了比较，求出核壳胶粒在膨胀较小时的解析解。在小变形情况下，采用式 (17-79) 中 Cauchy 应力表示的平衡方程 $\operatorname{div}(\boldsymbol{\sigma})=\mathbf{0}$，以径向位移 $u(R)$ 表示为

$$R^2u''+2(Ru'-u)=0 \tag{17-84}$$

式 (17-84) 的通解为

$$u(R)=d_1R^{-2}+d_2R \tag{17-85}$$

式中, d_1 和 d_2 为待定常数。相应的应力场为

$$\begin{cases}\sigma_{rr}=\mu g\left[1-g^2-4d_1R^{-3}+d_2\left(3g^2-1\right)\right]\\ \sigma_{\theta\theta}=\mu g\left[1-g^2+2d_1R^{-3}+d_2\left(3g^2-1\right)\right]\end{cases} \tag{17-86}$$

利用边界条件

$$\sigma_{rr}|_{R=B}=0,\quad u|_{R=0}=0 \tag{17-87}$$

和 $R=A$ 处 u 和 σ_{rr} 的连续条件，求得式 (17-87) 中的常数为

$$\begin{cases}d_{1\mathrm{c}}=0\\ d_{2\mathrm{c}}=4g_{\mathrm{s}}\left(B^3-A^3\right)\left(g_{\mathrm{s}}^2-1\right)\varLambda^{-1}+\bar{\mu}g_{\mathrm{c}}\left(g_{\mathrm{c}}^2-1\right)\left[4A^3+B^3\left(3g_{\mathrm{s}}^2-1\right)\right]\varLambda^{-1}\\ d_{1\mathrm{s}}=2A^3B^3\bar{\mu}g_{\mathrm{c}}\left(g_{\mathrm{c}}^2-g_{\mathrm{s}}^2\right)\varLambda^{-1}\\ d_{2\mathrm{s}}=4A^3\left[g_{\mathrm{s}}-g_{\mathrm{s}}^3+\bar{\mu}g_{\mathrm{c}}\left(g_{\mathrm{c}}^2-1\right)\right]\varLambda^{-1}+B^3\left(g_{\mathrm{s}}^2-1\right)\left[4g_{\mathrm{s}}+\bar{\mu}g_{\mathrm{c}}\left(3g_{\mathrm{c}}^2-1\right)\right]\varLambda^{-1}\end{cases} \tag{17-88}$$

式中, $\bar{\mu}=\mu_{\mathrm{c}}/\mu_{\mathrm{s}}$,

$$\varLambda=B^3\left(3g_{\mathrm{s}}^2-1\right)\left[4g_{\mathrm{s}}+\bar{\mu}g_{\mathrm{c}}\left(3g_{\mathrm{c}}^2-1\right)\right]+4A^3\left[g_{\mathrm{s}}-3g_{\mathrm{s}}^3+\bar{\mu}g_{\mathrm{c}}\left(g_{\mathrm{c}}^2-1\right)\right] \tag{17-89}$$

至此，小变形情况下的位移场和应力场已被显式给出。可以明显看出，由于 $d_{1\mathrm{c}}=0$，球核处于均匀应力状态。

17.4.3　柱形纤维

对于圆柱形核壳结构纤维，如图 17.1 所示，在参考构型和当前构型中分别采用圆柱坐标 $\boldsymbol{X}=(R,\Theta,Z)$ 和 $\boldsymbol{x}=(r,\theta,z)$。纤维的半径和壳体厚度参数定义与球形胶粒相同。在轴向方向采用平面应变假设，则位移矢量为 $\boldsymbol{u}=u(R)\,\boldsymbol{e}_r$，几何变形梯度为

$$\boldsymbol{F}=\operatorname{diag}\left(\lambda_r,\ \lambda_\theta,\ \lambda_z\right) \tag{17-90}$$

式中, $\lambda_r=1+\partial u/\partial R$，$\lambda_\theta=1+u/R$，轴向伸长比 $\lambda_z=1$。假设生长张量为

$$\boldsymbol{G}=\operatorname{diag}\left(g,\ g,\ 1\right) \tag{17-91}$$

故可求得弹性变形张量为

$$\boldsymbol{A}=\operatorname{diag}\left[\left(1+\partial u/\partial R\right)g^{-1},\ \left(1+u/r\right)g^{-1},\ 1\right] \tag{17-92}$$

在轴对称情况下，平衡方程 (17-79) 退化为

$$\frac{\partial S_{Rr}}{\partial R}+\frac{1}{R}\left(S_{Rr}-S_{\Theta\theta}\right)=0 \tag{17-93}$$

利用式 (17-76) 和式 (17-77)，式 (17-93) 可化为

$$\frac{1+g^2+u'\left(2+u'\right)}{\left(1+u'\right)^2}u''+\frac{Ru'-u}{R^2}+\frac{g^2\left(Ru'-u\right)}{R\left(R+u\right)\left(1+u'\right)}=0 \tag{17-94}$$

利用如式 (17-83) 所示边界条件以及界面连续条件可以确定位移场。

当膨胀变形较小时，式 (17-94) 变为

$$R^2u''+Ru'-u=0 \tag{17-95}$$

其通解为

$$u(R)=e_1R^{-1}+e_2R \tag{17-96}$$

式中，e_1 和 e_2 为待定常数，类似于球形胶粒的处理，可求得相应的应力场分量为

$$\left\{\begin{array}{l}\sigma_{rr}=\mu\left[1-2e_1R^{-2}+g^2\left(2e_2-1\right)\right]\\ \sigma_{\theta\theta}=\mu\left[1+2e_1R^{-2}+g^2\left(2e_2-1\right)\right]\end{array}\right. \tag{17-97}$$

根据边界条件和连续条件定出常数为

$$\left\{\begin{array}{l}e_{1\mathrm{c}}=0\\ e_{2\mathrm{c}}=\dfrac{\left(B^2-A^2\right)\left(g_{\mathrm{s}}^2-1\right)+\bar{\mu}\left(g_{\mathrm{c}}^2-1\right)\left(A^2+B^2g_{\mathrm{s}}^2\right)}{2B^2g_{\mathrm{s}}^2\left(1+\bar{\mu}g_{\mathrm{c}}^2\right)-2A^2\left(g_{\mathrm{s}}^2-\bar{\mu}g_{\mathrm{c}}^2\right)}\\ e_{1\mathrm{s}}=\dfrac{\bar{\mu}A^2B^2\left(g_{\mathrm{c}}^2-g_{\mathrm{s}}^2\right)}{2B^2g_{\mathrm{s}}^2\left(1+\bar{\mu}g_{\mathrm{c}}^2\right)-2A^2\left(g_{\mathrm{s}}^2-\bar{\mu}g_{\mathrm{c}}^2\right)}\\ e_{2\mathrm{s}}=\dfrac{B^2\left(g_{\mathrm{s}}^2-1\right)\left(1+\bar{\mu}g_{\mathrm{c}}^2\right)-A^2\left[g_{\mathrm{s}}^2-1-\bar{\mu}\left(g_{\mathrm{c}}^2-1\right)\right]}{2B^2g_{\mathrm{s}}^2\left(1+\bar{\mu}g_{\mathrm{c}}^2\right)-2A^2\left(g_{\mathrm{s}}^2-\bar{\mu}g_{\mathrm{c}}^2\right)}\end{array}\right. \tag{17-98}$$

17.4.4 结果分析

下面通过数值例子来讨论核壳胶体结构的膨胀变形特征。将 Cauchy 应力无量纲化为 $\bar{\sigma}_{rr}=\sigma_{rr}/\mu_{\mathrm{s}}$ 和 $\bar{\sigma}_{\theta\theta}=\sigma_{\theta\theta}/\mu_{\mathrm{s}}$。球形胶粒和柱形纤维膨胀产生的相对伸长比和法向应力如图 17.32 和图 17.33 所示，计算参数取为 $A=1$ 和 $B=1.5$，生长 (膨胀) 因子取为 $g_{\mathrm{c}}=1$ 和 $g_{\mathrm{s}}=2$。

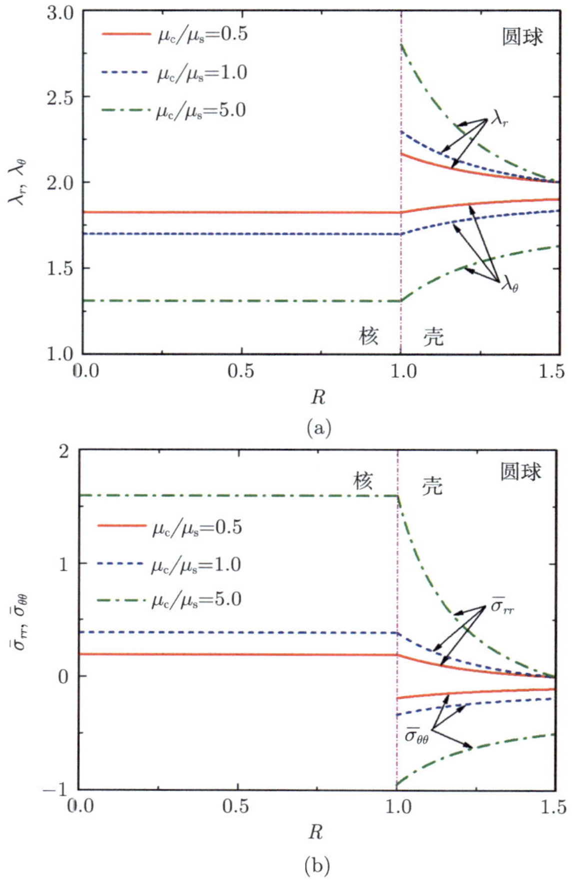

图 17.32　圆球膨胀后的伸长比与应力分布

(a) 伸长比；(b) 应力

由于很多结论对于球形胶粒和柱形纤维都成立，所以主要讨论球形胶粒。由图 17.32(a) 看出，径向伸长 λ_r 和环向伸长 λ_θ 均随 R 的增加而减小。径向伸长趋近于取定的生长比 $g_s=2$，也即空心球壳在无约束情况下的自由膨胀。越过核壳界面，环向伸长连续而径向伸长发生跳跃，相应地，在核中，应力分布均匀，而在壳中，$\bar{\sigma}_{rr}$ 和 $\bar{\sigma}_{\theta\theta}$ 随 R 变化，如图 17.32(b) 所示。软核对壳的膨胀约束较小，此时产生的应力水平较低，增加核的硬度会抵制壳体的变形，产生较高的界面应力。

对于核壳结构的膨胀，较高的界面法向应力 $\bar{\sigma}_{rr}^{\rm int}$ 会导致界面脱粘，而壳体中较大的环向应力 $\bar{\sigma}_{\theta\theta}^{\rm surf}$ 可以导致表面失稳 (压应力) 或破裂 (拉应力) 的发生。图 17.34 给出了球形胶粒中，$\bar{\sigma}_{rr}^{\rm int}$ 和 $\bar{\sigma}_{\theta\theta}^{\rm surf}$ 随厚度比 H/A 的变化，参数取值为 $\mu_c/\mu_s=1$，$g_s=2$。可以看出核、壳之间膨胀失配对 $\bar{\sigma}_{rr}^{\rm int}$ 和 $\bar{\sigma}_{\theta\theta}^{\rm surf}$ 有重要影响，当

$g_c < g_s$ 时，$\bar{\sigma}_{rr}^{\text{int}}$ 为拉应力而 $\bar{\sigma}_{\theta\theta}^{\text{surf}}$ 为压应力；$g_c > g_s$ 产生负的 $\bar{\sigma}_{rr}^{\text{int}}$ 和正的 $\bar{\sigma}_{\theta\theta}^{\text{surf}}$；若 $g_c = g_s$，胶体发生自由膨胀，不产生应力场。另外，随着壳体厚度增加，$\bar{\sigma}_{rr}^{\text{int}}$ 增加而 $\bar{\sigma}_{\theta\theta}^{\text{surf}}$ 降低。定性地看，厚壳对核的约束作用更强，因此导致更大的界面应力，然而厚壳外表面处的应力场受核的影响较小。

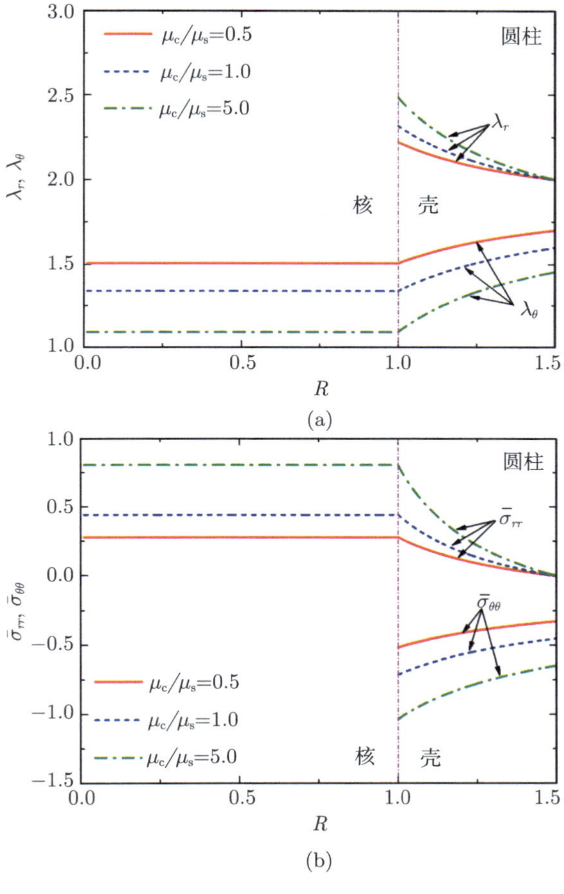

图 17.33 圆柱膨胀后的伸长比与应力分布

(a) 伸长比；(b) 应力

最近，Zhao 等[33] 考虑了含刚性核的球形胶粒的膨胀变形。为了与他们的结果进行比较，取参数 $A = 1$，$B = 2$，生长比为 $g_c = 1$，$g_s = 3.4$，画出伸长比随半径的变化，如图 17.35 所示。结果表明，当球核比壳硬很多时 (如 $\mu_c/\mu_s = 1000$)，跟他们的结果吻合很好。表明本节的理论模型可以较好地描述胶体颗粒的吸水膨胀行为。

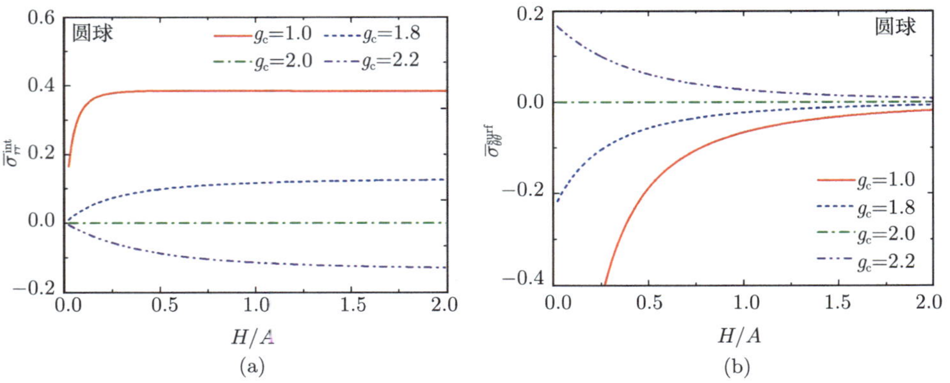

图 17.34　圆球膨胀后界面和表面应力随壳厚度的变化

(a) 界面法向应力；(b) 表面环向应力

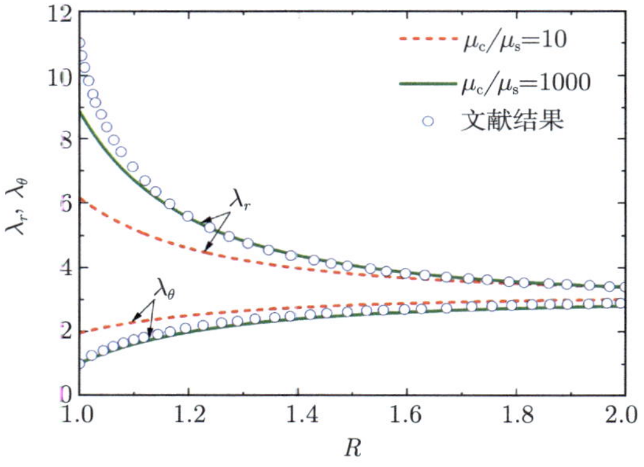

图 17.35　圆球膨胀变形的伸长比分布与文献结果[33] 对比

17.4.5　极值点失稳

图 17.36(a) 给出了球形胶粒膨胀时有限变形解与小变形解的比较，参数取值为 $\mu_{\rm c}/\mu_{\rm s}=1$，$H/A=0.5$，$g_{\rm c}=1$。类似地，图 17.37(a) 为圆柱形纤维膨胀时两种解答的比较。可以看出，有限变形解所得到的伸长比和应力均要大于小变形解，小变形解仅适用于 $g_{\rm s}$ 较小的情况，例如 $g_{\rm s}<1.1$，膨胀越大，非线性效应越明显。

当膨胀因子大于一定值时，球形核壳胶粒将出现软化现象，也就是说，$\bar{\sigma}_{rr}^{\rm c}$ 随 $\lambda_r^{\rm c}$ 的增加而减小，如图 17.36(b) 所示，参数取值为 $\mu_{\rm c}/\mu_{\rm s}=1$，$H/A=0.5$。这种 $\bar{\sigma}_{rr}^{\rm c}$ 随 $\lambda_r^{\rm c}$ 变化丧失单调性的现象被称作极值点失稳[30,33,34]，换言之，存在临界的 $\lambda_r^{\rm c}$，超过此值时，核将不稳定。然而，这种现象在圆柱形纤维的膨胀变形中并不会出现，如图 17.37(b) 所示，参数取值与图 17.36(b) 完全相同。

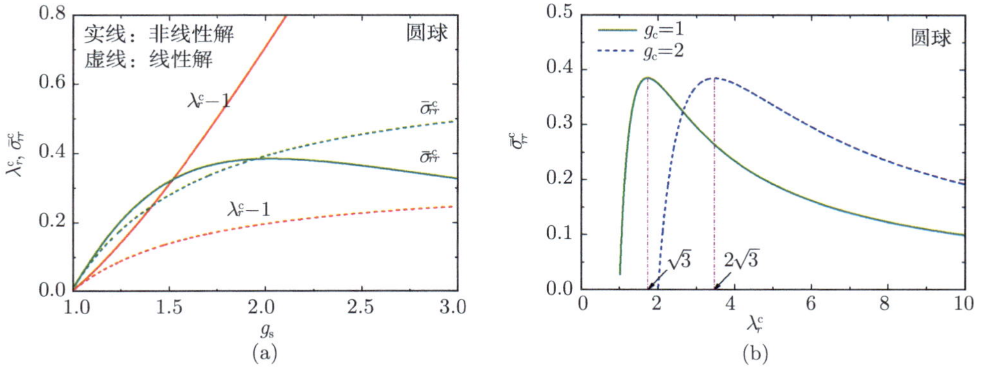

图 17.36 圆球变形非线性与极值点失稳判断

(a) 线性解与非线性解的比较；(b) 存在极值点失稳

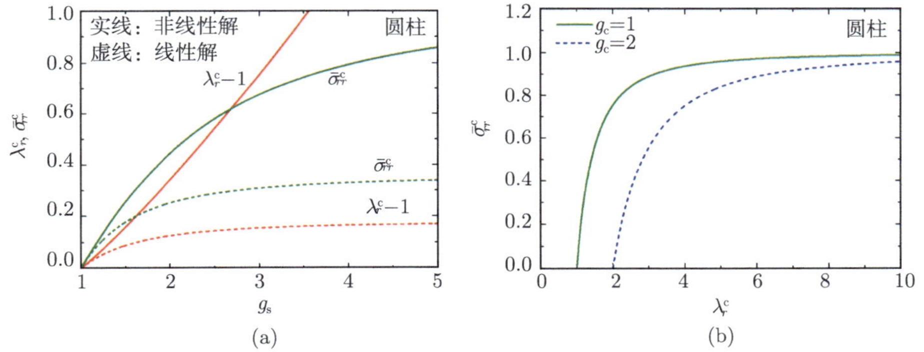

图 17.37 圆柱变形非线性与极值点失稳判断

(a) 线性解与非线性解的比较；(b) 不存在极值点失稳

如图 17.32 和图 17.33 所示，球形胶粒和柱形纤维的核处于均匀变形状态，利用此性质，可以解析地求出临界值 λ_r^c。考虑具有应变能函数 (17-76) 的球形粒子在静水压下的变形，将式 (17-76) 和式 (17-77) 代入式 (17-78)，可求得 Cauchy 应力为

$$\sigma_{rr}^c = 3\mu_c g_c^2 \left[\frac{1}{g_c \lambda_r^c} - \frac{g_c}{(\lambda_r^c)^3} \right] \tag{17-99}$$

由 $\mathrm{d}\sigma_{rr}^c/\mathrm{d}\lambda_r^c = 0$ 求得临界伸长 (图 17.36(b)) 为

$$\lambda_r^c = \sqrt{3} g_c \tag{17-100}$$

采用类似的方法，求得在静水压下圆柱形纤维内核中的 Cauchy 应力为

$$\sigma_{rr}^{\mathrm{c}} = 2\mu_{\mathrm{c}} g_{\mathrm{c}} \left[\frac{1}{g_{\mathrm{c}}} - \frac{g_{\mathrm{c}}}{(\lambda_r^{\mathrm{c}})^2} \right] \tag{17-101}$$

然而，由 $\mathrm{d}\sigma_{rr}^{\mathrm{c}}/\mathrm{d}\lambda_r^{\mathrm{c}} = 0$ 可知临界伸长为 $\lambda_r^{\mathrm{c}} = \infty$，换言之，圆柱形纤维不会发生极限点失稳，如图 17.37(b) 所示。对于不可压缩 neo-Hooke 材料 (去掉式 (17-76) 中的对数项)，仿照上面的分析易知，不管是圆球还是圆柱构型，临界伸长均为 $\lambda_r^{\mathrm{c}} = \infty$，不发生极值点失稳。

这里所提到的失稳现象不同于前面所讨论的表面屈曲，属于失稳的另一种类型，详见基础理论部分的介绍。通过对比表明，除了材料的物理性质外，极值点失稳还与胶体的几何构型有关。下面对可压缩胶体的表面屈曲进行分析。

17.5　可压缩核壳软球的表面失稳

在本节中，首先推导可压缩软物质膨胀及失稳的一般性理论框架，然后以核壳结构圆球为例，分析失稳特征和可压缩性对失稳的影响。

17.5.1　基本公式

本节考虑更一般的边界条件，例如软物质受外压的情况。用名义应力和 Cauchy 应力表示的边界条件分别为

$$\boldsymbol{S}^{\mathrm{T}} \cdot \boldsymbol{N} = -PJ\boldsymbol{F}^{-\mathrm{T}} \cdot \boldsymbol{N} \quad \text{或} \quad \boldsymbol{\sigma} \cdot \boldsymbol{n} = -P\boldsymbol{n} \tag{17-102}$$

式中 P 表示流体压强或外载，若为自由边界，则 $P = 0$。$\boldsymbol{N}$ 和 $\boldsymbol{n}$ 分别表示参考构型和当前构型中的单位法向矢量。界面连续条件为

$$\langle \boldsymbol{x} \rangle = \boldsymbol{0}, \quad \left\langle \boldsymbol{S}^{\mathrm{T}} \right\rangle \cdot \boldsymbol{N} = \boldsymbol{0} \quad \text{或} \quad \langle \boldsymbol{\sigma} \rangle \cdot \boldsymbol{n} = \boldsymbol{0} \tag{17-103}$$

下面推导增量变形方程。可压缩的情况与不可压缩的推导方式类似，但所得结果有较大区别。由于膨胀和变形，参考构型中的线元 $\mathrm{d}\boldsymbol{X}$ 变为当前构型中的 $\mathrm{d}\boldsymbol{x}$，二者的关系为 $\mathrm{d}\boldsymbol{x} = \boldsymbol{F} \cdot \mathrm{d}\boldsymbol{X}$，则其增量形式为 $(\mathrm{d}\boldsymbol{x})^{\cdot} = \dot{\boldsymbol{F}} \cdot \mathrm{d}\boldsymbol{X}$。以当前构型为参考，此式可以改写为 $(\mathrm{d}\boldsymbol{x})^{\cdot} = \dot{\boldsymbol{F}}_0 \cdot \mathrm{d}\boldsymbol{x}$，式中 $\dot{\boldsymbol{F}}_0 = \mathrm{grad}\,(\dot{\boldsymbol{x}})$，表示 $\dot{\boldsymbol{x}}$ 对 $\boldsymbol{x}$ 的梯度。由以上定义，可以得到

$$\dot{\boldsymbol{F}} = \dot{\boldsymbol{F}}_0 \cdot \boldsymbol{F} \tag{17-104}$$

假设膨胀由外界条件所控制，不受应力和应变的影响，则由 $\boldsymbol{F} = \boldsymbol{A} \cdot \boldsymbol{G}$ 可得

$$\dot{\boldsymbol{F}} = \dot{\boldsymbol{A}} \cdot \boldsymbol{G} \tag{17-105}$$

由式 (17-104) 和式 (17-105) 可得 $\dot{\boldsymbol{A}} = \dot{\boldsymbol{F}}_0 \cdot \boldsymbol{A}$。增量形式的名义应力为

$$\dot{\boldsymbol{S}} = J_{\mathrm{G}} \boldsymbol{G}^{-1} \cdot \boldsymbol{D} \cdot \cdot \dot{\boldsymbol{A}} \tag{17-106}$$

式中

$$\boldsymbol{D} = \frac{\partial^2 W}{\partial \boldsymbol{A} \partial \boldsymbol{A}} \tag{17-107}$$

将本构关系 (17-106) 前推到当前构型：$\dot{\boldsymbol{S}}_0 = J^{-1} \boldsymbol{F} \cdot \dot{\boldsymbol{S}}$，则有

$$\dot{\boldsymbol{S}}_0 = \boldsymbol{K} \cdot \cdot \dot{\boldsymbol{F}}_0 \tag{17-108}$$

式中 $\boldsymbol{K}$ 为定义在当前构型中的四阶瞬时弹性模量，$\boldsymbol{K}$ 与 $\boldsymbol{D}$ 的关系为

$$\boldsymbol{K} \cdot \cdot \dot{\boldsymbol{F}}_0 = J_{\mathrm{A}}^{-1} \boldsymbol{A} \cdot \boldsymbol{D} \cdot \cdot \left(\dot{\boldsymbol{F}}_0 \cdot \boldsymbol{A} \right) \tag{17-109}$$

令 α_i 表示弹性变形张量 $\boldsymbol{A}$ 的主值，则对于各向同性超弹性材料，$\boldsymbol{K}$ 在 Euler 主轴下的非零分量为[30]

$$\begin{cases} K_{iijj} = J_{\mathrm{A}}^{-1} \alpha_i \alpha_j \dfrac{\partial^2 W}{\partial \alpha_i \partial \alpha_j} \\ K_{ijij} = J_{\mathrm{A}}^{-1} \left(\alpha_i \dfrac{\partial W}{\partial \alpha_i} - \alpha_j \dfrac{\partial W}{\partial \alpha_j} \right) \dfrac{\alpha_i^2}{\alpha_i^2 - \alpha_j^2} \quad (i \neq j) \\ K_{ijji} = K_{jiij} = K_{ijij} - J_{\mathrm{A}}^{-1} \alpha_i \dfrac{\partial W}{\partial \alpha_i} \quad (i \neq j) \end{cases} \tag{17-110}$$

当 $\alpha_i = \alpha_j$ 且 $i \neq j$ 时，具有如下关系式：

$$K_{ijij} = \frac{1}{2} \left(K_{iiii} - K_{iijj} + J_{\mathrm{A}}^{-1} \alpha_i \frac{\partial W}{\partial \alpha_i} \right) \tag{17-111}$$

在式 (17-110) 和式 (17-111) 中，拉丁指标取值范围为 1，2 和 3，且取消求和约定。比较式 (17-109)～式 (17-111) 与式 (16-23) 和式 (16-24) 可知，可压缩情况下，各式里出现了因子 J_{A}^{-1}。在当前构型中，增量形式的平衡方程为

$$\operatorname{div} \left(\dot{\boldsymbol{S}}_0 \right) = \boldsymbol{0} \tag{17-112}$$

由式 (17-102) 可得在施加外载处，增量形式的边界条件为

$$\dot{\boldsymbol{S}}_0^{\mathrm{T}} \cdot \boldsymbol{n} = P \dot{\boldsymbol{F}}_0^{\mathrm{T}} \cdot \boldsymbol{n} - \dot{P} \boldsymbol{n} - P \operatorname{tr} \left(\dot{\boldsymbol{F}}_0 \right) \boldsymbol{n} \tag{17-113}$$

其他固定边界、连续条件等与不可压缩的情况类似。

17.5.2　稳定性分析

下面以核壳软球的萎缩为例，对系统的稳定性进行分析。采用与 17.4 节中相同的坐标系统和几何参数。为了简便，假设软球的萎缩 (或膨胀) 满足各向同性，则生长张量可以表示为 $\boldsymbol{G}=g\mathbf{I}$。根据变形分解，可知弹性变形张量为 $\boldsymbol{A}=\boldsymbol{F}/g$。在本节中，对核和壳分别采用不同的可压缩超弹性本构关系，在核中，设应变能函数为[34]

$$W_{\mathrm{c}}(\boldsymbol{A})=\frac{\mu_{\mathrm{c}}}{2}\left[I_{\mathrm{A}}-3-\frac{2}{\beta}\left(J_{\mathrm{A}}^{\beta}-1\right)\right] \tag{17-114}$$

对于壳体采用如下应变能函数描述其力学响应[30]：

$$W_{\mathrm{s}}(\boldsymbol{A})=\frac{\mu_{\mathrm{s}}}{2}(I_{\mathrm{A}}-3)-\left(\kappa+\frac{\mu_{\mathrm{s}}}{3}\right)\ln J_{\mathrm{A}}-\left(\frac{2\mu_{\mathrm{s}}}{3}-\kappa\right)(J_{\mathrm{A}}-1) \tag{17-115}$$

式中，$I_{\mathrm{A}}=\operatorname{tr}\left(\boldsymbol{A}^{\mathrm{T}}\cdot\boldsymbol{A}\right)$；$\beta=2\nu/(2\nu-1)$，$\nu$ 为泊松比，因此 β 可以衡量系统的可压缩性。μ 和 κ 分别为剪切模量和体积模量。

设增量位移场为

$$\dot{\boldsymbol{x}}(r,\theta,\phi)=u(r,\theta,\phi)\,\boldsymbol{e}_r+v(r,\theta,\phi)\,\boldsymbol{e}_\theta+w(r,\theta,\phi)\,\boldsymbol{e}_\phi \tag{17-116}$$

式中，u、v 和 w 为增量位移，$\boldsymbol{e}_r$、$\boldsymbol{e}_\theta$ 和 $\boldsymbol{e}_\phi$ 分别为径向、经向和纬向的单位基矢量，则增量变形梯度张量 $\dot{\boldsymbol{F}}_0$ 与式 (16-123) 完全相同。将 $\dot{\boldsymbol{F}}_0$ 代入式 (17-108) 和式 (17-112) 可得增量形式的平衡方程为

$$\begin{aligned}
&K_{1111}\frac{\partial^2 u}{\partial r^2}+\left(\frac{\mathrm{d}K_{1111}}{\mathrm{d}r}+\frac{2K_{1111}}{r}\right)\frac{\partial u}{\partial r}+\frac{2}{r^2}\left(r\frac{\mathrm{d}K_{1122}}{\mathrm{d}r}+K_{1122}-K_{2222}-K_{2233}\right)u\\
&+K_{2121}\frac{1}{r^2}\left(\frac{\partial^2 u}{\partial\theta^2}+\cot\theta\frac{\partial u}{\partial\theta}+\csc^2\theta\frac{\partial^2 u}{\partial\phi^2}\right)+\frac{1}{r}(K_{1122}+K_{1221})\\
&\times\left(\frac{\partial^2 v}{\partial r\partial\theta}+\cot\theta\frac{\partial v}{\partial r}+\csc\theta\frac{\partial^2 w}{\partial r\partial\phi}\right)+\frac{1}{r^2}\left(\frac{\partial v}{\partial\theta}+v\cot\theta+\csc\theta\frac{\partial w}{\partial\phi}\right)\\
&\times\left(r\frac{\mathrm{d}K_{1122}}{\mathrm{d}r}+K_{1122}-K_{2121}-K_{2222}-K_{2233}\right)=0
\end{aligned} \tag{17-117}$$

$$\begin{aligned}
&K_{1212}\frac{\partial^2 v}{\partial r^2}+K_{2222}\frac{1}{r^2}\frac{\partial^2 v}{\partial\theta^2}+K_{2323}\frac{\csc^2\theta}{r^2}\frac{\partial^2 v}{\partial\phi^2}+\left(\frac{\mathrm{d}K_{1212}}{\mathrm{d}r}+\frac{2K_{1212}}{r}\right)\frac{\partial v}{\partial r}\\
&+K_{2222}\frac{\cot\theta}{r^2}\frac{\partial v}{\partial\theta}-\frac{1}{r^2}\left(r\frac{\mathrm{d}K_{1221}}{\mathrm{d}r}+K_{1221}+K_{2121}+\cot^2\theta K_{2222}+K_{2233}\right)v\\
&+\frac{1}{r}(K_{1122}+K_{1221})\frac{\partial^2 u}{\partial r\partial\theta}+\frac{1}{r^2}\left(r\frac{\mathrm{d}K_{1221}}{\mathrm{d}r}+K_{1221}+K_{2121}+K_{2222}+K_{2233}\right)\frac{\partial u}{\partial\theta}
\end{aligned}$$

$$+\left(K_{2233}+K_{2332}\right)\frac{\csc\theta}{r^2}\frac{\partial^2 w}{\partial\theta\partial\phi}-\frac{\cot\theta\csc\theta}{r^2}\left(K_{2222}+K_{2323}\right)\frac{\partial w}{\partial\phi}=0 \tag{17-118}$$

$$K_{1212}\frac{\partial^2 w}{\partial r^2}+K_{2323}\frac{1}{r^2}\frac{\partial^2 w}{\partial\theta^2}+K_{2222}\frac{\csc^2\theta}{r^2}\frac{\partial^2 w}{\partial\phi^2}+\left(\frac{\mathrm{d}K_{1212}}{\mathrm{d}r}+\frac{2K_{1212}}{r}\right)\frac{\partial w}{\partial r}$$
$$+K_{2323}\frac{\cot\theta}{r^2}\frac{\partial w}{\partial\theta}-\frac{1}{r^2}\left(r\frac{\mathrm{d}K_{1221}}{\mathrm{d}r}+K_{1221}+K_{2121}+\cot^2\theta K_{2323}-K_{2332}\right)w$$
$$+\frac{\csc\theta}{r}\left(K_{1122}+K_{1221}\right)\frac{\partial^2 u}{\partial r\partial\phi}+\frac{\csc\theta}{r^2}\left(r\frac{\mathrm{d}K_{1221}}{\mathrm{d}r}+K_{1221}+K_{2121}+K_{2222}+K_{2233}\right)$$
$$\times\frac{\partial u}{\partial\phi}+\left(K_{2233}+K_{2332}\right)\frac{\csc\theta}{r^2}\frac{\partial^2 v}{\partial\theta\partial\phi}+\frac{\cot\theta\csc\theta}{r^2}\left(K_{2222}+K_{2323}\right)\frac{\partial v}{\partial\phi}=0 \tag{17-119}$$

考虑如式 (17-72) 所示的位移模式，由式 (17-117)~ 式 (17-119) 可得如下两个独立的微分方程：

$$K_{1111}\frac{\mathrm{d}^2\tilde{u}}{\mathrm{d}r^2}+\frac{1}{r}\left(r\frac{\mathrm{d}K_{1111}}{\mathrm{d}r}+2K_{1111}\right)\frac{\mathrm{d}\tilde{u}}{\mathrm{d}r}-\frac{1}{r}l\left(l+1\right)\left(K_{1122}+K_{1221}\right)\frac{\mathrm{d}\tilde{v}}{\mathrm{d}r}$$
$$+\frac{1}{r^2}\left[2\left(r\frac{\mathrm{d}K_{1122}}{\mathrm{d}r}+K_{1122}-K_{2222}-K_{2233}\right)-l\left(l+1\right)K_{2121}\right]\tilde{u}$$
$$-\frac{1}{r^2}l\left(l+1\right)\left(r\frac{\mathrm{d}K_{1122}}{\mathrm{d}r}+K_{1122}-K_{2121}-K_{2222}-K_{2233}\right)\tilde{v}=0 \tag{17-120}$$

$$K_{1212}\frac{\mathrm{d}^2 V}{\mathrm{d}r^2}+\frac{1}{r}\left(r\frac{\mathrm{d}K_{1212}}{\mathrm{d}r}+2K_{1212}\right)\frac{\mathrm{d}\tilde{v}}{\mathrm{d}r}+\frac{1}{r}\left(K_{1122}+K_{1221}\right)\frac{\mathrm{d}\tilde{u}}{\mathrm{d}r}$$
$$-\frac{1}{r^2}\left[r\frac{\mathrm{d}K_{1221}}{\mathrm{d}r}+K_{1221}+K_{2121}+K_{2233}-\left(l^2+l-1\right)K_{2222}\right]\tilde{v}$$
$$+\frac{1}{r^2}\left(r\frac{\mathrm{d}K_{1221}}{\mathrm{d}r}+K_{1221}+K_{2121}+K_{2222}+K_{2233}\right)\tilde{u}=0 \tag{17-121}$$

边界条件在 $R=0$ 处满足

$$\tilde{u}=0,\quad \tilde{v}=0 \tag{17-122}$$

在 $R=B$ 处满足

$$\begin{cases} K_{1111}\dfrac{\mathrm{d}\tilde{u}}{\mathrm{d}r}+\left(K_{1122}-\sigma_{rr}\right)\left(\dfrac{2}{r}\tilde{u}-\dfrac{1}{r}l\left(l+1\right)\tilde{v}\right)=0 \\ \dfrac{\mathrm{d}\tilde{v}}{\mathrm{d}r}+\dfrac{1}{r}\left(\tilde{u}-\tilde{v}\right)=0 \end{cases} \tag{17-123}$$

$R = A$ 处的连续条件为

$$\begin{cases} \langle \tilde{u} \rangle = 0 \\ \langle \tilde{v} \rangle = 0 \\ \left\langle K_{1111} \dfrac{\mathrm{d}\tilde{u}}{\mathrm{d}r} + K_{1122} \left(\dfrac{2}{r}\tilde{u} - \dfrac{1}{r} l\,(l+1)\,\tilde{v} \right) \right\rangle = 0 \\ \left\langle K_{1212} \left(\dfrac{\mathrm{d}\tilde{v}}{\mathrm{d}r} + \dfrac{1}{r}(\tilde{u} - \tilde{v}) \right) \right\rangle = 0 \end{cases} \tag{17-124}$$

由式 (17-117)～ 式 (17-124) 可以看出，微分方程系统独立于参数 m(或 ϕ)，退化为轴对称问题，表面屈曲的临界条件完全取决于 l，与 17.4 节中所考虑的不可压缩软球的萎缩类似。

为了便于数值求解软球表面失稳的临界条件和形貌特征，需将上述微分方程系统统一用 Lagrange 坐标 R 表示，例如：

$$\frac{\mathrm{d}\tilde{u}}{\mathrm{d}r} = \frac{\mathrm{d}\tilde{u}}{\mathrm{d}R}\left(\frac{\mathrm{d}r}{\mathrm{d}R}\right)^{-1}, \quad \frac{\mathrm{d}^2\tilde{u}}{\mathrm{d}r^2} = \frac{\mathrm{d}^2\tilde{u}}{\mathrm{d}R^2}\left(\frac{\mathrm{d}r}{\mathrm{d}R}\right)^{-2} - \frac{\mathrm{d}\tilde{u}}{\mathrm{d}R}\frac{\mathrm{d}^2 r}{\mathrm{d}R^2}\left(\frac{\mathrm{d}r}{\mathrm{d}R}\right)^{-3} \tag{17-125}$$

17.5.3　结果与讨论

下面讨论可压缩核壳超弹性软球在外压和萎缩情况的稳定性。将外压无量纲化为 $\bar{P} = P/\mu_{\mathrm{s}}$，在所有可能的失稳载荷中，将最小载荷定义为临界载荷。图 17.38 给出了不同萎缩情况下，$\bar{P}_{\mathrm{crit}}$ 随壳厚度 H/A 的变化规律，参数取值为 $l = 2$，$\beta = -4$，$\kappa_0 = 5$。可以看出，临界载荷随厚度增加而增加，说明壳越厚越难发生失稳，核的萎缩会降低临界载荷，促使壳体屈曲。

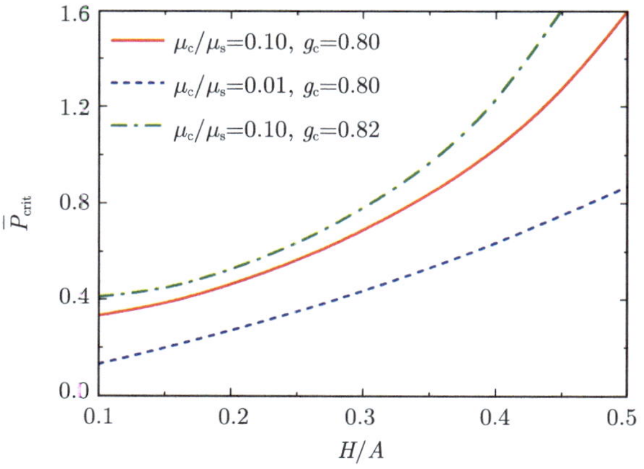

图 17.38　弹性模量比和生长比对临界载荷的影响

为了考察材料的可压缩性对系统稳定性的影响，在图 17.39 中改变 β 值来观察其对临界载荷的影响，其他参数取值为 $l=2$，$g_{\rm c}=0.8$，$g_{\rm s}=1$ 和 $\kappa_0=5$。$\beta=-1$，-2 和 -4 分别表示 $\nu=0.25$，0.33 和 0.4，故 β 越小，材料越不可压缩。图中表明，当 H/A 较小时，例如 $H/A<0.25$，核的可压缩性对系统的分岔行为几乎没有影响，当壳体较厚时，核越可压缩，临界载荷越小，则壳体越容易发生表面屈曲。

与前面软组织生长失稳的情况类似，定义对应于临界载荷的失稳模数为临界模数 $l_{\rm crit}$。图 17.40 给出了临界屈曲的特征模数 $l_{\rm crit}$ 随 H/A 的变化规律，参数取值为 $g_{\rm c}=0.8$，$\beta=-4$，$\kappa_0=5$，$\mu_{\rm c}/\mu_{\rm s}=0.1$。随 H/A 增大，软球表面出现失稳形貌的模数减少，波长增加。以上分析表明，尽管核的萎缩会降低系统的稳定性，但并无证据表明其会改变失稳形貌的本质特征。

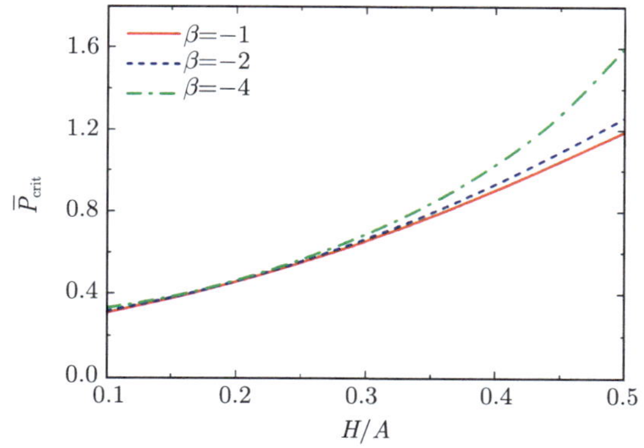

图 17.39 可压缩性对临界载荷的影响

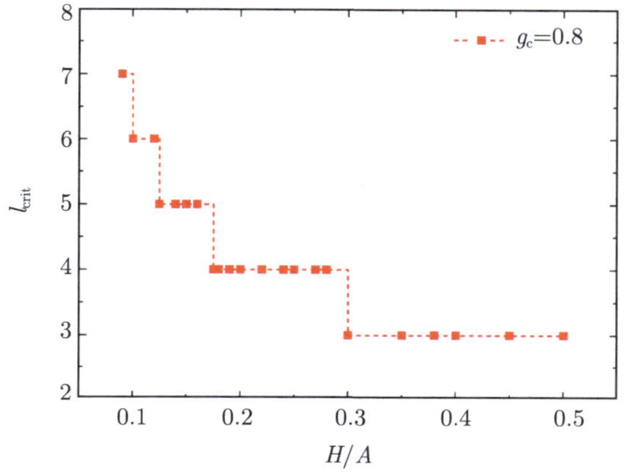

图 17.40 临界屈曲模数随壳等效厚度的变化

17.6 本章小结

本章在有限变形弹性理论的框架下，讨论了具有核壳结构的软材料在体生长情况下的表面失稳。通过线性稳定性分析，发现表面屈曲发生的临界条件和形貌特征密切依赖于壳体厚度 (或 Föppl-von Kármán 数) 以及核壳材料的力学性质，并讨论材料的可压缩性对表面失稳的影响规律。

对不可压缩软物质的表面屈曲进行了理论分析、数值模拟以及实验观察，其结果表明，在连续萎缩或膨胀的情况下，系统能量最小化驱使软球发生多次分岔，表面会发生多次对称性打破现象，相继出现巴基球状形貌、双周期形貌、迷宫形貌等。此外，对可压缩核壳结构软物质的稳定性进行了分析，探讨了其失稳特征，并给出了在小变形情况下临界失稳的解析解。

参考文献

[1] Li H, Luo R, Birgersson E, Lam K Y. A chemo-electro-mechanical model for simulation of responsive deformation of glucose-sensitive hydrogels with the effect of enzyme catalysis. Journal of the Mechanics and Physics of Solids, 2009, 57: 369–382.

[2] Ben Amar M, Ciarletta P. Swelling instability of surface-attached gels as a model of soft tissue growth under geometric constraints. Journal of the Mechanics and Physics of Solids, 2010, 58: 935–954.

[3] Hong W, Zhao X, Zhou J, Suo Z. A theory of coupled diffusion and large deformation in polymeric gels. Journal of the Mechanics and Physics of Solids, 2008, 56: 1779–1793.

[4] Nayak S, Lyon L A. Soft nanotechnology with soft nanoparticles. Angewandte Chemie-International Edition, 2005, 44: 7686–7708.

[5] Sugiyama Y, Larsen R J, Kim J-W, Weitz D A. Buckling and crumpling of drying droplets of colloid-polymer suspensions. Langmuir, 2006, 22: 6024–6030.

[6] Tsapis N, Dufresne E R, Sinha S S, Riera C S, Hutchinson J W, Mahadevan L, Weitz D A. Onset of buckling in drying droplets of colloidal suspensions. Physical Review Letters, 2005, 94(1): 018302.

[7] Timoshenko S P, Gere J M. Theory of Elastic Stability. New York: McGraw-Hill, 1961.

[8] Cai S, Breid D, Crosby A J, Suo Z, Hutchinson J W. Periodic patterns and energy states of buckled films on compliant substrates. Journal of the Mechanics and Physics of Solids, 2011, 59: 1094–1114.

[9] Pocivavsek L, Dellsy R, Kern A, Johnson S, Lin B, Lee K Y C, Cerda E. Stress and fold localization in thin elastic membranes. Science, 2008, 320: 912–916.

[10] 李博. 软物质材料的表面失稳研究. 北京: 清华大学博士学位论文, 2011.

[11] 贾飞. 膜–基系统表面失稳的力学理论和数值模拟. 北京: 清华大学博士学位论文, 2013.

[12] Vandiver R, Goriely A. Differential growth and residual stress in cylindrical elastic structures. Philosophical Transactions of the Royal Society A, 2009, 367: 3607–3630.

[13] Zhu Y, Luo X, Ogden R. Asymmetric bifurcations of thick-walled circular cylindrical elastic tubes under axial loading and external pressure. International Journal of Solids and Structures, 2008, 45: 3410–3429.

[14] Li B, Cao Y P, Feng X Q, Gao H. Surface wrinkling of mucosa induced by volumetric growth: theory, simulation and experiment. Journal of the Mechanics and Physics of Solids, 2011, 59: 758–774.

[15] Cao Y P, Li B, Feng X Q. Surface wrinkling and folding of core–shell soft cylinders. Soft Matter, 2011, 8(2): 556–562.

[16] Lidmar J, Mirny L, Nelson D R. Virus shapes and buckling transitions in spherical shells. Physical Review E, 2003, 68: 051910.

[17] Stoop N, Wittel F K, Ben Amar M, Muller M M, Herrmann H J. Self-contact and instabilities in the anisotropic growth of elastic membranes. Physical Review Letters, 2010, 105: 068101.

[18] Aharoni H, Sharon E. Direct observation of the temporal and spatial dynamics during crumpling. Nature Materials, 2010, 9: 993–997.

[19] Kim J, Yoon J, Hayward R C. Dynamic display of biomolecular patterns through an elastic creasing instability of stimuli-responsive hydrogels. Nature Materials, 2010, 9: 159–164.

[20] Cai S, Bertoldi K, Wang H, Suo Z. Osmotic collapse of a void in an elastomer: breathing, buckling and creasing. Soft Matter, 2010, 6: 5770–5777.

[21] Kang M K, Huang R. Swell-induced surface instability of confined hydrogel layers on substrates. Journal of the Mechanics and Physics of Solids, 2010, 58: 1582–1598.

[22] Hill R S, Walsh C A. Molecular insights into human brain evolution. Nature, 2005, 437: 64–67.

[23] Richman D P, Stewart R M, Hutchinson J W, Caviness V S. Mechanical model of brain convolutional development. Science, 1975, 189: 18–21.

[24] Tracqui P. Biophysical models of tumour growth. Reports on Progress in Physics, 2009, 72: 056701.

[25] Dervaux J, Ben Amar M. Buckling condensation in constrained growth. Journal of the Mechanics and Physics of Solids, 2011, 59: 538–560.

[26] Anderson A R A, Weaver A M, Cummings P T, Quaranta V. Tumor morphology and phenotypic evolution driven by selective pressure from the microenvironment. Cell, 2006, 127: 905–915.

[27] Greenspan H P. Growth and stability of cell-cultures and solid tumors. Journal of Theoretical Biology, 1976, 56: 229–242.

[28] Cristini V, Frieboes H B, Gatenby R, Caserta S, Ferrari M, Sinek J. Morphologic instability and cancer invasion. Clinical Cancer Research, 2005, 11: 6772–6779.

[29] Pham K, Frieboes H B, Cristini V, Lowengrub J. Predictions of tumour morphological stability and evaluation against experimental observations. Journal of the Royal Society Interface, 2011, 8: 16–29.

[30] Ogden R W. Non-linear Elastic Deformations. New York: Courier Dover Publications, 1997.

[31] Ben Amar M, Goriely A. Growth and instability in elastic tissues. Journal of the Mechanics and Physics of Solids, 2005, 53: 2284–2319.

[32] Ambrosi D, Mollica F. On the mechanics of a growing tumor. International Journal of Engineering Science, 2002, 40: 1297–1316.

[33] Zhao X, Hong W, Suo Z. Inhomogeneous and anisotropic equilibrium state of a swollen hydrogel containing a hard core. Applied Physics Letters, 2008, 92: 051904.

[34] Goriely A, Destrade M, Ben Amar M. Instabilities in elastomers and in soft tissues. The Quarterly Journal of Mechanics and Applied Mathematics, 2006, 59: 615–630.

索　　引

A

Arruda–Boyce 本构模型 50, 52
阿基米德螺线 133, 136, 138
艾里应力函数 87

B

Biot 地基 240, 270, 271
Biot 失稳 289, 293, 300, 301
巴基球失稳形貌 496, 497, 514
贝塞尔函数 40, 122, 159, 328, 384
变分原理 307
边界扰动方法 72
变形梯度张量 15, 405, 413, 422, 455, 467, 476, 487, 500
表面能 39, 305, 339-343, 354, 361, 365, 380
表面曲率 16, 39, 94, 380, 387, 397
表面微观结构 97, 98, 100-102
表面微纳米结构 69, 96, 97
表面应变 305
表面应力 305, 311, 319, 322, 351, 363, 380
表面张力 11, 306, 386, 390, 395, 401
表面折痕 286, 290, 291
表皮细胞 105-107, 109-112
薄膜–基底系统 55, 180, 212, 222, 228, 307, 317, 326, 350
薄膜–幂函数基底系统 193
薄膜–软基系统 199, 206, 210
薄膜–电极结构 360
薄膜–压头系统 348
薄膜能 36
薄膜应力 372, 374
薄膜力 61, 120, 211, 215
泊松比 29, 49, 63, 81, 99, 119, 141, 212, 247, 305, 351
波长 44, 141, 287, 318
波幅 30, 37, 141, 160, 210, 295
波数 30, 37, 173, 210, 287, 318
玻尔兹曼 (Boltzmann) 常数 39, 368
不可压缩牛顿流体 379

C

材料非线性 55
残余应力 15, 425
肠道 14, 212, 437
长波失稳 140, 149, 151-153
长细比 170, 172, 206
超弹性薄膜 80
乘法分解 406
超弹性 49, 50, 71, 83, 408

D

Donnell–Mushtari–Vlassov(DMV) 壳方程 94, 238, 241, 244, 280
单层膜–基底系统 181, 185
单层膜夹层系统 140, 146
单周期形貌 13
德拜长度 368
等效地基刚度 270, 274
等效刚度 47, 240, 273
等效厚度 97, 98, 100, 101
等效拉伸刚度 208
等效拉伸模量 151

等效曲率 248-252
等效弯曲模量 151, 181
等效压缩刚度 209
等直杆 27
等轴加载 214, 220, 228
地基刚度 87, 88, 173, 280, 281
笛卡儿直角坐标系 98, 127, 206, 286, 316, 353, 360
电场力 394
电场强度 397
电磁力 11
电荷密度 394, 399, 400
电致失稳 380
叠加原理 367
叠痕 2, 259, 268, 269, 272, 431, 494-499
动力法 39
短波失稳 140, 149, 151, 153
多层膜结构 8, 16
多级结构 97, 316, 391
多级形貌 97, 103, 153, 275, 282, 379, 391
多孔结构 16

F

法向支持力 87
法向应力 30, 31
范德瓦耳斯力 11, 303, 313, 327, 334, 342, 347, 353, 358, 375, 390
范德瓦耳斯相互作用势 326, 331, 340, 348, 367-369
仿生结构 5, 97
非等轴加载 214, 223, 226
非均匀生长 421
非均质结构 8
非线性本构关系 49, 215
非线性基底 206, 212, 225, 226, 228
非线性弹性　见超弹性
菲克 (Fick) 定理 39
分岔 231, 251, 323, 334, 355, 362, 433, 466, 472, 474, 497
分岔点 27
分岔点失稳 27, 28
分岔载荷 89
分段线性本构模型 209
分离压强 367, 380
冯 • 卡门 (von Kármán) 板 29, 60, 119
冯 • 卡门 (von Kármán) 板方程 87, 94, 141, 215, 271, 365
冯元桢 (Fung) 本构模型 50, 52
傅里叶变换 60, 127, 138
傅里叶谱方法 55, 64, 119, 127, 132, 210-230

G

Gibbs–Thomson 方程 39
刚度矩阵 125, 127
刚度系数 367
刚性基底 29, 31, 36, 51, 303, 325, 354, 360, 409
刚性转动 269
高分子软材料 379
高分子软膜 9
功能梯度材料 180, 192
功能梯度结构 8
沟槽失稳形貌 13
固定边界条件 439
管腔结构 16, 412
惯性效应 379

H

Hamaker 常数 304
Hankel 变换 118, 120, 122, 123, 129, 138
Hankel 逆变换 124
花瓣 102, 104-107, 109, 112, 113
核–壳结构 16, 39, 236, 466, 486, 494, 501, 503, 514

横截面 163
后屈曲 8, 26, 51, 57, 81, 118, 153, 212, 293, 422, 450, 472, 483, 494
弧长法 8, 15, 55, 61, 298
胡克定律 120, 215
环向失稳 121, 386, 438, 449, 482
环向波数 126, 131, 138, 248
环向模数 385, 387, 388, 394, 416
混合熵 368
Hyperfoam 本构模型 51, 52, 81, 113

J

吉布斯表面热力学原理 305
肌肉 413, 417, 422
几何非线性 55
几何缺陷 295, 298
基底刚度 70, 181, 189, 208, 240
极值点失稳 27, 28, 466, 500, 506
加法分解 406
夹层结构 140, 153
剪切模量 49, 60, 121, 183, 196, 201, 256, 305, 314, 500
剪应力 30, 193
介电常数 11, 360, 368, 393, 397
介电弹性体 1
界面折痕 291, 293
界面法向力 159
界面裂纹 208
界面正应力 184
界面切应力 158, 168-171, 176
界面剪应力 120, 163
截面惯性矩 48, 181, 183
静电排斥力 368
静电势 360
静电压强 380
静力法 29, 36
径向失稳 109, 118, 129, 133, 138
聚二甲基硅氧烷 (PDMS) 4, 50, 69, 85, 137, 157, 166, 187, 222, 257, 431
聚甲基丙烯酸甲酯 (PMMA) 3, 347
锯齿形貌 261, 268
局部化失稳 65, 69, 71-83, 113, 231
局部失稳 61, 118, 236, 326
局部预拉伸 118
局部扭转 133

K

Koiter 圆 239
Koiter 理论 9, 16, 26, 42, 69, 93, 238, 252, 293
卡氏第一定理 126
克罗内克符号 49, 120
柯西应力 (Cauchy) 468
空位浓度 39
扩散系数 40-42, 52

L

Lamé–Navier 方程 142, 307, 319, 350
Lennard–Jones 势函数 304, 348, 367
拉压不对称性 207, 212, 226
拉格朗日乘子 160, 288, 437, 407, 468, 477, 487
拉普拉斯方程 39, 40, 328
拉普拉斯算子 160, 196
拉普拉斯压强 380
拉梅常数 121
理想弹塑性材料 72
里兹 (Ritz) 法 38
量纲分析 71, 97, 98, 162, 165, 186, 255, 292
梁基系统 156, 176
临界波长 32, 48, 144-146, 150, 160, 163, 184, 199
临界波数 33, 37, 88, 145, 160, 242 387, 448, 481

临界失稳 26, 32, 42, 118, 141, 152, 196, 232, 237, 295
临界模数 425, 427, 428, 458
临界模态 29
临界屈曲 32
临界压缩应变 289, 290
临界应变 144-146, 150, 182, 193, 203, 219, 287, 290
临界载荷 28, 43, 371, 418, 512
六方失稳形貌 13, 85, 217, 222, 228, 359, 362, 435, 450, 483
流体薄膜 11, 382
流体通量 393
螺旋形失稳 109

M

Maxwell 应力 380-382, 385
Mooney–Rivlin 本构模型 49, 52
蒙特卡洛方法 9
迷宫形貌 13, 216, 222, 226, 228, 514
幂函数基底 193
面内应变 29
面内应力 29
膜基系统 48, 61, 85, 94, 118, 138, 256

N

脑组织 14
挠度 44, 87, 163, 181, 270, 280
挠曲线 163
能量法 36, 42, 211, 214, 290
能量泛函 295
粘膜 412, 417, 433, 452, 462
粘膜失稳 421
粘弹性材料 8
粘性流体 380, 392, 396, 401
粘性流体薄膜 380, 382, 401
牛顿–拉普森法 55, 56

O

Ogden 本构模型 50, 52
欧拉–伯努利梁 69, 189
欧拉失稳 21, 44, 142, 156, 201, 207, 208, 261, 268, 269, 273, 451
欧拉稳定性理论 9

P

Papkovich–Neuber 势函数 328
Poisson–Boltzmann 方程 368
皮肤 2, 12, 16, 118, 133, 347
皮下组织 134
平版印刷 3, 9, 347

Q

气管 7, 14, 412, 423, 437, 462
器官 14, 286
切变模量 见剪切模量
球谐函数 397, 398, 401
球形核壳结构 486
球形基底 332, 341
球形胶粒 501-504, 506, 507
球腔内壁粘膜 451
曲率效应 76
曲率半径 94, 401, 402
曲面系统 8, 325
曲面失稳形貌 391
缺陷敏感性 42, 293, 301

R

热体积比 51
热膨胀 51, 84, 102
人字形失稳模式 13, 85, 89, 92, 93
柔性电子器件 4, 12, 176
软薄膜 338, 340, 343
软层 29-33, 35, 51

软基底 97, 140, 149, 153, 157, 161, 175, 180, 430, 466
软物质 1, 6, 14, 309, 311, 314, 352, 353, 359, 362, 364, 375
软球 396, 402
瑞利 (Rayleigh) 失稳 386, 387, 389, 391, 395, 402

S

SOL 薄膜结构 364, 365, 366, 367, 369, 375
三方失稳 13, 88
三方模式 87, 89, 91–93, 95, 96
伸长比 50, 109, 112, 287, 289, 296, 488, 501, 502
生长 409, 412, 414, 417, 419, 439, 440, 457, 459
生长比 425, 441, 442, 448, 449, 450, 451, 458
生长失稳 404, 426, 459, 466, 499
生长模型 404
生长应变 406
生长张量 15, 405, 409, 414, 422, 441, 452, 475, 481, 487, 502
生物材料 2, 8, 87, 149, 153, 282
生物软组织 2, 8, 14, 16, 17, 214, 404-500
生物组织 83, 147, 156, 180, 201, 214, 286, 404-500
上限法 85, 89, 92
食道 7, 14, 16, 421, 435, 462
失稳波长 11, 35, 70, 97, 112, 134, 156, 180, 241, 252, 355, 482
失稳波幅 37, 42, 44, 71, 173, 242
失稳波数 129, 133, 174, 189, 196, 271, 313, 321, 351, 363
失稳局部化 55, 57, 229
失稳模态 27, 41, 88, 94, 152, 201, 214, 270, 281, 362, 448, 493
失稳模式 见失稳模态
双层膜 180, 189
双层膜 – 基底系统 18, 186, 189, 203
双层圆柱管腔结构 404
双模量本构模型 209, 215
双模量基底 210-212, 214, 215, 216, 228, 232
双向等轴压缩 86
双周期 13, 147
双周期失稳形貌 13, 147, 148, 201, 203, 434, 474, 514
四方失稳形貌 30, 36, 85-95, 217, 222, 228, 448, 450, 451, 483, 485
四周期失稳形貌 13, 148
塑性屈服 75
塑性屈服应力 77

T

Timoshenko 法 38
弹塑性材料 8
弹塑性薄膜 71, 72
弹性变形张量 15, 405, 410, 414, 422, 510
弹性应变 406
弹性应变能 36, 157, 270, 290, 304, 314, 323, 343, 365, 418, 495
弹性应变能密度函数 49, 50, 256, 264
梯度张量 410
体生长 14, 404, 413, 416, 429, 462
体积比 49, 51, 419
体积模量 49
体积应变 121, 467
调和算子 30, 120, 216
条纹失稳模式 85, 89, 90, 92, 93, 95, 223
凸脊失稳形貌 261
拓扑结构 16

W

Winkler 地基 207, 215, 216

弯曲刚度 69, 87, 158, 173, 263
弯曲能 36
伪动力学方法 8, 15, 55, 65, 147, 298, 430, 451, 472, 495
微观形貌 105
微纳米结构 97, 352
微纳米形貌 331, 379
微柱阵列基底 206-208, 210, 229, 230, 232
位移模式 92

X

细胞 118, 156, 404
线弹性本构关系 49, 65
线弹性材料 8, 44, 64, 69, 141
线性分岔理论 375
线性失稳模态 239
线性稳定性方法 397
纤维 161-176, 394, 395, 401
纤维状粘性流体 392
相容方程 87, 90
新胡克 (neo-Hooke) 本构模型 49, 147, 201, 236, 256, 279, 291, 415, 468, 508
形貌相图 214, 228, 229, 255, 275
形心主轴惯性矩 70
虚功原理 43
血管 7, 16, 412, 437
悬臂梁 44, 367

Y

压杆 27
压溃载荷 28
压痕实验 104,137
压缩应变 259, 260, 262, 265, 271, 276, 290, 301
杨氏模量 29, 31, 49, 69, 70, 99, 100, 134, 158, 159, 229, 366
液晶弹性体 1
应力 – 应变关系 49, 83
硬膜 – 软基系统 12, 47, 69, 72, 77, 84, 103, 112, 113, 148, 195, 255, 264
硬膜 – 梯度基底系统 203
圆柱形基底 326, 401
圆柱管腔结构 404, 435, 436
圆柱形核壳结构 235, 236, 238, 248, 252, 466, 475, 480, 502
原子力显微镜 104

Z

增量变形理论 406
增量位移 410
折痕 2, 261, 286, 290, 292, 300
折叠见叠痕
褶皱 80, 105, 149, 290, 347, 418, 420, 421, 425, 428, 431, 435, 457
正弦失稳形貌 2, 12, 71, 79, 80, 81, 141, 210, 231, 272
整体失稳 64
指数函数基底 193
之字形失稳模式 见人字形失稳模式
周期粘接界面 208-210
周期性微观结构 206
周期性形貌 308
轴对称失稳 443, 448, 449, 451
轴向失稳波数 394
轴向力 70
肿瘤 8, 14, 15, 491, 499
珠链状形貌 217, 223, 224
自发性失稳 10, 311, 313, 343, 372, 386
阻尼因子 59
钻石状失稳形貌 236, 248, 250, 277, 281
最小势能原理 36, 307, 317, 350, 370